Wolfgang Vry

Die Prüfung der Fachkaufleute für
Einkauf und Logistik

Sie finden uns im Internet unter: www.kiehl.de

Prüfungsbücher für Fachwirte und Fachkaufleute

Die Prüfung der Fachkaufleute für Einkauf und Logistik

3., völlig neue Auflage

Von
Dipl.-Volkswirt Wolfgang Vry

ISBN: 978-3-470-**54873**-9 · 3., völlig neue Auflage 2013

© NWB Verlag GmbH & Co. KG, Herne 2006

Kiehl ist eine Marke des NWB Verlags.

Alle Rechte vorbehalten. Das Werk und seine Teile sind urheberrechtlich geschützt. Jede Nutzung in anderen als den gesetzlich zugelassenen Fällen bedarf der vorherigen schriftlichen Einwilligung des Verlages. Hinweis zu § 52a UrhG: Weder das Werk noch seine Teile dürfen ohne eine solche Einwilligung eingescannt und in ein Netzwerk eingestellt werden. Dies gilt auch für Intranets von Schulen und sonstigen Bildungseinrichtungen.

Satz: wycom GmbH & Co. KG, Essen
Druck: medienHaus Plump GmbH, Rheinbreitbach

Vorwort

Dieses Buch wendet sich in erster Linie an angehende Fachkaufleute für Einkauf und Logistik. Es soll sie während des Lehrgangs begleiten und ihnen schließlich helfen, sich auf die schriftliche und die mündliche Prüfung angemessen vorzubereiten. Es kann jedoch wegen seiner systematischen Zusammenfassung des umfangreichen Stoffgebietes und der besonderen methodischen Aufbereitung auch den Studierenden an Berufsakademien und ähnlichen Einrichtungen, sowie den Studenten der Betriebswirtschaftslehre an Fachhochschulen und Hochschulen während des Grundstudiums zur Einarbeitung, zur Wiederholung, zur Vorbereitung auf Klausuren und andere Prüfungen empfohlen werden.

Inhalt und Aufbau des Buches basieren auf folgenden **Grundlagen**:

- Verordnung über die Prüfung zum anerkannten Abschluss Geprüfter Fachkaufmann Einkauf und Logistik/Geprüfte Fachkauffrau Einkauf und Logistik vom 31. Oktober 2001 (VO)

- DIHK (Hg.): Geprüfter Fachkaufmann Einkauf und Logistik/Geprüfte Fachkauffrau Einkauf und Logistik, Rahmenplan mit Lernzielen (erstellt vom DIHK in Zusammenarbeit mit dem Bundesverband Materialwirtschaft, Einkauf und Logistik e. V. und der Industriegewerkschaft Metall), (RPl).

Die Verordnung definiert die Ziele der Prüfung, gibt die Prüfungsteile, die Prüfungsbereiche (Fachbereiche) und die Qualifikationsschwerpunkte mit den Anforderungen vor und definiert damit die Struktur der Prüfung. Der Rahmenplan setzt die Vorgaben der Verordnung um. Es ergibt sich ein nach den Fachbereichen (Prüfungsbereichen) gegliederter Plan; die Prüfungsbereiche werden nach den Qualifikationsschwerpunkten weiter aufgegliedert und die Qualifikationsschwerpunkte thematisch konkretisiert. Dabei werden auch die allgemein formulierten Anforderungen der Verordnung operationalisiert.

Weil dieses Buch den Zweck verfolgt, während und am Ende eines Lehrgangs auf die schriftliche und die mündliche Prüfung vorzubereiten, muss es gleichzeitig mehrere Funktionen erfüllen.

1. **Wiederholen**: Der Prüfling kann anhand des Buches nahezu alle Themenbereiche, die der Rahmenplan vorsieht, wiederholen.[1]

2. **Üben**: Der Prüfling kann anhand von Beispielaufgaben die Anfertigung von Klausurarbeiten üben.

3. **Lernen**: Die Teilnehmer an einem Vorbereitungskurs können die einzelnen Themeneinheiten vor- bzw. nachbereiten, selbst erarbeiten, zur Anfertigung von Hausaufgaben nutzen, den im Unterricht behandelten Stoff ergänzen usw. Dieses Buch

---

[1] Der Themenbereich „Arbeitsmethodik" wurde in das Prüfungsbuch nicht aufgenommen.

kann die im Kurs genutzten Lehrbücher ergänzen, in einigen Themenbereichen evtl. sogar ersetzen.

4. **Nachschlagen**: Das Buch behandelt nahezu alle Themenbereiche Einkauf und Logistik; der Stoff wird durch ein umfangreiches Stichwortverzeichnis erschlossen. So kann es auch als Nachschlagebuch genutzt werden.

Der Rahmenplan des DIHT bestimmt Inhalt und Aufbau des Buches. Nahezu alle Themen des Rahmenplans werden erfasst, der im Rahmenplan benutzte Begriffsapparat wird den Ausführungen zu Grunde gelegt und die Überschriften einzelner Themenbereiche (mit Ausnahmen) wörtlich übernommen.

Bad Oldesloe, im Januar 2013 *Wolfgang Vry*

Inhaltsverzeichnis

Vorwort 5
Inhaltsverzeichnis 7
Verzeichnis der zitierten Gesetze und Verordnungen 17
Einleitung 19

1. Einkaufspolitik und Einkaufsmarketing 25

    1.1 Einkaufspolitik 25
        1.1.1 Grundlagen der Einkaufspolitik 25
            1.1.1.1 Begriffsbestimmungen 25
            1.1.1.2 Determinanten der Einkaufspolitik 26
                1.1.1.2.1 Unternehmenspolitik 26
                1.1.1.2.2 Marktentwicklungen 27
                1.1.1.2.3 Weitere Umfeldbedingungen 29
        1.1.2 Trends in der Einkaufspolitik 30
            1.1.2.1 Neue Bezugsmöglichkeiten 30
            1.1.2.2 Unternehmensexterne Beziehungen und Partnerschaften 32
            1.1.2.3 Bedarfsbündelung durch Materialgruppenmanagement 33
            1.1.2.4 Forschungs- und Entwicklungsprojekte 34
            1.1.2.5 Benchmarking und Best Practices 35
            1.1.2.6 Inner- und zwischenbetriebliche
                     Informations- und Kommunikationssysteme 36

    1.2 Einkaufsmarketing 38
        1.2.1 Grundlagen des Einkaufsmarketings 38
        1.2.2 Instrumente 39

    1.3 Einkaufsorganisation 41
        1.3.1 Grundlagen der Organisation 41
            1.3.1.1 Begriffsbestimmungen 41
            1.3.1.2 Arten der Organisation 42
        1.3.2 Aufbauorganisation des Einkaufs 43
            1.3.2.1 Organisationsformen 43
            1.3.2.2 Organisationsprinzipien 51
        1.3.3 Ablauforganisation 53
            1.3.3.1 Arbeitsablaufanalyse und -plan 53
            1.3.3.2 Materialfluss- und Informationsflussgestaltung 56
            1.3.3.3 Instrumente zur konzeptionellen Verbesserung des
                     Material- und Informationsflusses 58
        1.3.4 Organisationsmittel zur Arbeitsplatzgestaltung 59
        1.3.5 Organisation als Prozess zur Leistungsverbesserung 61
            1.3.5.1 Mitarbeiter-Performance-Improvement 61
            1.3.5.2 Organisations-Performance-Improvement 63

2. Logistik und Logistikstrategien 65

2.1 Lagerwirtschaft und Transport im Unternehmen 65
    2.1.1 Grundlagen der Logistik 65
        2.1.1.1. Definitionen und Ziele 65
        2.1.1.2 Logistikdienstleister 66
    2.1.2 Aufgaben bzw. Einsatzgebiete der Logistik 70
        2.1.2.1 Beschaffungslogistik 70
        2.1.2.2 Lager- und Transportlogistik 71
        2.1.2.3 Produktionslogistik 73
        2.1.2.4 Marketinglogistik 74
        2.1.2.5 Logistikcontrolling 74
    2.1.3 Organisatorische Einordnung der Logistik im Unternehmen 76
    2.1.4 Lagerwirtschaft 78
        2.1.4.1 Bedeutung 78
        2.1.4.2 Organisation 79
        2.1.4.3 Lagergestaltung 80
        2.1.4.4 Arbeitsabläufe 82
        2.1.4.5 Lagerbestands- und Lagerverbrauchsrechnung 86
    2.1.5 Transportwirtschaft 87
        2.1.5.1 Teilfunktionen der Transportwirtschaft 87
        2.1.5.2 Außerbetriebliche Transportsysteme 89
        2.1.5.3 Innerbetriebliche Transportsysteme 89

2.2 Strategische Analysen der logistischen Kette 90
    2.2.1 Logistikstrategien und Wertketten 90
        2.2.1.1 Strategieentwicklung 90
        2.2.1.2 Wertkette (Wertschöpfungsketten) 93
    2.2.2 Ausgewählte Methoden zur strategischen Analyse 95
        2.2.2.1 Portofolioanalysen 95
        2.2.2.2 Kennzahlanalyse 99

3. Betriebswirtschaftliche Steuerung sowie Qualitätsmanagement in Einkauf und Logistik 105

3.1 Planung, Steuerung und Disposition einschließlich Informations- und Kommunikationstechnik 105
    3.1.1 Materialwirtschaft – Volks- und betriebswirtschaftliche Größen 105
        3.1.1.1 Materialwirtschaft 105
        3.1.1.2 Wechselwirkungen zwischen der Materialwirtschaft und den volkswirtschaftlichen Größen 108
            3.1.1.2.1 Grundlagen 108
            3.1.1.2.2 Märkte und Preisbildungen 109
            3.1.1.2.3 Konjunktur 110
            3.1.1.2.4 Zahlungsbilanz, Importe 111
            3.1.1.2.5 Ökologie und Umweltschutz 115

Inhaltsverzeichnis

- 3.1.1.2.6 Wirtschaftspolitik 116
- 3.1.1.2.7 Geld und Geldpolitik 119
  - 3.1.1.2.7.1 Geld und Geldwert 119
  - 3.1.1.2.7.2 Geldpolitik 121
  - 3.1.1.2.7.3 Europäische Währungs- und Wirtschaftsunion 125
  - 3.1.1.2.7.4 Stabilitäts- und Wachstumspakt 127
  - 3.1.1.2.7.5 Finanzstabilisierungen in der Eurozone 129
- 3.1.1.3 Wechselwirkungen zwischen der Materialwirtschaft und den betriebswirtschaftlichen Größen 133
- 3.1.2 Planung und Steuerung 135
  - 3.1.2.1 Begriffsbestimmung 135
  - 3.1.2.2 Betriebliches Planungssystem 136
  - 3.1.2.3 Steuerungsinstrumente eines koordinationsorientieren Controllings 139
- 3.1.3 Disposition 139
  - 3.1.3.1 Aufgaben, Ziele, Zielkonflikt 139
  - 3.1.3.2 Bedarfsarten und Bedarfsverläufe 140
  - 3.1.3.3 Einteilung der Dispositionsverfahren 143
  - 3.1.3.4 Stochastische Disposition 144
  - 3.1.3.5 Deterministische Disposition 146
  - 3.1.3.6 Optimale Bestellmenge 148
- 3.1.4 Informations- und Kommunikationstechniken 154

- 3.2 Kostenrechnung und Controlling 157
  - 3.2.1 Grundlagen der Kostenrechnung 157
  - 3.2.2 Ablauf der Kostenrechnung 164
    - 3.2.2.1 Kostenartenrechung 164
    - 3.2.2.2 Kostenstellenrechung 164
    - 3.2.2.3 Kostenträgerrechnung und Kalkulation 169
  - 3.2.3 Kostenrechnungssysteme 173
    - 3.2.3.1 Ist-, Normal- und Plankostenrechnung 173
    - 3.2.3.2 Vollkosten- und Deckungsbeitragsrechnung 177
    - 3.2.3.3 Prozesskostenrechnung 181
  - 3.2.4 Grundlagen des Controlling 184

- 3.3 Qualitätsmanagement 187
  - 3.3.1 Grundlagen des Qualitätsmanagements 187
    - 3.3.1.1 Grundbegriffe 187
    - 3.3.1.2 Ziele des Qualitätsmanagements 192
  - 3.3.2 Anforderung, Gestaltung und Verbesserung des Qualitätsmanagements 193
    - 3.3.2.1 Qualitätsanforderungen 193
    - 3.3.2.2 Aufbau und Gestaltung des Qualitätsmanagements 197
    - 3.3.2.3 Ausgewählte Managementwerkzeuge 200

4. Rechtliche Gestaltung in Einkauf und Logistik 203

4.1 Rechtsgrundlagen im Einkauf und in der Logistik 203
    4.1.1 Rechtssystem, Rechtsquellen und Gerichtsbarkeit 203
    4.1.2 Öffentliches Recht und Privatrecht 205
        4.1.2.1 Teilbereiche des öffentlichen Rechts 205
            4.1.2.1.1 Außenwirtschaftsrecht 205
            4.1.2.1.2 Europarecht (Europäisches Primär- und Sekundärrecht) 206
            4.1.2.1.3 Staatsrecht 208
            4.1.2.1.4 Verwaltungsrecht 210
        4.1.2.2 Teilbereiche des Privatrechts 211
            4.1.2.2.1. Bürgerliches und Handelsrecht 211
            4.1.2.2.2 Arbeitsrecht 212
            4.1.2.2.3 Wirtschaftsrecht 217
    4.1.3 Kaufmann im Rechtsverkehr 218
        4.1.3.1 Kaufmann, Firma, Handelsregister 218
            4.1.3.1.1 Kaufmann gemäß HGB 218
            4.1.3.1.2 Das Handelsregister 219
            4.1.3.1.3 Firma 221
        4.1.3.2 Rechtsformen der Unternehmung 223
            4.1.3.2.1 Einzelunternehmung – Personengesellschaften – Kapitalgesellschaften 223
                  4.1.3.2.1.1 Die Offene Handelsgesellschaft 224
                  4.1.3.2.1.2 Die Kommanditgesellschaft 226
                  4.1.3.2.1.3 Die Gesellschaft mit beschränkter Haftung 228
                  4.1.3.2.1.4 Die Aktiengesellschaft 230
                  4.1.3.2.1.5 Gemischte Rechtsformen 234
            4.1.3.2.2 Genossenschaften 235
            4.1.3.2.3 Zusammensetzung der Aufsichtsräte 239
            4.1.3.2.4 Publizitätspflicht 242
            4.1.3.2.5 Corporate Governance 242

4.2 Vertragsrecht 244
    4.2.1 Vertragsarten 244
        4.2.1.1 Der Kaufvertrag 244
        4.2.1.2 Weitere wichtige Verträge 246
    4.2.2 Grundlagen des Vertragsrechts (Voraussetzungen des Vertrages) 248
        4.2.2.1 Grundlagen 248
        4.2.2.2 Vorvertragliche Rechte und Pflichten 251
        4.2.2.3 Vertragsfreiheit 252
        4.2.2.4 Antrag und Annahme 253
        4.2.2.5 Kaufmännisches Bestätigungsschreiben 255
        4.2.2.6 Einigung und Einigungsmängel 256
        4.2.2.7 Form und Formvorschriften bei Rechtsgeschäften 257
    4.2.3 Grundlagen des Vergaberechts 260

Inhaltsverzeichnis

- 4.3 Leistungen und Leistungsstörungen 264
  - 4.3.1 Arten der Leistungen 264
    - 4.3.1.1 Leistungen 264
    - 4.3.1.2 Arten der Leistungsstörungen 266
  - 4.3.2 Unmöglichkeit der Leistung 266
  - 4.3.3 Voraussetzungen und Rechtsfolgen bei Verzug 267
  - 4.3.4 Gewährleistungsansprüche 269
    - 4.3.4.1 Sachmängelhaftung 270
      - 4.3.4.1.1 Sachmängel und Mängelrügen 270
      - 4.3.4.1.2 Rechte bei Sachmängeln 271
    - 4.3.4.2 Positive Vertragsverletzung 273
    - 4.3.4.3 Produkthaftung 274
  - 4.3.5 Einreden gegen die Leistungspflicht 275
    - 4.3.5.1 Arten von Einreden 275
    - 4.3.5.2 Verjährung und Verjährungsfristen 275
    - 4.3.5.3 Sonderfälle 277
  - 4.3.6 AGB-Recht und Handelsklauseln 278
    - 4.3.6.1 Zweck und Regelung, Inhalte und Vertragsbindung im AGB-Recht 278
    - 4.3.6.2 Handelsbräuche und Handelsklauseln 279

- 4.4 Elektronischer Geschäftsverkehr und rechtliche Entwicklung 281
  - 4.4.1 Arten des E-Commerce 281
  - 4.4.2 Anwendbares Recht 283
  - 4.4.3 Vertragsabschluss 284

5. Personalführung, Team- und Projektmanagement 287

- 5.1 Unternehmensziele und Unternehmensorganisation 287
  - 5.1.1 Grundbegriffe 287
  - 5.1.2 Von den Unternehmenszielen zur Unternehmensorganisation 289
  - 5.1.3 Unternehmensführung und Personalführung 292
    - 5.1.3.1 Führungsstile 292
    - 5.1.3.2 Führungsverhalten 296
    - 5.1.3.3 Führungsmittel 297

- 5.2 Moderation und Präsentation 301
  - 5.2.1 Moderation 301
  - 5.2.2 Präsentation 308

- 5.3 Team- und Projektmanagement 313
  - 5.3.1 Teammanagement 313
  - 5.3.2 Projektmanagement 319
    - 5.3.2.1 Projekt 319
    - 5.3.2.2 Projektstrukturierung 321
    - 5.3.2.3 Projektmanagement 324
      - 5.3.2.3.1 Anforderungsmanagement 324
      - 5.3.2.3.2 Terminmanagement 326

        5.3.2.3.3 Risikomanagement 327
        5.3.2.3.4 Aufwandsmanagement 328
        5.3.2.3.5 Informations-, Kommunikations- und
                  Dokumentationsmanagement 329
    5.3.2.4 Projektphasen 331
    5.3.2.5 Projektsteuerung und -kontrolle 333

6. Einkauf 335

  6.1 Einkaufsstrategien und Beschaffungsmarketing 335
    6.1.1 Einkaufsstrategien 335
      6.1.1.1 Konzeptionelle Erstellung 335
      6.1.1.2 Arten und Eignung 336
    6.1.2 Beschaffungsmarketing 337
      6.1.2.1 Beschaffungsmarketingprozess 337
      6.1.2.2 Beschaffungsmarktforschung 338
        6.1.2.2.1 Merkmale des Beschaffungsmarktes 338
        6.1.2.2.2 Begriff, Aufgaben, Objekte und Ziele 339
        6.1.2.2.3 Arten der Beschaffungsmarktforschung .. 341
        6.1.2.2.4 Techniken der Beschaffungsmarktforschung 342
        6.1.2.2.5 Analysen 344
      6.1.2.3 Bedarfsanalyse 351
      6.1.2.4 Beschaffungsplanung 359

  6.2 Einkaufsvorbereitung und Einkaufsabwicklung 360
    6.2.1 Einkaufsvorbereitung 360
      6.2.1.1 Anfragetechniken 360
      6.2.1.2 Angebotsprüfung und -bewertung sowie
              Lieferantenauswahl 365
      6.2.1.3 Lieferantenmanagement 367
    6.2.2 Einkaufsabwicklung 371
      6.2.2.1 Bestellung 371
      6.2.2.2 Terminsicherung 372
      6.2.2.3 Transport- und Lagerwirtschaft 373
      6.2.2.4 Berücksichtigung der Kreislaufwirtschaft 374

  6.3 Preis- und Wertanalyse 375
    6.3.1 Wertanalyse 375
    6.3.2 Preisanalyse 379
      6.3.2.1 Arten der Preisanalyse 379
      6.3.2.2 Einflussnahme durch das preispolitische Instrumentarium 380
        6.3.2.2.1 Preispolitik 380
        6.3.2.2.2 Rabattpolitik 381
        6.3.2.2.3 Zahlungspolitik 383
        6.3.2.2.4 Kreditpolitik 383
      6.3.2.3 Preisklauseln 387
    6.3.3 Make-or-buy-Analyse 389

6.4 Einkaufsverhandlungen – Einkaufsverträge einschließlich besonderer Verträge ... 394
   6.4.1 Einkaufsverhandlungen ... 394
   6.4.2 Einkaufsverträge ... 398
      6.4.2.1 Allgemeine Vertragsgrundlagen ... 398
      6.4.2.2 Bestellung ... 399
         6.4.2.2.1 Form und Inhalt ... 399
         6.4.2.2.2 Auftragsbestätigung, Kaufmännisches Bestätigungsschreiben und Terminsicherung ... 403
      6.4.2.3 Spezielle Einkaufsverträge ... 404
      6.4.2.4 Einkaufsverträge im Internet ... 407
   6.4.3 Investitionsgüter- und Dienstleistungseinkauf ... 407
      6.4.3.1 Einkauf von Investitionsgütern ... 407
      6.4.3.2 Dienstleistungseinkauf ... 414
      6.4.3.3 Sonderprobleme beim Einkaufen von Dienstleistungen und Anlagegütern ... 418
         6.4.3.3.1 Haftung und Haftungsbeschränkung ... 418
         6.4.3.3.2 Vertragsstrafen ... 419
         6.4.3.3.3 Sonstige ... 420
      6.4.3.4 Facility-Management und Outsourcing ... 420
   6.4.4 Importgeschäft ... 422
      6.4.4.1 Volks- und betriebswirtschaftliche Bedeutung ... 422
      6.4.4.2 Arten ... 424
      6.4.4.3 Risiken im Importgeschäft und Risikoeingrenzungen ... 425
      6.4.4.4 Rechtliche Rahmenbedingungen ... 428
         6.4.4.4.1 Außenwirtschaftsrecht ... 428
         6.4.4.4.2 Zollrecht ... 429
         6.4.4.4.3 UN-Kaufrecht ... 431
         6.4.4.4.4 Schiedsgerichtsklauseln ... 432
         6.4.4.4.5 Incoterms ... 433
      6.4.4.5 Importabwicklung ... 437
         6.4.4.5.1 Dokumente ... 437
         6.4.4.5.2 Durchführung und Zollabwicklung ... 439
   6.4.5 Entsorgung ... 442

6.5 Einkaufscontrolling ... 442
   6.5.1 Aufgaben ... 442
   6.5.2 Instrumente ... 445
      6.5.2.1 Budget und Budgettierungstechniken ... 445
      6.5.2.2 Prozessorientiertes Controlling ... 447
      6.5.2.3 Beschaffungsmarktsegmentierung und Materialpreisveränderungsrechnung ... 448
      6.5.2.4 Kennzahlen ... 449

7. Logistik ... 453

7.1 Materialplanung und Bedarfsermittlung ... 453

7.1.1 Grundlagen der logistischen Planung und Steuerung 453
    7.1.1.1 Begriffsbestimmungen 453
    7.1.1.2 Ziele 454
    7.1.1.3 Planung und Steuerung 458
7.1.2 Prozessorientierte Disposition 460

7.2 Wareneingang und Qualitätskontrolle 462
  7.2.1 Aufgaben des Wareneingangs 462
  7.2.2 Warenannahme und Qualitätsprüfung 465
    7.2.2.1 Formalitäten und Prüfung 465
    7.2.2.2 Wareneingangserfassung und Wareneingangsmeldung 467
  7.2.3 Qualitätsprüfung 467
    7.2.3.1 Aufgaben der Qualitätsprüfung 467
    7.2.3.2 Art der Qualitätsprüfung 468
    7.2.2.3 Prüfverfahren und Dokumentation 472

7.3 Lagerwirtschaft, -steuerung und -verwaltung 473
  7.3.1 Aufgaben der Lagerwirtschaft 473
    7.3.1.1 Lagerstrategien 473
    7.3.1.2 Lagerfunktionen 474
    7.3.1.3 Wahl der Lagerart 477
        7.3.1.3.1 Lagerart nach Lagerordnung 478
        7.3.1.3.2 Lagerart nach Standort 479
        7.3.1.3.3 Lagerart nach Eigentum des Lagers 480
        7.3.1.3.4 Lagerart nach Produktionsstufen
               (Wertschöpfungsstufen) 481
        7.3.1.3.5 Lagerart nach materialspezifischen
               Anforderungen des Lagerguts 482
    7.3.1.4 Lagereinrichtungen und Gefahrenabsicherung 483
        7.3.1.4.1 Lagereinrichtungen 483
        7.3.1.4.2 Technologien zur automatischen Identifikation
               von Lagerbeständen 486
        7.3.1.4.3 Lagersicherheit 488
  7.3.2 Entsorgung 490
    7.3.2.1 Bedeutung der Entsorgung 490
    7.3.2.2 Objekte des Entsorgungsgeschäftes 491
    7.3.2.3 Formen der Entsorgung als Ziel der Abfallwirtschaft 491
    7.3.2.4 Betriebliche Aspekte der Bewirtschaftung von Abfällen 493
  7.3.3 Lagersteuerung und -verwaltung 495
  7.3.4 Rechnungssysteme im Lager 497
    7.3.4.1 Arten der Rechnungssysteme 497
    7.3.4.2 Bestandsrechnung 498
    7.3.4.3 Verbrauchsrechnungen 502
    7.3.4.4 Inventur 504
        7.3.4.4.1 Bestandsermittlung 504
        7.3.4.4.2 Bestandsbewertung 505
    7.3.4.5 Bestandscontrolling durch ausgewählte Lagerkennzahlen 509

Inhaltsverzeichnis

7.4 Transport und Transportverträge 510
    7.4.1 Transportlogistik 510
        7.4.1.1 Grundbegriffe 510
        7.4.1.2 Förderhilfsmittel 512
            7.4.1.2.1 Paletten, Behälter, Container 512
            7.4.1.2.2 Efficient Unit Loads (EUL) 515
    7.4.2 Transportsysteme 517
        7.4.2.1 Innerbetriebliche Transportsysteme 517
        7.4.2.2 Außerbetriebliche Transportsysteme 521
            7.4.2.2.1 Grundlagen 521
            7.4.2.2.2 Transportarten 522
            7.4.2.2.3 Fuhrpark- und Flottenmanagement 528
            7.4.2.2.4 Computergestützte Tourenplanungssysteme 529
            7.4.2.2.5 Kooperationspartner in der Transportkette 531
        7.4.2.3 Besonderheiten der außerbetrieblichen Transportsysteme.... 532
            7.4.2.3.1 Gefahrguttransport 532
            7.4.2.3.2 Grenzüberschreitender Verkehr 537
    7.4.3 Transportverträge 539
        7.4.3.1 Rechtslage 539
        7.4.3.2 Vertragsarten 543
        7.4.3.3 Transportversicherung 544
    7.4.4 Haftung der Verkehrsträger 546

7.5 Logistikcontrolling 549
    7.5.1 Grundlagen 549
    7.5.2 Controllinggrößen 550

Übungsaufgaben 559

Lösungen 643

Literaturverzeichnis 743

Stichwortverzeichnis 745

Verzeichnis der zitierten Gesetze und Verordnungen

A

ADR	Europäisches Übereinkommen über die internationale Beförderung gefährlicher Güter auf der Straße, Stand 2011
AÜG	Gesetz zur Regelung der Arbeitnehmerüberlassung (Arbeitnehmerüberlassungsgesetz), Stand 2011
AWG	Außenwirtschaftsgesetz, Stand 2012

B

BBiG	Berufsbildungsgesetz, Stand 2009
BGB	Bürgerliches Gesetzbuch, Stand 2012

D

DrittelbG	Gesetz über die Drittelbeteiligung der Arbeitnehmer im Aufsichtsrat (Drittelbeteiligungsgesetz), Stand 2011

G

GefStoffV	Verordnung zum Schutz vor Gefahrstoffen (Gefahrstoffverordnung), Stand 2011
GGBefG	Gesetz über die Beförderung gefährlicher Güter (Gefahrgutbeförderungsgesetz), Stand 2010
GGVSee	Verordnung über die Beförderung gefährlicher Güter mit Seeschiffen (Gefahrgutverordnung See), Stand 2011
GGVSER	Verordnung über die innerstaatliche und grenzüberschreitende Beförderung gefährlicher Güter auf der Straße, mit Eisenbahnen und auf Binnengewässern (Gefahrgutverordnung Straße, Eisenbahnen und Binnenschifffahrt), Stand 2011
GWB	Gesetz gegen Wettbewerbsbeschränkung (Kartellgesetz), Stand 2011

H

HGB	Handelsgesetzbuch, Stand 2012
HPflG	Haftpflichtgesetz, Stand 2002

K

KrWG	Gesetz zur Förderung der Kreislaufwirtschaft und Sicherung der umweltverträglichen Bewirtschaftung von Abfällen (Kreislaufwirtschaftsgesetz), Stand 2012
KSchG	Kündigungsschutzgesetz, Stand 2008

M

MitbestG	Gesetz über die Mitbestimmung der Arbeitnehmer (Mitbestimmungsgesetz), Stand 2011
MontanMitbestG	Gesetz über die Mitbestimmung der Arbeitnehmer in den Aufsichtsräten und Vorständen der Unternehmen des Bergbaus und der Eisen und Stahl erzeugenden Industrie (Montanmitbestimmungsgesetz), Stand 2006
MontanMitbestGErgG	Gesetz zur Ergänzung des Gesetzes über die Mitbestimmung der Arbeitnehmer in den Aufsichtsräten und Vorständen der Unternehmen des Bergbaus und der Eisen und Stahl erzeugenden Industrie (Montanmitbestimmungsergänzungsgesetz), Stand 2011

P

PreisKlG	Gesetz über das Verbot der Verwendung von Preisklauseln bei der Bestimmung von Geldschulden (Preisklauselgesetz), Stand 2009
ProdHaftG	Gesetz über die Haftung für fehlerhafte Produkte (Produkthaftungsgesetz), Stand 2006
PublG	Gesetz über die Rechnungslegung von bestimmten Unternehmen und Konzernen (Publizitätsgesetz), Stand 2011

S

SignG	Gesetz über die Rahmenbedingungen für elektronische Signaturen (Signaturgesetz), Stand 2009

V

VOB	Vergabe- und Vertragsordnung für Bauleistungen, Stand 2009
VOF	Verdingungsordnung für freiberufliche Leistungen, Stand 2009
VOL	Vergabe- und Vertragsordnung für Leistungen, Stand 2009

Einleitung

Fachkaufleute für Einkauf und Logistik erhalten ihre Qualifikation durch mehrjährige einschlägige Tätigkeiten in Einkauf und Logistik und durch eine umfangreiche Weiterbildungsmaßnahme, mit der sie ihre Kenntnisse in Einkauf und Logistik erweitert und vertieft haben.

Die grundlegende berufliche Erfahrung und die zusätzliche theoretische Weiterbildung, die mit einer Prüfung abschließt, soll die Fachkaufleute für Einkauf und Logistik befähigen, folgende Aufgaben wahrzunehmen:

1. Planen, Steuern und Disponieren in Einkaufs- und Logistikprozessen
2. Einkaufsmarketing durchführen, Lieferantenbeziehungen gestalten, Verhandlungen führen sowie Verträge abschließen
3. Entwickeln und Umsetzen logistischer Konzepte einschließlich strategischer Analysen der logistischen Kette im Unternehmen
4. Mitarbeiter führen sowie Umsetzen des Team- und Projektmanagements
5. Realisieren des Controllings und Qualitätsmanagements in Einkauf und Logistik.

Für die Zulassung zur Prüfung werden einschlägige berufliche Erfahrungen vorausgesetzt.

Die Betonung der beruflichen Praxis als Zulassungsvoraussetzung zwingt zu einer angemessenen Berücksichtigung in der Prüfung. Es kann davon ausgegangen werden, dass in der Prüfung nicht – wenigstens nicht ausschließlich – die im Vorbereitungskurs erlernten theoretischen Kenntnisse oder Begriffe abgefragt werden. Die Prüflinge sollen vielmehr nachweisen, dass ihre umfangreichen theoretischen Kenntnisse in der Praxis verankert sind.

Struktur und Umfang der Prüfung

Die VO sieht für die Prüfung folgende Struktur vor. Die Prüfung bezieht sich auf zwei Prüfungsteile: handlungsübergreifende (mit fünf Prüfungsbereichen) und handlungsspezifische Qualifikationen (mit zwei Prüfungsbereichen); geprüft wird sowohl schriftlich als auch mündlich.

Der Prüfungsteil **Handlungsübergreifende Qualifikationen** umfasst folgende **Prüfungsbereiche**:

1. Einkaufspolitik und Einkaufsmarketing
2. Logistik und Logistikstrategien
3. Betriebswirtschaftliche Steuerung sowie Qualitätsmanagement in Einkauf und Logistik
4. Rechtliche Gestaltung in Einkauf und Logistik
5. Personalführung, Team- und Projektmanagement

Der Prüfungsteil **Handlungsspezifische Qualifikationen** umfasst folgende Prüfungsbereiche.

6. Einkauf
7. Logistik.

Die schriftliche Prüfung

Aus dem Prüfungsteil **Handlungsübergreifende Qualifikationen** werden folgende Prüfungsbereiche schriftlich geprüft:

- Einkaufspolitik und Einkaufsmarketing
- Logistik und Logistikstrategien
- Betriebswirtschaftliche Steuerung sowie Qualitätsmanagement in Einkauf und Logistik
- Rechtliche Gestaltung in Einkauf und Logistik.

Aus dem Prüfungsteil **Handlungsspezifische Qualifikationen** ist einer der folgenden Prüfungsbereiche Gegenstand der schriftlichen Prüfung:

- Einkauf oder
- Logistik.

Der Prüfling wählt den Prüfungsbereich aus. (Auf Antrag kann er jedoch auch an der jeweils anderen Klausur teilnehmen oder diese Klausur zu einem späteren Zeitpunkt nachholen.) Die Prüfungsstruktur sieht aber vor, dass auch bei dieser Schwerpunktbildung Kenntnisse in beiden Bereichen (wenn auch auf einem niedrigerem Niveau) in den entsprechenden Klausuren der handlungsübergreifenden Qualifikationen (vor allem in den Prüfungsbereichen 1 Einkaufspolitik und Einkaufsmarketing und 2 Logistik und Logistikstrategien) nachzuweisen sind.

Die schriftliche Prüfung umfasst also im Regelfall fünf Prüfungsbereiche, d. h. es sind insgesamt fünf Klausuren zu schreiben.

Die mündliche Prüfung

Der Prüfungsbereich Personalführung, Team- und Projektmanagement, der zu den handlungsübergreifenden Qualifikationen zählt, wird in einem situationsbezogenen Fachgespräch geprüft.

Die Prüflinge wählen aus zwei vorgelegten Situationsaufgaben eine zur Bearbeitung aus. Für die Darstellung der Berarbeitungsergebnisse kann der Prüfungsausschuss den Einsatz sachgerechter Prüfungstechniken verlangen.

Der Umfang der Prüfung

Die Dauer der schriftlichen Prüfung der handlungsübergreifenden Qualifikationen soll mindestens 320 Minuten, die Prüfung je Prüfungsbereich höchstens 90 Minuten betragen. Diese vier Klausuren enthalten jeweils drei praxisorientierte Aufgaben.

Im Prüfungsteil handlungsspezifische Qualifikationen wird lediglich in einem der beiden Prüfungsbereiche Einkauf und Logistik geprüft. Die Prüfung ist schriftlich; die Prüfungsdauer soll mindestens 120, höchstens 150 Minuten betragen.

Gegenstand der mündlichen Prüfung ist der Prüfungsbereich Personalführung, Team- und Projektmanagement. Als Vorbereitungszeit sind höchstens 30 Minuten vorgesehen; auch die Prüfungsdauer soll höchstens 30 Minuten betragen.

Prüfungsteil	Prüfungsbereiche		Prüfungsart	Prüfungsdauer in Minuten
handlungsübergreifende Qualifikationen	Einkaufspolitik und Einkaufsmarketing		schriftlich	höchstens 90
	Logistik und Logistikstrategien		schriftlich	höchstens 90
	Betriebswirtschaftliche Steuerung ...		schriftlich	höchstens 90
	Rechtliche Gestaltung ...		schriftlich	höchstens 90
	4 Prüfungsbereiche zusammen			mindestens 320
	Personalführung, Team- und Projektmanagement		mündlich	höchstens 30
handlungsspezifische Qualifikationen	Einkauf	wahlweise	schriftlich	mindestens 120 höchstens 150
	Logistik			

Anforderungen

Die Rechtsverordnung gibt für die Prüfung die Anforderungen allgemein vor. Bei den handlungsübergreifenden Qualifikationen liegen sie überwiegend in den Bereichen „kennen" und „anwenden"; bei den handlungsspezifischen Qualifikationen liegen sie zum großen Teil in den Bereichen „beherrschen" und „vertraut sein".

Der Rahmenplan (Rpl) setzt diese allgemeinen Angaben sehr differenziert um. Für die Umsetzung wird die folgende Taxonomie der Lernziele benutzt. (Die Nummerierung der Lernzielstufen habe ich aus praktischen Gründen angefügt.)

	Wissen (Kenntnisse)	Können (Handlungen)	Erkennen (Probleme)
1 a	Einblick	Fähigkeit	Bewusstsein
1 b	Überblick		
2	Kenntnis	Fertigkeit	Einsicht
3	Vertrautheit	Beherrschung	Verständnis

(Die Auswertung des Anforderungsniveaus nach dem Rahmenplan zeigt eine Häufung des Lernziels Wissen, 58 % aller Angaben beziehen sich darauf, 34 % auf Können und lediglich 8 % auf Erkennen. Im Lehrgang geht es also hauptsächlich um Wissensvermittlung, dann aber auch um die Vermittlung von Können, das Erkennen tritt dabei erheblich zurück.)

Umsetzung

Das vorliegende Prüfungsbuch lehnt sich in Gliederung, Inhalt und Lernzielniveau eng an die Verordnung und den Rahmenplan an. Die großen Kapitel entsprechen den Prüfungsbereichen, die Qualifikationsschwerpunkte sind die Überschriften der Unterkapitel, die Überschriften der Abschnitte werden im Allgemeinen vom Rahmenplan übernommen; gelegentlich macht der Umfang des Textes eine über die Vorgaben hinausgehende Untergliederung erforderlich.

Thematische Überschneidungen

Thematische Überschneidungen bzw. Wiederholungen ergeben sich aus der Prüfungsstruktur. Bestimmte Themenbereiche sind in beiden Prüfungsbereichen der handlungsspezifischen Qualifikationen zu behandeln, gelegentlich darüber hinaus auch in einem Bereich der handlungsübergreifenden Qualifikationen. In Fußnoten wird darauf hingewiesen, in welchem Kapitel die Thematik behandelt wird.

Das Kapitel 0 (Lern- und Arbeitsmethodik) des Rahmenplans wird nicht übernommen; es ist nicht prüfungsrelevant. Allerdings spielen einige Aspekte der Thematik in Kapitel 5 (Personalführung, Team- und Projektmanagement) eine Rolle. Außerdem ist vorgesehen, einige Aspekte dieser Thematik bei den Klausuraufgaben zu berücksichtigen, z. B. Gruppenarbeit und Rede- und Präsentationstechniken.

Anforderungen - Lernziele und Lernzielstufen

Die Lernziele sollen nach Möglichkeit durch entsprechende Formulierungen der Fragen berücksichtigt werden. Das stößt allerdings bei einem Prüfungsbuch auf Schwierigkeiten, da durch das Schema von Fragen und Antworten das Lernziel Wissen im Vordergrund steht; für die Lernziele Können und Erkennen werden meistens nur die grundlegenden Kenntnisse (Lernziel Wissen) vermittelt. Im Buch herrscht deshalb das Lernziel Wissen mehr vor als in der Häufigkeitsverteilung nach dem Rahmenplan. (Al-

Einleitung 23

lerdings können die Lernziele bei den klausurtypischen Aufgaben anders berücksichtigt werden.)

Die Auswertung des Rahmenplans weist auf die Häufigkeit der Lernzielstufen 1 und 2 hin. Sie soll sich in einem mittleren Schwierigkeitsgrad der Fragen und Antworten niederschlagen. Das gilt insbesondere für die Kapitel 1 bis 5 (handlungsübergreifende Qualifikationen). Die Lernzielstufe 3, die vermehrt bei den handlungsspezifischen Qualifikationen anzuwenden ist, soll durch eine größere Anzahl von Fragen berücksichtigt werden. Nach einer Einführungsfrage sollen die Fragen nach Möglichkeit die Komplexität einer Thematik angemessen darstellen.

Zur Nutzung des Buches

Der laufende Text besteht aus Fragen und Antworten; Arbeitsaufträge bleiben den Übungsaufgaben vorbehalten. Bei den Formulierungen der Fragen und der Reihenfolge der Fragen werden auch didaktische Grundüberlegungen berücksichtigt. Wenn die Möglichkeit dazu besteht, wird induktiv vorgegangen; wenn einzelne Fragen aus einer übergeordneten Frage abgeleitet werden, wird deduktiv vorgegangen. Dieses Konzept hat sich zur Wiederholung und zur Erarbeitung als nützlich erwiesen; es soll allerdings dem Benutzer und der Benutzerin des Buches nicht dazu verleiten, die Antworten auswendig zu lernen.

Es empfiehlt sich, folgendermaßen vorzugehen.[1]

Bei Wiederholung: Der Benutzer bzw. die Benutzerin sollte die Frage sorgfältig, d. h. unter Beachtung des in der Frage enthaltenen Hinweises, lesen und versuchen, mit eigenen Worten die Antwort zu formulieren; anschließend kann er bzw. sie die Antwort durch die Lektüre der vorformulierten Antwort überprüfen und evtl. korrigieren.

Bei Erarbeitung: Der Benutzer bzw. die Benutzerin soll sich durch die Frage den Problembereich erschließen und anhand der Antwort die entsprechenden Kenntnisse aneignen.

Den Antworten werden nach Möglichkeit *Beispiele* beigefügt, die die Ausführungen veranschaulichen sollen bzw. dem Leser die Möglichkeit geben, die Ausführungen nachzuvollziehen.

Wenn Antworten oder Teilantworten in einer Aufzählung von Begriffen bestehen, werden diese wegen der besseren Übersichtlichkeit untereinander angeordnet. Bei vollständiger Angabe der Begriffe wird die Aufzählung durch Nummerierung kenntlich gemacht, bei einer Auswahl von Begriffen wird ein allgemeines Aufzählungszeichen (Punkt) benutzt. Es hat sich gezeigt, dass diese Art der Textstrukturierung das Lernen erleichtern kann.

Der Erleichterung von Lernvorgängen soll auch die Hervorhebung von Textteilen dienen, z. B. als Erinnerungshilfen oder Gedächtnisstützen beim Überfliegen des Textes.

---
[1] Zur Nutzung des Übungsteils vgl. Vorbemerkungen zu den Übungsaufgaben.

Die Hervorhebung kann einzelne Begriffe, einzelne Gedankengänge innerhalb eines Satzes oder – in Ausnahmefällen – auch ganze Sätze betreffen. Die Hervorhebung trägt auch zur Übersichtlichkeit des Textes bei.

1. Einkaufspolitik und Einkaufsmarketing

1.1 Einkaufspolitik

1.1.1 Grundlagen der Einkaufspolitk

1.1.1.1 Begriffsbestimmungen

01. Was versteht man unter Einkauf?

Unter dem Begriff Einkauf werden *alle operativen Tätigkeiten* zusammengefasst, die im Zusammenhang mit der Bestellung von Waren, Werkstoffen, Betriebsmitteln usw. anfallen. Der Begriff umfasst auch weitere Tätigkeiten im Zusammenhang mit Einkauf, z. B. Ermittlung der günstigsten Bezugsquelle, Einkaufsverhandlungen u. Ä. Der Einkauf dient der Versorgung des Unternehmens für die Produktion (in Fertigungsunternehmen) und dem Weiterverkauf (in Handelsunternehmen).

02. Wie unterscheiden sich Einkauf und Beschaffung?

Beschaffung umfasst neben dem Einkauf auch die Beschaffungslogistik. Beschaffung ist also begrifflich weiter gefasst als Einkauf (obwohl beide Begriffe sowohl in der Literatur als auch in der Praxis häufig synonym verwandt werden). Als Beschaffungslogistik kann die Planung, Gestaltung, und Steuerung der Informations- und Güterströme zwischen dem Unternchmen und seinen Lieferanten verstanden werden.[1]

03. Wie lässt sich die Bedeutung von Logistik umschreiben?

Logistik ist mehr als Beschaffungslogistik. Logistik umfasst die Gestaltung und Steuerung aller Informations- und Güterströme vom Lieferanten bis zu den Wiederverkäufern bzw. Endverbrauchern. Zur Logistik zählen nicht nur die Transporteinrichtungen, sondern auch die Lager; aber auch der innerbetriebliche und der außerbetriebliche Transport sind Aspekte der Logistik.

04. Wie kann die Bedeutung von Einkaufspolitik umschrieben werden?

Die Einkaufspolitik, die sich aus der Unternehmenspolitik ableitet, definiert die Ziele des Einkaufs und benennt die Instrumente, mit denen die Ziele erreicht werden sollen.

---

[1] Vgl. Hirschsteiner, G.,2006 b, S. 47

05. Welche Ziele verfolgt die Einkaufspolitik?

Die Einkaufspolitik von Fertigungs- und Handelsunternehmen sorgt dafür, dass die Versorgung optimal und auf Dauer gesichert wird. Das bedeutet, Material bzw. Waren stehen den Unternehmen zur richtigen Zeit im richtigen Umfang und in der richtigen Qualität zur Verfügung. Darüber hinaus zielt die Einkaufspolitik auf die Minimierung der mit der Versorgung verbunden Kosten ab.

1.1.1.2 Determinanten der Einkaufspolitik

01. Welche Determinanten bestehen für die Einkaufspolitik?

Determinanten der Einkaufspolitik sind die Unternehmenspolitik, Marktentwicklungen und bestimmte Bedingungen des weiteren Umfelds.

1.1.1.2.1 Unternehmenspolitik

01. Wie lässt sich Unternehmenspolitik umschreiben?

Die Unternehmenspolitik ist langfristig ausgerichtet. Sie beruht auf langfristigen Zielen, die im Allgemeinen nur qualitativ ausgedrückt werden können. Zu diesen Zielen[1] zählen z. B.

- Bestandssicherung
- Risikominimierung
- Stärkung der Wettbewerbsposition
- Sicherung und Entwicklung von Erfolgspotenzialen.

Unternehmenspolitik lässt sich also umschreiben als die Zusammenfassung aller Maßnahmen und Einrichtungen zur Umsetzung der langfristigen Ziele.

02. Von welchen Voraussetzungen müssen unternehmenspolitische Planungen ausgehen?

Unternehmenspolitische Planungen müssen von Analysen der Faktoren ausgehen, die die künftige Unternehmenssituation betreffen. Dabei kommen den marktorientierten externen Faktoren besondere Bedeutung zu.

03. Wie determiniert die Unternehmenspolitik die Einkaufspolitik?

Die langfristigen (strategischen) Ziele, die sich aus der Unternehmenspolitik ergeben, bestimmen auch die Ziele der Einkaufspolitik. Wenn z. B. ein Handelsunternehmen beschließt, ein definiertes Marktsegment zu erschließen, um durch Umsatzsteigerungen

---

[1] nach Wöhe, G.,2008, S. 90 f.

seinen Bestand zu sichern, muss die Einkaufspolitik ihre Ziele darauf abstellen und für die Bereitstellung entsprechender Produkte sorgen. Das muss im Einkauf dazu führen, dass der Beschaffungsmarkt erschlossen, die günstigste Bezugsquelle ermittelt, die Ware bestellt, angenommen und für die Zielgruppe bereitgestellt wird. Aus langfristigen strategischen Zielen ergeben sich schließlich operationale Ziele.

04. Wie hängen langfristige (strategische) Ziele und operationale Ziele zusammen?

Langfristige (strategische) Ziele dienen der Planung; sie gehen von der Unternehmensleitung aus und berühren alle Bereiche des Unternehmens. **Operationale** Ziele verbinden die Planungsebene mit der Durchführungsebene. Sie betreffen einzelne Unternehmensbereiche. Sie werden in der Regel in quantitativen Größen angegeben.

05. Wie hängen die Ziele der Unternehmensebenen voneinander ab?

Die Unternehmensleitung legt oberste Ziele bzw. Gesamtziele fest. Die Gesamtziele bestimmen die Oberziele, das sind die Ziele der Funktionsbereiche (Abteilungsleitungen, oberste Führungsebene). Die Oberziele determinieren die Zwischenziele und die Unterziele, das sind die Ziele der den Bereichsleitungen unterstellten Funktionsstellen (mittlere und untere Führungsebene).

Entsprechend der Abstufung der Ziele ergibt sich folgende Zielhierarchie.

Zielhierarchie	Geltungsbereiche der Ziele	Beispiele (mit Bezug auf Einkauf)
Oberste Ziele, Gesamtziele	Unternehmung	Erschließung eines neuen Marktsegments durch preisgünstige Produkte
Oberziele, Bereichsziele (Abteilungsziele)	Funktionsbreiche, Abteilungen	Minimierung von Rohstoffkosten u. a. durch günstigen Einkauf
Zwischenziele	Funktionsbereiche innerhalb der Abteilung (unterhalb der Abteilungsleitung)	Erschließung neuer Beschaffungsmärkte u. Ä.
Unterziele	Untere Funktionsstellen	Ermittlung von Bezugsquellen gem. den Vorgaben (Anfragen, Angebotsvergleich)

1.1.1.2.2 Marktentwicklungen

01. Wie können Marktentwicklungen die Einkaufspolitik bestimmen?

Marktentwicklungen bestimmten u. a. den Einkauf von Waren, Rohstoffen u. dgl. Dadurch determinieren sie die Einkaufspolitik der Unternehmen. Diese Marktentwicklungen hängen eng zusammen, bedingen sich häufig gegenseitig.

Zu den Marktentwicklungen, die die Einkaufspolitik bestimmen, zählen z. B.

- die Änderungen des Bedarfs, der Verbrauchsgewohnheiten usw., die sich in Änderungen des Nachfrageverhaltens niederschlagen
- die Dynamik der Betriebsformen im Handel
- die Konzentration im Handel und in der Industrie.

02. Welche Trends zeigen sich im Nachfrageverhalten privater Haushalte?

Das Nachfrageverhalten privater Haushalte weist z. B. Trends auf, die sich mit folgenden Schlagworten bezeichnen lassen.

- Silver Market, das neue Seniorensegment. Die Angehörigen dieses Segments definieren sich nicht, zumindest nicht überwiegend, über das Alter, sondern vielmehr über ihre physische Verfassung, ihre Lebenseinstellung und über ihr Konsumverhalten. Sie gelten als relativ wohlhabend, und sie sind vor allem konsumfreudig.
- Ausländermarkt. Mit Ausländermarkt bezeichnet man den Markt mit ausländischen Konsumgütern, insbesondere mit Lebens- und Genussmitteln; dieses Segment entstand infolge des relativ hohen Ausländeranteils an der deutschen Bevölkerung.
- Convenience. Der Begriff deutet auf das Bedürfnis der Verbraucher nach „Bequemlichkeit" hin. Es bezieht sich auf die Einkaufsmöglichkeiten (Ladenöffnungszeiten, Präsentation der Waren, Lage der Geschäfte, neue Ladenkonzepte) aber auch auf entsprechende Produkte.
- Private Labels. Private Labels sind Eigenmarken von Handelsunternehmen in sehr guter Qualität und gehobener Verpackungsgestaltung.

03. Worin zeigt sich die Dynamik der Betriebsformen im Handel?

Die Dynamik der Betriebsformen im Handel drückt sich aus in der Erschließung neuer Vertriebslinien. Verschiedene Vertriebslinien lassen Preis- und Produktdifferenzierung zu; dadurch können weitere Käuferschichten erschlossen werden. Zu den neuen Vertriebslinien zählt auch der elektronische Handel (E-Commerce).

04. Worin zeigt die die Konzentration im Handel und in der Industrie?

Der Konzentrationstrend im Handel und in der Industrie zeigt sind in der zunehmenden Umsatzkonzentration. Umsatzkonzentration bedeutet, dass sich relativ wenige große Unternehmen den größten Teil des Umsatzes teilen. Eine Untersuchung des Statistischen Bundesamtes von 2008 zeigt, dass 3,2 % der Handelsunternehmen rd. 78 % des gesamten Umsatzes der Branche an sich ziehen konnten[1]. Der Konzentrationstrend zeigt sich auch in der Industrie, er ist aber nicht so stark wie im Handel.

---

[1] Vry, W., 2011, S. 103 ff.

1.1 Einkaufspolitik

05. Welche Bedeutung hat der Konzentrationstrend im Handel für den Handel?

Seine relativ starke Position schafft dem Handel Vorteile beim Einkauf. Darüber hinaus versetzt sie den Handel in die Lage, seine besonderen Interessen durchzusetzen. Handelsunternehmen wollen z. B., dass sich das von ihnen angebotene Sortiment von konkurrierenden Sortimenten abhebt. Sie streben dazu hohe Sortimentskompetenz an und wollen die verkaufsfördernden Maßnahmen der Hersteller ihren Zielen entsprechend nutzen. Besondere Bedeutung hat für den Handel die Optimierung der Lagerhaltung, das bedeutet für die Unternehmen geringe Bestandsmengen (geringe Lagerhaltung) bei Selbststeuerung der Beschaffungstermine.

06. Welche Bedeutung hat der Konzentrationstrend im Handel für die Hersteller?

Der Wettbewerb zwischen Herstellern findet zunehmend in konsumnahen Bereichen statt. Die dazu erforderlichen Marketingmaßnahmen sind eher mit großen Handelsunternehmen unter einheitlicher Leitung und mit Betriebstypendifferenzierung durchzuführen. Die Stärkung des Handels kann für den Hersteller also durchaus von Vorteil sein.

1.1.1.2.3 Weitere Umfeldbedingungen

01. Welche weiteren Umfeldbedingungen können die Einkaufspolitik beeinflussen?

Außer den bereits genannten beeinflussen auch die folgenden Umfeldbedingungen die Einkaufspolitik:
- Konjunktur
- Wirtschaftspolitik
- Recht und Gesetzgebung.

02. Was wird als Konjunktur bezeichnet?

Als Konjunktur wird die Entwicklung der gesamtwirtschaftlichen Nachfrage bezeichnet. Sie unterliegt regelmäßigen, mehr oder weniger starken Schwankungen um einen Wachstumspfad, der sich aus den gesamtwirtschaftlichen Angebotsmöglichkeiten ergibt; die konjunkturelle Entwicklung hat deshalb einen wellenförmigen Verlauf. Diese sog. Zyklen des Konjunkturverlaufs weisen vier Phasen auf: Aufschwung, Hochkonjunktur, Abschwung (Rezession), Krise.

03. Wodurch hat die konjunkturelle Entwicklung Einfluss auf die Einkaufspolitik?

Die einzelnen Phasen des Konjunkturverlaufs beeinflussen Beschäftigung, Preise, Unternehmensnachfrage, Auftragslage usw. Im Aufschwung steigen die Preise zunächst langsam, dann schneller, die Beschäftigung nimmt allmählich zu, bis zu hoher

Beschäftigung in der Hochkonjunktur, die Investitionsgüternachfrage ist in der Hochkonjunktur sehr hoch; in der Abschwungphase ist diese Entwicklung umgekehrt.

Es ist leicht einzusehen, dass Beschäftigungslage und Preise sowohl die private als auch die Unternehmensnachfrage beeinflussen. Dadurch bestimmt die Konjunktur die Einkaufspolitik der Unternehmen wesentlich mit.

04. Wie kann Wirtschaftspolitik definiert werden?

Wirtschaftspolitik ist die Gesamtheit aller an wirtschaftspolitischen Zielen orientierten Maßnahmen der staatlichen Institutionen zur Ordnung des Wirtschaftslebens, zur Beeinflussung der Wirtschaftsstruktur und zur Lenkung des Wirtschaftsablaufs. Aspekte der Wirtschaftspolitik sind z. B.

- Schaffung von Arbeitsplätzen
- Ankurbelung der Konjunktur
- Beseitigung einer Strukturkrise
- Förderung des Wettbewerbs.

05. Wie beeinflusst die Wirtschaftspolitik die Einkaufspolitik?

Durch wirtschaftspolitische Maßnahmen wie z. B. steuerliche Begünstigung von Investitionen, Senkung der Leitzinsen u. Ä. wird die private und die Unternehmensnachfrage gelenkt. Dadurch nimmt die staatliche Wirtschaftspolitik indirekt auch Einfluss auf die Einkaufspolitik der Unternehmen.

06. Können auch rechtliche Rahmenbedingungen die Einkaufspolitik beeinflussen?

Europäisches und deutsches Recht kann die Einkaufspolitik beeinflussen. Vorschriften über Zölle, Einfuhr- und Ausfuhrverbote berühren z. B. den Außenhandel. Vorschriften zur Sicherung des elektronischen Handels, zum Verbraucherschutz, zum Verbot der missbräuchlichen Ausnutzung von Marktmacht u. Ä. nehmen auch Einfluss auf die Einkaufspolitik.

1.1.2 Trends in der Einkaufspolitik

1.1.2.1 Neue Bezugsmöglichkeiten

01. Welche Bedeutung haben single sourcing, double sourcing und modular sourcing?

Single bzw. *double sourcing* bedeuten, dass bei Bezug bestimmter Materialien bzw. Rohstoffe lediglich ein oder zwei Lieferanten berücksichtigt werden, die als besonders

1.1 Einkaufspolitik

zuverlässig und kooperationsbereit gelten. Der Auswahl dieser Lieferanten liegt eine differenzierte Lieferantenbeurteilung zu Grunde.[1]

Modular sourcing beschreibt den Bezug von Baugruppen (system sourcing). Unternehmen beziehen fertige Baugruppen von anderen Unternehmen, die sie bei Erstellung der eigenen Produkte verwenden.

02. Was wird mit dem Begriff global sourcing umschrieben?

Goblal sourcing umschreibt den weltweiten Einkauf eines Unternehmens. Unternehmen müssen Rohstoffe, die im Inland nicht vorkommen einführen. Darüber hinaus bestimmen Kostenvorteile, insbesondere bei Lohnkosten, Unternehmen zum Bezug von fertigen oder halbfertigen Produkten, die im Ausland kostengünstiger produziert werden können als im Inland.

03. Welchen Vorteil bietet der fertigungssynchrone Bezug?

Fertigungssynchroner Bezug bedeutet, dass Materialien erst dann geliefert werden, wenn sie für die Produktion benötigt werden (Just-in-Time-Lieferung). Diese Bezugsform führt zur Minimierung von Lagerhaltungskosten.

04. Für welche Güter eignet sich das elektronische Beschaffungswesen?

Das elektronische Beschaffungswesen eignet sich eher für die Beschaffung von sog. C-Gütern. C-Güter sind Güter mit relativ geringem Wert, die häufig benötigt werden, dazu zählen z. B. bestimmte Rohstoffe, Hilfsstoffe u. Ä. Wenn gute Erfahrungen mit diesen Gütern und den Lieferanten gemacht wurden, muss der Einkauf nicht über die zentrale Einkaufsabteilung laufen. Vielmehr können Mitarbeiter am Ort des Bedarfs bestellen.

05. Welche Vorteile bietet die elektronische Beschaffung?

Der elektronische Handel bietet u. a. folgende Vorteile:

- Senkung der Beschaffungskosten
- Senkung der Bestellkosten
- Verkürzung der Beschaffungszeiten
- Zutritt zu globalen Märkten durch geografisch unbegrenzte Datenübermittlung.

---

[1] Zur Lieferantenbewertung und -beurteilung vgl. Kap. *6.2.1 Einkaufsvorbereitung*

06. Wie läuft die elektronische Beschaffung ab?

Die Einkaufsabteilung wählt die Lieferanten aus und handelt Konditionen in Rahmenverträgen aus. Sie erstellt die zentral gesteuerten Produktkataloge für das Intranet, das sind firmeneigene Webseiten, auf die der Mitarbeiter bei Bedarf zugreifen kann.

Der Mitarbeiter kann bei Bedarf und am Ort des Bedarfs bestellen. Im Allgemeinen wird ihm ein Höchstbetrag für die Bestellung vorgegeben. Wenn der Bestellwert höher ist, muss die Bestellung von einem Vorgesetzten oder von der Einkaufsabteilung mitverantwortet werden.

Im Allgemeinen geht die Bestellung unmittelbar an den Hersteller, d. h. die traditionellen Absatzmittler können vernachlässigt werden. Der Hersteller liefert die bestellte Ware sofort aus.

1.1.2.2 Unternehmensexterne Beziehungen und Partnerschaften

01. Wie kooperieren Unternehmen beim Einkauf?

Unternehmen schließen sich zum gemeinsamen bzw. gemeinschaftlichen Einkauf zu Einkaufsgemeinschaften oder -genossenschaften zusammen. Diese Form der Einkaufskooperation ist besonders häufig im Handel. Eine Zentrale kauft für die angeschlossenen Unternehmen ein.

02. Welche Formen des zentralen Einkaufs können unterschieden werden?

Zentraler Einkauf kann als Eigengeschäft oder als Fremdgeschäft organisiert sein. Es können unterschieden werden:

Bei *Eigengeschäften* kauft die Zentrale auf eigene Rechnung ein und verkauft an die beteiligten Unternehmen weiter.

Bei *Fremdgeschäften* tritt die Zentrale lediglich als Vermittlerin auf; dabei sind folgende Formen der Vermittlung zu unterscheiden:

- Empfehlungsgeschäfte: die Zentrale empfiehlt den angeschlossenen Unternehmen Lieferanten und Waren.
- Abschlussgeschäfte: Die Zentrale schließt Rahmenverträge ab.
- Delkrederegeschäfte: Die Zentrale übernimmt Ausfallbürgschaften.
- Zentralregulierungsgeschäfte: Die Zentrale nimmt den Rechnungsausgleich mit den Lieferanten vor, die angeschlossenen und belieferten Unternehmen zahlen an die Zentrale.

1.1 Einkaufspolitik

03. Welches System liegt der Zusammenarbeit zwischen Handel und Lieferanten beim Einkauf bzw. bei der Beschaffung zu Grunde?

Das System, dass der Zusammenarbeit zwischen Handeln und Lieferanten zu Grunde liegt, wird als *Efficient Consumer Response* bezeichnet. Das System verfolgt den Zweck, die Versorgung von Handelsunternehmen mit Konsumgütern optimal an den Bedürfnissen der Verbraucher auszurichten. Das System erstreckt sich in erster Linie auf den Warenfluss, dann aber auch auf die Gestaltung der Warengruppen und Sortimente, Warenpräsentation u. Ä.

04. Welche Bereiche umfasst das Category Management mit Bedeutung für Einkauf und Beschaffung?

Folgende Bereiche des CM haben bei Einkauf und Beschaffung besondere Bedeutung:

- Efficient Store Assortment: Zusammenarbeit zwischen Lieferer und Abnehmer auf der Grundlage von Warengruppen- bzw. Sortimentsidentität, z. B. Lagerergänzungen, Gestaltung der Sortimente usw.
- Efficient Continuous Replenishment: Zusammenarbeit mit dem vorrangigen Ziel des gleichmäßigen Warennachschubs.

05. Welche Bedeutung hat das Key Account Management?

Für das Einkaufsverhalten großer Unternehmen hat das Key Account Management der Hersteller bzw. der Lieferanten erhebliche Bedeutung. Key Accounts sind Großkunden. Mit Key Account Management umschreibt man alle Maßnahmen zur Betreuung von Key Accounts.

1.1.2.3 Bedarfsbündelung durch Materialgruppenmanagement

01. Was wird mit dem Begriff Materialgruppenmanagement bezeichnet?

Als Materialgruppenmanagement wird die Koordination des Einkaufs bezeichnet, die auf den Beschaffungsmarkt, d. h. auf die Lieferanten, ausgerichtet ist. Gleichartige Materialien eines Unternehmens, für die i. d. R. auch gleiche Beschaffungsaufgaben bestehen, werden zu Materialgruppen zusammengefasst. Für die Beschaffung einer Materialgruppe wird der Materialgruppenmanager zuständig; Materialgruppenmanager ist im Allgemeinen der Einkäufer.

Der Bedarf an gleichartigen Materialien ergibt sich aus verschiedenen Bedarfsquellen: Abteilungen, Unternehmensbereiche und Standorte des Unternehmens. Es ist deshalb sinnvoll, ein Team, das seine Mitglieder aus den verschiedenen Abteilungen, Bereichen und Standorten rekrutiert, mit dem Materialgruppenmanagement zu betrauen. Der Einkäufer wird der Leiter des Teams.

02. Was heißt: Das Materialgruppenmanagement ist beschaffungsmarktorientiert?

Die Tätigkeit des Materialgruppenmanagement zielt auf den Beschaffungsmarkt ab. Das Materialgruppenmanagement erforscht den Beschaffungsmarkt, ermittelt die Bezugsquellen für das Material, verhandelt mit den Lieferanten. Auch das Lieferantenmanagement fällt in den Aufgabenbereich des Materialgruppenmanagements.

03. Welche Ziele werden mit der Bedarfsbündelung angestrebt?

Der größte Vorteil des Materialgruppenmanagements liegt in der Bedarfsbündelung; der gesamte Bedarf eines Unternehmens von gleichartigen Materialien wird in der Nachfrage zusammengefasst. Das umfangreiche Beschaffungspotenzial ist Grundlage für die Durchsetzung bester Konditionen.

04. Wodurch unterscheidet sich das Materialgruppenmanagement vom Warengruppenmanagement?

Das Materialgruppenmanagement ist auf den Beschaffungsmarkt ausgerichtet; das gilt nicht für das Warengruppenmanagement. Das Warengruppenmanagement (Category Management) setzt das Efficient Consumer Response um. Der Warengruppenmanager ist für den Einkauf (die Beschaffung) zuständig. Ziel des Warengruppenmanagements (Category Management) ist die optimale Gestaltung des Sortiments bzw. der Warengruppe unter besonderer Berücksichtigung des Bedarfs bzw. des *Nutzens der Zielgruppe*.

1.1.2.4 Forschungs- und Entwicklungsprojekte

01. Womit ist ein Forschungs- und Entwicklungsprojekt befasst?

Unternehmen sind gezwungen, dem Bedarf entsprechend neue Produkte zu entwickeln. Sie müssen deshalb mit wissenschaftlichen Methoden nach neuen Erkenntnissen und Kenntnissen suchen, die sich praktisch umsetzen lassen. Forschung bedeutet den Erwerb solcher Erkenntnisse und Kenntnisse, Entwicklung deren praktische Auswertung. Ein Projekt ist ein einmaliges, komplexes Vorhaben, das zeitlich begrenzt ist und die Zusammenarbeit mehrerer Funktionsbereiche erfordert.[1]

Ein Forschungs- und Entwicklungsprojekt befasst sich z. B. mit der Entwicklung eines neuen Produkts. Das Produkt muss für das Unternehmen neu sein, aber nicht unbedingt für den Markt. Das Projekt ermittelt zunächst Kenntnisse und Erkenntnisse über den Bedarf hinsichtlich Nutzung, Gestaltung, Form, Gebrauchsfunktionen u. dgl., über ähnliche Produkte der Mitbewerber usw.; diese Erkenntnisse werden dann in einem neuen Produkt praktisch umgesetzt.

---

[1] Das Kapitel *5.3.2 Projektmanagement* befasst sich mit der Thematik Projektdefinition, -organisation usw.

02. Welche Bedeutung hat der Markt für die Produktentwicklung?

Mit „Markt" eines Gutes meint man die Nachfrage nach diesem Gut und das Angebot dieses Gutes. In der Nachfrage drückt sich der Bedarf aus, z. B. der privaten Haushalte; das Angebot enthält die Produkte von Mitbewerbern, die den Bedarf decken können: Die Mitbewerber bieten diese Produkte zu bestimmten Preisen an. Der Markt bestimmt also letztlich, was produziert werden kann und welchen Preis das Produkt haben darf, damit es sich gegen die Konkurrenz behaupten kann.

03. Welche Bedeutung haben Forschung und Entwicklung für die Beschaffung?

Man kann davon ausgehen, dass ein neues Produkt sich im Allgemeinen nur durch einen niedrigen Preis auf dem Markt durchsetzen kann. Deshalb ist dringend erforderlich, dass Beschaffung und Forschung und Entwicklung sehr frühzeitig zusammenarbeiten; die Zusammenarbeit ist die Grundlage für eine Kontrolle der Kostenentwicklung auf der Beschaffungsseite.[1]

1.1.2.5 Benchmarking und Best Practices

01. Was wird als Benchmarking bezeichnet?

„Benchmarking" lässt sich übersetzen mit „einen Maßstab suchen", gemeint ist ein Maßstab für die Verbesserungen von Leistungen des eigenen Unternehmens. Dieser Maßstab soll durch den Vergleich mit anderen Unternehmen gefunden werden. Die dafür erforderlichen Daten der Konkurrenz werden im Benchmarking erhoben. Benchmarking ist die *kontinuierliche Vergleichsanalyse* von Daten des eigenen Unternehmens mit den entsprechenden Daten anderer Unternehmen.

Benchmarking kann stattfinden

- als Vergleich mit Unternehmen der gleichen Branchen auf gleichen Märkten
- als Vergleich mit Unternehmen der gleichen Branchen auf unterschiedlichen Märkten
- als Vergleich mit unverwandten Unternehmen.

(Der Begriff *Benchmarking* wird als internes Benchmarking auch auf den Vergleich von Prozessen in den verschiedenen Betrieben eines Unternehmens verwandt.)

02. Welches Ziel wird mit dem Benchmarking verfolgt?

Der Vergleich soll dazu beitragen, die *besten Praktiken (Best Practices)* der anderen Unternehmen zu erkennen. Damit sie aber in das eigene Unternehmen implementiert werden können, müssen sie hinsichtlich der Übertragbarkeit auf die eigene Situation analysiert werden. Mithilfe des Benchmarking wird externes Wissen in die eigene Praxis integriert.

---

[1] Vgl. Krampf, P., München 2012, S. 68.

03. Wie läuft Benchmarking ab?

Zunächst werden in einer Vorbereitungsphase die Ziele des Datenvergleichs festgelegt. Danach läuft Benchmarking folgendermaßen ab:

- Festlegung von Kennzahlen, die dem Vergleich zu Grunde gelegt werden sollen
- Datenerhebung
- Datenanalyse mit Ermittlung des besten Unternehmens, Aufstellung einer Rangreihe
- Ableitung der besten Praktiken („Best Practices")
- Implementierung der best practices in das eigene Unternehmen.

04. Wie werden Stärken und Schwächen im Benchmarking bewertet?

Die Stärken und Schwächen werden folgendermaßen bewertet.
0 = eindeutig schwächer als Hauptkonkurrent
1 = leicht schwächer als Hauptkonkurrent
2 = gleich stark wie Hauptkonkurrent
3 = leicht stärker als Hauptkonkurrent
4 = eindeutig stärker als Hauptkonkurrent.

05. Wie lässt sich formulieren, wann Stärken und wann Schwächen vorliegen?

Eine Stärke in einem Bereich liegt also dann vor, wenn das Unternehmen in diesem Bereich mindestens so gut ist wie der beste Mitbewerber, wenn es also Wettbewerbsvorteile hat. So kann z. B. (im Einzelhandel) der Sortimentsausschnitt „Weine" in einem Supermarkt dann als Stärke identifiziert werden, wenn das Geschäft mindestens so gut sortiert ist wie ein Fachgeschäft, das noch als Mitbewerber in Betracht kommt.

Eine ausgesprochen Schwäche hat ein Unternehmen dann, wenn es mit seinen Mitteln keinen Wettbewerbsvorteil erreichen kann.

1.1.2.6 Inner- und zwischenbetriebliche Informations- und Kommunikationssysteme

01. Wie kann ein betriebliches Informationssystem umschrieben werden?

Ein betriebliches Informationssystem lässt sich in folgenden Aspekten umschreiben:

- Es regelt systematisch alle Informationsverbindungen des Betriebes nach innen und nach außen.
- Es stellt alle technischen und organisatorischen Einrichtungen zur Informationsgewinnung und -verarbeitung bereit, soweit sie für die Informationsverbindungen erforderlich sind.
- Es ist im Allgemeinen computergestützt.
- Es beruht auf einer Datenbank, d. h. auf gespeicherte Informationssammlungen; mit einem besonderen Programm ist der Zugriff gezielt und schnell möglich.

02. Welche Aufgaben erfüllt ein betriebliches Informationssystem?

Das betriebliche Informationssystem soll sicherstellen, dass Mitarbeiter eines Betriebes, die Systemnutzer, mit den erforderlichen Informationen rechtzeitig versorgt werden können, bzw. Datensammlungen bereit halten, auf die die Mitarbeiter bei Bedarf schnell zugreifen können.

03. Was umfasst ein betriebliches Kommunikationssystem, und wie wird ein betriebliches Kommunikationssystem genutzt?

Das betriebliche Kommunikationssystem umfasst *alle möglichen Kommunikationsbeziehungen und Kommunikationswege zwischen betrieblichen Handlungsträgern*. Für die betriebliche Kommunikation werden verbreitete Techniken genutzt oder für betriebliche Zwecke weiterentwickelt, die die Übermittlung von Informationen schriftlich, bildlich und akustisch ermöglichen. Dazu zählen z. B. das Handy, das Internet, das Intranet usw.

04. Welche Funktion erfüllt ein betriebliches Informations- und Kommunikationssystem (IuK)?

Wesentliche Aufgabe eines betrieblichen Informations- und Kommunikationssystems (IuK) ist die systematische *Versorgung der Nutzer* mit Informationen. Das IuK ermöglicht den innerbetrieblichen (internen) und den zwischenbetrieblichen Datenaustausch.

Das IuK ist ein interaktives System; deshalb ist auch die Kommunikation des Nutzers mit dem System möglich, z. B. beim Abruf von Informationen.

05. Welche Bedeutung haben Informations- und Kommunikationssysteme beim Einkauf bzw. bei der Beschaffung?

Das Informationssystem, das bei dem Category Management und dem Supply Chain Management angewandt wird, ist das *Electronic Data Interchange* (EDI). EDI ist der elektronische Austausch strukturierter Geschäftsdaten zwischen den beteiligten Unternehmen. Die Daten sollen zweckmäßigerweise schnell der Zielanwendung zugeführt und in die interne Bearbeitung einbezogen werden. Im Allgemeinen verwenden die Unternehmen standardisierte Datensysteme als Kommunikationsbasis, die von einer Vielzahl von Partnern genutzt werden können.

06. Welche Vorteile hat das Electronic Data Interchange (EDI)?

Das EDI hat u. a. folgende Vorteile:

- Verwaltungsarbeiten werden rationalisiert
- manuelle Eingaben entfallen

- die Fehlerquote wird durch den Wegfall der manuellen Eingaben und der Verwendung von Standards reduziert
- die Bearbeitungszeit wird verkürzt.

1.2 Einkaufsmarketing

1.2.1 Grundlagen des Einkaufsmarketings

01. Was versteht man unter Einkaufsmarketing?

Einkaufsmarketing ist die zusammenfassende Bezeichnung für alle Maßnahmen eines Unternehmens auf den Beschaffungsmärkten für Waren, Rohstoffe, Betriebsmittel usw.[1]

02. Welche Bereiche umfasst das Einkaufsmarketing?

Bereiche des Einkaufsmarketings sind u. a.

- Ermittlung der günstigsten Bezugsquellen für Waren, Material, Betriebsmittel usw. (Beschaffungsmarktforschung)
- die Lieferantenauswahl
- die langfristige Sicherung und die Pflege der Bezugsquellen
- Einkauf (Abwicklung der Bestellung u. Ä.)
- die Festlegung von Art und Menge der einzukaufenden Materialien, Waren, Betriebsmittel usw. (Produkt- und Sortimentspolitik)
- die Vertragsgestaltung (Kontrahierungspolitik).

03. Was kann als betriebliches Planungssystem umschrieben werden?

Alle betrieblichen Abläufe unterliegen der Planung. Nur durch die Planung werden sie in ihren möglichen Auswirkungen überschaubar und ihre Folgen vorhersehbar. Als betriebliches Planungssystem kann der systematische Zusammenhang der Pläne bezeichnet werden. Der Zusammenhang zeigt sich in den Abhängigkeiten der Pläne voneinander. Die Abhängigkeiten ergeben sich aus dem organisatorischen Ablauf von Prozessen und dem organisatorischen Aufbau von Hierarchieebenen.

04. Welche Bedeutung hat das Einkaufsmarketing im betrieblichen Planungssystem?

Die Bedeutung des Einkaufsmarketing im betrieblichen Planungssystem zeigt sich in zwei Aspekten. Einerseits produziert das Einkaufsmarketing Pläne, die sich z. B. auf

---

[1] Im selben Maß, wie sich Einkauf und Beschaffung überschneiden, überschneiden sich auch Einkaufs- und Beschaffungsmarketing.

1.2 Einkaufsmarketing

Einkaufsdaten, Liefermengen u. Ä. beziehen. Andererseits ist ihre Planung aber abhängig von den Planungen anderer Bereiche, so ist z. B. der Einkaufsplan abhängig von dem Bedarfsplan der Fertigung (Industrie) oder des Verkaufs (Handel).

Besonders deutlich wird diese Abhängigkeit im Zusammenhang mit dem System der Produktionsplanung und -steuerung (PPS).

05. Welche Bedeutung haben das System der Produktionsplanung und -steuerung für die Planung des Einkaufs?

Für die Fertigungsvorbereitung werden die spezifischen Auftragsdaten mit den betriebsinternen Stammdaten zusammengeführt. Stammdaten des Betriebes sind grundlegende betriebsinterne Daten; dazu gehören Artikelnummern, Stücklisten, Lagerdaten usw. Diese Daten sind im System der Produktionsplanung und -steuerung (PPS-S) gespeichert.

Produktionsplanung und Produktionssteuerung können folgendermaßen unterschieden werden. *Produktionsplanung* ist die vorbereitende Planung des Produktionsprozesses; die Planung bezieht sich sowohl auf den Ablauf der Fertigung, als auch auf den Bedarf an Materialien, Betriebsmitteln usw. im zeitlichen Zusammenhang mit dem Fertigungsablauf. *Produktionssteuerung* ist die Konkretisierung dieser Planung durch Bereitstellung der Materialien, durch Überwachung des Fertigungsvorgangs und durch Beseitigung von Störungen.

06. Welche Auswirkungen hat das Einkaufsmarketing auf andere Unternehmensbereiche?

Die Aufgabe des Einkaufsmarketing ist die Beschaffung von Materialien und Betriebsmitteln sowie von Waren, und zwar im Rahmen von Planungsdaten, die von anderen Bereichen, insbesondere von der Fertigungsvorbereitung, vorgegeben wurden. Es kommt also darauf an, die Materialien, Betriebsmittel und Waren zu beschaffen, mit denen die Produktions- und Verkaufsbereitschaft gesichert wird, und zwar im geplanten Umfang und zu den geplanten Bedingungen zum vorgesehenen Termin bzw. in dem vorgesehenen Zeitraum. Wenn das nicht gelingt, muss das Unternehmen mit Umsatz- und Gewinneinbußen rechnen.

1.2.2 Instrumente

01. Welche Instrumente kann das Einkaufsmarketing anwenden?

Die Instrumente des Einkaufsmarketings[1] sind

---

[1] Die hier verwendete Systematik mit den Begriffsbestimmungen lehnt sich eng an den Rahmenplan des DIHK. Diese Vorgehensweise scheint gerechtfertigt, da bei diesem Lerninhalt als Lernziel lediglich die Fähigkeit gefordert wird, die einzelnen Instrumente des Einkaufsmarketings einzuordnen. Im Allgemeinen werden die Begriffe in anderen Zusammenhängen aufgegriffen, insbesondere in den Kapiteln 6 und 7.

- güterbezogen
- marktbezogen
- unternehmensbezogen
- kommunikationsbezogen.

02. Welche güterbezogenen Instrumente gibt es?

Zu den güterbezogenen Instrumenten zählen z. B.

- Qualität
- Service, Gewährleistung und Garantie
- Standardisierung
- Substitution
- ABC-Analyse
- XYZ-Analyse
- Umwelt, Entsorgung und Recycling.

03. Welche marktbezogenen Instrumente gibt es?

Zu den marktbezogenen Instrumenten zählen z. B.

- Beschaffungsmarktforschung
- Vertragsgestaltung
- Preise und Mengen
- Termine und Wege
- Lieferanten und Gegengeschäfte.

04. Welche unternehmensbezogenen Instrumente gibt es?

Zu den unternehmensbezogenen Instrumenten zählen z. B.

- Innerbetriebliche Koordination
- Materialfluss im Unternehmen
- Vorräte
- Make or Buy
- Personalführung und Personaleinsatz.

05. Welche kommunikationsbezogenen Instrumente gibt es?

Zu den kommunikationsbezogenen Instrumenten zählen z. B.

- Internet
- Inter Data Exchange (EDI).

1.3 Einkaufsorganisation

1.3.1 Grundlagen der Organisation

1.3.1.1 Begriffsbestimmungen

01. Was wird mit dem Begriff Organisation umschrieben?

Mit Organisation umschreibt man einerseits den Prozess des Organisierens (das „Organisieren") und andererseits das Ergebnis des Organisierens (die „Organisation"). Organisation bezieht sich sowohl auf die Struktur, z. B. des Unternehmens, auf seine Ordnung und auf seinen Aufbau, als auch auf den Ablauf von Vorgängen.

02. Wie lässt sich Organisation von Improvisation und Disposition abgrenzen?

Im Allgemeinen gilt die folgende Unterscheidung:

- **Organisation** ist die auf Dauer angelegte, grundsätzliche Ordnung, das trifft z. B. auf langfristig geltende Regelungen von Zuständigkeiten, auf bestimmte Abläufe usw. zu.
- Als **Improvisation** wird eine kurzfristige Regelung bezeichnet, die sich lediglich auf eine begrenzte Anzahl von Vorgängen bezieht.
- Die **Disposition** ist einmalige Regelung.

03. Womit befasst sich die Organisation von Einkauf und Logistik?

Die Organisation von Einkauf und Logistik befasst sich mit den organisatorischen, institutionellen und personellen Voraussetzungen für die Durchführung der Aufgaben von Einkauf und Logistik. Dazu zählen z. B.

- die Gestaltung des organisatorischen Aufbaus des Einkaufs- und Logistikmanagements
- die Institutionalisierung des Einkaufs- und Logistikmanagements in die Unternehmensorganisation
- die Koordination der Bereiche Einkauf und Logistik mit anderen Unternehmensbereichen
- die Definition von Aufgaben Weisungsbefugnissen usw. des Einkaufs- und Logistikmanagements.

1.3.1.2 Arten der Organisation

01. Welche Arten von Organisation in einem Unternehmen können unterschieden werden?

Gegenstand des Organisierens können der Aufbau des Unternehmens oder bestimmter Unternehmensbereiche und die Abläufe von Vorgängen und Prozessen sein. Entsprechend werden Aufbauorganisation und Ablauforganisation unterschieden.

02. Womit befasst sich die Aufbauorganisation?

Die Aufbauorganisation eines Unternehmens befasst sich mit dem organisatorischen System seiner Arbeitsteilung und Zuständigkeiten. Grundlage ist die Analyse der Aufgaben. Das Ergebnis ist die Darstellung (und Beschreibung) des Leitungssystems des Unternehmens mit seiner Rangordnung.

Organisatorische Einheiten sind die Stellen, die durch ihre Kompetenzen voneinander abgegrenzt und durch Weisungen und Kooperation miteinander verbunden sind. Zum organisatorischen Aufbau gehört deshalb die Beschreibung der Stellen, d. h. im Einzelnen:

- Definition der Aufgaben, die die Stelle umfasst, und Beschreibung der Kompetenzen sowie der Weisungsbefugnisse
- Angabe der vorgesetzten Stelle
- Angabe der unterstellten Stellen.

03. Welche Bedeutung hat die Aufgabenanalyse für die Aufbauorganisation?

Grundlage der Aufbauorganisation ist eine Aufgabenanalyse, d.h. die Definition der Aufgaben der einzelnen Stellen. Alle Haupt-, Teil und Einzelaufgaben eines Unternehmens ergeben sich aus der Gesamtaufgabe des Unternehmens.

Gesamtaufgaben sind z. B. grundsätzliche Entscheidungen, Entwicklung von Zielvorstellungen, z. B. Sortimentsentscheidungen, Entscheidungen über Standorte. Sie sind der obersten Führungsebene vorbehalten.

Hauptaufgaben dienen der Realisierung von Gesamtaufgaben; im Bereich der Materialwirtschaft umfassen die Hauptaufgaben alle grundsätzlichen einkaufs- und lagerpolitischen Entscheidungen. Darüber hinaus können zu den Hauptaufgaben u. a. die folgenden Aufgaben gezählt werden.

- Einkauf
- Lager
- Transportwesen (innerbetrieblicher und außerbetrieblicher Transport)
- Entsorgung
- Controlling.

1.3 Einkaufsorganisation

Die Hauptaufgaben werden in *Teil- und Einzelaufgaben* realisiert. Im Folgenden werden einige dieser Aufgaben aufgezählt.

- Einkauf von einzelnen Materialien
- Einkauf im Inland, Einkauf im Ausland
- Information über Bestände
- Disposition
- Anfragen, Bezugsquellenermittlung
- Angebotsvergleich
- Transport
- Warenannahme, Qualitätskontrolle.

Innerhalb dieses Aufgabenrahmens können *spezielle Aufgaben* definiert werden. Spezielle Aufgaben ergeben sich im Allgemeinen aus den materialwirtschaftlichen Zielen. Zu den speziellen Aufgaben können z. B. die folgenden Aufgaben gezählt werden.

- Ermittlung der auf Dauer günstigsten Bezugsquelle
- Minimierung des Einstandspreises durch Aushandeln von Rabatten
- Minimierung der Lagerhaltungskosten
- Verringerung der Fehlmengenkosten durch Verbesserung der Lieferbereitschaft
- Festlegung optimaler Bestellpunkt
- Ermittlung der optimalen Bestellmengen.

04. Womit befasst sich die Ablauforganisation?

Die Ablauforganisation regelt in zeitlicher und örtlicher Hinsicht den Ablauf von Arbeitsvorgängen bzw. -verrichtungen im Zusammenhang mit einer umfassenden Aufgabe oder mit einem Projekt. Sie verbindet die jeweilige einzelne Verrichtung mit dem entsprechenden Arbeitsplatz und mit den erforderlichen Sachmitteln so, dass die Arbeitsvorgänge sachlogisch aufeinander bezogen werden und lückenlos, d. h. ohne zeitlichen Verzug, aufeinander folgen können.

05. Welcher Zweck wird mit der Ablauforganisation verfolgt?

Zweck der Ablauforganisation ist die Minimierung von Durchlaufzeiten und die Maximierung der Kapazitätsauslastung.

1.3.2 Aufbauorganisation des Einkaufs

1.3.2.1 Organisationsformen

01. Welche Formen (Systeme) der Aufbauorganisation gibt es?

Nach der Abgrenzung der Stellen und der Kommunikation zwischen ihnen lassen sich u. a. folgende Systeme der Aufbauorganisation unterscheiden.

- Einliniensystem
- Stab-Linien-System, bei dem das Liniensystem durch Stäbe mit besonderen Aufgaben ergänzt wird
- modifizierte Liniensysteme.

02. Wie lässt sich das Einliniensystem darstellen?

Das Einliniensystem ist streng hierarchisch gegliedert. Das lässt sich durch die schematische Darstellung veranschaulichen. Die Darstellung gibt die Stellen und das Weisungssystem wieder. In der Darstellung sind auch die Führungsebenen (Leitungsebenen) angegeben.

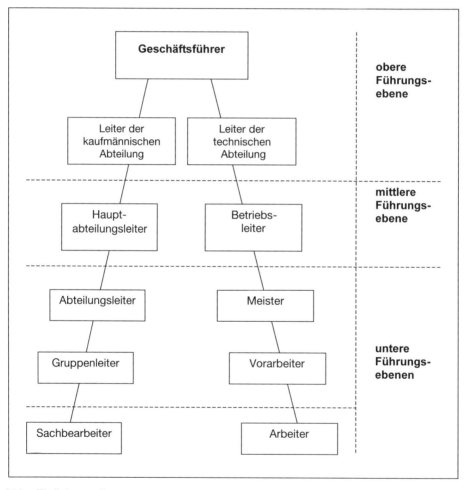

Abb.: Einliniensystem

1.3 Einkaufsorganisation

03. Wie lassen sich die Leitungsebenen unterscheiden?

Die Leitungsebenen unterscheiden sich hinsichtlich der Art und des Umfangs der Aufgaben, die ihnen jeweils zugeordnet sind. Unterschieden werden Gesamtaufgaben, die der obersten Führungsebene vorbehalten sind, von Hauptaufgaben der mittleren und Teil- sowie Einzelaufgaben der unteren Ebenen.

- Oberste Leitungsebene – Gesamtaufgaben
- Mittlere Leitungsebene – Hauptaufgaben: Realisierung der Gesamtaufgaben
- Untere Leitungsebene – Teilaufgaben: Realisierung der Hauptaufgaben
- Unterste Leitungsebene – Einzelaufgaben: Realisierung der Teilaufgaben.

04. Welche Bedeutung haben Stäbe bzw. Stabsstellen?

Stäbe sind Leitungsstellen zugeordnet. Sie beraten die Stellen und bereiten Entscheidungen vor. Stäbe haben im Allgemeinen keine Entscheidungs- und Weisungsbefugnisse. Zu unterscheiden sind

- persönlicher Stab, er ist einer Instanz der oberen Führungsebene zugeordnet und unterstützt sie bei Erfüllung ihrer Führungsaufgaben, z. B. Direktionsassistent
- spezieller Stab, er wird i. d. R. für spezielle Fachprobleme eingesetzt, z. B. für Marktforschung.

05. Was ist ein Stab-Linien-System?

Ein Stab-Linien-System ist die Kombination eines Einliniensystems mit Stäben. Der organisatorische Aufbau nach diesem System nutzt die Vorteile des übersichtlichen, klar gegliederten Einliniensystems und die Fachkompetenz von Stäben. Der Aufbau ist funktionsorientiert und beruht auf den von der Zentrale ausgehenden Entscheidungen.

Die Ausführungen lassen sich anhand der folgenden schematischen Darstellung veranschaulichen. Sinnvolle Ergänzungen und Erweiterungen können leicht nachvollzogen werden. Dargestellt werden die Stellen auf den verschiedenen Führungsebenen und die zwischen ihnen bestehenden Verbindungen, die Ziffern I, II und III deuten die Funktionsbereiche der Abteilungen an. Beispielhaft werden einige Stäbe angedeutet (S = Sekretariat, R = Rechtsabteilung, M = Marktforschung, F&E = Forschung und Entwicklung).

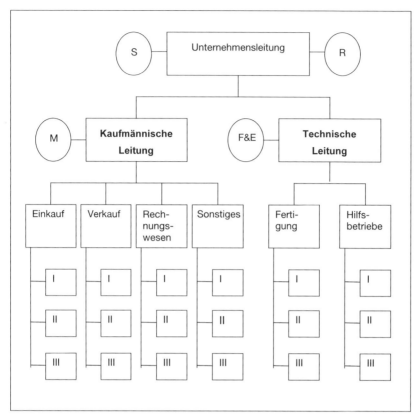

Abb.: Stab-Linien-System

06. Was versteht man unter einer Spartenorganisation?

Unter einer Spartenorganisation versteht man einen organisatorischen Aufbau, bei dem die Funktionen einzelnen Sparten (Bereichen) zugeordnet sind. Die Sparten (z. B. einzelne Betriebe eines Unternehmens) übernehmen die in die jeweilige Sparte fallenden Funktionen. Die Spartenleiter werden verantwortlich für Einkauf, Personalwesen, Lagerwesen, Finanzierung usw. Grundlage dieser Organisation sind also die dezentralen Entscheidungen. Es ist möglich, bestimmte Funktionsbereiche aus allen Sparten zentral zusammenzufassen, sodass gleiche Aufgaben von einer Stelle ausgeführt werden können. Diese Funktionsbereiche werden als Zentralfunktionen bezeichnet.

Die Ausführungen können anhand der folgenden Darstellung, die eine Spartenorganisation in streng dezentraler Form wiedergibt, nachvollzogen werden.

1.3 Einkaufsorganisation

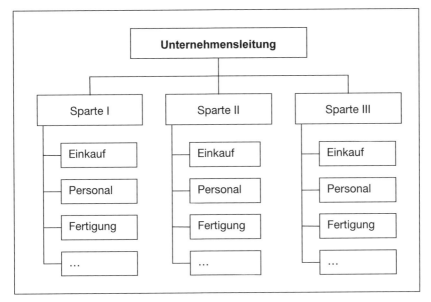

Abb.: Spartenorganisation

07. Wie kann die Organisation des Einkaufs im Unternehmensaufbau berücksichtigt werden?

Die Organisation des Einkaufs kann im Unternehmensaufbau folgendermaßen berücksichtigt werden.

- Funktionen bzw. Teilfunktionen des Einkaufs sind Grundlagen der Organisation (funktionsorientierte Organisation).
- Produkte bzw. Produktgruppen sind Grundlagen der Organisation (produktorientierte Organisation).
- Einkaufsgebiete sind Grundlage der Organisation (gebietsorientierte Organisation).

08. Wie lässt sich der funktionsorientierte Organisationsaufbau des Einkaufs beschreiben?

Die funktionsorientierte Organisation des Einkaufs nutzt die Vorteile des Einliniensystems, die in klaren und übersichtlichen Kompetenzzuweisungen an die zuständigen Stellen besteht. Die Stellen sind auf die entsprechenden Funktionen spezialisiert, z. B. Anfragen, Angebotsvergleich usw. Die Stellen werden von einem Leiter (Manager) geleitet. Diese Organisationsform hat ihre besondere Bedeutung in Unternehmen mit einem kleinen oder sehr homogenen Produktprogramm.

Die Ausführungen lassen sich anhand der folgenden schematischen Darstellung, in der der Funktionsbereich Einkauf hervorgehoben ist, nachvollziehen.

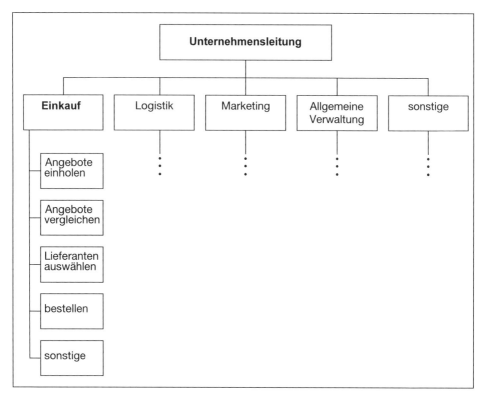

Abb.: Funktionsorientierter Organisationsaufbau mit dem Funktionsbereich Einkauf

09. Welche Vorteile und welche Nachteile hat der funktionsorientierte Organisationsaufbau?

Vorteile des funktionsorientierten Organisationsaufbaus:

- Die Stelleninhaber sind qualifizierte Spezialisten.
- Das Erfahrungswissen von Funktionsspezialisten wird genutzt.
- Der Leiter des Funktionsbereichs kann für eine zentrale Steuerung der Aufgaben sorgen.

Nachteile:

- Ausgeprägtes Ressortdenken kann sich durchsetzen.
- Die Abstimmung der einzelnen materialwirtschaftlichen Funktionsbereiche ist gelegentlich schwierig.

1.3 Einkaufsorganisation

10. Wie lässt sich der produktorientierte Organisationsaufbau des Einkaufs beschreiben?

Die Produktorientierung der Organisation ermöglicht die Konzentration der Einkaufsaktivitäten auf ein Produkt bzw. auf eine Produktgruppe, d. h. auf eine Sparte (vgl. Spartenorganisation). Jede Sparte wird für die Funktionen wie z. B. Einholung von Angeboten, Bestellung usw. zuständig. Eine Produktgruppe wird von einem Produktleiter (-direktor) oder von einem Produktmanager geleitet. Er ist u. a. verantwortlich für die Einkaufsaktivitäten in dem jeweiligen Bereich. Häufig bleiben Aufgaben, die in allen Produktgruppen anfallen, z. B. Lagerhaltung u. Ä., der Zentrale vorbehalten.

Die Ausführungen zur produktorientierten Einkaufsorganisation werden durch die folgende schematische Darstellung veranschaulicht. Dargestellt wird die dezentrale Beschaffung von Werkstoffen und Betriebsmitteln.

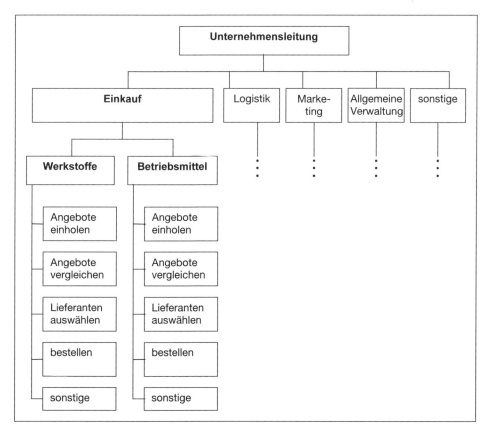

Abb.: Produktorientierte Einkaufsorganisation

11. Was versteht man unter Matrixorganisation?

Mit der sog. Matrixorganisation wird versucht, zwei Organisationsprinzipien miteinander zu kombinieren, z. B. die funktionsorientierte Organisation mit der Spartenorganisation. Es entsteht ein Mehr-Linien-System. Eine einzelne Stelle kann sowohl Weisungen von einem Funktionsmanager und von einem Spartenmanager erhalten. Der Spartenmanager plant, koordiniert, kontrolliert usw. den von ihm betreuten Bereich (z. B. eine Produktgruppe); der Funktionsmanager koordiniert im Rahmen seiner Funktion (z. B. Beschaffung) die einzelnen Sparten (z. B. alle Produktgruppen). Im Allgemeinen haben die Weisungen des Spartenmanagers Vorrang. Die Matrixorganisation kann auf verschiedenen Hierarchieebenen eingesetzt werden.

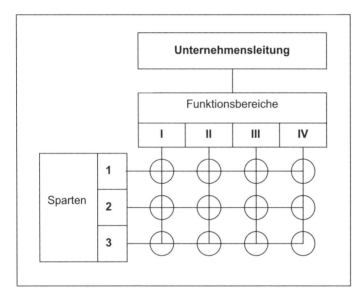

Abb.: Matrixorganisation

12. Welche Vorteile und welche Nachteile hat die Matrixorganisation?

Vorteile:

- Die Spartenmanager sind im Allgemeinen Spezialisten für ihren Bereich. Ihre Kompetenz kann zur Lösung solcher Probleme genutzt werden, die sich aus der ständigen Veränderung von Umweltbedingungen ergeben.
- Probleme können schneller gelöst werden als in rein funktionsorientierten Organisationen.
- Die vorgesetzten Stellen werden entlastet.
- Die Kooperation zwischen zwei Managementbereichen führt zu einer höheren Entscheidungsqualität.

Nachteile:

- Es besteht ein ständiger Zwang zur Kooperation und Koordination.
- Wegen der möglichen Kompetenzüberschreitungen sind Konflikte zwischen Sparten- und Funktionsmanagern unvermeidlich.

13. Welche Bedeutung hat die Matrixorganisation für die Organisation des Einkaufs?

Die Matrixorganisation bekommt für die Organisation des Einkaufs ihre besondere Bedeutung durch die Kombination des Produktmanagements mit dem Funktionsmanagement. Die Produktmanager fällen Entscheidungen, die für die optimale Betreuung ihrer Produkte erforderlich sind, z. B. planen sie Produktverbesserungen, Ergänzungen der Produktgruppe usw. und beeinflussen damit wesentlich den Einkauf.

1.3.2.2 Organisationsprinzipien

01. Was sind Organisationsprinzipien, und worauf beziehen sich Organisationsprinzipien?

Organisationsprinzipien sind die Gestaltungsvorlagen für Organisation; sie geben an, wie eine Organisation mit Blick auf ihre Besonderheit und ihre Zielsetzung zweckmäßig gestaltet werden kann.

Organisationsprinzipien nach dieser Definition beziehen sich z. B. auf

- Aufgabendefinition, Kompetenzzuweisung, Verantwortungsbereich
- Führungsspanne
- Zentralisation und Dezentralisation.

02. Nach welchen Kriterien kann die Zweckmäßigkeit eines Organisationsprinzips eingeschätzt werden?

Zweckmäßigkeit richtet sich nach dem Organisationsziel aus. Zweckmäßig ist ein Organisationsprinzip eher dann, wenn mit seiner Anwendung das Ziel effektiver und effizienter erreicht werden kann.

Eine höhere Effektivität (Wirtschaftlichkeit) eines Prinzips liegt dann vor, wenn der Ertrag aus einer Organisationsgestaltung nach diesem Prinzip höher ist als der Aufwand. Der Wert kann im Allgemeinen nur grob geschätzt werden. Die Effizienz eines Prinzips gibt an, wie bzw. in welchem Ausmaß das Ziel der Organisation bei seiner Anwendung erreicht wird. Unterschieden wird zwischen ökonomischer und sozialer Effizienz. Eine Kennziffer, die die ökonomische Effizienz ausdrückt ist im Allgemeinen wenig aussagefähig; sie taugt bestenfalls zum Vergleich z. B. mit anderen Unternehmen. Die soziale Effizienz drückt sich z. B. im Betriebsklima aus. Die Anwendung eines bestimmten

Prinzips kann z. B. die Arbeitszufriedenheit der Mitarbeiter fördern und sich so positiv auf das Betriebsklima auswirken.[1)]

03. Welche Probleme können sich aus Schnittstellen ergeben?

Probleme in der Organisation ergeben sich aus den Schnittstellen zwischen einzelnen Organisationseinheiten; hier besteht ein umfassendes Konfliktpotenzial. Konflikte haben u. a. folgende Ursachen:

- Die Aufgaben einer Stelle werden nicht genau definiert, ihr Veranwortungsbereich wird nicht eindeutig abgegrenzt.

- Die Führungsspanne ist nicht eindeutig vorgegeben, Zuständigkeiten für die fachliche und disziplinarische Leitung sind nicht eindeutig fixiert. Leitungsstellen sind u. U. überfordert.

- Der Informationsfluss zwischen einzelnen Organisationseinheiten ist unzulänglich. Das Problem kann bei räumlicher Trennung der Organisationseinheiten auftreten.

- Fachliche und persönliche Anforderungen einer Stelle wurden bei der Stellebesetzung nicht berücksichtigt.

Durch ein kompetentes Schnittstellenmanagement muss versucht werden, die Probleme zu beherrschen und das Konfliktpotenzial zu verringern.

03. Was besagt die Führungsspanne?

Die Führungsspanne (Leitungsspanne) gibt an, wie viele und welche Stellen einer Instanz unterstellt sind. Die Bestimmung der Führungsspannen entscheidet auch darüber, wie flach die Organisationsstrukur ist. Flache Hierarchien gelten im Allgemeinen als effektiv und effizient.

04. Wodurch unterscheiden die Organisationsprinzipien Zentralisation und Dezentralisation?

Zentralisation bedeutet die *Zusammenfassung gleicher Aufgaben* bei einer Stelle. So kann z. B. der Einkauf für alle Bereiche des Unternehmens von der Funktionsstelle Einkauf zentral vorgenommen werden. **Dezentralisation** bedeutet, dass gleiche Aufgaben von *unterschiedlichen* Stellen wahrgenommen werden. Das gilt z. B. bei Spartenorganisation; einzelne Aufgaben werden den Sparten, z. B. den einzelnen Betrieben eines Unternehmens, zugewiesen. Bei Dezentralisation wird z. B. von der Einkaufsabteilung der Sparte eingekauft.

Bei nicht ausreichend funktionierendem Informationsfluss entstehen für die zentrale Beschaffung (vgl. auch Materialgruppenmanagement) Probleme.

[1)] Vgl. hierzu Olfert, K., 2009. S. 38 ff.

1.3 Einkaufsorganisation

1.3.3 Ablauforganisation

1.3.3.1 Arbeitsablaufanalyse und -plan

01. Wie werden im Ablaufbogen die Arbeitsabläufe dargestellt?

Die bei einem Gesamtvorgang anfallenden einzelnen Arbeitsvorgänge, die Ablaufabschnitte, werden zunächst erfasst und in die Reihenfolge gebracht, die sich durch die Organisation ergibt. Für die Darstellung werden die Ablaufabschnitte in dieser Reihenfolge in einen Ablaufbogen eingetragen; in dem Bogen wird die Ablaufart jedes Abschnitts durch ein entsprechendes Zeichen symbolisiert.

Die entsprechenden Arbeitsvorgänge, d. h. die Ablaufarten, werden durch Ausfüllen der entsprechenden Symbole gekennzeichnet. Durch Verbindung der ausgefüllten Symbole ergibt sich die übersichtliche Darstellung des Arbeitsablaufs. Die Ablaufart gibt an, was in dem jeweiligen Ablaufabschnitt geschieht.

02. Welche Ablaufarten werden unterschieden und wie werden sie symbolisiert?

Im Allgemeinen werden folgende Ablaufarten unterschieden.

- Fördern: Als Fördern bezeichnet man die *Lageveränderung eines Arbeitsgegenstandes,* z. B. den Transport eines Werkstücks von einer Werkstatt zur nächsten, die Weitergabe eines Formulars, Briefes, Vordrucks u. Ä. Das Symbol für Fördern ist ein Pfeil (⇨).

- Einwirken: Als Einwirken bezeichnet man die *Veränderung eines Arbeitsgegenstandes,* z.B. die Formänderung eines Werkstücks durch Be- oder Verarbeitung, das Ausfüllen eines Formulars, die Abzeichnung eines Vermerks, einer Zahlungsanweisung u. Ä. Das Symbol für Einwirken ist ein Kreis (○).

- Prüfen: Das Prüfen bezieht sich vor allem darauf, ob der Arbeitsgegenstand den *Anforderungen* entspricht; geprüft wird z. B., ob eingehendes Material den erwarteten oder vorgeschriebenen Qualitätsanforderungen entspricht, ob eine Eingangsrechnung sachlich und rechnerisch richtig erstellt wurde. Das Symbol für Prüfen ist ein Quadrat (□).

- Liegen: Liegen bezeichnet die *Unterbrechungen von Einwirkungs- und Prüfungsvorgängen,* die sich aus dem organisatorischen Ablauf ergeben; so liegt z. B. ein Brief vorübergehend in einem Eingangskorb, ein Werkstück wartet bis zur weiteren Bearbeitung in einer Warteschlange u. Ä. Das Symbol für Liegen ist ein links geschlossener Halbkreis (D).

- Lagern: Als Lagern wird das *Liegen von Arbeitsgegenständen in Lagern* bezeichnet; z. B. wird ein Produkt bis zum Abtransport oder bis zur Abholung im Auslieferungslager gelagert, ein bearbeitetes Formular wird im Archiv abgelegt usw. Das Symbol für Lagern ist ein nach unten gerichtetes Dreieck (▽)

03. Wird die Ablauforganisation auch im Einkauf genutzt?

Die Ablauforganisation findet auch im Einkauf Anwendung. Die einzelnen Vorgänge, die beim Einkauf anfallen, werden so organisiert, dass sie sachlogisch und ohne zeitliche Verzögerungen aufeinander folgen können.

04. Was wird im Ablaufbogen dargestellt?

Der Arbeitsablaufplan lässt nur die Darstellung einfacher Bearbeitungsvorgänge zu. Parallele oder alternative Vorgänge können nicht dargestellt werden. Allerdings eignet er sich besonders gut zur Erfassung und zur Kritik von Ist-Zuständen von Arbeitsabläufen; Probleme wie z. B. langes Liegen und lange Förderwege können erkannt und analysiert werden. Die Ablaufbögen enthalten deshalb häufig Hinweise auf die Dauer von Liege- und die Länge von Förderwegen. (In dem folgenden Beispiel wird darauf andeutungsweise hingewiesen.)

Im Folgenden soll in einem einfachen Beispiel ein Arbeitsablaufplan dargestellt werden.

In einem Unternehmen geht eine Bedarfsmeldung des Lagers in der Einkaufsabteilung ein. Der Einkaufsleiter gibt Anweisungen an den Sachbearbeiter, Angebote einzuholen und die eingegangenen Angebote zu vergleichen. Die Ermittlung der günstigsten Beschaffungsquelle führt schließlich zur Bestellung.

1.3 Einkaufsorganisation

	Ablaufabschnitt	Ablaufarten des Arbeitsgegenstandes	Wege in m	Dauer in Min	Bemer-kungen
1	Bedarfsmeldung an Einkaufsabteilung	○ ➡ □ D ▽			
2	Bearbeitungsvermerke durch Einkaufsleiter	● ⇨ □ D ▽			
3	im Postausgangskorb	○ ⇨ □ D ▽			
4	zum Sachbearbeiter	○ ➡ □ D ▽			
5	im Posteingangskorb	○ ⇨ □ D ▽			
6	Einholung von Angeboten	● ⇨ □ D ▽			
7	Vorgang auf Wiedervorlage	○ ⇨ □ D ▼			
8	Angebote von Poststelle zum Sachbearbeiter	○ ➡ □ D ▽			
9	im Posteingangskorb	○ ⇨ □ D ▽			
10	Aufbereitung der eingegangenen Angebote	● ⇨ □ D ▽			
11	Prüfung der Angebote	○ ⇨ ■ D ▽			
12	Vorlage bei Einkaufsleiter	○ ➡ □ D ▽			
13	Prüfung der Vorlage	○ ⇨ ■ D ▽			
14	Entscheidung	● ⇨ □ D ▽			
15	Bestellung diktieren	● ⇨ □ D ▽			
16	Bestellung unterschreiben	● ⇨ □ D ▽			
17	Bestellung im Ausgangskorb	○ ⇨ □ D ▽			
18	Bestellung zur Poststelle	○ ➡ □ D ▽			
19	Bestellkopie auf Wiedervorlage	○ ⇨ □ D ▼			

Abb.: Arbeitsablaufplan

1.3.3.2 Materialfluss- und Informationsflussgestaltung

01. Wie lässt sich der Ablauf des Einkaufs beschreiben, und welche Informationen können im Zusammenhang mit dem Einkaufsablauf anfallen?

Der Ablauf des Einkaufs lässt sich - vereinfacht - als Prozess mit folgenden Stufen beschreiben:

- Bedarfsermittlung
- Ermittlung der Bezugsquellen
- Einkauf (Einkaufsverhandlungen, Bestellung usw.)
- Lieferung
- Materialeingang mit Prüfung usw.
- Einlagerung
- Materialverteilung.

Im Zusammenhang mit diesem Prozess haben Informationsflüsse eine erhebliche Bedeutung. Sie betreffen z. B.

- die Information des Einkaufs über den Bedarf
- Informationen über Lieferanten
- die Informationen über Zeitpunkt und Umfang der Lieferung.

02. Welcher Zusammenhang besteht zwischen Material- und Informationsfluss im Zusammenhang mit Einkauf?

Der Materialfluss ist ein Abschnitt des Einkaufsprozesses. Er umfasst u. a. folgende Teilbereiche:

- Lieferung, d. h. Versand durch den Lieferanten
- Transport, gemeint ist der Transportweg, die Transportart, evtl. Zwischenlagerungen
- Materialeingang, dazu zählen z. B. Entladen, Prüfen, Einlagerung.

Der Materialfluss ist verbunden mit einem entsprechenden Informationsfluss, z. B. Lieferavis und Empfangsbestätigungen.

03. Welche Probleme können bei dem Materialfluss zwischen Lieferanten und einkaufendem Unternehmen entstehen?

Wenn der Materialfluss zwischen Lieferanten und einkaufendem Unternehmen nicht optimal gestaltet wird, können Probleme entstehen, die mit erheblichen Aufwendungen verbunden sind. Probleme dieser Art sind *überhöhte Bestände und Versorgungslücken:* sie können weitergehende Probleme nach sich ziehen.

Überhöhte Bestände entstehen u. a. dadurch, dass Liefertermine und Bedarfstermine nicht oder nur unzulänglich zwischen Lieferer und Kunden abgestimmt werden. Das

1.3 Einkaufsorganisation

Problem wird bei dezentraler Beschaffung verstärkt, wenn von mehreren selbstständigen Stellen für den Bedarf von z. B. Teilelagern, Betrieben des Unternehmens eingekauft wird.

Versorgungslücken entstehen, wenn Teile, Rohstoffe oder Waren nicht oder nicht in der erforderlichen Qualität und Quantität zur Verfügung stehen, wenn sie für die Produktion bzw. für den Verkauf benötigt werden. Sie können ihre Ursachen ebenfalls in mangelhafter Koordination zwischen Lieferer und Abnehmer haben. Versorgungslücken müssen evtl. durch zusätzlichen, möglicherweise preistreibenden Einkauf bei anderen Lieferanten gedeckt werden.

Bei unzulänglicher Zusammenarbeit zwischen einem Unternehmen und seinen Lieferanten werden Lieferqualität, Liefertreue und Lieferbereitschaft riskiert.

04. Wie werden in der sog. Supply Chain Material- und Informationsfluss gestaltet?

Als Supply Chain bezeichnet man die unternehmensübergreifende Lieferkette; sie wird gelegentlich auch als Wertschöpfungskette bezeichnet. Eine derartige Liefer- oder Wertschöpfungskette reicht von den Zulieferern über die Hersteller von Halbfabrikaten und Fertigprodukten, über den Handel und die Endverkäufer zu den privaten Endverbrauchern. Die Supply Chain umfasst nicht nur die unmittelbar beteiligten Fertigungs- und Handelsunternehmen, sondern auch die mittelbar beteiligten Logistikdienstleister (Transport- und Lagerhaltungsunternehmen, Docking Center). Die Kette hat einen sichtbaren Teil, den Warenfluss, und einen unsichtbaren, den Informationsfluss.

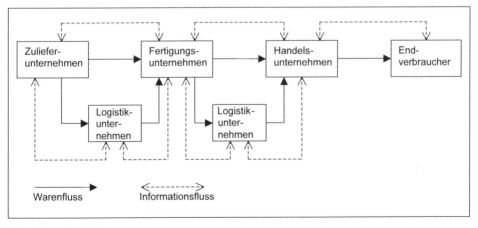

Abb.: Supply Chain

1.3.3.3 Instrumente zur konzeptionellen Verbesserung des Material- und Informationsflusses

01. Welche Instrumente dienen der Verbesserung der Material- und Informationsflussgestaltung?

Folgende Instrumente können der Verbesserung der Material- und Informationsflussgestaltung dienen[1]:
- Just-in-Time-Lieferung
- Just-in-Sequence-Lieferung
- bedarfsorientierte Lieferung.

02. Was wird als Just-in-Time-Lieferung bezeichnet, und welche Voraussetzungen hat dieses Lieferungskonzept?

Bei der Just-in-Time-Lieferung wird zwischen Lieferer und Abnehmer ein Zeitpunkt für die Lieferung vereinbart. Der Vereinbarung liegt der Termin für die weitere Verarbeitung bzw. Verwendung der angelieferten Materialien zu Grunde. Der besondere Vorteil der Just-in-Time-Lieferung liegt in der Vermeidung bzw. in der Minimierung der Lagerhaltung des Abnehmers. Voraussetzung sind Reduzierung der Anzahl der Lieferanten für bestimmte Teile u. Ä., die Zuverlässigkeit der Lieferanten bei der Einhaltung aller vertraglichen Vereinbarungen, insbesondere aber bei der Einhaltung des Termins.

Im Allgemeinen wird bei der Just-in-Time-Lieferung von definierten Mengen und von variablen Lieferzeitpunkten ausgegangen.

03. Was wird als Just-in-Sequence-Lieferung bezeichnet?

Die Just-in-Sequence-Lieferung kann als eine Verfeinerung der Just-in-Time-Lieferung angesehen werden. Bei der Just-in-Sequence-Lieferung werden die Teile entsprechend der Einbaureihenfolge an den Bedarfsort geliefert. Dabei wird im Allgemeinen gewährleistet, dass die Teile den Ladungsträgern am Ort der Verarbeitung entnommen werden können. Dadurch soll der Prozess der Fließfertigung sichergestellt werden. Die Just-in-Sequence-Lieferung setzt in besonders hohem Maß die enge Zusammenarbeit zwischen Lieferer und Abnehmer voraus.

04. Was wird als bedarfsorientierte Lieferung bezeichnet, und für welche Fertigungsart eignet sich diese Form der Lieferung in besonderem Maße?

Als bedarfsorientierte Lieferung wird die Lieferung von variablen Mengen zu variablen Zeitpunkten bezeichnet. Man findet diese Form der Lieferung besonders häufig bei Einzel- und Kleinserienfertigung. Ihr Vorteil liegt vor allem darin, dass die Lagerhaltung dem Bedarf immer angepasst ist und hohe Lagebestandshaltung sowie Restbestände vermieden werden. Da die Lieferung identisch nur selten wiederholt werden kann, entstehen auch Nachteile, sie bestehen z. B. in längeren Beschaffungszeiten.

---
[1] TCW Transfer-Centrum GmbH & Co. KG: Materialflussgestaltung (online), o. J.

1.3.4 Organisationsmittel zur Arbeitsplatzgestaltung

01. Welche Organisationsmittel zur Arbeitsplatzgestaltung gibt es?

Organisationsmittel zur Arbeitsplatzgestaltung (auch des Einkaufs) sind u. a.
- Richtlinien
- Organisationshandbuch bzw. Einkaufshandbuch
- Stellenbeschreibungen.

02. Welche Bedeutung haben Richtlinien?

Richtlinien ergeben sich im Allgemeinen aus der Organisationsstruktur des Unternehmens bzw. seiner Teilbereiche bzw. seiner Abteilungen. Sie geben dem Mitarbeiter oder der Mitarbeiterin vor, wie in bestimmten Fällen zu verfahren ist. Richtlinien dieser Art werden auch häufig als Arbeitsvorgabe oder als Dienstanweisung bezeichnet.

Eine Richtlinie im Bereich Einkauf könnte z. B. dem Stelleninhaber vorgeben, bei welchen Unternehmen er Angebote einzuholen hat.

03. Welche Angaben sollte eine Richtlinie enthalten?

Eine Richtlinie sollte u. a. folgende Angaben enthalten:
- Kurzbenennung der Vorgabe (den „Betreff")
- Benennung des oder der Adressaten
- Gültigkeitsdatum und Ausgabedatum
- Hinweis auf Ungültigkeit älterer Richtlinien als Folge der neuen Richtlinie
- ausführliche, vollständige und eindeutige Angabe des Richtlinieninhalts
- Unterschriften der zuständigen Richtliniengeber.

04. Welche Bedeutung hat ein Handbuch als Organisationsmittel?

Ein Handbuch enthält die Zusammenfassung aller gültigen organisatorischen Regelungen und Vorschriften entweder des Unternehmens oder von Teilbereichen des Unternehmens, also z. B. auch des Einkaufs (vgl. Einkaufshandbuch). Die folgenden Kennzeichnungen weisen auf seine Bedeutung als Organisationsmittel hin.

- Das Handbuch beschreibt die Kompetenzen der einzelnen Stellen und regelt die Beziehungen einzelner Stellen untereinander und zu anderen Bereichen.
- Es ist im Allgemeinen für alle Mitarbeiter verbindlich.
- Es dient den Mitarbeitern als Nachschlagewerk.
- Es kann als Schulungsmittel und zur Einführung neuer Mitarbeiter eingesetzt werden.
- Es wird den organisatorischen Änderungen laufend angepasst.
- Es wird regelmäßig überprüft.

05. Welche Regelungen und Angaben zur Organisation enthält das Einkaufshandbuch?

Das Einkaufshandbuch dient der Organisation des Einkaufs. Es stellt die Kompetenzen der einzelnen Stellen des Einkaufs, die Beziehungen der Stellen untereinander, den erwarteten Beitrag des Einkaufs zur Erfüllung der unternehmerischen Zielsetzungen u. Ä. dar. Häufig wird bei der Darstellung von dem Bezug auf die Wertorientierung des Unternehmens, z. B. Shareholder Value, ausgegangen.

Der Inhalt des Einkaufshandbuchs lässt sich in folgenden Aspekten andeutungsweise zusammenfassen.

- Organisation, z. B. organisatorischer Aufbau, Stellenbeschreibungen, Kompetenzen (Einkaufslimits, Unterschriften)
- Einkaufspolitik, z. B. Ziele des Einkaufs, Regeln für Lieferantenkontakte, Regeln für Kontakte zu anderen Abteilungen
- Einkaufsgrundsätze, z. B. Qualitätssicherung, Lieferantenbewertung, Sicherstellung der Versorgung
- Einkaufsverfahren, z. B. Einkaufsvorbereitung, Abwicklung der Bestellung, Kontrollen, Mängelrügen usw.

06. Warum kann eine Stellenbeschreibung als Organisationsmittel gelten?

Eine Stellenbeschreibung ist ein Organisationsmittel, weil sie angibt, wie eine Stelle im organisatorischen Aufbau des Unternehmens eingegliedert ist; sie beschreibt die Ziele, die Kompetenzen und Zuständigkeiten, die Aufgaben und Pflichten der Stelle bzw. des Stelleninhabers, z. B. des Einkäufers.

07. Welche Bestandteile hat eine Stellenbeschreibung?

Eine Stellenbeschreibung kann folgende Bestandteile haben:

- Bezeichnung der Stelle, z. B. Einkäufer
- organisatorischer Rang des Stelleninhabers, z. B. Prokurist
- direkter Vorgesetzter, z. B. Abteilungsleiter
- unmittelbar unterstellte Mitarbeiter, z. B. Leiter der einzelnen Einkaufsbereiche, Leiter Einkaufslogistik
- aktive Stellvertretung, vertritt z. B. Abteilungsleiter
- passive Stellvertretung, wird vertreten durch z. B. Leiter Einkaufslogistik
- Aufgaben
- Befugnisse, z. B. Bankkontakte
- schriftliche Informationen, z. B. an andere Stellen, an Abteilungsleiter, an Geschäftsleitung.

1.3.5 Organisation als Prozess zur Leistungsverbesserung

1.3.5.1 Mitarbeiter-Performance-Improvement

01. Wie kann Mitarbeiter-Performance-Improvement definiert werden, und wie unterscheidet sich MPI von der „klassischen" Personalentwicklung?

Das **Mitarbeiter-Performance-Improvement** will mit seinen Maßnahmen und Instrumenten das Verhalten von Mitarbeitern so beeinflussen, dass ein definiertes Ziel erreicht wird. Ein Ziel kann z. B. Kostensenkung sein. Typisch für das MPI ist die Zielbestimmung und die abschließende Messung des Umfangs der Zielerreichung (Performance Measurement). Die **Personalentwicklung** dagegen will durch Maßnahmen und Instrumente die Mitarbeiter „entwickeln", d. h. fördern und qualifizieren, damit sie ihre Aufgaben in der bestehenden Organisation besser wahrnehmen können; dabei spielt auch die Besetzung von Arbeitsplätzen entsprechend der Qualifikation eine Rolle.

Die Unterschiede erscheinen nur graduell. Sie liegen einerseits in der Zielbestimmung, andererseits in der unterschiedlichen Betonung psychologischer Maßnahmen und Instrumente zur Verhaltensbeeinflussung.

02. Worauf beziehen sich die Maßnahmen und Instrumente, die das Mitarbeiter-Performance-Improvement einsetzen kann?

Die Maßnahmen und Instrumente des MPI beziehen sich u. a. auf

- das Arbeitsumfeld. Instrumente und Maßnahmen dieses Bereichs sind z. B. ein angemessenes Management-by-Konzept und Mitarbeitergespräche.
- die Motivation. Instrumente und Maßnahmen dieses Bereichs sind z. B. besondere Anreizsysteme, dazu gehören Entlohnung und Belohnung (Auszeichnungen).
- die Fähigkeiten. Instrumente und Maßnahmen dieses Bereichs sind z. B. Training on the Job, Seminare.

03. Warum kann das Management by Objectives als Instrument des Mitarbeiter-Performance-Improvements gelten?

Beim MbO-Konzept wird nach dem Prinzip der Zielvereinbarung geführt. Die Mitarbeiter werden an der Zielvereinbarung beteiligt. Die Entscheidungen über die Mittel, die zur Erreichung der Ziele bzw. zur Ausführung von Aufgaben anzuwenden sind, treffen die Mitarbeiter selbstständig.

04. Welche Bedeutung können Mitarbeitergespräche für das Mitarbeiter-Performance-Improvement haben?

Durch das Mitarbeitergespräch erhält der Mitarbeiter ein Feedback über seine Leistung. Der Vorgesetzte beurteilt im Gespräch die Leistung des Mitarbeiters nach Quantität und Qualität sowie sein Verhalten. Das Gespräch dient in besonderem Maße der Verhaltensbeeinflussung.

05. Welche Anreize können im Mitarbeiter-Performance-Improvement eine Rolle Spielen?

Mit besonderen Anreizen will ein Unternehmen das Verhalten seiner Mitarbeiter beeinflussen. Zu einem Anreizsystem gehören z. B. das Entgelt und andere materielle Vergünstigungen und Auszeichnungen.

06. Welche Methoden der Fortbildung on the job können unterschieden werden?

Zu den Methoden der Fortbildung on the job zählen u. a.:[1)]

- planmäßige Unterweisung
- Anleitung von Vorgesetzten
- Übertragung begrenzter Verantwortung
- Übertragung von Sonderaufgaben
- geplanter Arbeitsplatzwechsel.

07. Welche Methoden der Fortbildung off the job können unterschieden werden?

Fortbildung off the job findet im Allgemeinen an außer- oder überbetrieblichen Einrichtungen statt. Als Methoden werden dabe u. a. Fallstudie und Planspiel eingesetzt.

08. Was ist eine Fallstudie und wie wird anhand einer Fallstudie gelernt?

Fallstudien *simulieren betriebliche Problemfälle*, die die Lernenden analysieren und lösen sollen. Folgende Formen von Fallstudien werden unterschieden:

- Case-Problem-Methode: Die simulierte Situation ist kurz und einfach und erlaubt nur eine Lösung, zusätzliche Informationen werden nicht benötigt.
- Incident-Methode (Ereignismethode): Zur Lösung müssen die Gruppenmitglieder weitere Informationen beschaffen, dadurch wird diese Methode praxisgerechter.
- In-Basket-Exercise-Methode (Postkorbmethode): Ein konstruierter realitätsnaher Fall verlangt eine schnelle, effektive und richtige Lösung (Postkorbmethode, weil die Eingänge in einem Postkorb an einem bestimmten Arbeitsplatz bearbeitet werden müssen).

09. Was ist ein Planspiel und wie wird anhand eines Planspiels gelernt?

Das Planspiel ist eine besondere *Form der Fallmethode*; ihm liegt ein simulierter Fall eines fiktiven Unternehmens zugrunde. Das Spiel wird durch ein Computerprogramm gestützt, das die Realität abbilden soll. Zu Beginn des Spiels werden Spielregeln ausgegeben. Die Mitspieler müssen Entscheidungen treffen, über deren Erfolg sie regel-

---
[1)] Olfert, K., 2010, S. 396 ff.

mäßig während des Spiels unterrichtet werden. Ein Planspiel ist geeignet, praxisnahe Eindrücke zu vermitteln, insofern kann es zur Verhaltensbeeinflussung beitragen.

1.3.5.2 Organisations-Performance-Improvement

01. Was wird als Organisations-Performance-Improvement bezeichnet?

Unternehmen als Organisationen und ihre Mitarbeiter als Individuen werden vom sozialen und kulturellen Wandel betroffen. Der Wandel beeinflusst sowohl die Ziele der Unternehmen als auch die der Mitarbeiter. Bei dem Organisations-Performance-Improvement geht es darum, Konzepte zu entwickeln, um den Wandel zu planen und die Organisation zu gestalten und zu steuern.

Ein wesentliches Kennzeichen des Organisations-Performance-Improvement ist die Beteiligung der Mitarbeiter. Es geht im Wesentlichen darum, die Ziele des Unternehmens mit den Zielen der Mitarbeiter in Einklang zu bringen.

02. Welche Aufgaben hat das Management des Wandels?

Das Management des Wandels zielt darauf ab, Unternehmensstrategien und -strukturen den Änderungen von Rahmenbedingungen anzupassen. Seine Aufgaben bestehen darin, *den Wandel zu erkennen und zu gestalten*.

03. Wodurch werden Maßnahmen des Organisations-Performance-Improvements ausgelöst?

Maßnahmen des Managements werden ausgelöst durch den *Wandlungsbedarf*. Der Wandlungsbedarf hat interne und externe Ursachen.[1]

04. Welche internen Faktoren lösen Wandlungsbedarf aus?

Interne Auslösefaktoren sind z. B.

- Änderungen des Zielsystems
- Änderungen der Strategie
- Einsatz neuer Fertigungs- und Informationstechnologien
- Änderungen der Unternehmenskultur.

05. Welche Widerstände können sich gegen das Organisations-Performance-Improvement ergeben?

Mitarbeiter können gegen das Organisations-Performance-Improvement Widerstände entwickeln.

---

[1] Dillerup/Stoi, 2008, 292 f.

Wandel widerspricht häufig dem menschlichen Bedürfnis nach Sicherheit, Stabilität und Kontinuität. Es entstehen *Ängste, Befürchtungen, Stress und Frustration*. Deshalb entwickeln Mitarbeiter Widerstände gegenüber dem Wandel. Widerstände von Mitarbeitern äußern sich z. B. in der Abnahme der Leistungsbereitschaft, im Anstieg des Krankenstandes, im aggressiven Verhalten u. Ä.

06. Welche Ursachen haben die Widerstände von Mitarbeitern?

Wandel hat emotionale Folgen bei den Mitarbeitern; das sind vor allem die Ängste, Status und Anerkennung, soziale Kontakte oder den Arbeitsplatz zu verlieren. Emotionale Gesichtspunkte werden von den Managern des Wandels häufig vernachlässigt. Das gilt auch für die, die doch auf den Ausgleich der Interessen zwischen Unternehmensführung und Mitarbeitern aus sind.

07. Welche Maßnahmen kann das Management ergreifen, um emotional begründeten Widerständen von Mitarbeitern zu begegnen?

Das Management kann u. a. mit folgenden Maßnahmen emotional begründeten Widerständen von Mitarbeitern begegnen:[1]

- frühzeitige und offene Information aller Betroffenen
- Beteiligung der Betroffenen bei der Vorbereitung der Maßnahmen
- Vertrauensklima schaffen
- Zielsetzung des Wandels vermitteln, Kritik berücksichtigen
- Mitwirkung fördern, Motivation wecken
- erfolgreichen Vollzug belohnen.

---

[1] nach Dillerup/Stoi, 2008, S. 301

2. Logistik und Logistikstrategien

2.1 Lagerwirtschaft und Transport im Unternehmen

2.1.1 Grundlagen der Logistik

2.1.1.1 Definitionen und Ziele

01. Wie kann Logistik definiert werden?

Der Begriff Logistik weist folgende definitorische Merkmale auf:

- Logistik bezeichnet alle Maßnahmen und Instrumente für einen optimalen Fluss von Material, Werten und Informationen im Rahmen des betrieblichen Leistungserstellungsprozesses.
- Der Material- und Informationsfluss reicht von der Beschaffung über die Leistungserstellung bis zur Verteilung (Distribution).
- Die Logistikziele sind aus den Unternehmenszielen abgeleitet.

02. Welche Bereiche umfasst die Logistik, und welche Aufgaben haben diese Bereiche?

Logistik umfasst folgende Bereiche[1], die jeweils spezifische Aufgaben haben:

- Beschaffungslogistik
- Transportlogistik
- Lagerlogistik
- Produktionslogistik
- Distributionslogistik
- Entsorgungslogistik.

03. Was ist unter Unternehmenslogistik zu verstehen?

Mit dem Begriff Unternehmenslogistik umschreibt man einerseits, dass die Logistikziele auf die Unternehmensziele ausgerichtet sind, und andererseits, dass alle Unternehmensbereiche, also neben der Beschaffung und der Lagerhaltung auch die Produktion und die Absatzwirtschaft (Marketing), ihre jeweils spezifischen Beiträge zum Material-, Werte- und Informationsfluss leisten; diese Bereiche sind also Glieder einer Kette, der *Logistikkette*.

04. Was wird als Logistikkette bezeichnet?

Als Logistikkette wird die *Wertschöpfungskette* bezeichnet, die von der Rohstoff- und Materialzulieferung über die Be- und Verarbeitung zum Handel mit der Verteilung der

---
[1] Kluck, D., 2008, S. 128 f.

fertigen Produkte an den Endabnehmer reicht. Die Logistikkette, die auch als Supply Chain bezeichnet wird, umfasst nicht nur die unmittelbar beteiligten Fertigungs- und Handelsunternehmen, sondern auch die mittelbar beteiligten Logistikdienstleister (Transport- und Lagerhaltungsunternehmen). Die Logistikkette hat einen sichtbaren Teil, den *Warenfluss*, und einen unsichtbaren, den *Informationsfluss*.

05. Worin zeigt sich die besondere Bedeutung der Logistik?

Der zunehmende Wettbewerbsdruck und andere Änderungen der wirtschaftlichen Bedingungen zwingen die Unternehmen zur Ausschöpfung aller Rationalisierungspotenziale. Rationalisierungsmöglichkeiten werden auch in der Planung, Steuerung und Gestaltung des Material- bzw. Warenflusses gesehen. Alle Logistikbereiche des Material- bzw. Warenflusses, von der Beschaffung (einschließlich Einkauf) über Lagerhaltung und Fertigung zum Absatz, sind davon betroffen. Dadurch gewinnt Logistik in den letzten Jahren zunehmend an Bedeutung.

06. Welche Änderungen wirtschaftlicher Bedingungen der Unternehmen betreffen auch die Logistik?

Zu den Änderungen wirtschaftlicher Bedingungen, die auch die Logistik betreffen und denen deshalb mit Logistikmaßnahmen begegnet werden muss, zählen u. a.

- ständig steigende Logistikkosten
- geringere Bestandshaltungen
- wachsende Qualitätsansprüche
- Verkürzung von Produktlebenszyklen
- Produktvielfalt.

07. Welches Ziel verfolgt die Logistik?

Das Ziel der Logistik wird gelegentlich auf folgende Kurzformel gebracht: 6 mal R. Damit werden die sechs Aspekte des Ziels umschrieben. Ziel ist: Bereitstellung

- der richtigen Objekte
- in der richtigen Menge
- am richtigen Ort
- zum richtigen Zeitpunkt
- in der richtigen Qualität
- zu den richtigen Kosten.

2.1.1.2 Logistikdienstleister

01. Was sind Logistikdienstleister?

Logistikdienstleister sind Anbieter von Dienstleistungen, die im Zusammenhang mit der Anlieferung bzw. Ablieferung von Waren stehen. Zu den Dienstleistungen zählen

2.1 Lagerwirtschaft und Transport im Unternehmen

u. a. Lagerung, Verpackung, Spedition, gelegentlich auch Beschaffung; besondere Bedeutung hat jedoch der Transport.

Logistikdienstleister sorgen für die rechtzeitige Lieferung der Materialien und Waren an den richtigen Ort. Sie haben besondere Bedeutung im Zusammenhang mit der Just-in-Time-Lieferung und bei C-Gütern.

02. Wie lassen sich Logistikdienstleister einteilen?

Logistikdienstleister teilt man nach dem Umfang der angebotenen Leistungen ein in *System- und Komponentenanbieter*. Systemanbieter bieten umfassende logistische Problemlösungen an, Komponentenanbieter bieten nur logistische Teilleistungen an. Die Leistungen der Komponentenanbieter werden häufig von Systemanbietern in Anspruch genommen, die damit ihr Angebot an umfassenden Problemlösungen kundengerecht erweitern.

03. Warum werden die Leistungen von Logistikdienstleistern in Anspruch genommen?

Für die Inanspruchnahme der Dienstleistungen gibt es u. a. folgende Gründe:

- Die Logistik-Dienstleister verfügen über entsprechende *Lagerkapazitäten*; sie entlasten damit den Auftraggeber bei der Lagerhaltung. Das kann bei der Lieferung Just-in-Time von besonderer Bedeutung sein; der Logistik-Dienstleister übernimmt den Transport und sorgt für die rechtzeitige Lieferung.
- Die Logistik-Dienstleister verfügen über besondere *Lagereinrichtungen*, damit das Lagergut sachgerecht gelagert werden kann, z. B. Kühlräume.
- Die Logistik-Dienstleister verfügen über erforderliche *Transportkapazitäten*, über Verladeeinrichtungen u. Ä.
- Schließlich verfügen Logistik-Dienstleister auch über das *technische Wissen*, das für sachgerechte Lagerung, für Verpackung, Verladung, Zustellung usw. erforderlich ist.

04. Warum richten Logistikdienstleister auch dezentrale Lager ein?

Zur Senkung von Kosten richten Logistik-Dienstleister außer dem zentralen Lager auch dezentrale Lager in den Verteilungsgebieten ein. Sie nehmen die Produkte verschiedener Hersteller auf zentrales Lager und verteilen sie – entsprechend kommissioniert – auf die dezentralen Lager. Von dort werden die Produkte der verschiedenen Hersteller – nach entsprechender Kommissionierung – gebündelt an die Handelsunternehmen bzw. an deren Filialen geliefert.

05. Welche Transportdienstleistungen können in Anspruch genommen werden?

Ein Unternehmen kann u. a. folgende Transportdienstleistungen in Anspruch nehmen:

- Fremdbezug des Fuhrparks (Leasing)
- Outsourcing des Fuhrparkmanagements
- Inanspruchnahme einzelner Transportleistungen, z. B. Spezialtransport
- Inanspruchnahme umfassender Logistikdienstleistungen, z. B. Transport, Umschlag, Lagerung (Zwischenlagerung)
- fremde Werkstattleistungen, z. B. Pflege, Wartung und Reparatur.

06. Welche Gründe sprechen für die Inanspruchnahme von fremden Transportleistungen?

Für die Inanspruchnahme eines Transportunternehmens sprechen u. a. folgende Gründe.

- Der Transport mit eigenem Lkw wird zu teuer.
- Die eigene Transportkapazität reicht nicht aus.
- Die eigene Transportkapazität ist vorübergehend ausgelastet; bei verspäteter Anlieferung der Materialien droht eine Unterbrechung der Produktion.
- Die besondere Art der zu transportierenden Materialien und Waren macht besondere Transportformen erforderlich, über die das eigene Unternehmen nicht verfügt, z. B. Kühlversand bei verderblichen Gütern, Transport gefährlicher Güter.
- Der Umfang des Gutes macht eine besondere Transportart erforderlich, z. B. Transport auf Tieflader.

07. Wann lohnt sich die Inanspruchnahme fremder Transportmittel?

Wenn die Entscheidung für oder gegen die Beförderung von Materialien, Fertigteilen u. Ä. mit eigenem Lkw lediglich von den Kosten abhängig gemacht wird, kann sie mithilfe eines Kostenvergleichs begründet werden. Entscheidungsgrundlage sind die gefahrenen Kilometer. Bei der Kostenvergleichsrechnung wird ein kritischer Wert für die gefahrenen Kilometer ermittelt, bei dem die Kosten des Eigen- und des Fremdtransports gleich sind ($K_{Et} = K_{Ft}$). Liegt der Wert für die gefahrenen Kilometer über dem kritischen Wert, sind die Kosten des Fremdtransports niedriger als die des Eigentransports; es lohnt sich der Einsatz fremder Transportmittel.

Der kritische Wert ergibt sich durch folgende Rechnung.

2.1 Lagerwirtschaft und Transport im Unternehmen

$K_{Et} = K_{Ft}$
$K = fK + vK$
$vK = x \cdot kmK$ (kmK = Kosten/km)
$x = km_{krit}$

$K_{Et} = fK_{Et} + x \cdot kmK_{Et}$
$K_{Ft} = fK_{Ft} + x \cdot kmK_{Ft}$
$fK_{Ft} + x \cdot kmK_{Ft} = fK_{Et} + x \cdot kmK_{Et}$
$x \cdot kmK_{Et} - x \cdot kmK_{Fk} = fK_{Ft} - fK_{Et}$
$x(kmK_{Et} - kmK_{Ft}) = fK_{Ft} - fK_{Et}$
$x = \dfrac{fK_{Ft} - fK_{Et}}{kmK_{Et} - kmK_{Fk}}$

Der Sachverhalt lässt sich auch grafisch darstellen. Die folgende Zeichnung gibt die Kostenverläufe für beide Verfahren an, beim Schnittpunkt beider Kurven ergibt sich der kritische Wert (km_{krit}). Bei Km_1 ($km_1 < km_{krit}$) lohnt sich die Inanspruchnahme eines Transportunternehmens, bei km_2 ($km_2 > km_{krit}$) ist der eigene Lkw günstiger.

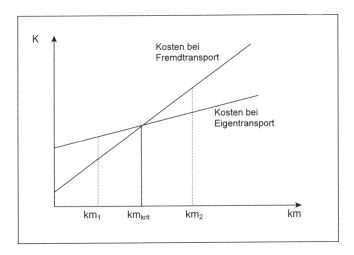

Im Folgenden soll durch ein einfaches Beispiel mit angenommenen Zahlen der Sachverhalt veranschaulicht werden.

Ein Unternehmen nimmt für die Beförderung von Teilen die Dienste eines Transportunternehmens in Anspruch, der im Monat Oktober ... für 5.000 km 6.500 € in Rechnung stellt (1,10 €/km + Festbetrag von 1.000 €). Es wird erwogen, das Werk mit einem eigenen Transporter auszustatten; dabei würden die folgenden Kosten anfallen.

- Jährliche Abschreibungen: 18.000 €
- Steuern, Versicherungen u. dgl., jährlich: 3.600 €
- Lohnkosten für den Fahrer monatlich: 2.400 €
- Treibstoff- und ähnliche laufende Kosten je km: 0,20 €.

	eigener Lkw		fremder Lkw	
feste Kosten mtl.		4.200,00 €		1.000,00 €
variable Kosten je km	0,20 €		1,10 €	
variable Kosten bei 5.000 km		1.000,00 €		5.500,00 €
Gesamtkosten bei 5.000 km		5.200,00 €		6.500,00 €

$$x = \frac{1.000}{0,2} \cdot \frac{4.200}{1,1} = \frac{3.200}{0,9} = 3.555,56$$

Der kritische Wert beträgt 3.556 km. Ab 5.000 km lohnt sich der Einsatz eines eigenen Lkw.

2.1.2 Aufgaben bzw. Einsatzgebiete der Logistik

2.1.2.1 Beschaffungslogistik

01. Welche besondere Bedeutung hat die Beschaffungslogistik im Unternehmen?

Die Beschaffungslogistik ist im Unternehmen das erste Glied der Logistikkette. Sie verbindet den Beschaffungsmarkt über das Lager mit der Produktion bzw. der Produktionslogistik. Sie plant Maßnahmen zur optimalen Gestaltung der Beschaffung und führt sie durch. Von daher kommt ihr besondere Bedeutung zu.

02. Welches Ziel verfolgt die Beschaffungslogistik?

Das Ziel der Beschaffungslogistik ist die bedarfsgerechte körperliche Verfügbarkeit der Einsatzgüter (Werkstoffe, Betriebsmittel usw.) für die Produktion.

03. Welche Aufgaben hat die Beschaffungslogistik?

Für die beschaffungslogistischen Aufgabenbereiche lassen sich folgende Beispiele aufzählen:
- Organisation des Beschaffungsbereichs (Organisation der Zuständigkeiten, Definition der Kompetenzen usw.)

- Beschaffungsmarktforschung (Bereiche: Lieferanten, Kunden, Preise; Arten der Beschaffungsmarktforschung: Primär- und Sekundärforschung)
- Bedarfsermittlung (Programm- und Verbrauchsorientierung der Bedarfsermittlung)
- Lieferantenauswahl (Lieferantenbeurteilung)
- Beschaffungsorganisation (Einkaufsorganisation, zentrale und dezentrale Beschaffung, Beschaffungswege)
- Beschaffungsplanung (Zeit-, Preis-, Mengenplanung)
- Wahl der Beschaffungswege (direkte und indirekte Beschaffung, Streckengeschäft)
- Beschaffungsdurchführung (Beschaffungsprinzipien – z. B. Einzel-, Vorrats-, fertigungssynchrone und absatzsynchrone Beschaffung, Bestellmenge und Bestellpunkt)
- Anlieferung (Transport vom Zulieferer bis zum Wareneingang)
- Prüfungen bei Warenannahme.

04. Was sind beschaffungslogistische Strategien?

Beschaffungslogistische Strategien leiten sich aus den unternehmerischen Grundsatzentscheidungen ab, die alle Unternehmensbereiche betreffen. Beschaffungslogistische Strategien legen für einen längeren Zeitraum (etwa fünf Jahre) fest, wie die beschaffungslogistischen Aufgaben ausgeführt werden sollen.

2.1.2.2 Lager- und Transportlogistik

01. Was wird als Lager bezeichnet?

Mit Lager wird einerseits der Ort bezeichnet, an dem Materialien, Fertigprodukte, Waren u. dgl. gelagert werden, andererseits ist Lager aber auch die Bezeichnung für den Bestand an Materialien, Waren u. dgl. Ein Lagerbestand zeigt also, dass Materialien, Fertigprodukte, Waren u. dgl. verfügbar sind, aber noch nicht für die Fertigung oder für die Verteilung (Versand oder Abholung) benötigt werden.

Hier zeigt sich die wichtigste Funktion der Lagerhaltung: Die Überbrückung vom Zeitpunkt der frühesten Verfügbarkeit bis zum Zeitpunkt des Verbrauchs bzw. der Verteilung.

02. Welche Bedeutung hat die Lagerlogistik?

Als Lagerlogistik bezeichnet man alle Maßnahmen zur optimalen Gestaltung des Lagers und deren Durchführung. Lagerlogistische Maßnahmen betreffen sowohl den Ort des Lagers als auch den Lagerbestand.

Das wesentliche Ziel der Lagerlogistik ist, die Überbrückungszeiten zu minimieren. Hier zeigen sich die Berührungspunkte der Lagerlogistik mit der Beschaffungslogistik und der Absatzlogistik.

03. Welche Bereiche berührt die Lagerlogistik?

Die Lagerlogistik berührt u. a. folgende Bereiche:

- Lagerfunktionen (Überbrückung, Sortimentsgestaltung, Manipulation)
- Lagerarten (zielorientierte Lager, Lager nach warenspezifischen Anforderungen, Stufenlager usw.)
- Lagereinrichtungen (Regale, Fördereinrichtungen usw.)
- Lagergutbewegungen (Warenannahme und Einlagerungen, Entnahmen und Kommissionierungen, Transport zur Fertigung, zur Verladung bzw. Abholung)
- Lagerstandorte (zentrale und dezentrale Lager usw.)
- Lagereigentum (Eigen-, Fremdlager)
- Lagerkosten.

04. Was sind Lagerstrategien?

Lagerstrategien leiten sich aus den unternehmerischen Grundsatzentscheidungen ab, die alle Unternehmensbereiche betreffen. Lagerstrategien legen für einen längeren Zeitraum (etwa fünf Jahre) fest, wie die lagerlogistischen Aufgaben ausgeführt werden sollen.

05. Welche Bedeutung hat der Transport für die Logistikkette?

Der Transport von Materialien, Fertigprodukten, Waren u. dgl. verbindet die Glieder der Logistikkette von der Beschaffung über die Fertigung zum Absatz; deshalb kommt ihm besondere Bedeutung zu.

06. Welche Aspekte umfasst der betriebliche Transport?

Der betriebliche Transport umfasst den *außer- und innerbetrieblichen Transport*. Der außerbetriebliche Transport betrifft die Zulieferung und die Auslieferung. Der innerbetriebliche Transport betrifft vor allem die Bewegungen des Lagerguts, also den Transport bei Einlagerung, bei Entnahmen, zur Fertigung, beim Kommissionieren, zum Verkauf, zum Versand usw.

07. Welche Bedeutung hat die Transportlogistik?

Als Transportlogistik bezeichnet man alle geplanten Maßnahmen zur optimalen Gestaltung des Transports und deren Durchführung. Transportlogistische Maßnahmen betreffen Transportsysteme, Transportmittel, Transportverträge und Transportabwicklung.

2.1.2.3 Produktionslogistik

01. Welche Bedeutung hat die Produktionslogistik?

Als Produktionslogistik bezeichnet man alle Maßnahmen zur optimalen Gestaltung des Informations-, Wert- und Materialflusses im Produktionsprozess und die Durchführung dieser Maßnahmen. Die Maßnahmen betreffen den Fertigungsvorgang von der Einbeziehung der bereitgestellten Faktoren bis zur Bereitstellung der fertigen Produkte für den Transport in das Fertiglager oder für den Verkauf.

Die Produktionslogistik richtet sich nach den Zielen des Unternehmens.

02. Welches Ziel verfolgt die Produktionslogistik?

Mithilfe der Produktionslogistik soll letztlich erreicht werden, dass sich die Produktion an den Bedürfnissen der Kunden orientieren kann. Außerdem soll die Produktionslogistik dazu beitragen, dass Produktionskosten reduziert werden können.

03. Welche Aufgaben hat die Produktionslogistik?

Aufgaben der Produktionslogistik sind u. a.

- Verringerung der Bestände
- Flexibilisierung der Produktion
- Verkürzung der Durchlaufzeiten
- stärkere Kundenorientierung der Produktion nach Produktart und Produktionsmenge
- evtl. Verringerung der Kapazität.

04. Was sind produktionslogistische Strategien (Produktstrategien)?

Produktstrategien leiten sich aus den unternehmerischen Grundsatzentscheidungen ab, die alle Unternehmensbereiche betreffen. Produktstrategien legen für einen längeren Zeitraum (etwa fünf Jahre) fest, wie die produktionslogistischen Aufgaben ausgeführt werden sollen.

2.1.2.4 Marketinglogistik

01. Welche Bedeutung hat die Marketinglogistik?

Als Marketinglogistik bezeichnet man alle Maßnahmen zur optimalen Gestaltung der Distribution und die Durchführung dieser Maßnahmen. Die Maßnahmen betreffen den Leistungsprozess der Übernahme der fertigen Produkte aus der Produktion bzw. vom Fertiglager bis zur Übergabe an den Kunden.

02. Welche Aufgaben hat die Marketinglogistik?

Die Aufgaben der Marketinglogistik betreffen zwei Ebenen. Marketinglogistik befasst sich einerseits mit der Optimierung der Distributionskanäle, andererseits aber auch – als sog. physische Distribution – mit dem Gütertransport und der Auftragsabwicklung.

03. Womit befassen sich marketinglogistische Strategien?

Marketinglogistische Strategien leiten sich aus der Aufgabe zur Optimierung der Distributionskanäle ab. Sie betreffen u. a. langfristige Entscheidungen

- für bestimmte Absatzwege
- für die Standorte von Auslieferungslagern
- für Inanspruchnahme von Speditionen u. dgl.
- für den Einsatz eines Reisenden oder eines Vertreters.

2.1.2.5 Logistikcontrolling

01. Wie kann Logistikcontrolling definiert werden?

Logistikcontrolling lässt sich umschreiben als Steuerung logistischer Prozesse mithilfe von Planung und Kontrolle.[1] Sie bezieht sich auf alle materialwirtschaftlichen und Informationsflüsse zur optimalen Erfüllung von Kundenaufträgen. Logistische Prozesse können logistische Teilbereiche, logistische Prozessketten und Supply Chains sein.

Zielgrößen des Logistikcontrolling sind die Logistikleistungen und die Logistikkosten[2].

02. Welche Bereiche betreffen die Logistikleistungen?

Logistikleistungen sind letztlich ausgerichtet auf die Anforderungen der Abnehmer. Die geforderten Logistikleistungen betreffen die folgenden Ziele:

- Liefertreue oder Termintreue (Fähigkeit des Lieferanten, zugesagte Liefertermine einzuhalten)
- Lieferflexibilität (Fähigkeit des Lieferanten, auf Kundenwünsche einzugehen)

---

[1] Der Begriff ist abgeleitet vom engl. „to control" = lenken, steuern, leiten, regeln.
[2] Ausführungen zu Prozesskosten und Prozesskostenrechnung findet der Leser im Kap. *3.2.3 Kostenrechnungssystem* und in Kap. *6.5.2.2 Prozessorientiertes Controlling.*

- Lieferzeit
- Lieferbeschaffenheit (Fähigkeit des Lieferanten, Kaufverträge hinsichtlich der Art, der Menge, der Qualität usw. den Abmachungen entsprechend zu erfüllen).

03. Welche Ziele verfolgt das operative Logistikcontrolling?

Das operative Logistikcontrolling dient der kurzfristigen Gewinnsteuerung; es ist im Allgemeinen auf ein Geschäftsjahr bezogen. Seine Ziele sind u. a.

- Präzisierung der Logistikziele
- Festlegung von Sollzahlen, mit deren Hilfe die Logistikleistungen messbar werden
- Unterstützung der Logistikplanungen
- Kontrolle der Logistikleistungen durch Erfassung der Istzahlen, Vergleich mit den Sollzahlen
- Analysen der Abweichungen
- Verbesserungsvorschläge.

04. Welche Ziele verfolgt das strategische Logistikcontrolling?

Das strategische Logistikcontrolling ist langfristig konzipiert und dient vor allem der Existenzsicherung des Unternehmens; seine Ziele sind u. a.

- Einbindung der Logistik in die strategische Unternehmensplanung
- Sicherung langfristiger Erfolgspotenziale.

05. Was sind Logistikkosten?

Logistikkosten sind der bewertete Verzehr von Gütern und Dienstleistungen im Zusammenhang mit der Erstellung von Logistikleistungen. Es gibt folgende Logistikkostenarten:[1]

- Systemkosten (Kosten der Material- und Informationsflüsse)
- Steuerungskosten (Kosten im Zusammenhang mit Planung und Kontrolle)
- Bestandskosten
- Lagerkosten
- Handlingskosten (Kosten für Verpackung, Kommissionierung u. dgl.).

06. Welche Bedeutung hat die Kosten- und Leistungsrechnung der Logistik?

Mit der Logistikkosten- und Logistikleistungsrechnung hat das Logistikcontrolling ein wichtiges Instrument zur Wahrnehmung seiner Aufgaben. Das Instrument ermöglicht durch das Zahlenmaterial z. B.

---

[1] nach Koether, R. (Hrsg.), 2004, S. 383

- Soll-Ist-Vergleich
- Kalkulation von Logistikleistungen
- Ermittlung optimaler Verfahren und geeigneter Betriebsmittel
- Zuordnung von Logistikkosten zu den entsprechenden Logistikleistungen
- Ermittlung logistischer Leistungsbereiche und logistischer Kostenbereiche.

2.1.3 Organisatorische Einordnung der Logistik im Unternehmen

01. Wie kann die Logistik im Unternehmensaufbau organisatorisch berücksichtigt werden?

Die Logistik kann im Unternehmensaufbau folgendermaßen berücksichtigt werden[1]:

- *Funktionsorientierte Organisation:* dabei sind mehrere Formen möglich, z. B.
    1. Logistik wird als Abteilung in die oberste Führungsebene einbezogen, die einzelnen Funktionsbereiche werden darauf bezogen.
    2. Logistik wird dem Marketing (vorwiegend im Handel) als Unterabteilungen mit entsprechenden Funktionen zugeordnet.
    3. Logistik wird der Produktion oder der Lagerhaltung als Unterabteilungen mit entsprechenden Funktionen zugeordnet.

- *Spartenorientierte Organisation:* Logistik wird als Abteilung mit zentralen und Führungsaufgaben in die oberste Führungsebene einbezogen, bestimmte Funktionen werden den Sparten (Objekten) zugewiesen.

- Funktions- oder spartenorientierte Organisation mit *Stabsstelle*, die Logistikaufgaben übernimmt; die Stabsstelle kann der Unternehmensleitung bzw. Geschäftsführung oder bestimmten Abteilungen zugeordnet werden.

02. Wie lässt sich der funktionsorientierte Organisationsaufbau der Logistik beschreiben?

Die funktionsorientierte Organisation der Logistik nutzt die Vorteile des Einliniensystems, die in klaren und übersichtlichen Kompetenzzuweisungen an die zuständigen Stellen besteht. Die Stellen sind auf die entsprechenden Funktionen spezialisiert. Die Ausführungen lassen sich anhand der folgenden schematischen Darstellung, in der der Funktionsbereich Logistik hervorgehoben ist, nachvollziehen.

---

[1] Vgl. die Ausführungen in Kap. *1.3 Einkaufsorganisation*.

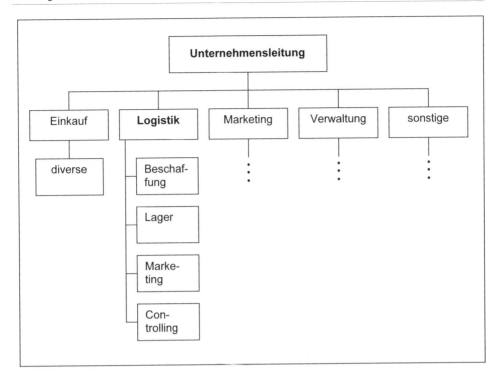

03. Welche Vorteile und welche Nachteile hat der funktionsorientierte Organisationsaufbau?

Vorteile des funktionsorientierten Organisationsaufbaus:

- Die Stelleninhaber sind qualifizierte Spezialisten.
- Das Erfahrungswissen von Funktionsspezialisten wird genutzt.
- Der Leiter des Funktionsbereichs kann für eine zentrale Steuerung der Aufgaben sorgen.

Nachteile:

- Ausgeprägtes Ressortdenken kann sich durchsetzen.
- Die Abstimmung der einzelnen materialwirtschaftlichen Funktionsbereiche ist gelegentlich schwierig.

04. Wie lässt sich der spartenorientierte Organisationsaufbau der Logistik beschreiben?

Die Sparten- oder Objektorientierung der Logistik ermöglicht die Konzentration der Logistikaktivitäten auf ein Objekt bzw. auf eine Sparte (vgl. Spartenorganisation). Jede Sparte wird für die Funktionen zuständig. Eine Sparte wird von einem Objektleiter (-direktor) geleitet. Häufig bleiben Aufgaben, die in allen Objekten anfallen, der Zentrale, die in die obersten Führungsebene integriert ist, vorbehalten.

Die Ausführungen zur produktorientierten Einkaufsorganisation werden durch die folgende schematische Darstellung veranschaulicht.

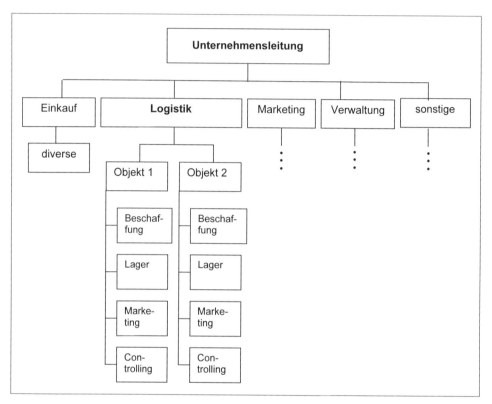

2.1.4 Lagerwirtschaft

2.1.4.1 Bedeutung

01. Welche Bedeutung hat das Lager für ein Unternehmen?

Die Lagerhaltung ist ein bedeutsamer Aspekt der Betriebswirtschaft von Unternehmen der Industrie und des Handels. Das Lager stellt das Bindeglied zwischen Lieferanten und Produktion in der Industrie bzw. privaten Haushalten als Kunden des Handels dar. Lagerhaltung ist teuer. Lagerhaltungskosten gelten im Allgemeinen als der größte Bestandteil der gesamten Logistikkosten.

02. Worin zeigt sich die Bedeutung der Lagerwirtschaft für das Unternehmen?

Die Lagerhaltung in der Industrie muss die Versorgung der Produktion auf allen Produktionsstufen mit Materialien, Rohstoffen usw. gewährleisten. Im Handel trägt die Lagerhaltung zur ständigen Verkaufsbereitschaft bei. Lagerwirtschaft bedeutet deshalb zunächst, dass die Versorgung bei gleichzeitiger minimaler Bestandshaltung sichergestellt wird.

Die Lagerwirtschaft der Industrie hat Schnittstellen sowohl mit dem Einkauf als auch mit der Produktion. Ihre Bestandsmengen sind sowohl von den Einkaufsmengen als auch vom Bedarf der Produktion abhängig. Einerseits kann die Lagerhaltung durch entsprechende Vereinbarungen mit dem Lieferer (Just-in-Time- bzw. Just-in-Sequence-Lieferungen) reduziert werden, andererseits können sichere Produktionspläne zu ausreichender Versorgung bei minimaler Bestandshaltung beitragen.[1]

Allerdings heißt Lagerwirtschaft auch, mit dem knappen Gut Lager wirtschaftlich umgehen. Daraus folgen die Aufgaben für Organisation und Gestaltung des Lagers. Mit diesem Aspekt des Themas Lagerwirtschaft werden sich die folgenden Ausführungen befassen.

03. Welche Aufgabenbereiche fallen in den Themenbereich Lagerwirtschaft?

Lagerwirtschaft im Sinne von „wirtschaftlicher Umgang mit dem knappen Gut Lager" umfasst u. a. folgende Aufgabenbereiche:

- Organisation des Lagers
- Gestaltung des Lagers
- Arbeitsabläufe im Lager
- Lagerbestands- und Lagerverbrauchsrechnung.

2.1.4.2 Organisation

01. Wie ist die Lagerwirtschaft funktionsorientiert in den organisatorischen Aufbau eingegliedert?

Die Lagerwirtschaft kann funktionsorientiert in den organisatorischen Aufbau eingegliedert sein. Im Fertigungsunternehmen ist die Lagerwirtschaft ein Teil der Materialwirtschaft, neben der Beschaffungswirtschaft, der Materialverteilung und evtl. der Entsorgung. Lagerwirtschaft untersteht dann der Materialwirtschaft und ist in der mittleren Führungsebene angesiedelt; folgende Abteilungen mit den entsprechenden Tätigkeiten und Zuständigkeiten (evtl. als Stellen bzw. Unterabteilungen) werden ihr zugeordnet:

- Materialeingang (Annahme, Einlagerung, Prüfungen)
- Lagerhaltung, Lagerdisposition (Lagerpflege, -kontrolle, Entnahme, Kommissionierung usw.)

---

[1] Vgl. zu dieser Problematik Bichler/Krohn/Riedel/Schüppach, 2010. S. 137

- Lagerverwaltung (Lagerbuchhaltung, Bestands- und Verbrauchsrechnungen usw.)
- Entsorgung.

02. Wie kann die Spartenorientierung bei der Eingliederung der Lagerwirtschaft im organisatorischen Aufbau berücksichtigt sein?

Die Lagerhaltung kann *nach Objekten* ausgerichtet sein. So kann es z. B. dezentrale Lager geben, die jeweils gleiche Aufgaben übernehmen. Die Zentrale ist dann aber für die Erledigung bestimmter Aufgaben, die alle Lager gleichermaßen betreffen, zuständig. Dezentrale Lagerung kann sich u. a. ergeben

- durch die Aufteilung des Materiallagers nach Art des Materials: Roh-, Hilfs-, Betriebsstoffe-, Teilelager usw.
- durch die Aufteilung des Lagers nach Funktionen: Materiallager, Fertiglager, evtl. Versandlager
- durch die Einrichtung verschiedener Lagerstandorte.

03. Womit befasst sich die Ablauforganisation in der Lagerwirtschaft?

Die Ablauforgansisation regelt Abläufe und Verfahren; sie ergänzt die funktionalen Zuständigkeiten, die der organisatorische Aufbau festlegt. In der Ablauforganisation werden einzelnen Stellen Aufgaben zugeordnet und die Stellen mit den erforderlichen Kapazitäten ausgestattet. Die Aufgaben sind in sachlogischer Reihenfolge geordnet.

In der Lagerwirtschaft wäre z. B. folgende Aufgabenreihenfolge möglich:

- Entladen
- Eingangsprüfung
- Einlagerung
- Verbuchung.

2.1.4.3 Lagergestaltung[1]

01. Nach welchen Gesichtspunkten lassen sich Lagerarten unterscheiden?

Die Lagerarten lassen sich nach folgenden Kriterien unterscheiden:

- Standort: zentrale und dezentrale Lager
- Lagerordnung: Festplatz- oder Freiplatzsystem
- Funktionsschwerpunkte: Reservelager, Sammellager, Verteilungslager, Manipulationslager, Umschlaglager, Spekulationslager, Normallager
- warenspezifische Anforderungen: geschlossene Lager, offene Lager, halboffene Lager, Speziallager, Hochregallager

---

[1] Diese Thematik wird auch in Kap. *7.3.1.3 Wahl der Lagerart* behandelt.

- Produktionsstufen: Eingangslager, Halbfertiglager (Zwischenlager, Werkstättenlager), Fertiglager
- Eigentum: Eigenlager, Fremdlager, Konsignationslager, Gemeinschaftslager.

02. Welche Regalsysteme sind in Material- und Warenlagern von Bedeutung?

Regalsysteme in Waren- und Materiallagern:

- Durchlaufregale: Sie sind von zwei Seiten zugänglich; sie ermöglichen die Entnahme gemäß Fifo.
- Compactregale (Verschieberegale): Sie werden eng zusammengestellt; für Entnahmen müssen sie auseinander geschoben werden.
- Paternosterregale: Sie lassen sich für Einlagerungen und Entnahmen in vertikaler Richtung bewegen.
- Palettenregale: Paletten werden beladen in Regale eingestellt und zur Entnahme wieder entnommen. Paletten sind nicht nur Lager-, sondern auch Transport- und Ladeeinheit.
- Fachregale: Das sind Regale mit besonderer Facheinteilung.

03. Was sind Packmittel?

Als Packmittel gelten Behälter, die vorwiegend der Lagerung von Materialien und Waren und dem Schutz des Lagergutes während der Lagerung dienen. Im Allgemeinen können sie auch als Transportmittel genutzt werden.

04. Was wird als Förderhilfsmittel bezeichnet?

Als Förderhilfsmittel (Fördermittel) bezeichnet man die Geräte zum Be- und Entladen und zum (innerbetrieblichen) Transport. Dazu gehören u. a.

- Transportfahrzeuge, z. B. Karre, Hub- und Motorkarre, Gabelstapler
- Transportbänder
- Paternoster, Aufhängevorrichtungen.

05. Welche Aufgaben erfüllt das Lagerhilfsgerät?

Lagerhilfsgerät (Lagergerät) bezeichnet die Gerätschaften, die der Behandlung des Lagerguts dienen; dazu zählen Geräte zum Wiegen, Messen, Prüfen, Pflegen, Entnehmen, Kommissionieren usw.

2.1.4.4 Arbeitsabläufe

01. Welche Arbeiten fallen im Lager an?

Folgende Arbeiten fallen u. a. im Lager an.

- Arbeiten bei Wareneingang Prüfungen, Einlagerung
- Materialnummerung
- Lagerpflege
- Lagerkontrolle
- Materialentnahme
- Kommissionierung
- Entsorgung.

02. Welche Prüfungen fallen bei Waren- bzw. Materialeingang an?

Bei Waren- bzw. Materialeingang fallen folgende Prüfungen an:

1. Belegprüfung: verglichen werden die Begleitpapiere mit den Bestellkopien.

2. Mengenprüfung: verglichen werden gelieferte Mengen mit Mengen in Begleitpapieren und im Bestellsatz.

3. Zeitprüfung: verglichen wird der tatsächliche Liefertermin mit dem Termin im Bestellsatz.

4. Qualitätsprüfung.

03. Welche Aspekte umfasst die Rechnungsprüfung?

Die Rechnungsprüfung umfasst folgende Aspekte:

- Sachliche Prüfung: geprüft wird die sachliche Richtigkeit der Rechnung.

- Rechnerische Prüfung: geprüft werden die Berechnungen und die Ausrechnungen, Berücksichtigung von Konditionen u. dgl.

- Preisliche Prüfung: geprüft wird die Einkaufsabteilung, kontrolliert wird, ob mehrere Angebote vorlagen, aus welchen Gründen bestimmte Lieferanten bevorzugt wurden usw.

04. Welche Bedeutung hat das Lagerplatznummernsystem?

Lagerplatznummern kennzeichnen systematisch den Lagerplatz durch ein Nummernsystem (vor allem bei chaotischer Lagerhaltung). Die Ziffernfolge gibt an: das Lager, das Regal, die Regalebene und das Lagerfach.

05. Was versteht man unter Materialnummerung?

Unter Materialnummerung versteht man die Verschlüsselung bestimmter Informationen über einzelne Materialien, Teile u. Ä. durch Nummern.

06. Wodurch unterscheiden sich sprechende von nicht sprechenden Schlüsseln?

Sprechende Schlüssel sind einfach zu lesen; sie ergeben sich aus den Daten der Information, z. B. könnte das Format einer Metallplatte (in cm, Länge, Breite, Höhe) mit 92 34 05 verschlüsselt werden. Bei **nicht sprechenden** Schlüsseln werden die Daten abstrakt verschlüsselt, z. B. durch eine Ziffer oder Ziffernfolge.

07. Welche Funktionen haben die Materialnummern?

Die Materialnummern haben folgende Funktionen:

- Identifikationsfunktion: Durch die Nummerung soll das Material eindeutig identifiziert werden können. Der sog. Identnummer kommt hierbei besondere Bedeutung zu.
- Informationsfunktion: Die Nummer soll Auskunft über das Material geben können.
- Klassifikationsfunktion: Es werden Klassen gebildet mit klassifikationstypischen Informationen; die Klassen können einzeln abgerufen werden.

08. Welche Bedeutung hat eine Prüfziffer?

Mithilfe der Prüfziffer kann kontrolliert werden, ob eine Materialnummer richtig eingegeben wurde.

09. Wie wird die Prüfziffer ermittelt?

Die Ziffern der Materialnummer werden, beginnend mit der letzten Ziffer, mit den Faktoren 2, 3, 4, 5, 6, 7 multipliziert; wenn die Nummer mehr als sechs Ziffern umfasst, beginnt die Multiplikation erneut mit den Faktoren 2, 3 usw. Die sich ergebenen Produkte werden durch 11 geteilt und das Divisionsergebnis von 11 abgezogen. Die sich ergebende Differenz ist die Prüfziffer. Die Prüfziffer wird der Materialnummer als weitere Ziffer angefügt.

Wenn eine vollständige Materialnummer (also einschließlich der Prüfziffer) richtig eingegeben wird, muss die Summe der Produkte (aus den Ziffern und Faktoren) ohne Rest durch 11 geteilt werden können. Bei der Prüfung wird die Prüfziffer mit dem Faktor 1 multipliziert.

Die Ausführungen lassen sich an folgendem Beispiel nachvollziehen.

Für die Materilnummer 47216852 ergibt sich z. B. die Prüfziffer 5 durch folgenden Rechenvorgang. Für die Prüfung wird die vollständige Materialnummer 472168525.

1. Berechnung der Prüfziffer

Materialnummer	Faktoren (beginnend mit 2 bei der letzten Ziffer)	Multiplikationsergebnis
4	3	12
7	2	14
2	7	14
1	6	6
6	5	30
8	4	32
5	3	15
2	2	4
Summe:		127

Ermittlung der Prüfziffer:
127 : 11 = 11, Rest 6, 11 - 6 = 5,
Prüfziffer: 5.

Prüfung der Nummer:

Materialnummer	Faktoren (beginnend mit 2 bei der letzten Ziffer)	Multiplikationsergebnis
4	3	12
7	2	14
2	7	14
1	6	6
6	5	30
8	4	32
5	3	15
2	2	4
5	1	5
Summe:		132

2. Kontrolle der Nummer:
132 : 11 = 12, das Ergebnis ist ohne Rest durch 11 teilbar,
die Nummer wurde richtig angegeben.

10. Welche Arbeiten fallen bei der Pflege des Lagergutes an?

Zur Pflege des Lagerguts gehören z. B. Staub wischen, Ölen, Belüften, Umschaufeln, Umlagern.

2.1 Lagerwirtschaft und Transport im Unternehmen

11. Was versteht man unter Manipulation des Lagerguts?

Als Manipulation bezeichnet man die Veredlung des Lagerguts; dazu zählt z. B. Mischen (Kaffee), Lagerung zur Trocknung (Holz), Lagerung zur Reifung (z. B. Käse), Teilemontage usw.

12. Warum und wie wird das Lager kontrolliert?

Qualität und Menge der gelagerten Waren und Materialien sind ständig zu prüfen, damit Verminderungen durch Verderb, Veralten oder Diebstahl festgestellt werden können. Dazu werden z. B. Stichproben von Waren, Rohstoffen usw. entnommen. Bestände werden ermittelt und mit den Zahlen der Lagerfachkarten verglichen. Die Zahlen der Lagerfachkarten werden durch Vergleich mit anderen Unterlagen der Lagerbuchführung kontrolliert.

13. Wie wird Kommissionieren nach der VDI-Richtlinie definiert?

VDI-Richtlinie: „Kommissionieren hat das Ziel, aus einer Gesamtmenge von Gütern (Sortiment) Teilmengen aufgrund von Anforderungen (Aufträge) zusammenzustellen."

14. Wodurch unterscheiden sich die Entnahmemethode Mann zur Ware und Ware zum Mann?

Bei der Entnahme **Mann zur Ware** geht der Kommissionierer *zum Lagerplatz* und entnimmt die Ware; die Entnahme ist häufig manuell, der Entnahmeweg ist eindimensional.

Bei der Entnahme **Ware zum Mann** werden Behälter, Paletten oder ähnliche Ladungsträger *zum Kommissionierer transportiert*, nach Entnahme werden die Ladungsträger zurück zum Lagerplatz transportiert; diese Entnahmemethode ist häufig bei Hochregallagern, erforderlich sind maschinelle oder automatische Fördergeräte.

15. Wodurch unterscheiden sich eindimensionale von zweidimensionalen Entnahmewegen?

Eindimensionale Entnahmewege sind ausschließlich horizontal. **Zweidimensionale** Entnahmewege sind sowohl horizontal als auch vertikal.

16. Wie unterscheidet sich die einstufige Kommissionierung von der zweistufigen?

Einstufige Kommissionierung: die Kommissionierung bezieht sich auf einen Auftrag (evtl. auf eine Auftragsserie). **Zweistufige** Kommissionierung: Kommissionierung bezieht sich auf mehrere Aufträge.

17. Was ist eine serielle Kommissionierung?

Von einer seriellen Kommissionierung spricht man, wenn Material für eine Serie gleicher (gleichartiger) Aufträge entnommen wird. Dazu werden die Aufträge nach Materialbedarf zerlegt, nach der Entnahme werden die Materialien den Aufträgen wieder zugeordnet.

18. Was ist eine parallele Kommissionierung?

Von einer parallelen Kommissionierung spricht man, wenn gleichzeitig für den gleichen Auftrag Materialien in mehreren Lagern oder Lagerbereichen entnommen wird.

19. Wodurch unterscheidet sich das Holsystem von dem Bringsystem?

Beim **Holsystem** wird das Material durch den Arbeiter zum Arbeitsplatz geholt. Dadurch wird die Lagerverwaltung entlastet, die Materialbestände am Arbeitsplatz werden dem Bedarf besser angepasst und dadurch evtl. auch verringert.

Beim **Bringsystem** wird das Material durch das Lager zum Arbeitsplatz gebracht, für die Arbeiter entsteht kein Zeitverlust.

20. Welche Arbeiten fallen im Lager im Zusammenhang mit der Entsorgung an?

Arbeiten bei Entsorgung:

- Einteilung
- Aufbereitung
- Aussonderung
- Vernichtung
- Verkauf
- Abtransport.

2.1.4.5 Lagerbestands- und Lagerverbrauchsrechnung[1]

01. Welche Aufgabe erfüllt die Bestandsrechnung?

Aufgabe der Bestandsrechnung ist es, Bestände an Material, Halb- und Fertigprodukten usw. mengen- und wertmäßig zu erfassen und auszuweisen. Die Ergebnisse der Bestandsrechnungen dienen in besonderem Maße der Bestandsplanung.

02. Welche Aufgabe erfüllt die Bestandsplanung?

Mithilfe der Bestandsplanung werden die Bestände ermittelt, die ausreichen, um die Leistungserstellung des Unternehmens zu sichern; darüber hinaus soll die Bestandsplanung dazu beitragen, die Lagerhaltung von Materialien usw. wirtschaftlich zu ge-

---

[1] Vgl. auch die Ausführungen in Kap. 7.3.4 Rechnungssysteme im Lager.

2.1 Lagerwirtschaft und Transport im Unternehmen

stalten. Eine zu geringe Lagerhaltung kann dazu führen, dass der Fortgang der Produktion gefährdet wird; eine überhöhte Lagerhaltung aber bedeutet vermeidbare Kapitalbindungskosten.

03. Welche Bestandsarten sind für Bestandsrechnung und Bestandsplanung von besonderer Bedeutung?

Folgende Bestandsarten sind für Bestandsrechnung und -planung von besonderer Bedeutung:

- Höchstbestand
- Mindestbestand
- Meldebestand
- Lagerbestand.

04. Welche Aufgaben erfüllen Verbrauchsrechnungen?

Mit den Verbrauchsrechnungen werden die Materialmengen erfasst, die für einzelne Aufträge entnommen werden.

05. Welche Methoden werden bei den Verbrauchsrechnungen angewandt?

Bei den Verbrauchsrechnungen werden folgenden Methoden angewandt:

- Skontrahierung: Der Lagerbestand wird fortgeschrieben, d. h. der Lagerbestand wird jeweils um Zugänge erhöht und um Entnahmen vermindert.
- Retrograde Methode: Der Materialverbrauch wird ermittelt, wenn das Erzeugnis fertig ist.
- Inventurmethode: Der Verbrauch wird mithilfe des Inventurbestandes ermittelt. Der Verbrauch ergibt sich, wenn von dem Anfangsbestand (einschließlich Zugänge) der Endbestand lt. Inventur abgezogen wird.

2.1.5 Transportwirtschaft

2.1.5.1 Teilfunktionen der Transportwirtschaft

01. Welche Teilfunktionen umfasst die Transportwirtschaft?

Transportwirtschaft umfasst u. a. folgende Teilfunktionen.

- Transportsysteme
- Transportverträge
- Organisation der Transportleistung.

02. Was wird als Transportsystem bezeichnet?

Als Transportsystem kann die *Zusammenfassung von Transportmittel, Transportgut und Transportprozess* bezeichnet werden. Transportmittel sind die Verkehrsträger und Verkehrswege; als Transportprozess wird die Ablauforganisation des Transports bezeichnet. Transportsysteme können also u. a. nach den Verkehrswegen unterschieden werden, so kann z. B. von außerbetrieblichen und innerbetrieblichen Transportsystemen gesprochen werden.

03. Was ist ein Transportvertrag?

Der Transportvertrag ist ein Werkvertrag, der zwischen einem Auftraggeber und einem Auftragnehmer, z. B. einem Frachtführer, abgeschlossen wird. Der Auftragnehmer verpflichtet sich zur Erstellung eines Werks, z. B. der Beförderung eines im Vertrag genau bezeichneten Gutes, der Auftraggeber zur Leistung eines Entgelts für die erbrachte Leistung.

04. Welche Bedeutung hat der Frachtbrief für einen Transportvertrag?

Ein Frachtführer kann von seinem Auftraggeber die Ausstellung eines Frachtbriefes verlangen. Der Frachtbrief gilt als Beweis für den Abschluss des Transportvertrages.

05. Was enthält der Frachtbrief?

Der Frachtbrief enthält

- Ort und Datum der Ausstellung
- Namen und Anschriften des Absenders, des Frachtführer und des Empfängers
- die genaue Bezeichnung des Gutes
- die Art der Verpackung
- das Gewicht oder die Menge
- die Anzahl der Frachtstücke
- die Fracht (Höhe des vereinbarten Entgelts).

06. Welche Aspekte umfasst die Organisation der Transportleistung?

Die Organisation der Transportleistung umfasst u. a. folgende Aspekte:

- Auswahl des Verkehrsträgers
- Anfragen, Vertragsabschluss
- Ausstellung von Begleitpapieren
- Abschluss einer Versicherung
- Beachtung besonderer Vorschriften, z. B. bei Gefahrguttransport
- Verladen.

2.1.5.2 Außerbetriebliche Transportsysteme

01. Was wird als außerbetrieblicher Transport bezeichnet?

Außerbetrieblicher Transport ist die räumliche Überbrückung von Waren, Materialien usw. mithilfe von Transportmitteln. Außerbetrieblicher Transport umfasst die Belieferung von Kunden und die Lieferung an Zweitwerke, Lager o. dgl. des eigenen Unternehmens.

02. Welche Funktionen hat der außerbetriebliche Transport?

Funktionen des außerbetrieblichen Transports sind die Beförderung von Gütern von einem Ort zu einem anderen (außerhalb des Betriebes) und deren Umschlag (Be-, Entladen usw.).

03. Welche Kriterien bestimmen die Wahl des Verkehrsmittels bei außerbetrieblichem Transport?

Für die Wahl des Verkehrsmittels können u. a. folgende Kriterien bestimmend sein:
- Die Art des Transportgutes
- die Qualität des Transportgutes
- der Umfang des Transportgutes
- das Gewicht des Transportgutes
- der Preis des Transportmittels
- der Transportweg, die Erreichbarkeit des Empfängers
- die Flexibilität des Transportmittels.

04. Wie lassen sich außerbetriebliche Transportsysteme nach den Verkehrsträgerarten einteilen?

Verkehrsträger außerbetrieblicher Transportsysteme sind u. a.
- der Straßengüterverkehr
- der Eisenbahngüterverkehr
- die Binnenschifffahrt
- die Seeschifffahrt
- der Lufttransport.

2.1.5.3 Innerbetriebliche Transportsysteme

01. Was wird als innerbetrieblicher Transport bezeichnet?

Innerbetrieblicher Transport ist die räumliche Überbrückung von Materialien usw. innerhalb des Betriebes, d. h. innerhalb einer Halle, Werkstatt o. dgl. und zwischen verschiedenen Hallen, Werkstätten o. dgl. des gleichen Betriebes. Innerbetrieblicher Transport wird auch als Fördern und die innerbetrieblichen Transportmittel werden als Fördermittel bezeichnet.

02. Welche Gesichtspunkte bestimmen die Auswahl der Förderhilfsmittel?

Folgende Gesichtspunkte können u. a. die Fördermittelauswahl bestimmen:

- Unternehmensgröße und verfügbare Mittel
- Fertigungsverfahren
- Förderstrecken und -geschwindigkeit
- das Fördermaterial nach Art, Größe und Menge.

03. Wie lassen sich Förderhilfsmittel einteilen?

Förderhilfsmittel lassen sich nach verschiedenen Kriterien einteilen.[1]

- Stetigkeit der Förderung: stetige Fördermittel (Stetigförderer) und unstetige Fördermittel (Unstetigförderer)
- Flurbindung: flurgebundene, aufgeständerte, flurfreie Fördermittel
- Betrieb: maschinell und manuell betriebene Fördermittel
- Ortsbindung: ortsfeste und fahrbare Fördermittel.

2.2 Strategische Analysen der logistischen Kette

2.2.1 Logistikstrategien und Wertketten

2.2.1.1 Strategieentwicklung

01. Welche Bedeutung hat die strategische Planung?

Mithilfe der strategischen Planung legt ein Unternehmen seine Strategien fest. Es trifft damit grundsätzliche Entscheidungen darüber, welche Unternehmenspolitik den Weg des Unternehmens in der Zukunft (für etwa fünf bis zehn Jahre) bestimmen soll. Das Unternehmen entscheidet sich z. B. für Wachstumspolitik, Gewinnpolitik o. Ä.

02. Wie hängen Unternehmensstrategie und die Strategien der Geschäfts- und Funktionsbereiche zusammen?

Die Unternehmensstrategie wird von der Unternehmensleitung festgelegt. Das betrifft die Strategieentwicklungen in den Geschäftsbereichen (Sparten u. Ä.) und in den Funktionsbereichen, z. B. Logistik.

03. Wie hängen Unternehmensstrategie und Logistikstrategien zusammen?

Unternehmensstrategien sind im Allgemeinen auf den Markt, letztlich auf den Kunden ausgerichtet. Dadurch bekommen auf den Absatzmarkt ausgerichtete Strategien ihre

---
[1] in Anlehnung an Ehrmann, H., 2012

2.2 Strategische Analysen der logistischen Kette

besondere Bedeutung. Diese Strategien beeinflussen u. a. auch Beschaffung und Lager und damit ebenfalls die Logistikstrategien. (Absatz-)Marketingstrategien und Logistikstrategien hängen also über die Unternehmensstrategie eng zusammen.

04. Welche Ziele verfolgen Unternehmen mit Wettbewerbsstrategien?

Mit den Wettbewerbsstrategien wollen sich Unternehmen so auf dem Markt positionieren, dass sie im Wettbewerb bestehen können und mit geeigneten Strategiemaßnahmen *Wettbewerbsvorteile* erlangen und diese auf Dauer halten.

05. Wie lassen sich Wettbewerbsstrategien typisieren?

Die *Typenbildung der Wettbewerbsstrategien* beruht auf den Merkmalen

- Strategischer Vorteil *(Wettbewerbsvorteil)* mit den Ausprägungen
  - Einzigartigkeit
  - Kostenvorsprung.
- *Strategisches Zielobjekt* mit den Ausprägungen
  - viele (alle in Betracht kommenden) Segmente
  - ein Segment (für das strategische Zielobjekt).

Danach lassen sich die folgenden drei *Strategietypen* unterscheiden.[1]

- Differenzierung
- Kostenführerschaft
- Fokussierung.

Die Zusammenhänge stellte Porter in einer Matrix dar, die üblicherweise als *Wettbewerbsmatrix* bezeichnet (vgl. Abb.).

		Strategischer Vorteil (Wettbewerbsvorteil)	
		Einzigartigkeit aus Käufersicht	Kostenvorsprung
Strategisches Zielobjekt	branchenweit	*Differenzierung*	*Kostenführerschaft*
	ein Segment der Branche	*Fokussierung (Konzentrations auf Schwerpunkte)*	

Abb.: Wettbewerbsmatrix

---
[1] Diese Typisierung von Wettbewerbsstrategien geht auf Michael E. Porter zurück.

06. Was soll mit der Differenzierungsstrategie erreicht werden?

Mit der Differenzierungsstrategie will ein Unternehmen erreichen, dass es sich aus Sicht der Kunden von den Konkurrenten positiv abhebt und als einzigartig wahrgenommen wird. Das Unternehmen zielt durch seine Einzigartigkeit oder Besonderheit auf *Wettbewerbsvorteile* ab.

Es kommt nicht so sehr darauf an, dass die Unterschiede tatsächlich bestehen, sondern nur darauf, dass sie von den Käufern als solche wahrgenommen und als positiv und vorteilhaft angesehen werden. Dadurch bilden sich Präferenzen der Kunden für das Unternehmen bzw. für bestimmte Leistungen des Unternehmens. Letztlich erhält das Unternehmen dadurch einen preispolitischen Spielraum.

07. Welche Mittel lassen sich in der Differenzierungsstrategie einsetzen?

Mittel der Differenzierung sind u. a.

- der Preis
- das Image
- die Qualität
- das Sortiment
- das Produktprogramm usw.

08. Welche Gefahren bestehen bei differenzierungsstrategischen Maßnahmen?

Unternehmen, die über die Präferenzstrategie einen preispolitischen Spielraum erhalten, sind gelegentlich in der Gefahr, die Kostenseite zu *vernachlässigen*. Das kann zur Folge haben, dass bei Ausschöpfung des Spielraums die Preise als zu hoch empfunden werden und die Käufer zu Unternehmen abwandern, die andere Strategien verfolgen. Der Differenzierungsvorteil geht auch verloren, wenn Mitbewerber um die gleichen Zielgruppen durch ihre Differenzierungsstrategie Käufer an sich ziehen.

09. Was soll mit der Strategie der Kostenführerschaft erreicht werden?

Mit der Strategie der Kostenführerschaft will ein Unternehmen durch niedrige Preise Wettbewerbsvorteile erzielen. Der Preis ist das wichtigste (möglicherweise auch einzige) Mittel der Kundengewinnung und -bindung.

Niedrige Preise setzen einen *Kostenvorsprung* gegenüber der Konkurrenz voraus. Der wird erreicht durch die rigorose Ausnutzung aller Kostensenkungsmöglichkeiten und durch eine konsequente Kostenkontrolle. Kosten können z. B. gesenkt werden durch

- günstigen Einkauf
- Artikel mit hoher Umschlagshäufigkeit (Senkung der Lagerhaltungskosten)
- Verzicht auf Werbung
- Verzicht auf aufwändige Warenpräsentation
- Verzicht auf besondere Dienstleistungen
- Einsparungen beim Personal.

2.2 Strategische Analysen der logistischen Kette

10. Welche Bedeutung hat die Strategie der Kostenführerschaft für die Ausgestaltung der Logistikstrategien?

Mit der Strategie der Kostenführerschaft will ein Unternehmen erreichen, mit den Kosten für seine Produkte und Leistungen unter den Kosten der Konkurrenz für die gleichen Produkte und Leistungen zu bleiben, um damit die Kostenführerschaft in der Branche zu übernehmen. Diese Strategie ist Grundlage für eine bestimmte Preispolitik auf dem Absatzmarkt.

Die Kostenreduzierung betrifft nicht nur die Herstell-, sondern auch die *Logistikkosten*. Entsprechend sind die Logistikstrategien darauf ausgerichtet, die Kosten für Beschaffung, Lagerleistungen usw. zu verringern.

11. Was soll mit der Fokussierungsstrategie erreicht werden?

Wenn ein Unternehmen *Wettbewerbsvorteile in einer Nische* (oder in einigen Nischen) sucht, betreibt er eine Fokussierungsstrategie. Das Unternehmen konzentrierte sich lediglich auf ein Segment, um das sich andere Unternehmen nicht bemühen, weil es zu klein und deshalb uninteressant ist. Dieses Segment bildet gewissermaßen eine Nische; die Strategie wird deshalb auch als *Nischenstrategie* bezeichnet.

2.2.1.2 Wertkette (Wertschöpfungsketten)

01. Was versteht man unter einer Wertkette?

Alle Tätigkeiten, die im Zusammenhang mit der Erstellung einer Leistung anfallen, reihen sich aneinander wie die Glieder einer Kette; weil diese Tätigkeiten der entstehenden Leistung, z. B. dem Produkt, bis zu seiner endgültigen Fertigstellung immer Werte zufügen, wird diese Kette als Wertkette oder als *Wertschöpfungskette* bezeichnet. Folgende Tätigkeiten können die „Glieder" einer Wertkette sein:

- Waren- bzw. Materialeingang, Einlagerungen usw.
- Entnahme, Transport zur Produktionsstätte, Fertigungsvorbereitung, Fertigung (evtl. in mehreren Stufen), Transport zum Fertiglager
- Marketing, Werbung, Vertrieb, (Außenlager)
- Auslagerung, Versand, Zustellung
- Kundendienst usw.

In der betriebswirtschaftlichen Literatur[1] werden diese Tätigkeiten in fünf Bereiche zusammengefasst. Sie werden als *primäre Tätigkeiten (Aktivitäten)* bezeichnet und beziehen sich auf die Leistungserstellung und auf den Leistungsaustausch mit den Kunden. Daneben werden noch einige *unterstützende Tätigkeiten (Aktivitäten)* berücksichtigt.

---

[1] Sie beruft sich i. d. R. auf: Michael Porter: Competitive Advantage.

- *Primäre Aktivitäten:*
  - Eingangslogistik
  - Operationen
  - Marketing, Vertrieb
  - Ausgangslogistik
  - Kundendienst.

- *Unterstützende Aktivitäten:*
  - Unternehmensinfrastruktur
  - Personalwirtschaft
  - Beschaffung.

02. Welche Bedeutung hat die Wertkette (Wertschöpfungskette) für die Strategieentwicklung?

Die Wertkettenanalyse ist ein *Instrument zur Strategieentwicklung*. Der Gesamtprozess wird übersichtlicher, weil er in einzelne Tätigkeitsbereiche (Aktivitäten) zerlegt ist. Die Bereiche können analysiert und die Analyseergebnisse für Strategieentwicklungen ausgewertet werden.

Dabei sind folgende Fragestellungen möglich:
- Können in einer Aktivität Kostenvorteile erreicht werden?
- Können Leistungsdifferenzierungen erreicht werden?
- Weisen Aktivitäten Stärken oder Schwächen auf (Stärke-Schwäche-Analyse)?
- Mit welchen Strategien können Stärken weiter entwickelt und Schwächen reduziert werden?

03. Was ist eine unternehmensübergreifende Wertkette?

Die Supply Chain ist ein Beispiel für eine unternehmensübergreifende Wertkette. Sie reicht von den Zulieferern über die Hersteller von Halbfabrikaten und Fertigprodukten, über den Handel und die Endverkäufer zu den privaten Endverbrauchern. In die Supply Chain sind die *unmittelbar beteiligten* Fertigungs- und Handelsunternehmen und die *mittelbar beteiligten* Logistikdienstleister (Transport- und Lagerhaltungsunternehmen, Docking Center) integriert. Die Kette hat einen sichtbaren Teil, den *Warenfluss*, und einen unsichtbaren, den *Informationsfluss*.[1]

04. Welche logistischen Prozesse stehen im Zusammenhang mit der Lieferkette?

An allen Stationen der Lieferkette, der sog. Supply Chain, finden logistische Vorgänge bzw. logistische Prozesse statt. Dazu zählen z. B. Warenumschlag, Kommissio-

---

[1] Weitere Ausführungen zur Supply Chain findet der Leser in Kap. *7.1.1 Grundlagen der logistischen Planung und Steuerung.*

2.2.2 Ausgewählte Methoden zur strategischen Analyse

2.2.2.1 Portofolioanalysen

01. Was ist eine Portfolio-Analyse?

Eine Portfolio-Analyse ist u. a. ein Instrument der strategischen Planung. Mithilfe der Portfolio-Analyse sollen Stärken und Schwächen eines Unternehmens erfasst werden. Dadurch können die Mittel des Unternehmens in solche Geschäftsfelder gelenkt werden, für die der Markt gute Absatzchancen bietet und für die das Unternehmen Vorteile vor seinen Mitbewerbern hat.

02. Was wird als strategisches Geschäftsfeld bezeichnet?

Ein strategisches Geschäftsfeld ist die gedankliche und organisatorische Zusammenfassung von Produkt und Markt. Ein strategisches Geschäftsfeld ist ein wichtiger Bezugspunkt für strategische Zieldefinitionen, Maßnahmen und Lenkung von Ressourcen.

03. Was ist eine Portfolio-Matrix?

Eine Portfolio-Matrix ist ein Mittel, die Ergebnisse der Portfolio-Analyse darzustellen. Im Allgemeinen werden für die Portfolio-Analyse Vier-Felder- und Neun-Felder-Matrices genutzt. Auf den Matrix-Achsen werden zwei Merkmale, die Gegenstand der Betrachtung sein sollen, mit den möglichen Ausprägungen angegeben; bei der Vier-Felder-Matrix sind das jeweils zwei, bei der Neun-Felder-Matrix jeweils drei Ausprägungen. In den Matrixfeldern werden Geschäftsfelder angegeben, für die die jeweiligen Ausprägungen der Merkmale mehr oder weniger zutreffen. (Aufbau und Aussage einer Portfolio-Matrix wird im Folgenden anhand des Marktwachstum-Marktanteil-Portfolio weitergehend erläutert.)

04. Was wird mit dem Marktwachstum-Marktanteil-Portfolio analysiert?

Mit dem Marktwachstum-Marktanteil-Portfolio wird das Marktwachstum und der relative Marktanteil eines Produkts o. Ä. analysiert. (Das Marktwachstum wird als Wachstumsrate in Prozent, der Marktanteil als Relation des eigenen Marktanteils zu dem des stärksten Mitbewerbers angegeben.) Grundlagen der Analyse können Umsatz, Kosten, Gewinn, Deckungsbeitrag u. Ä. sein. Das Ergebnis der Analyse findet ihren Niederschlag in einer Portfolio-Matrix mit vier Feldern.

Auf der Waagerechten bzw. auf der Senkrechten der Portfolio-Matrix werden die Ausprägungen „niedrig" und „hoch" der Merkmale relativer Marktanteil bzw. Marktwachstum abgetragen. Mithilfe der Matrix kann übersichtlich dargestellt werden, wie hoch der relative Marktanteil und der voraussichtliche relative Marktanteil für Produkte oder Geschäftsfelder sind. Die Felder der Tabelle lassen sich folgendermaßen beschreiben:

A – Hohes Marktwachstum – hoher relativer Marktanteil
B – hohes Marktwachstum – niedriger relativer Marktanteil
C – niedriges Marktwachstum – hoher relativer Marktanteil
D – niedriges Marktwachstum – niedriger relativer Marktanteil.

Die folgende, häufig genutzte Darstellung kann die Ausführungen veranschaulichen. Die Buchstaben in den Feldern drücken die Merkmalsausprägungen gemäß obiger Aufstellung aus.

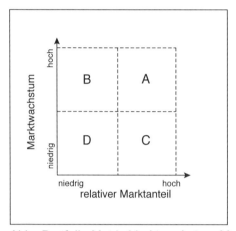

Abb.: Portfolio-Matrix Marktwachstum-Marktanteil

05. Welche Bedeutung hat die Portfolio-Matrix Marktwachstum-Marktanteil für die Strategieentwicklung?

Die Portfolio-Matrix Marktwachstum-Marktanteil zeigt, wie Geschäftsfelder mithilfe der kombinierten Ausprägungen der Merkmale Marktwachstum und relativer Marktanteil voneinander abgegrenzt und charakterisiert werden. Auf dieser Grundlage werden entsprechende Strategien entwickelt. Die Portfolio-Analyse zeigt u. a. auf, aus welchen Geschäftsfeldern Mittel abgezogen und in andere gelenkt werden können, welche Geschäftsfelder aufgegeben, welche mehr gefördert werden sollten.

Die sich für die Vier-Felder-Matrix ergebende Einteilung der Geschäftsfelder lassen sich folgendermaßen charakterisieren.

- A – Hohes Marktwachstum – hoher relativer Marktanteil

  Produkte mit hohem Marktwachstum und hohem Marktanteil sind sog. *Stars*. Sie können die zukünftige Position des Unternehmens am ehesten sichern. Die Strategie muss darauf hinaus laufen, dass die Sterne weiterhin leuchten. Der Marktanteil sollte nach Möglichkeit erhöht, zumindest gehalten werden; entsprechend sind diese Geschäftsfelder zu fördern.

2.2 Strategische Analysen der logistischen Kette

- **B – hohes Marktwachstum – niedriger relativer Marktanteil**

    Geschäftsfelder mit hohem Wachstum und niedrigem Marktanteil umfassen im Allgemeinen neue Produkte, die sich noch in der Einführungsphase befinden. Die Kennzeichnung dieses Matrixfeldes mit *Question Marks* (Fragezeichen) deutet die grundsätzliche Problematik an: Soll das Unternehmen die Produkte vom Markt nehmen bzw. das Geschäftsfeld auflösen oder den Marktanteil durch entsprechende Maßnahmen erhöhen?

- **C – niedriges Marktwachstum – hoher relativer Marktanteil**

    Produkte mit geringem Wachstum, aber hohem Marktanteil befinden sich in der Reifephase ihres Lebenszyklusses. Sie sind die *Cash Cows* (Milchkühe) des Unternehmens; sie sollen so lange wie möglich „gemolken" werden, d. h. entsprechende Strategien müssen darauf hinauslaufen, den Marktanteil zu halten.

- **D – niedriges Marktwachstum – niedriger relativer Marktanteil**

    Die Produkte in Geschäftsfeldern mit geringem Wachstum und niedrigem Marktanteil werden als *Poor Dogs* (arme Hunde) bezeichnet. Es sind im Allgemeinen Produkte, die sich in den Endphasen ihres Lebenszyklusses befinden. Da sie nur unter Aufwendung unverhältnismäßig hoher Mittel besser positioniert werden können, sollten sie vom Markt genommen werden.

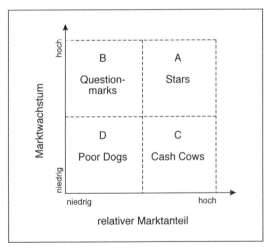

Abb.: Marktwachstums-Marktanteil-Matrix

06. Wie kann mithilfe einer Portfolio-Analyse ermittelt werden, welche Bedeutung die Logistikkompetenz für die Entwicklung von Logistikstrategien hat?

Mithilfe der Analyse wird der Umfang der Logistikkompetenz ermittelt und der Logistikattraktivität gegenübergestellt. Auf der Grundlage der Analyseergebnisse können Strategien entwickelt werden, die zum Gleichgewicht von Attraktivität und Kompetenz führen.

Das Ergebnis der Analyse kann in einer Neun-Felder-Matrix dargestellt werden.[1]

07. Was wird mit den Begriff Logistikattraktivität bezeichnet?

Logistik wird von einem Unternehmen dann als attraktiv eingeschätzt, wenn es durch Logistikaktivitäten seine Wettbewerbsposition verbessern kann. Logistikattraktivität wird bestimmt durch die Möglichkeiten zur Senkung der Logistikkosten und zur Steigerung und Differenzierung der Logistikleistungen.

08. Was wird mit den Begriff Logistikkompetenz bezeichnet?

Als Logistikkompetenz eines Unternehmens bezeichnet man seine Fähigkeit, ein Logistikkonzept optimal zu planen und auszuführen. Die Logistikkompetenz drückt letztlich aus, dass ein Unternehmen durch seine logistischen Aktivitäten die richtigen Güter und Informationen im richtigen Umfang, in der richtigen Qualität, an den richtigen Orten, zu richtigen Zeit verfügbar machen kann.

09. Wie kann das Ergebnis einer Portfolio-Analyse von Logistikkompetenz und -attraktivität in einer Matrix erfasst werden?

Das Ergebnis einer Portfolio-Analyse von Logistikkompetenz und -attraktivität kann in einer Neun-Felder-Matrix dargestellt werden. Die Felder der Matrix geben das Maß der Übereinstimmung von Kompetenz und Attraktivität für bestimmte Geschäftsfelder an und weisen auf die Richtung der Strategieentwicklung hin.

Wenn z. B. die Logistikkompetenz relativ gering, die Logistikattraktivität aber relativ hoch ist, wird die Ergänzung von Logistikleistungen und Logistik-Know-how erforderlich (z. B. durch Kauf). Wenn dagegen die Logistikkompetenz relativ hoch, die Logistikattraktivität aber relativ gering ist, wird die Verringerung von Logistikleistungen und Logistik-Know-how erforderlich (z. B. durch Verkauf).

Bei Übereinstimmung von Logistikattraktivität und -kompetenz besteht im Allgemeinen keine Notwendigkeit zu Veränderungen: Logistikattraktivität und -kompetenz sind im Gleichgewicht.

Die Ausführungen lassen sich durch die folgende Abbildung veranschaulichen. Der Pfeil stellt den Gleichgewichtspfad dar; er verbindet die Felder 7, 5 und 3, das sind die

---

[1] in Anlehnung an: Kämpf, R., 2000

2.2 Strategische Analysen der logistischen Kette

Felder, in denen Attraktivität und Kompetenz übereinstimmen. Die Felder oberhalb und unterhalb des Pfeils zeigen die Notwendigkeiten zu Veränderungen an. Die Felder 1, 2 und 4 deuten den Trend zum Kauf von Logistikleistungen an, der nach Feld 1 allmählich zunimmt; die Felder 6, 8 und 9 deuten den Trend zum Verkauf von Logistikleistungen an, der sich zum Feld 9 hin allmählich verstärkt.

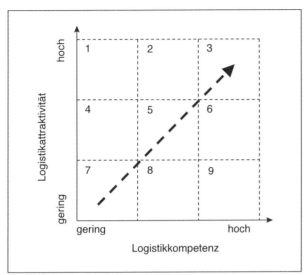

Abb.: Matrix Logistikkompetenz, -attraktivität

2.2.2.2 Kennzahlanalyse

01. Welche Bedeutung haben Kennzahlenanalysen?

Mithilfe von Kennzahlen lassen sich betriebswirtschaftliche, also auch logistische Sachverhalte erfassen. Ziele können mit Kennzahlen vorgegeben werden, die Entwicklung und schließlich die Zielerreichung erfasst und analysiert werden. Kennzahlen lassen sich für das ganze Unternehmen festlegen, aber auch für einzelne Unternehmensbereiche, also auch für die Logistik.

Logistikziele werden durch Kennzahlen präzisiert; die Zielsetzung soll eindeutig erkennbar werden. Anhand des Vergleichs der Kennzahlen mit den Ist-Werten kann aber auch festgestellt werden, ob Ziele und Zwischenziele erreicht werden; sie dienen also auch der Analyse und der Kontrolle.

02. Was sind Kennzahlensysteme und welche Bedeutung haben sie für die Analysen logistischer Sachverhalte?

Kennzahlensysteme sind systematisch geordnete Zusammenfassungen von Kennzahlen aus Unternehmensbereichen, die in Beziehung zueinander stehen, aufeinander bezogen sind oder voneinander abhängen. Abhängigkeiten dieser Art bestehen auch in logistischen Ketten. Deshalb haben Analysen von Kennzahlensystemen in der Logistik für Strategieentwicklungen ihre besondere Bedeutung.

Beispiele für Analysen von Kennzahlensystemen sind die Return-on-Quality-Analyse und die Balanced-Scorecard-Analyse.

03 Was sind Kennzahlen?

Kennzahlen werden als Grundzahlen oder Verhältniszahlen vorgegeben, Verhältniszahlen können Gliederungs-, Beziehungs- oder Messzahlen sein.

- *Grundzahlen* sind absolute Zahlen, z. B. Verringerung des Personalbestands von insgesamt 500 um 50 Mitarbeiter.

- Eine *Gliederungszahl* gibt das Verhältnis einer Teilmasse zu einer umfassenden gleichartigen Gesamtmasse an; z. B. Verringerung des Personalbestandes um 10 % (50 Mitarbeiter, die entlassen werden sollen, werden zur Gesamtzahl der Mitarbeiter von 500 in einem Prozentsatz angegeben.

- Eine *Beziehungszahl* gibt das Verhältnis einer statistischen Größe zu einer anderen, andersartigen Größe an. Die statistischen Größen müssen in einem sinnvollen Zusammenhang zueinander stehen. Ein wichtige Kennzahl ist die Rentabilität, sie gibt das Verhältnis des Gewinns zum eingesetzten Kapital an.

- Eine *Messzahl* setzt gleichartige statistische Größen zueinander in Beziehung; sie unterscheiden sich entweder in sachlicher, örtlicher oder zeitlicher Hinsicht. Zum Beispiel wird der geplante Umsatz des kommenden Jahrs zum Umsatz des Vorjahres in Beziehung gesetzt.

Kennzahlen können Ist- und Soll-Werte sein. Die Kennzahlen für die angestrebten Ziele sind Sollzahlen, für ihre Berechnung werden immer Ist-Werte zu Grunde gelegt. Bei der Kontrolle werden die erreichten Werte, das sind immer Ist-Werte, mit den vorgegebenen Soll-Werten verglichen.

04. Was wird mit dem Begriff Return on Quality umschrieben?

Im System von Return on Quality wird der Gewinn als Funktion der Qualität dargestellt. Von der Unternehmensleistung und seiner Beurteilung aus Kundensicht ist also die Höhe des Gewinns abhängig. Die sog. *Qualitätskompetenz* trägt deshalb in besonderem Maße zur Rentabilität bei.

05. Was soll mit der RoQ-Analyse erreicht werden?

Die RoQ-Analyse befasst sich mit den *Kennzahlen für Qualitätstreiber und Kosten*.

Mit der Verbesserung der Qualität kann der Gewinn erhöht werden. Ziel des Return on Quality ist es, den Wert des Produkts für den Kunden zu erhöhen. Aus der Kundenperspektive werden Unternehmensleistungen u. a. an Lieferpünktlichkeit, Liefergenauigkeit usw. gemessen, die dadurch zu besonderen Qualitätstreibern werden.

2.2 Strategische Analysen der logistischen Kette

Der Wert von Unternehmensleistungen aus Kundenperspektive drückt sich deshalb in der *Kundenzufriedenheit* aus. Er kann erhöht werden durch die vermehrte Berücksichtigung von Kundenwünschen, durch die verbesserte Gestaltung der Kundenkontakte und die Berücksichtigung der Preispolitik am Wettbewerb.

Rechnerisch ergibt sich der Gewinn als Differenz zwischen Preis und Herstellkosten. Deswegen sind auch die Kosten zu verringern. Das kann z. B. geschehen durch Mitarbeiterqualifizierung, Benchmarking, Single Sourcing, Just-in-Time-Beschaffung, Lean Production u. Ä.

06. Wie kann man die Balanced Scorecard definieren?

Balanced Scorecard [1] stellt ein Instrumentarium dar, mit dessen Hilfe Unternehmensvision und Unternehmensstrategie in ein geschlossenes System von Leistungsmessungsfaktoren übertragen werden können.

07. Welche Einsicht liegt der Balanced Scorecard zu Grunde?

Die Balanced Scorecard beruht auf der Einsicht, dass die Strategien eines Unternehmens nicht nur auf der finanziellen Perspektive beruhen dürfen, sondern vielmehr auch auf anderen Perspektiven, die für den Unternehmenserfolg von Bedeutung sind. Neben der Finanzperspektive berücksichtigt die Balanced Scorecard auch die Kunden-, die interne Prozess- sowie die Lern- und Entwicklungsperspektive.

08. Welche Bedeutung hat die Vision für die Balanced Scorecard?

Im Mittelpunkt der Balanced Scorecard steht die Vision des Unternehmens. In der Vision drückt sich eine Wunschvorstellung des Unternehmens aus, sie wird als realisierbares, wenn auch nur vage formuliertes oberstes Ziel den Mitarbeitern vorgegeben. Die Mitarbeiter müssen bereit und in der Lage sein, das Ziel zu akzeptieren und die Zielvorstellung zu verinnerlichen. Folgendes Beispiel für eine Vision eines Kaufhausunternehmens wäre denkbar: *Breite und teilweise tiefe Sortimente in einer Vielzahl von Fachgeschäften an einem Standort (unter einem Dach).*

09. Welche Bedeutung hat die Mission für die Balanced Scorecard?

Aus einer Vision wird die Mission abgeleitet. In der „Mission" stellt ein Unternehmen seine Vision nach außen in prägnanter Form dar. Sie ist vor allem an die Kunden gerichtet. Für das Beispiel einer Vision eines Kaufhausunternehmens könnte die Vision folgendermaßen lauten: *Unser Kaufhaus bietet tausendfach alles unter einem Dach.*

Die Balanced Scorecard soll diese Mission mit angemessenen Strategien für konkrete Handlungen verbinden. Eine Unternehmensstrategie ist eine Grundsatzentscheidung, die alle Bereiche des Unternehmens berührt; sie ist auf Dauer angelegt.

---

[1] Balanced Scorecard heißt übersetzt etwa: ausgeglichener oder ausgewogener Berichtsbogen.

10. Welche Perspektiven enthält die Balanced Scorecard und welche Bedeutung haben sie?

Es erscheint sinnvoll, die Zielverfolgung und das Ausmaß der Zielerreichung nicht nur unter finanziellem Aspekt sondern ganzheitlich zu betrachten. Die Balanced Scorecard gestattet diese ganzheitliche Betrachtung durch die Berücksichtigung mehrerer *Perspektiven* (Blickwinkel, Betrachtungsweisen). Im ursprünglichen Konzept der Balanced Scorecard (von Kaplan/Norton) werden die folgenden vier Perspektiven formuliert. (In der Praxis werden sie häufig lediglich als Grundlagen für die Formulierung eigener Perspektiven, die die spezifischen Gegebenheiten der Unternehmen berücksichtigen, genutzt.)

Die *Finanzperspektive* ist aus zwei Gründen die Hauptperspektive:

- Sie bietet die Möglichkeit zur Prüfung, ob die Verwirklichung der Unternehmensstrategie letztlich zur Verbesserung des Gesamtergebnisses führt bzw. geführt hat.
- Die anderen Perspektiven sind auf sie bezogen.

Die Kennzahlen der Finanzperspektive sind immer *Rentabilitätskennziffern*; sie haben zwei Funktionen; sie dienen zunächst der Messung der finanziellen Ziele, sie sind aber gleichzeitig auch Endziele der anderen Perspektiven.

Für Kunden- bzw. Marktsegmente, die für die Gesamtstrategie von Bedeutung sind, werden strategische Ziele und Kennzahlen formuliert. Im Rahmen der *Kundenperspektive* wird verfolgt, ob und in welchem Umfang diese strategischen Ziele mit den geplanten Maßnahmen erreicht werden. Mit den Kennzahlen für die Kundenperspektive werden z. B. die Kundenzufriedenheit, die Kundenbindung u. dgl. gemessen.

Im Rahmen der *internen Prozessperspektive* geht es darum, die internen Prozesse zu finden, mit denen die Ziele von Finanz- und Kundenperspektive am besten erreicht werden können.

Die *Lern- und Wachstumsperspektive* befasst sich mit der Infrastruktur, die erforderlich ist, um die Ziele der anderen Perspektiven zu erreichen. Zu dieser Infrastruktur zählen Qualifizierung, Motivation und Zielausrichtung der Mitarbeiter und ein leistungsfähiges Informationssystem.

11. Wie hängen Unternehmensstrategie und die strategischen Ziele der Perspektiven zusammen?

Aus der Unternehmensstrategie werden strategische Ziele für die Perspektiven abgeleitet. Strategische Ziele verbinden – über entsprechende Maßnahmen – die strategische Ebene mit der Durchführungsebene (operationale Ebene). Zwischen den Zielen bestehen enge Zusammenhänge; sie sind voneinander abhängig und ergänzen sich gegenseitig bei der Zielerreichung. Diese Zusammenhänge zeigen sich in Ursache-Wirkung-Ketten, die in Wenn-dann-Aussagen ausgedrückt werden können. *Wenn z. B. der Datenaustausch zwischen einem SB-Markt und seinem Lieferanten so organisiert* ist (Lern- und Wachstumsperspektive), dass der Markt – den Kundenwünschen entsprechend – immer verkaufsbereit ist, *dann* wird die Kundenzufriedenheit und damit auch die Kundenbindung gefördert (Kundenperspektive); *wenn* dadurch das Ziel der Kundenperspektive erreicht wird, *dann* wird der Umsatz steigen (Finanzperspektive).

12. Welche Funktionen erfüllen die Kennzahlen in der Balanced Scorecard?

Kennzahlen dienen vorrangig der weitergehenden Präzisierung der Ziele, die Zielsetzung soll eindeutig erkennbar werden. Sie dienen aber auch der Analyse und der Kontrolle. Allerdings steht die Kontrolle nicht im Vordergrund. Die Kennzahlen sollen von den betroffenen Mitarbeitern akzeptiert werden können; so dienen sie auch der Kommunikation und der Motivation.

13. Warum werden die Kennzahlen auch als Indikatoren bezeichnet?

Die Kennzahlen sind Indikatoren und zwar entweder Spät- oder Frühindikatoren. Die *Spätindikatoren* geben Endergebnisse des gesamten Prozesses (oder größerer Abschnitte des Prozesses) an. Spätindikatoren sind z. B. Umsatz, Gewinn, Kundenzufriedenheit. *Frühindikatoren* sind vorlaufende Indikatoren. Sie zielen auf die laufenden Vorgänge in frühen Phasen des Prozesses ab, die das Ergebnis am Ende des Prozesses (oder eines größeren Prozessabschnittes) bestimmen bzw. mitbestimmen; sie werden deshalb auch als *Leistungstreiber* bezeichnet. So könnte z. B. ein Frühindikator für den Spätindikator *Gesamtumsatz* der *Umsatz in einem bestimmten Sortimentsteil* sein.

14. Warum kann die Balanced Scorecard eines Unternehmens als Kennzahlensystem aufgefasst werden?

Die Balanced Scorecard kann als ein zusammenhängendes Kennzahlensystem bezeichnet werden.

- Die Kennzahlen der Finanzperspektive sind einerseits Grundlagen für die Kennzahlen der anderen Perspektiven, andererseits geben sie Auskunft darüber, ob die Unternehmensaktivitäten besondere Erfolge hatten. Kennzahlen der Finanzperspektive sind z. B. Eigenkapitalrendite, Umsatzzuwachs.

- Kennzahlen der Kundenperspektive können z. B. die bewertete Lieferpünktlichkeit, der Kundenzufriedenheitsindex u. Ä. sein. Sie spiegeln das Urteil der Kunden über die Unternehmensleistungen wider.

- Kennzahlen der internen Prozessperspektive können z. B. Kennzahlen für Durchlaufzeiten, für Qualität usw. sein. Sie informieren über die Effizienz interner Prozesse.

- Kennzahlen der Lern- und Wachstumsperspektive können z. B. Kennzahlen über die Bedeutung von Neuprodukten für das Unternehmen u. Ä. sein.

3. Betriebswirtschaftliche Steuerung sowie Qualitätsmanagement in Einkauf und Logistik

3.1 Planung, Steuerung und Disposition einschließlich Informations- und Kommunikationstechnik

3.1.1 Materialwirtschaft – Volks- und betriebswirtschaftliche Größen

3.1.1.1 Materialwirtschaft

01. Kann man von einem Bedeutungswandel der Materialwirtschaft sprechen?

Die Bedeutung der Materialwirtschaft hat sich gewandelt. Der Bedeutungswandel zeigt sich vor allem in zwei Aspekten.

- In den Unternehmen hat sich die Einsicht durchgesetzt, dass die Materialwirtschaft einen erheblichen Beitrag zu den erwerbswirtschaftlichen Zielen leisten kann.
- In der Betriebswirtschaftslehre wird der Begriff inhaltlich weiter gefasst.

In der älteren Auffassung umfasst die Materialwirtschaft Beschaffung und Lagerhaltung im Sinne von Bereitstellung bzw. Vorratshaltung für die Produktion. Beschaffung und Lagerhaltung haben dafür zu sorgen, dass die für die Produktion erforderlichen Materialien in den erforderlichen Mengen und in der erforderlichen Qualität rechtzeitig bereitstehen. Beschaffung und Lagerhaltung unterstehen wenigstens teilweise der Fertigung bzw. der Fertigungsvorbereitung.

02. Wie lässt sich der Bedeutungswandel der Materialwirtschaft erklären?

Es setzt sich die Erkenntnis durch, dass die Materialwirtschaft zu den erwerbswirtschaftlichen Zielen des Unternehmens erheblich beitragen kann, und zwar durch die Verringerung der Vorratshaltung und Verkürzung der innerbetrieblichen Transportzeiten. Außerdem hat die Materialwirtschaft im Zusammenhang mit den ökologischen Zielen des Unternehmens und den Vorschriften über Umweltschutz Aufgaben der Abfallentsorgung zu übernehmen.

03. Was heißt integrierte Materialwirtschaft?

Materialwirtschaft umfasst alle Maßnahmen, Entscheidungen und Tätigkeiten, die sich auf folgende Bereiche beziehen:

- Beschaffung und Bereitstellung, d. h. bedarfsgerechte Versorgung des Betriebes mit Materialien (Rohstoffe, Hilfsstoffe, Betriebsstoffe, Teile, Waren u. Ä.).
- Steuerung des Materialflusses vom Materiallager durch die Fertigung über das Fertiglager bis zur Auslieferung der Fertigprodukte.

Materialwirtschaft ist damit Teil der Unternehmensaufgabe; man spricht deshalb auch von *integrierter Materialwirtschaft*.

Entsprechend ihrer Bedeutung wird Materialwirtschaft im organisatorischen Aufbau des Unternehmens berücksichtigt. Im Allgemeinen ist die Materialwirtschaft als Funktionsstelle in die oberste Führungsebene integriert.

04. Welche Aufgabenbereiche umfasst die Materialwirtschaft?

Die Aufgabenbereiche lassen sich folgendermaßen zusammenfassen:
1. Materialbeschaffung
2. Materialverwaltung
3. Materialverteilung
4. Materialentsorgung.

05. Welche Ziele verfolgt die Materialwirtschaft?

Die Materialwirtschaft verfolgt im Wesentlichen drei Ziele:

- Versorgung. Dies Ziel umfasst die Beschaffung und die Bereitstellung von Materialien u. dgl. und zwar in der richtigen Art, Menge und Qualität, zur richtigen Zeit, am richtigen Ort.

- Kostensenkung. Dies Ziel umfasst die Minimierung der Kosten der Beschaffung, der Lagerhaltung, des innerbetrieblichen Transports usw.

- Umweltschutz. Dies Ziel umfasst die Abfallvermeidung, Verbesserung der Produktionsverfahren, Wiederverwendung, Entsorgung usw.

06. Mit welchen Objekten befasst sich die Materialwirtschaft?

Zu den Objekten der Materialwirtschaft zählen u. a.

- die Rohstoffe, sie gehen als Hauptbestandteile in das Produkt ein

- die Hilfsstoffe, sie gehen auch in das Produkt ein, sind aber mengen- und wertmäßig von untergeordneter Bedeutung, eine einzelne Erfassung lohnt sich deshalb nicht, Hilfsstoffe sind z. B. Schrauben, Nägel u. dgl. bei der Möbelherstellung

- die Betriebsstoffe, sie werden bei der Produktion eingesetzt, werden aber nicht Bestandteil des Produkts, Betriebsstoffe sind z. B. Strom, Kohle, Dieselkraftstoff u. dgl.

- Fertigteile

- Ersatzteile (Verschleißteile).

Daneben beschaffen Industrieunternehmen zur Vervollständigung ihres Sortiments im Hinblick auf bestimmte Kundenerwartungen häufig sog. Handelswaren; sie werden

3.1 Planung, Steuerung und Disposition

substanziell nicht verändert und bei der Herstellung von Produkten weder verbraucht noch gebraucht.

Objekte von Beschaffung und Lagerhaltung im *Handel* sind

- Waren, die zwar substanziell nicht verändert werden, aber umgruppiert, gelagert, präsentiert, manipuliert usw. werden
- Materialien, z. B. Verpackungsmaterial, Strom zum Betrieb von Kühleinrichtungen, Kraftstoff für die Lieferfahrzeuge u. dgl.; diese Materialien sind im Allgemeinen mengen- und wertmäßig von untergeordneter Bedeutung und deshalb den Hilfs- und den Betriebsstoffen in der industriellen Fertigung vergleichbar.

07. Was wird als materialwirtschaftliches Optimum bezeichnet?

Als materialwirtschaftliches Optimum wird häufig der Bestand bezeichnet, bei dem die Summe aus Lagerhaltungs- und Fehlmengenkosten ihr Minimum hat.

Eine hohe Versorgungsbereitschaft, die ständig hohen Bedarfsanforderungen gerecht werden soll, setzt eine hohe Lagerbestandshaltung voraus. Hohe Lagerbestände aber verursachen hohe Lagerhaltungskosten. Mit steigenden Beständen nehmen die Lagerhaltungskosten zu.

Der Verzicht auf die hohe Versorgungsbereitschaft führt dazu, dass Aufträge bzw. Bedarfsanforderungen nicht sofort oder nicht vollständig ausgeführt werden können. Es entstehen Fehlmengen, die ebenfalls Kosten verursachen, die sog. Fehlmengenkosten. Fehlmengenkosten nehmen mit abnehmenden Fehlmengen, d. h. bei steigender Lagerbestandshaltung, ab.

08. Wodurch entstehen Fehlmengenkosten?

Fehlmengenkosten entstehen z. B.

- durch Umsatz- und Gewinneinbußen – weil nicht produziert werden kann, kann auch nicht verkauft und also auch kein Gewinn erzielt werden
- durch Verlust des Good-Will – weil nicht geliefert werden kann, kann bei Kunden ein Imageverlust entstehen, sie wenden sich Mitbewerbern zu
- durch Konventionalstrafen – weil nicht zum vereinbarten Termin geliefert werden kann, werden u. U. Vertragsstrafen fällig
- durch zusätzliche Ausgaben – weil Ersatzbeschaffungen u. U. teurer sind
- durch Produktionsausfall.

3.1.1.2 Wechselwirkungen zwischen der Materialwirtschaft und den volkswirtschaftlichen Größen

3.1.1.2.1 Grundlagen

01. Welche volkswirtschaftlichen Größen haben für Einkauf und Logistik besondere Bedeutung?

Über die Materialwirtschaft ist ein Unternehmen insbesondere mit Beschaffungsmärkten und aber auch mit Absatzmärkten verbunden. Auf diesen Märkten herrschen wirtschaftliche und wirtschaftspolitische Bedingungen, die das wirtschaftliche Handeln der Einzelwirtschaften beeinflussen; Einzelwirtschaften sind die privaten Haushalte, die anderen Unternehmen, die öffentlichen Haushalte (der Staat) sowohl des Inlandes als auch des Auslandes. Die wirtschaftlichen Bedingungen und das wirtschaftliche Handeln der Einzelwirtschaften treffen über die Materialwirtschaft auch das Unternehmen.

02. Welche volkswirtschaftlichen bzw. wirtschaftspolitischen Größen sind auch für die Materialwirtschaft von Bedeutung?

Die folgenden volkswirtschaftlichen und wirtschaftspolitischen Themenbereiche haben auch Bedeutung für die Materialwirtschaft. Es bestehen im Allgemeinen Wechselwirkungen zwischen diesen Größen und der Materialwirtschaft.

- Märkte und Preisbildung
- Konjunktur
- Zahlungsbilanz, Importe
- Ökologie
- Geld und Geldpolitik.

03. Welche Wechselwirkungen bestehen zwischen Märkten und Preisen einerseits und der Materialwirtschaft andererseits?

Über die Materialwirtschaft ist das Unternehmen Nachfrager auf den Beschaffungsmärkten. Ob es die Preise auf diesen Märkten akzeptieren muss oder ob es sie beeinflussen, evtl. sogar selbst setzen kann, hängt von seiner Marktstellung ab. Der Beschaffungspreis für eingekaufte Materialien u. dgl. geht als Kosten in die Kalkulation ein und beeinflusst damit wesentlich den Verkaufspreis.

04. Welchen Einfluss haben konjunkturelle Rahmenbedingungen für die Materialwirtschaft?

Einfluss auf das Nachfrageverhalten der Einzelwirtschaften hat auch die konjunkturelle Situation. Nachlassende Beschäftigung und sinkende Einkommen begründen

3.1 Planung, Steuerung und Disposition

den Rückgang der Nachfrage. Der Preis für ein Gut, der auf dem Absatzmarkt erzielt werden kann, beeinflusst in hohem Maße auch das Beschaffungsverhalten des Unternehmens.

05. Welche Wechselwirkungen bestehen zwischen der Zahlungsbilanz und der Materialwirtschaft?

Beschaffungs- und Absatzmärkte eines Unternehmens können auch im Ausland liegen. Bei Exportgütern muss es mit Unternehmen konkurrieren, die unter anderen Bedingungen, evtl. mit niedrigeren Kosten, produzieren können. Darüber hinaus ist der unter heimischen Bedingungen kalkulierte Angebotspreis auch von Wechselkursen abhängig. Die Preise importierter Materialien (Rohstoffe) sind für das Unternehmen Kosten. Ihre Höhe ist u. a. auch von den Wechselkursen abhängig. Die Importe schlagen sich wie die Exporte in der Zahlungsbilanz nieder. Die Zahlungsbilanzsituation kann den Wechselkurs beeinflussen.

06. Welche Bedeutung hat die Ökologie für die Materialwirtschaft?

Die strengen staatlichen Vorschriften für den Umweltschutz zwingen die Unternehmen zu aufwändiger umweltschonender Entsorgung ihrer Abfälle. Für die Entsorgung ist die Materialwirtschaft zuständig. Durch die Entsorgung entstehen Kosten, die die Verkaufspreise beeinflussen.

07. Welche Bedeutung haben Geld und Geldpolitik für die Materialwirtschaft?

Preise werden in Geldeinheiten angegeben. Angebote werden u. a. mithilfe der in Geld angegebenen Bedingungen vergleichbar gemacht. Kosten sind der in Geld ausgedrückte Verzehr von Produktionsmitteln im Produktionsprozess. Das Betriebsergebnis wird in Geld angegeben. Geld ist gesetzliches Zahlungsmittel. Das alles drückt exemplarisch die Bedeutung des Geldes für die Materialwirtschaft aus. Kostendruck- oder nachfrageinduzierte Geldentwertungen würden das Nachfrageverhalten beeinflussen. Die Geldpolitik muss deshalb für die Stabilität des Preisniveaus sorgen.

3.1.1.2.2 Märkte und Preisbildungen

01. Was ist ein Markt?

Als Markt wird das Zusammentreffen von Angebot und Nachfrage für ein Gut bezeichnet. Auf dem Markt ergibt sich der Preis für ein Gut. In der Regel nimmt bei steigendem Preis die Angebotsmenge zu und die Nachfragemenge ab. Der Markt ist im Gleichgewicht, wenn Angebotsmenge und Nachfragemenge übereinstimmen.

02. Welche Marktformen gibt es?

Nach der Anzahl der Marktteilnehmer können u. a. folgende Marktformen unterschieden werden:

- Angebotsmonopol, es besteht aus einem Anbieter und vielen Nachfragern.
- Nachfragemonopol, es besteht aus einem Nachfrager und vielen Anbietern.
- Zweiseitiges Monopol, es besteht aus einem Anbieter und einem Nachfrager.
- Angebotsoligopol, es besteht aus wenigen, relativ starken Anbietern und vielen Nachfragern.
- Nachfrageoligopol, es besteht aus wenigen, relativ starken Nachfragern und vielen Anbietern.
- Zweiseitiges Oligopol, es besteht aus wenigen, relativ starken Anbietern und wenigen, relativ starken Nachfragern.
- Polypol, es besteht aus vielen Anbietern und Nachfragern.

03. Wie lassen sich die typischen Marktverhaltensweisen in den einzelnen Marktformen charakterisieren?

Wegen der besonderen Bedeutung der Beschaffungsmärkte werden im Folgenden die typischen Marktverhaltensweisen (Preissetzungen) von der Nachfrageseite her gekennzeichnet.

- Der Nachfragemonopolist kann den Preis, den er zu zahlen bereit ist, selbst setzen. Er muss keine Reaktionen von Mitbewerbern befürchten. Eventuell muss er mit Reaktionen der Anbieter rechnen.
- Der Nachfrageoligopolist kann seinen Preis zwar setzen, muss aber die Reaktionen der Mitbewerber und der Anbieter berücksichtigen.
- Der Polypolist kann seinen Preis kaum selbst setzen; er muss den Marktpreis akzeptieren.

3.1.1.2.3 Konjunktur

01. Wie kann der Konjunkturverlauf beschrieben werden?

Die gesamtwirtschaftliche Nachfrage schwankt um die gesamtwirtschaftlichen Angebotsmöglichkeiten. Die Schwankungen werden als konjunkturelle Schwankungen, als *Konjunkturzyklen*, bezeichnet. Konjunkturzyklen werden häufig typisiert dargestellt als Schwankungen der Nachfrage um einen Wachstumspfad. Der Wachstumspfad gibt den langfristigen Wachstumstrend des Bruttoinlandsprodukts an.

02. Aus welchen Phasen besteht ein Konjunkturzyklus?

Ein Konjunkturzyklus besteht aus vier Phasen:

1. Krise (untere Wende), die als Rezession oder – bei besonders starkem Nachfragerückgang – auch als Depression bezeichnet wird
2. Aufschwung

3.1 Planung, Steuerung und Disposition

3. Hochkonjunktur oder Boom (obere Wende)
4. Abschwung.

03. Welche Bedeutung haben Konjunkturindikatoren?

Die Träger der Konjunkturpolitik benötigen Indikatoren, die die jeweilige Stellung im Konjunkturzyklus rechtzeitig und eindeutig angeben und nach Möglichkeit auch die Richtung der weiteren Entwicklung andeuten. Als Indikatoren werden einige der vielen Faktoren benutzt, die den Konjunkturverlauf bestimmen oder sich aus ihm ergeben. Zu unterscheiden sind Frühindikatoren, wie z. B. die Produktion, Umsätze im Handel, und Spätindikatoren, wie z. B. der Preisindex der Lebenshaltung, die Beschäftigtenzahlen.

04. Wie verhalten sich die Indikatoren für Beschäftigung und Preisniveau im Verlauf eines Konjunkturzyklusses?

Die Indikatoren Preisniveau und Beschäftigungsgrad haben für die Diagnose den Nachteil, dass sie als Spätindikatoren den Konjunkturverlauf verspätet anzeigen.

Sie haben aber auch folgende Vorteile:

- Sie geben in der Regel die Bewegungsrichtung der wirtschaftlichen Aktivitäten genau an
- sie stehen in stabiler Beziehung zum konjunkturellen Verlauf
- sie nennen die wichtigen Ziele der Konjunkturpolitik.

In der Aufschwungsphase steigen die Preise und die Beschäftigtenzahl, Preise und Beschäftigtenzahl sind im Boom sehr hoch, nehmen im Abschwung ab. In der Rezession ist die Beschäftigung sehr gering, das Preisniveau ist relativ niedrig.

3.1.1.2.4 Zahlungsbilanz, Importe

01. Welche Bedeutung hat der Außenhandel für die deutsche Volkswirtschaft?

Die Bedeutung des Außenhandels für die deutsche Volkswirtschaft kann in zwei Aspekten gesehen werden.

1. Deutschland ist erheblich am Weltexport beteiligt. In der Rangordnung der wichtigsten Ausfuhrländer steht es im Allgemeinen an zweiter Stelle. Die deutschen Ausfuhren machten im Jahr 2011 rd. 50 % des Bruttoinlandsprodukts in jeweiligen Preisen aus. Diese Zahl weist auf die starke Abhängigkeit der Produktion und des Einkommens von ausländischer Nachfrage hin.

   Deutschland benötigte auch Güter aus dem Ausland. Deutschland rangiert als Importland im Allgemeinen ebenfalls an zweiter Stelle. Die Importe hatten 2011 einen Wert in Höhe von rd. 45 % des Bruttoinlandsprodukts in jeweiligen Preisen. Traditionell hat Deutschland einen Exportüberschuss, d. h. es werden mehr Güter aus- als eingeführt.

2. Der Güteraustausch Deutschlands findet überwiegend mit hoch entwickelten Industrieländern statt, d. h. deutsche Unternehmen führen Produkte hauptsächlich in industrialisierte Länder aus und aus diesen Ländern ein.

Der deutsche Außenhandel konzentriert sich auf Produkte der gewerblichen Wirtschaft. Hauptsächlich werden Investitionsgüter und bestimmte Grundstoffe exportiert und importiert. Es werden vor allem Fertigwaren, weniger Halbwaren und Rohstoffe ausgeführt und eingeführt.

02. Wodurch wird der Außenwert der Währung bestimmt?

Der Außenwert einer Währung wird bestimmt durch die Kaufkraft einer mit dem Wechselkurs umgerechneten Währungseinheit im Ausland.

03. Was wird mit dem Wechselkurs angegeben?

Der Wechselkurs ist der Preis für Devisen, das sind ausländische Zahlungsmittel (Sorten, Buchgeld). Der Wechselkurs gibt also das Austauschverhältnis zweier Währungen an. Er ergibt sich i. d. R. aus dem Angebot von Devisen und der Nachfrage nach Devisen. Die Nachfrage nach ausländischen Zahlungsmitteln entsteht, wenn importierte Güter und Dienstleistungen in einer anderen als der heimischen Währung zu zahlen sind. – Wenn ausländische Importeure Rechnungen in europäischer Währung zu begleichen haben, müssen sie Euro mit heimischer Währung nachfragen. So entsteht dann ein Angebot von ausländischen Währungen.

Der Wechselkurs macht Preisvorteile zwischen Ländern sichtbar. So wird internationaler Handel erst möglich.

04. Welche Bedeutung haben freie Wechselkurse?

Der freie Wechselkurs ergibt sich aus dem Angebot von und der Nachfrage nach Devisen. Die Nachfrage nach ausländischen Zahlungsmitteln entsteht u. a., wenn importierte Güter und Dienstleistungen in einer anderen als der heimischen Währung zu zahlen sind.

Beispiel: Wenn ein kanadischer Importeur deutscher Waren Rechnungen, die in Euro ausgestellt wurden, ausgleichen will, muss er Euro mit Dollar kaufen. Ein deutscher Importeur kanadischer Produkte muss evtl. Dollar mit Euro kaufen. So entstehen Angebote von Dollar und Nachfragen nach Dollar. (Devisen werden nicht nur für den Warenverkehr benötigt, sondern auch im Zusammenhang mit Reisen, Schenkungen, Spekulationen usw. nachgefragt.)

Der Kurs, der sich aus dem Zusammentreffen von Devisenangebot und -nachfrage ergibt, ist ein Gleichgewichtskurs; dabei gleichen sich das geplante Angebot und die geplante Nachfrage aus. Veränderungen von Angebot und Nachfrage verändern den Gleichgewichtskurs. Es kommt zu Auf- bzw. Abwertungen.

Beispiel: Wenn deutsche Importeure vermehrt kanadische Produkte einführen und die Rechnungen mit Dollar ausgleichen müssen, steigt die Nachfrage nach Dollar, es ergibt sich ein

3.1 Planung, Steuerung und Disposition

neuer Gleichgewichtskurs, der über dem alten liegt. Der Dollar wird dadurch aufgewertet. Die Kaufkraft des Dollar in Deutschland steigt, Kanadier fragen vermehrt in Deutschland nach. Die deutschen Exporte nach Kanada nehmen zu. Zum Rechnungsausgleich wird jetzt vermehrt Euro nachgefragt, d. h. Dollar angeboten. Das führt zu einer Abwertung des Dollar. Die Kaufkraft der Euro in Kanada steigt. Die Importe aus Kanada können wieder steigen.

Allgemein ausgedrückt: Ein heimischer Importüberschuss führt zu vermehrter Nachfrage nach Devisen. Daraus folgt eine Abwertung der heimischen Währung. Diese begründet vermehrte ausländische Nachfrage und eine Verminderung der heimischen Nachfrage nach ausländischen Produkten. Exporte nehmen zu, Importe nehmen ab: der Importüberschuss geht zurück. Bei freien Wechselkursen gleicht sich die Zahlungsbilanz automatisch aus.

05. Welche Bedeutung haben feste Wechselkurse?

Der feste Wechselkurs ergibt sich durch vertragliche Vereinbarung zwischen Staaten. Die beteiligten Staaten vereinbaren, durch entsprechende Maßnahmen dafür zu sorgen, dass das feste Austauschverhältnis ihrer Währungen über längere Zeit gehalten wird. Auf- und Abwertungen ergeben sich nicht durch das Zusammentreffen von Devisenangebot und -nachfrage, sie müssen vielmehr durch die beteiligten Staaten vereinbart werden.

Fortsetzung des Beispiels aus Frage 04: Es wird angenommen, Kanada und Deutschland vereinbaren feste Wechselkurse. Wenn jetzt deutsche Importeure vermehrt Dollar nachfragen, muss die Zentralbank vermehrt Dollar anbieten; die Aufwertung des Dollar kann nicht automatisch stattfinden. Importe werden so nicht zunehmen, Exporte nicht abnehmen. Es kann nicht zu einem automatischen Zahlungsbilanzausgleich kommen.

In der Regel werden feste Wechselkurse als Leitkurse vereinbart, um die der tatsächliche Kurs innerhalb vorgegebener Grenzen schwanken kann. Die Zentralbanken müssen erst intervenieren, wenn die Grenzen des Schwankungsbereichs, die sog. Interventionspunkte, erreicht sind.

Die besonderen Vorteile fester Wechselkurse liegen vor allem in der Stärkung der Integration durch gemeinsame Beschlüsse und Absprachen.

06. Was wird mit der Zahlungsbilanz erfasst?

Die Zahlungsbilanz erfasst alle wirtschaftlichen *Transaktionen zwischen Inländern und Ausländern*. Sie stellt ein in sich geschlossenes System doppelter Verbuchungen dar, sodass sie im buchhalterischen Sinn immer ausgeglichen ist.

Die Zahlungsbilanz besteht aus mehreren *Teilbilanzen*.

1. *Leistungsbilanz*, sie umfasst
   - Handelsbilanz mit den Exporten von Waren auf der Aktiv- und den Importen von Waren auf der Passivseite

- Dienstleistungsbilanz mit den Exporten von Dienstleistungen auf der Aktiv- und den Importen von Dienstleistungen auf der Passivseite; zu den Dienstleistungen zählen z. B. die Dienstleistungen im Reiseverkehr, der Transport von Gütern, der Transithandel (Warenhandel, der durch ein Land hindurchgeführt wird), Finanzdienstleistungen, Patente und Lizenzen, Entgelte für selbstständige Tätigkeiten
- Bilanz der Erwerbs- und Vermögenseinkommen, sie erfasst die Faktoreinkommen vom und an das Ausland
- Bilanz der laufenden Übertragungen, sie erfasst alle Übertragungen vom und an das Ausland, die Einkommen und Verbrauch in den betroffenen Ländern beeinflussen; zu den öffentlichen Übertragungen gehören z. B. die Zahlungen an internationale Organisationen; private laufende Übertragungen sind z. B. die Überweisungen der Gastarbeiter.

2. *Bilanz der Vermögensübertragungen*, sie enthält alle öffentlichen und privaten einmaligen Übertragungen, die die Vermögen der betroffenen Länder beeinflussen; dazu zählen z. B. Schuldenerlasse, Schenkungen, Erbschaften u. dgl.

3. *Kapitalbilanz*, die Aktivseite erfasst die Kapitaleinfuhr, aus dem Ausland empfangene Kredite, die Zunahme der Verbindlichkeiten, Abnahme der Forderungen; die Passivseite erfasst die Kapitalausfuhr, gegebene Kredite, die Zunahme der Forderungen, die Abnahme der Verbindlichkeiten.

4. *Veränderung der Währungsreserven*, zu den Währungsreserven zählen vor allem die Sorten und Devisen, Reservepositionen im Internationalen Währungsfonds.

07. Was heißt „die Zahlungsbilanz ist nicht ausgeglichen (negativ oder positiv)"?

Zahlungsbilanzen sind im buchhalterischen Sinne immer ausgeglichen. Teilbilanzen oder Zusammenfassungen von Teilbilanzen (z. B. die Leistungsbilanz) können ungleichgewichtig sein. Eine aktive Handelsbilanz bedeutet z. B. einen Exportüberschuss im Warenverkehr, eine aktive Leistungsbilanz kann z. B. bedeuten, dass der Exportüberschuss negative Dienstleistungs- und Übertragungsbilanzen mehr als ausgeglichen hat.

08. Warum findet internationaler Güteraustausch statt?

Gründe für den internationalen Handel sind Preisvorteile. Ein Land hat dann Exportchancen für sein Güter, wenn *absolute und relative Preisvorteile* bestehen.

Absolute Preisvorteile können sich u. a. ergeben
- durch natürliche Voraussetzungen, z. B. Bodenschätze
- durch Faktorvoraussetzungen, z. B. technisches Wissen
- durch die inländische Marktsituation

3.1 Planung, Steuerung und Disposition

- durch die Produktivität
- durch die Wirtschaftspolitik, z. B. Stabilitätspolitik
- durch die Wechselkurssituation.

3.1.1.2.5 Ökologie und Umweltschutz

01. Welche Bedeutung hat Ökologie für die Materialwirtschaft?

Unternehmen verfolgen im Allgemeinen auch ökologische Ziele. Sie schlagen sich u. a. nieder in umweltschonender Produktion und im Angebot von Produkten, die die Umwelt nicht belasten. Die Unternehmen gehen damit auf das wachsende Umweltbewusstsein der nachfragenden privaten Haushalte ein. Die Herstellung dieser Produkte erfordert den Einsatz der entsprechenden Materialien, deren *Beschaffung Aufgabe der Materialwirtschaft* ist.

02. Wie beeinflusst der Gesetzgeber umweltbewusstes Verhalten der Unternehmen?

Unternehmen werden durch behördliche Vorgaben zu einem umweltgerechten Verhalten gezwungen, z. B. durch das Bundesimmissionsschutzgesetz, durch die Wasserrahmenrichtlinie der EU, durch das Kreislaufwirtschafts- und Abfallgesetz usw. Verstöße gegen die Vorschriften werden z. B. mit Bußgeldern geahndet.

03. Worin zeigt sich, dass Unternehmen ihrer Verantwortung für die Umwelt gerecht werden?

Viele Unternehmen sind sich aber ihrer *Verantwortung für die Umweltschonung* bewusst und erbringen dafür Leistungen, die über die gesetzlichen und verordneten Anforderungen hinausgehen. Das zeigt sich z. B. in der Einführung und in der ständigen Verbesserung von Umweltmanagementsystemen (UMS) nach der EMAS-VO oder nach EN ISO 14001. EMAS-VO und ISO 14001 geben Normen vor für die Organisation des Aufbaus des Systems mit der Verteilung von Zuständigkeiten und für die Organisation der Abläufe von Maßnahmen.

Viele Unternehmen veröffentlichen regelmäßig *Nachhaltigkeitsberichte*, in denen sie Rechenschaft über ihre umweltorientierten Maßnahmen und über die Verbesserungen ihrer Systeme ablegen. Die Berichte sind der Öffentlichkeit zugänglich. Die Unternehmen unterliegen dadurch in einem gewissen Maße der sozialen Kontrolle durch Mitarbeiter, Interessengruppen und weitere interessierte Kreise.

04. Was schreibt der Gesetzgeber den Unternehmen für die Entsorgung vor?

Der Gesetzgeber schreibt den Unternehmen eine umweltschonende Entsorgung ihrer Abfälle vor. Bei der industriellen Fertigung (aber auch bei der Leistungserstellung des

Handels) fallen Abfälle an. Abfälle müssen entsorgt werden. Die Verantwortung für den Umweltschutz, die Erwartungen der Verbraucher, insbesondere aber die strengen staatlichen Vorschriften zwingen die Unternehmer zu umweltschonender Entsorgung. *Für die Entsorgung in den Betrieben ist die Materialwirtschaft zuständig.*

05. Wie schlägt sich der Umweltschutz in den Unternehmen nieder?

Der Umweltschutz i. w. S. wird wegen seiner Bedeutung in den Entscheidungsprozess des Unternehmens einbezogen. Dabei geht es zwar zunächst um die Erfüllung der gesetzlichen Vorgaben, aber im Rahmen dieser Vorgaben vor allem um Harmonisierung von ökologischen Zielen mit anderen Unternehmenszielen.

3.1.1.2.6 Wirtschaftspolitik

01. Was versteht man unter Wirtschaftspolitik?

Wirtschaftspolitik ist die zusammenfassende Bezeichnung für die Maßnahmen zur Steuerung, Beeinflussung und Ordnung der wirtschaftlichen Aktivitäten der inländischen Wirtschaftssubjekte durch die Träger der Wirtschaftspolitik.

02. Wer sind die Träger der Wirtschaftspolitik?

Träger der Wirtschaftspolitik sind Bund, Länder, Gemeinden, Bundesbank, internationale Organisationen (primäre oder formelle Träger) und Gewerkschaften, Arbeitgeberverbände, Verbraucherverbände, Parteien, Kirchen u. a. (sekundäre oder informelle Träger).

03. Welche Ziele verfolgt die Wirtschaftspolitik?

In Anlehnung an das Stabilitätsgesetz können folgende vier Ziele der Wirtschaftspolitik formuliert werden.

- Stetiges und angemessenes Wachstum
- hohe Beschäftigung
- Preisniveaustabilität
- außenwirtschaftliches Gleichgewicht

Weitere Ziele können sein:

- Umweltschutz
- soziale Gerechtigkeit u. Ä.

3.1 Planung, Steuerung und Disposition

04. Was versteht man im Zusammenhang mit den wirtschaftspolitischen Zielen unter dem sog. „magischen Viereck"?

Die Formulierung „magisches Viereck" umschreibt den Tatbestand, dass sich die Wirtschaftspolitik mit einem Bündel von Zielen (hier: vier Ziele gemäß Stabilitätsgesetz) gleichzeitig zu befassen hat, die miteinander in einem Zusammenhang stehen. Es besteht zwischen den Zielen z. B. Konformität oder ein Konflikt. So besteht zwischen dem Wachstumsziel und dem Ziel „hohe Beschäftigung" Konformität, d. h. mit Wachstumspolitik kann auch Beschäftigung erreicht werden. Zwischen dem Wachstumsziel und der Preisniveaustabilität besteht ein Konflikt, d. h. bei Wachstumspolitik kann die Preisniveaustabilität gefährdet sein. Das zeigt, dass die *Einzelziele nie gleichzeitig vollständig erfüllt* werden können. Es ist deshalb erforderlich, sie in ihrer Abhängigkeit voneinander zu definieren bzw. zu quantifizieren.

05. Welche wirtschaftspolitischen Mittel setzt der Staat ein bei der Verfolgung des Ziels „Wachstum"?

Wachstum ist die Zunahme des Bruttoinlandsprodukts durch verbesserten oder vermehrten Einsatz der Produktionsfaktoren. Produktion ist abhängig von Nachfrage. Der Staat tritt als Förderer der privaten Nachfrage oder als Nachfrager auf.

06. Welche wirtschaftspolitischen Mittel setzt der Staat ein bei der Verfolgung des Ziels hohe Beschäftigung?

Wachstum- und Beschäftigungspolitik stehen in engem Zusammenhang. In der Regel fördert Wachstumspolitik auch die Beschäftigung. Die Mittel sind deshalb identisch. Es lassen sich aber einige politische Mittel schwerpunktmäßig dem einen oder dem anderen Bereich zuordnen. Produktion bedeutet u. a. sowohl vermehrten als auch verbesserten Einsatz des Produktionsfaktors Arbeit.

07. Welche wirtschaftspolitischen Mittel setzt der Staat ein bei der Verfolgung des Ziels Preisniveaustabilität?

Die Preisniveaustabilität wird gefährdet durch Inflation, die nachfrage- oder angebotsinduziert sein kann. Entsprechend muss eine Antiinflationspolitik bei der Nachfrageseite und der Angebotsseite einsetzen. Eine Nachfrageinflation wird bekämpft durch die *Einschränkung der gesamtwirtschaftlichen Nachfrage* durch restriktive Finanz- und Geldpolitik.

Eine Angebotsinflation wird bekämpft durch eine *Verminderung des* sie verursachenden *Kostendrucks*. Die Verfolgung des Ziels Preisniveaustabilität steht mit den Zielen Wachstum und Beschäftigung im Konflikt. Im Vordergrund der Antiinflationspolitik stehen die geldpolitischen Mittel der (unabhängigen) Bundesbank bzw. der Europäischen Zentralbank.

08. Mit welchen politischen Mitteln kann die Wirtschaftspolitik den Außenhandel beeinflussen?

Mittel zur Beeinflussung des Außenhandels sind u. a.

- Außenhandelspolitische Maßnahmen
  - Zölle, z. B. Schutzzölle
  - Kontingente (eine mengenmäßige Beschränkung von Einfuhren)
  - Embargo (ein Ausfuhrverbot bestimmter Güter)
  - Subventionen, Ausfuhrgüter werden subventioniert
  - Qualitätsvorschriften für Einfuhrgüter erschweren die Einfuhr bilaterale Handelsverträge
  - Dumpingpreise (Preise für Ausfuhrgüter, die unter den Selbstkosten liegen)
  - internationale Abkommen, z. B. Mitgliedschaft im GATT, im Europäischen Währungssystem usw.
- Wirtschaftspolitische Maßnahmen zur Sicherung des Stabilitätsvorsprungs, z. B. Antiinflationspolitik
- Staatliche Maßnahmen zur Sicherung des absoluten Preisvorteils, z. B. durch Förderung der Forschung
- Währungspolitische Maßnahmen, z. B. Veränderungen des Wechselkurses.

09. Was versteht man unter einer dirigistischen Wirtschaftspolitik?

Mit einer dirigistischen Wirtschaftspolitik greift der Staat soweit in den Markt ein, dass die Koordination der einzelwirtschaftlichen Pläne durch den Marktwettbewerb teilweise oder vollständig außer Kraft gesetzt wird. Ziele dirigistischer Politik in Marktwirtschaften können z. B. sein: Schutz bestimmter Wirtschaftszweige, Schutz der Versorgung aus inländischer Produktion, Bekämpfung einer Hyperinflation. Beispiele für dirigistische Wirtschaftspolitik: Lohnstopp, Preisstopp, zentrale Investitionslenkungen, Mengenvorgaben für die Produktion, Handelsbeschränkungen z. B. durch Kontingente usw.

Dirigistische Maßnahmen erfordern häufig weitergehende Eingriffe des Staates, wenn private Wirtschaftssubjekte Vorschriften usw. zu umgehen versuchen.

3.1.1.2.7 Geld und Geldpolitik

3.1.1.2.7.1 Geld und Geldwert

01. Welche Funktionen hat das Geld in einer arbeitsteiligen Volkswirtschaft?

In einer arbeitsteiligen Volkswirtschaft hat das Geld die folgenden Funktionen:

- Geld ist Tauschmittel.
  In der Regel können Güter nicht gegen Güter getauscht werden. Deshalb muss es das Geld als allgemein anerkanntes Tauschmittel geben. Die Tauschmittelfunktion wird dadurch gestützt, dass das Geld gesetzliches Zahlungsmittel ist.
- Geld ist Recheneinheit.
  Der Wert von Waren, Faktoren, Leistungen usw. wird mit Geld angegeben. Mithilfe des Geldes können Güter miteinander vergleichbar gemacht werden, die unterschiedlichen Güter in einem Warenkorb zusammengezählt, alle in einem Jahr erstellten Güter und Leistungen als Inlandsprodukt angegeben werden.
- Geld ist Wertaufbewahrungsmittel.
  Mit Geld kann heute erworbene Kaufkraft in die Zukunft verlagert werden.
- Geld ist Liquiditätsreserve.
  Wirtschaftssubjekte müssen aus bestimmten Gründen liquide sein, sie sollen z. B. ständig Einkäufe gegen Barzahlung tätigen können.
- Geld ist Kreditübertragungsmittel und Schuldentilgungsmittel.
  Kredite werden in Form von Geld gewährt, Schulden werden mit Geld getilgt.

02. Welche Erscheinungsformen des Geldes können unterschieden werden?

Folgende Erscheinungsformen des Geldes werden unterschieden:

- Münzen und Noten als *Bargeld*
- *Buchgeld* (Giralgeld).

03. Was wird als Geldvolumen bezeichnet?

Als Geldvolumen wird die *Summe aus dem umlaufenden Bar- und Buchgeld* bezeichnet. Es ist die im Nichtbankensektor befindliche Zahlungsmittelmenge.

04. Wodurch wird der Binnenwert einer Währung bestimmt?

Der Wert einer Währung ergibt sich aus ihrer *Kaufkraft*. Die Kaufkraft drückt sich in der Gütermenge aus, die man für eine Geldeinheit kaufen kann. Steigt das Preisniveau, dann nimmt die Gütermenge, die für diese Geldeinheit gekauft werden kann ab, d. h. die Kaufkraft der Währung sinkt. Die Steigerungsrate des Preisniveaus gibt also an, in welchem Umfang der Wert der Währung verfällt.

05. Welche Indikatoren zeigen die Instabilität bzw. Stabilität des Preisniveaus an?

Die Indikatoren, die die Stabilität und die Instabilität des Preisniveaus anzeigen, sind die *Preisindizes*. Preisindizes werden von der amtlichen Preisstatistik erstellt, z. B. den Index der Erzeugerpreise, den Index der Ein- und Ausfuhrpreise, den Index der Einzelhandelspreise. Eine Reihe von Indexwerten wird als Preisindex bezeichnet; mit seiner Hilfe kann die Entwicklung des Preisniveaus beobachtet und analysiert werden. Von besonderer Bedeutung ist der *Preisindex für die Lebenshaltung aller privaten Haushalte*.

06. Was sagt der Preisindex für die Lebenshaltung aller privaten Haushalte aus?

Der Preisindex für die Lebenshaltung aller privaten Haushalte gibt für eine Reihe von Jahren an, in welchem Umfang sich die Güter und Leistungen, die die Haushalte kaufen, verteuern (oder auch verbilligen), d. h. wie sich die Kosten der Lebenshaltung verändern.

Die folgende Tabelle gibt die Entwicklung des Verbraucherpreisindexes von 2005 bis 2011 wieder, und zwar sowohl insgesamt als auch für einzelne Gütergruppen. Die Angaben zeigen, dass sich die Lebenshaltung in diesem Zeitraum um 8,2 % verteuerte; sie zeigt aber auch, dass einzelne Gütergruppen an dieser Entwicklung unterschiedlich beteiligt waren. So haben sich z. B. Nahrungsmittel und Energie besonders stark verteuert.

Verbraucherpreisindex (2005 = 100)	2005	2006	2007	2008	2009	2010	2011
insgesamt	100,0	101,6	103,9	106,6	107,0	108,2	110,7
nach Gütergruppen							
Nahrungsmittel	100,0	101,9	105,9	112,7	111,2	113,0	115,8
andere Verbrauchs- und Gebrauchsgüter (ohne Energie)	100,0	100,3	101,7	102,5	103,9	104,4	105,7
Energie	100,0	108,5	112,8	123,6	116,9	121,5	133,7
Dienstleistungen (ohne Wohnungsmieten)	100,0	101,0	103,9	105,8	107,4	108,0	109,3
Wohnungsmieten	100,0	101,1	102,2	103,5	104,6	105,8	107,1

Tab.: Verbraucherpreisindex in Deutschland (Quelle: Bundesbankbericht August 2012 und frühere)

07. Was wird mit der sog. Inflationsrate angegeben?

Der Preisindex gibt die Reihe der Indexwerte an; die Indexwerte spiegeln den Anstieg der Verbraucherpreise in Prozent bezogen auf das Basisjahr wider. Die Veränderungen der Indexwerte von einem Berichtsjahr zum folgenden werden in Indexpunkten angegeben. Die *Inflationsrate* gibt den Preisanstieg von einem Berichtsjahr zum nächsten

3.1 Planung, Steuerung und Disposition

in Prozent an. Er zeigt also den prozentualen Anstieg eines Indexwertes von einem Berichtsjahr zum folgenden.

In der Tabelle aus Frage 06 geben z. B. die Indexwerte für die Jahre 2006 (101,6) und 2007 (103,9) an, dass das Preisniveau von 2005 um 1,6 (2006) bzw. um 3,9 (2007) gestiegen ist. Von 2006 auf 2007 steigt der Indexwert um 2,3 Punkte. Der Preisanstieg, die sog. Inflationsrate, von 2006 auf 2007 beträgt 2,26 %.

08. Was wird als Inflation bezeichnet?

Der *Anstieg des Preisniveaus* für Güter und Dienstleistungen über einen längeren Zeitraum wird als Inflation bezeichnet. Eine geringe Geldentwertung wird als schleichende, eine mit hohen, stark ansteigenden Raten als galoppierende Inflation bezeichnet. Eine Inflation mit äußerst hohen Preissteigerungsraten, wie sie z. B. in Deutschland 1923 herrschte, ist eine sog. Hyperinflation.

09. Welche Ursachen können Inflationen haben?

Die Ursachen für Inflationen sind im Allgemeinen miteinander verwoben. Man kann jedoch unterscheiden, aus welcher Richtung der Anstoß für eine Inflation kommt. Preissteigerungen können angestoßen werden von der Nachfrageseite, von der Angebotsseite und von der Geldmenge. Entsprechend können nachfrageinduzierte, angebotsinduzierte und geldmengeninduzierte Inflationen unterschieden werden.

3.1.1.2.7.2 Geldpolitik

01. Welche Institution ist im Europäischen Währungsverbund (EWWU) für die Geldpolitik zuständig?

Das Europäische System der Zentralbanken (ESZB) ist in der Europäischen Wirtschafts- und Währungsunion für die Geldpolitik in der Eurozone zuständig. Unter der Bezeichnung Eurozone werden die Länder zusammengefasst, die den Euro als gemeinsame Währung eingeführt haben. Das ESZB besteht aus der Europäischen Zentralbank (EZB) mit Sitz in Frankfurt am Main und den zurzeit 17 nationalen Zentralbanken.

02. Was wird als Eurosystem bezeichnet?

Mit dem Begriff Eurosystem, den der EZB-Rat eingeführt hat, wird das System von Einrichtungen, Instanzen und Zuständigkeiten bezeichnet, in dem das ESZB seine Aufgaben für eine einheitliche Geldpolitik im Euro-Raum erfüllt. Das sind zwar die wichtigsten, aber nicht die einzigen Aufgaben des ESZB.

03. Von welchen Organen wird das ESZB geleitet?

Das ESZB wird von den *Beschlussorganen* geleitet. Beschlussorgane sind der Europäische Zentralbankrat, das Direktorium und der Erweiterte Rat.

- Der *EZB-Rat* ist das oberste Beschlussorgan der EZB. Er setzt sich zusammen aus allen Mitgliedern des Direktoriums der EZB und den Präsidenten der Zentralbanken derjenigen Mitgliedstaaten, in denen der Euro eingeführt ist. Jedes Mitglied verfügt über eine Stimme. Die Entscheidungen werden im Allgemeinen mit einfacher Mehrheit getroffen. Der EZB-Rat sorgt grundsätzlich mithilfe von Leitlinien dafür, dass das Eurosystem die ihm durch den EU-Vertrag zugewiesenen Aufgaben erfüllt. Er legt die Geldpolitik im Euro-Währungsgebiet fest, erlässt Leitlinien für die Durchführung der Geldpolitik, entscheidet über die Anwendung bestimmter Instrumente der Geldpolitik usw.

- Das *Direktorium* führt die laufenden Geschäfte der EZB und ist für die Durchführung der Geldpolitik zuständig, es ist also das *ausführende Beschlussorgan*. Es führt die Geldpolitik gemäß den Vorgaben durch den EZB-Rat durch; dazu gibt es die entsprechenden Weisungen an die nationalen Zentralbanken.

- Der *Erweiterte Rat* ist ein Übergangsorgan. Er nimmt vor allem die Aufgaben wahr, die damit zusammenhängen, dass der Euro noch nicht von allen Mitgliedstaaten eingeführt wurde.

04. Welche Ziele und Aufgaben hat das ESZB?

Der EG-Vertrag schreibt in Art. 105 dem ESZB vor, in erster Linie für ein *stabiles Preisniveau* im Euro-Währungsgebiet zu sorgen. Wenn das vorrangige Ziel der Preisstabilität dadurch nicht beeinträchtigt wird, soll das ESZB aber auch die Wirtschaftspolitik in der Gemeinschaft unterstützen und zur Verwirklichung der Gemeinschaftsaufgaben nach Art. 2 des Vertrages beitragen. Das ESZB soll dabei im Einklang mit dem Grundsatz einer offenen Marktwirtschaft mit freiem Wettbewerb handeln, weil dadurch ein effizienter Einsatz der Ressourcen gefördert wird.

Darüber hinaus hat das ESZB weitere Aufgaben, sie bestehen u. a. darin,[1]

- die Geldpolitik der Gemeinschaft festzulegen und auszuführen
- die offiziellen Währungsreserven der Gemeinschaft zu halten und zu verwalten
- das reibungslose Funktionieren der Zahlungssysteme zu fördern
- Banknoten auszugeben
- statistische Daten zu erheben.

---

[1] Vgl. Art. 3 ff. der ESZB-Satzung und Art. 106 des EG-Vertrages.

05. Wie wird Preisstabilität definiert und wie wird sie gemessen?

Als eine wichtige Grundlage der geldpolitischen Strategie hat der EZB-Rat Preisstabilität als einen *jährlichen Preisanstieg von weniger als zwei Prozent* definiert. Nach dieser Definition ist das Preisniveau stabil, wenn sich die Lebenshaltung der Verbraucher im Jahr um höchstens zwei Prozent verteuert.

Zur Analyse der Preisentwicklung nutzt der EZB hauptsächlich den *Harmonisierten Verbraucherpreisindex* (HVPI). In den HVPI gehen die Preise einer großen Anzahl von Konsumgütern und Dienstleistungen ein. Sie werden zu Aggregaten, den Komponenten des HVPI, zusammengefasst. Die Komponenten werden gemäß den Verbrauchsausgaben im Berichtszeitraum gewichtet, d. h. sie gehen mit unterschiedlichen prozentualen Anteilen in den HVPI ein. In der folgenden Tabelle werden die Hauptkomponenten des HVPI aufgelistet, angegeben werden auch die Gewichte.

	Hauptkomponenten des HVPI	Gewichte nach Verbrauchsausgaben in v. H.	
Waren	verarbeitete Nahrungsmittel	11,9	
	unverarbeitete Nahrungsmittel	7,2	
	Industrieerzeugnisse (außer Energie)	28,5	
	Energie	11,0	58,5
Dienstleistungen	Wohnungsmieten und -dienstleistungen	10,1	
	Verkehr	6,5	
	Nachrichtenübermittlung	3,1	
	Freizeitdienstleistung u. Ä.	14,5	
	sonstige Dienstleistungen	7,3	41,5

Tab.: Harmonisierter Verbraucherpreisindex (Quelle: Europäische Zentralbank, Monatsbericht August 2012).

06. Warum muss die Entwicklung der Geldmenge kontrolliert werden?

Die EZB beobachtet die Entwicklung der Geldmenge, weil starke Preissteigerungen meistens mit einer übermäßigen Ausweitung der Geldmenge einhergehen. Die EZB muss deshalb die Entwicklung der Geldmenge kontrollieren, um inflationären Entwicklungen entgegenwirken zu können. Als weitere Grundlage der geldpolitischen Strategie ist deshalb die Festlegung der *Geldmengenentwicklung* von besonderer Bedeutung.

Der EZB-Rat hat kein Geldmengenziel angegeben, er hat vielmehr die *Zuwachsrate der Geldmenge begrenzt*. Für die Wachstumsrate der Geldmenge gibt sie zurzeit einen Referenzwert von 4,5 % vor.

07. Welche Geldmenge liegt der Geldmengenpolitik zu Grunde?

Bezugsgröße der Geldmengenpolitik ist die Geldmenge M3. Sie umfasst alle Geldmengen, Veränderungen zwischen den Geldmengen M1, M2 und M3 (z. B. die Anlage von Bargeld) werden dadurch aufgefangen; als Indikator für die Preisentwicklung ist M3 stabil und zeigt mittelfristig die Preisentwicklung relativ stabil an.

Das ESZB definiert drei Geldmengen (monetäre Aggregate). Sie unterscheiden sich hinsichtlich der Liquidität der enthaltenen Komponenten.

- M1 – Bargeldumlauf und täglich fällige Einlagen
- M2 – M1 und die sonstigen kurzfristigen Anlagen (Einlagen mit vereinbarter Laufzeit von bis zu zwei Jahren und Einlagen mit vereinbarter Kündigungsfrist von bis zu drei Monaten)
- M3 – M2 und marktfähige Instrumente (z. B. Wertpapierpensionsgeschäfte, geldmarktfähige Papiere u. Ä.).

08. Welche geldpolitischen Instrumente kann der EZB-Rat zur Sicherung der Preisstabilität einsetzen?

Folgende Instrumente kann der EZB-Rat zur Sicherung der Preisstabilität einsetzen:

- Offenmarktgeschäfte
- Ständige Fazilitäten
- Mindestreserven.

09. Wie werden Offenmarktgeschäfte in der Geldpolitik eingesetzt?

Bei Offenmarktgeschäften *kauft oder verkauft die ESZB Wertpapiere* auf dem „offenen Markt"; ihre Geschäftspartner sind dabei Geschäftsbanken. Es ist leicht einzusehen, dass die Geschäftsbanken Liquidität (also Geld) erhalten, wenn sie dem ESZB Papiere verkaufen, und dass sie Liquidität abgeben, wenn sie die Papiere kaufen. Die Geschäftsbanken können sich also auf diesem Wege Liquidität verschaffen, d. h. sie refinanzieren sich für die Geschäfte mit ihren Kunden, z. B. für Auszahlungen sowie Kreditvergaben u. Ä.

10. Was sind Ständige Fazilitäten?

Ständige Fazilitäten sind *Kreditmöglichkeiten*, die die als Geschäftspartner ausgewählten Geschäftsbanken *bei Bedarf* in unbegrenzter Höhe in Anspruch nehmen können. Die Initiative für diese Geschäfte geht von den Geschäftspartnern aus, die sich dazu an die jeweils zuständige nationale Zentralbank wendet. Dieses geldpolitische Instrument dient dazu, sog. *Übernachtliquidität bereitzustellen oder zu absorbieren.*

11. Welche Bedeutung haben Mindestreserven für die Geldpolitik?

Das ESZB kann von den Geschäftspartnern verlangen, dass sie einen Teil ihrer Verbindlichkeiten auf Girokonten bei der zuständigen nationalen Zentralbank hinterlegen. Dieser hinterlegte Betrag wird als Mindestreserve bezeichnet. Nur der um die Mindestreserve verminderte Betrag, die sog. *Überschussreserve*, steht der Bank zur weiteren Kreditvergabe zur Verfügung.

3.1 Planung, Steuerung und Disposition

3.1.1.2.7.3 Europäische Währungs- und Wirtschaftsunion

01. Wann wurden Eurobanknoten und -münzen als gesetzliches Zahlungsmittel eingeführt?

Am 01.01.2002 wurden Eurobanknoten und -münzen als gesetzliches Zahlungsmittel in den zwölf Staaten, die zunächst der Währungsunion angehörten, eingeführt. Es ist ein Währungsgebiet, das *Euro-Währungsgebiet*, entstanden, in dem ein Zentralbanksystem, das *ESZB*, für eine einheitliche Währung, den *Euro*, zuständig ist.

02. Welche Bedeutung haben die Konvergenzkriterien?

Eine Währungsunion kann nur funktionieren, wenn die beteiligten Staaten in ihrer wirtschaftlichen Struktur und Entwicklung einander ähnlich sind und sich *in wesentlichen ökonomischen Grunddaten annähern*. Um diese Annäherung zu erzwingen, wurden vom Maastrichter Vertrag für den Beitritt und die Teilnahme am Euro-System sog. Konvergenzkriterien definiert. Sie beziehen sich auf folgende Bereiche: *Preisniveaustabilität, niedrige langfristige Zinsen, Haushaltsdisziplin und Wechselkursstabilität*.

Für diese Kriterien wurden Referenzwerte festgelegt. Die Staaten, die in die Währungsunion aufgenommen werden wollen, sollen diese Referenzwerte wenigstens annähernd erreichen. Die teilnehmenden Länder müssen ihre Maßnahmen in Währungs-, Finanz- und Wirtschaftspolitik auf diese Referenzwerte ausrichten.

03. Welche Konvergenzkriterien bestehen für Staatsverschuldung und Haushaltsdefizit, und welche Referenzwerte sind dafür vorgegeben?

Das Konvergenzkriterium für die Staatsverschuldung ist der Bruttoschuldenstand der öffentlichen Haushalte. Der Referenzwert dafür wird mit 60 % des BIP angegeben; d. h. die öffentlichen Schulden eines Landes dürfen höchstens 60 % des Bruttoinlandsprodukts dieses Landes ausmachen. Das Konvergenzkriterium für das Haushaltsdefizit ist der Finanzierungssaldo der öffentlichen Haushalte. Er wird mit 3 % des BIP vorgegeben.

04. Welche Vorteile hat die einheitliche Währung?

Durch die Union entsteht ein großer europäischer Binnenmarkt, dessen Bedeutung sich erschließt, wenn man berücksichtigt, dass die europäischen Staaten den größten Teil ihres Außenhandels untereinander abwickeln. Der Handel zwischen ihnen wird durch die Einführung einer einheitlichen Währung erheblich erleichtert. Einige der Vorteile können folgendermaßen spezifiziert werden:

- Rechnungen können in einer einheitlichen Währung ausgeglichen werden. Die Unternehmen erhalten sichere Kalkulationsgrundlagen. Private Haushalte haben bei Reisen in die Unionsländer keine Kosten beim Umtausch von Währungen.

- Preise für Waren, Leistungen und Produktionsfaktoren werden in Europa vergleichbar. Davon können Anregungen für das wirtschaftliche Wachstum in den europäischen Staaten ausgehen. Das kann den Wettbewerb stärken.
- Das gilt auch für die Finanzmärkte. Es entstehen neue Märkte für Finanzdienstleistungen, wie z. B. für Bankgeschäfte und Versicherungen. Der Euro ist mittlerweile eine wichtige Anleihewährung geworden. So können deutsche Unternehmen auch in anderen Ländern Anleihen aufnehmen und Aktien unterbringen.

05. Welche Probleme wirft der Wegfall von Wechselkursen auf?

Der Wechselkurs ist ein wirtschaftspolitisches Anpassungsinstrument. Er kann verhindern, dass wirtschaftliche Krisen von einem Land in das andere übertragen werden. Wenn dieses Instrument entfällt, müssen Anpassungen durch andere Instrumente möglich sein. Das gilt vor allem auch für das Euro-Währungsgebiet, das sich aus Staaten mit sehr unterschiedlichen wirtschaftlichen Strukturen und Entwicklungen zusammensetzt.

Anpassungsinstrumente sind z. B.

- Flexibilität der Preise für Güter, Leistungen, Produktionsfaktoren
- Flexibilität des Arbeitsmarktes
- Mobilität des Arbeitsmarktes
- effizientes Finanzausgleichssystem

06. Welche Länder gehören der EU bzw. der EWWU an?

Der EU gehören inzwischen *27 Staaten* mit rund 496 Mio. Menschen an. Die Summe der Bruttoinlandsprodukte der beteiligten Staaten betrug 11.628,4 Mrd. €. Zwischen den Mitgliedsländern bestehen zum Teil erhebliche *Unterschiede* u. a. in den wirtschaftlichen Strukturen, in der Konvergenz oder in den nationalen Interessen, die sich in den politischen Maßnahmen ausdrücken.

Der Währungsunion gehören 17 Staaten an (Stand 2011).

1	2	3	4	5
	Länder	Fläche (km²)	Einwohner in 1.000	BIP in jeweil. Preisen
				Mrd. €
1	Belgien*	32.545	10.708	337,3
2	Bulgarien	110.994	7.623	33,9
3	Dänemark	43.098	5.494	222,9
4	Deutschland*	357.112	82.110	2.409,1
5	Estland*	45.227	1.341	13,7
6	Finnland*	338.144	5.313	1.71,0

1	2	3	4	5
	Länder	Fläche (km²)	Einwohner in 1.000	BIP in jeweil. Preisen Mrd. €
7	Frankreich*	543.965	62.277	1.907,1
8	Griechenland*	131.957	11.237	237,5
9	Großbritannien	242.910	61.414	1.566,7
10	Irland*	70.273	4.426	163,5
11	Italien*	301.336	58.832	1.520,9
12	Lettland	64.589	2.266	18,8
13	Litauen	65.301	3.358	26,6
14	Luxemburg*	2.586	489	37,8
15	Malta*	316	412	5,7
16	Niederlande*	41.526	16.446	570,2
17	Österreich*	83.879	8.337	277,1
18	Polen	312.685	38.126	310,1
19	Portugal*	92.345	10.662	163,9
20	Rumänien	238.391	21.514	115,9
21	Schweden	449.964	9.220	293,2
22	Slowakei*	49.034	5.407	63,3
23	Slowenien*	20.253	2.021	34,9
24	Spanien*	504.645	45.556	1.051,1
25	Tsch. Republik	78.866	10.424	137,2
26	Ungarn	93.030	10.038	93,1
27	Zypern*	9.251	862	16,9

Tab.: Mitgliedstaaten der EU. Die Länder, die den Euro als Währung eingeführt haben, sind mit * gekennzeichnet.

3.1.1.2.7.4 Stabilitäts- und Wachstumspakt

01. Welche Ziele verfolgt der Stabilitäts- und Wachstumspakt?

Der Stabilitäts- und Wachstumspakt, der von den an der Gemeinschaft beteiligten Staaten im Jahr 1997 beschlossen wurde, verfolgt folgende Ziele:

- Die Sicherung der dauerhaften Übereinstimmung der Finanzpolitik mit den Anforderungen eines soliden Haushalts.

- Die Überwachung der finanzpolitischen Entwicklungen, um im Falle budgetärer Fehlentwicklungen frühzeitig Warnsignale zu erhalten.

02. Wozu verpflichtet der Stabilitäts- und Wachstumspakt die Mitgliedstaaten?

Die Mitgliedstaaten sind verpflichtet, *übermäßige öffentliche Defizite zu vermeiden*. Die Kommission überwacht die Haushaltsdisziplin anhand von zwei Aspekten: Haushaltsdefizit und Stand der öffentlichen Verschuldung. Dafür werden Kriterien definiert.

03. Mit welchen Kriterien wird die Haushaltsdisziplin gemessen?

Kriterien zur Messung der Haushaltsdisziplin:

- Haushaltsdefizit:
  Das Verhältnis des Haushaltsdefizits zum BIP in einem Prozentsatz; er darf einen bestimmten Referenzwert nicht überschreiten. Der Referenzwert liegt zurzeit bei 3 % des BIP. Bei der Beurteilung der Grenzwertüberschreitung wird u. a. berücksichtigt, ob sie einmalig oder von Dauer ist, ob der Prozentsatz rückläufig ist und sich dem Referenzwert annähert.

- Schuldenstand:
  Das Verhältnis des Schuldenstands zum BIP in einem Prozentsatz; er darf einen bestimmten Referenzwert nicht überschreiten. Der Referenzwert liegt zurzeit bei 60 % des BIP. Bei der Beurteilung ist u. a. zu berücksichtigen, ob die Überschreitung bereits rückläufig ist und sich dem Grenzwert stark annähert.

04. Was geschieht bei einem übermäßigen Defizit?

Wenn in einem Mitgliedsstaat ein übermäßiges Defizit besteht oder droht, legt ihm die Kommission eine Stellungnahme vor und unterrichtet den Rat. Der Rat beschließt nach Anhörung des betreffenden Staats und nach Prüfung der Gesamtlage, ob ein übermäßiges Defizit besteht und fordert ggfs. seinen Abbau innerhalb einer bestimmten Zeit. Vorgesehen ist, dass die Differenz zwischen Schuldenstand und Referenzwert um 5 % p. a. abgebaut wird.[1]

05. Wann kommt es zu einem Defizitverfahren?

Der Rat setzt den Mitgliedsstaat, bei dem ein übermäßiges Defizit besteht, in Verzug, wenn er die Empfehlungen zum Defizitabbau nicht umsetzt. Er kann dann ein *Defizitverfahren* beschließen, d. h. der Mitgliedstaat wird ersucht, nach einem konkreten Zeitplan Berichte über seine Anpassungsbemühungen vorzulegen.[2]

---

[1] Fast alle Europäer haben zurzeit Haushaltsdefizite, die über dem Referenzwert von 3 % liegen; die Defizite von Griechenland, Irland und Spanien lagen sogar im zweistelligen Bereich. Ursachen dafür sind im Wesentlichen die Ausgabeprogramme im Zusammenhang mit der Finanzkrise. Die steigenden Defizite, der Konjunkturabschwung und die aufwendigen staatlichen Maßnahmen haben zu einem starken Anstieg der öffentlichen Verschuldung beigetragen.

[2] Gegen 13 Euroländer laufen zurzeit Defizitverfahren.

06. Was wurde im Fiskalpakt festgelegt?

Mit dem Fiskalpakt wollen sich die beteiligten EU-Länder zu mehr Haushaltsdisziplin verpflichten. Vorgesehen sind ausgeglichene Haushalte und die Festlegung einer Schuldenbremse im nationalen Recht der beteiligten Länder.[1]

3.1.1.2.7.5 Finanzstabilisierungen in der Eurozone

01. Wodurch können die Ziele der Union gefährdet werden?

Ziele der Union sind u. a. Preisstabilität sowie Wirtschaftswachstum und Beschäftigung im Euro-Währungsgebiet. Die Voraussetzungen dafür können nur durch eine entsprechende *Finanzpolitik* geschaffen werden.

Eine besondere Gefahr für die Preisstabilität geht von der monetären Finanzierung der Haushaltsdefizite aus. Kredite der nationalen Zentralbanken an die Träger der Finanzpolitik zur Deckung der Haushaltslücken tragen durch die Vermehrung der gesamtwirtschaftlichen monetären Nachfrage zu inflationären Entwicklungen bei; sie sind deshalb verboten.

02. Was versteht man in der Eurozone bzw. in der EU unter einem Bail-out?

Als Bail-out wird eine Rettungsaktion bezeichnet, bei der ein Schuldner finanzielle Unterstützung von Dritten erhält. Auf staatlicher Ebene bedeutet ein Bail-out, dass ein verschuldeter Staat finanzielle Unterstützung in Form von Krediten, Kreditsicherheiten, Garantieleistung u. Ä. von anderen Staaten oder von übergeordneten Institutionen erhält.

Rechtliche Grundlage eines Bail-outs in der EU ist *Art. 122 des AEU-Vertrages*, der in Absatz 1 die Solidarität zwischen den Mitgliedstaaten betont und in Absatz 2 vorsieht, dass einem Mitgliedstaat unter bestimmten Bedingungen ein finanzieller Beistand geleistet werden kann, wenn es z. B. von gravierenden Schwierigkeiten betroffen bzw. bedroht ist, die es selbst nicht mehr kontrollieren kann.

Bail-outs waren und sind in der EU umstritten, da finanzielle Hilfen an Schuldenländer die Stabilität der Gemeinschafswährung gefährden können.

03. Was wird als „Euro-Rettungsschirm" bezeichnet und auf welcher Grundlage wurde er beschlossen?

Als Euro-Rettungsschirm wird der *vorläufige (temporäre) Stabilisierungsmechanismus* bezeichnet, den der Europäische Rat im Mai 2010 beschloss. Zweck des Rettungsschirms war und ist die Einrichtung von Bail-outs für hoch verschuldete Euroländer, wenn von ihnen eine Gefährdung des Euro-Systems ausging bzw. ausgeht.

---

[1] Der Finanzpakt wurde am 01.03.2012 von den Regierungschefs der 25 beteiligten Länder unterzeichnet. Nach Ratifizierung durch die nationalen Parlamente kann er in Kraft treten.

Kern des Rettungsschirms ist die Europäische Finanzstabilisierungsfazilität (EFSF); sie ist auf drei Jahre (bis 2013) angelegt. Sie wird dann durch einen *permanenten Stabilisierungsmechanismus*, den Europäischen Stabilisierungsmechanismus (EMS) ersetzt.

04. Welches Ziel wird mit dem vorläufigen Stabilisierungsmechanismus verfolgt?

Der Stabilisierungsmechanismus stellt ein Regelwerk dar, mit dessen Hilfe Krisen in den EU-Mitgliedsländern als Folge überhöhter Staatsverschuldung und überhöhter Finanzierungssalden der Staatshaushalte verhindert oder bekämpft werden können. Die Staaten haben sich u. a. im Zusammenhang mit der Bewältigung der Wirtschafts- und Finanzkrise in hohem Maße verschuldet; die Werte liegen zum Teil erheblich über den Referenzwerten für die Konvergenzkriterien.

Für einige Staaten ist die Schuldentilgung ohne Hilfe nicht möglich. Die Zinszahlungen belasten die Haushalte ganz erheblich, vor allem auch deshalb, weil die Zinsen erhebliche Risikozuschläge enthalten.

05. Welche Mittel kann der vorläufige Stabilisierungsmechanismus für die Euro-Stabilisierung einsetzen?

Der Europäische Stabilitätsmechanismus kann für seine Arbeit über insgesamt 750 Mrd. € verfügen. Die Mittel stammen ausfolgenden *Quellen*:

1. 60 Mrd. € stellt die Europäische Kommission aus dem *EU-Haushalt* zur Verfügung.

2. 440 Mrd. € können im Rahmen der *Europäischen Finanzstabilisierungsfazilität* (EFSF) zur Verfügung gestellt werden.

3. 250 Mrd. € hat der *Internationale Währungsfonds* (IMF) zugesagt.

06. Was ist die Europäischen Finanzstabilisierungsfazilität (EFSF) und welchem Zweck dient sie?

Bei der EFSF handelt sich um eine *Zweckgesellschaft*, an der die zuzeit 17 Länder der Eurozone mit unterschiedlich hohen Anteilen beteiligt sind; die Anteile richten sich in ihrer Höhe nach den Kapitalanteilen an der EZB. Die EFSF hat ihren Sitz in Luxemburg.

Die EFSF nimmt am Kapitalmarkt zu relativ günstigen Bedingungen Anleihen auf, die den Staaten, die in Schwierigkeiten sind, zugeteilt werden. Für die betroffenen Staaten ist diese Form der Kreditaufnahme günstiger als eine unmittelbare Kreidtaufnahme, da Risikoaufschläge zumindest teilweise entfallen.[1]

---

[1] Am 25.01.2011 wurde die erste Anleihe in Höhe von 5 Mrd. € aufgelegt. Das Interesse der Investoren war sehr groß trotz der relativ geringen Rendite von 2,57 %. 3,3 Mrd. € werden an Irland als Kredit (Zinssatz 6 %) vergeben, der Restbetrag wird in erstklassige Euro-Staatsanleihen investiert.

07. An welche Bedingungen ist die Vergabe der Mittel gebunden?

Die Vergabe der Mittel ist an besondere Bedingungen geknüpft. So müssen sich die Empfängerstaaten z. B. verpflichten, Schulden abzubauen und Haushaltsdefizite zu sanieren. Den Staaten werden damit ganz erhebliche Sparmaßnahmen abverlangt, die in den Ländern häufig auf mangelhaftes Verständnis stoßen.

08. Welche Ziele hat der permanente Europäische Stabilisierungsmechanismus?

Der permanente Europäische Stabilisierungsmechanismus (EMS)[1] wurde im März 2011 durch einen völkerrechtlichen Vertrag der Mitgliedstaaten der Eurozone eingerichtet; Sitz des EMS ist Luxemburg. Er wird vom Jahr 2013 an den temporären Europäischen Stabilisierungsmechanismus ersetzen.

Der permanente Europäische Stabilisierungsmechanismus hat folgende Ziele:

- Sicherheit der Finanzstabilität in der Eurozone
- Klarheit durch festgelegte eindeutige Verfahrensregeln und Auflagen bei Hilfen an verschuldete Euroländer
- Solidität der Finanzierung von Rettungsmaßnahmen
- Lastenteilung durch Beteiligung des Privatsektors an den Kosten für Rettungsmaßnahmen.

09. Welche Arten der Unterstützung sieht der permanente Europäische Stabilisierungsmechanismus vor?

Zur Unterstützung hilfebedürftiger Euroländer sind *Kredite* vorgesehen; die Zinsen dafür werden im Einklang mit den Grundsätzen des IWF mit einem Risikoaufschlag von 2 % festgelegt. In *Ausnahmefällen* kann der EMS Anleihen eines Eurolandes (auf dem Sekundärmarkt) kaufen; das setzt jedoch voraus, dass der betreffende Staat ein striktes wirtschaftliches Reform- und Anpassungsprogramm nachweisen kann.

10. Wie werden die Beistandsmaßnahmen des permanenten Europäischen Stabilisierungsmechanismus finanziert?

Der Krisenfonds des EMS umfasst ein nominales Kapitalvolumen von 700 Mrd. €. Es setzt sich zusammen aus eingezahltem Kapital in Höhe von 80 Mrd. € und abrufbarem Kapital bzw. Garantien in Höhe von 620 Mrd. €. Damit ist eine effektive Kreditvergabe im Umfang von 500 Mrd. € möglich. Die Kredite sind mit 200 Mrd. € übersichert, damit der ESM ein Triple-A-Rating erhalten kann. Die Einzahlungen erstrecken sich auf einen Zeitraum von fünf Jahren.

---

[1] Quelle: Bundesministerium der Finanzen

Deutschland ist an dem eingezahlten Kapital mit maximal 22 Mrd. € und an den Garantien mit maximal 168 Mrd. € beteiligt.[1]

11. Warum und unter welchen Bedingungen greift die EZB in die Märkte für Staatsanleihen im Eurogebiet ein?

Der EZB beschloss, mit sog. Outright-Geschäften (Outright Monetary Transactions - OMT) in den Markt für Staatsanleihen im Euro-Währungsgebiet einzugreifen. Mithilfe der OTMs kann gegen Verwerfungen auf den Anleihemärkten vorgegangen werden, die vor allem von dem Mangel an Vertrauen in die Entwicklung des Euro verursacht werden.

Anfang September 2012 legte der EZB-Rat für die Outright-Geschäfte die Modalitäten fest. Dazu zählen die Folgenden:[2]

- Für Ankäufe besteht keine Obergrenze.
- Die Geschäfte beziehen sich auf kurzfristige Anleihen, das sind Anleihen mit Laufzeiten von ein bis drei Jahren.
- Die betroffenen Länder müssen sich den Konditionen des EFSF bzw. des EMS für ein ökonomisches Sanierungsprogramm unterwerfen.
- Die durch die OTMs geschaffene Liquidität soll vollständig neutralisiert werden. Dazu will die EZB bei den Banken in entsprechendem Umfang Geld leihen.

12. Warum greift die EZB mit ihren Anleihegeschäften auf dem Sekundärmarkt ein?

Der EZB ist es grundsätzlich verboten, Haushaltsdefizite der Euro-Mitgliedstaaten zu finanzieren; sie darf also die Anleihen nicht direkt übernehmen und kauft sie deshalb mittelbar, d. h. auf dem Sekundärmarkt. Von den Käufen wird eine Senkung der Risikoaufschlage für die Anleihen der betroffenen Staaten, z. B. Griechenland, Spanien und Irland, erwartet, die dadurch zu günstigeren Bedingungen Kredite aufnehmen konnten.

13. Wie unterscheidet sich der Primärmarkt von Anleihen von dem Sekundärmarkt?

Auf dem **Primärmarkt** für Staatsanleihen sind die Regierungen, die die Anleihen emittieren, die Anbieter und Banken, Versicherungsgesellschaften und andere Anleger die Nachfrager. Die Regierungen benötigen die durch den Verkauf der Anleihen erzielten Mittel zur Finanzierung ihrer Haushalte. Auf dem **Sekundärmarkt** sind die Halter von

---

[1] Das Bundesverfassungsgericht in Karlsruhe hat am 12.09.2012 in seinem Urteil die Verfassungskonformität des EMS bestätigt. Der EMS kann also im Oktober 2012 in Kraft treten. Das Verfassungsgericht hat der Bundesregierung einige Auflagen gemacht. Die Bundesregierung muss völkerrechtlich sicherstellen, dass die Haftung Deutschlands auf 190 Milliarden Euro beschränkt bleibt.
[2] Vgl. EZB-Bericht September 2012, S. 7 ff.

3.1 Planung, Steuerung und Disposition

Anleihen die Anbieter, nachgefragt werden die Anleihen i. d. R. von anderen Institutionen des privaten Sektors (Banken, Versicherungen u. dgl.).

3.1.1.3 Wechselwirkungen zwischen der Materialwirtschaft und den betriebswirtschaftlichen Größen

01. Welche betriebswirtschaftlichen Größen haben für die Materialwirtschaft besondere Bedeutung?

Unternehmensergebnis und Wettbewerbsfähigkeit haben für ein Unternehmen entscheidende Bedeutung. Ein Unternehmen muss seine Marktstellung absichern bzw. ausbauen und Wettbewerbsvorteile sichern bzw. gewinnen.

Unternehmen können im Allgemeinen nur kurzfristig planen; deshalb steht häufig im Vordergrund unternehmerischer Planungen und Entscheidung nicht das langfristige Wachstum, sondern das kurzfristige Unternehmensergebnis. Das Ergebnis wird insbesondere beeinflusst

- von den Aufwendungen für Güter, Leistungen usw., die von externen Lieferanten bezogen wurden und
- von den hohen Kosten, die durch Lagerbestandshaltungen entstehen.

Mithilfe von Einkauf und Logistik lassen sich Unternehmensergebnis und Wettbewerbsfähigkeit des Unternehmens verbessern. Deshalb wächst der Materialwirtschaft besondere Bedeutung für das Unternehmen zu.

02. Wie wird das Unternehmensergebnis definiert?

Das Unternehmensergebnis ist die Differenz zwischen Aufwendungen und Erträgen eines Unternehmens. Es schlägt sich in der Gewinn- und Verlustrechnung nieder. Überwiegen die Erträge, liegt ein Unternehmenserfolg, d. h. Unternehmensgewinn, vor.

Als Aufwendungen bezeichnet man den bewerteten Verzehr von Gütern und Leistungen eines Unternehmens in einer Abrechnungsperiode. Die Aufwendungen teilen sich auf in betriebliche und neutrale Aufwendungen. Betriebliche Aufwendungen beziehen sich auf den Betriebszweck. Betriebliche Aufwendungen sind gleichzeitig Kosten. – Erträge ergeben sich i. d. R. aus den Umsatzerlösen.

03. Mit welchen Kennziffern kann der Unternehmenserfolg gemessen werden?

Der Unternehmenserfolg kann mithilfe von *Rentabilitätskennziffern* gemessen, analysiert und dargestellt werden. Die Kennziffern erlauben den Periodenvergleich, sie zeigen damit eine Entwicklung an. Die Kennziffern ermöglichen aber auch den Vergleich mit anderen Unternehmen der gleichen Branche; auf dieser Grundlage kann die Wettbewerbsfähigkeit analysiert werden. Die Rentabilitätskennziffern können den

Gewinn auf das eingesetzte Kapital und auf den Umsatz beziehen. Folgende Rentabilitätskennziffern sind von besonderer Bedeutung:

- Eigenkapitalrendite
- Gesamtkapitalrendite
- Umsatzrendite
- Return on Investment.

04. Was wird mit der Kapitalrendite ausgedrückt?

Die Kapitalrendite ist eine wichtige Kennziffer zur Beurteilung des Unternehmensergebnisses. In dieser Kennziffer wird der Gewinn in Prozent vom eingesetzten Kapital ausgedrückt. Zu unterscheiden sind Eigenkapitalrendite und Gesamtkapitalrendite.

1. Bei der *Eigenkapitalrendite* wird der Gewinn auf das eingesetzte Eigenkapital bezogen.

$$\text{Eigenkapitalrendite} = \frac{\text{Gewinn} \cdot 100}{\text{Eigenkapital}}$$

2. Bei der *Gesamtkapitalrendite* werden Eigen- und Fremdkapital berücksichtigt; deshalb werden Gewinn und Fremdkapitalzinsen auf das insgesamt eingesetzte Kapital bezogen.

$$\text{Gesamtkapitalrendite} = \frac{(\text{Gewinn} + \text{Fremdkapitalzinsen}) \cdot 100}{\text{Gesamtkapital}}$$

05. Was wird mit der Umsatzrendite ausgedrückt?

Die Umsatzrendite ist eine wichtige Kennziffer zur Beurteilung des Unternehmensergebnisses. In dieser Kennziffer wird der Gewinn in Prozent vom Umsatz ausgedrückt.

$$\text{Umsatzrendite} = \frac{\text{Gewinn} \cdot 100}{\text{Umsatz}}$$

06. Was gibt die Kennziffer Return on Investment?

Die Kennziffer Return on Investment (ROI) dient ebenfalls der Analyse der Rentabilität des eingesetzten Kapitals. Sie ergibt sich aus der Multiplikation der Umsatzrendite mit dem Kapitalumschlag.

$$\text{ROI} = \frac{\text{Gewinn}}{\text{Umsatz}} \cdot \frac{\text{Umsatz}}{\text{Gesamtkapital}}$$

3.1 Planung, Steuerung und Disposition

07. Welche Bedeutung haben Benchmarking und Best Practices für die Wettbewerbsfähigkeit?

Als Benchmarking bezeichnet man eine *kontinuierliche Vergleichsanalyse* von Daten des eigenen Unternehmens mit den entsprechenden Daten der besten Unternehmen, und zwar sowohl innerhalb als auch außerhalb der eigenen Branche. Der Vergleich soll dazu beitragen, die besten Praktiken (Best Practices) der anderen Unternehmen zu erkennen, um sie im eigenen Unternehmen zur Effizienzsteigerung in einzelnen Funktionsbereichen zu übernehmen.

So trägt das Benchmarking durch das Erkennen der besten Praktiken und deren Anwendung im eigenen Unternehmen dazu bei, die Wettbewerbsfähigkeit zu verbessern, z. B. durch effektiveren Einkauf, durch Erschließung neuer Bezugsquellen, durch Verbesserung des logistischen Prozesses.

3.1.2 Planung und Steuerung

3.1.2.1 Begriffsbestimmung

01. Welche Aufgabe hat die Planung?

Planung dient dazu, zukünftiges wirtschaftliches Handeln, das zu einem bestimmten Ziel führen soll, gedanklich vorwegzunehmen. Mithilfe der Planung werden Handlungen, Vorgehensweisen, Entscheidungen, Ereignisse, Schritte in zeitlicher und organisatorischer Abfolge festgelegt, die ein bestimmtes vorgegebenes Ziel erreichbar erscheinen lassen.

Für die geplanten einzelnen Schritte auf dem Wege zum Ziel werden Soll-Werte festgelegt. Bei Abweichungen der Ist-Werte von den Soll-Werten kann der Plan revidiert, geändert oder ergänzt werden.

Planungen beruhen auf Vorhersagen und Annahmen; die grundlegende Problematik aller Planungen ist deshalb die Ungewissheit.

02. Welche Phasen umfasst der Planungsprozess?

Planung ist ein Prozess, der dazu beiträgt, Probleme, d. h. Zielabweichungen, systematisch zu erkennen und angemessene Lösungsmöglichkeiten zu finden.

Im Allgemeinen wird der Planungsprozess in folgende Phasen eingeteilt:

1. Zielbestimmung
2. Problemanalyse
3. Suche nach Alternativen
4. Entscheidung.

03. Wie können Planungen nach der Planungsebene unterschieden werden?

Planungsarten können nach verschiedenen Gesichtspunkten unterschieden werden. Bei Einteilung nach Planungsebenen lassen sich folgende Planungen unterscheiden. Die Planungsebenen entsprechen den Führungsebenen.

- Strategische Planung
- Taktische Planung
- Operative Planung.

04. Welche Bedeutung hat die strategische Planung?

Die strategische Planung ist die *Planung auf der obersten Führungsebene*. Es ist die übergeordnete Gesamtplanung unter Berücksichtigung allgemeiner Unternehmensziele. Die strategische Planung ist langfristig, d. h. sie umfasst mindestens fünf Jahre, und sie ist für die unteren Ebenen maßgebend, d. h. ihre Vorgaben sind in den Plänen der unteren Ebenen zu berücksichtigen.

In der strategischen Planung werden die Strategien für die verschiedenen Geschäftsfelder festgelegt.

05. Welche Bedeutung hat die taktische Planung?

Mit der taktischen Planung setzt die mittlere Führungsebene die strategischen Pläne um. Für die Umsetzung sind die Leiter der *Funktionsbereiche* zuständig. Sie entwickeln aus den Vorgaben der obersten Führungsebene für ihren Funktionsbereich besondere Zielsetzungen und geeignete Maßnahmen.

06. Welche Bedeutung hat die operative Planung?

Mit der operativen Planung werden die Vorgaben aus den taktischen Planungen auf der *unteren Führungsebene* umgesetzt. Gegenstände der operativen Planung sind die Einzelziele bzw. -aufgaben, die sich aus den taktischen Planungen der Bereiche ergeben. Operative Planungen sind i. d. R. kurzfristig (etwa ein Jahr).

3.1.2.2 Betriebliches Planungssystem

01. Was ist unter einem betrieblichen Planungssystem zu verstehen?

Als betriebliches Planungssystem wird der systematische Zusammenhang zwischen den Teilplänen des Betriebes bezeichnet. Systematisch ist der Zusammenhang, weil er auf einem Informationssystem beruht. Der Zusammenhang besteht zwischen strategischen, taktischen und operativen Planungen, aber auch zwischen den Planungen der Funktionsbereiche.

3.1 Planung, Steuerung und Disposition

02. Welche Einzelplanungen umfasst ein betriebliches Planungssystem?

Ein betriebliches Planungssystem umfasst u. a. die folgenden Einzelplanungen:

- Absatzplanung
- Produktionsplanung
- Materialbedarfsplanung
- Lagerplanung
- Investitionsplanung
- Finanzplanung
- Personalplanung.

03. Was beinhaltet die Absatzplanung, und wie hängt der Absatzplan von der Absatzplanung ab?

Die Absatzplanung enthält die Festlegung des Absatzziels, d. h. der geplanten Absatzmengen und Erlöse, aufgeschlüsselt nach Produkten, Produktgruppen, Verkaufsgebieten, Kunden u. Ä. Grundlage der Absatzplanung sind entsprechende Absatzprognosen, berücksichtigt werden bei der Absatzplanung die potenziellen Marketingmaßnahmen. Das Ergebnis der Absatzplanung ist der Absatzplan.

05. Was wird durch den Absatzplan festgelegt?

Der Absatzplan legt u. a. fest,

- welche Produkte bzw. Sortimente
- an welche Zielgruppen bzw. Zielpersonen
- in welchen Regionen
- zu welchen Zeitpunkten bzw. in welchen Zeiträumen
- auf welchen Wegen (Distributionskanälen)
- zu welchen Vertragsbedingungen (Preisen, Nachlässen usw.)

abgesetzt werden sollen.

06. Was ist Gegenstand der Produktionsplanung?

Gegenstand der Produktionsplanung ist die Planung der Produktionsmenge und des Produktionsprogramms, daneben kann sowohl die zeitliche Festlegung von Produktionskapazitäten als auch die Bestimmung des Produktionsstandortes (des Betriebes) Teil der Produktionsplanung sein. Grundlage der Produktionsplanung sind Prognosen des Absatzes und Kundenaufträge.

07. Worauf beruht die Materialbedarfsplanung?

Die Materialbedarfsplanung beruht auf dem Produktionsplan. Aus der nach Art, Menge, Zeitpunkt usw. geplanten Produktion ergibt sich der Bedarf an Material, für den ein Plan zu erstellen ist. Die Materialbedarfsplanung ist Grundlage für die Beschaffungsplanung.

08. Womit befasst sich die Investitionsplanung?

Die Investitionsplanung befasst sich mit den Investitionen, die langfristig zur Erweiterung der Kapazität, auch im Zusammenhang mit der Einführung neuer Produkte, und i. w. S. auch zur Qualitätssicherung sowie zur Forschung und Entwicklung erforderlich werden. Die Investitionsplanung umfasst auch die Planung der Desinvestition. Die Investitionsplanung mündet in den Investitionsplan.

09. Was soll durch die Finanzplanung erreicht werden?

In der Finanzplanung werden die für einen längeren Zeitraum geplanten Ausgaben und Einnahmen eines Unternehmens einander gegenübergestellt. Dadurch soll erreicht werden, dass die Zahlungsfähigkeit des Unternehmens langfristig gesichert bleibt und die Bedrohung durch Insolvenz abgewendet wird.

10. Welche Aufgabe hat die Personalplanung?

Personalplanung ist die gedankliche Vorbereitung der Aktivitäten in den Arbeitsfeldern des Personalmanagements; als ein Teil der Unternehmensplanung läuft sie in Abstimmung mit anderen Teilplänen ab. Die Personalplanung hat die Aufgabe, die im Rahmen der unternehmerischen Zielsetzung benötigten Arbeitnehmer in der erforderlichen Qualifikation, in der benötigten Menge, zum richtigen Zeitpunkt, für den erforderlichen Zeitraum, am richtigen Ort zur Verfügung zu stellen.

11. Wie hängen die taktischen Planungen zusammen?

Alle Planungen der Funktionsbereiche, also alle taktischen Planungen, hängen systematisch über Informationsbeziehungen zusammen. Wenn davon ausgegangen wird, dass die Absatz- bzw. die Marketingplanung im Vordergrund steht, lassen sich die Zusammenhänge andeutungsweise folgendermaßen umschreiben. (Das angedeutete Beispiel geht von einer sukzessiven Planung aus: Es wird von einer Teilplanung ausgegangen, an die sich sukzessiv über entsprechende Informationen weitere Teilplanungen anschließen.)

In der Marketingplanung wird von einer wahrscheinlichen Absatzmenge ausgegangen.

- Die Lagerplanung berücksichtigt die Information des Marketing durch entsprechende mengen- und termingerechte Vorratsplanung.
- Die Fertigung berücksichtigt die Information des Marketing oder des Lagers in der Fertigungsplanung.
- Von der Fertigungsplanung geht die Bedarfsplanung aus. Die Bedarfsplanung mündet in die Beschaffungsplanung. Darüber hinaus bestehen Einflüsse auf die Lagerhaltung.
- Die Fertigungsplanung kann wegen evtl. erforderlich werdender Erweiterungen die Investitionsplanung und diese wiederum die Finanzplanung beeinflussen.

3.1 Planung, Steuerung und Disposition

- Von der erforderlichen Ausdehnung der Produktion kann auch die Personalplanung beeinflusst werden.

3.1.2.3 Steuerungsinstrumente eines koordinationsorientierten Controllings

01. Warum müssen im betrieblichen Planungssystem die Teilplanungen koordiniert werden?

Die einzelnen Planungen hängen nicht nur von den übergeordneten Zielen, sondern im System auch voneinander ab. Damit das Unternehmensziel erreicht werden kann, ist die Koordination der Einzelplanungen erforderlich.

02. Worauf zielt das Controlling eines Unternehmens ab?

Controlling kann als Prozess von Planung, Kontrolle und Steuerung auf der Grundlage von Informationen verstanden werden: Für die Planung des Ergebnisses werden Informationen zur Festlegung von Solldaten herangezogen (z. B. Vergangenheitswerte), für die Kontrolle, ob und in welchem Maß das Ergebnis erreicht wird, werden Informationen über Istdaten benötigt; die Ergebnisse werden analysiert, ggf. werden Maßnahmen zur Steuerung bzw. zur Gegensteuerung ergriffen. Damit zielt Controlling auf Führung durch Planung, Kontrolle und Steuerung bzw. Gegensteuerung ab.

03. Was wird als koordinationsorientiertes Controlling bezeichnet?

Die Koordination der Planungs-, Kontroll- und Informationssysteme wird als koordinationsorientiertes Controlling bezeichnet. Seine wesentliche Funktion besteht darin, die Unternehmensführung zu koordinieren. Zu seinen Aufgaben zählt auch die Ableitung der Planungen der Teilbereiche aus der Gesamtplanung.

04. Welche Steuerungsinstrumente kann das koordinationsorientierte Controlling einsetzen?

Instrumente des koordinationsorientierten Controllings sind z. B. die Pläne, die sich aus den Planungen der Unternehmensbereiche ergeben. Die im Planungssystem des Unternehmens zusammengefassten Teilpläne werden mithilfe des koordinationsorientierte Controllings mit Blick auf das Gesamtziel koordiniert.

3.1.3 Disposition

3.1.3.1 Aufgaben, Ziele, Zielkonflikt

01. Welche Aufgabe erfüllt die Disposition?

Aufgabe der Disposition ist die Ermittlung des Bedarfs nach Art, Menge und Zeitpunkt. Die Bedarfsermittlung bezieht sich auf alle benötigten Güter, also sowohl auf die selbst erstellten, als auch auf die extern bezogenen.

02. Welches Ziele verfolgt die Disposition?

Wichtigstes Ziel der Disposition ist die optimale Planung von Beschaffungsmenge und -zeitpunkt. Einerseits muss die Versorgung sichergestellt werden, andereseits aber sind Beschaffungs- und Lagerhaltungskosten zu minimieren.

03. Welcher Zielkonflikt kann entstehen?

Der Zielkonflikt, der in der Disposition eintreten könnte, lässt sich folgendermaßen umschreiben. Hohe Lagerbestandshaltung verursacht hohe Lagerhaltungskosten, eine zu geringe Lagerbestandshaltung kann Fehlmengenkosten verursachen. Es muss der Disposition also darum gehen, Lagerhaltungs- und Fehlmengenkosten in Einklang zu bringen.

3.1.3.2 Bedarfsarten und Bedarfsverläufe

01. Welche Bedarfsarten können unterschieden werden?

Im Zusammenhang mit der Ermittlung des Materialbedarfs werden im Allgemeinen folgende Bedarfsarten unterschieden:

- Primärbedarf, er ergibt sich aus dem Produktionsprogramm.
- Sekundärbedarf, er ergibt sich aus Stücklisten und Verwendungsnachweisen.
- Zusatzbedarf, er wird bei der Bedarfsermittlung berücksichtigt, weil die Berechnungen des Sekundärbedarfs mithilfe von Stücklisten und Verwendungsnachweisen ungenau sein können, weil ein Mehrbedarf für Reparaturen erforderlich ist usw.
- Bruttobedarf, er ergibt sich als Summe aus Sekundär- und Zusatzbedarf.
- Nettobedarf ergibt sich, wenn vom Bruttobedarf ein Lagerbestand abgezogen wird.

02. Wie lassen sich Bedarfsverläufe darstellen?

Häufig wird künftiger Bedarf anhand von *Zeitreihen* prognostiziert. Die Zeitreihen beruhen auf Werten aus der Vergangenheit. In der Zeitreihenanalyse wird eine Zeitreihe auf Gesetzmäßigkeiten und auf Besonderheiten des Verlaufs der beobachteten Werte beschrieben, untersucht und für Rückschlüsse auf künftige Bedarfsverläufe genutzt.

Folgende *Bedarfsverläufe* sind möglich:

1. Konstanter Verlauf, die Werte schwanken nur geringfügig und gleichmäßig um den Mittelwert, z. B. gleichmäßiger Bedarf an Material für die Fertigung.
2. Saisonbedingter Verlauf, der Verlauf der Werte weist zu einem bestimmten Zeitpunkt oder für einen bestimmten Zeitraum einen saisonbedingten Ausschlag auf, z. B. wegen saisonbedingter Nachfragesteigerung wird die Produktion erhöht, dadurch steigt der Materialbedarf ebenfalls saisonbedingt.

3.1 Planung, Steuerung und Disposition

3. Verläufe mit Trend, der Datenverlauf steigt oder fällt, aufgrund steigender oder fallender Nachfrage steigt die Produktion oder sie nimmt ab, dem Trend entsprechend nimmt auch der Bedarf an Material zu oder ab.

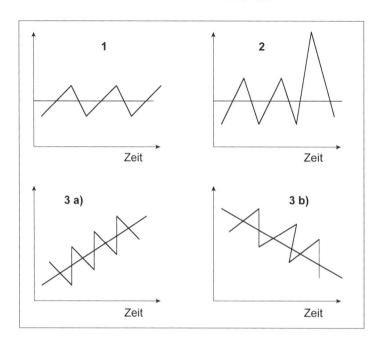

03. Welche Bedeutung hat der Trend einer Zeitreihe?

Der Trend einer Zeitreihe ist die grundlegende Richtung des Verlaufs. Der Trend lässt sich u. a. mit der *Methode der gleitenden Durchschnitte ungerader Ordnung* ermitteln. Gleitende Durchschnitte heißt, es wird eine Reihe von Durchschnitten aus jeweils benachbarten Werten einer Zeitreihe ermittelt. In der tabellarischen Darstellung wird der ermittelte Durchschnittswert dem jeweils mittleren Wert der Datenreihe zugeordnet. Ungerade Ordnung heißt, es wird eine ungerade Anzahl von Werten zur jeweiligen Durchschnittsbildung benutzt (z. B. 3, 5 usw.). Die Anzahl bestimmt die Ordnung, z. B. wird bei drei Werten von gleitenden Durchschnitten 3. Ordnung gesprochen.

Die Ausführungen lassen sich anhand der Werte in der folgenden Tabelle nachvollziehen. Ermittelt werden in Spalte 3 gleitende Durchschnitte 3. Ordnung. Aus den Werten für Januar, Februar, März wird das arithmetische Mittel gebildet, der Durchschnittswert wird dem mittleren Wert zugeordnet. Dann wird das arithmetische Mittel aus den Werten für Februar, März und April gebildet und wiederum dem mittleren Wert zugeordnet usw.

	1	2	3	4
1	Perioden	Zeitreihenwerte	Trendwerte	Schwankungen
2	Monat	Absatz in Stück	gleitende Durchschnitte 3. Ordnung	Zeitreihenwerte abzüglich Trendwerte
3	Jan.	560		
4	Febr.	520	513,3	6,7
5	März	460	503,3	- 43,3
6	April	530	520,0	10,0
7	Mai	570	570,0	0,0
8	Juni	610	590,0	20,0
9	Juli	590	583,3	6,7
10	Aug.	550	550,0	0,0
11	Sept.	510	553,3	- 43,3
12	Okt.	600	870,0	- 270,0
13	Nov.	1.500	1.633,3	- 133,3
14	Dez.	2.800	1.650,0	1.150,0
15	Jan.	650	1.353,3	- 703,3
16	Febr.	610	610,0	0,0
17	März	570	596,7	- 26,7
18	April	610	610,0	0,0
19	Mai	650	650,0	0,0
20	Juni	690	670,0	20,0
21	Juli	670	663,3	6,7
22	Aug.	630	630,0	0,0
23	Sept.	590	640,0	- 50,0
24	Okt.	700	963,3	- 263,3
25	Nov.	1.600	1.766,7	- 166,7
26	Dez.	3.000		

04. Was sind saisonale Schwankungen?

Saisonale Schwankungen sind periodische Schwankungen um den Trend häufig mit fester Periode. Die Schwankungen können in etwa gleich groß sein oder im Zeitablauf größer werden. Im ersten Fall ergibt sich der Zeitreihenwert durch die Addition des Trendwertes mit der Schwankungskomponente, im zweiten Fall durch die Multiplikation des Trendwerts mit der Schwankungskomponente. Die Schwankungskomponente in einer Zeitreihe wird ermittelt durch Subtraktion der Trendwerte von den Zeitreihenwerten.

3.1 Planung, Steuerung und Disposition

Die Ausführungen lassen sich anhand des Beispiels nachvollziehen. Spalte 2 gibt den Absatz eines bestimmten Produkts in Stück an, der Verlauf der Zeitreihenwerte weist zyklische Schwankungen des Absatzes auf. Die Schwankungen werden in Spalte 4 ermittelt, bei Februar ergibt sich eine Schwankungskomponente von 6,7 (Zeitreihenwert - Trendwert).

3.1.3.3 Einteilung der Dispositionsverfahren

01. Wie können Dispositionsverfahren eingeteilt werden?

Die Dispositionsverfahren können danach eingeteilt werden, ob ihnen das Produktionsprogramm oder der Verbrauch in der Vergangenheit zu Grunde liegt. Entsprechend werden programmorientierte von verbrauchsorientierten Verfahren zur Bedarfsermittlung unterschieden. Die programmorientierte Bedarfsermittlung wird auch als *deterministische Disposition*, die verbrauchsorientierte auch als *stochastische Disposition* bezeichnet.

02. Wie lässt sich die programmorientierte Bedarfsermittlung kennzeichnen?

Ermittelt wird der *Sekundärbedarf*. Grundlagen der Bedarfsermittlung sind Stücklisten und Verwendungsnachweise. Sie ist relativ genau, aber auch sehr aufwändig. Sie eignet sich deshalb besonders für die Bedarfsermittlung von A- und B-Gütern. Weil die Angaben aus Stücklisten und Verwendungsnachweisen den Bedarf relativ genau bestimmen, d. h. determinieren, wird diese Bedarfsermittlung auch als deterministische Bedarfsermittlung (deterministische Disposition) bezeichnet. Methoden der programmorientierten Bedarfsermittlung sind z. B.
- analytische Bedarfsauflösungen aus Stücklisten
- synthetische Bedarfsauflösungen aus Verwendungsnachweisen.

03. Wie lässt sich die verbrauchsorientierte Bedarfsermittlung kennzeichnen?

Bei der verbrauchsorientierten Bedarfsermittlung wird mit statistischen Methoden von Verbrauchswerten in der Vergangenheit auf den künftigen Bedarf an Materialien geschlossen. Die Verfahren sind ungenauer als die programmorientierten, dafür aber weniger aufwändig; sie werden deshalb im Allgemeinen bei C-Gütern angewandt. Auf der Grundlage von Zeitreihen mit Werten aus der Vergangenheit wird der künftige Bedarf prognostiziert. Methoden zur Entwicklung von Prognosen sind z. B.
- die Methode der gleitenden Durchschnitte
- die Methode der exponentiellen Glättung erster Ordnung.

3.1.3.4 Stochastische Disposition

01. Wie wird der Bedarf als arithmetischer Jahresmittelwert ermittelt?

Der prognostizierte Bedarf ergibt sich als arithmetisches Mittel aus den Verbrauchswerten. Der Jahresmittelwert wird z. B. errechnet, indem die zwölf Monatswerte summiert werden und die Summe durch die Anzahl der Monate geteilt wird.

02. Wie wird der Bedarf nach der Methode der gleitenden Durchschnitte prognostiziert?

Mithilfe gleitender Durchschnitte lässt sich die Entwicklung von Zeitreihenwerten folgendermaßen prognostizieren. Aus einer Reihe von beobachteten Zeitreihenwerten wird das arithmetische Mittel errechnet. Dieser Durchschnitt wird als wahrscheinlicher Wert für den ersten (folgenden) Prognosezeitraum angenommen. Der nächste Prognosewert wird wieder als Durchschnitt aus der gleichen Anzahl von beobachteten Zeitreihenwerten ermittelt, dazu wird die ursprüngliche Reihe um den ersten Wert gekürzt und mit dem inzwischen ermittelten tatsächlichen Wert des ersten Prognosezeitraums ergänzt. Für die Ermittlung der folgenden Prognosewerte wird die ursprüngliche Reihe entsprechend modifiziert (gleitende Durchschnitte). Irreguläre Schwankungen können die Prognose erheblich verzerren.

Die Ausführungen lassen sich anhand des folgenden Beispiels nachvollziehen; für das Beispiel werden die Zahlen aus der Tabelle zu Frage 03 (3.1.2.2) benutzt. Zur Durchschnittsberechnung werden die letzten sieben Zeitreihenwerte herangezogen. Der wahrscheinliche Bedarf für Januar ergibt sich folgendermaßen.

$$wW_{Jan} = \frac{690 + 670 + 630 + 590 + 700 + 1.600 + 3.000}{7} = 1.132,7$$

Tatsächlicher Wert für Januar sind 740 Stück; der wahrscheinliche Wert für Februar ergibt sich folgendermaßen:

$$wW_{Feb} = \frac{670 + 630 + 590 + 700 + 1.600 + 3.000 + 740}{7} = 1.132,9$$

Das Rechenbeispiel zeigt die Problematik der Methode: Der Dezemberwert geht mit einem zu hohen Gewicht in die Berechnung ein, der tatsächliche Januarwert liegt erheblich unter dem vorhergesagten Wert.

03. Wie wird der Bedarf nach der Methode der exponentiellen Glättung erster Ordnung prognostiziert?

Bei der Methode der exponentiellen Glättung werden die Werte mit einem Glättungsfaktor (g) gewichtet ($0 < g < 1$). Ist der Faktor relativ klein, werden weiter zurückliegende Werte stärker berücksichtigt, die Zufallsschwankungen werden stärker geglättet. Bei einem relativ hohen Faktorwert werden die neueren Werte stärker gewichtet.

3.1 Planung, Steuerung und Disposition

Der Prognosewert ergibt sich durch Addition des vorhergehenden Prognosewerts mit der geglätteten Differenz aus dem tatsächliche Wert und dem Prognosewert des vorhergehenden Zeitraums.

Die Ausführungen lassen sich anhand des folgenden Beispiels nachvollziehen. Für das Beispiel werden die Zahlenwerte aus dem vorhergehenden Beispiel genutzt.

Für die Rechnungen wird ein Glättungsfaktor von g = 0,4 gewählt. Der wahrscheinliche Wert für Februar soll ermittelt werden, für Januar ergab sich ein tatsächlicher Wert von 740 Stück. Der wahrscheinliche Bedarf für Februar ergibt durch die Addition des wahrscheinlichen Januarwerts mit der geglätteten Differenz aus tatsächlichem und wahrscheinlichem Januarwert.

$$wW_{Feb} = 1.125,7 + 0,4\,(740 - 1.125,7) = 971,4$$

04. Wie wird nach dem Bestellpunktverfahren bestellt?

Der Bestellpunkt ist der Zeitpunkt, an dem der Meldebestand erreicht ist. Die Festlegung des Bestellpunkts ist Gegenstand planerischer Überlegungen, in die die Kenntnisse über den täglichen Bedarf und Erfahrungen über den Zeitraum der Beschaffung – von der Bestellung über die Lieferung bis zur Einlagerung – eingehen. Berücksichtigt wird außerdem der Mindestbestand.

Der Bestellpunkt ist gelegentlich den Änderungen des täglichen Bedarfs und des Beschaffungszeitraums anzupassen. So ist der Meldebestand zu erhöhen, wenn der tägliche Bedarf steigt und/oder der Beschaffungszeitraum sich verlängert. Er kann verringert werden, wenn der Bedarf sinkt und/oder die Ware wegen besserer Organisation der Bestellung oder Veränderung der Transportwege schneller geliefert werden kann.

Andere Zeitpunkte für die Bestellung können sich aus Erwartungen von Preiserhöhungen ergeben. Andererseits kann die Erwartung einer Preissenkung gelegentlich zu der riskanten Missachtung des Meldebestandes führen.

05. Welche Bedeutung hat das Bestellrhythmusverfahren?

Beim Bestellrhythmusverfahren wiederholen sich die Bestelltermine periodisch. Bestellt wird also in festgelegten Bestellrhythmen. Das Verfahren ist eher bei C-Gütern angebracht.

Besondere Nachteile des Rhythmusverfahrens liegen einerseits darin, dass eine unerwartet hohe Nachfrage eine überdurchschnittliche Lagerentnahmen erfordert, sodass vorübergehend Lücken in der Versorgung auftreten können; die dann erforderlich werdende Nachbestellung kann andererseits zu überhöhten Beständen führen.

06. Welche Bedeutung hat die Sicht- bzw. Ermessensdisposition?

Sicht- bzw. Ermessensdisposition sind einfache Formen der Bedarfsprognose. Sie werden angewandt, wenn keine Vergangenheitswerte zur Voraussage des Bedarfs herangezogen werden können (wie z. B. bei neuen Produkten). Die Disposition liegt im Ermessen des Disponenten; er ermittelt den Bedarf durch Schätzung, indem er z. B. die Bedarfsentwicklung bei ähnlichen Materialien und vergleichbaren Produkten heranzieht.

3.1.3.5 Deterministische Disposition

01. Wie wird der Bedarf mithilfe des Strukturbaums ermittelt?

Ein Strukturbaum ist ein *Struktogramm*, das zeigt, wie auf den verschiedenen Fertigungsstufen Einzelteile in Baugruppen, Einzelteile und Baugruppen in übergeordnete Baugruppen und schließlich in das Endprodukt eingehen. Aus der Darstellung und den ihr zu Grunde liegenden Daten kann auf den Bedarf an Materialien geschlossen werden.

Im Folgenden wird zur Veranschaulichung ein vereinfachtes *Beispiel eines Strukturbaums* für vier Fertigungsstufen dargestellt. Die Abkürzungen haben folgende Bedeutung: G steht für Baugruppe, T für Einzelteil, Baugruppen und Einzelteile sind durch Nummerierungen gekennzeichnet; die Nummerierungen geben keine Rangfolge und keinen Bezug auf die jeweilige Fertigungsstufe an.

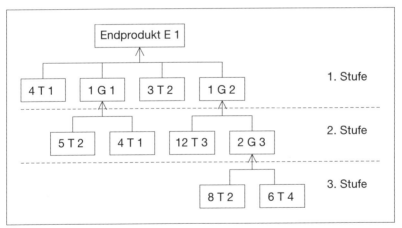

Abb.: Strukturbaum

02. Wie wird der Bedarf auf der Grundlage von Stücklisten ermittelt?

Eine Stückliste erfasst in tabellarischer Form Rohstoffe, Teile, Baugruppen u. a. für ein Produkt. Angegeben werden Teilenummer, Nummern möglicher Varianten, Teilebezeichnung, Mengenkoeffizient u. a. der einzelnen Bestandteile. Das Produkt wird durch die Auflistung der Bestandteile (Rohstoffe, Teile, Teilegruppen u. Ä.) analysiert („*Welche Teile enthält ein bestimmtes Produkt?*"). Entsprechend ergibt sich der Materialbedarf hier durch die sog. *analytische Bedarfsauflösung*.

3.1 Planung, Steuerung und Disposition

Die folgende Tabelle kann die Ausführungen veranschaulichen. Angegeben sind – beispielhaft verkürzt – für die Produkte P 1, P 2 und P 3 die Teile T 1, T 2, T 3 und T 4 (Rohstoffe usw.) mit ihren Mengen.

P 1		P 2		P 3	
Teile	Menge	Teile	Menge	Teile	Menge
T 1	2	T 2	1	T 1	2
T 2	1	T 3	2	T 3	3
T 3	4	T 4	3	T 4	4
T 4	3	T 5	4	T 5	1
T 5	1	T 6	1	T 6	1

03. Wie wird der Bedarf auf der Grundlage von Verwendungsnachweisen ermittelt?

Ein Verwendungsnachweis gibt an, welcher Teil (Rohstoff usw.) in welcher Menge in den einzelnen Erzeugnissen enthalten ist. Die Produkte werden synthetisch erfasst (*„In welchen Produkten ist ein bestimmtes Teil in welchem Umfang enthalten?"*) Entsprechend ergibt sich der Materialbedarf hier durch die sog. synthetische Bedarfsauflösung.

Die folgende Tabelle kann in Fortsetzung des Beispiels aus der vorstehenden Frage die Ausführungen veranschaulichen. Die Tabelle geht von den Teilen aus und zeigt, in welchem Umfang die Teile in den einzelnen Produkten enthalten sind.

T 1		T 2		T 3		T 4		T 5		T 6	
Produkt	Menge	Produkt	Menge	Produkt	Menge	Produkt	Menge	Produkt	Menge	Produkt	Menge
P 1	2	P 1	1	P 1	4	P 1	3	P 1	1	P 2	1
P 3	2	P 2	1	P 2	2	P 2	3	P 2	4	P 3	1
				P 3	3	P 3	4	P 3	1		

04. Wie unterscheiden sich Brutto- und Nettobedarfsermittlung?

Der **Bruttobedarf** einer Planungsperiode ergibt sich, wenn der mithilfe von Stücklisten ermittelte Bedarf pro Stück mit der geplanten Produktionsmenge multipliziert wird. Der **Nettobedarf** ergibt sich durch den Abzug eines Lagerbestandes vom Bruttobedarf.

05. Was ist ein Fabrikkalender, und welche Funktion hat der Fabrikkalender?

Ein Fabrikkalender gibt die *Arbeitstage in fortlaufender Nummerierung* wieder. Er dient der Terminrechnung. Mithilfe des Fabrikkalenders lässt sich der Zeitpunkt des Bedarfs festlegen.

3.1.3.6 Optimale Bestellmenge

01. Was wird mit dem Begriff optimale Bestellmenge angegeben?

Die optimale Bestellmenge ist die Menge, bei der die *Summe aus Bestellkosten und Lagerhaltungskosten* ihr Minimum hat. Durch geringe Lagerhaltung können die Lagerhaltungskosten minimiert werden; geringere Bestandshaltung erfordert aber häufigere Bestellung, sodass die Bestellkosten zunehmen. Wenn der Gesamtbedarf mit einer Bestellung eingekauft wird, fallen Bestellkosten nur einmal an; der Lagerbestand ist aber sehr hoch und verursacht hohe Lagerhaltungskosten. Wenn der Gesamtbedarf aber in vielen Teilmengen, also sehr häufig, bestellt wird, fallen insgesamt hohe Bestell-, aber nur geringe Lagerhaltungskosten an. Es geht also darum, die *optimale Bestellhäufigkeit* zu ermitteln; die Bestellmenge, die bei der optimalen Bestellhäufigkeit anfällt, wird als optimale Bestellmenge bezeichnet.

02. Was sind Bestellkosten?

Bestellkosten sind die Kosten, die im Zusammenhang mit der Bestellung anfallen; dazu zählen z. B. Formulare für die Bestellung, Porti, Personalkosten u. Ä.

Die Bestellkosten insgesamt sind abhängig von der Bestellhäufigkeit. Sie steigen proportional mit der Bestellhäufigkeit. Mit zunehmender Bestellhäufigkeit nimmt die jeweils bestellte Menge ab. So hängen die Bestellkosten auch von der Bestellmenge ab: Bei abnehmender Bestellmenge nehmen die gesamten Bestellkosten zu, während die Kosten je Bestellung gleich bleiben.

Der Sachverhalt lässt sich formelmäßig folgendermaßen ausdrücken; in den Formeln sind B – die Bestellmenge, n – die Bestellhäufigkeit, Jb – der Jahresbedarf (Gesamtbedarf), K_{Best} – Gesamtbestellkosten, k_{best} – Kosten je Bestellung (Stückkosten der Bestellung).

1. $B = \dfrac{Jb}{n}$

2. $n = \dfrac{Jb}{B}$

3. $K_{Best} = k_{best} \cdot n$

4. $K_{Best} = \dfrac{k_{best} \cdot Jb}{B}$

Die Ausführungen lassen sich an folgendem Beispiel veranschaulichen.

- Jahresbedarf (Jb): 1.000 Stück
- Bestellkosten je Bestellung (k_{best}): 30 €

3.1 Planung, Steuerung und Disposition 149

N	B	K_{Best}
1	1.000,0	30
2	500,0	60
3	333,3	90
4	250,0	120
5	200,0	150
6	166,7	180
7	142,9	210
8	125,0	240
9	111,1	270
10	100,0	300

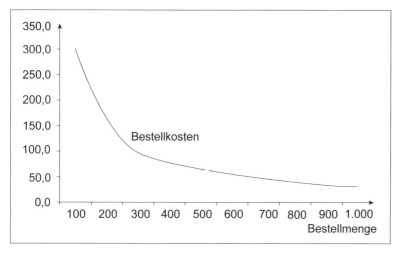

Abb.: Bestellkosten

03. Was sind Lagerhaltungskosten?

Lagerhaltungskosten ist die Summe aus Lagerkosten und Kosten der Kapitalbindung (Zinskosten).

Folgende Kosten zählen zu den Lagerkosten:

- Raumkosten: Abschreibungen, Instandhaltung, Versicherungen, Energiekosten usw.
- Personalkosten: Löhne, Sozialaufwendungen usw.
- Risikokosten: Versicherungen, Abschreibungen, Schwund, Verderb, Veralterung, Preisschwankungen usw.

Aus den Lagerkosten ergibt sich der Lagerkostensatz (q_L). Er gibt den prozentualen Anteil der Lagerkosten (K_L) am durchschnittlichen Lagerbestand an.

$$K_L = \sum \text{Lagerkosten}$$

$$q_L = \frac{K_L}{dLb}$$

Die Lagerhaltung bindet Kapital, das bedeutet Entgang von Zinsgewinn. Die Zinskosten (K_z) sind abhängig vom (kalkulatorischen) Zinssatz (i) und von der Höhe des durchschnittlichen Bestandes (dLb).

$$K_z = dLb \cdot i$$

Die Lagerhaltungskosten (K_{Lh}) und der Kostensatz der Lagerhaltung (q_{Lh}) ergeben sich wie folgt:

$$K_{Lh} = K_L + K_z$$

$$q_{Lh} = q_L + i$$

Beispiel: Wenn bei einem durchschnittlichen Lagerbestand von z. B. 50.000 € der Kostensatz der Lagerhaltung 10 % (bzw. 0,1) beträgt, ergeben sich als Lagerhaltungskosten 50.000 · 0,1 = 5.000. Die Höhe der Lagerhaltungskosten ist also über den Kostensatz der Lagerhaltung vom Bestand abhängig. Bei steigendem Bestand nehmen die Lagerhaltungskosten (proportional) zu.

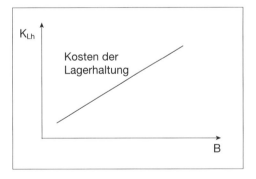

Abb.: Kosten der Lagerhaltung

04. Wie wird die optimale Bestellmenge ermittelt?

Die optimale Bestellmenge ist die Menge, bei der die Summe aus Bestellkosten und Lagerhaltungskosten ihr Minimum erreicht.

3.1 Planung, Steuerung und Disposition

Für die weiteren Ausführungen wird der durchschnittliche Lagerbestand mit der halben Bestellmenge angenommen; für die Lagerhaltungskosten ergibt sich

$$K_{Lh} = q_{Lh} \cdot \frac{B}{2}$$

Für die Kosten der Bestellung gilt folgende Formel:

$$K_{Best} = \frac{k_{best} \cdot Jb}{B}$$

Die Formeln zeigen, dass sowohl die Lagerhaltungskosten als auch die Bestellkosten von der Bestellmenge B abhängen.

Die Ermittlung der optimalen Bestellmenge kann – unter vereinfachten Annahmen – mit folgendem *Beispiel* veranschaulicht werden. Annahmen:

- Jahresbedarf (Jb): 200 Stück
- Einstandspreis (EPr): 5 €/Stück
- Bestellkosten pro Bestellung (k_{best}): 5 €
- Kostensatz der Lagerhaltung (q_{Lh}): 10 % (bzw. 0,1)

n	B	B · EPr	$\frac{B \cdot EPr}{2}$	K_{Best}	K_{Lh}	$K = K_{Best} + K_{Lh}$
1	200,0	1.000,00	500,00	5,00	50,00	55,00
2	100,0	500,00	250,00	10,00	25,00	35,00
3	66,7	333,33	166,67	15,00	16,67	31,67
4	50,0	250,00	125,00	20,00	12,50	32,50
5	40,0	200,00	100,00	25,00	10,00	35,00
6	33,3	166,67	83,33	30,00	8,33	38,33
7	28,6	142,86	71,43	35,00	7,14	42,14
8	25,0	125,00	62,50	40,00	6,25	46,25
9	22,2	111,11	55,56	45,00	5,56	50,56
10	20,0	100,00	50,00	50,00	5,00	55,00

Aus der Tabelle kann die *optimale Bestellhäufigkeit* abgelesen werden. Es ist die Bestellhäufigkeit, bei der die Gesamtkosten ihr Minimum haben. Die dieser Bestellhäufigkeit entsprechende Bestellmenge wird als *optimale Bestellmenge* angenommen.

Die optimale Bestellhäufigkeit liegt bei 3. Die optimale Bestellmenge ist dann 66,7 Stück. In der folgenden Abbildung wird der Zusammenhang zwischen Gesamtkosten und Bestellhäufigkeit auch grafisch dargestellt.

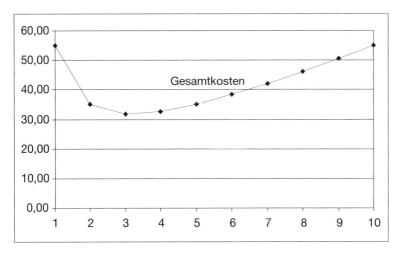

Abb.: Bestellkosten + Kosten der Lagerhaltung

In der folgenden Abbildung werden Gesamt-, Lagerhaltungs- und Bestellkosten in Abhängigkeit von der Bestellmenge dargestellt. Im Minimum der Gesamtkosten schneiden sich die Verläufe von Lagerhaltungs- und Bestellkosten.

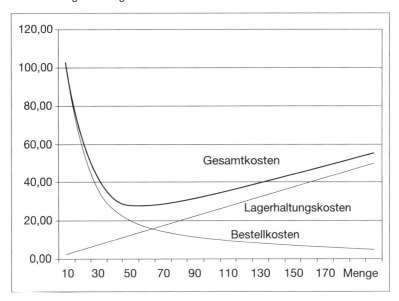

Abb.: Optimale Bestellmenge

05. Welchen Nachteil hat die Ermittlung der optimalen Bestellmenge über das Minimum der Lagerhaltungs- und Bestellkosten?

Das Verfahren hat einige Voraussetzungen, die in der betrieblichen Praxis häufig nicht gegeben sind. So geht das Verfahren u. a. davon aus, dass die Bedarfsmenge gleich bleibt. Mit der Methode des Kostenausgleichs kann dieser Nachteil umgangen werden.

06. Wie wird mit der Methode des Kostenausgleichs die optimale Bestellmenge bestimmt?

Diese Methode geht von schwankenden Bedarfsmengen aus. Die optimalen Bestellmengen ergeben sich bei der (ungefähren) Gleichheit der Lagerhaltungskosten mit den Bestellkosten.

Die optimalen Bestellmengen werden schrittweise ermittelt. Die Lagerhaltungskosten werden für jeden Zeitabschnitt ermittelt und kumuliert; wenn der Kumulationswert der Lagerhaltungskosten ungefähr mit den Bestellkosten gleich ist, ergibt sich die Bestellmenge.

Der Veranschaulichung soll das folgende Beispiel[1] dienen.

In einem Unternehmen fallen für ein bestimmtes Material die folgenden Bedarfsmengen in zwölf aufeinander folgenden, gleich langen Zeitabschnitten, z. B. Monaten, die angegebenen Bedarfsmengen an.

Monate	1	2	3	4	5	6	7	8	9	10	11	12
Bedarf in ME	102	51	65	72	49	86	95	105	110	108	112	115

Es gelten die folgenden Annahmen:
- Die Bestellkosten belaufen sich auf 40 € je Bestellung.
- Der Kostensatz der Lagerhaltung beträgt 0,15.

Als durchschnittliche Lagerdauer wird jeweils ein Zeitabschnitt (hier: ein Monat) angenommen; die durchschnittliche Lagerdauer der Beschaffungsmenge des jeweils ersten Zeitabschnitts (hier: des ersten Monats) eines Berechnungsabschnitts wird mit der halben Dauer des Zeitabschnitts (hier also mit einem halbem Monat) angenommen.

Die Kosten der Lagerhaltung werden stufenweise ermittelt. Die Einzelbedarfe (Sp. 3) werden jeweils kumuliert (Sp. 4), die Einzelbedarfe mit der kumulierten Lagerdauer (Sp. 6) und dem Kostensatz der Lagerhaltung (Sp. 7) multipliziert; das Multiplikationsergebnis sind die Kosten der Lagerhaltung (Sp. 8), die stufenweise kumuliert werden (Sp. 9). Wenn die kumulierten Lagerhaltungskosten in ihrer Höhe sich den Bestellkosten annähern, ergibt sich die optimale Bestellmenge. Es lohnt sich also hier, für die ersten drei Monate 218 Mengeneinheiten zu beschaffen. (Bei Weiterrechnung zeigt sich, dass die kumulierten Lagerhaltungskosten ganz erheblich von den Bestellkosten abweichen.) Mit dem 4. Monat beginnt ein neuer Berechnungsabschnitt. (Die bei der Ausführung des Beispiels hilfsweise genutzten Zeilen und Spalten sind durch kursiven Druck kenntlich gemacht). Das Verfahren wird wegen des Rechenaufwands kaum manuell angewandt.

---

[1] in Anlehnung an: Oeldorf/Olfert, 2008

1	2	3	4	5	6	7	8	9	10	11
Berechnungsabschn.	Monate	Bedarf	Bedarf kumul.	Lagerdauer	Lagerdauer kumul.	q_{Lh}	K_{Lh} 3·6·7	K_{Lh} kum	k_{best}	Bm_{optim}
1	1	102	102	0,5	0,5	0,15	7,65	7,65	40,00	218
	2	51	153	1,0	1,5	0,15	11,48	19,13	40,00	
	3	65	218	1,0	2,5	0,15	24,38	43,50	40,00	
	4	72	290	1,0	3,5	0,15	37,80	81,30	40,00	
2	4	72	72	0,5	0,5	0,15	5,40	5,40	40,00	207
	5	49	121	1,0	1,5	0,15	11,03	16,43	40,00	
	6	86	207	1,0	2,5	0,15	32,25	48,68	40,00	
	7	95	302	1,0	3,5	0,15	49,88	98,55	40,00	
3	7	95	95	0,5	0,5	0,15	7,13	7,13	40,00	200
	8	105	200	1,0	1,5	0,15	23,63	30,75	40,00	
	9	110	310	1,0	2,5	0,15	41,25	72,00	40,00	
4	9	110	110	0,5	0,5	0,15	8,25	8,25	40,00	218
	10	108	218	1,0	1,5	0,15	24,30	32,55	40,00	
	11	112	330	1,0	2,5	0,15	42,00	74,55	40,00	
5	11	112	112	0,5	0,5	0,15	8,40	8,40	40,00	445
	12	115	445	1,0	1,5	0,15	25,88	34,28	40,00	

3.1.4 Informations- und Kommunikationstechniken

01. Was ist eine Information?

Als Information kann man eine Äußerung bezeichnen, mit der eine Person über eine Sache in Kenntnis gesetzt, „informiert", wird. Eine Information ist zweckorientiert, d. h. sie dient der Verbesserung des Wissenstandes des Empfängers, damit er seine Aufgabe besser erfüllen kann.

02. Was wird als Kommunikation bezeichnet?

Als Kommunikation wird der Prozess der Übermittlung oder Vermittlung von Informationen bezeichnet. Der Kommunikationsvorgang setzt voraus

- den Sender der Information
- den Empfänger der Information
- den Kanal für die Übermittlung der Information.

3.1 Planung, Steuerung und Disposition

03. Wie kann ein betriebliches Informationssystem umschrieben werden?

Ein betriebliches Informationssystem lässt sich in folgenden Aspekten umschreiben:

- Es regelt systematisch alle Informationsverbindungen des Betriebes nach innen und nach außen.
- Es stellt alle technischen und organisatorischen Einrichtungen zur Informationsgewinnung und -verarbeitung bereit, soweit sie für die Informationsverbindungen erforderlich sind.
- Es ist im Allgemeinen computergestützt.
- Es beruht auf einer Datenbank, d. h. auf gespeicherte Informationssammlungen; mit einem besonderen Programm ist der Zugriff gezielt und schnell möglich.

04. Welche Aufgaben erfüllt ein betriebliches Informationssystem?

Das betriebliche Informationssystem soll sicherstellen, dass Mitarbeiter eines Betriebes, die Systemnutzer, mit den erforderlichen Informationen rechtzeitig versorgt werden können bzw. Datensammlungen bereit halten, auf die die Mitarbeiter bei Bedarf schnell zugreifen können.

05. Wie kann ein betriebliches Kommunikationssystem umschrieben werden?

Das betriebliche Kommunikationssystem umfasst alle möglichen Kommunikationsbeziehungen und Kommunikationswege zwischen betrieblichen Handlungsträgern. Für die betriebliche Kommunikation werden verbreitete Techniken genutzt oder für betriebliche Zwecke weiter entwickelt, die die Übermittlung von Informationen schriftlich, bildlich und akustisch ermöglichen. Dazu zählen z. B. das Handy, das Internet, das Intranet usw.

06. Warum müssen Daten gesichert werden?

Die betrieblichen Daten müssen vor unzulässiger Weitergabe, Verfälschung, Zerstörung und Verlust durch unsachgemäße Bearbeitung gesichert werden. Dafür muss das Unternehmen die technischen und organisatorischen Voraussetzungen schaffen.

Die Datensicherung erfolgt meist durch Kopien gespeicherter Daten auf externe Speicher.

07. Was wird mit dem Begriff Informations- und Kommunikationstechnik gekennzeichnet?

Information und Kommunikation in den Betrieben erfordert heute eine Technik, mit der auch multimediale Anwendungen umgesetzt werden. Als Multimedia bezeichnet man die gemeinsame Anwendung von mehreren Medien. Diese moderne Technik ist aus der Weiterentwicklung von Informations- und Telekommunikationstechnik sowie der Unterhaltungselektronik hervorgegangen.

Die Informations- und Kommunikationstechnik umfasst alle Geräte und Einrichtungen zur elektronischen und nachrichtentechnischen Übermittlung, Verarbeitung, Speicherung von

- Daten
- Text
- Sprache
- festen und beweglichen Bildern.

08. Welche Bedeutung hat die Entwicklung der Informations- und Kommunikationstechnik?

Die innovative Entwicklung der Informations- und Kommunikationstechnik hat zur Veränderung sowohl der Arbeits- als auch der Kommunikationstrukturen beigetragen.

Die *Veränderung der Arbeitsstrukturen* zeigt sich z. B.

- in der Automatisierung standardisierter Abläufe
- im Wegfall von Arbeiten mit geringen Qualifikationsanforderungen
- im steigenden Bedarf an Fachkräften mit handwerklichen und betriebswirtschaftlichen Qualifikationen.

Die *Veränderung der Kommunikationstrukturen* zeigt sich z. B.

- im Verzicht auf mündliche und schriftliche Kommunikation
- in der Automatisierung von Informationsflüssen
- in der Einführung von unternehmenseigenen Intranets
- in der allmählichen Entwicklung zur „papierlosen" Fabrik.

09. Welche Funktion erfüllt ein betriebliches Informations- und Kommunikationssystem (IuK)?

Wesentliche Aufgabe eines betrieblichen Informations- und Kommunikationssystems (IuK) ist die systematische Versorgung der Nutzer mit Informationen. Das IuK ermöglicht den innerbetrieblichen (internen) und den zwischenbetrieblichen Datenaustausch.

Das IuK ist ein interaktives System; deshalb ist auch die Kommunikation des Nutzers mit dem System möglich, z. B. beim Abruf von Informationen.

10. Welche Bedeutung haben IuK-Systeme für die Wertschöpfungskette?

IuK-Systeme eröffnen Kooperationsmöglichkeiten innerhalb der Wertschöpfungskette. Mit dem *Electronic Data Interchange* (EDI) werden zwischen den beteiligten Unternehmen strukturierte Geschäftsdaten ausgetauscht. Die Zusammenarbeit zeigt sich z. B. bei dem Efficient Continuous Replenishment.

Im Allgemeinen werden standardisierte Datensysteme als Kommunikationsbasis verwandt. Die Zusammenarbeit trägt u. a. erheblich zur Rationalisierung von Verwaltungsarbeiten und zur Verkürzung von Bearbeitungszeiten bei.

11. Welche Bedeutung haben IuK-Systeme für das E-Commerce?

Anbahnung und Abwicklung von Geschäften im Electronic Commerce (EC) setzt IuK-Systeme voraus. Die Geschäfte werden über private oder öffentliche Netzwerke abgewickelt.

Teilbereiche des EC sind z. B.

- das Electronic Procurement, das elektronische Beschaffungswesen in der Industrie
- das Electronic Payment, die bargeldlose Zahlung über das Internet
- das Electronic Shopping, der Kauf und Verkauf vor allem von Konsumgütern über das Internet.

3.2 Kostenrechnung und Controlling

3.2.1 Grundlagen der Kostenrechnung

01. Welche Ziele verfolgt ein Unternehmen mit seinem Rechnungswesen?

Ein Unternehmen will mit den Verfahren des Rechnungswesens alle quantifizierbaren betrieblichen Vorgänge erfassen und auswerten zur Kontrolle, Steuerung und Planung des betrieblichen Geschehens.

02. Welche Aufgaben hat das Rechnungswesen?

Den unternehmerischen Zielen entsprechen die Aufgaben des Rechnungswesens. Zu unterscheiden sind *betriebsinterne und -externe Aufgabenbereiche*.

Zu den *internen Aufgaben* des Rechnungswesens zählen:

- mengen- und wertmäßige Erfassung, z. B. der Bestände, der Bestandsveränderungen
- Überwachung der betrieblichen Prozesse, z. B. durch Erfassung von Kosten und Leistungen
- Berechnung von Kennziffern, z. B. zur Berechnung von Wirtschaftlichkeit, Rentabilität, Liquidität.

Zu den *externen Aufgaben* des Rechnungswesens zählen:

- Erfüllung der Vorschriften über die Führung von Handelsbüchern gem. §§ 238 ff. HGB und zur Erfüllung der Vorschriften über Offenlegung und Veröffentlichung des Jahresabschlusses zur Information von Gesellschaftern, Gläubigern usw. gem. §§ 325 ff. HGB
- Information von Kapitalgebern, Teilhabern, interessierter Öffentlichkeit über Ertrags- und Finanzlage usw. ohne gesetzliche Vorschrift.

03. Welche Bereiche umfasst das Rechnungswesen?

Traditionell wird das Rechnungswesen in die folgenden Bereiche eingeteilt:

1. Buchführung
2. Kosten- und Leistungsrechnung
3. Statistik
4. Planungsrechnung.

04. Welche Aufgaben erfüllt die Kosten- und Leistungsrechnung?

Die Kosten- und Leistungsrechnung erfasst alle Vorgänge im Zusammenhang mit der betrieblichen Leistungserstellung und -verwertung. Sie erfasst also die Kosten (den Werteverzehr) bei der Produktion und die Leistungen (den Wertezuwachs) aus dem Absatz und ermittelt auf der Grundlage dieser Zahlen den Betriebserfolg. Ihre wichtigste Aufgabe ist damit die Kontrolle der Wirtschaftlichkeit.

05. Was sind Kosten?

Kosten sind der Verzehr von Gütern und Leistungen im Produktionsprozess in einer Abrechnungsperiode bewertet in Euro. Sie weisen einen Bezug zum Prozess der Leistungserstellung auf. Zu unterscheiden sind fixe und variable Kosten. Die Summe aus fixen und variablen Kosten sind die Gesamtkosten. Den Kosten stehen die Leistungen gegenüber.

06. Was sind Leistungen?

Als Leistung bezeichnet man den mengenmäßigen Output, also das Prozessergebnis, bewertet in Euro. In der Kosten- und Leistungsrechnung ist „Leistungen" der Gegenbegriff zu „Kosten". Zu unterscheiden sind

- Absatzleistungen
- Lagerleistungen
- Eigenleistungen.

07. Wodurch unterscheiden sich Aufwendungen von den Kosten?

Aufwendungen sind der Verzehr von Gütern und Leistungen einer Unternehmung in einer Abrechnungsperiode bewertet in Euro. Die Aufwendungen eines Unternehmens teilen sich auf in betriebliche und neutrale Aufwendungen. Betriebliche Aufwendungen beziehen sich auf den Betriebszweck. Nur *betriebliche Aufwendungen* sind gleichzeitig **Kosten** (Grundkosten der Kosten- und Leistungsrechnung).

Den Aufwendungen stehen die Erträge gegenüber. In der Gewinn- und Verlustrechnung wird aus der Gegenüberstellung von Aufwendungen und Erträgen der *Unternehmenserfolg* ermittelt.

3.2 Kostenrechnung und Controlling

08. Welcher Unterschied besteht zwischen fixen und variablen Kosten?

Man kann Kosten danach unterscheiden, ob sie mit der Ausbringungsmenge, dem Beschäftigungsgrad, zunehmen und abnehmen, oder ob sie in ihrer Höhe von der Ausbringungsmenge unabhängig sind, also konstant bleiben, wenn sich die Ausbringungsmenge ändert. Die in ihrer Höhe von der Ausbringungsmenge unabhängigen Kosten werden als **fixe (oder feste) Kosten** bezeichnet; sie stellen die *Kosten der Betriebsbereitschaft* dar. **Variable (oder veränderliche) Kosten** dagegen nehmen zu, wenn die Ausbringungsmenge steigt, und nehmen ab, wenn die Ausbringungsmenge sinkt.

Abschreibungen können als Beispiel für fixe Kosten gelten, da ihre Höhe sich (unter bestimmten Voraussetzungen) während des Produktionsprozesses nicht ändert und die Maschinen auch abgeschrieben werden, wenn nicht produziert wird. Roh-, Hilfs- und Betriebsstoffkosten nehmen zu, wenn mehr, sie nehmen ab, wenn weniger produziert wird. Diese Kosten wären demnach variable Kosten.

Die Kennzeichnungen von fixen und variablen Kosten lassen sich anhand der folgenden Zeichnungen nachvollziehen (Annahme: linearer Kostenverlauf).

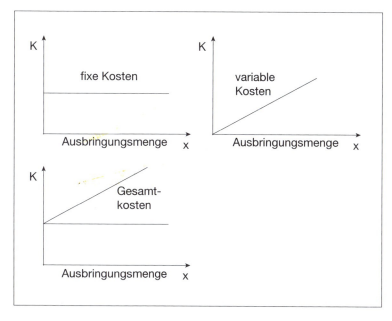

Abb.: Kostenverläufe

09. Welche typischen Kostenverläufe lassen sich unterscheiden?

Typische Verläufe von Gesamtkosten sind

1. Fixer Verlauf: die Gesamtkosten steigen nicht, sie bleiben trotz steigender Ausbringungsmenge konstant.

2. Linearer Verlauf: Die Gesamtkosten steigen proportional, d. h. mit gleichbleibenden Zuwachsraten, zur Ausbringungsmenge.

3. Überproportionaler Verlauf: Die Gesamtkosten steigen überproportional, d. h. mit steigenden Zuwachsraten, zur Ausbringungsmenge.

4. Unterproportionaler Verlauf: Die Gesamtkosten steigen unterproportional, d. h. mit abnehmenden Zuwachsraten, zur Ausbringungsmenge.

10. Wie werden Stückkosten definiert?

Stückkosten sind die durchschnittlichen Kosten. Zu unterscheiden sind die durchschnittlichen Gesamtkosten (DK) und die durchschnittlichen variablen Kosten (DvK).

$$DK = \frac{K}{x}$$

$$DvK = \frac{vK}{x}$$

11. Wie werden Grenzkosten definiert?

Grenzkosten sind die zusätzlichen Kosten, die dadurch entstehen, dass die Produktion um eine (kleine) Einheit ausgedehnt wird. Sie geben die Steigung des Gesamtkostenverlaufs an. Mathematisch werden sie durch die erste Ableitung der Kostenfunktion ermittelt:

$$GK = \frac{dK}{dx}$$

12. Wie lässt sich der Zusammenhang zwischen Gesamtkosten, Durchschnittskosten und Grenzkosten darstellen?

Der Zusammenhang zwischen Gesamtkosten, Durchschnittskosten und Grenzkosten lässt sich anhand der folgenden Zeichnungen und der ihnen zu Grunde liegenden Tabelle unter vereinfachten Annahmen darstellen.

(In Tabelle und Zeichnungen sind: K = Gesamtkosten, DK = Stück- bzw. Durchschnittskosten, GK = Grenzkosten.)

3.2 Kostenrechnung und Controlling

x	1. fixe Gesamtkosten			2. proportionale Gesamtkosten			3. überproportionale Gesamtkosten			4. unterproportionale Gesamtkosten		
	K	DK	GK	K	DK	GK	K	DK	GK	K	DK	GK
1	100	100,0		10	10		5	5,0		10	10	
2	100	50,0	0	20	10	10	15	7,5	10	19	9,5	9
3	100	33,3	0	30	10	10	30	10,0	15	27	9,0	8
4	100	25,0	0	40	10	10	50	12,5	20	34	8,5	7
5	100	20,0	0	50	10	10	75	15,0	25	40	8,0	6
6	100	16,7	0	60	10	10	105	17,5	30	45	7,5	5
7	100	14,3	0	70	10	10	140	20,0	35	49	7,0	4
8	100	12,5	0	80	10	10	180	22,5	40	52	6,5	3
9	100	11,1	0	90	10	10	225	25,0	45	54	6,0	2
10	100	10,0	0	100	10	10	275	27,5	50	55	5,5	1

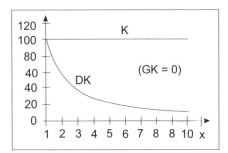
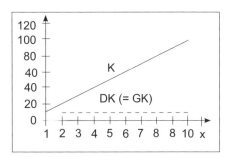
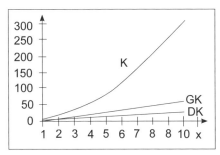
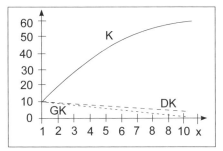

Abb.: Kostenverläufe (nach Tabelle)

13. Welche Bedeutung haben die typischen Kostenverläufe?

In der Praxis sind *Mischformen* der Verläufe relativ häufig.

- Kombination von linearem mit überproportionalem Verlauf, bei zunehmender Ausbringungsmenge steigen die Gesamtkosten zunächst linear, dann überproportional

- s-förmiger Verlauf: bei steigender Ausbringungsmenge steigen die Kosten zunächst unterproportional, dann überproportional (im mittleren Bereich ist ein linearer Verlauf denkbar), dieser Kostenverlauf wird auch *ertragsgesetzlicher Kostenverlauf* genannt.

14. Was wird mit dem Begriff Kostenarten bezeichnet?

Wenn man die Kosten nach der Art der eingesetzten Güter und Leistungen unterscheidet, spricht man von Kostenarten. Üblich ist die folgende Einteilung:

- Materialkosten, dazu zählen z. B. die Rohstoffkosten, die Hilfsstoffkosten, die Betriebsstoffkosten und die Kosten für die Fertigteile.
- Arbeitskosten, dazu zählen z. B. die Löhne, die Gehälter, die Arbeitgeberanteile zur Sozialversicherung und andere Lohnnebenkosten.
- Kapitalkosten, dazu zählen z. B. die Zinsen, Gebühren, Abschreibungen.
- Kosten für Fremdleistungen, dazu zählen z. B. Mieten, Gebühren (Telefon u. a.), Spediteurleistungen, Reparaturen.
- Kosten, die die menschliche Gesellschaft aufwerfen, dazu zählen z. B. Gewerbesteuer, Kfz.-Steuer und andere Kostensteuern, IHK-Beiträge.

15. Was sind primäre Kostenarten, und wie unterscheiden sich primäre Kostenarten von sekundären?

Primäre Kostenarten sind *originär*. Sie umfassen die Kosten, die im Zusammenhang mit der externen Beschaffung von Gütern und Dienstleistungen entstehen. Dazu zählen vor allem die Material- und die Personalkosten.

Von den primären Kostenarten sind die sekundären zu unterscheiden. **Sekundäre Kostenarten** sind *abgeleitete Kostenarten*. Sie umfassen die Kosten, die im Zusammenhang mit der Erstellung innerbetrieblicher Leistung entstehen, z. B. bei Instandhaltung. Man nennt sie auch Mischkosten, weil sie häufig Güter oder Leistungen enthalten, die extern beschafft wurden.

Primäre Kostenarten werden in der Kostenarten-, sekundäre in der Kostenstellenrechnung erfasst.

16. Wie unterscheiden sich Periodenkosten von Stückkosten?

Kosten können als Perioden- und als Stückkosten erfasst werden. **Periodenkosten** sind die Kosten, die während eines Zeitraums anfallen. **Stückkosten** sind die Kosten pro Stück, Auftrag, Charge usw.

17. Wodurch unterscheiden sich Istkosten von Normalkosten?

Als **Istkosten** bezeichnet man die tatsächlich angefallenen Kosten. Als **Normalkosten** werden Durchschnittswerte aus den Ist-Werten der vergangenen Perioden bezeichnet, von denen angenommen werden kann, dass sie auch in Zukunft gelten könnten. Sie werden den Vorausrechnungen (z. B. den Vorkalkulationen) zu Grunde gelegt.

18. Was sind Einzelkosten?

Einzelkosten sind die Kostenarten, die einem *Kostenträger direkt* zugerechnet werden können. Zu den Einzelkostenarten zählen Materialkosten und Fertigungslöhne. Es ist feststellbar, wieviel Material und Löhne bei der Produktion eines Stückes u. dgl. anfallen. Diese Kostenarten können deshalb dem Stück auch relativ leicht zugerechnet werden. (Im Handel sind die Wareneinstandskosten den Einzelkosten vergleichbar.)

Neben diesen Einzelkosten gibt es noch die sog. *Sondereinzelkosten*. Dazu gehören:

- Sondereinzelkosten der Fertigung, z. B. Entwicklungskosten für ein bestimmtes Produkt
- Sondereinzelkosten des Vertriebs, z. B. Transportkosten, Verpackungskosten.

19. Was sind Gemeinkosten?

Gemeinkosten fallen für mehrere Kostenträger an, sie können deshalb einem einzelnen Kostenträger nicht direkt zugerechnet werden. Sie müssen mithilfe eines Verteilungsschlüssels *indirekt* auf die Kostenträger verteilt werden. Beispiele für Gemeinkosten:

- Gehälter für Meister
- Löhne für Hilfsarbeiter
- Hilfsstoffe (wenn sie nicht direkt zugerechnet werden können)
- Abschreibungen (wenn sie nicht direkt zugerechnet werden können)
- Zinsen
- Versicherungen usw.

20. Welches Ziel wird letztlich mit der Kostenrechnung verfolgt?

Mit der Kostenrechnung sollen alle Kosten, die bei der Produktion anfallen, erfasst, verrechnet und dem Kostenträger zugerechnet werden. Sie werden damit in den Verkaufspreis des Produkts einkalkuliert und schließlich auf den Abnehmer abgewälzt.

21. In welchen Stufen läuft die Kostenrechnung ab?

Die Kostenrechnung läuft in drei Stufen ab:

1. Kostenartenrechnung
2. Kostenstellenrechnung
3. Kostenträgerrechnung.

3.2.2 Ablauf der Kostenrechnung

3.2.2.1 Kostenartenrechung

01. Welche Bedeutung hat die Kostenartenrechnung?

In der Kostenartenrechnung wird danach gefragt, was für Kosten (nach Art und Höhe) entstanden sind. Ihre wesentliche Aufgabe besteht darin, alle Einzel- und Gemeinkosten nach ihrer Art betragsmäßig zu erfassen und als Grundlage für weitergehende Verrechnungen zur Verfügung zu stellen.

02. Welche Kosten werden in der Kostenartenrechnung erfasst?

In der Kostenartenrechnung werden die primären Kostenarten erfasst. Das sind
- die Materialkosten, dazu zählen die Rohstoff-, Hilfsstoff- und Betriebsstoffkosten
- die Personalkosten, dazu zählen Gehälter, Löhne, Sozialaufwendungen
- die kalkulatorischen Kosten, dazu zählen die kalkulatorischen Abschreibung u. Ä.

3.2.2.2 Kostenstellenrechung

01. Was sind Kostenstellen?

Kostenstellen sind die Orte (Stellen), an denen die Kosten bei der Produktion entstehen. Grundlage für die Bildung von Kostenstellen sind die *Kostenbereiche Material, Fertigung, Verwaltung und Vertrieb*. Es gibt mindestens eine Kostenstelle je Kostenbereich. Innerhalb der Kostenbereiche werden die Kostenstellen nach Tätigkeitsbereichen eingerichtet. Im Allgemeinen gibt es deshalb eine Vielzahl von Kostenstellen in einem Unternehmen. Die Kostenstellen können untergliedert werden in Kostenhauptstellen und -hilfsstellen.

02. Welchen Kostenstellen können unterschieden werden?

Kostenbereiche bzw. Kostenstellen sind z. B. die Folgenden:

1. *Materialbereich*, er enthält die Kosten im Zusammenhang mit der Beschaffung von Materialien, Rohstoffen u. dgl. sowie deren Lagerung für die Fertigung.
2. *Fertigungsbereich*, er enthält die Produktionskosten, im Allgemeinen ist dieser Bereich in eine Vielzahl von Haupt- und Nebenstellen untergliedert.
3. *Verwaltungsbereich*, er umfasst die Kosten der Verwaltungsstellen, z. B. Rechnungswesen, Geschäftsleitung usw.
4. *Vertriebsbereich*, er erfasst die Kosten im Zusammenhang mit der Vermarktung der Fertigerzeugnisse.

03. Welche Aufgaben erfüllen die Kostenstellen?

Die Kostenstellen erfüllen zwei wichtige Aufgaben:

1. Die Kostenentwicklung der einzelnen Stellen kann überwacht werden; die Einrichtung von Kostenstellen dient der Kontrolle der Wirtschaftlichkeit.
2. Mithilfe der Kostenstellenrechnung werden Gemeinkosten entsprechend ihren Anteilen den Kostenstellen zugerechnet; die Einrichtung von Kostenstellen dient der Kostenträgerrechnung (Kalkulation).

04. Wie werden in der Kostenstellenrechnung die Kosten verrechnet?

Die Kostenstellenrechnung übernimmt die Gemeinkosten aus der Kostenartenrechnung und verteilt sie verursachungsgemäß auf die Kostenstellen. Dadurch werden die Kostenstellen mit den Kosten belastet, die sie bei der Produktion verursacht haben

Grundlage der Verteilung sind entweder Belege oder Verteilungsschlüssel.

- Mithilfe der Belege können die Gemeinkosten den Kostenstellen direkt zugerechnet werden, weil sie i. d. R. außer den Beträgen auch die betroffenen Kostenstellen angeben, dazu zählen z. B. Entnahmescheine, Lohnlisten u. Ä.
- Für die Verteilung werden Schlüssel ermittelt, mit deren Hilfe Gemeinkosten verursachungsgerecht den Kostenstellen zugerechnet werden können, so werden z. B. Reinigungs- und Heizkosten nach den Raumflächen verteilt.

Bei Einsatz moderner Informationssysteme übernehmen die Systeme die Verteilung der Kosten auf die Kostenstellen auf der Grundlage entsprechender Eingaben.

Die wesentliche Aufgabe der Kostenstellenrechnung besteht darin, die Daten für die Kostenträgerrechnung zu liefern. Das geschieht mithilfe der *Betriebsabrechnung*.

05. Warum gilt der Betriebabrechnungsbogen als Hilfsmittel der Kostenstellenrechnung?

Mithilfe des Betriebsabrechnungsbogens (BAB) werden die Daten der Kostenstellenrechnung für die Kostenträgerrechnung aufbereitet. Sie wird i. d. R. monatlich vorgenommen.

Das Prinzip dieses Vorgangs lässt sich am besten anhand des Betriebsabrechnungsbogens (BAB) erläutern. (Der BAB, der früher bei manueller Bearbeitung allgemein üblich war, wird allmählich durch EDV-Systeme verdrängt.)

Die Spalten des BAB enthalten

- die Gemeinkostenarten
- die Zahlen der Buchhaltung für die Gemeinkostenarten
- evtl. Hinweise auf die Verteilungsgrundlage

- den Allgemeinen Bereich, der die Gemeinkosten aufnimmt, die im Einzelnen nicht direkt den Kostenstellen zugewiesen werden können
- die Kostenstellen nach Kostenbereichen, evtl. mit Untergliederungen in Haupt- und Hilfsstellen.

In einfacher Form kann der BAB folgendermaßen (mit angedeuteter Untergliederung des Fertigungsbereichs und Verzicht auf Angabe der Verteilungsgrundlagen) dargestellt werden.

Kosten-arten	Zahlen der Buch-haltung	Allge-meiner Bereich	Kostenbereiche – Kostenstellen			
			Material	Fertigung	Verwal-tung	Vertrieb
				Haupt-stelle A	Haupt-stelle B		

Folgende Vorgänge fallen bei der Erstellung des BAB an:

1. Übernahme der Zahlen der Buchhaltung
2. Verteilung auf die Kostenstellen (Haupt- und Hilfsstellen)
3. Umlage des Allgemeinen Bereichs auf die Kostenstellen
4. Umlage der Hilfskostenstellen auf die Hauptkostenstellen
5. Ermittlung der Summen der Hauptkostenstellen.

06. Warum und wie werden die Ist-Kosten-Zuschläge ermittelt?

Die Gemeinkosten, die in den Kostenstellen erfasst wurden, müssen den Produkten, die sie verursacht haben, wie die Einzelkosten zugerechnet werden. Dazu werden Zuschlagsätze errechnet.

Für die Berechnung der Zuschlagsätze werden die Gemeinkosten der einzelnen Kostenstellen auf bestimmte Berechnungsgrundlagen bezogen. Berechnungsgrundlagen sind

- für die Materialgemeinkosten – die Materialeinzelkosten (Fertigungsmaterial)
- für die Fertigungsgemeinkosten – die Fertigungseinzelkosten (Fertigungslöhne)
- für die Verwaltungs- und Vertriebsgemeinkosten – die Herstellkosten des Umsatzes.

Die Herstellkosten des Umsatzes ergeben sich, wenn zu den Herstellkosten der Erzeugung, der Summe aus Material- und Fertigungskosten, die Bestandsminderungen an fertigen und unfertigen Erzeugnissen hinzugezählt und die Bestandsmehrungen abgezogen werden (vgl. folgende tabellarische Übersicht).

3.2 Kostenrechnung und Controlling

Fertigungsmaterial	
+ Materialgemeinkosten =	Materialkosten
Fertigungslöhne	
+ Fertigungsgemeinkosten =	Fertigungskosten
	Herstellkosten der Erzeugung
	+ Bestandsminderungen an fertigen und unfertigen Erzeugnissen
	- Bestandsmehrungen an fertigen und unfertigen Erzeugnissen
	Herstellkosten des Umsatzes

Das folgende *Beispiel* zeigt in vereinfachter Form und ohne Berücksichtigung von Bestandsveränderungen bei den fertigen und unfertigen Erzeugnissen die Ermittlung von Zuschlagsätzen im BAB.

Kostenarten	Zahlen der Buchhaltung	Kostenbereiche – Kostenstellen			
		Material	Fertigung	Verwaltung	Vertrieb
	↓	↓	↓	↓	↓
Summe	356.165	24.500	200.000	92.940	38.725
Zuschlagsgrundlagen					
Fertigungsmaterial		350.000			
Fertigungslöhne			200.000		
Herstellkosten des Umsatzes				774.500	774.500
Zuschlagssätze		**7,0**	**100,0**	**12,0**	**5,0**

07. Welche Bedeutung haben Ist-Zuschlagsätze?

Die im BAB ermittelten Zuschlagsätze ergeben sich auf der Grundlage der Zahlen eines abgelaufenen Zeitraums. Sie eignen sich deshalb auch nur für die Berechnung von Selbstkosten nach Herstellung (Nachkalkulation). Von besonderer Bedeutung sind sie allerdings für die Kontrolle der Kostenentwicklung und der Wirtschaftlichkeit.

08. Wie werden die Selbstkosten des Umsatzes nach dem Kalkulationsschema ermittelt?

Die Selbstkosten ergeben sich, wenn zu den Herstellkosten des Umsatzes die Verwaltungs- und Vertriebsgemeinkosten hinzugezählt werden. Sie werden nach dem folgenden Schema (Kalkulationsschema) ermittelt. Zur Darstellung werden die Angaben aus dem BAB (siehe Aufgabe 06) benutzt.

Kalkulationsschema	Euro	Euro
Fertigungsmaterial	350.000	
+ Materialgemeinkosten	24.500	
Materialkosten		374.500
Fertigungslöhne	200.000	
+ Fertigungsgemeinkosten	200.000	
= Fertigungskosten		400.000
Herstellkosten der Erzeugung		774.500
+ Minderbestand an fertigen und unfertigen Erzeugnissen		0
- Mehrbestand an fertigen und unfertigen Erzeugnissen		0
= Herstellkosten des Umsatzes		774.500
+ Verwaltungsgemeinkosten		92.940
+ Vertriebsgemeinkosten		38.725
= Selbstkosten des Umsatzes		906.165

09. Was sind Soll-Zuschlagsätze und welche Bedeutung haben sie?

Für die Kalkulation von Angebotspreisen ist die Verwendung von Istzuschlagsätzen nicht geeignet. Es ist deshalb üblich, die Gemeinkosten mit sog. Sollzuschlagsätzen (Normalzuschlagsätzen) zu verrechnen.

Sollzuschlagsätze werden als Durchschnittssätze aus den Istzuschlagsätzen der vergangenen Monate errechnet. Meistens werden der Berechnung zwölf Monatswerte zu Grunde gelegt.

Am Ende eines Abrechnungszeitraums, z. B. eines Monats, werden die Istgemeinkosten mit den Normalgemeinkosten verglichen; dadurch kann geprüft werden, ob die mit den Sollzuschlagsätzen verrechneten Gemeinkosten die tatsächlich entstandenen Gemeinkosten, die Istgemeinkosten, decken. Wenn die Normalgemeinkosten höher sind als die Istgemeinkosten, liegt eine Kostenüberdeckung, wenn dagegen die Istgemeinkosten höher sind als die Normalgemeinkosten, liegt eine Kostenunterdeckung vor.

Mit der Fortsetzung des vorstehenden BAB können die Ausführungen veranschaulicht werden. (Als Sollzuschlagsätze werden die in der folgenden Tabelle angegebenen Sätze angenommen.)

3.2 Kostenrechnung und Controlling

Kostenarten	Zahlen der Buchhaltung	Kostenbereiche - Kostenstellen			
		Material	Fertigung	Verwaltung	Vertrieb
		↓	↓	↓	↓
Summe	356.165	24.500	200.000	92.940	38.725
		↓	↓	↓	↓
Zuschlagsgrundlagen		350.000	200.000	787.500	787.500
Istzuschlagssätze		7,0	100,0	12,0	5,0
Sollzuschlagssätze		5,0	110,0	14,0	7,0
Sollgemeinkosten		17.500	220.000	110.250	55.125
Kostenüberdeckung Ist < Soll			20.000	17.310	16.400
Kostenunterdeckung Ist > Soll		7.000			

Kostenüberdeckung insgesamt: 46.710 €

3.2.2.3 Kostenträgerrechnung und Kalkulation

01. Was sind Kostenträger?

Mit dem Begriff Kostenträger bezeichnet man das Stück, den Auftrag, die Charge usw., deren Produktion die Kosten verursacht hat. Sie „tragen" die Kosten. Kostenträger sind die Absatzleistungen und innerbetrieblichen Leistungen.

02. Welche Bedeutung hat die Kostenträgerrechnung?

In der Kostenträgerrechnung wird danach gefragt, für welche betrieblichen Leistungen die Kosten (in welcher Höhe) entstanden sind, damit sie ihnen verursachungsgerecht zugerechnet werden können. Die Einzelkosten werden direkt aus der Kostenartenrechnung, die Gemeinkosten aus der Kostenstellenrechnung übernommen. Zu unterscheiden sind

- Kostenträgerzeitrechnung – die Kosten werden für einzelne Kostenträger in einem Abrechnungszeitraum (z. B. Monat, Vierteljahr u. Ä.) errechnet
- Kostenträgerstückrechnung – die Kosten werden für eine Einheit eines Kostenträgers errechnet (Kalkulation).

03. Was soll mit der Kostenträgerzeitrechnung erreicht werden?

Mit der Kostenträgerzeitrechnung sollen die Kosten für einzelne Kostenträger, z. B. Erzeugnisgruppen, in einem Abrechnungszeitraum errechnet werden. Mithilfe des Kostenträgerblattes werden die Selbstkosten des Umsatzes für alle Kostenträger auf der

Grundlage verrechneter Normalkosten ermittelt und auf die einzelnen Kostenträger (Erzeugnisgruppen) verteilt.

Das Kostenträgerblatt kann zur Ermittlung des Betriebsergebnisses genutzt werden; dazu werden die Nettoverkaufserlöse den Selbstkosten des Umsatzes gegenübergestellt. Das Betriebsergebnis ergibt sich unter Berücksichtigung der Kostenüber- oder -unterdeckung gemäß BAB.

Im Folgenden wird – unter Nutzung des Zahlenmaterials aus den vorstehenden Fragen – ein vereinfachtes Beispiel für eine Kostenträgerzeitrechnung mit Ergebnisrechnung in der Form des Kostenträgerblattes gegeben.

	Kosten und Ergebnis Kostenträgerblatt		Einzelkosten und verrechnete Normalgemeinkosten			
				Kostenträger		
			insges.	A	B	C
			€	€	€	€
1	Fertigungsmaterial		350.000	200.000	100.000	50.000
2	+ 5 % Fertigungsgemeinkosten		17.500	10.000	5.000	2.500
3	Materialkosten (1 + 2)		367.500	210.000	105.000	52.500
4	Fertigungslöhne		200.000	110.000	70.000	20.000
5	+ 110 % Fertigungsgemeinkosten		220.000	121.000	77.000	22.000
6	Fertigungskosten (4 + 5)		420.000	231.000	147.000	42.000
7	Herstellkosten der Erzeugung (3 + 6)		787.500	441.000	252.000	94.500
8	+ Minderbestand	an fertigen und unfertigen Erzeugnissen	0	0	0	0
9	- Mehrbestand		0	0	0	0
10	Herstellkosten des Umsatzes (7 + 8 - 9)		787.500	441.000	252.000	94.500
11	+ 12 % Verwaltungsgemeinkosten		110.250	61.740	35.280	13.230
12	+ 7 % Vertriebsgemeinkosten		55.125	33.000	12.000	10.125
13	Selbstkosten des Umsatzes (10 + 11 + 12)		952.875	535.740	299.280	117.855
14	Nettoverkaufserlöse		1.100.000	628.571	314.286	157.143
15	Umsatzergebnis (14 - 13)		147.125	92.831	15.006	39.288
16	Überdeckung		46.710			
17	Betriebsergebnis (15 + 16)		193.835			

04. Was wird mithilfe der Kostenträgerstückrechnung ermittelt?

Mithilfe der Kostenträgerstückrechnung werden die Selbstkosten für einen Kostenträger, z. B. für ein Stück, für einen Auftrag, für eine Charge usw. ermittelt. Die Kostenträgerstückrechnung wird auch als Kalkulation bezeichnet. Es gibt die folgenden Kalkulationsverfahren:

- Zuschlagskalkulation
- Divisionskalkulation
- Kalkulation mit Äquivalenzziffern.

05. Welche Bedeutung haben die Selbstkosten?

Die Selbstkosten sind häufig Grundlage für die *Ermittlung des Verkaufspreises*, d. h. für die Bildung des Preises, des Listenpreises und des Angebotspreises bei einem einzelnen Auftrag. Über den Verkaufspreis müssen die Kosten und ein angemessener Gewinn hereingeholt werden.

Die Selbstkosten bilden aber auch eine *Entscheidungshilfe*, ob bei einem vorgegebenen Preis ein Auftrag angenommen werden kann, d. h. ob der vorgegebene Preis mindestens die Selbstkosten deckt

06. Wie werden in der Zuschlagskalkulation die Kosten dem Kostenträger zugerechnet?

Die Zuschlagskalkulation geht von der Trennung der Kosten in Einzel- und Gemeinkosten aus. Einzelkosten können dem Kostenträger direkt zugerechnet werden. Gemeinkosten können ihm nicht direkt, sondern nur indirekt mithilfe von Zuschlagssätzen zugerechnet werden. Für die Kalkulation werden die Normalzuschlagsätze (Sollzuschlagsätze) benutzt. Die Einzelkosten werden auf der Grundlage von Belegen verrechnet.

Der Sachverhalt lässt sich an folgendem Beispiel, für das einfache und übersichtliche Zahlenwerte angenommen wurden, nachvollziehen.

Ermittlung der Selbstkosten (Vorkalkulation auf der Grundlage der Normalkosten)

Vorgaben

Fertigungsmaterial lt. Stücklisten	3.000,00 €	
Vorgabezeit:	50 Stunden	
Stundenlohn:	13 €	
Normalgemeinkostenzuschläge (BAB)		
Material	12,5 %	
Fertigung	130 %	
Verwaltung	15 %	
Vertrieb	5 %	

Kalkulation

Fertigungsmaterial		3.000,00	
Materialgemeinkosten	12,50 %	375,00	
Materialkosten			3.375,00
Fertigungslöhne		650,00	
Fertigungsgemeinkosten	130,00 %	845,00	
Fertigungskosten			1.495,00
Herstellkosten			4.870,00
Verwaltungsgemeinkosten 15 %	15,00 %		730,50
Vertriebsgemeinkosten 5 %	5,00 %		243,50
Selbstkosten			5.844,00

07. Wie werden mithilfe der Divisionskalkulation die Selbstkosten pro Stück errechnet?

In der einstufigen Divisionskalkulation werden die Selbstkosten pro Stück durch Division der Gesamtkosten durch die Anzahl der produzierten Stücke errechnet. Dieses Verfahren ist nur anwendbar, wenn das Unternehmen lediglich ein Produkt in Massenfertigung herstellt.

08. Wie werden in der Divisionskalkulation mit Äquivalenzziffern die Selbstkosten pro Stück ermittelt?

Die Divisionskalkulation mit Äquivalenzziffern kann von Unternehmen angewandt werden, die mehrere Produkte bzw. in Sortenfertigung mehrere Sorten herstellen. Die Anwendung des Verfahrens hat folgende Voraussetzungen.
- Die Produkte sind von gleicher Art.
- Das Produktionsverfahren ist für alle Produkte in etwa gleich.
- Das Ausgangsmaterial ist für alle Produkte gleich.
- Die Produktionsverfahren werfen unterschiedlich hohe Kosten bei Be- und Verarbeitung auf.

Die unterschiedlich hohen Kosten der Produkte bzw. Sorten werden durch Messungen, Schätzungen u. Ä. festgestellt und mithilfe eines Äquivalenzziffernsystems zueinander in ein Verhältnis gesetzt. Dabei wird für das Hauptprodukt die Ziffer 1 angenommen; die anderen Produkte erhalten Ziffern, die ihre Kostenanteile im Verhältnis zum Hauptprodukt ausdrücken (vgl. im folgenden Beispiel Spalte 3). Eine Ziffer von 0,75 drückt z. B. aus, dass dieses Produkt lediglich 75 % der Kosten des Hauptprodukts aufwirft. Die einzelnen Produktionsmengen werden mit den Äquivalenzziffern umgerechnet (multipliziert) und die Ergebnisse addiert (vgl. Spalte 4). Die Gesamtkosten werden durch die Summe der Umrechnungen (vgl. Spalte 4) geteilt; das Teilungsergebnis wird mit den Äquivalenzziffern multipliziert. Daraus ergeben sich für jedes Produkt die Selbstkosten je Stück (vgl. Spalte 5). Durch die Multiplikation der Selbstkosten je

Stück mit den Stückmengen jedes Produkts erhält man schließlich die Gesamtkosten jedes Produkts (vgl. Spalte 6).

Die Ausführungen lassen sich durch folgendes Beispiel veranschaulichen.

Eine Schokoladenfabrik produziert fünf Sorten des gleichen Produkts. Im Monat März 2006 wurden insgesamt 2 Mio. Tafeln produziert, die sich auf die einzelnen Sorten – wie in der Tabelle angegeben – verteilen. Das Kostenverhältnis zwischen den Sorten wurde berechnet; das Ergebnis ist in der Tabelle enthalten (Äquivalenzziffern). Die Selbstkosten im März 2006 beliefen sich auf 989.000.000 €. – Wie hoch sind die Selbstkosten pro Stück und pro Sorte?

1	2	3	4	5	6
Sorte	Stück	Äquivalenzziffern	Umrechnungen	Selbstkosten je Stück in €	Selbstkosten je Sorte in €
A	550.000	1,00	550.000	0,500	275.000,00
B	340.000	1,10	374.000	0,550	187.000,00
C	450.000	0,90	405.000	0,450	202.500,00
D	380.000	0,75	285.000	0,375	142.500,00
E	280.000	1,30	364.000	0,650	182.000,00
	2.000.000		1.978.000		989.000,00

3.2.3 Kostenrechnungssysteme

3.2.3.1 Ist-, Normal- und Plankostenrechnung

01. Was sind Istkosten?

Als Istkosten werden die Kosten bezeichnet, die in einer vergangenen Abrechnungsperiode tatsächlich angefallen sind.

02. Was ist Gegenstand einer Istkostenrechnung, und welche Probleme wirft die Istkostenrechnung auf?

In der Istkostenrechnung werden die in der abgeschlossenen Abrechnungsperiode erbrachten Leistungen erfasst und mit den tatsächlich angefallenen Kosten verrechnet. Aus der Istkostenrechnung wird also ersichtlich, welche Kostenarten in welcher Höhe entstanden sind. Das ist einerseits für das externe Rechnungswesen von Bedeutung, erlaubt andererseits aber auch den Vergleich mit den Sollkosten; durch den Soll-Ist-Vergleich können Abweichungen aufgedeckt, analysiert und ggf. Steuerungsmaßnahmen ergriffen werden. Probleme der Istkostenrechnung liegen in ihrer Vergangenheitsorientierung und in den Schwankungen der Stückkosten, die sich durch die regelmäßig zu ermittelnden Gemeinkostenzuschlagssätze ergeben können.

03. Was sind Normalkosten?

Normalkosten (Normalgemeinkosten) sind Durchschnittskosten, die aus den Istkosten einer längeren Periode errechnet werden.

04. Welche typischen Kennzeichen weist eine Normalkostenrechnung auf?

Die Normalkostenrechnung verwendet Normalkosten, um die Nachteile der Istkostenrechnung auszugleichen. Aspekte der Normalkostenrechnung werden in die Istkostenrechnung einbezogen. Für die Praxis hat die Normalkostenrechnung keine Bedeutung.

05. Was sind Plankosten?

Plankosten sind die prognostizierten Kosten für folgende Planungsperioden. Ihre Höhe ergibt sich unter Berücksichtigung der Plandaten für

- die Verbrauchsmengen von Produktionsfaktoren (Planverbrauchsmengen)
- die Preise der Produktionsfaktoren (Planpreise)
- der Ausbringungsmenge bzw. der Beschäftigung (Planbeschäftigung).

Plankosten ergeben sich als Produkt aus Planverbrauchsmengen, -preisen und -beschäftigung.

06. Wie unterscheiden sich Plankosten von Sollkosten und Istkosten?

Plankosten sind das Produkt aus Planverbrauchsmengen, Planpreisen und Planbeschäftigung.

Die **Sollkosten** stellen eine Anpassung der Plankosten an die Istbeschäftigung dar. *Sollkosten* sind das Produkt aus Planverbrauchsmengen, Planpreisen und Istbeschäftigung. *Istkosten* sind die tatsächlich anfallenden Kosten. Istkosten werden definiert als das Produkt aus Istverbrauchsmengen, Istpreisen und Istbeschäftigung

07. Was ist eine Plankostenrechnung und welchen Zweck hat sie?

Eine Plankostenrechnung ist eine Kostenrechnung auf der Grundlage geplanter, d. h. erwarteter Kosten. Dadurch unterscheidet sie sich wesentlich von Kostenrechnungen mit Normal- oder mit Istkosten.

Die Plankostenrechnung dient zwei wesentlichen Zwecken: der Planung und der Kontrolle.

Planung durch Dispositionsmöglichkeiten auf der Grundlage wahrscheinlicher Kosten, *Kontrolle* durch den Vergleich von geplanten mit tatsächlichen Kosten.

3.2 Kostenrechnung und Controlling

08. Welche Bedeutung hat die Plankostenrechnung im Zusammenhang mit dem operativen Controlling?

Die Plankostenrechnung ermöglicht den Vergleich von Plankosten mit den Istkosten. Abweichungen können erfasst und analysiert werden. Kostenabweichungen ergeben sich aus Abweichungen bei den Verbrauchsmengen, den Preisen und/oder der Beschäftigung. In der Analyse werden die Ursachen für die Abweichungen untersucht; die Analyseergebnisse sind Grundlagen für Maßnahmen zur *Gegensteuerung*.

09. Wodurch unterscheidet sich die starre Plankostenrechnung von der flexiblen?

Starre und flexible Plankostenrechnung sind unterschiedliche Systeme der Plankostenrechnung. Bei der **starren** Plankostenrechnung werden feste und variable Gemeinkosten nicht getrennt; wesentliches Kennzeichen der **flexiblen** Plankostenrechnung ist die *Trennung* der festen *Gemeinkosten* von den variablen.

Flexible Plankostenrechnungen können auf Vollkostenbasis oder auf Teilkostenbasis durchgeführt werden.

10. Unter welcher Bedingung eignet sich die starre Plankostenrechnung zur Kostenkontrolle?

Weil bei der starren Plankostenrechnung die Trennung von variablen und festen Kosten nicht vorgesehen ist, eignet sie sich nur zur Kostenkontrolle, wenn keine festen Kosten anfallen. Diese Annahme ist realitätsfern; die starre Plankostenrechnung wird deshalb in der Praxis für die Kostenkontrolle kaum angewandt werden können.

Beispiel: Ein Unternehmen plant eine Ausbringungsmenge (Planbeschäftigung) von 3.000 Stück, dabei wird mit Plankosten i. H. v. 42.000 € gerechnet. Tatsächlich ergibt sich aber eine Istmenge von lediglich 2.000 Stück bei Istkosten i. H. v. 38.000 €.

- Bei dem Vergleich von Plankosten mit den Istkosten bei der Istmenge von 2.000 Stück zeigt sich eine Kostenunterschreitung von 4.000 €; Grund dafür könnte die geringe Auslastung sein.

- Bei dem Vergleich von Istkosten bei 2.000 Stück mit den entsprechenden verrechneten Kosten zeigt sich eine Kostenüberschreitung i. H. v. 10.000 €; sie könnte durch höhere Verbrauchsmengen als geplant oder durch Preisanstieg bei den Faktoren verursacht sein.

Die Grundannahmen des Beispiels können auch grafisch dargestellt werden; die Abbildung beruht auf folgenden Daten.

x_{plan} = 3.000 Stück
K_{plan} = 42.000 €
geplante Stückkosten (k_{plan}) = 14 €/Stück (= 42.000 : 3.000)
x_{ist} = 2.000 Stück
verrechnete Kosten bei x_{ist} = 28.000 ($x_{ist} \cdot k_{plan}$ = 2.000 · 14)
K_{ist}(bei x_{ist}) = 38.000 €

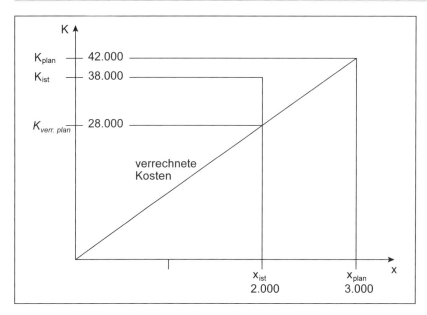

Abb.: Starre Plankostenrechnung

11. Wie kann mit der flexiblen Plankostenrechnung auf Vollkostenbasis eine Kostenkontrolle durchgeführt werden?

Bei einer flexiblen Plankostenrechnung auf Vollkostenbasis werden die Plankosten aufgeteilt in feste und variable Plankosten ($K_{plan} = fK_{plan} + vK_{plan}$). Dadurch lassen sie sich genauer der Istmenge zurechnen. Für die Analyse der Abweichungen werden die Sollkosten herangezogen; die Sollkosten ergeben sich unter Berücksichtigung der Istmenge.

Beispiel (unter Berücksichtigung der Annahmen aus Frage 10)

x_{plan} = 3.000 Stück
K_{plan} = 42.000 €, fK_{plan} = 14.000 €, vK_{plan} = 28.000 €
geplante Stückkosten (k_{plan}) = 14 €/Stück (= 42.000 : 3.000)
variable Stückkosten (vk_{plan}) = 28.000 : 3.000 = 9,33 €
x_{ist} = 2.000 Stück
K_{ist}(bei x_{ist}) = 38.000 €
verrechnete Kosten bei x_{ist} = 28.000 € ($x_{ist} \cdot k_{plan}$ = 2.000 · 14)
Sollkosten (K_{soll}) bei x_{ist} = 32.660 € ($x_{ist} \cdot vk_{plan}$ + fK = 2.000 · 9,33 + 14.000)

Bei dem Kostenvergleich zeigt sich Folgendes: Bei einer Istmenge von 2.000 Stück dürfen entsprechend der Planvorgaben lediglich Kosten i. H. v. 32.660 € anfallen. Die Abweichung von den Istkosten beträgt 5.340 €. Diese Abweichung kann durch höheren mengenmäßigen Verbrauch von Produktionsfaktoren und/oder durch steigende Preise für die Produktionsfaktoren verursacht sein. Die Abweichung der Sollkosten von den verrechneten Plankosten i. H. v. könnte ihre Ursache in der geringeren Beschäftigung haben. Die Ausführungen lassen sich an der folgenden Abbildung nachvollziehen.

3.2 Kostenrechnung und Controlling

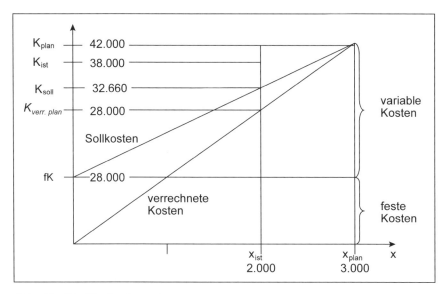

Abb.: Flexible Plankostenrechnung

3.2.3.2 Vollkosten- und Deckungsbeitragsrechnung

01. Welches Ziel wird mit der Vollkostenrechnung angestrebt?

Das Ziel der Vollkostenrechnung ist, sämtliche im Betrieb anfallenden Kosten – Einzel- und Gemeinkosten – auf die Kostenträger zu verteilen. Grundlage der Kalkulation mithilfe der Vollkostenrechnung sind also alle anfallenden Kosten, die dem zu kalkulierenden Kostenträger entweder direkt (Einzelkosten) oder indirekt mithilfe eines Verteilungsschlüssels (Gemeinkosten) zugeschlagen werden. Das Ziel der Zuschlagskalkulation ist die Ermittlung der Selbstkosten für einen Auftrag, für ein Stück, für eine Charge usw.

02. Welche Bedeutung hat die Vollkostenrechnung?

Wegen ihrer relativ einfachen Handhabung und ihrer Übersichtlichkeit ist die Vollkostenrechnung weit verbreitet. Sie weist in der hier dargestellten Form der Zuschlagskalkulation allerdings einige *Mängel* auf. Dazu zählen

- die grundsätzliche Problematik, die sich aus der willkürlichen Aufschlüsselung der Gemeinkosten ergibt
- die mangelhafte Berücksichtigung von Marktbedingungen, z. B. von Nachfrageelastizitäten, von bestehenden Marktpreisen u. dgl.
- die mangelhafte Berücksichtigung unterschiedlich hoher Absatzmengen auf die Entwicklung der Stückkosten, insbesondere bei hohen Fixkostenanteilen an den Gesamtkosten.

Teilweise können diese Mängel durch eine *retrograde* Kalkulation, bei der vom Marktpreis ausgegangen wird, behoben werden.

03. Was ist eine retrograde Kalkulation?

Als retrograde[1] Kalkulation bezeichnet man eine Kalkulation, bei der von dem wahrscheinlich erzielbaren Verkaufspreis ausgegangen wird, d. h. der Verkaufspreis wird unter Berücksichtigung der Marktgegebenheiten ermittelt.

04. Welche Bedeutung hat eine Teilkostenrechnung?

Bei der Teilkostenrechnung wird nur ein Teil der Kosten auf die Kostenträger verrechnet, nämlich die variablen Kosten bzw. die Einzelkosten. Dadurch entfällt die willkürliche Aufschlüsselung der fixen Kosten bzw. Gemeinkosten. Ziele der Teilkostenkalkulation sind

- Kostenkontrolle
- Ermittlung der kurzfristigen Preisuntergrenze.

05. Wie ergibt sich in der Teilkostenrechnung das Betriebsergebnis?

Das Betriebsergebnis ergibt sich auf der Grundlage des folgenden Schemas.

```
  Verkaufserlöse
- variable Kosten
= Deckungsbeitrag
- fixe Kosten
= Betriebsergebnis
```

06. Was gibt ein Deckungsbeitrag an?

Der Deckungsbeitrag gibt den *Überschuss der Erlöse* aus dem Verkauf eines Produkts über dessen Einzelkosten an, das sind die Kosten, die ihm eindeutig zugerechnet werden können. Der Deckungsbeitrag ist also der *Beitrag* eines Produkts *zur Deckung der fixen Kosten* und damit zum Gesamterfolg. Er gibt den Erfolg des einzelnen Produkts an. Rechnerisch ergibt sich der Deckungsbeitrag durch Subtraktion der variablen Kosten von den Verkaufserlösen.

```
Deckungsbeitrag = Verkaufserlöse - variable Kosten
```

---

[1] retrograd (abgeleitet aus lat. rctrogradus) = rückläufig

3.2 Kostenrechnung und Controlling

07. Welche Aufgaben soll die Deckungsbeitragsrechnung erfüllen?

Die Deckungsbeitragsrechnung ist eine *kurzfristige Erfolgsrechnung*. Mit ihrer Hilfe wird das Betriebsergebnis auf der Grundlage der Deckungsbeiträge der Produkte ermittelt. In der Deckungsbeitragsrechnung soll das einzelne Produkt lediglich mit den Kosten belastet werden, die ihm direkt zuzurechnen sind. Die Deckungsbeitragsrechnung dient der Kontrolle und der Steuerung des Unternehmens; je differenzierter und genauer sie ausgebaut ist, desto besser kann sie diese Aufgaben wahrnehmen. Deshalb ist die mehrstufige Deckungsbeitragsrechnung der einstufigen im Allgemeinen überlegen.

08. Welcher grundlegende Unterschied besteht zwischen der einstufigen und der mehrstufigen Deckungsbeitragsrechnung?

In der **einstufigen** Deckungsbeitragsrechnung wird der *Beitrag der Produkte insgesamt* zur Deckung der gesamten fixen Kosten ermittelt. Von den Verkaufserlösen der einzelnen Produkte werden nur die ihnen direkt zurechenbaren variablen Kosten abgezogen. Das Betriebsergebnis wird schließlich durch Subtraktion der Summe aller Deckungsbeiträge von den gesamten Verkaufserlösen ermittelt.

In der **mehrstufigen** Deckungsbeitragsrechnung werden auch *die direkt zurechenbaren fixen Kosten* berücksichtigt. Es wird also nicht nur – wie bei der einstufigen Beitragsrechnung – danach gefragt, welchen Beitrag die Verkaufserlöse der Produkte zur Deckung aller fixen Kosten leisten. Es wird vielmehr *in mehreren Stufen* auch ermittelt, welchen Beitrag die Produkte einer Gruppe zur Deckung der produktgruppentypischen fixen Kosten, welchen Beitrag mehrere Produktgruppen eines Unternehmensbereichs zur Deckung der bereichstypischen fixen Kosten usw. leisten.

09. Welche besonderen Kennzeichen weist die einstufige Deckungsbeitragsrechnung auf und wie wird sie durchgeführt?

Bei der einstufigen Deckungsbeitragsrechnung werden die Verkaufserlöse der einzelnen Produkte (bzw. Produktarten) ermittelt; den Verkaufserlösen werden die für jedes Produkt anfallenden variablen Kosten direkt zugerechnet; die einstufige Deckungsbeitragsrechnung wird deshalb auch als Direct Costing bezeichnet. Durch Abzug der produkttypischen variablen Kosten von den jeweiligen Erlösen ergeben sich die Deckungsbeiträge der einzelnen Produkte.

Die Summe der einzelnen Deckungsbeiträge ergibt den Gesamtdeckungsbeitrag. Der Betriebsgewinn ergibt sich, wenn vom Gesamtdeckungsbeitrag die gesamten fixen Kosten, z. B. die Abschreibungen, en bloc abgezogen werden.

Das folgende einfache Beispiel kann die Ausführungen veranschaulichen. Angenommen wird ein Produktionsprogramm mit vier Produkten, deren Produktion die angegebenen einzelnen zurechenbaren variablen Kosten und die insgesamt angegebenen (nicht einzeln zurechenbaren) fixen Kosten aufwirft. Die Tabelle weist die einzelnen Deckungsbeiträge auf und macht sie vergleichbar.

	A	B	C	D	insgesamt
Verkaufserlöse	1.000.000	900.000	800.000	500.000	3.200.000
variable Kosten	500.000	550.000	600.000	490.000	2.140.000
Deckungsbeitrag	500.000	350.000	200.000	10.000	1.060.000
fixe Kosten					700.000
Betriebsergebnis					360.000

10. Welche besonderen Kennzeichen weist die mehrstufige Deckungsbeitragsrechnung auf und wie wird sie durchgeführt?

Die mehrstufige Deckungsbeitragsrechnung ermittelt nacheinander in mehreren Stufen die Beiträge zur Deckung der fixen Kosten der jeweils folgenden Stufen.

1. Stufe: Von den jeweiligen Verkaufserlösen der Produkte (bzw. Produktarten) werden die variablen Kosten, die den Produkten direkt zuzurechnen sind, abgesetzt; es ergibt sich der Deckungsbeitrag I.

2. Stufe: Vom Deckungsbeitrag I werden die produkttypischen fixen Kosten abgezogen, das sind z. B. die Abschreibungen von Maschinen, die lediglich zur Herstellung des jeweiligen Produkts genutzt werden; daraus ergibt sich der Deckungsbeitrag II.

3. Stufe: Vom Deckungsbeitrag II werden die fixen Kosten abgezogen, die für eine Produktgruppe anfallen; in einer Produktgruppe sind gleichartige Produkte zusammengefasst, die z. B. zumindest teilweise mit gleichen Maschinen in der gleichen Anlage hergestellt werden; produkttypische fixe Kosten können z. B. die entsprechenden Abschreibungen sein. Es ergibt sich der Deckungsbeitrag III.

4. Stufe: In den Unternehmensbereichen fallen typische feste Kosten an, die den Produktgruppen zugerechnet werden können. Das können z. B. Kosten für gemeinsam genutzte Transporteinrichtungen, für Werbung u. Ä. sein. Durch Abzug der bereichstypischen Kosten vom Deckungsbeitrag III ergibt sich der Deckungsbeitrag IV oder – wenn keine weiteren unternehmenstypischen fixen Kosten mehr anfallen – das Betriebsergebnis.

Das folgende Beispiel soll die Ausführungen veranschaulichen. Angenommen werden zwei Unternehmensbereiche, drei Produktgruppen und vier Produkte (Produktarten). Die angenommen Zahlenwerte entsprechen denen des Beispiels aus Frage 09.

Unternehmensbereiche	U I			U II	insgesamt
Produktgruppen	1	2		3	
Produkte	A	B	C	D	
Verkaufserlöse	1.000.000	900.000	800.000	500.000	3.200.000
variable Kosten	500.000	550.000	600.000	490.000	2.140.000
Deckungsbeitrag I	500.000	350.000	200.000	10.000	1.060.000
produktfixe Kosten	125.000	100.000	75.000	50.000	350.000
Deckungsbeitrag II	375.000	250.000	125.000	- 40.000	710.000

3.2 Kostenrechnung und Controlling

Unternehmensbereiche	U I		U II		insgesamt
Produktgruppen	1		2	3	
Produkte	A	B	C	D	
produktgruppenfixe Kosten	160.000		40.000	30.000	230.000
Deckungsbeitrag III	465.000		85.000	- 70.000	480.000
bereichsfixe Kosten	90.000			30.000	120.000
Betriebsergebnis					360.000

(Anmerkung zum Beispiel: Es wird empfohlen, die Tabellenangaben zu analysieren und zu prüfen, ob nicht durch Verzicht auf ein Produkt bzw. auf einen Unternehmensbereich das Betriebsergebnis verbessert werden könnte.)

3.2.3.3 Prozesskostenrechnung

01. Welche Bedeutung hat die Prozesskostenrechnung?

Die Prozesskostenrechnung *(Activity Based Costing)* ist eine Ergänzung der bekannten Kostenrechnungssysteme. Sie dient vor allem der besseren Zurechnung der prozessbezogenen Gemeinkosten. Die meistens praktizierte Zuschlagskalkulation wird der Entwicklung der Kostenstruktur nicht mehr vollständig gerecht

Die Materialeinzelkosten sinken tendenziell (z. B. Rohstoffkosten), dagegen steigen die Materialgemeinkosten durch steigende Personalkosten bei Einkauf und Logistik, sowie durch steigende Lagerhaltungskosten, die nur teilweise durch besondere Beschaffungsmöglichkeiten aufgefangen werden können. Die Fertigungsgemeinkosten steigen stärker als die Lohneinzelkosten, sodass es zu relativ hohen Zuschlagsätzen kommen muss.

02. Welche Ziele verfolgt die Prozesskostenrechnung?

Das wichtigste Ziel der Prozesskostenrechnung ist eine – im Vergleich zu den traditionellen Verfahren – genauere Verrechnung der Gemeinkosten. Grundlagen der Verrechnungen sind Prozesse und Tätigkeiten, die die Kosten verursachen.

Weitere Ziele sind u. a. Kontrolle der Gemeinkosten, Planung der Gemeinkosten, Kostentransparenz, Steuerung von Kapazitäten.

03. Welcher Unterschied besteht zwischen dem Hauptprozess und den Teilprozessen in der Prozesskostenrechnung?

In der Prozesskostenrechnung wird zwischen dem Hauptprozess und seinen Teilprozessen unterschieden. **Hauptprozess** könnte z. B. *Beschaffung eines bestimmten Rohstoffs* sein; dazugehörige **Teilprozesse** könnten z. B. sein: *Angebote einholen und bearbeiten, Bestellung auslösen* usw. Teilprozesse umfassen wiederum eine Reihe von Tätigkeiten, z. B. (bei Angebote einholen und bearbeiten): *Anfragen, Angebotsangaben eingeben und vergleichbar machen, Angebotsbedingungen aufschlüsseln* usw. Für die Teilprozesse werden sog. Kostentreiber definiert; für den Teilprozess *Angebote einholen und bearbeiten* könnte der Kostentreiber die *Anzahl der Angebote* sein. Kostentreiber können also die Mengen an Tätigkeiten sein.

04. Was sind leistungsmengeninduzierte, was sind leistungsmengenneutrale Kosten?

Ein großer Teil der Prozesskosten kann auf messbare Leistungen bezogen werden, vgl. z. B. Anzahl der Angebote: je mehr Angebote, desto höher die Kosten; diese Gemeinkosten werden als *leistungsmengeninduziert* (lmi) bezeichnet. Bei einem Teil der Kosten ist das nicht möglich, z. B. bei den Kosten der Abteilungsleitung; das sind *leistungsmengenneutrale* (lmn) Kosten.

Die Prozesskostenrechnung verrechnet die Gemeinkosten verursachungsgerecht. Sie hat allerdings den großen Nachteil, dass die Ermittlung der auf die Teilprozesse entfallenden Kosten im Allgemeinen sehr aufwändig ist.

05. Wie wird in der Prozesskostenrechnung der Prozesskostensatz berechnet?

Bei der Berechnung der Prozesskostensätze wird folgendermaßen vorgegangen:

- Die Prozesskosten werden aus der Kostenrechnung übernommen und auf die Teilprozesse entsprechend der Beanspruchung verteilt (vgl. im folgenden Beispiel Spalten 2 bis 4).

- Bei der Verteilung auf die Teilprozesse wird nach lmi und lmn Prozesskosten unterschieden (vgl. Zeilen 15 und 16 in Spalte 4).

- Der Prozesskostensatz (lmi) für einen Teilprozess ergibt sich, wenn die Prozesskosten je Periode durch die entsprechende Prozessmenge geteilt werden (das Ergebnis kann interpretiert werden als Prozesskosten je Einheit Prozessmenge). Der Berechnung liegt folgende Formel zu Grunde.

$$\text{Prozesskostensatz}_{lmi} = \frac{\text{Prozesskosten pro Periode}}{\text{Prozessmenge pro Jahr}}$$

Als Beispiel (vgl. Zeile 4 mit Spalten 3, 4 und 5):

$$\text{PKS} = \frac{120.000}{1.100} = 109,0909$$

- Die leistungsmengenneutralen Prozesskosten werden in Prozent der gesamten leistungsmengeninduzierten Prozesskosten umgerechnet; das Ergebnis ist der Umlagesatz (Zeile 18, Sp. 4).

3.2 Kostenrechnung und Controlling

- Mithilfe des Umlagesatzes werden die lmn Prozesskosten auf die Teilprozesse umgelegt, der jeweilige Anteil ergibt sich als Prozentwert aus Prozesskostensatz (lmi) und Umlagesatz.

Als Beispiel wird der Prozesskostenumlagesatz für den ersten Teilprozess ermittelt (vgl. Zeile 4, Spalte 5 und 6).

$$\text{PKUS} = \frac{109{,}1 \cdot 16{,}67}{100} = 18{,}1869$$

- Der Prozesskostensatz gesamt ergibt sich als Summe aus Prozesskostensatz lmi und Prozesskostenumlagesatz (vg. Spalte 7).

06. Wie werden in der Prozesskostenrechnung die Gemeinkosten verrechnet?

In der prozesskostenorientierten Kalkulation werden die Gemeinkosten der produktnahen Kostenstellen mithilfe der Prozesskostensätze auf die Kostenträger verrechnet.

Zur Veranschaulichung der Prozesskostenberechnung soll das folgende stark vereinfachte *Beispiel* dienen. Die vorstehenden allgemeinen Ausführungen lassen sich relativ leicht nachvollziehen.

Die lmi Prozesskosten werden mit 1.560.000 €, die lmn Prozesskosten mit 260.000 € angenommen.

1	2	3	4	5	6	7
2	Teilprozesse	Prozessmenge - Periode P	Gesamtkosten - Periode P (€)	Prozesskostensatz lmi (€)	Prozesskostenumlagesatz (€)	lmi + lmn Prozesskosten (€)
3	**Einkauf**					
4	Angebote einholen	1.100	120.000	109,1	18,2	127,3
5	Bestellungen abwickeln	800	200.000	250,0	41,7	291,7
6	Eingangsrechnungen prüfen	800	120.000	150,0	25,0	175,0
7	Eingang überwachen	800	50.000	62,5	10,4	72,9
8	Reklamationen abwickeln	100	60.000	600,0	100,0	700,0
9	sonst.	400	300.000	750,0	125,0	875,0
10	**Lager**					
11	Eingangsprüfungen	1.600	90.000	56,3	9,4	65,6
12	Einlagern	2.400	150.000	62,5	10,4	72,9
13	Entnahmen	10.000	120.000	12,0	2,0	14,0
14	sonst.	5.000	350.000	70,0	11,7	81,7
15	Summe lmi Prozesskosten		1.560.000			

1	2	3	4	5	6	7
2	Teilprozesse	Prozessmenge Periode P	Gesamtkosten Periode P (€)	Prozesskostensatz lmi (€)	Prozesskostenumlagesatz (€)	lmi + lmn Prozesskosten (€)
16	Abteilungsleitung (lmn)		260.000			
17	Summe lmi + lmn		1.820.000			
18	Umlagesatz (%)		16,67			

3.2.4 Grundlagen des Controlling

01. Welche Bedeutung hat der Begriff „Controlling"?

Der Begriff ist abgeleitet vom englischen Verb „to control". Es bedeutet soviel wie lenken, steuern, leiten, regeln. Controlling ist also mehr Kontrolle, obwohl Kontrolle ein wesentliches Element des Controlling ist.

Controlling kann umschrieben werden als „die Synthese aus operativer und strategischer Unternehmensführung auf der Grundlage von Ex-post-Daten und Ex-ante-Prognosen".[1]

02. Wie lässt sich Controlling definieren?

Im Allgemeinen wird Controlling als ein *laufender Prozess* umschrieben, in dem *Planung, Steuerung und Kontrolle mit Informationsversorgung* verbunden ist. Controlling ist nicht nur die Beteiligung an der Planung, sondern auch die Überwachung und Steuerung der Planausführungen; Grundlagen dafür sind Informationsverarbeitungen. Deshalb gehört auch die Gestaltung des Informationssystems zum Controlling.

03. Welche Aspekte umfasst das Controlling?

Das Controlling umfasst die folgenden Aspekte: [2]

- Planung. In der Planung werden Maßnahmen festgelegt, mit denen die vorgegebenen Ziele erreicht werden sollen. Für die Ziele (Zwischenziele) werden Soll-Werte definiert, die zu erreichen sind; sie schlagen sich u. a. in den Budgets und in den Kennzahlensystemen nieder.
- Budgetierung. Budgetierung bedeutet die Erstellung eines Budgets; das Budget enthält die Soll-Werte der Planung. Das Budget wird der Unternehmensleitung vorgelegt und in einzelnen Aspekten erforderlichenfalls geändert oder ergänzt. Nach Geneh-

---
[1] Piontek, J., 2012, S. 1
[2] in Anlehnung an Olfert/Rahn, 2010, S. 447 ff. und an Ziegenbein, K., 2012

migung wird das Budget den Bereichsleitern, die für die Planausführung zuständig sind, vorgegeben. Budgets sind für die Bereichsleiter verbindlich.
- Informationen. Informationen sind die Grundlagen für Planung und Kontrolle; Controlling umfasst deshalb auch die Einrichtung von Informationssystemen.
- Kontrolle (Überwachung). Grundlage der Kontrolle sind die Ist-Werte. Sie werden laufend erfasst und mit den Sollwerten verglichen. Sie sollen Abweichungen möglichst früh anzeigen (Frühwarnsystem).
- Abweichungsanalyse. Abweichungen, die bei der Kontrolle festgestellt werden, werden analysiert; dabei sollen die Ursachen für die Abweichungen untersucht werden.
- Steuerung. Es werden Maßnahmen zur Steuerung der Soll-Ist-Abweichungen und alternative Lösungen vorgeschlagen.

04. Wer ist für das Controlling zuständig?

Für das Controlling ist der *Controller* zuständig. Er ist als Manager von Planung und Kontrolle verantwortlich, dass geplant und kontrolliert wird. Der Controller hat u. a. folgende Aufgaben:

- Teilnahme an der Planung bzw. Einflussnahme auf die Planung
- Budgeterstellung und -kontrolle
- Berichterstattung über Abweichungen und mit Vorschlägen von Steuerungsmaßnahmen an Unternehmensleitung und evtl. an die Bereichsleiter
- Vorbereitung von Entscheidungen bei bestimmten Maßnahmen
- Überwachung der Durchführung der Maßnahmen.

05. Wie kann das Controlling organisatorisch berücksichtigt werden?

Das Controlling kann als *Stabscontrolling* und als *Liniencontrolling* in die Unternehmensorganisation einbezogen werden.

06. Welche Bedeutung hat das Stabscontrolling?

Das Controlling wird als Stab in die Unternehmensorganisation einbezogen; die Stabsstelle kann der Unternehmensleitung oder einzelnen Bereichsleitungen zugeordnet sein. Der Stabscontroller hat keine Weisungsbefugnisse, deshalb kann er kaum direkt in den Controllingprozess eingreifen. Er berät lediglich die Stelle, der er zugeordnet ist. Für die Kontrolle ist er darauf angewiesen, dass die nachgeordneten Stellen ihm die erforderlichen Informationen rechtzeitig und vollständig zukommen lassen.

07. Welche Bedeutung hat das Liniencontrolling?

Das Controlling wird als Linieninstanz in die Unternehmensorganisation einbezogen. Der Controller kann als Leiter der Abteilung Controlling in die oberste Führungsebene integriert sein. Er erhält Weisungsbefugnisse, er kann deshalb den Planungsprozess aktiv begleiten und die Entscheidung für bestimmte Maßnahmen vorbereiten und ihre Ausführung kontrollieren.

Das Controlling kann auch den Bereichsleitern nachgeordnet sein. Der Controller wird für das Management der Planung und Kontrolle in dem Bereich zuständig, der Linienmanager legt Ziele und Inhalte der Planung fest und ergreift Maßnahmen bei Soll-Ist-Abweichungen; dabei wird er vom Controller unterstützt.

08. Wie kann das Controlling nach Führungsebenen unterschieden werden?

Controlling auf den verschiedenen Führungsebenen unterscheidet sich hinsichtlich des Umfangs und der Art seiner Aufgaben und Ziele. Entsprechend ergeben sich

- obere Führungsebene – strategisches Controlling (Gesamtcontrolling)
- mittlere Führungsebene – taktisches Controlling (Bereichscontrolling)
- untere Führungsebene – operatives Controlling.

09. Welche Aufgaben und Ziele verfolgt das strategische Controlling?

Strategisches Controlling ist das Controlling der obersten Führungsebene. Es ist auf das gesamte Unternehmen ausgerichtet, daraus ergeben sich seine besonderen Aufgaben und Ziele. Das strategische Controlling ist i. d. R. langfristig angelegt, es soll dazu beitragen, dass die Existenz des Unternehmens und langfristige Erfolgspotenziale gesichert werden.

Der Gesamtcontroller hat u. a. folgende Aufgaben:

- Entwurf von Strategien
- langfristige Planungen und Erstellung langfristiger Budgets
- Entwicklung von Zielen, die auf das gesamte Unternehmen bezogen sind
- Realisierung dieser Ziele
- Steuerung und Kontrolle von langfristigen Betriebsprozessen.

10. Welche Aufgaben und Ziele verfolgt das taktische Controlling?

Taktisches Controlling ist das Controlling der mittleren Führungsebene, d. h. der Unternehmensbereiche.

Die Bereichscontroller haben u. a. folgende Aufgaben:

- Entwicklung von taktischen Zielen und Maßnahmen im Rahmen der Vorgaben durch das strategische Controlling
- Planung und Kontrolle der Bereiche
- Erstellung mittelfristiger Budgets
- Erstellung von Berichten für die Bereichs- und die Unternehmensleitung.

11. Welche Aufgaben und Ziele verfolgt das operative Controlling?

Operatives Controlling ist das Controlling der unteren Führungsebene. Das operative Controlling hat u. a. folgende Aufgaben:

- Entwicklung von Maßnahmen im Rahmen der Vorgaben durch das taktische Controlling
- kurzfristige Planung, Steuerung und Kontrolle der Ausführungen der Maßnahmen
- Erstellung kurzfristiger Budgets
- kurzfristige Berichte.

3.3 Qualitätsmanagement

3.3.1 Grundlagen des Qualitätsmanagements

3.3.1.1 Grundbegriffe

01. Was ist Qualität?

Die Qualität einer Leistung drückt sich aus in der Übereinstimmung ihrer Merkmale mit den Anforderungen, die an die Merkmale gestellt werden. Die Leistung kann ein Produkt, eine Dienstleistung o. dgl. sein. (EN ISO 9000:2000 ff.: „Qualität ist der Grad, in dem ein Satz inhärenter Merkmale Anforderungen erfüllt.")

Für das Qualitätsmanagement ist die Unterscheidung zwischen Entwurfs- und Ausführungsqualität von Bedeutung.

02. Woraus ergeben sich die Anforderungen an die Qualität einer Leistung?

Die Anforderungen ergeben sich aus den *Erwartungen*, die Kunden (Wiederverwender, Verbraucherhaushalte u. Ä.) üblicherweise voraussetzen können; z. B. muss ein Produkt die Leistung erbringen, die man üblicherweise von ihm erwarten kann.

Die Anforderungen können sich aber Unternehmen auch selbst stellen, um im Vergleich mit der Konkurrenz bestehen zu können; denn Qualität ist ein wichtiger Wettbewerbsfaktor (vgl. Benchmarking). Schließlich können Qualitätsanforderungen aber auch von nationalen oder internationalen Institutionen formuliert werden (vgl. z. B. DIN, ISO).

03. Welche Probleme bestehen bei der Beurteilung von Qualität?

Die *Sachqualität*, z. B. die Funktionalität eines Produkts, lässt sich in Testverfahren mit entsprechenden Methoden objektiv messen. Davon kann die subjektive Wahrnehmung der Qualität durch Kunden abweichen. Es ist deshalb wichtig, die Erwartungen, die Kunden an ein Produkt haben, zu ermitteln oder einzuschätzen und durch die Leistung zu erfüllen. Die Übereinstimmung von Leistung und Erwartungen drückt sich in der *Kundenzufriedenheit* aus.

04. Welche Bedeutung hat die Qualitätspolitik eines Unternehmens?

Qualitätspolitik eines Unternehmens legt die grundlegenden Vorgaben für die Qualität der Unternehmensleistungen fest; sie geht von der Unternehmensleitung aus. Die Qualitätspolitik bestimmt die *Qualitätsziele*. Wichtiges Ziel ist die Kundenzufriedenheit. Das bedeutet, die Qualitätspolitik ist darauf ausgerichtet, die Kundenerwartungen zu erfüllen.

05. Welche grundlegenden Aufgaben hat das Qualitätsmanagement?

Als Qualitätsmanagement bezeichnet man alle Tätigkeiten und Maßnahmen der Leitung eines Unternehmens, soweit sie die Qualität der Unternehmensleistung betreffen; die Tätigkeiten und Maßnahmen sind aufeinander bezogen, voneinander abhängig. Zum Qualitätsmanagement i. w. S. gehört sowohl die Bestimmung der Qualitätspolitik als auch die Festlegung der Qualitätsziele. Die grundlegende Aufgabe des Qualitätsmanagements (QM) lässt sich umschreiben als Planung, Steuerung und Überwachung der Qualität sowohl des Leistungsprozesses als auch des Prozessergebnisses.

06. Welche Aspekte umfasst das Qualitätsmanagement nach EN ISO 9000:2000?

Das Qualitätsmanagement umfasst (nach EN ISO 9000:2005) folgende Aspekte:

- Qualitätsplanung
- Qualitätslenkung
- Qualitätssicherung
- Qualitätsverbesserung.

07. Welche Aufgaben soll die Qualitätsplanung erfüllen?

Die grundlegende Aufgabe der Qualitätsplanung ist die Beantwortung der Frage, ob und wie die Qualitätsanforderungen realisiert werden können. Gefragt wird also danach, mit welchem Produkt, mit welchem Produktionsprozess, mit welchen Mitteln, mit welchen Mitarbeitern usw., die Anforderungen erfüllt werden können. Die Aspekte dieser Aufgabe lassen sich folgendermaßen zusammenfassen:

- Festlegung von Qualitätszielen; die Qualitätsziele ergeben sich aus den Erwartungen des Marktes bzw. der Kunden, durch Anwendung einer Norm o. dgl.

- Festlegung des Ausführungsprozesses, mit dem die Qualitätsziele realisiert werden können; dabei sind die Mitarbeiter, Mittel und Einrichtungen zu berücksichtigen.

08. Wie schlägt sich die Qualitätsplanung nieder?

Die Qualitätsplanung schlägt sich im Zusammenhang mit Produkt- und Prozessentwicklungen folgendermaßen nieder:

- Ermittlung der Erwartungen bzw. Anforderungen

- Konkretisierung der Erwartungen bzw. Anforderungen im Hinblick auf ihre Realisierbarkeit

3.3 Qualitätsmanagement

- Dokumentationen der konkretisierten Erwartungen bzw. Anforderungen
- Festlegung von Qualitätsanforderungen für die Entwicklung und Gestaltung des Produkts
- Festlegung von Forderungen an Einkauf und Logistik
- Überprüfung der Entwicklungsergebnisse anhand der Qualitätsanforderungen.

09. Welche Aufgaben soll die Qualitätslenkung erfüllen?

Die Qualitätslenkung soll dafür sorgen, dass die vorgegebenen Qualitätsanforderungen tatsächlich erfüllt werden. Dazu werden der Produktionsprozess und das Prozessergebnis überwacht und evtl. korrigiert.

Die Kontrollergebnisse dienen der Lenkung bzw. Steuerung: Bei Qualitätsminderungen bzw. qualitätsmindernden Störungen werden Korrekturen vorgenommen. Dabei kommen z. B. Austausch von Werkzeugen, Reparaturen, Änderungen des Verfahrens und Korrekturen des Entwurfs in Betracht.

10. Welche besonderen Probleme greift die Qualitätssicherung auf?

Der Produktionsprozess ist störanfällig. Es besteht ein erhebliches Risiko, dass trotz Qualitätsplanung und -steuerung Fehler auftreten können. Mitarbeiter können Fehler verursachen, Maschinen laufen eventuell nicht fehlerfrei usw. Wesentliche Aufgabe der Qualitätssicherung ist es, die Fehlerrisiken zu kennen, auftretende Fehler nach Möglichkeit zu erkennen und Gegenmaßnahmen zu ergreifen.

11. Welche Ziele verfolgt die Qualitätssicherung?

Die Qualitätssicherung hat zwei wesentliche Ziele. Das eine Ziel ist mehr nach außen, das andere mehr nach innen gerichtet; sie sind eng miteinander verbunden.

- Sie soll dazu beitragen, dass Kunden auf die Einhaltung von Qualitätsanforderungen vertrauen können.
- Sie soll dazu beitragen, kostenträchtige Folgen von Qualitätsfehlern zu vermeiden bzw. zu vermindern.

12. Welche Folgen können Qualitätsfehler haben?

Qualitätsfehler können Folgen haben, die für das Unternehmen *Kosten* aufwerfen. Im Folgenden werden einige Beispiele aufgezählt:

- Der Vertrauensverlust führt zu einem Imageverlust.
- Umsatzeinbußen sind die weitere Folge.
- Eventuell müssen Produkte ins Werk oder in Vertragswerkstätten zurückgerufen werden.
- Der Garantiefall tritt ein.
- Für die fehlerhaften Produkte ist die Haftung zu übernehmen.

13. Welche Ziele verfolgt die Qualitätsverbesserung?

Mit der Qualitätsverbesserung (als Teil des QM) soll die Fähigkeit, Qualitätsanforderungen zu erfüllen, ständig verbessert bzw. erhöht werden. Sie umfasst zwei Aspekte: die weitere Erhöhung des Nutzens, den der Kunde von dem Produkt hat, und die ständige Verringerung von Qualitätsfehlern. Das Ziel der ständigen Qualitätsverbesserung ist *wachsende Kundenzufriedenheit*.

14. Was ist ein Qualitätsaudit?

Als Qualitätsaudit wird ein systematischer Prozess zur Prüfung und Revision der Qualität von Produktionsprozess und Prozessergebnis bezeichnet, der von Personen durchgeführt wird, die von dem Prüfungsbereich unabhängig sind. Das Qualitätsaudit wird dokumentiert.

Dem Audit werden sog. *Auditkriterien* zu Grunde gelegt; das können z. B. Anforderungen sein. Im Audit wird festgestellt, ob die beobachteten Tatsachen mit den Kriterien übereinstimmen. Bei Abweichungen werden durch den Auditor Verbesserungsvorschläge vorgelegt.

15. Wodurch unterscheidet sich ein internes von einem externen Qualitätsaudit?

Interne Audits werden vom Unternehmen (oder in seinem Auftrag) durchgeführt; die Ergebnisse werden für interne Zwecke genutzt. (Interne Audits werden auch als *Erstparteienaudits* bezeichnet.)

Externe Audits werden entweder von Kunden oder von unabhängigen Organisationen durchgeführt. (Sie werden auch als *Zweitparteienaudits* bzw. Drittparteienaudits bezeichnet.) Mit den Ergebnissen von Zweitparteienaudits wollen Kunden beurteilen, ob und in welchem Umfang die auditierten Lieferanten Qualitätsstandards einhalten; die Ergebnisse der Drittparteienaudits sind häufig Grundlage für die Zertifizierung der auditierten Unternehmen.

16. Was wird mit dem Begriff Qualitätskreis umschrieben?

Als Qualitätskreis wird der *Leistungskreislauf* oder Wertschöpfungskreislauf eines Unternehmens im Zusammenhang mit Planung, Produktion, Lagerung, Verkauf (einschließlich Distribution) bezeichnet. Er beginnt mit der Absatzmarktforschung (Ermittlung der Wünsche und Bedürfnisse von Kunden), durchläuft die Produktentwicklung, die Verfahrensplanung, den Einkauf und die Logistik, die Produktion, das Lager und endet beim Verkauf, also beim Marketing, zu dem die Marktforschung gehört.

Qualitätskreis heißt dieser Kreislauf, weil seine Stationen an die Qualitätsziele des Unternehmens gebunden sind; durch die Berücksichtigung der Qualitätsziele auf allen Wertschöpfungsstufen erreicht das Produkt schließlich die Qualität, die das Unternehmen als Wettbewerbsvorteil benötigt.

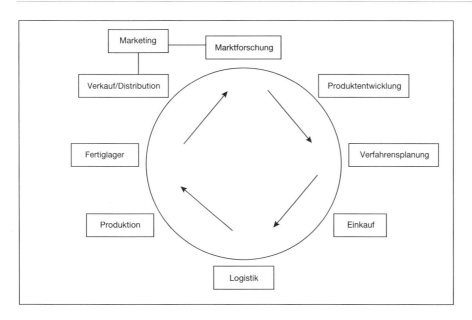

17. Wie lässt sich der Begriff Total Quality Management umschreiben?

Total Quality Management drückt sich im Qualitätskreis aus: *Ausrichtung aller Unternehmensbereiche auf die Qualitätsziele.* Es ist deshalb mehr als Qualitätsmanagement. TQM lässt sich in der Aufzählung folgender Aspekte umschreiben:

- Optimierung der Qualität von Produkten bzw. Dienstleistungen
- Ausrichtung auf ein Höchstmaß an Kundenzufriedenheit
- Ausnutzung von Qualitätsvorsprung und hoher Kundenzufriedenheit als Wettbewerbsvorteil
- Ausrichtung aller Bereiche – Funktionsbereiche und Ebenen – des Unternehmens auf die Qualitätsziele (vgl. Qualitätskreis)
- Beteiligung aller Mitarbeiter, z. B. durch Motivation, besondere Schulung.

18. Was verbirgt sich hinter dem Begriff Total-Quality-Management-Philosophie?

Die TQM-Philosophie ist ein *Unternehmensleitbild*, das auf dem TQM beruht. Es drückt sich nach außen darin aus, dass über die Einhaltung von Qualitätsstandards und ständige Verbesserung der Qualität Vertrauen von Kunden und übriger Öffentlichkeit gewonnen werden soll. Nach innen drückt es sich in der Ausrichtung aller Unternehmensbereiche auf die Qualitätsziele aus; insbesondere aber schlägt es sich in der Verpflichtung der Mitarbeiter nieder, an der Verbesserung der Qualität mitzuwirken.

19. Was sind Qualitätszirkel?

Qualitätszirkel sind formal organisierte Gruppen von Mitarbeitern. Die Gruppen bestehen aus höchstens 15 Mitgliedern i. d. R. des gleichen Arbeitsbereichs; sie treffen sich regelmäßig (im Prinzip freiwillig), um Probleme ihres Arbeitsbereichs zu diskutieren, Erfahrungen auszutauschen und Verbesserungen an Produkten und Verfahren zu erarbeiten.

Die Einrichtung von Qualitätszirkeln entspricht einerseits den Zielen der TQM-Philosophie, verfolgt andererseits aber auch andere Ziele, z. B.

- qualitative und quantitative Verbesserung der Leistung
- Förderung von Motivation der Mitarbeiter
- Identifikation der Mitarbeiter mit den Qualitätszielen des Unternehmens
- Förderung der Corporate Identity
- Verbesserung von gruppendynamischen Prozessen im Unternehmen.

3.3.1.2 Ziele des Qualitätsmanagements

01. Welche Ziele verfolgt das Qualitätsmanagement?

Das Qualitätsmanagement verfolgt u. a. folgende Ziele:

- Return on Investment
- Minimierung der Qualitätskosten
- Vermeidung von Haftungsansprüchen.

02. Wie trägt das Qualitätsmanagement zum Return on Investment (RoI) bei?

Der RoI drückt die Rentabilität des betriebsnotwendigen Vermögens aus; sie ergibt sich durch Multiplikation der Umsatzrendite mit der Umschlagshäufigkeit des betriebsnotwendigen Vermögens. Wenn infolge des erfolgreichen Qualitätsmanagements die Umsätze steigen und bestimmte Qualitätskosten verringert werden, kann die Rentabilität des betriebsnotwendigen Vermögens steigen.

03. Was sind Qualitätskosten?

Qualitätskosten entstehen, wenn Produkte den Qualitätsanforderungen nicht entsprechen. Sie entstehen durch die Sicherung der Qualität *(Qualitätssicherungskosten)* und durch die Behebung von eingetretenen Fehlern *(Fehlerkosten)*.

- Qualitätssicherungskosten sind z. B. Kosten für die Überwachung des Produktionsprozesses, Kosten für die Prüfung der Produkte
- Fehlerkosten sind z. B. Reparaturkosten, Ersatzlieferungen, Nachbesserungen ausgelieferter Produkte u. Ä.

3.3 Qualitätsmanagement

04. Wodurch entstehen Haftungsansprüche?

Haftungsansprüche können entstehen, wenn gelieferte Produkte den Kundenanforderungen nicht entsprechen bzw. wenn die Kunden die Qualität des gelieferten Produkts als mangelhaft wahrnehmen.

05. Wie können Haftungsansprüche vermieden werden?

Mithilfe von Dokumentationen der Prozesse, der Qualitätsziele, der Verfahren zur Einhaltung der Qualitätsziele usw. lassen sich Nachweise darüber führen, dass Qualitätsstandards im Produktionsprozess umgesetzt wurden.

3.3.2 Anforderung, Gestaltung und Verbesserung des Qualitätsmanagements

3.3.2.1 Qualitätsanforderungen

01. Warum führt eine Organisation ein Qualitätsmanagementsystem ein?

Eine Organisation, z. B. ein Produktionsunternehmen, hat im Allgemeinen die folgenden Gründe für die Einführung eines QM-Systems. Zunächst wirkt das System nach innen: Die betrieblichen Abläufe werden verbessert; dazu tragen die Dokumentationen in erheblichem Umfang bei. Aber auch die Außenwirkung ist von Bedeutung: Ein gut organisiertes QM-System schafft Vertrauen bei Kunden. Darüber hinaus kann es im Produkthaftungsfall den Produzenten entlasten, dabei hat die Dokumentation erhebliche Bedeutung.

02. Welche Aspekte umfasst ein Qualitätsmanagementsystem?

Das Qualitätsmanagementsystem eines Unternehmens umfasst das Qualitätsmanagement (QM) als *Funktion* und als *Institution* im organisatorischen Aufbau und Ablauf. Es benennt nicht nur die einzelnen Aufgabenbereiche, sondern gibt auch an, mit welchen Mitteln und Verfahren sie durchgeführt werden und wer (bzw. welche Stelle) in welchem Umfang für die Aufgabenbereiche zuständig ist.

03. Welche Normen sind Grundlagen eines Qualitätsmanagementsystems?

Grundlagen eines modernen Qualitätsmanagementsystems sind die Normen der Normenfamilie DIN EN ISO 9000.[1] Die Normen ISO 9000 ff. wurden inzwischen vom Europäischen Komitee für Normung (CEN) neu gefasst. Die Normenfamilie umfasst u. a. folgende Einzelnormen:

---
[1] Die Abkürzungen bedeuten: DIN – Deutsches Institut für Normung, die Verwendung der Bezeichnung weist auf eine deutsche Norm hin; EN – Europäische Norm; DIN EN – die Abkürzung weist auf die Übernahme einer europäischen Norm in das deutsche Normenwerk hin; ISO – International Organization for Standardization, ISO-Normen ersetzen im Allgemeinen nationale Normen.

- ISO 9000:2005 (Beschreibung der Grundlagen und Festlegung des Begriffsapparates für Qualitätsmanagementsysteme)
- ISO 9001:2008 (Festlegung der Anforderungen an ein Qualitätsmanagementsystem)
- ISO 9004 (Bereitstellung eines Leitfadens für Qualitätsverbesserung).

04. Auf welchen Grundsätzen beruht nach ISO 9000 das Qualitätsmanagement?

ISO 9000 nennt folgende Grundsätze des Qualitätsmanagements:[1)]

1. Kundenorientierung
(gegenwärtige und zukünftige Erwartungen der Kunden verstehen, Kundenanforderungen erfüllen, Kundenerwartungen übertreffen)

2. Führung
(internes Umfeld schaffen, in dem sich die Mitarbeiter voll und ganz für die Erreichung der Ziele einsetzen können)

3. Einbeziehung der Personen
(die Fähigkeiten aller Mitarbeiter vollständig zum Nutzen des Unternehmens einbeziehen)

4. Prozessorientierter Ansatz
(Effizienz steigern durch Leitung und Lenkung aller Tätigkeiten und Ressourcen als Prozess)

5. Systemorientierter Managementansatz
(Erkennen, Verstehen, Leiten und Lenken von miteinander in Wechselbeziehung stehenden Prozessen als System)

6. Ständige Verbesserung
(permanentes Ziel: ständige Verbesserung der Gesamtleistung)

7. Sachbezogener Ansatz zur Entscheidungsfindung
(entscheiden auf der Grundlage von Analysen von Daten und Informationen)

8. Lieferantenbeziehungen zum gegenseitigen Nutzen
(Abhängigkeiten erkennen und zum gegenseitigen Nutzen gestalten).

05. Für welche Organisation legt EN ISO 9001:2008 besondere Anforderungen an das Qualitätsmanagementsystem (QMS) fest?

EN ISO 9001:2008 legt die Anforderungen an ein QMS für die Organisation fest,

- die darlegen muss, dass sie ständig Produkte bereitstellen kann, die die Anforderungen von Kunden und Behörden erfüllen und
- die bemüht ist, die Kundenzufriedenheit durch wirksame Anwendung des Systems zu erhöhen, einschließlich der Prozesse zur ständigen Verbesserung des Systems und der Zusicherung, die Anforderungen von Kunden und Behörden einzuhalten.

[1)] Die Ausführungen beruhen auf EN ISO 9000:2005, Abschn. 0.2.

3.3 Qualitätsmanagement

06. Für welche Organisationen und für welche Zwecke gelten die Anforderungen?

Die in EN ISO 9001:2008 enthaltenen Anforderungen sind allgemein und auf alle Organisationen anwendbar, unabhängig von deren Art und Größe und von der Art der erstellten Leistung.

Die Anforderungen können für die interne Anwendung, für Verträge mit Kunden oder für Zertifizierungszwecke umgesetzt werden.

07. Was ist eine Organisation im Sinne von ISO 9001?

Eine Organisation im Sinne von EN ISO 9001:2008 ist die *Institution zwischen Lieferant und Kunden*. Das kann z. B. ein Unternehmen sein, das Produkte herstellt oder Dienstleistungen erbringt.

08. Welche Bedeutung hat die Zertifizierung für eine Organisation?

Eine Organisation, die ihrem Qualitätsmanagementsystem die Anforderungen nach EN ISO 9001:2008 zu Grunde legt, kann von einer unabhängigen Stelle, z. B. vom TÜV, nach einer Auditierung zertifiziert werden. Sie erhält ein Zertifikat und kann damit die Konformität ihrer Prozesse und Produkte mit den Normvorgaben nachweisen. Mit diesem Nachweis schafft sie Vertrauen zu Kunden und Lieferanten.

Die Einhaltung der Anforderung ist zwingend. Das drückt sich z. B. aus in der Formulierung „Die Organisation muss ...", die im Allgemeinen jede Qualitätsanforderung einleitet. Die Konformität muss jederzeit z. B. durch regelmäßige Audits nachprüfbar sein. Deshalb sind Dokumente und Aufzeichnungen von besonderer Bedeutung. Die Dokumentation ist ein Kernstück des zertifizierten Managementsystems.

09. Welche Anforderungen stellt EN ISO 9001:2008 an das QMS?

Die Anforderungen sind in zwei Bereiche aufgeteilt:

1. Allgemeine Anforderungen
2. Dokumentationsanforderungen, dazu zählen
   - allgemeine Dokumentationsanforderungen
   - das Qualitätshandbuch
   - die Lenkung von Dokumenten und Aufzeichnungen.

10. Welche allgemeinen Anforderungen stellt ISO 9001:2008?

Die Organisation, also z. B. das Unternehmen, muss gemäß der Norm 9001 ein Qualitätsmanagement

- aufbauen
- dokumentieren
- verwirklichen

- aufrechterhalten
- seine Wirksamkeit ständig verbessern.

11. Was muss die Dokumentation zum Qualitätsmanagement enthalten?

Die Dokumentation ist ein wesentliches Element des Qualitätsmanagements. Sie enthält z. B.

- Dokumente zur Integration des Qualitätsmanagements in den Unternehmensaufbau mit der Beschreibung der Zuständigkeiten u. a.
- Dokumente zur Fehlerbehandlung, zur Lieferantenauswahl, zu sonstigen Verfahren
- Dokumente zur Qualitätspolitik
- Dokumente zu den Qualitätszielen
- QM-Handbuch
- Dokumente zur Sicherstellung der wirksamen Planung, Durchführung und Lenkung der Prozesse
- Aufzeichnungen.

Der Umfang der Dokumentation hängt u. a. ab von der Größe der Organisation, der Fähigkeit des Personals.

12. Welche Bedeutung hat das QM-Handbuch?

Das QM-Handbuch gilt als zentrales Dokument. Es enthält vor allem die Informationen über das Unternehmen und sein Qualitätsmanagement, die der Kunde bei der Anbahnung von Geschäften kennen will. Das Handbuch wird so zu einer wichtigen Grundlage für die vertrauensvolle Zusammenarbeit zwischen Organisation und Kunden. Darüber hinaus kann es den Mitarbeitern als Grundlage für ihre Arbeit dienen.

Das Qualitätsmanagementhandbuch

- stellt das Qualitätsmanagementsystem dar
- benennt die für das QM-System erstellten dokumentierten Verfahren
- beschreibt die Wechselwirkung der Prozesse im QM-System.

13. Welche Bedeutung hat die Lenkung von Dokumenten?

Die Lenkung von Dokumenten ist u. a. aus folgenden Gründen von Bedeutung:

- An den Einsatzorten müssen aktuelle Dokumente verfügbar sein.
- Die unbeabsichtigte Verwendung veralteter Dokumente ist zu verhindern.
- Die Dokumente sind zu bewerten und evtl. zu aktualisieren.
- Die Lenkung soll sicherstellen, dass die Änderungen in den Dokumenten und der aktuelle Überarbeitungsstatus gekennzeichnet werden.

14. Was soll durch die geforderten Aufzeichnungen erreicht werden?

Aufzeichnungen sind ein besonderer Dokumententyp. Mit ihrer Hilfe soll vor allem der Nachweis geführt werden, dass die Qualität der erstellen Leistung mit den Anforderungen der ISO-Norm übereinstimmt und dass das QM-System funktioniert.

3.3.2.2 Aufbau und Gestaltung des Qualitätsmanagements

01. Welche Aufgaben hat die oberste Leitung zu übernehmen?

Die oberste Leitung der Organisation trägt die *Verantwortung für das QM-System*. Im Einzelnen hat sie folgende Pflichten und Aufgaben.

- Die oberste Leitung muss der Organisation vermitteln, welche Bedeutung die Erfüllung der Anforderungen von Kunden, Behörden u. Ä. hat.
- Sie muss sicherstellen, dass Kundenanforderungen ermittelt und erfüllt werden, damit die Kundenzufriedenheit erhöht wird.
- Sie muss die Qualitätspolitik festlegen.
- Sie muss sicherstellen, dass Qualitätsziele von den Funktionsbereichen und Ebenen festgelegt werden; die Qualitätsziele müssen messbar sein und mit der Qualitätspolitik übereinstimmen.
- Sie muss ein Leitungsmitglied beauftragen, das für die Einführung und Verwirklichung der erforderlichen Prozesse verantwortlich ist; der Beauftragte hat der Leitung regelmäßig Bericht zu erstatten.
- Sie muss die Kommunikation innerhalb des Systems ermöglichen.
- Sie muss in regelmäßigen Abständen Managementbewertungen durchführen. Grundlagen für die Bewertungen sind u. a.
  - Audits
  - Rückmeldungen von Kunden
  - Informationen über die Konformität von Prozessleistung und Anforderungen.
- Sie muss die Verfügbarkeit von Ressourcen sicherstellen.

02. Welche Ressourcen muss die Organisation bereitstellen?

Die Organisation muss alle Ressourcen ermitteln und bereitstellen, mit denen das QM-System verwirklicht und aufrechterhalten wird. Zu den Ressourcen zählen

- das Personal mit angemessener Qualifikation und der Fähigkeit, die Qualitätsziele zu erkennen und zu erfüllen
- die Infrastruktur, z. B. Gebäude, Arbeitsort, Prozessausrüstung, unterstützende Dienstleistungen
- Arbeitsumgebung.

03. Was ist bei der Planung der Produktrealisierung zu berücksichtigen?

Die Planung der Produktrealisierung berücksichtigt u. a. folgende Aspekte:

- Festlegung der Qualitätsziele für das Produkt
- Festlegung der Anforderungen an das Produkt
- Planung und Entwicklung der Prozesse, die für die Produktrealisierung erforderlich sind
- Bereitstellung der produktspezifischen Ressourcen.

04. Welche Bedeutung hat der Kundenbezug für die Produktrealisierung?

Die Organisation muss die Anforderungen ermitteln, die der Kunde an das Produkt stellt oder die er erwarten kann, weil es für einen bestimmten Zweck verwendet werden soll. Darüber hinaus sind auch die behördlichen bzw. gesetzlichen Anforderungen, Normvorgaben u. Ä. zu ermitteln. Die Anforderungen sind zu bewerten. Wenn feststeht, dass die Erfüllung der Anforderungen möglich ist, können Angebote abgegeben, Verträge abgeschlossen werden.

Die Organisation muss schließlich die Möglichkeiten zur Kommunikation mit dem Kunden einrichten. Anfragen des Kunden, Rückfragen der Organisation usw. werden erleichtert. Die Produktrealisierung kann dadurch im Kontakt mit dem Kunden ablaufen.

05. Wie hat die Produktentwicklung abzulaufen?

Die Organisation muss die Produktentwicklung planen und lenken. Dabei werden Entwicklungsphasen und Verantwortungen und Befugnisse für die Entwicklung festgelegt.

Die für die Produktentwicklung wichtigen Informationen werden ermittelt und in den Entwicklungsprozess eingegeben; dazu zählen vor allem die Anforderungen an das Produkt.

Die Entwicklungsergebnisse werden bewertet. Der anschließende Verifizierungsprozess soll sicherstellen, dass die Entwicklungsergebnisse den Entwicklungsvorgaben entsprechen. Durch die Entwicklungsvalidierung soll schließlich erreicht werden, dass das aus der Entwicklung resultierende Produkt den Gebrauchsanforderungen entspricht.

06. Was ist bei der Beschaffung zu beachten?

Die Organisation muss sicherstellen, dass die beschafften Produkte den Beschaffungsanforderungen entsprechen. *Beschaffungsanforderungen* ergeben sich aus der Art und der Qualität des Endprodukts, das mithilfe der beschafften Produkte erstellt werden soll.

Die Organisation muss Lieferanten auswählen, die fähig sind, die erforderlichen Produkte herzustellen bzw. zu liefern. Dabei wird geprüft, ob der Lieferant über entsprechende Produktionsmöglichkeiten und ein angemessen qualifiziertes Personal verfügt und ein QM-System aufgebaut hat.

07. Was ist bei Produktion zu beachten?

Die Organisation muss die Produktion unter beherrschten Bedingungen planen und durchführen. Die Produktionsprozesse sind zu validieren; die *Validierung* soll zeigen, dass die Prozesse geeignet sind, die geplanten Ergebnisse zu erzielen.

Das Produkt ist während der Produktrealisierung so zu kennzeichnen, dass eine Rückverfolgung möglich ist.

Eigentum von Kunden, das sich im Lenkungsbereich der Organisation befindet und zur Produktion gebraucht wird oder in das Produkt einbezogen werden soll, ist zu kennzeichnen, sorgfältig zu behandeln und zu schützen.

Sowohl während der internen Verarbeitung als auch während der Auslieferung ist dafür zu sorgen, dass die Konformität des Produkts mit den Anforderungen erhalten bleibt.

Schließlich muss die Organisation sicherstellen, dass ausreichende und geeignete Überwachungs- und Messmittel zur Verfügung stehen, damit die Konformität des Produkts mit den Anforderungen angemessen geprüft werden kann.

08. Welche Bedeutung haben Überwachung und Messung für das Qualitätsmanagementsystem?

Die Organisation muss die Konformität des QM-Systems sicherstellen und seine Wirksamkeit nach Möglichkeit verbessern. Dazu werden Überwachungs- und Messungsprozesse geplant und durch den Einsatz in folgenden Bereichen verwirklicht.

- Die Kundenzufriedenheit. Überwacht wird, wie die Kunden die Erfüllung der Anforderungen wahrnehmen.
- Internes Audit. In geplanten Abständen werden interne Audits durchgeführt; mit der Auditierung soll ermittelt werden, ob das QM-System alle Anforderungen erfüllt, und zwar sowohl die Anforderungen der Organisation als auch die der ISO-Norm.
- Überwachung und Messung von Prozessen. Dabei soll ermittelt werden, ob mit den Prozessen die geplanten Ergebnisse erreicht werden können.
- Überwachung und Messung des Produkts. Dabei soll geprüft werden, ob die Produktanforderungen erfüllt werden.

09. Wie ist mit fehlerhaften Produkten zu verfahren?

Fehlerhafte Produkte sind Produkte, die den Anforderungen nicht entsprechen. Die Organisation muss sicherstellen, dass fehlerhafte Produkte nicht unbeabsichtigt in Gebrauch genommen oder ausgeliefert werden.

10. Was wird hinsichtlich der Verbesserung des Qualitätsmanagementsystems gefordert?

Die Organisation muss die Wirksamkeit des QM-Systems ständig verbessern; dazu kann sie

- Qualitätspolitik und Qualitätsziele
- Auditergebnisse
- Datenanalyse
- Korrektur- und Vorbeugungsmaßnahmen
- Managementbewertung

einsetzen.

11. Was soll mit Korrekturmaßnahmen erreicht werden?

Mit Korrekturmaßnahmen sollen die Ursachen von Fehlern beseitigt werden. Darüber hinaus sollen die Korrekturmaßnahmen dazu beitragen, dass diese Fehler nicht mehr auftreten können. Dazu müssen Verfahren festgelegt werden zur Bewertung von Fehlern und zur Ermittlung von Fehlerursachen.

12. Was soll mit Vorbeugungsmaßnahmen erreicht werden?

Mit Vorbeugungsmaßnahmen soll verhindert werden, dass Fehler auftreten können. Dazu müssen Verfahren festgelegt werden, mit denen potenzielle Fehler und ihre Ursachen ermittelt werden können.

3.3.2.3 Ausgewählte Managementwerkzeuge

01. Welche Managementinstrumente zur Qualitätssicherung gibt es?

Für die Qualitätssicherung steht eine Vielzahl von Managementinstrumenten zur Verfügung. Zu den relativ einfach zu handhabenden Instrumenten zählen die Folgenden:[1]

- Für die Datenanalyse – das Affinitätsdiagramm
- für die Lösungsfindung – das Baumdiagramm
- für die Lösungsrealisierung – der Problementscheidungsplan.

02. Was ist ein Affinitätsdiagramm?

Im Affinitätsdiagramm wird eine Vielzahl ungeordneter Daten und Informationen, die im Zusammenhang mit einer Problem- oder Fragestellung angefallen sind, zu Clustern unter einheitlichen Oberbegriffen zusammengefasst.

---

[1] Der Rahmenplan sieht diese Managementinstrumente zur Qualitätssicherung als Beispiele ausdrücklich vor.

Ein Affinitätsdiagramm wird häufig zur Zusammenfassung von Gruppenarbeit, z. B. im Brainstorming, benutzt. Der Gruppe wird ein Thema, eine Problem- oder Fragestellung vorgestellt. Anschließend schreiben die Gruppenmitglieder Begriffe, Gedanken zu der Fragestellung auf. Häufig werden die Begriffe auf Karten notiert. Die Karten werden eingesammelt, die Begriffe vorgelesen und in Gruppenarbeit geordnet. Die Karten mit zusammengehörigen Begriffen werden entsprechend geordnet auf ein Tableau geheftet. Für die Begriffsgruppen werden in Gruppenarbeit Oberbegriffe gesucht. Die Oberbegriffe werden ebenfalls auf Karten geschrieben und als Überschrift der zusammengehörigen Begriffe an das Tableau geheftet.

03. Welchen Beitrag leistet das Affinitätsdiagramm zur Datenanalyse?

Das Affinitätsdiagramm ordnet die Vielzahl von chaotisch vorliegenden Daten nach bestimmten Gesichtspunkten (Oberbegriffen). Ähnliche Informationen werden sinnvoll zusammengefasst. Dadurch kann die Problemstellung besser verdeutlicht werden. Zusammenhänge werden sichtbar. Dadurch wird eine weitergehende Bearbeitung der Fragestellung möglich.

04. Was ist ein Baumdiagramm?

Mithilfe des Baumdiagramms wird ein Oberbegriff in Unterbegriffe, ein Thema in Einzelaspekte, ein Problem in logisch abhängige Untergruppen über mehrere Ebenen aufgefächert. Durch die Zerlegung eines Themas können Zusammenhänge, Abhängigkeiten und Rangordnungen aufgezeigt werden.

Das Baumdiagramm ist eine grafische Darstellung. (Von seiner typischen Darstellungsform leitet sich der Begriff ab.)

05. Welchen Beitrag leistet das Baumdiagramm zur Lösungsfindung?

Das Baumdiagramm wird gelegentlich dazu genutzt, um Maßnahmen und Mittel zur Lösung von Problemen zu erarbeiten. Die einzelnen Lösungswege eines Problems werden aufgezeigt; sie können dadurch aufeinander abgestimmt werden. Die Untergliederung des Problems sollte so weit geführt werden, dass auf der untersten Ebene Maßnahmen zur Lösung des Problems stehen, die direkt umgesetzt werden können.

06. Welche Bedeutung hat ein Problementscheidungsplan?

Der Problementscheidungsplan dient der Vorbeugung von Fehlern. Dazu werden die möglichen Ursachen von Fehlern ermittelt und Gegenmaßnahmen aufgestellt. Durch die Festlegung von Maßnahmen sollen im Voraus Fehler vermieden werden.

4. Rechtliche Gestaltung in Einkauf und Logistik

4.1 Rechtsgrundlagen im Einkauf und in der Logistik

4.1.1 Rechtssystem, Rechtsquellen und Gerichtsbarkeit

01. Was wird als Rechtssystem bezeichnet?

Als Rechtssystem wird die Gesamtheit der in einem Staat geltenden Rechtsnormen bezeichnet. Das Rechtssystem umfasst einerseits die Rechtsquellen im engeren Sinne, sie zeigen als Rechtserkenntnisquellen auf, welche Rechtsnormen bestehen, und andererseits die Gerichte, die Rechtsnomen interpretieren.

02. Was sind Rechtsquellen im engeren Sinn?

Neben der Verfassung, dem Grundgesetz, gehören zu den Rechtsquellen i. e. S.

- Gesetze im formellen Sinn
- Rechtsverordnungen
- autonome Satzungen
- Gewohnheitsrecht.

03. Was sind Gesetze?

Gesetze im formellen Sinn sind Rechtsvorschriften, die durch ein förmliches Gesetzgebungsverfahren von einem *Parlament* erlassen werden.

04. Was sind Rechtsverordnungen, und wer kann Rechtsverordnungen erlassen?

Rechtsverordnungen sind Rechtsvorschriften, die nicht vom Gesetzgeber, sondern von *Verwaltungsbehörden* erlassen werden, die dazu durch ein Gesetz ermächtigt sein müssen, vgl. z. B. Lohnsteuer-Durchführungsverordnung.

05. Welche Institutionen können Satzungen erlassen?

Autonome Satzungen, sind Rechtsvorschriften, die von öffentlich-rechtlichen Körperschaften im Rahmen ihrer gesetzlich vorgegebenen Autonomie erlassen werden, vgl. z. B. die Festlegung der Hebesätze für bestimmte Steuern durch die Gemeinden.

06. Welche Bedeutung hat das Gewohnheitsrecht als Rechtsquelle?

Gewohnheitsrechte sind ungeschriebene Rechtsnormen, die sich durch Übung herausgebildet haben, sie beruhen auf dem allgemeinen Rechtsbewusstsein.

07. Welche Bedeutung hat das Grundgesetz der Bundesrepublik Deutschland für das Rechtssystem?

Das Grundgesetz ist die deutsche Verfassung; es trat am 23.05.1949 in Kraft. Es definiert nicht nur die politische Grundordnung der Bundesrepublik Deutschland, sondern es ist auch Grundlage des Rechtssystems. Artikel 20 Abs. 3 GG schreibt ausdrücklich vor, dass die Gesetzgebung an die verfassungsmäßige Ordnung gebunden ist.

08. Was wird als Gerichtsbarkeit bezeichnet?

Im Allgemeinen wird mit Gerichtsbarkeit die Gesamtheit der Gerichte bezeichnet; insofern ist sie Teil des Rechtssystems. Die Gerichte sind neben der Rechtspflege vor allem zuständig für die Rechtsprechung, also für die Interpretation der Rechtsnormen in konkreten Fällen. Die Rechtsprechung ist an Gesetz und Recht gebunden (vgl. Artikel 20 Abs. 3 GG).

09. Welche Zweige der Gerichtsbarkeit gibt es in Deutschland?

In Deutschland umfasst die Gerichtsbarkeit die folgenden Zweige:

- Ordentliche Gerichtsbarkeit (Zivil- und Strafgerichtsbarkeit)
- Verwaltungsgerichtsbarkeit
- Arbeitsgerichtsbarkeit
- Sozialgerichtsbarkeit
- Finanzgerichtsbarkeit.

10. Wie sind die Zuständigkeiten in der Ordentlichen Gerichtsbarkeit geregelt?

Das *Amtsgericht* ist u. a. zuständig

- bei vermögensrechtlichen Streitigkeiten bis zu einem Streitwert von 5.000 €
- bei Kindschafts- und Familiensachen usw.
- bei Mahnverfahren, Beweissicherungsverfahren.

Das *Landgericht* (mit Zivil- und Handelskammern) ist u. a. zuständig

- bei vermögensrechtlichen Streitigkeiten mit einem Streitwert über 5.000 €
- bei Verfahren im Zusammenhang mit Namens- und Standesrecht usw.
- bei Nichtigkeitserklärung einer GmbH
- bei Streitigkeiten in bestimmten Handelssachen (z. B. Wechsel, Firmenrecht, unlauterer Wettbewerb)
- für Berufungen gegen Urteile des Amtsgerichts.

Das *Oberlandesgericht* ist u. a. zuständig

- für Berufungen gegen Urteile des Landgerichts
- für Berufungen gegen Urteile des Amtsgerichts in Kindschaftssachen usw.

Der *Bundesgerichtshof* ist (als dritte Instanz) zuständig
- für die Revision gegen Urteile des Oberlandesgerichts
- für die Revision gegen Urteile des Landgerichts bei sog. Sprungrevision.

4.1.2 Öffentliches Recht und Privatrecht

4.1.2.1 Teilbereiche des öffentlichen Rechts

01. Was wird durch das öffentliche Recht geregelt?

Die Rechtssätze des öffentlichen Rechts regeln die Beziehungen des Staats zu den Bürgern, die Beziehungen der Körperschaften öffentlichen Rechts und der öffentlichen Verbände zueinander.

02. Welches typische Kennzeichen weist das öffentliche Recht auf?

Typisches Kennzeichen des öffentlichen Rechts ist das Über- bzw. Unterordnungsverhältnis, das sich in den rechtlichen Beziehungen zwischen Staat und Bürger ausdrückt (vgl. z. B. Erlass eines Steuerbescheides).

03. Welche Bereiche umfasst das öffentliche Recht?

Zu den Bereichen des öffentlichen Rechts zählen u. a.
- das Außenwirtschaftsrecht
- das Europarecht
- das Staatsrecht
- das Verwaltungsrecht, z. B. das Steuerrecht, das Sozialrecht.

4.1.2.1.1 Außenwirtschaftsrecht

01. Was wird als Außenwirtschaftsrecht bezeichnet?

Als Außenwirtschaftsrecht bezeichnet man die Zusammenfassung aller rechtlichen Regelungen der Wirtschaftsvorgänge, die die Grenzen des Staates überschreiten.

Der deutsche Außenwirtschaftsverkehr wird im Wesentlichen im Außenwirtschaftsgesetz (AWG)[1] geregelt. Daneben besteht die Außenwirtschaftsverordnung. Allerdings ergänzen europäische Regelungen das nationale Außenwirtschaftsrecht.

---

[1] Das AWG trat bereits 1961 in Kraft; es ist seitdem mehrere Male geändert und den politischen Entwicklungen angepasst worden. Neben dem Gesetz bestehen wichtige Verordnungen, die u. a. Zuständigkeiten im Außenwirtschaftsverkehr u. dgl. regeln.

02. Von welchem Grundsatz geht das Außenwirtschaftsgesetz aus?

Grundsatz des Außenwirtschaftsgesetzes ist die Freiheit des Wirtschaftsverkehrs zwischen Gebietsansässigen mit dem Ausland. Nach § 1 AWG ist der Waren-, Dienstleistungs-, Kapital-, Zahlungs- und sonstige Wirtschaftsverkehr mit fremden Wirtschaftsgebieten zwischen Gebietsansässigen grundsätzlich frei.

03. Kann nach dem Außenwirtschaftsgesetz der Außenwirtschaftsverkehr beschränkt werden?

Das Gesetz sieht unter bestimmten Umständen Beschränkungen des Außenwirtschaftsverkehrs vor. Durch Rechtsverordnung können bestimmte Rechtsgeschäfte und Handlungen, z. B. die Ausfuhr oder Einfuhr bestimmter Güter, genehmigungspflichtig oder sogar verboten werden. Die Beschränkungen sind nach Art und Umfang auf das Maß zu begrenzen, das notwendig ist, um den vorgesehenen Zweck zu erfüllen. Sie sind aufzuheben, wenn der Zweck erreicht ist.

04. Welche Beschränkungen sieht das Außenwirtschaftsgesetz vor?

Das Gesetz sieht Beschränkungen von Rechtsgeschäften und Handlungen im Außenwirtschaftsverkehr aus folgenden Gründen vor:

- Wenn bestimmte Rechtsgeschäfte die Erfüllung von Verpflichtungen aus zwischenstaatlichen Vereinbarungen behindern, können sie beschränkt werden.

- Bestimmte Maßnahmen in fremden Wirtschaftsgebieten können schädliche Folgen für die inländische Wirtschaft oder für einzelne Wirtschaftszweige haben. Diese Maßnahmen können z. B. den Wettbewerb behindern oder den Wirtschaftsverkehr mit dem Inland einschränken. Durch Beschränkungen des Wirtschaftsverkehrs sollen die Einwirkungen auf die heimische Wirtschaft abgewehrt werden.

- Politische Verhältnisse im Ausland, die die mit der freiheitlichen Ordnung in Deutschland nicht übereinstimmen, haben unter Umständen schädliche Auswirkungen auf das Inland. Zur Abwehr dieser Auswirkungen können Rechtsgeschäfte im Außenwirtschaftsverkehr beschränkt werden.

- Der Außenwirtschaftsverkehr kann beschränkt werden, um die Sicherheit der Bundesrepublik Deutschland zu gewährleisten. Eine Beschränkung ist auch möglich, wenn dadurch eine Störung des friedlichen Zusammenlebens der Völker verhütet werden kann. Schließlich kann der Außenwirtschaftsverkehr auch beschränkt werden, um eine erhebliche Störung der auswärtigen Beziehungen der Bundesrepublik zu verhindern.

4.1.2.1.2 Europarecht (Europäisches Primär- und Sekundärrecht)

01. Was wird als europäisches Primärrecht bezeichnet?

Das europäische Primärrecht ist das Europarecht im engeren Sinne. Es stellt das ranghöchste Recht der Europäischen Gemeinschaft und der Europäischen Union dar.

Grundlagen des *Primärrechts* sind die Gründungsverträge und alle Verträge und alle Rechtsakte zu ihrer Änderung und Anpassung. Dazu zählen z. B.

- die Verträge zur Gründung der Europäischen Gemeinschaften und der Europäischen Union
- die Verträge zur Änderung der Gründungsverträge
- die Zusatzverträge, z. B. die Verträge über die Beitritte seit 1972.

02. Welche Bedeutung hat das Primärrecht für zwischenstaatliche Vereinbarungen der Mitgliedstaaten?

Für Vereinbarungen zwischen den Mitgliedstaaten nach dem Vertrag von Rom (1957) gilt Art.10 Abs. 2 EGV. Die Vorschrift besagt, dass diese Vereinbarungen die Verwirklichung der Ziele des EG-Vertrags nicht gefährden dürfen.

Vereinbarungen von Mitgliedstaaten mit Drittländern, die nach dem Vertrag von Rom (1957) getroffen wurden, werden grundsätzlich anerkannt, es sei denn, sie gefährden die Ziele des EG-Vertrages.

03. Welche Bedeutung hat das Primärrecht für das innerstaatliche Recht der Mitgliedstaaten?

Das Europäische Primärrecht gilt unmittelbar und vorrangig vor widerstreitendem innerstaatlichem Recht. Das zeigt sich z. B. bei den Regelungen des Wettbewerbs.

04. Was wird als Europäisches Sekundärrecht bezeichnet?

Das Sekundärrecht ist ein vom Primärrecht abgeleitetes Recht. Die Rechtsakte des Sekundärrechts werden auf der Grundlage des Primärrechts erlassen.

05. Welche Rechtsakte sind im Europäischen Sekundärrecht vorgesehen, und von welchen Organen werden sie erlassen?

Die Organe der Europäischen Gemeinschaften erlassen im Rahmen des Europäischen Sekundärrechts Rechtsakte, sprechen Empfehlungen aus oder geben Stellungnahmen ab. Organe der Gemeinsacht sind das Europäische Parlament, der Rat und die Kommission (Art. 249 EGV).

Rechtsakte sind

- Verordnungen
- Richtlinien
- Entscheidungen.

06. Welche rechtliche Bedeutung haben Verordnungen?

Die Verordnung hat allgemeine Geltung. Sie ist in all ihren Teilen verbindlich und gilt unmittelbar in jedem Mitgliedstaat.

07. Was sind Richtlinien und welche rechtliche Bedeutung haben sie?

Richtlinien sind allgemeine Regelungen, die von den Mitgliedstaaten innerhalb einer bestimmten Frist in staatliches Recht UMgesetzt werden müssen. Das mit der Richtlinie angestrebte Ziel ist verbindlich; die Wahl der Form und der Mittel ist den Mitgliedstaaten freigestellt.

08. Was sind Entscheidungen und welche rechtliche Bedeutung haben sie?

Entscheidungen sind verbindliche Regelungen im Einzelfall; eine Empfehlung gilt nur für denjenigen, an den sie gerichtet ist.

09. Welche rechtliche Bedeutung haben Empfehlungen und Stellungnahmen?

Empfehlungen und Stellungnahmen sind für die Mitgliedstaaten nicht verbindlich. Ihre Bedeutung liegt darin, dass sie eine Signalwirkung für künftige Entwicklungen haben.

4.1.2.1.3 Staatsrecht

01. Was regelt das Staatsrecht?

Das Staatsrecht regelt u. a. den Aufbau und die Aufgaben der Staatsorgane, die Gesetzgebungsbefugnisse und die Beziehungen zwischen ihnen sowie die Beziehungen des Staates zu den Bürgern. Die Normen dazu finden sich in der Verfassung jedes Rechtsstaates, also auch im Grundgesetz der Bundesrepublik Deutschland; insofern ist das Staatsrecht im Wesentlichen Verfassungsrecht. Darüber hinaus umschließt das Staatsrecht aber auch Regelungen außerhalb der Verfassung. Dazu gehören z. B. das Parteiengesetz, das Wahlgesetz u. Ä. Insofern ist das Staatsrecht also umfassender als das Verfassungsrecht.

02. Welche Bedeutung haben die Grundrechte?

Die Grundrechte sind die *Basisrechte des Bürgers*; sie definieren seine Rechtsstellung, die die Verfassung verbürgt. Die Grundrechte sind im GG den übrigen Verfassungsregelungen vorangestellt. Das hat programmatische Bedeutung: Der Mensch steht an erster Stelle allen Rechts.

Die Funktionen der Grundrechte lassen sich folgendermaßen umschreiben: Grundrechte schützen die Freiheitsrechte des Einzelnen bei Eingriffen der staatlichen Gewalt *(Abwehrfunktion)*, sie garantieren dem Bürger *Teilnahmerechte* (vgl. z. B. Art. 3

und Art. 7); darüber hinaus sind sie Grundlage für den Anspruch auf bestimmte staatliche Leistungen (*Teilhabe* am staatlichen Leistungssystem).

Träger von Grundrechten sind die Bürger; *Adressat* der Grundrechte ist die staatliche Gewalt, also Judikative, Exekutive und Legislative.

03. Wodurch unterscheiden sich Menschenrechte und Bürgerrechte?

Grundrechte können danach unterschieden werden, ob sie Menschen- oder Bürgerrechte sind. **Menschenrechte** gelten allgemein; sie stehen jedem Menschen als unantastbare und unveräußerliche Rechte zu. Das Grundgesetz garantiert sie allen Personen, also auch Ausländern, die sich in seinem Geltungsbereich befinden. Zu diesen Grundrechten zählen z. B. Jeder hat das Recht auf freie Entfaltung seiner Persönlichkeit, auf Leben und körperliche Unversehrtheit (Art. 2). Alle Menschen sind vor dem Gesetz gleich; Männer und Frauen sind gleichberechtigt (Art. 3).

Bürgerrechte stehen dagegen nur Deutschen zu; z. B. Alle Deutschen haben das Recht, sich ohne Anmeldung oder Erlaubnis [...] zu versammeln (Art. 8).

04. Wie regelt das Grundgesetz die Verteilung der staatlichen Aufgaben?

Nach Art. 30 GG sind die Länder grundsätzlich zuständig für die Erledigung staatlicher Aufgaben, soweit das Grundgesetz keine andere Regelung vorsieht. Die Gemeinden haben das Recht, im Rahmen der bestehenden Gesetze die erforderlichen Aufgaben in eigener Verantwortung zu übernehmen (Art. 28 Abs. 2 GG).

05. Wie regelt das Grundgesetz die Gesetzgebungsbefugnisse?

Grundsätzlich gilt, dass die Länder das Recht der Gesetzgebung haben: das gilt aber nur eingeschränkt, nämlich nur soweit das Grundgesetz nicht dem Bund Gesetzgebungsbefugnisse verleiht (Art. 70 GG). Die Abgrenzung der Zuständigkeiten bemisst sich nach den Vorschriften über die ausschließliche und die konkurrierende Gesetzgebung.

Bei *ausschließlicher Gesetzgebung* des Bundes hat der Bund die alleinige Gesetzgebungskompetenz. Allerdings können auch die Länder in diesem Bereich Gesetze erlassen, aber sie müssen dazu ausdrücklich durch ein Bundesgesetz ermächtigt sein. (Vgl. Art. 71 GG.)

Im Bereich der *konkurrierenden Gesetzgebung* hat der Bund das Recht, Gesetze zu erlassen, wenn und soweit eine bundeseinheitliche Regelung erforderlich ist. In diesem Bereich haben die Länder das Recht zur Gesetzgebung, solange und soweit der Bund von seinem Gesetzgebungsrecht keinen Gebrauch macht. (Vgl. Art. 72 GG.)

06. Welche Gegenstände unterliegen der ausschließlichen Gesetzgebungskompetenz des Bundes?

Gegenstände der ausschließlichen Gesetzgebungskompetenz des Bundes sind nach Art. 73 GG u. a.

- die auswärtigen Angelegenheiten
- die Staatsangehörigkeit im Bund
- das Währungs- und Geldwesen
- die Bundeseisenbahnen
- das Post- und Fernmeldewesen
- die Statistik für Bundeszwecke.

07. Welche Gegenstände unterliegen der konkurrierenden Gesetzgebung?

Gegenstände der konkurrierenden Gesetzgebung sind nach Art. 74 GG u. a.

- das bürgerliche Recht
- das Recht der Wirtschaft (z. B. Industrie, Handwerk, Handel, Bank- und Börsenwesen)
- die Erzeugung und Nutzung der Kernenergie zu friedlichen Zwecken
- das Arbeitsrecht
- die Regelung der Ausbildungsbeihilfen und die Förderung der wissenschaftlichen Forschung
- die Verhütung des Missbrauchs wirtschaftlicher Macht.

4.1.2.1.4 Verwaltungsrecht

01. Was regelt das Verwaltungsrecht?

Das Verwaltungsrecht ist Teil des öffentlichen Rechts. Es regelt die Beziehungen des Staates zu seinen Bürgern und umfasst die entsprechenden Gesetze, Verordnungen, Satzungen u. Ä. sowie die verfassungsrechtlichen Grundlagen. Das Verwaltungsrecht wird unterschieden in allgemeines und besonderes Verwaltungsrecht.

02. Wodurch unterscheidet sich das allgemeine vom besonderen Verwaltungsrecht?

Das **allgemeine** Verwaltungsrecht befasst sich mit *allgemeinen Grundsätzen der Verwaltung*; sie betreffen das Verwaltungshandeln, die Verfahren und die Organisation der Verwaltung. Zum allgemeinen Verwaltungsrecht zählt u. a. auch das öffentlich-rechtliche Schadenersatz- und Entschädigungsrecht. Das **besondere** Verwaltungsrecht bezieht sich auf die einzelnen *Gebiete der Verwaltung*, dazu zählen u. a. das Kommunalrecht, das Ordnungsrecht, das Baurecht usw.

4.1.2.2 Teilbereiche des Privatrechts

4.1.2.2.1. Bürgerliches und Handelsrecht

01. Was wird durch das Privatrecht geregelt?

Die Rechtssätze des Privatrechts regeln die rechtlichen Beziehungen der Bürger zueinander. Typisches Kennzeichen des Privatrechts ist, dass die an den rechtlichen Beziehungen beteiligten Privatpersonen *gleichberechtigt* nebeneinander stehen (vgl. z. B. den Abschluss eines Kaufvertrages).

02. Welche Bereiche umfasst das Privatrecht?

Zu den Bereichen des Privatrechts zählen u. a.

- das bürgerliche Recht
- das Handelsrecht
- das Gesellschaftsrecht [1]
- das Arbeitsrecht
- das Wirtschaftsrecht

03. Welche Regelungen enthält das BGB?

Das Bürgerliche Gesetzbuch ist das wichtigste Gesetz des Privatrechts. Die einzelnen Teile des BGB enthalten u. a. folgende Regelungen:

1. *Allgemeiner Teil.* Er enthält allgemeine Regeln, die für das gesamte Privatrecht gelten. Sie betreffen z. B. natürliche und juristische Personen, Rechts- und Geschäftsfähigkeit, Rechtsgeschäfte, Verjährungen.
2. *Recht der Schuldverhältnisse.* Es enthält allgemeine Vorschriften über den Inhalt, das Erlöschen von Schuldverhältnissen, über einzelne Schuldverhältnisse, wie z. B. Kauf, Tausch, Miete, Pacht usw.
3. *Sachenrecht.* Es regelt Besitz und Eigentum, die Rechte an Grundstücken usw.
4. *Familienrecht.* Die Regeln betreffen z. B. Eingehen und Scheidung einer Ehe, das eheliche Güterrecht, Verwandtschaft, Vormundschaft.
5. *Erbrecht.* Es enthält Vorschriften über die Erbfolge, rechtliche Stellung des Erben, das Testament.

04. Womit befasst sich das Handelsrecht?

Das Handelsrecht ist das *Sonderrecht der Kaufleute* (Kaufmannsrecht). Es regelt die besonderen Rechtsbeziehungen der Kaufleute; allerdings gelten auch Vorschriften des allgemeinen bürgerlichen Rechts für Kaufleute (vgl. z. B. den Kaufvertrag).

---

[1] Das Gesellschaftsrecht wird in Kap. *4.1.3.2 Rechtsformen der Unternehmung* dargestellt.

Das Handelsrecht umfasst privatrechtliche und öffentlich-rechtliche Normen und Vorschriften.

- Privatrechtliche Normen und Vorschriften betreffen die Rechtsbeziehungen des Kaufmanns zu seinen Geschäftspartnern, die Rechtsformen u. dgl.
- Öffentlich-rechtliche Normen und Vorschriften betreffen die Kaufmannseigenschaft, die Buchführungspflicht, das Handelsregister u. dgl.

Das Handelsrecht ist kodifiziert im Handelsgesetzbuch (HGB) und seinen Nebengesetzen.

05. Welche Bücher umfasst das HGB, und womit befassen sie sich?

Das HGB umfasst die folgenden Bücher (Teile):

1. Buch: *Handelsstand;* es befasst sich z. B. mit Kaufmannseigenschaft, Firma, Handelsregister, Prokura, Handlungsvollmacht usw.
2. Buch: *Handelsgesellschaften und stille Gesellschaften;* es befasst sich z. B. mit der Offenen Handelsgesellschaft, der Kommanditgesellschaft und der Stillen Gesellschaft.
3. Buch: *Handelsbücher;* es befasst sich z. B. mit den Vorschriften über Buchführung, Inventar, Jahresabschluss, Bewertungen, Aufbewahrung usw.
4. Buch: *Handelsgeschäfte;* es enthält Vorschriften über Handelskauf, Kommissionsgeschäft usw.

4.1.2.2.2 Arbeitsrecht

01. Womit befasst sich das Arbeitsrecht?

Das Arbeitsrecht regelt

- die Beziehungen zwischen Arbeitgeber und Arbeitnehmer (*individuelles* Arbeitsrecht)
- die Beziehungen zwischen den Vertretungen von Arbeitnehmern und Arbeitgebern, z. B. zwischen Gewerkschaften und Arbeitgeberverbänden oder einzelnen Arbeitgebern, zwischen Betriebsräten und Arbeitgebern (*kollektives* Arbeitsrecht).

Das Arbeitsrecht enthält sowohl privatrechtliche als auch öffentlich-rechtliche Regelungen; privatrechtliche Regelungen überwiegen.

02. Welche Gesetze gehören zum Arbeitsrecht?

Es gibt kein Arbeitsgesetzbuch. Zum Arbeitsrecht gehört eine Vielzahl von einzelnen Gesetzen, z. B.

- das Betriebsverfassungsgesetz
- das Kündigungsschutzgesetz
- das Arbeitszeitgesetz.

03. Welche Bedeutung hat der Arbeitsvertrag?

Der Arbeitsvertrag wird zwischen Arbeitnehmer und -geber abgeschlossen. Für den Inhalt des Arbeitsvertrages gibt es keine besonderen Vorschriften. Es gilt lediglich das *Günstigkeitsprinzip*, danach müssen einzelvertragliche Vereinbarungen mindestens so günstig sein, wie die entsprechenden kollektivvertraglichen oder gesetzlichen Regelungen.

04. Muss ein Arbeitsvertrag schriftlich abgefasst sein?

Das Gesetz schreibt die Schriftform für Arbeitsverträge nicht vor, d. h. ein Arbeitsvertrag hat auch dann Gültigkeit, wenn er *mündlich* abgeschlossen wurde. Die Schriftform ist allerdings erforderlich bei einem befristeten Arbeitsvertrag; auch die Abrede eines Wettbewerbsverbots mit Handlungsgehilfen ist schriftlich festzuhalten.

05. Welche Hauptpflichten ergeben sich aus dem Arbeitsvertrag?

Die Hauptpflichten aus dem Arbeitsvertrag lassen sich als *Arbeit gegen Entgelt* umschreiben. Es handelt sich um eine Verpflichtung auf Gegenseitigkeit: Der Arbeitnehmer ist verpflichtet zur Leistung der Arbeit, der Arbeitgeber zur Leistung der Vergütung.

Aus den Hauptpflichten ergeben sich die Nebenpflichten. Sie dienen der Ausgestaltung der Hauptpflichten.

06. Was umfasst die Vergütungspflicht des Arbeitgebers?

Die Vergütung der Arbeitsleistung ist die *Hauptpflicht des Arbeitgebers*. Der Arbeitgeber ist verpflichtet, die Arbeitsleistung des Arbeitnehmers zu entgelten. Im Allgemeinen ergibt sich die Höhe der Vergütung aus dem Tarifvertrag. Die Vergütungspflicht des Arbeitgebers umfasst auch die Entgeltfortzahlung im Krankheitsfall und das Urlaubsentgelt.

Während einer *Krankheit* hat ein Arbeitnehmer *Entgeltfortzahlung* für die Dauer von 42 Arbeitstagen (sechs Wochen). Voraussetzung dafür ist, dass er seit mindestens vier Wochen ununterbrochen bei dem gleichen Arbeitgeber arbeitet und dass das Arbeitsverhältnis fortbesteht.

Urlaubsentgelt ist die Lohnfortzahlung während des Urlaubs. Davon zu unterscheiden ist das Urlaubsgeld, das eine zusätzliche Vergütung ist. Das Urlaubsentgelt ergibt sich im Allgemeinen aus dem Durchschnittsverdienst (einschließlich aller Zuschläge) der letzten 13 Wochen.

07. Was wird als Direktionsrecht des Arbeitgebers bezeichnet?

Das Direktionsrecht ist die *Weisungsbefugnis des Arbeitgebers*. Es berechtigt den Arbeitgeber, die Leistungspflichten des Arbeitnehmers, die sich aus dem Vertrag ergeben, nach billigem Ermessen näher zu bestimmen und dem Arbeitnehmer die entsprechenden Weisungen zu erteilen. Das Direktionsrecht steht im Zusammenhang mit der Hauptpflicht des Arbeitnehmers, der Arbeitsleistung. Der Arbeitnehmer hat deshalb den Weisungen Folge zu leisten.

08. In welchem Zusammenhang stehen Treue- und Fürsorgepflicht?

Treue- und Fürsorgepflichten sind wichtige Nebenpflichten, die sich aus den Hauptpflichten des Arbeitsvertrages für Arbeitnehmer und -geber ergeben. Die Treuepflicht des Arbeitnehmers korrespondiert mit der Fürsorgepflicht des Arbeitgebers.

09. Was umfasst die Treuepflicht des Arbeitnehmers?

Die Treuepflicht verlangt vom Arbeitnehmer, sich für die *Interessen des Arbeitgebers* bzw. des Unternehmens einzusetzen und nichts zu tun, was ihm schaden könnte. Entsprechend umfasst die Treuepflicht Verhaltenspflichten und Unterlassungspflichten. Der Umfang der Treuepflichten ist von der Position des Arbeitnehmers in der Unternehmenshierarchie abhängig.

Zu den *Unterlassungspflichten* zählen z. B.

- Verschwiegenheitspflicht
- Unterlassung von Aktivitäten die das Ansehen des Arbeitgebers beschädigen können
- Verzicht auf Vorteilsannahme
- Wettbewerbsverbot.

Zu den *Verhaltenspflichten* zählen z. B.

- Auskunftspflichten
- Repräsentationspflichten, z. B. bei Kundenbesuchen u. dgl.
- Meldungen von Schäden, Störungen usw.
- Übernahme von Mehrarbeit in akuten Notfällen.

10. Welche Bedeutung hat die Probezeit im Arbeitsvertrag?

Eine Probezeit wird in einem Arbeitsvertrag vereinbart, damit die Vertragspartner sich gegenseitig erproben können. Die Probezeit dauert i. d. R. sechs Monate, durch Tarifverträge können Probezeiten verkürzt werden. Das Arbeitsverhältnis auf Probe ist wie andere Arbeitsverhältnisse an die gesetzlichen und tariflichen Vorgaben gebunden. So gelten z. B. auch für Arbeitsverhältnisse auf Probe gesetzliche Kündigungsfristen. Diese können allerdings durch Tarifvertrag gekürzt worden sein.

11. Welche Bedeutung hat ein befristetes Arbeitsverhältnis?

Ein befristetes Arbeitsverhältnis liegt vor, wenn im Vertrag das Ende des Arbeitsverhältnisses kalendermäßig festgelegt oder durch ein Ereignis (z. B. Beendigung einer Aushilfe im Krankheitsfall) bestimmt wird. Es endet ohne besondere Kündigung. Befristete Verträge sind zulässig (vgl. § 620 BGB), doch dürfen sie nicht zur Umgehung des Kündigungsschutzes ausgenutzt werden. Wenn ein befristetes Arbeitsverhältnis mit Wissen und ohne Widerspruch des Arbeitgebers über die vereinbarte Frist hinaus fortgesetzt wird, gilt es als unbefristet verlängert (vgl. § 625 BGB).

12. Wie haftet der Arbeitnehmer?

Der Arbeitnehmer haftet gegenüber seinem Arbeitgeber grundsätzlich für jeden Schaden, den er ihm im Zusammenhang mit der Erfüllung des Arbeitsvertrages schuldhaft zufügt. Allerdings wird bei gefahrgeneigter Arbeit die Haftung eingeschränkt.

13. Welcher Unterschied besteht zwischen dem gesetzlichen Wettbewerbsverbot und dem vertraglichen?

Das **gesetzliche** Wettbewerbsverbot (§ 60 HGB) besagt, dass ein Angestellter („Handlungsgehilfe") ohne Einwilligung seines Arbeitgebers weder ein Handelsgewerbe betreiben, noch im Handelszweig des Arbeitgebers auf eigene Rechnung Geschäfte abschließen darf. Das **vertragliche** Wettbewerbsverbot bezieht sich auf die Zeit *nach Beendigung des Arbeitsverhältnisses* (§ 74 HGB). Das Wettbewerbsverbot ist nur dann verbindlich, wenn der Arbeitgeber sich verpflichtet, für die Dauer des Wettbewerbsverbots eine *Entschädigung* zu zahlen.

14. Wie weit ist das vertragliche Wettbewerbsverbot verbindlich?

Das Wettbewerbsverbot gilt nur dann, wenn es dem *Schutz berechtigter Interessen* des Arbeitgebers dient. Das Wettbewerbsverbot kann nie länger als *zwei Jahre* gelten. Innerhalb dieser Zeit ist es unverbindlich, wenn es das berufliche Fortkommen des Arbeitnehmers unbillig erschwert. Wann die Erschwernis unbillig ist, ist unter Berücksichtigung der Entschädigungszahlung nach Ort, Zeit oder Gegenstand zu beurteilen.

15. Welche arbeitsvertraglichen Pflichten können durch den Arbeitnehmer verletzt werden?

Die arbeitsvertraglichen Pflichten, die durch den Arbeitnehmer verletzt werden können, lassen sich in folgende Bereiche einteilen:

- Pflichtverletzungen im Leistungsbereich, z. B. schlechte Arbeitsleistung, Zuspätkommen
- Pflichtverletzungen im betrieblichen Bereich, z. B. Störungen des Arbeitsablaufs
- Pflichtverletzungen im Vertrauensbereich, z. B. Diebstahl.

Pflichtverletzungen können Abmahnungen oder Kündigungen zur Folge haben.

16. Welchen Zweck verfolgt ein Arbeitgeber mit einer Abmahnung?

Mit einer Abmahnung rügt ein Arbeitgeber eine Pflichtverletzung des Arbeitnehmers und droht ihm die Kündigung für den Wiederholungsfall an.

Folgende *Formen* der Abmahnungen können unterschieden werden:

- Abmahnung als Voraussetzung für eine Kündigung: Den Kündigungen wegen Pflichtverletzungen muss eine Abmahnung vorausgehen.
- Abmahnung mit Verzicht des Arbeitgebers auf Kündigung: Eine Abmahnung enthält eine Warnung (Hinweis auf Gefährdung des Arbeitsverhältnisses), und sie ist wegen der enthaltenen Rüge eine Form der Sanktion.

17. Wodurch ist eine ordentliche Kündigung gekennzeichnet?

Eine ordentliche Kündigung weist die folgenden Kennzeichen auf:

1. Eine ordentliche Kündigung benötigt, damit sie rechtswirksam wird, grundsätzlich keinen sachlichen Grund. Allerdings sind die Rechte des Arbeitgebers durch das *Kündigungsschutzgesetz* (KündSchG) eingeschränkt; die Kündigung eines Arbeitsverhältnisses, das länger als sechs Monate bestanden hat, ist rechtsunwirksam, wenn sie sozial ungerechtfertigt ist (§ 1 KündSchG). Eine Kündigung durch den Arbeitgeber ist u. a. gerechtfertigt

    - durch Gründe, die in der Person des Arbeitnehmers liegen
    - durch Gründe, die im Verhalten des Arbeitnehmers liegen
    - durch dringende betriebliche Erfordernisse.

2. Eine ordentliche Kündigung ist nur bei unbefristeten Arbeitsverhältnissen möglich.

3. Eine ordentliche Kündigung beendet ein Arbeitsverhältnis immer erst nach einer bestimmten Frist (gesetzliche Kündigungsfrist) und meistens zu einem bestimmten Termin.

18. Welche Kündigungsfristen sieht das BGB vor?

Grundsätzlich gilt für Arbeitgeber und Arbeitnehmer folgende Kündigungsfrist: *vier Wochen zum 15. oder zum Ende eines Monats.*

Die Kündigungsfrist für Arbeitgeber verlängert sich in *Abhängigkeit von der Dauer der Betriebszugehörigkeit* des Arbeitnehmers.

Die Kündigungsfristen betragen (§ 622 BGB)

- ab 2 Jahre Betriebszugehörigkeit – 1 Monat zum Ende des Kalendermonats
- ab 5 Jahre Betriebszugehörigkeit – 2 Monate zum Ende des Kalendermonats
- ab 8 Jahre Betriebszugehörigkeit – 3 Monate zum Ende des Kalendermonats
- ab 10 Jahre Betriebszugehörigkeit – 4 Monate zum Ende des Kalendermonats

- ab 12 Jahre Betriebszugehörigkeit – 5 Monate zum Ende des Kalendermonats
- ab 15 Jahre Betriebszugehörigkeit – 6 Monate zum Ende des Kalendermonats
- ab 20 Jahre Betriebszugehörigkeit – 7 Monate zum Ende des Kalendermonats.

19. Wodurch ist eine außerordentliche Kündigung gekennzeichnet?

Eine außerordentliche Kündigung weist folgende Kennzeichen auf:

1. Eine außerordentliche Kündigung beendet ein Arbeitsverhältnis vorzeitig, d. h. ohne Berücksichtigung der sonst geltenden gesetzlichen Kündigungsfristen. Die außerordentliche Kündigung beendet das Arbeitsverhältnis i. d. R. nach zwei Wochen (die übliche Bezeichnung „fristlose Kündigung" ist deshalb nicht ganz zutreffend).
2. Für eine fristlose Kündigung muss ein wichtiger Grund vorliegen, z. B. beharrliche Arbeitsverweigerung, Verstöße gegen das Wettbewerbsverbot.
3. Der Betriebsrat ist an der Entscheidung zu beteiligen.

20. Welche Anforderungen sind an ein Zeugnis zu stellen?

Der ausscheidende Arbeitnehmer hat Anspruch auf ein Zeugnis. Inhalt und Form des Zeugnisses müssen bestimmten Anforderungen entsprechen.

- Inhalt des einfachen Zeugnisses: Angaben zur Person des Arbeitnehmers, Angabe der Beschäftigungsdauer, ausreichende Beschreibung der Tätigkeit.
- Inhalt des qualifizierten Zeugnisses, das nur auf Verlangen des Arbeitnehmers ausgestellt wird: Angaben zur Person, Dauer und Art der Beschäftigung (wie bei einem einfachen Zeugnis), Angaben über Führung und Leistung.
- Die Angaben im Zeugnis müssen wahr und eindeutig sein, d. h. Formulierungen, die Mehrdeutigkeiten zulassen, sind zu vermeiden.
- Das Zeugnis ist schriftlich zu erteilen, der Arbeitgeber hat es zu unterschreiben.

4.1.2.2.3 Wirtschaftsrecht

01. Was wird als Wirtschaftsrecht bezeichnet?

Wirtschaftsrecht ist die zusammenfassende Bezeichnung für alle Rechtsvorschriften (Gesetze und Verordnungen), die die Rechtsbeziehungen zwischen den in der Wirtschaft agierenden Personen regeln und nach denen der Staat durch behördliche Maßnahmen auf die wirtschaftlichen Aktionen einwirkt und wirtschaftliches Handeln von Privaten beeinflusst. Entsprechend wird zwischen Wirtschaftsprivat- und Wirtschaftsverwaltungsrecht unterschieden.

02. Was wird durch das Wirtschaftsprivatrecht geregelt?

Das Wirtschaftsprivatrecht umfasst alle privatrechtlichen Vorschriften, durch die der Rahmen für das wirtschaftliche Handeln von privaten Wirtschaftssubjekten abgesteckt wird. Zu diesen Vorschriften zählen z. B. das Handelsrecht, das Wettbewerbsrecht, das Gesellschaftsrecht.

03. Welche Regelungen umfasst das Wirtschaftsverwaltungsrecht?

Das Wirtschaftsverwaltungsrecht regelt das *Verhältnis der privaten Wirtschaftssubjekte zum Staat* und umfasst die entsprechenden öffentlich-rechtlichen Regelungen. Dazu zählen z. B. Maßnahmen der sog. Eingriffsverwaltung (Zulassungen, Genehmigungen u. dgl.) und alle Maßnahmen der öffentlichen Hand zur Lenkung und Förderung der Wirtschaft. Das Wirtschaftsverwaltungsrecht umfasst das Gewerberecht, das Börsenrecht, das Subventionsrecht, das Außenwirtschaftsrecht u. a.

4.1.3 Kaufmann im Rechtsverkehr

4.1.3.1 Kaufmann, Firma, Handelsregister

4.1.3.1.1 Kaufmann gemäß HGB

01. Wer ist Kaufmann im Sinne des HGB?

Im Ersten Abschnitt des ersten Buches des HGB wird die *Kaufmannseigenschaft* definiert. Damit wird angegeben, für wen die Vorschriften und Normen des HGB gelten sollen. Unterschieden werden drei Arten von Kaufleuten:

- Istkaufmann
- Kannkaufmann
- Formkaufmann.

02. Was ist ein Istkaufmann?

Ein Kaufmann im Sinne des Gesetzes ist, wer ein Handelsgewerbe betreibt (§ 1 HGB). Der Kaufmann in diesem Sinne wird als Istkaufmann bezeichnet.

Als Handelsgewerbe gilt jeder Gewerbebetrieb, es sei denn, dass das Unternehmen nach Art und Umfang keinen Geschäftsbetrieb erfordert, der in kaufmännischer Weise eingerichtet ist.

03. Was ist ein Kannkaufmann?

Der Betreiber eines gewerblichen Unternehmens, dass nach Art und Umfang keinen in kaufmännischer Weise eingerichteten Geschäftsbetrieb erfordert, kann Kaufmann i. S. des Gesetzes, „Kannkaufmann", sein. Dies betrifft kleinere Handelsbetriebe, Hand-

4.1 Rechtsgrundlagen im Einkauf und in der Logistik

werksbetriebe u. Ä. Wenn die Firma eines solchen Unternehmens in das Handelsregister eingetragen ist, gilt dieses Unternehmen als Handelsgewerbe nach § 1 HGB. Die Eintragung ist allerdings freiwillig. Durch die Eintragung wird das Unternehmen zum Kannkaufmann.

04. Wann wird ein Betrieb der Land- und Forstwirtschaft Kaufmann?

Ein Betrieb der Land- und Forstwirtschaft ist kein Handelsgewerbe i. S. von § 1 HGB, auch wenn er nach Art und Umfang einen in kaufmännischer Weise eingerichteten Geschäftsbetrieb erfordert.

Betriebe dieser Art können sich allerdings in das Handelsregister eintragen lassen. Durch die (freiwillige) Eintragung werden sie Kannkaufleuten.

05. Was ist ein Formkaufmann?

Eine Handelsgesellschaft (GmbH, AG u. Ä.) wird durch die Eintragung ins Handelsregister zum Kaufmann *(Kaufmann kraft Rechtsform)*. Dieser Kaufmann wird als Formkaufmann bezeichnet.

4.1.3.1.2 Das Handelsregister

01. Was ist das Handelsregister?

Das Handelsregister ist ein *öffentliches Register*, in dem alle Kaufleute und Unternehmen eines Bezirks (des Registerbezirks) eingetragen sind. Das Register gibt Auskunft über rechtliche und wirtschaftliche Tatbestände der eingetragenen Kaufleute und Unternehmen, außerdem auch über die hinterlegten Dokumente. Die zuständigen Gerichte führen die Register *elektronisch* (§ 8 Abs. 1 HGB).

Das Registergericht muss die Eintragungen bekannt machen (§ 10 HGB). Für die Bekanntmachung bestimmt die Landesjustizverwaltung das Informations- und Kommunikationssystem.

02. Welche Funktion hat das Handelsregister?

Die Eintragungen werden rechtswirksam, wenn sie in den für die Handelsregistereintragungen bestimmten Datenspeicher aufgenommen sind. Die Eintragung erfüllt dann u. a. folgende Funktionen:

- Begründung des Firmenmonopols
- Schutz der Firma vor missbräuchlicher Nutzung
- Begründung der Kaufmannseigenschaft (vgl. z. B. Kannkaufmann, Formkaufmann).

03. Wo wird das Handelsregister geführt?

Zuständiges Registergericht ist im Allgemeinen das Amtsgericht am Ort des Landgerichts, in dessen Bezirk das meldende Unternehmen seinen Sitz hat.

04. Welche Abteilungen umfasst das Handelsregister, und in welcher Form werden die Daten der Kaufleute und Unternehmen an das Handelsregister gemeldet?

Das Handelsregister umfasst zwei Abteilungen: A und B. In Abteilung A werden Einzelkaufleute und Personengesellschaften eingetragen, in Abteilung B Kapitalgesellschaften. Für die Anmeldung und die Einreichung der erforderlichen Dokumente ist der elektronische Weg vorgeschrieben.

05. Was wird in das Handelsregister eingetragen?

In das Handelsregister werden die Firma und die mit ihr zusammenhängenden Rechtsvorgänge eingetragen. Im Allgemeinen werden die folgenden Einzelheiten eingetragen:

- Firma
- Ort der Niederlassung, Sitz der Gesellschaft
- Gegenstand des Unternehmens (bei juristischen Personen)
- Grund- oder Stammkapital (bei juristischen Personen)
- Geschäftsinhaber
- Vorstand, persönlich haftende Gesellschafter, Geschäftsführer (bei Gesellschaften)
- Prokura
- sonstige Rechtsverhältnisse, z. B. Löschung, Eröffnung des Insolvenzverfahrens
- Daten der Eintragungen.

06. Was ist das Unternehmensregister, und welche Aufgaben hat das Unternehmensregister?

Das Unternehmensregister nach § 8a HGB ist ein elektronisch geführtes Verzeichnis. *Als Datenbank mit Internetseite* kann es für Informationen über Unternehmen in Deutschland genutzt werden. Über die Internetseite des Unternehmensregisters sind alle Eintragungen im Handelsregister und deren Bekanntmachung und zum Handelsregister eingereichten Dokumente zugänglich.

Daneben informiert das Unternehmensregister aber auch über das Genossenschafts- und das Partnerschaftsregister und andere wirtschaftliche Tatbestände.

07. Welche Bedeutung hat die Eintragung in das Handelsregister für die Öffentlichkeit?

Das Handelsregister kann als *öffentliche* Datensammlung von jedermann eingesehen werden (§ 9 HGB). Das Handelsregister genießt Vertrauensschutz (vgl. dazu § 15 HGB). Das bedeutet, dass derjenige, der die Eintragungen einsieht, sich auf die eingetragenen Daten verlassen kann. Der eingetragene Kaufmann kann sich (vom 15. Tag nach der Bekanntmachung der Eintragung an) auf die Eintragung berufen, muss aber die eingetragenen Tatsachen ggf. auch gegen sich gelten lassen.

4.1.3.1.3 Firma

01. Was ist eine Firma?

Die Firma eines Kaufmanns ist der Name, unter dem er seine Geschäfte betreibt und die Unterschrift abgibt (§ 17 HGB). Der Kaufmann kann den Firmennamen frei wählen; entscheidend ist, dass die Firma ihn eindeutig kennzeichnet und dass seine Firma von anderen Firmen unterschieden werden kann.

Ein Kaufmann kann unter seiner Firma klagen und verklagt werden. Die Firma besteht aus dem *Firmenkern* und evtl. einem *Firmenzusatz*, der die rechtsform angibt oder auf die Eintragung des Kaufmanns hinweist.

02. Welche Firmenarten lassen sich unterscheiden?

Vorschriften über die Benennung des Firmenkerns bestehen nicht; sie kann frei gewählt werden. Nach der Benennung des Firmenkerns lassen sich folgende Arten von Firmen unterscheiden:

- Personenfirma. Der Firmenkern besteht aus einem oder mehreren *Personennamen*; bei einem Einzelkaufmann z. B. aus dessen Vor- und Familiennamen, bei einer Personengesellschaft aus den Namen von einem oder mehreren Gesellschaftern.
- Sachfirma. Der Firmenkern wird aus der *Sache* abgeleitet, die Gegenstand des Unternehmens ist.
- Fantasiename. Der Firmenkern besteht aus einem *Fantasienamen*; die Bezeichnung muss jedoch zur Kennzeichnung des Kaufmanns geeignet sein und sich von den Firmen anderer Kaufleute eindeutig unterscheiden. Häufig werden dabei Begriffe gewählt, die positive Assoziationen wecken und entsprechende Werbewirkung haben. Auch international verständliche Begriffe sind relativ häufig anzutreffen.

03. Was sind Firmengrundsätze, und welche Bedeutung haben Firmengrundsätze?

Die Firma hat für das Geschäftsleben eine besondere Bedeutung. Deswegen hat der Gesetzgeber im HGB für die Wahl des Firmennamens und für die Führung der Firma einige Regeln aufgestellt, die sog. Firmengrundsätze. Firmengrundsätze stellen z. T. besondere Anforderungen an die Firma. Es gibt u. a. die folgenden Firmengrundsätze.

- Firmenwahrheit
- Firmenklarheit
- Firmenbeständigkeit
- Firmenunterscheidbarkeit

- Firmenausschließlichkeit
- Firmeneinheit
- Firmenzusatz.

04. Was besagt der Grundsatz Firmenwahrheit?

Firmenwahrheit besagt, dass die Firma keine Angaben enthalten darf, mit denen die Öffentlichkeit getäuscht werden kann, insbesondere darf die Firma keine Täuschung über die Art und den Umfang des Geschäfts herbeiführen. (Vgl. § 18 HGB.)

05. Was besagt der Grundsatz Firmenklarheit?

Firmenklarheit verlangt, dass die Bezeichnung so eindeutig ist, dass sie zur Kennzeichnung des Kaufmanns geeignet ist und Unterscheidungskraft besitzt (§ 18 Abs. 1 HGB). Deshalb muss die Bezeichnung aus Buchstaben des lateinischen Alphabets gebildet werden; auch Bildzeichen sind zur Kennzeichnung nicht geeignet. Wenn der Firmenkern nicht ausreichend zur Unterscheidung beiträgt, muss er einen Zusatz erhalten.

06. Was besagt der Grundsatz Firmenbeständigkeit?

Eine Firma kann weiter bestehen, wenn das dahinter stehende Handelsgeschäft verkauft oder vererbt wird. Der bisherige Geschäftsinhaber bzw. seine Erben müssen allerdings mit der Fortführung einverstanden sein. Die Nachfolge kann durch einen entsprechenden Firmenzusatz angedeutet werden.

Bei Fortführung kann der neue Eigentümer den guten Ruf und die Geschäftsbeziehungen, die mit der Firma verbunden sind, nutzen.

07. Was besagt der Grundsatz Firmenunterscheidbarkeit?

Jede neue Firma muss sich von allen an demselben Ort bereits bestehenden und in das Handelsregister eingetragenen Firmen deutlich unterscheiden. Eventuell muss die Unterscheidbarkeit durch einen Firmenzusatz herbeigeführt werden.

08. Was besagt der Grundsatz Firmenausschließlichkeit?

In einem relevanten geografischen Bereich, z. B. in einem Landkreis, darf es nicht mehrere gleiche Firmen geben. Den Anspruch auf die Firma hat der Unternehmer, der seine Firma als erster zur Eintragung in das Handelsregister angemeldet hat.

09. Was besagt der Grundsatz Firmeneinheit?

Firmeneinheit besagt, dass für ein Unternehmen nicht mehrere Firmen bestehen dürfen.

4.1 Rechtsgrundlagen im Einkauf und in der Logistik

10. Was besagt der Grundsatz Firmenzusatz?

Grundsätzlich wird verlangt, dass der Firmenkern einen Zusatz erhält, der die Rechtsform entweder ausgeschrieben oder in einer allgemein verständlichen Abkürzung angibt. Dabei werden die folgenden Angaben verwendet:

- eingetragner Kaufmann bzw. eingetragene Kauffrau – e. K, e. Kfm, e. Kffr.
- Offene Handelsgesellschaft – OHG
- Kommanditgesellschaft – KG
- Gesellschaft mit beschränkter Haftung – GmbH
- Aktiengesellschaft – AG
- GmbH & Co. KG
- Kommanditgesellschaft auf Aktien – KG aA.

4.1.3.2 Rechtsformen der Unternehmung

4.1.3.2.1 Einzelunternehmung – Personengesellschaften – Kapitalgesellschaften

01. Wie lässt sich eine Einzelunternehmung kennzeichnen?

Eine Einzelunternehmung lässt sich folgendermaßen kennzeichnen:

- Ein Kaufmann betreibt als Alleininhaber ein Handelsgewerbe.
- Der Inhaber bringt das Kapital auf; eine Mindesthöhe für das aufzubringende Kapital ist nicht vorgeschrieben.
- Der Inhaber führt die Geschäfte.
- Der Inhaber vertritt das Unternehmen nach außen.
- Der Inhaber haftet mit seinem gesamten Vermögen.

02. Wie lässt sich die Personengesellschaft charakterisieren?

Die Personengesellschaft lässt sich u. a. anhand der folgenden Merkmale charakterisieren:

- Im Vordergrund der Personengesellschaft steht die Person der Gesellschafter; das zeigt sich z. B.
  - in der Haftung der Gesellschafter; sie haften im Allgemeinen persönlich und mit ihrem gesamten Vermögen
  - in der Mitarbeit der Gesellschafter; sie führen die Geschäfte
  - in der Abstimmung; die Gesellschafter stimmen „nach Köpfen" und nicht nach der Höhe der Kapitalbeteiligung ab.
- Eine Kapitalbeteiligung ist nicht vorgeschrieben, sie ist allerdings üblich.

Beispiele für Personengesellschaften:

- Offene Handelsgesellschaft (OHG)
- Kommanditgesellschaft (KG)
- Gesellschaft bürgerlichen Rechts (GbR).

03. Wie lässt sich die Kapitalgesellschaft charakterisieren?

Die Kapitalgesellschaft lässt sich u. a. anhand der folgenden Merkmale charakterisieren.

- Im Vordergrund der Kapitalgesellschaft steht die Kapitalbeteiligung der Gesellschafter; eine Teilhaberschaft an einer Kapitalgesellschaft ohne Kapitaleinlage ist nicht möglich. Die Mindesthöhe des Gesellschaftskapitals und die Mindesthöhe der einzelnen Beteiligung ist vorgeschrieben.
- Die Kapitalanteile sind übertragbar.
- Die Kapitalgesellschaft ist als juristische Person rechtsfähig; die Geschäftsführung und Vertretung nach außen wird von besonderen (gewählten) Organen wahrgenommen. Die Mitarbeit der Gesellschafter ist nicht vorgeschrieben; Geschäftsführer müssen also nicht Gesellschafter sein.
- Die Gesellschafter stimmen nach der Höhe der Kapitalbeteiligung ab.
- Die Gesellschaft haftet gegenüber ihren Gläubigern mit ihrem Vermögen.

Beispiele für Kapitalgesellschaften:

- Gesellschaft mit beschränkter Haftung (GmbH)
- Aktiengesellschaft (AG).

4.1.3.2.1.1 Die Offene Handelsgesellschaft

01. Was ist eine Offene Handelsgesellschaft (OHG)?

Eine OHG ist eine Personengesellschaft; zwei oder mehr Kaufleute schließen sich zusammen, um gemeinsam ein Handelsgewerbe zu betreiben. Die OHG ist eine Gemeinschaft zur gesamten Hand; sie ist nicht rechtsfähig, kann aber im Rechtsverkehr unter ihrer Firma als Einheit auftreten.

02. Ist eine Kapitaleinlage vorgeschrieben?

Das Gesetz schreibt keine Kapitaleinlage für die Gesellschafter vor. Kapitaleinlagen sind allerdings üblich und werden vertraglich vereinbart. Die Gesellschafter sind verpflichtet, die vertraglich vereinbarte Beteiligung einzubringen. Die Einlage kann als Bareinlage oder als Sacheinlage erfolgen.

03. Wie lautet die Firma einer OHG?

Die Firma muss den Zusatz „offene Handelsgesellschaft" oder eine entsprechende Abkürzung enthalten (§ 19 Abs. 1 HGB).

04. Wer führt in der OHG die Geschäfte?

Zur Geschäftsführung sind alle Gesellschafter berechtigt und verpflichtet. Im Allgemeinen besteht Einzelgeschäftsführung; der Gesellschaftsvertrag kann allerdings Ausnahmen vorsehen. (Vgl. § 114 HGB.)

05. Wer vertritt die Gesellschaft nach außen?

Für die Vertretung nach außen besteht Einzelvertretungsbefugnis; der Gesellschaftsvertrag kann allerdings Ausnahmen vorsehen.

06. Wie wird in der OHG der Gewinn verteilt?

Im Allgemeinen wird die Gewinnverteilung vertraglich geregelt. Fehlt eine vertragliche Vereinbarung, wird die Gewinnverteilung nach den Vorschriften des HGB vorgenommen.

Das HGB sieht in § 121 folgende Gewinnverteilung vor: Zunächst erhält jeder Gesellschafter einen Anteil am Gewinn in Höhe von 4 % seiner Einlage; reicht der Gewinn für einen Vorwegabzug in dieser Höhe nicht aus, ist die Verteilung nach einem entsprechend niedrigeren Satz vorzunehmen. Der Überschuss, das ist der Betrag, der über den Vorwegabzug hinausgeht, wird nach Köpfen verteilt.

Mit dem folgenden *Beispiel* werden die Ausführungen zur Gewinnverteilung veranschaulicht.

An der Antonio OHG sind Antonio mit 1.000.000 €, Bertrand mit 500.000 €, Clement mit 100.000 € beteiligt. Ein Jahresgewinn von 450.000 € ist nach den Vorschriften des HGB zu verteilen.

	Beteiligungen (Euro)	Vorwegabzug (4 % der Einlage)	Restverteilung (nach Köpfen)	Gewinnanteil
A	1.000.000,00	40.000,00	128.666,67	168.666,67
B	500.000,00	20.000,00	128.666,67	148.666,67
C	100.000,00	4.000,00	128.666,67	132.666,67
	1.600.000,00	64.000,00	386.000,00	450.000,00

In Fortführung des Beispiels wird angenommen, ein Jahresgewinn von 48.000 € soll verteilt werden. Da der Gewinn für einen Vorwegabzug von 4 % nicht ausreicht, muss ein entsprechend niedrigerer Satz ermittelt werden. Der Gewinn beläuft sich auf 3 % des Gesamtkapitals. Er ist entsprechend auf die Gesellschafter zu verteilen.

	Beteiligungen (Euro)	Gewinnverteilung (3 % der Anteile)
A	1.000.000	30.000,00
B	500.000	15.000,00
C	100.000	3.000,00
	1.600.000	48.000,00

07. Wie wird in der OHG der Verlust verteilt?

Der Verlust einer OHG wird nach Köpfen verteilt.

08. Wie haften die Gesellschafter der OGH gegenüber Gläubigern?

Die Gesellschafter der OHG haften nach § 127 HGB gegenüber den Gläubigern der OHG als *Gesamtschuldner persönlich*. Das hat folgende Bedeutungen:

- Jeder Gesellschafter haftet gegenüber den Gläubigern *solidarisch*: er kann alleine für die Schulden der OHG von den Gläubigern in Anspruch genommen werden.
- Jeder Gesellschafter haftet gegenüber den Gläubigern *direkt*: die Gläubiger können sich mit ihren Forderungen an jeden Gesellschafter direkt werden.
- Jeder Gesellschafter haftet gegenüber den Gläubigern *unbeschränkt*: der Gesellschafter haftet nicht nur mit dem eingebrachten Kapitalanteil, sondern auch mit seinem Privatvermögen.

09. Können die Gesellschafter einer OHG ihre Beteiligung kündigen?

Die Beteiligung kann mit einer sechsmonatigen Kündigungsfrist zum Jahresende gekündigt werden.

4.1.3.2.1.2 Die Kommanditgesellschaft

01. Was ist eine Kommanditgesellschaft (KG)?

Die KG ist eine Personengesellschaft; unter gemeinschaftlicher Firma betreiben mehrere Kaufleute ein Handelsgewerbe.

Die KG besteht aus mindestens einem Gesellschafter, der persönlich haftet *(Komplementär)* und mindestens einem Gesellschafter, dessen Haftung auf seine Einlage beschränkt ist *(Kommanditist)*. Die Rechtsstellung mehrerer Komplementäre einer KG ist der der OHG-Gesellschafter vergleichbar. (Vgl. § 161 HGB.)

02. Ist eine Kapitaleinlage vorgeschrieben?

Der Gesetzgeber schreibt weder die Höhe des Gesamtkapitals, noch die Höhe der einzelnen Einlage in einer KG vor. Die Gesellschafter sind zu der vereinbarten Kapitaleinlage verpflichtet. Die Höhe der Haftsumme der Teilhafter (Kommanditisten) wird in das Handelsregister eingetragen.

03. Wie lautet die Firma einer KG?

Die Firma enthält den Zusatz „Kommanditgesellschaft" oder eine entsprechende Abkürzung.

04. Wer führt in der KG die Geschäfte?

In der KG führen die Komplementäre die Geschäfte (§ 164 HGB).

05. Können die Kommanditisten Einfluss auf die Geschäftsführung nehmen?

Die Kommanditisten haben ein Widerspruchsrecht bei außergewöhnlichen Geschäften. Außerdem haben sie das Recht auf Kontrolle der Bücher im Zusammenhang mit der Jahresbilanz.

06. Wer vertritt die Gesellschaft nach außen?

Die Komplementäre vertreten die Gesellschaft nach außen (vgl. § 170 HGB).

07. Wie wird in der KG der Gewinn verteilt?

Im Allgemeinen wird die Gewinnverteilung vertraglich geregelt. Fehlt eine vertragliche Vereinbarung, wird die Gewinnverteilung nach den Vorschriften des HGB vorgenommen.

Das HGB sieht folgende Gewinnverteilung vor: Zunächst 4 % der Einlage; reicht der Gewinn dafür nicht aus, ist ein entsprechend niedriger Satz zu nehmen; ein über den Vorwegabzug hinausgehender Überschuss ist angemessen zu verteilen. Auch ein Verlust ist angemessen zu verteilen.

08. Wie haften die Gesellschafter der KG gegenüber Gläubigern?

Der Komplementär haftet persönlich. Mehrere *Komplementäre* haften wie die OHG-Gesellschafter: voll (also auch mit dem Privatvermögen), gesamtschuldnerisch und direkt. Die Komplementäre werden auch als Vollhafter bezeichnet.

Die *Kommanditisten* haften nach § 171 HGB nur bis zur Höhe der Einlage; sie werden deshalb auch als Teilhafter bezeichnet.

09. Können die Gesellschafter einer KG ihre Beteiligung kündigen?

Ja, die Beteiligung kann mit einer sechsmonatigen Kündigungsfrist zum Jahresende gekündigt werden.

4.1.3.2.1.3 Die Gesellschaft mit beschränkter Haftung

01. Wie entsteht eine GmbH?

Die GmbH ist eine Kapitalgesellschaft mit eigener Rechtspersönlichkeit. Sie kann zu jedem Zweck durch eine oder mehrere Personen errichtet werden; sie stellen den Gesellschaftsvertrag auf, der u. a. Firma und Sitz der Gesellschaft, Art der Unternehmung, Höhe des Stammkapitals und der Stammeinlagen enthält. – Die GmbH entsteht durch die Eintragung ins Handelsregister. (Vgl. §§ 1, 2, 7, 8 GmbHG.)

02. Wie firmiert eine GmbH?

Die Firma einer GmbH muss die Bezeichnung „Gesellschaft mit beschränkter Haftung" oder eine entsprechende Abkürzung enthalten (§ 4 GmbHG).

03. Wie hoch muss das Stammkapital mindestens sein?

Das von den Gesellschaftern aufzubringende Gesellschaftskapital, das sog. Stammkapital, muss *mindestens 25.000 €* betragen (§ 5 Abs. 1 GmbHG). Das Kapital kann als Geld- oder Sachkapital eingebracht werden. Die von den Gesellschaftern eingebrachten Anteile werden als Geschäftsanteile bezeichnet. Ein Gesellschafter kann bei Errichtung mehrere Anteile übernehmen.

04. Wie hoch müssen die Geschäftsanteile sein?

Der Nennbetrag eines Geschäftsanteils muss auf volle Euro lauten. Seine *Höhe legt das Gesetz nicht fest.* Die Summe der Nennbeträge aller Geschäftsanteile muss mit dem Stammkapital übereinstimmen. (Vgl. § 5 Abs. 2 ff. GmbHG.)

05. Wie haftet eine GmbH gegenüber ihren Gläubigern?

Die GmbH haftet gegenüber ihren Gläubigern mit ihrem Vermögen. Die Gesellschafter haften gegenüber der GmbH. Die Gesellschafter können durch den Gesellschaftsvertrag zum Nachschuss verpflichtet sein. Die Höhe der *Nachschusspflicht* kann beschränkt oder unbeschränkt sein.

06. Was sind Nachschüsse und wie entsteht die Nachschusspflicht?

Nachschüsse sind Zahlungen der Gesellschafter, die über die Nennbeträge ihrer Gesellschaftsanteile hinausgehen. Im Gesellschaftsvertrag kann festgelegt werden, dass die Gesellschafter die Nachschusspflicht beschließen können. Die Nachschusspflicht entsteht also *durch Beschluss* der Gesellschafter unter der Bedingung, dass der Gesellschaftsvertrag ihnen dieses Recht einräumt.

Die Einzahlung der Nachschüsse erfolgt nach dem Verhältnis der Gesellschaftsanteile. Das gilt sowohl für die unbeschränkte als auch für die auf einen bestimmten Betrag festgesetzte beschränkte Nachschusspflicht.

07. Welches Recht hat ein Gesellschafter bei unbeschränkter Nachschusspflicht?

Bei unbeschränkter Nachschusspflicht kann ein Gesellschafter, der seinen Stammanteil vollständig eingezahlt hat, sich von der Zahlung des Nachschusses befreien, indem er der Gesellschaft seinen *Geschäftsanteil zur Verfügung stellt*; das muss allerdings innerhalb eines Monats nach der Aufforderung zur Zahlung erfolgen. Falls ein Gesellschafter den Nachschuss nicht zahlt und seinen Geschäftsanteil auch nicht zur Verfügung stellt, kann die Gesellschaft dem Gesellschafter mit eingeschriebenem Brief erklären, dass sie seinen Geschäftsanteil als zur Verfügung gestellt betrachtet.

08. Wie verfährt die Gesellschaft mit dem ihr zur Verfügung gestellten Gesellschaftsanteil?

Die Gesellschaft muss den Anteil, der ihr zur Verfügung gestellt ist, innerhalb eines Monats im Wege öffentlicher Versteigerung oder – mit Zustimmung des Gesellschafters – in einer anderen Weise verkaufen lassen. Der Mehrerlös über die Verkaufskosten und den Nachschuss steht dem betreffenden Gesellschafter zu.

09. Wer führt die Geschäfte der GmbH?

Die Geschäfte der GmbH werden von einem angestellten Geschäftsführer geführt; er muss nicht Gesellschafter sein. Es können mehrere Geschäftsführer bestellt sein, sie führen die Geschäfte gemeinsam (Ausnahmen sind möglich). (Vgl. § 6 GmbHG.)

10. Welche Funktion hat die Gesellschafterversammlung?

Die Gesellschafterversammlung ist *Beschluss- und Kontrollorgan*. Wichtige Aufgaben sind z. B. Bestellung, Abberufung, Prüfung und Entlastung der Geschäftsführer, Feststellung des Jahresabschlusses und Festlegung der Gewinnverwendung, Satzungsänderungen. (Vgl. §§ 48 und 46 GmbHG.)

11. Wie wird der Gewinn der GmbH auf die Gesellschafter verteilt?

Der Gewinn wird im Verhältnis der Anteile verteilt. Im Gesellschaftsvertrag kann ein anderer Maßstab zur Verteilung festgesetzt werden.

12. Was ist eine Unternehmergesellschaft (haftungsbeschränkt)?

Die Unternehmergesellschaft (haftungsbeschränkt) nach § 5a HGB ist eine *Sonderform der GmbH*. Ihre Besonderheit liegt darin, dass sie mit einem Stammkapital, das erheblich unter dem Mindeststammkapital der GmbH liegt, errichtet werden kann. Die UG (haftungsbeschränkt) muss allerdings eine Eigenkapitalrücklage bilden; dazu sind 25 % des Jahresgewinns zu nutzen. Wenn das Stammkapital die Höhe des Mindeststammkapitals einer regulären GmbH (also 25.000 €) erreicht hat, gelten die Vorschriften über die Unternehmergesellschaft nicht mehr.

13. Welche Bedeutung hat die Firmenbezeichnung einer Unternehmergesellschaft?

Obwohl die Unternehmergesellschaft eine Sonderform der GmbH ist, darf sie die Bezeichnung nicht als Firmenzusatz benutzen. Sie muss vielmehr in der Firma die Bezeichnung Unternehmergesellschaft (haftungsbeschränkt) bzw. UG (haftungsbeschränkt) führen. Die Bezeichnung macht die besondere Haftungsbeschränkung deutlich. Die Bezeichnung „Unternehmergesellschaft" kann abgekürzt werden, der weitere Zusatz „(haftungsbeschränkt)" nicht. Diese Vorschriften sollen zum Gläubigerschutz beitragen.

Erst bei einem Stammkapital von mindestens 25.000 € kann die Unternehmergesellschaft in eine GmbH umbenannt werden; sie kann allerdings auch die bisherige Bezeichnung beibehalten.

4.1.3.2.1.4 Die Aktiengesellschaft

01. Wie entsteht eine AG?

Die AG ist eine Kapitalgesellschaft mit eigener Rechtspersönlichkeit. Sie kann zu jedem Zweck durch eine oder mehrere Personen errichtet werden; sie stellen die Satzung auf.

Die AG entsteht durch die Eintragung ins Handelsregister. (Vgl. §§ 1 ff. AktG.)

02. Wer bringt das Grundkapital auf?

Das Grundkapital der AG in Höhe von mindestens 50.000 € wird von den Gesellschaftern aufgebracht. Die Einlagen können in Geld oder – unter Berücksichtigung besonderer Vorschriften – in Sachen eingebracht werden.

Für ihre Einlagen erhalten die Gesellschafter Aktien. Die Aktien können als *Stückaktien* und *Nennbetragsaktien* ausgegeben werden. Die Aktien sind Urkunden, die entweder auf den Namen oder den Inhaber lauten *(Namens- und Inhaberaktien)*. Ihre Übertragung ist relativ einfach. (Vgl. §§ 6 ff. AktG.)

03. Welche Rechte verleiht eine Aktie?

Die Anteilseigner (Aktionäre) haben einen Anspruch auf Gewinnanteil *(Dividende)* gemäß ihren Anteilen. Im Allgemeinen haben sie bei einer Kapitalerhöhung auch einen Anspruch auf Bezug neuer Aktien.

04. Wovon ist die Höhe der Dividende abhängig?

Die Höhe der Dividende ist *abhängig von der Gewinnverwendung*, die die Hauptversammlung auf Vorschlag des Vorstands beschließt. – Gewinnverwendung:

- Reingewinn
- abzüglich von Gewinnanteilen, die der gesetzlichen Rücklage zuzuführen sind, das sind 5 % des Gewinns bis 10 % des Grundkapitals erreicht sind
- abzüglich von Gewinnanteilen, die auf Vorschlag des Vorstands den freien Rücklagen zugeführt werden sollen
- abzüglich von Gewinnanteilen, die evtl. einem Gewinnvortrag zugeführt werden
- ergibt den Restgewinn (Dividende).

05. Wie haftet die AG gegenüber ihren Gläubigern?

Die Gesellschaft haftet gegenüber ihren Gläubigern mit dem Gesellschaftsvermögen. Die Haftung der Gesellschafter ist völlig ausgeschlossen.

06. Wodurch unterscheiden sich Nennbetragsaktien von Stückaktien?

Die Aktien können als Nennbetragsaktien oder als Stückaktien ausgegeben werden. (§ 8 AktG.)

Die Summe der **Nennbetragsaktien** entsprechen dem Betrag des Grundkapitals. Der Mindestbetrag einer Nennbetragsaktie ist 1 €. Höhere Nennbeträge sind möglich, sie müssen auf volle Euro lauten.

Stückaktien haben keinen Nennbetrag. Sie sind am Grundkapital in gleichem Umfang beteiligt; die Gesamtzahl aller Stücke, d. h. aller Anteile, entsprechen dem Grundkapital. Der auf die einzelnen Stückaktien entfallende Anteil am Grundkapital darf einen Euro nicht unterschreiten.

07. Welche Bestimmungen enthält die Satzung einer AG?

Die Satzung der AG bestimmt nach § 23 Abs. 3 AktG u. a.

- Firma und Sitz der Gesellschaft
- Gegenstand der Unternehmung
- Höhe des Grundkapitals

- die Zerlegung des Grundkapitals in Aktien entweder in Nennbetragsaktien oder in Stückaktien, bei Nennbetragsaktien deren Nennbeträge und die Zahl der Aktien jedes Nennbetrags, bei Stückaktien deren Anzahl
- die Gattung der Aktien und die Anzahl der Aktien jeder Gattung (Aktien können mit unterschiedlichen Rechten ausgestattet sein, Aktien mit gleichen Rechten bilden jeweils eine Gattung)
- Form der Bekanntmachungen der Gesellschaft.

08. Wie firmiert eine AG?

Die Firma einer AG muss den Zusatz „Aktiengesellschaft" oder eine entsprechende Abkürzung enthalten.

09. Welche Organe hat die AG?

Die Organe der AG sind

- der Vorstand (§§ 76 ff. AktG)
- der Aufsichtsrat (§§ 95 ff. AktG)
- die Hauptversammlung (§§ 118 ff. AktG).

10. Wer bestimmt den Vorstand, und aus wie viel Personen besteht der Vorstand?

Der Vorstand wird vom Aufsichtsrat auf höchstens fünf Jahre bestellt. Er besteht aus einer oder aus mehreren Personen; bei Gesellschaften mit mindestens 3 Mio. € Grundkapital muss er aus mindestens zwei Personen bestehen (wenn die Satzung nichts anderes vorsieht). Bei Unternehmen, in denen paritätische Mitbestimmung besteht, gehört auch ein Arbeitsdirektor zum Vorstand.

11. Welche Aufgaben hat der Vorstand?

Der Vorstand hat u. a. folgende Aufgaben:

- Leitung der Geschäfte gemeinschaftlich unter eigener Verantwortung
- Vertretung der Gesellschaft gerichtlich und außergerichtlich
- Bericht an den Aufsichtsrat (vierteljährlich)
- Einberufung der Hauptversammlung
- Vorschlag zur Gewinnverteilung
- Aufstellung des Jahresabschlusses und des Geschäftsberichts
- Vorlage von Abschluss und Bericht bei den Prüfern
- Bekanntgabe des Jahresabschlusses.

12. Welche Funktion hat der Aufsichtsrat?

Der Aufsichtsrat ist ein Gremium, mit dessen Hilfe die Anteilseigner und in Unternehmen mit Mitbestimmung auch die Arbeitnehmer die Geschäftsführung des Vorstands kontrollieren.

13. Wie viele Mitglieder hat ein Aufsichtsrat?

Nach § 95 AktG besteht der Aufsichtsrat aus drei Mitgliedern. Die Satzung kann jedoch eine höhere Zahl festsetzen; die Zahl muss aber durch drei teilbar sein. Die Höchstzahl der Aufsichtsratsmitglieder ist von der Höhe des Grundkapitals abhängig. Dabei gilt: Bei einem Grundkapital von bis zu 1.500.000 € besteht der Aufsichtsrat höchstens aus neun Mitgliedern, bei einem Grundkapital von mehr als 1.500.000 € höchstens aus 15 und bei einem Grundkapital von 10.000.000 € höchstens aus 21 Mitgliedern.

14. Wer wählt die Mitglieder in den Aufsichtsrat?

Die Hauptversammlung wählt die Anteilseigner, die Belegschaft die Arbeitnehmer in den Aufsichtsrat.

15. Wer wählt den Vorsitzenden des Aufsichtsrates?

Der Aufsichtsrat wählt mit einer Mehrheit von mindestens zwei Dritteln seiner Mitglieder den Vorsitzenden und dessen Vertreter.

16. Welche Aufgaben hat der Aufsichtsrat der AG?

Der Aufsichtsrat hat u. a. folgende Aufgaben:

- Bestellung des Vorstands
- Überwachung des Vorstands (vor allem auf der Grundlage des vierteljährlichen Berichts)
- Prüfung des Jahresabschlusses
- Prüfung des Vorschlags zur Gewinnverwendung
- Berichterstattung an die Hauptversammlung.

17. Welche Bedeutung hat die Hauptversammlung?

Die Hauptversammlung ist das Gremium, mit dem die Aktionäre die Rechte, die ihnen nach dem Gesetz zustehen, wahrnehmen. Die Hauptversammlung tritt regelmäßig gemäß Gesetz oder Satzung oder wenn das Wohl der Gesellschaft es erfordert zusammen.

18. Welche Aufgaben hat die Hauptversammlung der AG?

Die Hauptversammlung hat u. a. folgende Aufgaben:

- Wahl der Aktionärsvertreter in den Aufsichtsrat
- Beschlussfassung über Gewinnverwendung
- Beschlussfassung über Satzungsänderungen (z. B. Kapitalerhöhungen)
- Wahl der Abschlussprüfer
- Entlastung des Vorstans und des Aufsichtsrats.

4.1.3.2.1.5 Gemischte Rechtsformen

01. Was sind gemischte Rechtsformen der Unternehmen?

Gemischte Rechtsformen setzen sich aus den Merkmalen von Personen- und Kapitalgesellschaften zusammen. Gemischte Rechtsformen sind z. B. GmbH & Co. KG, KGaA.

02. Welche typischen Kennzeichen weist die GmbH & Co. KG auf?

Die GmbH & Co. KG ist eine gemischte Rechtsform. Sie weist Merkmale der GmbH und der KG und damit Elemente von Personen- und Kapitalgesellschaften auf. (Es überwiegen die Merkmale der Personengesellschaft.)

Erkennbar ist die Konstruktion der KG mit Vollhafter *(Komplementär)* und Teilhafter *(Kommanditisten)*. Vollhafter ist eine GmbH mit ihrem Stammkapital, Teilhafter können die Gesellschafter der GmbH sein. Die Haftung wird beschränkt auf das Vermögen der GmbH (Stammkapital) und die Einlagen der Kommanditisten. Die Geschäfte werden von den Geschäftsführern der GmbH geführt.

Gewählt wird diese Rechtsform wegen der Haftungsbeschränkung und wegen steuerlicher Vorteile.

03. Welche typischen Kennzeichen weist die Kommanditgesellschaft auf Aktien (KGaA) auf?

Die KGaA stellt eine Kombination von Merkmalen der Kapitalgesellschaft AG und der Personengesellschaft KG dar. (Es überwiegen die Merkmale der AG.)

Die KGaA ist eine Gesellschaft mit eigener Rechtspersönlichkeit, bei der mindestens ein Gesellschafter den Gläubigern der Gesellschaft gegenüber persönlich haftet; die übrigen Gesellschafter können als Teilhafter *(Kommanditaktionäre)* zur persönlichen Haftung nicht herangezogen werden. Die persönlich haftenden Gesellschafter führen die Gesellschaft; die Kommanditaktionäre nehmen ihre Rechte über die Hauptversammlung wahr.

04. Was ist eine Doppelgesellschaft?

Eine Doppelgesellschaft liegt vor, wenn sich ein bisher selbstständiges Unternehmen in zwei Unternehmen aufspaltet, die sachlich und personell miteinander verflochten sind. Das eine Unternehmen wird im Allgemeinen als Personen-, das andere als Kapitalgesellschaft organisiert. Der Personengesellschaft wird das Vermögen übertragen, sie wird dadurch *Besitzgesellschaft*; die Kapitalgesellschaft wird *Betriebsgesellschaft*.

4.1.3.2.2 Genossenschaften

01. Wie lässt sich das Wesen der Genossenschaft umschreiben?

Eine Genossenschaft dient der Förderung seiner Mitglieder. Genossenschaften, die nach den Vorschriften des Genossenschaftsgesetzes gegründet werden, haben folgende Förderzwecke (§ 1 Abs. 1 GenG):

- Förderung des Erwerbs und der Wirtschaft der Mitglieder
- Förderung kultureller Belange der Mitglieder
- Förderung sozialer Belange der Mitglieder.

Demnach können Genossenschaften gegründet werden zur gemeinsamen Beschaffung, zum gemeinschaftlichen Betrieb, zur gemeinschaftlichen Nutzung eines Maschinenparks, zur Gründung einer Schule, zur Einrichtung eines Kindergartens u. Ä.

02. Welche Rechtsform hat die eingetragene Genossenschaft?

Durch die Eintragung in das Genossenschaftsregister erhält die Genossenschaft die Rechte einer eingetragenen Genossenschaft. Sie ist eine juristische Person mit Rechten und Pflichten, sie kann Eigentum erwerben, vor Gericht klagen und verklagt werden. Genossenschaften sind Kaufleute im Sinne des HGB. (Vgl. §§ 13 und 15 GenG.)

03. Wie firmiert eine Genossenschaft?

Die Firma der Genossenschaft muss den Zusatz „eingetragene Genossenschaft" oder die entsprechende Abkürzung eG erhalten (§ 3 GenG). Auch für die Firma der Genossenschaft gelten die Grundsätze der Unterscheidbarkeit und Ausschließlichkeit (vgl. die Ausführungen über die Firma).

04. Wer haftet für die Verbindlichkeiten der Genossenschaft?

Für die Verbindlichkeiten der Genossenschaft haftet den Gläubigern nur das Vermögen der Genossenschaft (§ 2 GenG). In diesem Rahmen haften die Mitglieder mit ihren Geschäftsanteilen. Darüber hinaus haften sie im Insolvenzfall mit beschränkten oder unbeschränkten Nachschüssen, wenn die Satzung dies so bestimmt.

05. Wie hoch muss die Mitgliederzahl einer Genossenschaft mindestens sein?

Eine Genossenschaft muss mindestens drei Mitglieder haben (§ 4 GenG).

06. Welche Form ist für die Satzung der Genossenschaft vorgeschrieben, und welche Bestimmungen muss die Satzung mindestens enthalten?

Der Gesetzgeber schreibt für die Satzung die Schriftform vor (§ 5 GenG).

Die Satzung muss nach §§ 6 f. u. a. Folgendes enthalten:

- die Firma und den Sitz der Genossenschaft
- den Gegenstand des Unternehmens
- Bestimmungen darüber, ob die Mitglieder für den Fall, dass die Gläubiger im Insolvenzverfahren über das Vermögen der Genossenschaft nicht befriedigt werden, Nachschüsse zur Insolvenzmasse unbeschränkt, beschränkt auf eine bestimmte Summe (Haftsumme) oder überhaupt nicht zu leisten haben
- Bestimmungen über die Form für die Einberufung der Generalversammlung
- Bestimmungen über die Form der Bekanntmachungen
- Festlegung des Betrages, bis zu welchem sich die einzelnen Mitglieder mit Einlagen beteiligen können (Geschäftsanteil), sowie die Einzahlungen auf den Geschäftsanteil, zu welchen jedes Mitglied verpflichtet ist
- Bestimmungen über die Bildung einer gesetzlichen Rücklage.

07. Kann sich ein Mitglied mit mehr als einem Geschäftsanteil beteiligen, und können auch Sachen als Einzahlungen auf den Geschäftsanteil eingebracht werden?

Ein Genossenschaftsmitglied kann sich mit mehreren Geschäftsanteilen beteiligen, wenn die Satzung dies ausdrücklich vorsieht. Die Satzung kann auch festlegen, wie viele Anteile ein einzelnes Mitglied höchstens übernehmen darf. Sacheinlagen als Einzahlungen auf den Geschäftsanteil sind möglich; aber auch das muss die Satzung ausdrücklich zulassen.

08. Schreibt der Gesetzgeber das Mindestkapital für eine Genossenschaft vor?

Das Gesetz sieht ein Mindestkapital in bestimmter Höhe nicht vor. Allerdings kann die Satzung ein Mindestkapital bestimmen. Das Mindestkapital darf durch Auszahlungen bei Ausscheiden von Mitgliedern bzw. bei Kündigungen von Geschäftsanteilen nicht unterschritten werden. (Vgl. § 8a GenG.)

4.1 Rechtsgrundlagen im Einkauf und in der Logistik

09. Wer meldet die Genossenschaft zur Eintragung an, und welche Formalitäten sind bei der Anmeldung zu beachten?

Die Genossenschaft wird vom Vorstand zur Eintragung angemeldet (§ 11 GenG). Der Anmeldung sind u. a. folgende Unterlagen beizufügen:

- die von den Mitgliedern unterzeichnete Satzung
- Nachweise über die Bestellung von Vorstand und Aufsichtsrat
- Nachweise u. a. über die Vermögenslage.

10. Wo wird das Genossenschaftsregister geführt, und welche Aufgaben hat das Registergericht?

Das Genossenschaftsregister wird bei dem Gericht geführt, in dessen Bezirk die Genossenschaft ihren Sitz hat. Das Gericht prüft, ob die Genossenschaft ordnungsgemäß errichtet wurde; wenn dies nicht der Fall ist, wird die Genossenschaft nicht eingetragen. Nach der Eintragung veröffentlicht das Gericht Auszüge aus der Satzung.

11. Wie wird die Mitgliedschaft erworben?

Nach Anmeldung der Satzung zur Eintragung in das Register kann die Mitgliedschaft beantragt werden. Der Antragsteller muss dazu eine *schriftliche Beitrittserklärung* abgeben, in der er sich ausdrücklich dazu verpflichtet, Einzahlungen auf den Geschäftsanteil und – wenn die Satzung dies vorsieht – auch Nachschüsse zu leisten. Seinen Betritt kann er nicht an Bedingungen knüpfen. Der Beitritt ist von der Zulassung der Genossenschaft abhängig. Nach *Zulassung* ist das neue Mitglied in die Mitgliederliste einzutragen. (Vgl. §§ 15 f GenG.)

12. Welche Organe hat die Genossenschaft?

Die Genossenschaft hat folgende Organe:

- Vorstand
- Aufsichtsrat
- Generalversammlung.

13. Wer bestimmt den Vorstand, und aus wie viel Personen besteht der Vorstand?

Die Generalversammlung wählt den Vorstand (sie kann ihn auch abberufen). Der Vorstand besteht aus zwei Personen. Bei Genossenschaften mit höchstens 20 Mitgliedern kann der Vorstand aus einer Person bestehen, wenn die Satzung dies so vorsieht.

14. Welche Aufgaben hat der Vorstand?

Der Vorstand *vertritt die Genossenschaft gerichtlich und außergerichtlich*. Die Mitglieder des Vorstands sind nur zur gemeinschaftlichen Vertretung befugt, es sei denn, die

Satzung sieht eine abweichende Regelung vor. Der Vorstand leitet in eigener Verantwortung die Geschäfte. Zu den Aufgaben des Vorstands gehören auch

- die Führung der Mitgliederliste
- die Vorlage der Mitgliederliste bei Gericht, wenn dies verlangt wird
- Gewährung der Einsichtnahme in die Mitgliederliste
- Aufsicht über das ordnungsgemäße Führen der erforderlichen Bücher.

15. Wer bestimmt den Aufsichtsrat, und aus wie viel Personen besteht der Aufsichtsrat?

Die Generalversammlung wählt den Aufsichtsrat. Er besteht aus drei Personen; die Satzung kann eine höhere Anzahl festsetzen. Die Satzung bestimmt auch, wie viele Aufsichtsratsmitglieder für eine Beschlussfassung erforderlich sind. Die Aufsichtsratsmitglieder dürfen nicht gleichzeitig Vorstandsmitglieder, Prokuristen usw. sein. (Vgl. §§ 36 f. GenG.)

16. Welche Aufgaben hat der Aufsichtsrat?

Der Aufsichtsrat hat nach dem Gesetz (§§ 38 ff.) u. a. folgende Aufgaben; daneben kann die Satzung weitere Aufgaben vorsehen.

- Überwachung der Geschäftsführung des Vorstands
- Einberufung der Generalversammlung, wenn das Interesse der Genossenschaft dies erforderlich macht
- Vertretung der Genossenschaft gegenüber den Vorstandmitgliedern gerichtlich und außergerichtlich
- Genehmigung von Krediten an Mitglieder des Vorstands.

17. Welche Bedeutung hat die Generalversammlung?

Die Generalversammlung ist die Versammlung der Genossenschaftsmitglieder, in der sie ihr Stimmrecht ausüben. Jedes Mitglied hat eine Stimme. (Die Satzung kann allerdings ein Mehrstimmenrecht gewähren.) Die Generalversammlung beschließt mit der Mehrheit der abgegebenen Stimmen, wenn die Satzung nicht andere Bestimmungen dazu enthält. (Vgl. § 43 GenG.)

18. Wann nimmt eine Vertreterversammlung die Befugnisse der Generalversammlung wahr?

Wenn eine Genossenschaft mehr als 1.500 Mitglieder hat, kann die Generalversammlung aus Vertretern der Mitglieder bestehen. Vertreter müssen natürliche Personen und Mitglieder der Genossenschaft sein, sie dürfen weder dem Vorstand noch dem Aufsichtsrat angehören. Für eine juristische Person, die Mitglied der Genossenschaft ist, kann deren gesetzlicher Vertreter der Mitgliederversammlung angehören.

19. Wer beruft die Generalversammlung ein?

Die Generalversammlung wird vom Vorstand einberufen, und zwar in den von der Satzung und vom Gesetz vorgesehenen Fällen; darüber hinaus aber auch dann, wenn das Interesse der Genossenschaft es erfordert. Eine Generalversammlung muss auch dann einberufen werden, wenn eine Minderheit (= 10 % der Mitglieder) es verlangt. (Vgl. §§ 44 f. GenG.)

20. Welche Befugnisse hat die Generalversammlung?

Die Generalversammlung fasst u. a. in folgenden Fällen Beschlüsse (§§ 49 ff. GenG):

- Feststellung des Jahresabschlusses
- Verwendung des Jahresüberschusses
- Deckung eines Jahresfehlbetrags
- Entlastung des Vorstands und des Aufsichtsrats
- Festsetzung von Beschränkungen die bei Gewährung von Kredit an denselben Schuldner eingehalten werden sollen
- Festsetzung von Betrag und Zeit für die Einzahlungen auf den Geschäftsanteil, wenn die Satzung dafür keine Bestimmungen enthält.

4.1.3.2.3 Zusammensetzung der Aufsichtsräte

01. Welche Bedeutung hat die Unternehmensmitbestimmung?

Mit dem Begriff Unternehmensmitbestimmung wird die Beteiligung der Arbeitnehmer an *unternehmerischen Entscheidungen* bezeichnet. Gemeint ist die Beteiligung der Arbeitnehmer an der Arbeit der Aufsichtsräte in Kapitalgesellschaften. Ursprünglich war der Aufsichtsrat das Gremium, mit dem die Anteilseigner die Geschäftsführung des Vorstands beaufsichtigten. Mit der Einsicht, dass der Produktionsfaktor Arbeit seiner Bedeutung für die Leistung eines Unternehmens angemessen an unternehmerischen Entscheidungen zu beteiligen sei, entwickelte sich die Mitbestimmung der Arbeitnehmer. Sie schlug sich einerseits in den Mitbestimmungs- und Mitwirkungsmöglichkeiten des Betriebsrats nieder, andererseits in der Unternehmensmitbestimmung.

Die Unternehmensmitbestimmung war von Anfang an umstritten. Ihre Kritiker werfen ihr mangelnde Effizienz vor; eines ihrer wichtigsten Argumente ist, dass die Mitbestimmung ausländische Investitionen abschrecken könne. Ihre Befürworter bescheinigen ihr einen erheblichen Beitrag zum Erfolg deutscher Unternehmen und zu ihrer Wettbewerbsfähigkeit.

Mit Gründungen nach englischem oder niederländischem Recht können die deutschen Vorschriften zur Mitbestimmung der Arbeitnehmer umgangen werden. Es scheint, dass die Zahl der Unternehmen, die diese Möglichkeiten nutzen, in letzter Zeit zunimmt.

02. Welche Gesetze enthalten die einschlägigen Vorschriften zur Mitbestimmungen?

Gesetze, die Mitbestimmung in Deutschland regeln sind u. a.

- das Mitbestimmungsgesetz
- das Drittelbeteiligungsgesetz
- das Montanmitbestimmungsgesetz.

03. Welche Form der Mitbestimmung sieht das Mitbestimmungsgesetz von 1976 vor?

Das Mitbestimmungsgesetz von 1976 (MitbestG) sieht die *paritätische Mitbestimmung* vor. Parität bedeutet hier lediglich, dass der Aufsichtsrat sich aus gleich großen Gruppen von Aktionärs- und Arbeitnehmervertretern zusammensetzt.

Bei Pattsituationen entscheidet die Stimme des Vorsitzenden. Die Mitglieder des Aufsichtsrats wählen mit einer Mehrheit von zwei Dritteln den Aufsichtsratsvorsitzenden und seinen Stellvertreter (§ 27 Abs. 1 MitbestG). Kommt die Zwei-Drittel-Mehrheit nicht zustande, wählen den Aktionärsvertreter den Vorsitzenden und Arbeitnehmervertreter den Stellvertreter.

04. Für welche Gesellschaften gilt das Mitbestimmungsgesetz von 1976?

Die Vorschriften des Mitbestimmungsgesetzes gelten für Unternehmen, die mehr als 2.000 Arbeitnehmer beschäftigen und als Aktiengesellschaften, Kommanditgesellschaften auf Aktien, Gesellschaften mit beschränkter Haftung oder Genossenschaften betrieben werden (§ 1 Abs. 1 MitbestG).

Das Mitbestimmungsgesetz gilt nicht für Unternehmen des Bergbaus und der Eisen und Stahl erzeugenden Industrie, bei denen das Montanmitbestimmungsgesetz anzuwenden ist, sowie für sog. Tendenzbetriebe.[1]

05. Wie setzen sich die Aufsichtsräte nach dem Mitbestimmungsgesetz von 1976 zusammen?

Nach § 7 MitbestG ist die Anzahl der Aufsichtsratsmitglieder abhängig von der Anzahl der insgesamt beschäftigen Arbeitnehmer. Im Einzelnen gilt:

- Bei Kapitalgesellschaften mit bis zu 10.000 Arbeitnehmern:
12 Aufsichtsratmitglieder (sechs Aktionärsvertreter, sechs Arbeitnehmervertreter; zwei der Arbeitnehmervertreter mussen Gewerkschaftsvertreter sein).

---

[1] Als Tendenzbetriebe werden Unternehmen bezeichnet die überwiegend ideelle Ziele verfolgen; dazu zählen z. B. Unternehmen, die unmittelbar und überwiegend politischen, konfessionellen, karitativen, erzieherischen, wissenschaftlichen oder künstlerischen Bestimmungen oder Zwecken der Berichterstattung oder Meinungsäußerung dienen.

- Bei Kapitalgesellschaften mit 10.000 bis 20.000 Arbeitnehmern:
16 Aufsichtsratmitglieder (acht Aktionärsvertreter, acht Arbeitnehmervertreter; zwei der Arbeitnehmervertreter müssen Gewerkschaftsvertreter sein).

- Bei Kapitalgesellschaften mit mehr als 20.000 Arbeitnehmern:
20 Aufsichtsratmitglieder (zehn Aktionärsvertreter, zehn Arbeitnehmervertreter; drei der Arbeitnehmervertreter müssen Gewerkschaftsvertreter sein).

06. Wie soll nach den Vorgaben des Drittelbeteiligungsgesetzes (DrittelbG) ein Aufsichtsrat zusammengesetzt sein?

Nach § 4 DrittelbG soll der Aufsichtsrat zu einem Drittel aus Arbeitnehmervertretern bestehen. Unter den Aufsichtsratsmitgliedern der Arbeitnehmer sollen Frauen und Männer entsprechend ihrem zahlenmäßigen Verhältnis im Unternehmen vertreten sein.

07. Für welche Gesellschaften gilt das Drittelbeteiligungsgesetz?

Das Drittelbeteiligungsgesetz gilt für Unternehmen mit in der Regel mehr als 500 Arbeitnehmern, die als Aktiengesellschaften (jedoch nicht als FamilienAGs), Gesellschaften mit beschränkter Haftung, Kommanditgesellschaften auf Aktien oder Genossenschaften betrieben werden.

Das Gesetz gilt nicht für Unternehmen des Bergbaus und der Eisen und Stahl erzeugenden Industrie, auf die das Montanmitbestimmungsgesetz anzuwenden ist, sowie für sog. Tendenzbetriebe.

08. Für welche Gesellschaften gilt das Montanmitbestimmungsgesetz?

Das Montanmitbestimmungsgesetz gilt für Unternehmen des Bergbaus und der Eisen und Stahl erzeugenden Industrie (Montanindustrie) mit in der Regel mehr als 1.000 Beschäftigten und die als Aktiengesellschaften oder als Gesellschaften mit beschränkter Haftung betrieben werden (§ 1 MontanMitbestG).

09. Wie setzt sich der Aufsichtsrat nach dem Montanmitbestimmungsgesetz zusammen?

Nach § 4 MontanMitbestG besteht der Aufsichtsrat aus elf Mitgliedern. Er setzt sich zusammen aus

- vier Vertretern der Anteilseigner und einem weiteren Mitglied
- vier Vertretern der Arbeitnehmer und einem weiteren Mitglied
- einem weiteren Mitglied.

Die weiteren Mitglieder dürfen weder Repräsentanten einer Gewerkschaft oder einer Arbeitgebervereinigung sein, sie dürfen auch nicht als Arbeitnehmer oder Arbeitgeber in dem betreffenden Unternehmen beschäftigt sein und sie dürfen schließlich auch nicht ein wesentliches wirtschaftliches Internesse an dem Unternehmen haben (§ 4 Abs. 2 MontanMitbestG).

4.1.3.2.4 Publizitätspflicht

01. Welche Bedeutung hat die Publizitätspflicht der Unternehmen?

GmbH und AG unterliegen der Publizitätspflicht nach § 325 HGB. Sie müssen den Jahresabschluss aufstellen und veröffentlichen, d. h. beim zuständigen Handelsregister einreichen und im Bundesanzeiger veröffentlichen. Art und Umfang der Rechnungslegung hängt von der Größe des Unternehmens ab.

Die Veröffentlichungen machen das Betriebsgeschehen für die interessierte Öffentlichkeit transparent. Mitarbeiter, insbesondere die Kapitalgeber (Aktionäre) werden über die aktuelle Lage und die Entwicklung des Unternehmens unterrichtet. Die Informationen können das Anlageverhalten der Aktionäre beeinflussen; insofern dienen sie auch der Kontrolle der Unternehmensführung.

02. Unterliegen auch Einzelunternehmen und Personengesellschaften der Publizitätspflicht?

Nach dem Publizitätsgesetz unterliegen auch große Einzelunternehmen und Personengesellschaften der Pflicht zur öffentlichen Rechnungslegung. Sie müssen ihren Jahresabschluss veröffentlichen, wenn sie zwei der folgenden Kriterien erfüllen:

- Die Bilanzsumme für das abgeschlossene Geschäftsjahr übersteigt 65 Mio. €.
- Die Umsatzerlöse im abgeschlossenen Geschäftsjahr übersteigen 130 Mio. €.
- Beschäftigung von mehr als 5.000 Arbeitnehmern im Monatsdurchschnitt des abgelaufenen Geschäftsjahres.

4.1.3.2.5 Corporate Governance

01. Was wird durch das Corporate Governance geregelt?

Unter dem Begriff Corporate Governance fasst man alle Regelungen und Arrangements zusammen, nach denen ein Unternehmen unter Berücksichtigung aller Bezugsgruppen mit ihren unterschiedlichen Interessen *(Stakeholder)* geführt werden soll.

Bezugsgruppen (Stakeholder) sind
- Mitarbeiter
- Management
- Eigentümer, Kapitalgeber, Aktionäre
- Kunden
- Lieferanten.

Governanceprobleme können dadurch entstehen, dass Bezugsgruppen wegen ihrer Einflussmöglichkeiten, ihrer Stärke oder ihres Informationsvorsprungs ihre jeweils spezifischen Interessen zu Lasten der anderen Bezugsgruppen und zum Nachteil des Unternehmens durchsetzen können. Die Aufgabe der Corporate Governance besteht darin, ein System von Regeln und Arrangements zu schaffen, durch das diese Probleme vermindert oder sogar vermieden werden. Das Corporate-Governance-System umfasst folgende Aspekte:

- Zielsetzungen für das Zusammenwirken der Bezugsgruppen
- Festlegung der personalen Verantwortlichkeiten für die Lösung von Interessenkonflikten sowie der entsprechenden Strukturen und Prozesse
- Unternehmenskommunikation
- verlässliche Rechnungslegung und Abschlussprüfung.

02. Welche Regulierungsebenen bestehen für die Corporate Governance?

Es bestehen grundsätzlich zwei Regulierungsebenen für die Corporate Governance:

1. Gesetze, d. h. der Staat legt die Regeln für das Zusammenwirken der Bezugsgruppen fest.
2. Ausfüllung der gesetzlichen Vorschriften durch Festlegung von Standards, die von den beteiligten Unternehmen als bindend anerkannt werden (in diesem Sinne wird in Deutschland verfahren).

03. Welche Bedeutung hat der Deutsche Corporate Governance Kodex?

Die Deutsche Unternehmensverfassung wird – vor allem international – kritisiert. Kritikpunkte sind z. B.

- die mangelhafte Ausrichtung auf die Aktionärsinteressen
- die duale Unternehmensverfassung mit Vorstand und Aufsichtsrat
- die mangelnde Transparenz deutscher Unternehmensführung
- die mangelnde Unabhängigkeit deutscher Aufsichtsräte
- die eingeschränkte Unabhängigkeit der Abschlussprüfer.

Der Deutsche Corporate Governance Kodex geht auf die einzelnen Kritikpunkte ein.

Der Kodex stellt wesentliche gesetzliche Vorschriften zur Leitung und Überwachung deutscher börsennotierter Gesellschaften dar und enthält Standards guter und verantwortungsvoller Unternehmensführung. Der Kodex soll das deutsche Corporate Governance System transparent und nachvollziehbar machen und das Vertrauen der internationalen und nationalen Anleger, der Kunden, der Mitarbeiter und der Öffentlichkeit in die Leitung und Überwachung deutscher börsennotierter Aktiengesellschaften fördern.[1] Dazu gibt die „Regierungskommission Deutscher Corporate Governance Kodex" Empfehlungen für die Unternehmensführung.

---

[1] in Anlehnung an die Präambel zum Deutschen Corporate Governance Kodex (vgl. dazu die Homepage der Regierungskommission)

04. Was teilen Unternehmen in der sog. Entsprechenserklärung mit?

Das Bundesministerium der Justiz gibt die Empfehlungen der „Regierungskommission Deutscher Corporate Governance Kodex" im amtlichen Teil des elektronischen Bundesanzeigers bekannt. Nach § 161 AktG müssen Vorstand und Aufsichtsrat der börsennotierten Gesellschaften in einer sog. Entsprechenserklärung jährlich darlegen, dass den Empfehlungen entsprochen wurde bzw. wird (Entsprechenserklärung) oder welche Empfehlungen nicht angewendet wurden oder werden. Die Erklärung ist den Aktionären dauerhaft zugänglich zu machen.

4.2 Vertragsrecht

4.2.1 Vertragsarten

4.2.1.1 Der Kaufvertrag[1]

01. Was ist ein Kaufvertrag?

Ein Kaufvertrag ist ein zweiseitiges Rechtsgeschäft. Er kommt durch zwei übereinstimmende Willenserklärungen zustande. Die beiden Willenserklärungen werden als Antrag und Annahme (des Antrages) bezeichnet.

02. Wie kann ein Kaufvertrag zustande kommen?

Ein Kaufvertrag kann auf drei unterschiedliche Arten zustande kommen.
1. Angebot als Antrag – Bestellung als Annahme: Der Verkäufer richtet ein bestimmt-Angebot an einen Käufer, der das Angebot annimmt und bestellt.
2. Bestellung als Antrag – Lieferung (oder Auftragsbestätigung) als Annahme: Der Käufer bestellt, der Verkäufer nimmt die Bestellung an und liefert.
3. Lieferung als Antrag – Annahme der gelieferten Sache und Bezahlung als Annahme: Der Verkäufer liefert, der Käufer nimmt die gelieferte Sache an.

03. Kommt durch eine Anfrage ein Kaufvertrag zustande?

Grundsätzlich nein. Die *Anfrage ist kein Antrag*, also z. B. keine Bestellung, mit der sie verwechselt werden könnte. Der anfragende Kunde geht durch die Anfrage keine Verpflichtungen ein, z. B. muss er eine Ware, die aufgrund der Anfrage geliefert wird, nicht annehmen. Nimmt er allerdings die gelieferte Ware an, dann ist die Annahme der Antrag; dadurch kommt der Kaufvertrag dann zustande.

---

[1] Auf Kaufverträge wird auch im Zusammenhang mit Einkaufsverträgen in Kap. *6.4.2 Einkaufsverträge* eingegangen.

04. Was gilt durch den Kaufvertrag als vereinbart?

Die Vereinbarungen im Kaufvertrag beziehen sich u. a. auf die folgenden Punkte:

- Ware nach Art, sie ist deshalb genau zu bezeichnen, z. B. durch Katalognummer u. Ä.
- Ware nach Menge, Umfang, Gewicht u. Ä.
- Lieferungsbedingungen, d. h. Art und Weise der Lieferung, Zeitpunkt der Lieferung, Übernahme für die Kosten der Lieferung usw.
- Zahlungsbedingungen, d. h. Art der Zahlung, Zeitpunkt der Zahlung, Zahlungsnachlässe usw.
- Erfüllungsort, das ist der Ort, an dem der Vertrag zu erfüllen ist
- Gerichtsstand, das ist das Gericht, das bei Streitigkeiten aus dem Vertrag zuständig sein soll.

05. Wie lässt sich der Handelskauf kennzeichnen?

Typisches Kennzeichen des Handelskaufs ist, dass Verkäufer und Käufer Unternehmen sind; der Handelskauf wird also zwischen Unternehmen abgeschlossen. Unternehmen sind natürliche oder juristische Personen, die bei Abschluss des Kaufvertrages in Ausübung ihrer gewerblichen Tätigkeit handeln. Für den Handelskauf gelten neben den Vorschriften des BGB ergänzend auch die Vorschriften des HGB.

06. Wie lässt sich der Verbrauchsgüterkauf kennzeichnen?

Typisches Kennzeichen des Verbrauchsgüterkaufs ist, dass der Verkäufer Unternehmer und der Käufer Verbraucher ist, der Verbraucher verwendet die gekaufte Sache für private Zwecke.

07. Welche Pflichten geht der Verkäufer durch den Kaufvertrag ein?

Der Verkäufer muss

- die Sache übergeben
- dem Käufer das Eigentum an der Sache verschaffen
- dem Käufer die Sache frei von Mängeln verschaffen; dazu gehören u. U. auch die sachgemäße Montage und die Mitlieferung einer fehlerfreien Montageanleitung
- die Kosten tragen, die im Zusammenhang mit der Übergabe der Sache und mit der Übertragung des Rechts an der Sache verbunden sind.

08. Welche Pflichten geht der Käufer durch den Kaufvertrag ein?

Der Käufer muss

- dem Verkäufer das vereinbarte Entgelt zahlen
- die gekaufte Sache abnehmen, die Kosten der Abnahme tragen
- beim Handelskauf: die gelieferte Sache sofort untersuchen und einen entdeckten Mangel unverzüglich dem Verkäufer anzeigen.

4.2.1.2 Weitere wichtige Verträge

01. Was ist ein Werkvertrag?

Bei einem Werkvertrag verpflichtet sich der Auftragnehmer zur Erstellung eines Werks, der Auftraggeber zur Zahlung einer Vergütung. Unwesentlich ist, wer von den beiden Vertragspartnern die Stoffe liefert, die zur Erstellung des Werks erforderlich sind. Wesentlich dagegen ist, dass der Auftragnehmer für den Erfolg seiner Leistung Garantien übernimmt. Das Werk kann z. B. Herstellung oder Reparatur einer Sache oder die Erstellung einer sonstigen Leistung sein (z. B. Rechtsberatung oder Beförderung einer Fracht).

02. Was sind Logistikverträge?

Logistikverträge sind Werkverträge. Sie werden mit Logistikunternehmen abgeschlossen. Das Werk besteht z. B. in Transportleistungen, Lagerung, Umschlag, Verpackung u. Ä.

03. Wodurch unterscheiden sich Miete und Pacht?

Als **Miete** bezeichnet man die vertragliche Überlassung einer Sache zum Gebrauch, vgl. z. B. die Miete einer Wohnung. Als **Pacht** bezeichnet man die vertragliche Überlassung einer Sache zum Gebrauch und zum Genuss der Früchte aus der Sache, vgl. z. B. die Pacht einer Ackerfläche.

04. Was ist ein Dienstvertrag?

Der Dienstvertrag ist ein Vertrag zwischen einem Dienstnehmer und einem Dienstberechtigten. Durch den Vertrag verpflichtet sich der Dienstnehmer zur Leistung von Diensten; Gegenstand des Vertrages können Dienstleistungen jeglicher Art sein. Der Dienstberechtigte verpflichtet sich zur Zahlung einer Vergütung. Der Dienstnehmer stellt dem Dienstberechtigten seine Arbeitskraft für die vertraglich festgesetzte Dauer zur Verfügung; dadurch unterscheidet sich der Dienstvertrag vom Werkvertrag, bei dem es auf die Ablieferung eines Werkes, d. h. auf den Erfolg, ankommt. Dienstnehmer können unselbstständig oder selbstständig tätig sein.

4.2 Vertragsrecht

Der Dienstvertrag mit unselbstständig Tätigen ist mit dem Arbeitsvertrag identisch. So genannte freie Dienstverträge, das sind Dienstverträge mit selbstständig Tätigen, werden z. B. mit Rechtsanwälten oder Ärzten abgeschlossen. Dienstverträge werden im Allgemeinen auf kurze Dauer abgeschlossen.

05. Was ist ein Geschäftsbesorgungsvertrag?

Der Geschäftsbesorgungsvertrag ist ein Vertrag zwischen einem Auftragnehmer und einem Auftraggeber, durch den sich der Auftragnehmer zur Besorgung eines Geschäfts und der Auftragnehmer zur Zahlung einer Vergütung verpflichten. Geschäfte dieser Art sind Tätigkeiten eines Rechtsanwalts u. dgl.

06. Was ist ein Leasingvertrag?

Der Leasingvertrag ist eine besondere Form des Mietvertrages zwischen einem Leasingnehmer und einem Leasinggeber. Leasingobjekte sind vor allem Investitionsgüter, aber auch Konsumgüter werden geleast. Der Leasingnehmer kann die von ihm gemietete Sache gebrauchen und zahlt dafür die vereinbarten Leasingraten, der Leasinggeber bleibt Eigentümer der Sache.

Im Leasingvertrag werden u. a. vereinbart:

- Höhe der Leasingraten
- Dauer einer Grundmietzeit
- Möglichkeiten zur Verlängerung der Grundmietzeit
- Kaufoptionen
- Übernahme des Investitionsrisikos
- Wartungsdienste.

07. Wodurch unterscheidet sich indirektes vom direkten Leasing?

Beim **indirekten** Leasing ist Leasinggeber eine Leasinggesellschaft, die das Objekt vom Hersteller kauft und dem Leasingnehmer übergibt. Beim **direkten** Leasing ist der Hersteller des Objektes Leasinggeber.

08. Wodurch unterscheidet sich Operate Leasing vom Finanzierungsleasing?

Operate-Leasing-Verträge sind Mietverträge, die vom Leasinggeber oder -nehmer jederzeit (evtl. unter Berücksichtigung geringer Kündigungsfristen) gekündigt werden können. Dadurch übernimmt der Leasinggeber das Investitionsrisiko. **Finanzierungsleasing**-Verträge sind während der Dauer der vereinbarten Grundmietzeit unkündbar. Diese Verträge haben häufig den Charakter von Teilzahlungsverträgen.

09. Was ist Mietkauf?

Dem Mietkauf liegt ein Mietvertrag zu Grunde, in dem vereinbart ist, dass der Mieter die gemietete Sache zu einem bestimmten Zeitpunkt kaufen kann. Dabei wird die bis dahin gezahlte Miete auf den Kaufpreis angerechnet.

10. Was ist ein Franchisevertrag?

Der Franchisevertrag ist ein Vertrag zwischen einem selbstständigen Franchisenehmer und einem Franchisegeber, der im allgemeinen Grundlage einer längerfristigen Zusammenarbeit ist. Der Franchisegeber bietet dem Franchisenehmer z. B. Produkte (Sortiment), Dienste, Markennutzung und einen Vollservice für die Vorbereitung, den Start und den laufenden Betrieb des Vertriebs von Waren oder Dienstleistungen. Der Franchisenehmer ist zur Leistung eines Entgelts verpflichtet.

4.2.2 Grundlagen des Vertragsrechts (Voraussetzungen des Vertrages)

4.2.2.1 Grundlagen

01. Was sind Rechtssubjekte?

Rechtssubjekte sind Träger von Rechten und Pflichten, d. h. sie besitzen die Geschäftsfähigkeit. Sie haben z. B. das Recht, Rechtsgeschäfte einzugehen. Zum Beispiel ist in einem Kaufvertrag der Käufer Rechtssubjekt.

02. Was sind Rechtsobjekte?

Rechtsobjekte sind die Sachen, auf die sich die Rechte beziehen. Zum Beispiel ist beim Kauf eines Autos das Auto Rechtsobjekt.

03. Was sind Rechtsgeschäfte, und welche Bedeutung haben sie?

Rechtsgeschäfte begründen, verändern oder beenden Rechtsverhältnisse, d. h. die rechtlichen Beziehungen von Personen zu Personen und von Personen zu Sachen werden durch Rechtsgeschäfte geordnet und gestaltet. Rechtsgeschäfte kommen durch Willenserklärungen zustande. Zu unterscheiden sind einseitige und zweiseitige Rechtsgeschäfte.

04. Wodurch unterschelden sich einseitige von zweiseitigen Rechtsgeschäften?

Einseitige Rechtsgeschäfte enthalten nur eine Willenserklärung. Es gibt

- empfangsbedürftige einseitige Rechtsgeschäfte (z. B. Kündigung), sie müssen dem Erklärungsgegner zugehen, sonst werden sie nicht rechtswirksam
- nicht empfangsbedürftige einseitige Rechtsgeschäfte (z. B. Testament).

4.2 Vertragsrecht

Zweiseitige Rechtsgeschäfte kommen durch zwei übereinstimmende Willenserklärungen zustande (z. B. in einem Vertrag, vgl. Kaufvertrag).

05. Was ist eine Willenserklärung?

Eine Willenserklärung ist die Erklärung einer Person, mit der sie eine bestimmte Rechtsfolge erreichen will. Eine Willenserklärung gibt z. B. ein Verkäufer ab, der einem Kunden eine Ware anbietet mit der Absicht, dass ein Kaufvertrag zustande kommt. Zum Beispiel Angebot, Bestellung, Rücktritt vom Vertrag, Testament usw.

06. Was heißt Rechtsfähigkeit?

Rechtsfähigkeit ist die Fähigkeit, *Träger von Rechten und Pflichten* zu sein. Rechtsfähig sind alle natürlichen und juristischen Personen.

07. Was wird mit dem Begriff Geschäftsfähigkeit umschrieben?

Geschäftsfähigkeit ist die *Fähigkeit einer Person, Geschäfte rechtswirksam abzuschließen*. Von der unbeschränkten Geschäftsfähigkeit sind die beschränkte Geschäftsfähigkeit und die Geschäftsunfähigkeit zu unterscheiden.

08. Welche Bedeutung hat die unbeschränkte Geschäftsfähigkeit und welche Personen sind unbeschränkt geschäftsfähig?

Unbeschränkte Geschäftsfähigkeit ist die Fähigkeit einer Person, *alle Rechtsgeschäfte* rechtsgültig abzuschließen. Die unbeschränkte Geschäftsfähigkeit beginnt mit der Volljährigkeit. Sie setzt allerdings voraus, dass keine Störung der Geistestätigkeit besteht, die eine freie Bestimmung des Willens nicht zulässt.

09. Welche Personen sind geschäftsunfähig?

Kinder, die das siebente Lebensjahr noch nicht vollendet haben, sind geschäftsunfähig. Geschäftsunfähig sind auch Personen, deren krankhafte Störung der Geistestätigkeit eine freie Willensbildung nicht zulässt. (Vgl. § 104 BGB.)

10. Welche Wirkungen haben Willenserklärungen von geschäftsunfähigen Personen?

Willenserklärungen von Geschäftsunfähigen sind *nichtig* (§ 105 Abs. 1 BGB). Erklärungen können nur die Vertreter abgeben. Der gesetzliche Vertreter von Kindern sind beide Elternteile; wenn nur ein Elternteil das Sorgerecht hat, ist dieser allein zur Vertretung befugt. Für volljährige Geschäftsunfähige wird von einem Vormundschaftsgericht auf Antrag oder von Amts wegen ein Betreuer bestellt (§ 1896 Abs. 1 BGB). Der Betreuer gibt für den von ihm vertretenen Geschäftsunfähigen Willenserklärungen ab.

Eine Willenserklärung, die an eine geschäftsunfähige Person gerichtet ist, wird erst wirksam, wenn sie dem gesetzlichen Vertreter zugegangen ist (§ 131 BGB).

11. Welche Personen sind beschränkt geschäftsfähig?

Beschränkt geschäftsfähig sind Minderjährige nach Vollendung des siebenten Lebensjahres (§ 106 BGB).

12. Welche rechtliche Bedeutung hat die Beschränkung der Geschäftsfähigkeit für die Abgabe von Willenserklärungen?

In der Regel bedarf die Willenserklärung eines Minderjährigen der *Einwilligung* des gesetzlichen Vertreters. Ausnahmsweise ist seine Willenserklärung auch ohne Einwilligung rechtswirksam, wenn sie ihm einen rechtlichen Vorteil bringt. (Vgl. § 107 BGB.)

13. Welche rechtliche Bedeutung hat ein Vertrag mit einer beschränkt geschäftsfähigen Person?

Ein Vertrag, den ein Minderjähriger ohne Einwilligung des gesetzlichen Vertreters abschließt, ist *schwebend unwirksam*. Er wird erst dann rechtlich wirksam, wenn der gesetzliche Vertreter die Genehmigung zum Vertragsabschluss erteilt. (Vgl. § 108 BGB.)

Ausnahmsweise ist der mit einem Minderjährigen abgeschlossene Vertrag auch ohne Zustimmung des gesetzlichen Vertreters wirksam, wenn der Minderjährige seine Leistung mit Mitteln erbringt, die ihm zu diesem Zweck oder zu freier Verfügung von dem Vertreter oder mit dessen Zustimmung von einem Dritten überlassen worden sind (§ 110 BGB).

14. Was ist ein Vertrag, und wie kommt ein Vertrag zustande?

Ein Vertrag ist ein zweiseitiges Rechtsgeschäft. Es kommt durch *zwei übereinstimmende Willenserklärungen* zustande: Antrag und Annahme. Der Kaufvertrag ist ein bedeutsames *Beispiel* für einen Vertrag: *Ein Verkäufer macht einem möglichen Käufer ein Angebot (Antrag = 1. Willenserklärung); der Käufer nimmt das Angebot an (Annahme = 2. Willenserklärung). Es ist ein Vertrag zustande gekommen.* Der Kaufvertrag ist ein Beispiel für ein sog. *Verpflichtungsgeschäft*.

15. Was ist ein Verpflichtungsgeschäft?

Ein Verpflichtungsgeschäft liegt vor, wenn die Teilnehmer zu Leistungen verpflichtet werden. Der Kaufvertrag ist deshalb (wie alle zweiseitigen Rechtsgeschäfte) ein Verpflichtungsgeschäft: Der Verkäufer verpflichtet sich zur Übergabe und Übereignung einer Sache, der Käufer zur Zahlung des vereinbarten Preises.

Der Leser möge sich Folgendes verdeutlichen: Solange die Sache, die Gegenstand des Kaufvertrages ist, nicht übergeben und übereignet ist, befindet sie sich weiterhin

4.2 Vertragsrecht

im Eigentum des Verkäufers, solange der Kaufpreis nicht beglichen wird, bleibt das Geld auf dem Konto des Käufers. In einem Verpflichtungsgeschäft verändern sich die Aktiva der zu Leistungen Verpflichteten zunächst nicht, wohl aber die Passiva.

Die Regelungen des Verpflichtungsgeschäfts finden sich überwiegend im Schuldrecht.

16. Welche typischen Kennzeichen weist ein Verfügungsgeschäft auf?

Bei einem Verfügungsgeschäft wird ein *Recht unmittelbar übertragen, belastet, geändert oder aufgehoben*. Die Regelungen des Verfügungsgeschäfts finden sich überwiegend im Sachenrecht, zum Teil auch im Schuldrecht (z. B. Erlass einer Forderung). Danach sind Verfügungen

- die Übertragung, d. h. eine Sache wechselt den Inhaber, sie wird z. B. übereignet, übertragen usw.
- die Belastung, z. B. die Belastung des Grundstücks mit einer Grundschuld
- die Aufhebung, z. B. Erlass einer Forderung.

17. Wann ist ein Vertrag von vornherein nichtig?

Ein Vertrag ist von vornherein nichtig

- wenn ein Scheingeschäft vorliegt
- wenn ein Scherzgeschäft vorliegt
- wenn ein Geschäft vorliegt, das gegen die guten Sitten verstößt
- wenn ein Geschäft vorliegt, das gegen bestehende Gesetze verstößt
- wenn ein Geschäft vorliegt, das gegen eine Formvorschrift verstößt
- wenn ein Geschäft mit geschäftsunfähigen Personen vorliegt.

18. Wann kann ein Vertrag angefochten werden?

Ein Vertrag kann von einer Partei angefochten werden,

- wenn ihr bei Abgabe der Willenserklärung ein *Irrtum* unterlaufen ist
- wenn sie zur Abgabe ihrer Willenserklärung durch eine *Drohung* gezwungen wurde
- wenn sie zur Abgabe ihrer Willenserklärung durch eine *arglistige Täuschung* bestimmt wurde.

4.2.2.2 Vorvertragliche Rechte und Pflichten

01. Wodurch entstehen vorvertragliche Pflichten?

Nach § 311 Abs. 2 BGB entsteht ein Schulverhältnis nicht nur erst durch den Abschluss eines Vertrages, sondern bereits durch die *Aufnahme von Vertragverhandlungen, durch die Anbahnung eines Vertrages oder durch ähnliche geschäftliche Kontakte*. Dieses Schuldverhältnis verpflichtet die Verhandlungspartner, die Rechte, Rechtsgüter und Interessen des jeweils anderen zu berücksichtigen (§ 241 Abs. 2 BGB).

02. Was sind vorvertragliche Pflichten und Rechte?

Die *Pflichten zur Rücksichtnahme* auf die Rechte, Rechtsgüter und Interessen der Verhandlungspartner bei Eintritt in Vertragsverhandlungen werden als vorvertragliche Pflichten bezeichnet. Vorvertragliche Rechte ergeben sich entsprechend: Bei Eintritt in Verhandlungen muss ein Partner davon ausgehen können, dass der andere Teil auf seine Rechte, Rechtsgüter und Interessen Rücksicht nimmt. Vorvertragliche Rechte zeigen sich insbesondere dann, wenn vorvertragliche Pflichten verletzt werden (Culpa in Contrahendo) und Schadenersatzansprüche entstehen.

Der Begriff „Eintritt in Verhandlungen" kann sehr weit gefasst sein. Eine Vertragsanbahnung kann bereits vorliegen wenn ein Kunde ein Textilgeschäft mit der Absicht, einen Anzug zu kaufen, betritt: als vorvertragliche Pflicht ergibt sich für die Verkäufer die Beratung des Kunden. Wenn der Kunde über den schlecht gepflegten Teppichboden stolpert, liegt eine Pflichtverletzung des Verkäufers vor (Culpa in Contrahendo).

Vorvertragliche Pflichten eines Verkäufers sind bei der Anbahnung eines Kaufvertrages z. B. sorgfältige Beratung des präsumtiven Käufers unter Berücksichtigung seiner Interessen und Erwartungen, umfassende Information über das Produkt u. dgl.

03. Ist es für die Erfüllung vorvertraglicher Pflichten von Bedeutung, ob es schließlich zum Vertragsabschluss kommt?

Vorvertragliche Pflichten werden nicht dadurch hinfällig, dass es nach den Verhandlungen schließlich nicht zum Vertragsabschluss kommt.

04. Wie sind vorvertragliche Pflichten zu erfüllen?

Vorvertragliche Pflichten sind nach dem Grundsatz von Treu und Glauben mit Rücksicht auf die Verkehrssitte zu erfüllen (§ 242 BGB).

05. Was ist eine Culpa in Contrahendo?

Unter Culpa in Contrahendo versteht man die *Verletzung vorvertraglicher Pflichten*. Werden diese sog. vorvertraglichen Pflichten so verletzt, dass ein Verhandlungspartner einen Schaden erleidet, hat er einen Anspruch auf Ersatz.

4.2.2.3 Vertragsfreiheit

01. Was besagt der Grundsatz der Vertragsfreiheit?

Der Grundsatz der Vertragsfreiheit umfasst folgende Aspekte.
- Jeder hat grundsätzlich die Freiheit, einen ihm angetragenen Vertrag anzunehmen.
- Die Vertragsparteien sind grundsätzlich frei, den Inhalt des Vertrages zu bestimmen.

02. Bestehen Ausnahmen von der grundsätzlichen Vertragsfreiheit?

Die grundsätzliche Vertragsfreiheit wird z. B. durch folgende Vorschriften eingeschränkt:

- Verträge können nur von geschäftsfähigen Personen abgeschlossen werden.
- Für bestimmte Verträge gibt es inhaltliche Vorgaben (vgl. z. B. den Berufsausbildungsvertrag).

4.2.2.4 Antrag und Annahme

01. Was ist ein Vertrag, und wie kommt ein Vertrag zustande?

Ein Vertrag ist ein zweiseitiges Rechtsgeschäft. Es kommt durch *zwei übereinstimmende Willenserklärungen* zustande. Diese Willenserklärungen werden als Antrag und Annahme bezeichnet. Der Kaufvertrag ist ein bedeutsames Beispiel für einen Vertrag:

Ein Verkäufer macht einem möglichen Käufer ein Angebot (Antrag = 1. Willenserklärung); der Käufer nimmt das Angebot an (Annahme = 2. Willenserklärung).

Der Antrag ist ein *Vertragsangebot*. Antrag und Angebot werden deshalb häufig synonym verwandt. [1]

02. Welche Kennzeichen weist der Antrag auf?

Der Antrag bzw. das Angebot weist folgende Kennzeichen auf:

- Der Antrag ist immer nur an eine bestimmte Person gerichtet.
- Der Antrag muss so eindeutig formuliert sein, dass er ohne Änderungen angenommen werden kann.
- Der Antrag bindet den Antragsteller, es sei denn, er schließt die Bindung aus.

03. Wodurch unterscheidet sich der Antrag von einer allgemeinen Kaufaufforderung?

Schaufensterauslagen sind Aufforderungen, die ausgestellten Produkte zu kaufen; sie sind an die Passanten gerichtet, d. h. an einen nicht bestimmten Personenkreis. Die Produktpräsentation stellt eine Einladung zur Abgabe eines Antrags dar (invitatio ad offerendum); sie ist im rechtlichen Sinn kein Angebot. In diesem Sinn sind auch die Darstellungen in Katalogen und auf den Homepages (Bestellmaske) von Internetanbietern lediglich Einladungen zur Abgabe eines Kaufangebots, sie sind also keine Angebote, auch wenn sie häufig so genannt werden.

---

[1] Vgl. Däubler, W., 2002, S. 302 f.

04. Warum ist die eindeutige Formulierung des Antrags wichtig?

Der Antragsteller (A) muss das Angebot so formulieren, dass der andere Teil (B) den Bedingungen mit einem „Ja" zustimmen und den Antrag unverändert annehmen kann. Nur so kommt der Vertrag zustande. Wenn der Empfänger des Antrags (B) Bedingungen ändert kommt kein Vertrag zustande. Es entsteht u. U. ein neuer Antrag des B an A; eine veränderte Annahme ist ein neuer Antrag. Der Vertrag kann dann zustande kommen, wenn A diesen Antrag akzeptiert.

05. Wann beginnt die Bindung an den Antrag bzw. an das Angebot gegenüber Abwesenden?

Die Bindung an den Antrag, der gegenüber einem Abwesenden abgegeben wird, wird wirksam, sobald der Antrag dem Empfänger zugegangen ist (§ 130 Abs. 1 Satz 1 BGB).

Ein Verkäufer, der einem abwesenden Kunden eine Ware anbietet, ist von dem Zeitpunkt an an sein Angebot gebunden, an dem es zugegangen ist.

Die Bindung entsteht jedoch nicht, wenn der Antrag widerrufen wird und der Widerruf vor dem Antrag oder gleichzeitig mit ihm dem Empfänger zugeht (§ 130 Abs. 1 Satz 2 BGB).

Der Verkäufer annulliert sein Angebot, weil er falsche Preisangaben gemacht hat. Wenn der Widerruf nicht vor oder gleichzeitig mit dem Angebot dem Kunden zugeht, bleibt der Verkäufer an sein Angebot gebunden. Das bedeutet, er muss liefern, wenn der Kunde das Angebot annimmt und bestellt.

06. Ist der Antragsteller auch an seinen Antrag gebunden, den er einem Anwesenden gegenüber abgibt?

Der Antrag, der einem Anwesenden gegenüber abgegeben wird, ist nur für die Dauer der Verhandlung bindend.

Wenn ein Kunde am Ende eines Verkaufsgesprächs das Angebot nicht annimmt, besteht kein bindender Antrag mehr.

07. Welche Fristen gelten für die Annahme eines Antrags, damit ein Vertrag zustande kommt?

Bei Anwesenden muss ein Antrag spätestens am Ende der Verhandlung; d. h. sofort, angenommen werden (§ 147 Abs. 1 BGB). Das gilt auch für den Fall, dass das Verkaufsgespräch telefonisch abgewickelt wird.

Bei Abwesenden muss spätestens zu dem Zeitpunkt angenommen werden, an dem der Antragsteller den Eingang der Antwort unter regelmäßigen Umständen erwarten darf (§ 147 Abs. 2 BGB). Dabei sind die Bearbeitung des Antrags, die Art der Zustellung u. Ä. zu berücksichtigen. Bei postalischer Abwicklung werden dafür im Allgemeinen *acht Tage*, beim E-Commerce per E-Mail *drei Tage* angenommen.[1]

---

[1] Wien, A., 2012, S. 89

4.2 Vertragsrecht 255

Wenn diese Fristen für die Annahme nicht eingehalten werden, erlischt die Bindung des Antragenden an den Antrag bzw. an sein Angebot. (Eine verspätete Annahme gilt als neuer Antrag, auf den der Empfänger mit einer Annahme reagieren muss, damit der Vertrag zustande kommt.)

08. Wodurch unterscheidet sich der befristete vom unbefristeten Antrag?

Bei einem **befristeten** Antrag ist der Anbieter lediglich bis zu einem angegeben Zeitpunkt an das Angebot gebunden. Bei einem **unbefristeten** Antrag ist der Anbieter bis zu dem Zeitpunkt an das Angebot gebunden, an dem der Käufer unter normalen Bedingungen geantwortet haben kann.

09. Welche Bedeutung haben Freizeichnungsklauseln?

Durch sog. Freizeichnungsklauseln kann der Antragende die Bindung einschränken oder aufheben. Freizeichnungsklauseln sind z. B. bei einem Angebot „freibleibend", „solange der Vorrat reicht", „Preise freibleibend".

10. Unter welchen Umständen gilt auch „Schweigen" als Annahme?

Nach § 362 HGB kann ein Antrag auch schweigend angenommen werden. Die Vorschrift gilt für einen Kaufmann, der gewerbsmäßig Geschäfte für andere besorgt, ein Antrag über die Besorgung solcher Geschäfte von jemand, mit dem er in Geschäftsverbindung steht ist auch dann angenommen, wenn er darauf mit Schweigen reagiert, also nicht ausdrücklich antwortet.

4.2.2.5 Kaufmännisches Bestätigungsschreiben

01. Was ist ein kaufmännisches Bestätigungsschreiben, und welchem Zweck dient das Bestätigungsschreiben?

Das sog. kaufmännische Bestätigungsschreiben ist gesetzlich nicht geregelt. Es handelt sich um einen Handelsbrauch; das Bestätigungsschreiben ist unter Kaufleuten üblich, aber nicht vorgeschrieben. Es dient der Bestätigung von Vereinbarungen, insbesondere mündliche oder fernmündlich abgeschlossener Verträge.

02. Was enthält das kaufmännische Bestätigungsschreiben?

Das Bestätigungsschreiben enthält insbesondere die Ergebnisse der mündlich oder fernmündlich ausgehandelten Bedingungen des Vertrages. Das Schreiben kann auch geringfügige Änderungen der Verhandlungsergebnisse enthalten, wenn der Absender damit rechnen kann, dass der Empfänger sie wegen ihrer Geringfügigkeit annimmt.

03. Bedarf das Bestätigungsschreiben einer Antwort?

Der Empfänger des kaufmännischen Bestätigungsschreibens muss auf das Schreiben nicht antworten. Schweigen gilt im Regelfall als Annahme. Wenn der Empfänger mit dem Inhalt des Bestätigungsschreibens nicht einverstanden ist, muss er unverzüglich widersprechen.

04. Wann gilt Schweigen nicht als Annahme des kaufmännischen Bestätigungsschreibens?

Wenn der Absender des Bestätigungsschreibens die ausgehandelten Bedingungen umfassend ändert, kann er nicht davon ausgehen, dass der Empfänger das Schreiben annimmt. Unter dieser Bedingung gilt Schweigen des Empfängers nicht als Annahme.

4.2.2.6 Einigung und Einigungsmängel

01. Was versteht man im Vertragsrecht unter Einigung?

Im Vertragsrecht bedeutet Einigung, dass sich die Vertragsparteien in allen Vertragspunkten einig sein müssen, damit der Vertrag schließlich zustande kommt. Offene Einigungsmängel verhindern das Zustandekommen des Vertrags; bei einem versteckten Einigungsmangel kommt der Vertrag im Allgemeinen trotz des Mangels zustande.

02. Wann liegt ein offener Einigungsmangel vor?

Ein offener Einigungsmangel liegt vor, wenn sich die Vertragsparteien noch nicht über alle Punkte geeinigt haben, über die nach Erklärung auch nur einer Partei eine Vereinbarung getroffen werden soll (§ 154 Abs. 1 Satz 1 BGB). Bei einem offenen Einigungsmangel kommt es im Zweifel nicht zum Vertragsabschluss.

Der Verkäufer von Baumaterialien und ein Bauunternehmer können keine Einigung über den Ablieferungsort des zu liefernden Materials erzielen, das der Bauunternehmer an der Baustelle benötigt. Der Vertrag kommt nicht zu Stande.

03. Wann liegt ein versteckter Einigungsmangel vor?

Ein versteckter Einigungsmangel liegt vor, wenn die Vertragsparteien davon ausgehen, dass der Vertrag abgeschlossen ist, in Wirklichkeit aber über einen Punkt keine Vereinbarung getroffen wurde, über den sie sich eigentlich hätte einigen müssen (§ 155 BGB).

Der Verkäufer des Baumaterials liefert das Baumaterial an das Werksgelände des Bauunternehmers, weil keine weiter gehende Vereinbarung über den Ablieferungsort getroffen wurde.

04. Kommt bei einem versteckten Einigungsmangel ein Vertrag zu Stande?

Der Vertrag kann bei einem versteckten Einigungsmangel zu Stande kommen; Voraussetzung dafür ist allerdings, dass der Vertrag auch ohne Vereinbarung zu dem fraglichen Punkt abgeschlossen worden wäre.

Der Verkäufer hätte bei entsprechender Vereinbarung das Material an die Baustelle geliefert; der Bauunternehmer ist auch mit der Lieferung auf das Werksgelände einverstanden, da die Handwerker das Material im Lieferwagen zur Baustelle mitnehmen können.

4.2.2.7 Form und Formvorschriften bei Rechtsgeschäften

01. Bestehen für Verträge Formvorschriften?

Die äußere Form von Verträgen wird grundsätzlich nicht vorgeschrieben, d. h. es besteht Formfreiheit. Formfreiheit von Verträgen bedeutet, dass die Gültigkeit eines Rechtsgeschäfts nicht von der Form abhängig ist. Verträge können schriftlich, mündlich oder durch konkludentes Handeln abgeschlossen werden; oder anders ausgedrückt: Die den Verträgen zu Grunde liegenden Willenserklärungen können schriftlich, mündlich oder durch Handeln geäußert werden. Die vertragsschließenden Parteien können die Form selbst bestimmen und z. B. in einem konkreten Fall die Schriftform oder die Beurkundung beschließen.

02. Wie kommt durch konkludentes Handeln ein Vertrag zustande?

Konkludentes Handeln ist schlüssiges Handeln. Die auch gebräuchliche Bezeichnung „stillschweigende Willenserklärung" macht deutlich, dass der Wille, ein bestimmtes Rechtsgeschäft einzugehen, auch ausschließlich durch Handeln erklärt werden kann. Dieser Wille muss aber für den Partner eindeutig erkennbar sein.

Der Käufer in einem Supermarkt, der die Waren aus dem Einkaufswagen auf das Transportband an der Kasse legt, gibt der Kassiererin durch sein Handeln erkennbar zum Ausdruck, dass er diese Waren kaufen will.

03. Können die vertragsschließenden Parteien die Schriftform beschließen?

Die Parteien können vereinbaren, dass für das Rechtsgeschäft die Schriftform gelten soll.

04. Warum schreibt der Gesetzgeber für bestimmte Verträge bzw. Willenserklärungen die Schriftform vor?

Die Schriftform kann die erklärenden Parteien veranlassen, Risiken des Rechtsgeschäfts sorgfältig abzuwägen und die Willenserklärungen angemessen zu formulieren. Man spricht in diesem Zusammenhang davon, dass die vorgeschriebene Schriftform eine *Warnfunktion* beinhalte. Wichtiger ist aber die *Beweisfunktion*. Durch die schriftliche Formulierung lässt sich langfristig beweisen, welche Bedingungen dem Vertrag zu Grunde gelegt wurden.

05. Was schreibt der Gesetzgeber für die Schriftform vor, bestehen weiter gehende Formvorschriften?

Wenn für eine Willenserklärung die Schriftform vorgeschrieben ist, muss sie von dem Erklärenden eigenhändig unterschrieben werden (§ 126 Abs. 1 BGB). Bei einem Vertrag müssen die beteiligten Parteien auf derselben Urkunde unterschreiben. Wenn bei einem Vertrag mehrere gleichlautende Urkunden bestehen, genügt es, wenn jede Partei die für die andere Partei bestimmte Urkunde unterschreibt (§ 126 Abs. 2 BGB).

06. In welchen Fällen schreibt der Gesetzgeber die Schriftform vor?

Der Gesetzgeber schreibt u. a. in folgenden Fällen die Schriftform vor:

- Quittung auf Verlangen des Schuldners (§ 368 BGB)
- Mitvertrag für eine längere Zeit als ein Jahr, wenn er nicht für unbestimmte Zeit gelten soll (§ 550 BGB)
- Beendigung von Arbeitsverhältnissen durch Kündigung oder durch Auflösungsvertrag (§ 623 BGB)
- Bürgschaft (§ 766 BGB)
- Testament, das vom Erblasser eigenhändig zu schreiben und zu unterschreiben ist (§ 2247 BGB)
- Abrede eines Wettbewerbsverbots mit Handlungsgehilfen für die Zeit nach Beendigung des Dienstverhältnisses (74 HGB)
- Berufsausbildungsvertrag muss spätestens bei Beginn der Ausbildung schriftliche abgeschlossen sein (§ 11 BBiG).

07. Kann die Schriftform durch die elektronische Form ersetzt werden?

Nach § 126 Abs. 3 kann die schriftliche Form durch die elektronische Form ersetzt werden, es sei denn, das Gesetz sieht die Schriftform ausdrücklich vor. Das ist z. B. bei der Kündigung eines Arbeitsverhältnisses der Fall.

08. Was schreibt der Gesetzgeber für die elektronische Form vor?

Wird die elektronische Form gewählt, muss der Erklärende seinen Namen hinzufügen und das Dokument mit einer qualifizierten elektronischen Signatur versehen.

09. Was ist eine elektronische Signatur, und welchen Zwecken dient die elektronische Signatur?

Der Gesetzgeber schreibt für die elektronische Form vor, dass das Dokument mit einer *qualifizierten elektronischen Signatur* zu versehen ist. Die elektronische Signatur erfüllt auf elektronischen Dokument die Funktion der eigenhändigen Unterschrift auf Dokumenten in Schriftform gem. § 126 BGB. Mithilfe der elektronischen Signatur kann der Empfänger des Dokuments die *Authentizität* des Absenders erkennen. Darüber hinaus garantiert sie ihm, dass die Daten *integer* sind, d. h. nicht manipuliert oder verfälscht wurden.

10. Wodurch unterscheidet sich die Textform von der Schriftform?

Wird eine Willenserklärung in Textform abgegeben, so wird keine eigenhändige Unterschrift erforderlich. Das BGB schreibt in § 126b vor, dass die Person des Erklärenden und der Abschluss der Erklärung durch eine Nachbildung der Unterschrift erkennbar gemacht werden. Mit dieser neuen Vorschrift geht der Gesetzgeber auf die rechtlichen Erfordernisse von Willenserklärungen ein, die per Fax oder E-Mail abgegeben werden.

11. Was ist eine öffentliche Beglaubigung?

Gelegentlich wird die öffentliche Beglaubigung verlangt. Ein Notar beglaubigt die Richtigkeit einer Unterschrift oder einer Abschrift eines Dokuments.

12. Was ist eine notarielle Beurkundung?

Bei einer notariellen Beurkundung protokolliert ein Notar die Erklärungen der Beteiligten, liest ihnen das Protokoll vor und lässt es in seiner Gegenwart eigenhändig unterschreiben. Den Unterschriften fügt er seine Unterschrift bei und beurkundet damit das Dokument.

Notarielle Beurkundungen sind u. a. erforderlich bei folgenden Rechtsgeschäften:
- Satzung einer Aktiengesellschaft (§ 23 AktG)
- Beschlüsse der Hauptversammlung einer AG (§ 130 AktG)
- Gründungsvertrag einer Gesellschaft mit beschränkter Haftung (§ 2 Abs. 2 GmbHG)
- Beschluss zur Änderung der Satzung einer GmbH (§ 53 GmbHG)
- Vertrag über eine Grundstücksübertragung (§ 311b Abs. 1 BGB)
- Vertrag über eine Vermögensübertragung (§ 311b Abs. 3 BGB)
- Schenkungsversprechen (§ 518 BGB)
- öffentliches Testament (§ 2232 BGB).

13. Welche Rechtsfolgen haben Formverstöße?

Verstöße gegen rechtliche Formvorschriften haben nach § 125 Satz 1 BGB zur Folge, dass das Rechtsgeschäft nichtig ist. Bei Verstößen gegen eine vereinbarte Form ist das zu Grunde liegende Rechtsgeschäft nur im Zweifel ungültig.

4.2.3 Grundlagen des Vergaberechts[1]

01. Was wird durch das Vergaberecht geregelt?

Das Vergaberecht umfasst alle Regelungen und Bestimmungen für die Abwicklung öffentlicher Aufträge. Es schreibt den öffentlichen Auftraggebern vor, wie sie bei dem Einkauf von Gütern und Leistungen, die sie zur Erfüllung ihrer Aufgaben benötigen, vorzugehen haben. Das Vergaberecht enthält die Regeln, Bestimmungen und Vorschriften z. B. für den Einkauf von

- Bauleistungen, z. B. im Zusammenhang mit dem Bau einer Schule, einer Kaserne u. Ä.
- Leistungen, z. B. militärische Versorgungsgüter, Schuleinrichtungen, Büromaschinen und -material u. Ä.
- freiberuflichen Leistungen, z. B. Erstellung eines Gutachtens, Rechtsberatung u. Ä.

02. Wer sind die Auftraggeber im Vergaberecht?

Nach § 98 GWB können u. a. folgende Institutionen Aufträge vergeben. Diese Institutionen werden auch als öffentliche Auftraggeber bezeichnet.

- Die Gebietskörperschaften, also Bund, Länder und Kommunen, und deren Sondervermögen
- juristische Personen des öffentlichen und des privaten Rechts, die im Allgemeininteresse liegende Aufgaben nichtgewerblicher Art wahrnehmen
- natürliche und juristische Personen des privaten Rechts, die auf dem Gebiet der Trinkwasser- oder Energieversorgung oder des Verkehrs tätig sind (wenn sie für diese Tätigkeiten eine behördliche Berechtigung haben)
- Unternehmen, die z. B. Schulen, Krankenhäuser o. dgl. bauen, die mit öffentlichen Mitteln finanziert werden.

03. Welche Grundsätze verfolgt das Vergaberecht (öffentliche Auftragsrecht)?

Die Grundsätze des Vergaberechts lassen sich § 97 GWB entnehmen. Dazu zählen z. B.

- Transparenz des Vergabeverfahrens
- Berücksichtigung des Wettbewerbs
- gleiche Behandlung der Teilnehmer an einem Vergabeverfahren (Diskriminierungsverbot)
- Berücksichtigung mittelständischer Interessen

---

[1] Der Rahmenplan sieht als Kapitelüberschrift hier vor: Öffentliches Preisrecht und Submissionsvertrag, insbes. VOL/VOB/VOF, dazu wird als Lernziel angegeben: Einblick in die Grundsätze des öffentlichen Auftragsrechts. Die hier gewählte Kapitelüberschrift ist der Aktualisierung der Thematik angepasst.

4.2 Vertragsrecht

- Vergabe an leistungsfähige und fachkundige Unternehmen
- Vergabe an gesetzestreue und zuverlässige Unternehmen
- Wirtschaftlichkeit der Vergabe (Berücksichtigung des wirtschaftlichsten Angebots bei Vergabe).

04. Welchen Einfluss hat Europäisches Recht auf das deutsche Vergaberecht?

Im Rahmen des Europäischen Sekundärrechts erlässt die Europäische Union Richtlinien. Richtlinien sind allgemeine Regelungen, die von den Mitgliedstaaten innerhalb einer bestimmten Frist in nationales Recht umgesetzt werden müssen. Das mit einer Richtlinie angestrebte Ziel ist verbindlich; die Wahl der Form und der Mittel ist den Mitgliedstaaten freigestellt. Auch zum Vergaberecht hat die Union Richtlinien erlassen. Sie dienen vor allem der Modernisierung und Harmonisierung des europäischen Vergaberechts. Von aktueller Bedeutung sind die Richtlinien

- 2004/17/EG (u. a. Erleichterung des Zugangs kleiner und mittlerer Unternehmen zu öffentlichen Aufträgen)
- 2004/18/EG (u. a. Gleichbehandlung und Transparenz)
- 2007/66/EG (Bestimmungen über die Rechtsmittel, die gegen die Vergabe eines öffentlichen Auftrags eingelegt werden können).

Die Richtlinien wurden in deutsches Recht umgesetzt (z. B. im Gesetz gegen Wettbewerbsbeschränkungen und in der Vergabeverordnung).

05. Welche Vorschriften bestimmen das deutsche Vergaberecht?

Im deutschen Vergaberecht sind vor allem die folgenden Vorschriften von besonderer Bedeutung:
- Gesetz gegen Wettbewerbsbeschränkungen (GWB), Vierter Teil (§§ 97 ff.)
- Vergabeverordnung (VgV)
- Vergabe- und Vertragsordnungen für Bauleistungen (VOB)
- Verdingungsordnung für Leistungen (VOL)
- Verdingungsordnung für freiberufliche Leistungen (VOF).

06. Welche Auftragsarten können unterschieden werden?

Für die Anwendung der Vergabe- und Vertragsordnungen ist es wichtig, die Auftragsarten zu unterscheiden.[1] § 99 GWB definiert u. a. die folgenden öffentlichen Auftragsarten:

- Bauaufträge
- Lieferaufträge
- Dienstleistungsaufträge.

---

[1] Vgl. Schütte/Horstkötter/Schubert/Wiedemann, 2011, S. 24 ff.

Eine besondere Form öffentlicher Aufträge ist das Auslobungsverfahren, mit dessen Hilfe der Auftraggeber durch vergleichende Beurteilung der Angebote zu einem Plan kommen will.

07. Was sind Schwellenwerte im Vergaberecht, und welche Bedeutung haben Schwellenwerte für die Aufträge?

Die Vorschriften des GWB gelten nur für Aufträge, die einen bestimmten Wert erreichen oder überschreiten (vgl. § 100 Abs. 1 GWB), sie werden als Schwellenwerte bezeichnet. Schwellenwerte werden durch Rechtsverordnung festgelegt und regelmäßig aktualisiert.

Seit dem 01.01.2012 gelten u. a. folgende Schwellenwerte:
- Für Bauaufträge: 5.000.000 €
- für Liefer- und Dienstleistungsaufträge: 193.000 €.

08. Wie werden Auftragswerte ermittelt?

Die Auftragswerte werden durch Schätzung ermittelt (§ 3 VgV).

09. Welche Bedeutung haben die Schwellenwerte für die Vergabe?

Für Aufträge, die die Schwellenwerte erreichen oder überschreiten gelten die EU-Richtlinien bzw. deren Umsetzungen in deutsches Recht (vgl. GWB und VgV). Sie sind z. B. EU-weit auszuschreiben. Aufträge unterhalb des Schwellenwertes müssen nicht EU-weit ausgeschrieben werden. Für sie gilt deutsches Vergaberecht, dazu zählt das Haushaltsrecht und die entsprechenden Vorschriften von VOB und VOL. Außerdem sind das Verbot der Diskriminierung und das Gebot der Transparenz zu beachten.

10. Welche Vergabearten kennt das Vergaberecht, wenn der Schwellenwert erreicht bzw. überschritten wird?

Folgende Vergabearten sieht § 101 GWB vor:
- Offene Verfahren
- nicht offene Verfahren
- wettbewerblicher Dialog
- Verhandlungsverfahren.

11. Wodurch sind offene Verfahren gekennzeichnet?

Der Auftraggeber fordert öffentlich eine unbeschränkte Anzahl von Unternehmen auf, Angebote abzugeben. Offene Verfahren sind grundsätzlich immer anzuwenden, es sei denn, das Gesetz sieht Ausnahmen ausdrücklich vor.

12. Was sind nicht offene Verfahren, und welcher besondere Zweck wird mit offenen Verfahren verfolgt?

Der Auftraggeber fordert Unternehmen auf, sich an dem Verfahren zu beteiligen; aus dem Bewerberkreis wird sodann eine beschränkte Anzahl von Unternehmen aufgefordert, Angebote abzugeben. Bei diesem Verfahren erhält der Auftraggeber die Möglichkeit, aus dem Bewerberkreis die Unternehmen auszuwählen, die tatsächlich geeignet sind, den Auftrag auch auszuführen.

13. Welchen Vorteil bietet der wettbewerbliche Dialog?

Der Auftraggeber fordert Unternehmen öffentlich zur Teilnahme an dem Verfahren auf und tritt sodann mit ausgewählten Unternehmen in einen Dialog. Der wettbewerbliche Dialog spielt bei besonders komplexen Aufträgen, z. B. bei aufwendigen technischen Projekten, eine Rolle. Sein Vorteil liegt darin, dass Einzelheiten des Auftrags im Dialog zwischen Auftraggeber und Unternehmen erarbeitet werden können. [1]

14. Wie lässt sich das Verhandlungsverfahren beschreiben?

Der Auftraggeber tritt mit mehreren oder einem ausgewählten Unternehmen in Verhandlungen über die Auftragsbedingungen ein. Der Auswahl der Unternehmen kann eine öffentliche Aufforderung zur Teilnahme an dem Verfahren vorausgehen.

15. Welche Vergabearten kennt das Vergaberecht, wenn der Schwellenwert nicht erreicht wird?

Wenn für einen Auftrag der Schwellenwert nicht erreicht wird, gelten die Vorschriften von VOB und VOL. Danach werden folgende Vergabearten unterschieden (nach § 3 Abs. 1 VOB Teil A und VOL Teil A):

- Öffentliche Ausschreibung: Eine unbeschränkte Anzahl von Unternehmen wird öffentlich zur Abgabe von Angeboten aufgefordert. Dieses Verfahren gilt grundsätzlich.
- Beschränkte Ausschreibung: Die Anzahl der Unternehmen, die zur Abgabe von Angeboten aufgefordert werden, wird ausnahmsweise unter besonderen Bedingungen beschränkt.

16. Was ist eine Teillosvergabe, und welches Ziel wird mit der Teilung eines Auftrags in Lose verfolgt?

Der Gesetzgeber sieht vor, dass Leistungen in der Menge aufgeteilt *(Teillose)* und getrennt nach Art und Fachgebiet *(Fachlose)* zu vergeben sind (§ 97 Abs. 3 GWB). Dadurch *sollen mittelständische Unternehmen gefördert* werden; diese Unternehmen verfügen häufig nicht über ausreichende Kapazitäten, um die Gesamtleistung zu erbringen. Allerdings können bei Abgabe des Angebots mehrere Lose zusammengefasst werden.

---

[1] Vgl. Schütte/Horstkötter/Schubert/Wiedemann, 2011, S. 33

17. Wie werden öffentliche Ausschreibungen bekannt gemacht?

Öffentliche Ausschreibungen sind bekannt zu machen in Tageszeitungen, Fachzeitschriften, Internetportalen, amtlichen Veröffentlichungsblättern und – bei Ausschreibungen des Bundes – www.bund.de (vgl. § 12 Abs. 1 VOB Teil A und VOL Teil A). Auf jeden Fall ist sicher zu stellen, dass die Bekanntmachung auch die in Betracht kommenden Unternehmen erreicht.

18. Welche Angaben sollen die Bekanntmachungen öffentlicher Ausschreibungen enthalten?

Nach § 12 Abs. 2 VOB Teil A und VOL Teil A sollen die Bekanntmachungen u. a. folgende Angaben enthalten:

- Name, Anschrift usw. der Vergabestelle
- Art des Auftrags
- Art und Umfang der Leistung
- ggf. Art und Umfang einzelner Lose
- Name, Anschrift usw. der Stelle, bei der Vergabeunterlangen angefordert werden können
- Frist für den Eingang der Angebote
- Anschrift, an die die Angebote zu richten sind
- Datum, Uhrzeit und Ort des Eröffnungstermins
- Zuschlagsfrist.

4.3 Leistungen und Leistungsstörungen

4.3.1 Arten der Leistungen

4.3.1.1 Leistungen

01. Was wird als Leistung im schuldrechtlichen Sinn bezeichnet?

Die Verpflichtung zu einer Leistung beruht auf einem Schuldverhältnis. Ein Schuldverhältnis ist ein Rechtsverhältnis zwischen (mindestens) zwei Personen: Gläubiger und Schuldner.

Das Schuldverhältnis berechtigt den Gläubiger, von dem Schuldner eine Leistung zu fordern. Die geforderte Leistung kann in einem Tun oder in einem Unterlassen bestehen. So ist z. B. bei einem Kaufvertrag der Käufer als Gläubiger berechtigt, von dem Verkäufer, in diesem Fall der Schuldner, die Lieferung zu fordern; gleichzeitig ist der Käufer aber auch Schuldner einer Leistung, nämlich der Bezahlung, und der Verkäufer Gläubiger, denn er kann vom Käufer eine Leistung einfordern, nämlich die Bezahlung.

02. An welchem Ort muss der Schuldner die Leistung erbringen?

Der Ort, an dem der Schuldner die Leistung zu erbringen hat, ist der *Erfüllungsort* (Leistungsort). Der Erfüllungsort kann vertraglich vereinbart werden *(vertraglicher Erfüllungsort)* oder sich aus der Natur der Sache ergeben *(natürlicher Erfüllungsort)*. Wird er nicht vereinbart und ergibt er sich auch nicht aus der Sache, so tritt die gesetzliche Regelung in Kraft *(gesetzlicher Erfüllungsort)*. Gesetzlicher Erfüllungsort ist der Ort, an dem der Schuldner zurzeit der Entstehung des Schuldverhältnisses seinen Wohnsitz bzw. sein Geschäftslokal hatte (§ 269 BGB).

03. Welche weitergehende Bedeutung hat der Erfüllungsort?

Der Erfüllungsort bestimmt den Zeitpunkt des Gefahrübergangs und den Gerichtsstand.

04. Was sind Holschulden?

Bei Holschulden ist der Erfüllungsort der *Wohnsitz des Schuldners*. Schulden sind im Allgemeinen Holschulden; das ergibt sich aus der Definition des gesetzlichen Erfüllungsortes. So ist z. B. die Übergabe einer verkauften Sache, die der Verkäufer dem Käufer schuldet, eine Holschuld; sie ist am Wohnsitz bzw. im Geschäftslokal des Schuldners zu erfüllen. Auch für die Zahlung des vereinbarten Kaufpreises ist der Erfüllungsort der Wohn- oder Geschäftssitz des Schuldners; Geldschulden sind allerdings Schickschulden: Der Schuldner ist zur Sendung der Leistung zum Wohn- oder Geschäftssitz des Gläubigers verpflichtet.

05. Was sind Bringschulden?

Bei Bringschulden ist Erfüllungsort der *Wohnsitz des Gläubigers*. Bringschulden beruhen im Allgemeinen auf einer entsprechenden Vereinbarung, gelegentlich auch auf Verkehrssitte.

06. Wann muss der Schuldner die Leistung erbringen?

Die Leistung muss nach *Ablauf der Leistungszeit* erbracht sein. Vor Ablauf der Leistungszeit kann der Gläubiger die Leistung nicht verlangen, der Schuldner kann sie aber im Zweifel erbringen. So kann z. B. der Schuldner eine Geldzahlung vor Ablauf des Zahlungsziels zahlen, der Gläubiger aber kann die vorzeitige Zahlung nicht verlangen.

Wenn keine Leistungszeit vereinbart wurde, kann der Schuldner die Leistung sofort bewirken und der Gläubiger sie verlangen.

07. Wann erlischt ein Schuldverhältnis?

Ein Schuldverhältnis erlischt, wenn der Schuldner dem Gläubiger die geschuldete Leistung erbracht hat. Ein Schuldverhältnis erlischt auch, wenn der Gläubiger dem Schuldner die Leistung durch Vertrag erlässt.

08. Welche Wirkung hat eine Aufrechnung?

Ein Schuldverhältnis kann auch durch Aufrechnung beendet werden. Eine Aufrechnung nach § 389 BGB liegt vor, wenn eine Vertragspartei Forderungen gegen die andere mit gleichartigen Forderungen der anderen Partei aufrechnet. Die aufrechnende Partei muss der anderen eine entsprechende Erklärung abgeben.

4.3.1.2 Arten der Leistungsstörungen

01. Was sind Leistungsstörungen?

Das BGB zählt folgende Leistungsstörungen auf.

- Ausschluss der Leistungspflicht durch Unmöglichkeit der Leistung
- Verzögerung der Leistung (Verzug)
- Verletzung vorvertraglicher Pflichten (culpa in contrahendo)
- Verletzung vertraglicher Pflichten (positive Vertragsverletzung).

02. Wodurch unterscheiden sich die Nebenpflichten von den Hauptpflichten?

Hauptpflichten beziehen sich auf den eigentlichen Vertragsgegenstand. Nebenpflichten ergänzen die Hauptpflichten. Nebenpflichten in einem Kaufvertrag können z. B. Beratung, Montage, Mitlieferung einer brauchbaren Montageanleitung u. Ä. sein.

4.3.2 Unmöglichkeit der Leistung

01. Welche Folge hat die Unmöglichkeit einer Leistung?

Die Unmöglichkeit einer Leistung führt zum Ausschluss der Leistungspflicht. Der Anspruch des Gläubigers auf Leistung ist ausgeschlossen, soweit diese für den Schuldner oder für jedermann unmöglich ist (§ 275 Abs. 11 BGB). Unmöglichkeit liegt also dann vor, wenn die Leistung für den Schuldner oder jedermann unmöglich ist.

Beispiele bei Kaufvertrag: Die Übereignung durch den Verkäufer ist nicht möglich, weil ihm die Sache nicht gehört. Die Übergabe einer Sache wäre für jedermann unmöglich, wenn sie vor der Übergabe verbrennt.

02. Welches Recht hat der Schuldner bei faktischer Unmöglichkeit?

Bei faktischer Unmöglichkeit kann der Schuldner die Leistung verweigern. Faktische Unmöglichkeit liegt vor, wenn die Leistung für den Schuldner in einem groben Missverhältnis zum Leistungsinteresse des Gläubigers steht (§ 275 Abs. 2 BGB).

03. Wann kann ein Schuldner, der in Person leisten muss, die Leistung verweigern?

Ein Schuldner, der in Person leisten muss, kann die Leistung verweigern (§ 275 Abs. 3 BGB). Voraussetzung dafür ist, dass die Gründe für seine Leistungsverweigerung schwerer wiegen als die Gründe für das Leistungsinteresse des Gläubigers.

04. Hat der Gläubiger bei Leistungsausschluss infolge Unmöglichkeit Ansprüche an den Schuldner?

Wenn infolge von Unmöglichkeit der Leistung der Schuldner nicht leisten muss, kann der Gläubiger Schadenersatz statt der Leistung verlangen; das setzt allerdings voraus, dass der Schuldner eine Pflicht verletzt hat (vgl. §§ 283 und 280 BGB). Der Schadenersatzanspruch entsteht nicht, wenn der Schuldner die Pflichtverletzung nicht zu vertreten hat. (Außerdem sieht das Gesetz eine Rückabwicklung ausgetauschter Leistungen vor.)

4.3.3 Voraussetzungen und Rechtsfolgen bei Verzug

01. Wann liegt Leistungsverzug vor?

Voraussetzungen für den Leistungsverzug durch den Schuldner sind

- Fälligkeit der Leistung
- fruchtlose Mahnung.

02. Wann kann bei einem Leistungsverzug eine Mahnung entfallen?

In einigen Fällen gerät der Schuldner auch ohne Mahnung in Verzug. Die Mahnung kann u. a. in folgenden Fällen entfallen:

- Fixkauf, d. h. die Zeit für die Leistung wurde kalendermäßig festgelegt
- endgültige Leistungsverweigerung durch den Schuldner
- Festlegung der Leistungszeit mit Bezug auf ein Ereignis unter Berücksichtigung einer angemessenen Frist
- sofortiger Eintritt des Verzugs aus besonderen Gründen unter Abwägung der Interessen von Schuldner und Gläubiger.

03. Wann liegt Zahlungsverzug vor?

Bei einer Entgeltforderung gerät der Schuldner unter folgenden Voraussetzungen in Verzug:

- Fälligkeit der Zahlung
- Zugang einer Rechnung oder gleichwertigen Zahlungsaufstellung
- Frist von 30 Tagen nach Fälligkeit und Zugang der Rechnung.

04. Welche Bedingung muss erfüllt sein, damit der Käufer bei einem Verbrauchsgüterkauf in Zahlungsverzug gerät?

Wenn der Geldschuldner Verbraucher ist, gerät er nur dann in Verzug, wenn er durch einen entsprechenden Vermerk auf der Rechnung (bzw. Zahlungsaufstellung) auf diese Folge der Zahlungsverzögerung ausdrücklich hingewiesen wurde.

05. Hat der Gläubiger bei Leistungsverzögerungen Ansprüche an den Schuldner?

Bei Leistungsverzögerungen durch den Schuldner erhält der Gläubiger einen Anspruch auf Schadenersatz. Bei Zahlungsverzug entsteht zusätzlich ein Anspruch auf Verzinsung des ausstehenden Betrages.

06. Wann kommt ein Gläubiger in Verzug?

Ein Gläubiger kommt in Verzug, wenn er die angebotene Leistung nicht annimmt (§ 293 ff. BGB). Der Gläubigerverzug ist also ein Annahmeverzug. Der Verzug setzt voraus, dass dem Gläubiger die Leistung wie im Vertrag vereinbart angeboten wurde.

07. Wann liegt Lieferungsverzug vor?

Für den Eintritt des Lieferungsverzugs müssen folgende Voraussetzungen erfüllt sein.

- Fälligkeit der Lieferung
- Verschulden des Lieferers
- fruchtlose Mahnung (die Mahnung entfällt beim Fixkauf).

Der Lieferungsverzug ist ein Beispiel für eine Leistungsstörung durch den Verkäufer als Schuldner einer Leistung, nämlich der Lieferung.

08. Welche Rechte hat der Käufer bei Lieferungsverzug?

Bei Lieferungsverzug kann der Käufer entweder auf Leistung und Schadenersatz bestehen oder vom Vertrag zurücktreten und Schadenersatz wegen Nichterfüllung verlangen.

4.3 Leistungen und Leistungsstörungen

09. Wann liegt Annahmeverzug vor?

Voraussetzung für den Eintritt des Annahmeverzugs beim Handelskauf ist, dass der Käufer die Ware nicht annimmt, obwohl gemäß den Vereinbarungen geliefert wurde. Der Annahmeverzug ist ein Beispiel für den Gläubigerverzug.

10. Wie verfährt der Verkäufer bei Annahmeverzug?

Im Allgemeinen verfährt der Verkäufer bei Annahmeverzug in der folgenden Art und Weise.

- Die Ware wird in einem öffentlichen Lagerhaus oder sonst in sicherer Weise *hinterlegt*; die Kosten der Hinterlegung und der Aufbewahrung trägt der Käufer, er haftet auch weitgehend für die hinterlegte Sache.
- Die Ware wird nach einer Androhung gegen den Käufer in einem sog. *Selbsthilfeverkauf* öffentlich versteigert oder aus freier Hand verkauft. Ort und Zeitpunkt der Versteigerung sind dem Käufer mitzuteilen. Bei der Versteigerung können Verkäufer und Käufer mitbieten. Der Selbsthilfeverkauf erfolgt auf Rechnung des Käufers, das hat z. B. zur Folge, dass ihm ein eventuell entstehender Mehrerlös zusteht. Durch die Leistung an den neuen Käufer, den Ersteigerer, gilt der Kaufvertrag mit dem ersten Käufer als erfüllt.

4.3.4 Gewährleistungsansprüche

01. Welche Bedeutung hat die Gewährleistung?

Übergabe bzw. Lieferung einer mangelhaften Sache ist eine Vertragsverletzung, für die der Verkäufer gem. § 437 BGB die Haftung übernehmen muss. Der Verkäufer einer Sache leistet dafür Gewähr, dass die Sache bei Übergabe frei von Mängeln ist. „Gewährleistung" ist also ein anderer Begriff für Mängelhaftung i. S. des BGB.

02. Wie lange dauert die Gewährleitungsfrist, und kann die Gewährleitungsfrist verkürzt werden?

Nach § 438 Abs. 1 beträgt die Gewährleistungsfrist zwei Jahre; sie kann aber bei Gebrauchtwaren durch AGB oder durch Vertrag zwischen Verkäufer und Käufer auf ein Jahr verkürzt werden.

03. Wie unterscheidet sich die Gewährleistung von der Garantie?

Die **Gewährleistung** bzw. Mängelhaftung ist eine *gesetzliche Verpflichtung* des Verkäufers zur Nachbesserung; sie gilt (befristet) für solche Mängel, die bereits zum Zeitpunkt des Verkaufs bestanden haben. Eine **Garantie** ist dagegen eine *freiwillige Verpflichtung* des Verkäufers bzw. des Herstellers, Schadenersatz zu leisten, wenn die Sache oder Teile der Sache nicht funktionsfähig sind. Die Garantiezusage ist unabhängig vom Zustand der Sache bei Verkauf (bzw. bei Übergabe).

4.3.4.1 Sachmängelhaftung

4.3.4.1.1 Sachmängel und Mängelrügen

01. Was sind Sachmängel, und wodurch unterscheiden sich Sachmängel von Rechtsmängeln?

Gelieferte Sachen können sowohl Rechts- als auch **Sachmängel** aufweisen. Sachmängel liegen vor, wenn Beschaffenheit, Montage oder Lieferung der Sache mangelhaft sind (§§ 434 f. BGB). Ein **Rechtsmangel** liegt vor, wenn Dritte in Bezug auf die gekaufte Sache Rechte gegen den Käufer geltend machen können, es sei denn diese Rechte wurden bei Vertragsabschluss berücksichtigt.

02. Wann liegen Mängel in der Beschaffenheit vor?

Mängel in der Beschaffenheit können *drei Ursachen* haben.
- Der Sache fehlt eine vertraglich vereinbarte Eigenschaft.
- Die Sache eignet sich nicht für die vertraglich vorausgesetzte oder die übliche Verwendung.
- Der Sache fehlt eine Eigenschaft, die der Käufer aufgrund von Werbeaussagen, öffentlichen Äußerungen des Verkäufers usw. erwarten konnte.

03. Wann liegen Mängel im Zusammenhang mit der Montage vor?

Sachmängel liegen in folgenden Fällen vor.
- Die vereinbarte Montage wurde unsachgemäß ausgeführt.
- Die mitgelieferte Montageanleitung ist fehlerhaft, sodass die Montage durch den Käufer nicht sachgemäß ausgeführt werden konnte.

04. Wann liegen Mängel im Zusammenhang mit der Lieferung vor?

Mängel in Zusammenhang mit der Lieferung liegen vor, wenn die gelieferte Sache oder die gelieferte Menge nicht der bestellten Sache oder Menge entspricht.

05. Wann sind Mängel beim Handelskauf zu rügen?

Bei einem Handelskauf muss der Käufer die Ware bei Eingang prüfen. Mängel sind *unverzüglich* zu rügen, d. h. offene Mängel sofort, versteckte Mängel unverzüglich nach Entdeckung.

06. Wodurch unterscheiden sich offene von versteckten Mängeln?

Offene Mängel sind bei angemessener sorgfältiger Eingangsprüfung sofort erkennbar. **Versteckte** Mängel sind Mängel, die bei der Prüfung nicht erkennbar sind.

4.3.4.1.2 Rechte bei Sachmängeln

01. Welche Rechte hat der Käufer bei Mängeln?

Nach § 437 BGB bestehen bei Mängeln folgende Rechte.

- Nacherfüllung
- Rücktritt vom Vertrag
- Minderung des Kaufpreises
- Schadenersatz
- Ersatz vergeblicher Aufwendungen.

02. Welche besondere Bedeutung hat das Recht auf Nacherfüllung?

Im Allgemeinen ist zunächst immer die Nacherfüllung vorgesehen. Der Käufer kann als Nacherfüllung entweder die Beseitigung des Mangels oder die Lieferung einer mangelfreien Sache verlangen. Der Verkäufer kann die gewählte Art der Nacherfüllung verweigern, wenn sie mit unverhältnismäßig hohen Kosten verbunden ist. Der Käufer hat dann nur Anspruch auf die andere Art der Nacherfüllung. Die Kosten der Nacherfüllung trägt der Verkäufer. Bei Lieferung der mangelfreien Sache muss die mangelhafte Sache zurückgegeben werden. (Vgl. § 439 BGB.)

03. Unter welchen Voraussetzungen kann der Käufer vom Vertrag zurücktreten?

Der Käufer kann vom Vertrag zurücktreten, wenn der Verkäufer seiner Pflicht zur Nacherfüllung nicht oder nicht vertragsgemäß nachkommt. Der Rücktritt setzt voraus, dass der Käufer dem Verkäufer eine angemessene Frist für die Nacherfüllung setzt. (Vgl. § 440 BGB.)

Die Fristsetzung ist in folgenden Fällen nicht erforderlich.

- Der Schuldner verweigert beide Arten der Nacherfüllung.
- Die Nacherfüllung ist fehlgeschlagen.
- Die Nacherfüllung ist dem Käufer nicht zuzumuten.

04. In welcher Höhe kann der Käufer den Kaufpreis bei einem Mangel mindern?

Anstatt vom Vertrag zurückzutreten, kann der Käufer den Kaupreis *in Höhe der Wertminderung* kürzen. Es bedarf dazu lediglich einer entsprechenden Erklärung gegenüber dem Verkäufer. Der Kürzungsbetrag ergibt sich als Differenz zwischen dem Wert der mangelfreien Sache und ihrem tatsächlichen Wert zurzeit des Vertragsabschlusses. Eventuell muss die Wertminderung geschätzt werden. (Vgl. § 441 BGB.)

05. Hat der Käufer bei einem Mangel einen Anspruch auf Schadenersatz oder auf Ersatz vergeblicher Aufwendungen?

Der Käufer hat gegenüber dem Verkäufer einen Anspruch auf Ersatz des Schadens, der ihm durch die mangelhafte Leistung entstanden ist (§ 440 BGB). Anstelle des Schadenersatzes kann der Käufer Ersatz für Aufwendungen verlangen, die er im Vertrauen darauf, dass ihm eine mangelfreie Sache geliefert wird, gemacht hat.

06. Verjähren die Ansprüche des Käufers aus seinen Rechten bei mangelhafter Lieferung?

Die Ansprüche auf Nacherfüllung, Schadenersatz und Ersatz für vergebliche Aufwendungen verjähren nach zwei Jahren. Die Verjährung beginnt mit der Ablieferung der Sache.

Rücktritt und Minderung verjähren als sog. Gestaltungsrechte nicht.

Wenn der Verkäufer einen Mangel arglistig verschwiegen hat, verjährt der Anspruch des Käufers nach drei Jahren. Die Verjährungsfrist beginnt, wenn der Käufer den Mangel erkennt.

07. Welche Bedeutung hat die Beweislastumkehr beim Verbrauchsgüterkauf?

Beim Verbrauchsgüterkauf gilt die Beweislastumkehr. Wenn sich bei einem Verbrauchsgüterkauf innerhalb von sechs Monaten nach Gefahrübergang ein Mangel an der gekauften Sache zeigt, wird angenommen, dass der Mangel bereits bei Gefahrübergang bestanden hat. Der Käufer muss also nicht beweisen, dass der Mangel bereits bestanden hat und nicht von ihm verursacht wurde. Der Verkäufer müsste eine gegenteilige Behauptung beweisen (Beweislastumkehr).

08. Unter welchen Voraussetzungen hat der Verkäufer beim Verbrauchsgüterkauf ein Rückgriffsrecht gegenüber seinem Lieferanten?

Durch den Ausgleich von Ersatzansprüchen des Käufers beim Verbrauchsgüterkauf können dem Verkäufer Aufwendungen entstehen. Der Verkäufer kann für den Ersatz dieser Aufwendungen auf seinen Lieferer zurückgreifen.

Der Rückgriffsanspruch hat folgende Voraussetzungen:
- Es muss sich bei der mangelhaften Sache um eine neu hergestellte Sache handeln.
- Der vom Käufer beanstandete Mangel muss bereits beim Gefahrübergang vom Lieferer auf den Verkäufer bestanden haben.
- Der Lieferer muss ebenfalls Unternehmer sein.

Dieser Lieferer kann wieder seinen Lieferer in Anspruch nehmen, wenn die vorgenannten Voraussetzungen bestehen.

09. Wann verjährt der Rückgriffsanspruch?

Für den Rückgriffsanspruch des Verkäufers gegenüber seinem Lieferer gilt die besondere Ablaufhemmung der Verjährung. Der Rückgriffsanspruch verjährt frühestens zwei Monate nach dem Zeitpunkt, zu dem der Anspruch des Käufers durch den Verkäufer erfüllt wurde.

10. Welche besonderen Vorschriften bestehen für die Abfassung der Garantieerklärung beim Verbrauchsgüterkauf?

Bei einem Verbrauchsgüterkauf muss die Garantieerklärung verständlich und einfach abgefasst sein. Die Garantieerklärung muss u. a. die folgenden Punkte enthalten:

- Hinweis auf die gesetzlichen Rechte des Verbrauchers
- Hinweis, dass die gesetzlichen Rechte durch die Garantie nicht eingeschränkt werden
- Inhalt der Garantie
- Angaben über die Dauer der Garantie
- Name und Anschrift des Garantiegebers.

4.3.4.2 Positive Vertragsverletzung

01. Was ist eine positive Vertragsverletzung?

Eine positive Vertragsverletzung (positive Forderungsverletzung) ist die schuldhafte Verletzung einer Pflicht durch den Schuldner im Zusammenhang mit der Erfüllung einer Leistung. Positiv heißt die Vertragsverletzung, weil der Vertrag erfüllt wird und die Vertragsverletzung dabei durch schuldhaftes Handeln eintritt. Im Allgemeinen handelt es sich um Nebenpflichten.

02. Wie wird bei positiver Vertragsverletzung gehaftet?

Wenn der Schuldner eine Pflicht aus dem Schulverhältnis verletzt, kann der Gläubiger den Ersatz eines Schadens, der durch die Pflichtverletzung eintritt, verlangen wenn der Schuldner die Pflichtverletzung zu vertreten hat (§ 280 Abs. 1 BGB).

Beispiel: V. gibt bei dem Tischler Wieland neue Fenster für sein Wohnhaus in Auftrag. Meister Wieland liefert die Fenster und baut sie zusammen mit seinem Gesellen ein. Bei der Montage verletzt Wieland durch mangelnde Sorgfalt beim Ausbau der alten Fenster das Sichtmauerwerk über das vertretbare Maß hinaus. Der Schaden wird durch Bauunternehmer Wagner behoben. Für den Ersatz des Schadens kann V. Wieland in Anspruch nehmen.

4.3.4.3 Produkthaftung

01. Welche Bedeutung hat die Produkthaftung?

Die Produkthaftung ist eine *Gefährdungshaftung*; ein Verschulden des Herstellers wird für die Haftung nicht vorausgesetzt. Es genügt für die Pflicht zum Schadenersatz, wenn das Produkt fehlerhaft ist und gewerblich vertrieben wurde.

02. Wodurch unterscheidet sich die Produkthaftung von der Produzentenhaftung?

Die **Produzentenhaftung** setzt das *Verschulden* des Herstellers für die Fehlerhaftigkeit von Produkten und damit für weitergehende Beschädigungen voraus. Der Geschädigte muss beweisen, dass der Produzent die Schäden verursacht hat. Die **Produkthaftung** ist *verschuldensunabhängig*, das bedeutet, der Geschädigte muss dem Produzenten die Fehlerhaftigkeit des Produkts nicht beweisen, wenn das Produkt bereits fehlerhaft in den Verkehr gebracht wurde.

03. Wer haftet bei der Produkthaftung?

Der Hersteller eines Produkts ist zum Schadenersatz verpflichtet (§ 1 ProdHaftG), wenn durch die Fehlerhaftigkeit seines Produkts

- jemand getötet wird
- Körper und Gesundheit von Personen verletzt werden
- Sachen beschädigt werden.

04. Welche Voraussetzungen hat die Schadensersatzpflicht bei Sachbeschädigungen?

Die Schadensersatzpflicht bei Sachbeschädigungen setzt voraus, dass die beschädigte Sache nicht das fehlerhafte Produkt ist. Außerdem muss die beschädigte Sache für den privaten Ge- und Verbrauch bestimmt und hauptsächlich verwendet worden sein.

05. Wann ist ein Produkt nach dem Produkthaftungsgesetz fehlerhaft?

Ein fehlerhaftes Produkt bietet nicht die Sicherheit, die unter Berücksichtigung aller Umstände, z. B. hinsichtlich des Gebrauchs, erwartet werden kann.

4.3.5 Einreden gegen die Leistungspflicht

4.3.5.1 Arten von Einreden

01. Welche Einreden können gegen die Leistungspflicht erhoben werden?

Bei einer Einrede gegen die Leistungspflicht, die zu Recht erhoben wird, kann der Gläubiger seinen Anspruch nicht mehr geltend machen. Der Schuldner kann mit den folgenden Einreden die Leistung verweigern: Verjährung, Verwirkung des Leistungsanspruchs und Wegfall der Geschäftsgrundlage.

4.3.5.2 Verjährung und Verjährungsfristen

01. Was ist Gegenstand der Verjährung?

Das Recht, von einem andern ein Tun oder ein Unterlassen zu verlangen (Anspruch), unterliegt der Verjährung (§ 194 BGB). Verjährung eines Anspruchs bedeutet, dass der Schuldner die Leistung verweigern kann (Einrede der Verjährung).

02. Wann verjähren Ansprüche?

Die regelmäßige Verjährungsfrist beträgt drei Jahre (§ 195 BGB). Daneben sehen BGB und HGB für bestimmte Ansprüche auch andere Verjährungsfristen vor.

03. In welchen Fällen bestehen Abweichungen von der regelmäßigen Verjährungsfrist?

Im Folgenden werden einige Beispiele für Ausnahmen von der regelmäßigen Verjährungsfrist genannt.
- Ansprüche auf Übertragung des Eigentums an einem Grundstück und ähnliche Ansprüche verjähren in zehn Jahren (§ 196 BGB).
- Schadenersatzansprüche, die auf Körperverletzungen u. Ä. beruhen, verjähren nach 30 Jahren (§198 Abs. 2 BGB).
- Herausgabeansprüche aus Eigentum und anderen dinglichen Rechten, familien- und erbrechtliche Ansprüche, rechtskräftig festgestellte Ansprüche (z. B. durch Urteil festgestellte Ansprüche), Ansprüche aus vollstreckbaren Vergleichen oder vollstreckbaren Urteilen u. a. verjähren in 30 Jahren (§ 197 Abs. 1 BGB).
- Sonstige Schadenersatzansprüche verjähren entweder nach zehn oder nach 30 Jahren (§ 199 Abs. 4 BGB).
- Gewährleistungsansprüche (Nacherfüllung, Schadenersatz, Ersatz vergeblicher Aufwendungen) aus einem Kaufvertrag verjähren nach zwei Jahren (§ 438 Abs. 1 Ziffer 3 BGB).
- Ansprüche aus Mängeln bei Bauwerken oder bei Sachen, die für ein Bauwerk verwendet worden sind, verjähren in fünf Jahren (§ 438 Abs. 1 Ziffer 3 BGB).

- Ansprüche, die entstehen, wenn der Verkäufer einen Mangel arglistig verschweigt, verjähren nach drei Jahren (§ 438 Abs. 3 BGB).

04. Wann beginnen die Verjährungsfristen?

Die regelmäßige Verjährungsfrist beginnt nach § 199 Abs. 1 BGB mit dem Schluss des Jahres in der der Anspruch entstanden ist und der Gläubiger von den Umständen, die den Anspruch begründen, und der Person des Schuldners Kenntnis erlangt hat. Davon gibt es allerdings Ausnahmen.

Im Folgenden werden einige Beispiele für Ausnahmen von dem regelmäßigen Beginn der Verjährungsfrist genannt.

- Die Verjährung beginnt bei Grundstücken mit der Übergabe, im Übrigen mit der Ablieferung der Sache (§ 438 Abs. 2 BGB).
- Die Verjährung von Schadenersatzansprüchen aufgrund von Körperverletzungen u. Ä. beginnt bei Begehung der Tat, der Pflichtverletzung oder dem sonstigen Ereignis, das den Schaden ausgelöst hat (§ 199 Abs. 2 BGB).
- Die Verjährung von sonstigen Schadenersatzansprüchen nach § 199 Abs. 3 BGB beginnt entweder bei ihrer Entstehung oder bei der Begehung der Tat, der Pflichtverletzung bzw. dem sonstigen Ereignis, das den Schaden ausgelöst hat.

05. Welche Bedeutung hat die Verjährung einer Forderung?

Wenn eine Forderung über eine (vom Gesetzgeber bestimmte) längere Zeit (mehrere Jahre) besteht, kann der Schuldner die Einrede der Verjährung nutzen und die Zahlung verweigern. Nach Ablauf der Verjährung verliert der Gläubiger seinen Anspruch, mithilfe des (gerichtlichen) Mahnverfahrens, die Forderung einzutreiben.

06. Wie lange dauert die regelmäßige Verjährungsfrist?

Die regelmäßige Frist für die Verjährung von Forderungen beträgt drei Jahre.

1. Wann beginnt die Verjährungsfrist?

Die regelmäßige Frist für die Verjährung von Forderungen beginnt am Ende des Jahres, in dem

- der Anspruch entstanden ist
- der Gläubiger von den Umständen, die den Anspruch begründen, und von der Person des Schuldners Kenntnis erlangt hat; wenn der Gläubiger diese Kenntnisse infolge grober Fahrlässigkeit nicht hat, gilt das Jahr, in dem er diese Kenntnisse hätte erlangen müssen.

4.3 Leistungen und Leistungsstörungen

07. Welche Wirkung hat die Hemmung einer Verjährung?

Bei einer Hemmung der Verjährung wird der Ablauf der Verjährung vorübergehend ausgesetzt, danach läuft die Verjährungsfrist weiter. Die ursprüngliche Verjährungsfrist wird um die gehemmte Frist verlängert.

08. Welche Gründe kann eine Verjährungshemmung haben?

Für die Hemmung der Verjährung bestehen u. a. folgende Gründe:

- Verhandlungen über den Anspruch: Die Verjährung tritt frühestens drei Monate nach dem Ende der Hemmung ein.
- Rechtsverfolgung des Anspruchs: Der Gläubiger geht den Rechtsweg, um die Forderung einzutreiben, er lässt z. B. einen Mahnbescheid zustellen. [1]
- Leistungsverweigerungsrecht: Der Schuldner hat vorübergehend das Recht, die Zahlung zu verweigern, z. B. bei einer Stundung der Zahlung durch den Gläubiger.
- Höhere Gewalt: Der Gläubiger wird in den letzten sechs Monaten vor Ablauf der Verjährung durch höhere Gewalt gehindert, sein Recht zu verfolgen.

09. Welche Gründe gibt es für einen Neubeginn der Verjährung?

Für einen Neubeginn[2] der Verjährung gibt es lediglich zwei Gründe:

- Der Schuldner erkennt den Anspruch des Gläubigers an, z. B. durch eine Abschlagszahlung.
- Der Gläubiger beantragt eine Vollstreckungshandlung bzw. eine Vollstreckungshandlung wird durchgeführt.

10. Welche Wirkung hat der Neubeginn der Verjährung?

Bei einem Neubeginn beginnt die Verjährungsfrist neu zu laufen. Die Verjährung beginnt an dem Tage, an dem der Schuldner den Anspruch anerkennt oder die Vollstreckungshandlung beantragt oder durchgeführt wird.

4.3.5.3 Sonderfälle

01. Wann liegt eine Verwirkung des Leistungsanspruchs vor?

Eine Verwirkung des Leistungsanspruchs liegt vor, wenn der Gläubiger einen Anspruch nicht mehr geltend machen kann. Die Verwirkung ist gesetzlich nicht geregelt. In der Rechtsprechung spielt bei der Feststellung der Verwirkung der Grundsatz von Treu und Glauben (§ 242 BGB) eine bedeutsame Rolle.

---

[1] BGB § 204 nennt insgesamt 14 Gründe für die Hemmung der Verjährung durch Rechtsverfolgung.
[2] Der Begriff *Neubeginn* ersetzt nach der Schuldrechtsmodernisierung den früher üblichen Begriff *Unterbrechung*.

02. Wann verwirkt ein Leistungsanspruch?

Im Allgemeinen verwirkt ein Anspruch, wenn er längere Zeit nicht geltend gemacht wurde und der Schuldner damit rechnen kann, dass er auch weiterhin nicht geltend gemacht wird. Der Schuldner richtet sich auf den Tatbestand ein und plant entsprechend. Ihn schützt gewissermaßen der Grundsatz von Treu und Glauben.

03. Welche Bedeutung hat der Wegfall der Geschäftsgrundlage?

Der Wegfall der Geschäftsgrundlage bedeutet, dass bestimmte Umstände, die bei Vertragsabschluss bestanden, weggefallen sind, sodass dem Vertragspartner bei Berücksichtigung des Grundsatzes von Treu und Glauben die Durchführung des Vertrages in der ursprünglichen Form nicht zugemutet werden kann.

04. Was wird als Störung der Geschäftsgrundlage bezeichnet?

Das Problem „Wegfall der Geschäftsgrundlage" wird in § 313 BGB „Störung der Geschäftsgrundlage" aufgegriffen. Als Störung der Geschäftsgrundlage wird die schwerwiegende Änderung von Umständen, die Grundlage des Vertrages waren, nach Vertragsabschluss bezeichnet. Unter der Voraussetzung, dass die Vertragsparteien den Vertrag nicht oder nicht mit diesem Inhalt abgeschlossen hätten, wenn sie die Störung der Geschäftsgrundlage vorausgesehen hätten, können sie eine Anpassung des Vertrages verlangen.

4.3.6 AGB-Recht und Handelsklauseln

4.3.6.1 Zweck und Regelung, Inhalte und Vertragsbindung im AGB-Recht

01. Was sind Allgemeine Geschäftsbedingungen?

Allgemeine Geschäftsbedingungen (AGB) sind vorformulierte Vertragsbedingungen, die für eine Vielzahl von Verträgen gelten. Sie werden zwischen den Vertragsparteien nicht im Einzelnen ausgehandelt.

02. Unter welchen Voraussetzungen werden die Allgemeinen Geschäftsbedingungen Bestandteil des Kaufvertrages?

Damit die Allgemeinen Geschäftsbedingungen Bestandteile des Kaufvertrags und damit rechtswirksam werden können, müssen folgende Voraussetzungen erfüllt sein.

- Der Verwender der AGB muss den Vertragspartner ausdrücklich oder durch einen Aushang darauf hinweisen, dass die AGB Bestandteil des Vertrags werden soll.
- Der Vertragspartner muss die Möglichkeit erhalten, den Inhalt der AGB zur Kenntnis zu nehmen.
- Der Vertragspartner muss damit einverstanden sein, dass die AGB Bestandteil des Vertrages werden.

03. Wann werden beim Handelskauf die AGB Bestandteil des Kaufvertrages?

Wenn der Verwender der AGB und die andere Vertragspartei Kaufleute sind, werden die AGB nur dann Vertragsbestandteil, wenn die andere Vertragspartei wusste oder wissen musste, dass der Verwender dem Vertrag die Allgemeinen Geschäftsbedingungen zu Grunde legt.

04. Wann sind Allgemeine Geschäftsbedingungen ungültig?

Allgemeine Geschäftsbedingungen sind dann ungültig, wenn sie den Vertragspartner des Verwenders der AGB unangemessen benachteiligen.

05. Welche Bedeutung hat die Verwendung von Klauseln mit richterlichen Wertungsmöglichkeiten?

Wenn die in den verwendeten AGB Klauseln Wertungsmöglichkeiten enthalten, kann ihre Gültigkeit von der richterlichen Wertung abhängig gemacht werden. Diese Klauseln können z. B. folgende Aspekte betreffen.

- Die Fristen für Annahme und Leistung durch den Verwender der AGB: Die Fristen könnten z. B. für den Vertragspartner unzumutbar lang sein.
- Das Rücktrittsrecht des Verwenders der AGB: Der Grund für den Rücktritt könnte z. B. nicht gerechtfertigt sein.
- Abweichung von der versprochenen Leistung durch den Verwender: Die Abweichung könnte z. B. für den Vertragspartner unzumutbar sein.

06. Welche Klauseln dürfen grundsätzlich nicht verwendet werden?

Die Verwendung von Klauseln, die keine Wertungsmöglichkeiten enthalten, ist grundsätzlich verboten. Verboten sind u. a. folgende Klauseln.

- Die Klausel, die dem Verwender der AGB das Recht zur kurzfristigen Preiserhöhung einräumt.
- Die Klausel, die dem Verwender der AGB das Recht zur Aufrechnung von Schulden einräumt.
- Die Klausel, die den Verwender der AGB von der Pflicht zur Mahnung freistellt.

4.3.6.2 Handelsbräuche und Handelsklauseln

01. Was sind Handelsbräuche und welche Bedeutung haben sie für die Handelsgeschäfte?

Als Handelsbräuche werden die im Handelsverkehr geltenden bzw. allgemein anerkannten Gewohnheiten und Gebräuche bezeichnet. Kaufleute müssen im Zusammenhang mit Handelsgeschäften die Handelsbräuche berücksichtigen. Auskünfte über die Existenz von Handelsbräuchen erteilen die Industrie- und Handelskammern.

Beispiele für Handelsbräuche:

- Der Kaufmann muss dafür sorgen, dass ihn Postsendungen auch während seiner Abwesenheit (vom Betrieb) erreichen können.
- Der Kaufmann, der eine Ware, die er nicht bestellt hat, annimmt, verbraucht usw., nimmt das Angebot, das sich in der Lieferung ausdrückt, an.
- Der Inhalt von Handelsklauseln ist durch Handelsbrauch festgelegt.

02. Was sind Handelsklauseln und welche Bedeutung haben sie?

Handelsklauseln sind Kurzformeln zur Kennzeichnung bestimmter Abreden, die bei Handelsgeschäften üblicherweise angewandt werden. Bei Anwendung der Klauseln entfällt die umfangreiche Beschreibung bestimmter Sachverhalte. Da der Inhalt von Handelsklauseln durch Handelsbrauch festliegt, können sich Kaufleute bei Anwendung darauf verlassen, dass Geschäftspartner sie richtig deuten.

Handelsklauseln können sich auf die Beschaffenheit der Ware, auf Lieferungs- und Zahlungsbedingungen usw. beziehen.

Beispiele für Handelsklauseln:

- Kasse: Die Ware ist bei Empfang zu bezahlen.
- Freibleibend: Das Angebot des Verkäufers ist unverbindlich.
- Ramschkauf: Die Ware wird verkauft, „wie sie steht und liegt".

03. Welche Bedeutung hat die Vertragsstrafe für den Kaufmann?

Vertragsstrafe ist eine Geldsumme, die der Schuldner dem Gläubiger für den Fall verspricht, dass er die vertraglich festgelegte Leistung nicht oder nicht vereinbarungsgemäß erbringt. Wenn die Vertragsstrafe unverhältnismäßig hoch ist, kann sie auf Antrag des Schuldners durch ein richterliches Urteil auf den angemessenen Betrag herabgesetzt werden (vgl. § 343 BGB). Diese Vorschrift gilt nur, wenn der Schuldner nicht Kaufmann ist.

Wenn der Schuldner Kaufmann ist und die Vertragsstrafe im Betrieb seines Handelsgewerbes versprochen hat, entfällt die Möglichkeit zur Herabsetzung. Der Kaufmann muss also eine Vertragsstrafe in der vereinbarten Höhe bezahlen.

04. Wann entfällt für den Kaufmann die Einrede der Vorausklage bei einer Bürgschaft?

Der Kaufmann, für den die Übernahme einer Bürgschaft ein Handelsgeschäft ist, hat das Recht auf Einrede der Vorausklage nicht. Er bürgt *selbstschuldnerisch* (selbstschuldnerische Bürgschaft).

Das Recht zur Einrede der Vorausklage nimmt ein Bürge in Anspruch, wenn er verlangt, dass der Gläubiger zunächst im Klagewege feststellen lässt, ob und in welchem Umfang der Schuldner ausfällt. Er bürgt dann nur für den ausgefallenen Betrag (Ausfallbürgschaft).

05. Ist die Bürgschaftserklärung eines Kaufmanns an eine Form gebunden?

Die Bürgschaftserklärung eines Kaufmanns, für den die Bürgschaft ein Handelsgeschäft ist, ist an keine Form gebunden.

06. Wie hoch ist der gesetzliche Zinssatz bei beiderseitigem Handelsgeschäft?

Der gesetzliche Zinssatz beträgt 5 % für das Jahr. Der Kaufmann kann Verzugszinsen in Höhe von 5 % p. a. für eine nach Fälligkeit weiterhin ausstehende Forderung verlangen. Der Zinssatz von 5 % gilt auch, wenn bei einem Handelsgeschäft Zinsen ohne Angabe des Zinssatzes versprochen wurde.

07. Was ist eine Gattungsschuld?

Bei einer Gattungsschuld wird im Allgemeinen eine Ware geschuldet, die lediglich nach allgemeinen Gattungsmerkmalen gekennzeichnet wurde. Es ist üblich, dass in diesem Fall der Schuldner eine Ware mittlerer Art und mittlerer Güte liefert.

08. Was sind Incoterms?

Incoterms ist die Abkürzung für International Commercial Terms. Incoterms sind im internationalen Handel übliche Handelsklauseln. Sie regeln die Übernahme von Versandkosten und den Gefahrübergang.[1]

4.4 Elektronischer Geschäftsverkehr und rechtliche Entwicklung

4.4.1 Arten des E-Commerce

01. Welche Bedeutung hat der E-Commerce?

E-Commerce bedeutet elektronischer Handel über das Internet oder über andere computergestützte Netzwerke.

Mithilfe von E-Commerce werden Kundenbeziehungen optimiert. E-Commerce ermöglicht den Unternehmen, neue globale Beschaffungs- und Absatzkanäle zu erschließen, Geschäftsprozesse zu automatisieren und zu beschleunigen.

---

[1] Die Incoterms werden ausführlich dargestellt in Kap. *6.4.4.4 Rechtliche Rahmenbedingungen (des Importgeschäfts).*

Positive Auswirkungen des E-Commerce durch das Internet zeigen sich vor allem in der Markterweiterung und der damit verbundenen Gewinnung von neuen Kunden. Trotz dieser Vorteile stagniert zurzeit der elektronische Handel.

02. Welche Teilbereiche umfasst das E-Commerce?

Teilbereiche des E-Commerce sind z. B.

- das Electronic Procurement, das elektronische Beschaffungswesen in der Industrie
- das Electronic Payment, die bargeldlose Zahlung über das Internet
- das Electronic Shopping, der Kauf und Verkauf vor allem von Konsumgütern über das Internet.

03. Welche Arten von E-Commerce können unterschieden werden?

Im Allgemeinen unterscheidet man B2B- und B2C-Handel. Als *Business to Business („B2B")* bezeichnet man den elektronischen Handel zwischen Unternehmen. Als *Business to Consumer („B2C")* bezeichnet man den elektronischen Handel zwischen Unternehmen als Anbietern und Endverbrauchern (Konsumenten) als Kunden.

04. Welche Vorteile bietet der B2C-Handel dem Kunden?

Der elektronische Handel hat für den Kunden u. a. folgende Vorteile.

- Der Einkauf ist *bequem*: Die Auswahl der Produkte erfolgt zu Hause; Fahrt oder Gang zum Geschäft, Warten auf Bedienung und Beratung entfallen. Ladenschlusszeiten müssen nicht beachtet werden.
- Der Einkauf ist *schnell*. Der Kunde kann sich in relativ kurzer Zeit über viele Produkte von vielen Anbietern informieren und zu einer Kaufentscheidung kommen.
- Der Einkauf ist *unterhaltsam*: Für viele Internetuser ist das Surfen eine wichtige Freizeitbeschäftigung.

05. Welche Vorteile bietet die elektronische Beschaffung (B2B)?

Der elektronische Handel bietet u.a. folgende Vorteile:

- Senkung der Beschaffungskosten
- Senkung der Bestellkosten
- Verkürzung der Beschaffungszeiten
- Zutritt zu globalen Märkten durch geografisch unbegrenzte Datenübermittlung.

06. Für welche Güter eignet sich das elektronische Beschaffungswesen?

Das elektronische Beschaffungswesen eignet sich eher für die *Beschaffung von sog. C-Gütern*. C-Güter sind Güter mit relativ geringem Wert, die häufig benötigt werden, dazu zählen z. B. bestimmte Rohstoffe, Hilfsstoffe u. Ä. Wenn gute Erfahrungen mit diesen Gütern und den Lieferanten gemacht wurden, muss der Einkauf nicht über die zentrale Einkaufsabteilung laufen. Vielmehr können Mitarbeiter am Ort des Bedarfs bestellen.

4.4.2 Anwendbares Recht

01. Was wird als Internetrecht bezeichnet, und welchen Rechtsgebieten wird das Internetrecht zugeordnet?

Das Internetrecht befasst sich mit der Rechtsproblematik, die im Zusammenhang mit der Internetnutzung besteht. Dabei kommen aus anderen Rechtsgebieten die Aspekte zur Anwendung, die für das Internet, z. B. für den Internethandel und für Internetinformationen, von Bedeutung sind. Die Internetnutzung berührt z. B. folgende Rechtsgebiete.

- Bürgerliches Recht: Rechtsgeschäfte, Kaufvertrag, Fernabsatzverträge, elektronischer Geschäftsverkehr
- Markenrecht: Domainnutzung
- Internationales Privatrecht, UN-Kaufrecht: grenzüberschreitende Verträge u. dgl.
- Wettbewerbsrecht: unlauterer Wettbewerb durch Irreführung.

02. Welche Probleme wirft die Internationalität des Internets auf?

Internetseiten können weltweit genutzt werden. Beim grenzüberschreitenden Handel werden z. B. vom inländischen User die Leistungen eines ausländischen Anbieters in Anspruch genommen. Das hat häufig Überschneidungen zweier unterschiedlicher Rechtsordnungen zur Folge. Die Probleme ergeben sich aus der Frage nach dem anwendbaren Privatrecht.

03. Was wird durch das internationale Privatrecht geregelt?

Der Kauf einer Ware mittels Internet im Ausland berührt sowohl die Rechtsordnung des Staates, in dem der Käufer seinen Wohnsitz hat, als auch des Staates, in dem der Verkäufer wohnt. Die Rechtsauffassungen der beiden Staaten können miteinander kollidieren (deshalb wird auch vom Kollisionsrecht gesprochen). Die Frage ist, welche Rechtsauffassung dem Sachverhalt zu Grunde zu legen ist. Diese Frage löst das internationale Privatrecht, das die innerstaatlichen Normen umfasst, die auf einen rechtlichen Sachverhalt mit Auslandsberührung anzuwenden sind.

Das internationale Privatrecht ist in Deutschland im EGBGB kodifiziert.

4.4.3 Vertragsabschluss

01. Wie kommt ein Kaufvertrag durch E-Mails zustande?

Ein Kaufvertrag im B2B-Handel kann durch E-Mails zustande kommen: Der Unternehmer bietet per E-Mail einem anderen Unternehmer eine Ware oder Leistung an und der Empfänger der E-Mail nimmt das Angebot durch eine Bestellung per E-Mail an. Der Kaufvertrag ist also durch zwei übereinstimmende Willenserklärungen zustande gekommen. Es besteht jedoch die Frage, wie lange das Angebot gilt. Nach § 147 Abs. 2 BGB kann der Antrag, der einem Abwesenden gemacht wird, nur bis zu dem Zeitpunkt gelten, bis zu dem der Antragende den Eingang der Antwort unter regelmäßigen Umständen erwarten darf. Im E-Commerce per E-Mail werden dafür im Allgemeinen *drei Tage* angenommen.[1]

02. Welche Angaben müssen E-Mails im geschäftlichen Verkehr enthalten?

Grundsätzlich gelten die Vorschriften über Angaben in Geschäftsbriefen auch für E-Mails (vgl. § 37a HGB und § 35a GmbHG).

Der *Kaufmann* muss z. B. nach § 37 a Abs. 1 HGB Folgendes angeben:

- Die Firma, ggf. mit Angabe „eingetragener Kaufmann" (oder Abkürzung)
- Ort der Handelsniederlassung
- das Registergericht und die Nummer, unter der die Firma in das Handelsregister eingetragen ist.

Eine *Kapitalgesellschaft* (Beispiel GmbH) muss nach § 35a Abs. 1 GmbHG z. B. Folgendes angeben:

- Rechtsform
- Sitz der Gesellschaft
- das zuständige Registergericht und die Nummer, unter der die Gesellschaft in das Handelsregister eingetragen ist
- alle Geschäftsführer
- Name des AR-Vorsitzenden (wenn ein Aufsichtsrat besteht).

03. Ist ein Widerruf der Bestellung möglich?

Der Käufer kann seine Bestellung gem. § 130 Abs. 1 Satz 2 BGB selbstverständlich widerrufen. Im Allgemeinen gilt, der Widerruf wird wirksam, wenn er vor oder gleichzeitig mit der Bestellung bei dem Verkäufer eingeht. Für die Gültigkeit des Widerrufs ist also der Zugangszeitpunkt von Bedeutung. Man kann davon ausgehen, dass Kaufleute regelmäßig während der Geschäftszeit eingegangene E-Mails abrufen; unter Kaufleuten

---

[1] Wien, A., 2012, S. 89

4.4 Elektronischer Geschäftsverkehr und rechtlicheEntwicklung

gilt deshalb der Widerruf nur dann, wenn er vor oder mit der Bestellung zur Kenntnis genommen wird.

04. Was ist eine Bestellmaske, und welche Bedeutung hat die Bestellmaske für die Abgabe von Willenserklärungen?

Auf der Bestellmaske präsentiert der Verkäufer die Ware bzw. die Leistung, die er verkaufen möchte. Der Verkäufer gibt zwar eine Willenserklärung ab, sie ist aber für ihn nicht bindend; insofern liegt kein Angebot vor. Diese Präsentation ist also kein Angebot, mit dem sie häufig verwechselt wird, sondern lediglich eine *Einladung zur Abgabe eines Antrags*, in diesem Fall einer Bestellung. Der Bestellvorgang wird durch die Betätigung des Bestellbuttons eingeleitet; die Ware wird in den Warenkorb gelegt; der Käufer sendet die Bestellung, damit hat er eine ihn bindende Willenserklärung abgegeben. Der Unternehmer muss den Zugang der Bestellung unverzüglich auf elektronischen Wege bestätigen (§ 312g BGB).

Der Verkäufer (Unternehmer) muss dem Kunden angemessene technische Mittel zur Verfügung stellen, damit der Kunde Eingabefehler vor Abgabe seiner Bestellung erkennen und berichtigen kann (§ 312g BGB).

05. Wie kommt der Kaufvertrag im E-Commerce zustande?

Der Kaufvertrag beim E-Commerce kommt durch die Annahme der Bestellung zustande. Durch die Lieferung gilt die Bestellung als angenommen. Der Antrag kann auch durch eine entsprechend formulierte Eingangs- bzw. Annahmebestätigung angenommen werden. Häufig erhalten Besteller zwar Eingangsbestätigungen, aber diese sind im Allgemeinen so formuliert, dass sie nicht als Annahmebestätigungen und damit als rechtlich bindende Willenserklärungen gelten können.

06. Was sind Fernabsatzverträge?

Fernabsatzverträge sind alle Verträge über die Lieferung von Waren oder die Erbringung von Dienstleistungen *zwischen einem Unternehmer und einem Verbraucher* (B2C-Handel), die unter *ausschließlicher Verwendung* von Fernkommunikationsmitteln abgeschlossen werden (vgl. § 312b BGB). Bei einer Bestellung per E-Mail oder über die Homepage des Verkäufers (vgl. Bestellmaske) und der Lieferung mithilfe der Post liegt ein Fernabsatzvertrag vor.

07. Welche Informationen muss der Unternehmer dem Verbraucher vor Abschluss eines Fernabsatzvertrages geben?

Der Unternehmer muss den Verbraucher rechtzeitig vor Abschluss eines Fernabsatzvertrages informieren

- über seine Identität und Anschrift
- über wesentliche Merkmale der Ware oder der Dienstleistung
- über die Mindestlaufzeit des Vertrages.

Der Unternehmer muss diese Information spätestens bis zur vollständigen Erfüllung des Vertrages bzw. bei Lieferung der Waren auf einem dauerhaften Datenträger zur Verfügung stellen.

08. Hat der Verbraucher ein Widerrufsrecht?

Der Verbraucher hat bei Fernabsatzgeschäften ein Widerspruchsrecht. Er kann den Vertrag innerhalb von zwei Wochen nach Abschluss ohne Angabe von Gründen widerrufen und die bestellte Ware auf Kosten des Anbieters zurücksenden. Der Unternehmer muss den Verbraucher auf dieses Recht ausdrücklich hinweisen.

09. Was ist eine elektronische Signatur, und welchen Zwecken dient die elektronische Signatur?

Das Gesetz schreibt für die Abgabe bestimmter Willenserklärungen die Schriftform vor, d. h. sie müssen von demjenigen, der sie abgibt, eigenhändig unterschrieben sein. Der Gesetzgeber gestattet in § 16a den Ersatz der schriftlichen Form durch die elektronische Form, schreibt aber vor, dass das Dokument mit einer *qualifizierten elektronischen Signatur* zu versehen ist. Die elektronische Signatur erfüllt auf einem elektronischen Dokument die Funktion der eigenhändigen Unterschrift wie auf Dokumenten in Schriftform gem. § 126 BGB.

Mithilfe der elektronischen Signatur kann der Empfänger des Dokuments die *Authentizität* des Absenders erkennen. Darüber hinaus garantiert sie ihm, dass die Daten *integer* sind, d. h. nicht manipuliert oder verfälscht wurden.

5. Personalführung, Team- und Projektmanagement

5.1 Unternehmensziele und Unternehmensorganisation

5.1.1 Grundbegriffe

01. Besteht ein Zusammenhang zwischen den Zielen eines Unternehmens und seiner Organisationsstruktur?

Zwischen den Zielen eines Unternehmens und seiner Organisationsstruktur besteht ein Zusammenhang. Die Organisationsstruktur stellt ein System von Regelungen dar, mit denen die Tätigkeiten, das Handeln und das Verhalten der Mitarbeiter auf die Unternehmensziele ausgerichtet werden.

02. Was ist Gegenstand organisatorischer Gestaltung?

Die Organisationsstruktur ist das Ergebnis organisatorischer Gestaltung. Gegenstand organisatorischer Gestaltung ist die *Definition handlungsleitender Prinzipien*.

Die organisatorische Gestaltung bezieht sich in erster Linie auf die Festlegung organisatorischer Rahmenbedingungen für die Erledigung von betrieblichen Aufgaben; individuelle Bedürfnisse und Merkmale werden dabei nicht berücksichtigt.

In zweiter Linie bezieht sich die organisatorische Gestaltung auf die Ergänzung der festgelegten Rahmenbedingungen durch Maßnahmen, mit denen individuelle Bedürfnisse, Interessen u. Ä. der Mitarbeiter berücksichtigt werden können. Mit ihrer Hilfe kann das individuelle Handeln der Mitarbeiter auf die Erledigung der betrieblichen Aufgaben ausgerichtet werden. Zu diesen Maßnahmen zählen vor allem die Anreizsysteme.

03. Welche Bedeutung hat die Unternehmensphilosophie für die organisatorische Gestaltung?

In der organisatorischen Gestaltung drückt sich auch die Unternehmensphilosophie aus. Mit Unternehmensphilosophie umschreibt man im Allgemeinen die Einstellungen der Eigentümer bzw. der Unternehmensleitung gegenüber der Gesellschaft, der Wirtschaft und den Menschen. Die Unternehmensphilosophie drückt sich in der *Unternehmenskultur* aus.

04. Was wird mit dem Begriff Unternehmenskultur umschrieben?

Als Unternehmenskultur bezeichnet man die Gesamtheit aller Normen, Grundwerte und Grundeinstellungen. Sie drückt sich aus in der Art der Unternehmensführung, in der Umsetzung der Unternehmensziele, in den unternehmensspezifischen Führungsstilen, im Verhalten der Mitarbeiter und schließlich auch in der strategischen Planung.

Die Unternehmenskultur ergibt sich zwar einerseits aus der Unternehmensphilosophie, hat aber andererseits sehr viel mit der Geschichte des Unternehmens, mit Geschichten und Legenden über Personen und Ereignisse zu tun. Für die Pflege der Unternehmenskultur ist deshalb sicherlich die langfristige Unternehmenszugehörigkeit von Mitarbeitern und die Identifikation der Mitarbeiter mit dem Unternehmen und den Unternehmenszielen förderlich.

05. Welche Bedeutung hat das Unternehmensleitbild?

Das Unternehmensleitbild leitet sich aus der Unternehmensphilosophie ab und korrespondiert mit der Unternehmenskultur. Es schlägt sich nieder in der ausdrücklichen Formulierung von Grundsätzen, die der langfristigen unternehmenspolitischen Rahmenplanung zu Grunde liegen sollen.

Unternehmensleitbilder basieren häufig auf moralischen Werten. Sie drücken sich z. B. in der sozialen, ökologischen und gesellschaftlichen Verantwortung, im Geschäftsgebaren gegenüber Kunden und Lieferanten, im Wettbewerbsverhalten u. Ä. aus.

06. Welche Kennzeichen sollte ein Unternehmensleitbild aufweisen?

Ein Unternehmensleitbild weist im Allgemeinen u. a. folgende Merkmale auf:
- Allgemeine Gültigkeit
- langfristige Gültigkeit
- Realisierbarkeit
- innere Widerspruchsfreiheit.

Ein weit verbreitetes Beispiel für ein Unternehmensleitbild ist die *Corporate Identity*.

07. Was versteht man unter Corporate Identity?

Mit Corporate Identity umschreibt man ein *einheitliches unverwechselbares Unternehmensbild*. In der Corporate Identity soll sich das Selbstverständnis des Unternehmens widerspiegeln. Es drückt sich sowohl im Leistungsangebot und in der Unternehmensorganisation als auch im Erscheinungsbild des Unternehmens nach außen aus.

08. Wie wirkt Corporate Identity nach innen und nach außen?

Unternehmensintern bedeutet Corporate Identity eine Unternehmenskultur mit Verhaltensmustern und Normen für den Umgang der Mitarbeiter miteinander, für die Beteiligung von Mitarbeitern an Entscheidungen, für die Bezahlung von Leistungen u. dgl. Durch die Entwicklung einer In-Group-Mentalität bildet sich die Identifikation der Mitarbeiter mit dem Unternehmen heraus. Corporate Identity kann zur Steigerung von Motivation und Leistungsbereitschaft beitragen.

Unternehmensextern bedeutet Corporate Identity ein eindeutiges, einheitliches und sympathisches Unternehmensbild, auf das die Unternehmensaktivitäten auf dem Beschaffungs-, Absatz- und Kapitalmarkt sowie in anderen Bereichen ausgerichtet sind.

9. Welche Aspekte umfasst Corporate Identity?

Die Corporate Identity umfasst folgende Aspekte:

- Corporate Communication
- Corporate Design
- Corporate Behavior.

10. Was versteht man unter Corporate Communication?

Mit Corporate Communication wird eine Kommunikationsstrategie bezeichnet, deren Aktivitäten nach innen und nach außen auf die Corporate Identity bezogen sind. Dadurch wird das einheitliche Erscheinungsbild vermittelt und das damit verbundene Image verstärkt. Corporate Communication findet Anwendung bei unternehmensinterner Kommunikation (z. B. Mitteilungen an Mitarbeiter, Betriebszeitungen), aber auch bei Werbemaßnahmen (Plakate, Anzeigen, Werbebroschüren, TV-Spots usw.).

11. Was versteht man unter Corporate Design?

Mit Corporate Design wird eine Kommunikationsstrategie bezeichnet, deren Maßnahmen zur Gestaltung des Erscheinungsbildes der Corporate Identity gerichtet sind. Corporate Design findet Anwendung bei Gestaltung von Zeichen, Arbeitskleidung (Uniformen), Formularen, Architektur der Betriebsgebäude, Farbgebung usw.

12. Was versteht man unter Corporate Behavior?

Mit Corporate Behavior wird eine Kommunikationsstrategie bezeichnet, in der das Verhalten, die Verhaltensäußerungen eines Unternehmens nach innen (gegenüber Mitarbeitern) und nach außen (gegenüber Kunden und Öffentlichkeit) an der Corporate Identity ausgerichtet ist. Corporate Identity zeigt sich u. a. in der Mitarbeiterführung, im Umgangston, in der Kritikfähigkeit.

5.1.2 Von den Unternehmenszielen zur Unternehmensorganisation

01. Wie dienen Unternehmensleitbilder dem Erreichen der Unternehmensziele?

Unternehmensleitbilder dienen dem Erreichen der Unternehmensziele; sie sind deshalb auch Grundlagen für strategische Planungen. Durch PR-Veranstaltungen und durch entsprechende Veröffentlichungen werden Kunden, Lieferanten, Kapitalgeber und Teile der Öffentlichkeit informiert über die Leitbilder und können sich evtl. damit identifizieren. Die Mitarbeiter erhalten mit den Leitbildern wichtige Orientierungen über die Werte und Normen, die zur Zielerreichung angewandt werden und können sich mit den Zielen identifizieren; das trägt zur Motivation bei.

Wichtiger als die Veröffentlichungen sind aber die Anwendungen der Werte und Normen in der Unternehmensführung. Leitbilder haben Vorbildfunktion; nur dadurch, dass sie von der Unternehmensleitung bzw. von Vorgesetzten vorgelebt werden, können sie auch Bedeutung bei den übrigen Mitarbeitern erlangen und ihr Verhalten mitbestimmen.

02. Wie können sich Leitbilder in der Unternehmensführung niederschlagen?

Leitbilder in der Unternehmensführung finden ihren Niederschlag im Verhalten zu Mitarbeitern, Kunden, Lieferanten, Mitbewerbern, zur Gesellschaft u. a. Dafür lassen sich u. a. folgende Beispiele finden:

- Qualitätssicherung
- Vertragstreue
- Fairness
- partnerschaftliche Information und Kommunikation.

03. Welche Ziele verfolgen Unternehmungen?

Unternehmen, die auf Privateigentum beruhen und erwerbswirtschaftlich ausgerichtet sind, verfolgen im Allgemeinen folgende Ziele:

- Gewinn bzw. Gewinnmaximierung
- Shareholder Value
- Sicherung des Unternehmenspotenzials, Substanzsicherung (-erhaltung)
- Sicherung der Liquidität
- Unabhängigkeit
- Vereinigung
- soziale Ziele
- ökologische Ziele.

04. Welche Aspekte enthält die Definition von Unternehmenszielen?

Die Definition von Unternehmenszielen umfasst drei Aspekte:

1. Angabe des Zielinhalts, d. h. die Benennung des Ziels, z. B. Gewinnsteigerung

2. Quantifizierung des Ziels, d. h. Angabe in welchem Umfang das Ziel erreicht werden soll, z. B. Gewinnsteigerung um 20 %

3. Bestimmung des zeitlichen Rahmens, d. h. die Angabe des Zeitpunkts, bis zu dem das Ziel erreicht werden soll.

05. Welche Beziehungen bestehen zwischen den Zielen eines Unternehmens?

Die Ziele eines Unternehmens stehen miteinander in Beziehung.

- Die Ziele können sich entsprechen, d. h. mit dem einen Ziel wird auch das andere erreicht (z. B. Gewinnsteigerung und Kostensenkung); es besteht *Zielkonformität* oder *Zielkomplementarität*.

- Die Ziele können sich widersprechen, d. h. die Verfolgung eines Ziels führt dazu, dass ein anderes nicht erreicht werden kann; es besteht ein Zielkonflikt. Ein *Zielkon-*

5.1 Unternehmensziele und Unternehmensorganisation

flikt liegt z. B. vor, wenn ein Unternehmen zur Vergrößerung seines Marktanteils für ein Produkt oder eine Produktgruppe zumindest zeitweilig auf Gewinnsteigerung bei diesem Produkten verzichten muss.

- Die Ziele können unabhängig von einander erreicht werden; es besteht *Zielindifferenz*.

06. Wie hängen die Ziele der Unternehmensbereiche von den Unternehmenszielen ab?

Die Bereichsziele leiten sich von den Gesamtzielen entsprechend der Unternehmenshierarchie ab. Man spricht deshalb auch von der *Zielhierarchie*. Die Hierarchieebene bestimmt den Geltungsbereich der abgeleiteten Ziele, der sog. Subziele.

- Gesamtziele, oberste Ziele, gelten für das ganze Unternehmen.
- Bereichsziele, Oberziele, gelten für Unternehmensbereiche, z. B. für Funktionsbereiche, z. B. für Marketing, Beschaffung usw.
- Zwischenziele gelten für bestimmte Bereiche eines Oberziels, z. B. im Bereich Marketing für die einzelnen Produktgruppen A, B, C.
- Unterziele gelten für bestimmte Bereiche der Zwischenziele, z. B. im Bereich der Produktgruppe A für die einzelnen Politikbereiche wie Distributions-, Kommunikations-, Produkt- und Kontrahierungspolitik.

07. Was wird als Zielsystem bezeichnet?

Das Zielsystem eines Unternehmens umfasst das Gesamtziel bzw. die übergeordneten Ziele, die die Strategie bestimmen, die untergeordneten taktischen Ziele und schließlich die operativen Ziele. In einem Zielsystem bestehen Zusammenhänge, Beziehungen und Abhängigkeiten zwischen den Zielen der Führungsebenen, zwischen Funktionsbereichen und schließlich zwischen den Stellen auf der unteren Ebene.

08. Wie können Zielsysteme Grundlagen für strategische und operative Planungen sein?

Die *strategische Planung* ist die Planung auf der obersten Führungsebene, das ist die übergeordnete Gesamtplanung unter Berücksichtigung allgemeiner Unternehmensziele. Mit der *operativen Planung* werden die Vorgaben auf der unteren Führungsebene umgesetzt. Gegenstände der operativen Planung sind Einzelziele bzw. -aufgaben.

Das Unternehmensleitbild bildet die Brücke zwischen der strategischen und der operativen Planung.

5.1.3 Unternehmensführung und Personalführung

5.1.3.1 Führungsstile

01. Wie lässt sich Unternehmensführung umschreiben?

Unternehmensführung umfasst alle Maßnahmen, mit denen das Handeln der Mitarbeiter auf die Realisation von Unternehmenszielen ausgerichtet wird. Unternehmensführung im weitesten Sinn ist sach- und personenbezogen. Die sachbezogene Unternehmensführung ist die Unternehmensführung i. e. S., die personenbezogene wird auch als Personalführung bezeichnet.

02. Wodurch unterscheiden sich Unternehmensführung i. e. S. und Personalführung?

Die *Unternehmensführung i. e. S.* legt die Unternehmensziele und die Strategien fest. Mithilfe der *Personalführung* werden die Ziele umgesetzt, und zwar durch Weisung der Vorgesetzten an die Mitarbeiter auf den hierarchisch abgestuften Führungsebenen.

03. Wie wird die Art und Weise bezeichnet, in der Vorgesetzte mit Untergebenen umgehen?

Die Art und Weise, in der Vorgesetzte mit Untergebenen umgehen, um die vorgegeben Ziele umzusetzen, bezeichnet man als *Führungsstil*. Idealtypisch lassen sich die folgenden Führungsstile erkennen. (Idealtypisch bedeutet, dass sie in reiner Form in der Realität meistens nicht vorkommen.)

Die Führungsstile unterscheiden sich in der hier angegebenen Reihenfolge durch den abnehmenden Entscheidungsspielraum der Vorgesetzten und in der zunehmenden Beteiligung von untergebenen Mitarbeitern an Entscheidungen.

- Autoritärer Führungsstil
- patriarchalischer Führungsstil
- bürokratischer Führungsstil
- kooperativer Führungsstil.

04. Wie lässt sich der autoritäre Führungsstil kennzeichnen?

Beim autoritären Führungsstil entscheiden Vorgesetzte und ordnen an; die Untergebenen führen die Anordnungen aus.

05. Wie drückt sich der patriarchalische Führungsstil aus?

Der patriarchalische Führungsstil ist autoritär; die Geführten werden an der Führung nicht beteiligt, sie haben die Entscheidung des Vorgesetzten („Patriarchen") gehorsam auszuführen. Der patriarchalische Führungsstil beinhaltet aber auch soziale Verantwortung; die Geführten haben direkten Zugang zum Vorgesetzten und können von ihm eine umfassende Fürsorge erwarten.

5.1 Unternehmensziele und Unternehmensorganisation

Der Firmenpatriarch führt sein Unternehmen wie der Vater seine Familie. Wie der Vater von den unmündigen Familienangehörigen Gehorsam für die von ihm getroffenen Entscheidungen erwarten darf, so auch der Unternehmer von seinen untergebenen Angestellten und Arbeitern. Aber wie der Familienvater für seine Kinder sorgt, so sorgt der Firmenpatriarch auch für seine Untergebenen.

Dieser Führungsstil ist eine zeittypische Erscheinungsform der Führung von Unternehmen, sie beginnt mit der Industrialisierung und ist noch bis zum Beginn des 20. Jahrhunderts anzutreffen.

06. Wie lässt sich der bürokratische Führungsstil kennzeichnen?

Der bürokratische Führungsstil ist typisch für das Einliniensystem des organisatorischen Unternehmensaufbaus. Es lässt sich folgendermaßen kennzeichnen:

- Er beruht auf einem hierarchisch gegliederten System von Über- und Unterordnung auf mehreren Führungsebenen.
- Er drückt sich aus in einem System schriftlich fixierter Regelungen von Zuständigkeiten, Verantwortungen, Weisungsbefugnissen u. Ä. Die Regelungen finden ihren Niederschlag in umfangreichen Stellenbeschreibungen.
- Führungsanweisungen folgen einem vorgeschriebenen Instanzenweg, meistens in schriftlicher Form, von Vorgesetzten zu Untergebenen. Kooperation auf einzelnen Instanzenebenen oder Umgehung einzelner Instanzen ist nicht vorgesehen.

Das besondere Problem des bürokratischen Führungsstils ist seine mangelhafte Flexibilität, die rasche Anpassungen an Veränderungen behindert.

07. Wodurch zeichnet sich der kooperative Führungsstil aus?

Der kooperative Führungsstil zeichnet sich dadurch aus, dass er die Mitarbeiter an Entscheidungen beteiligt. Nach dem Umfang der Kooperation zwischen Unternehmensleitung und Mitarbeitern kann beratende, konsultative, partizipative und delegative Kooperation unterschieden werden.

- Beratende Kooperation: Der Vorgesetzte entscheidet zwar, aber er berät die geplante Maßnahme mit den Mitarbeitern, um ihre Akzeptanz zu erhöhen.
- Konsultative Kooperation: Der Vorgesetzte holt vor der Entscheidung die Meinung der Mitarbeiter ein und berücksichtigt sie eventuell.
- Partizipative Kooperation: Die Mitarbeiter schlagen dem Vorgesetzten für eine geplante Maßnahme mehrere Lösungsmöglichkeiten vor; der Vorgesetzte wählt eine Möglichkeit aus, die dann Grundlage seiner Entscheidung wird.
- Delegative Kooperation: Der Vorgesetzte delegiert die Entscheidung an die Mitarbeiter, er gibt dabei im Allgemeinen aber einen Entscheidungsspielraum vor.

Der delegative Führungsstil findet seinen Niederschlag in den Managementprinzipien.

08. Was sind Managementprinzipien?

Managementprinzipien sind Gestaltungshilfen zur Abwicklung des Managementprozesses innerhalb bestehender Aufbaustrukturen. Sie sollen dazu beitragen, die hierarchischen und bürokratischen Aufbauorganisationen, wie sie sich in den Liniensystemen ausdrücken, effizienter zu gestalten.

Zu den Gestaltungshilfen zählen z. B. Delegation von Entscheidungen, Kontrolle der Untergebenen durch Vorgesetzte, Koordination von Entscheidungen. Sie beziehen sich i. d. R. auf ein Vorgesetzten-Untergebenen-Verhältnis, bei dem nicht nur der Vorgesetzte, sondern auch der Untergebene Manager ist. Die Managementprinzipien drücken sich in Management-by-Konzepten aus, z. B. Management by Exception, Management by Delegation, Management by Objectives.

09. Welche Bedeutung hat das Management by Objectives?

Management by Objectives (MbO) heißt Führung nach dem Prinzip der *Zielvorgabe*. Die Mitarbeiter orientieren sich bei der Ausführung ihrer Aufgaben an Zielvorgaben.

Das Prinzip lässt sich u. a. durch die folgenden Merkmale kennzeichnen:

- Die Zielbildung ist ein Prozess, der sich multipersonal vollzieht, d. h. am Prozess der Zielbildung ist eine Vielzahl von Aktionseinheiten beteiligt.
- Die Ziele werden regelmäßig überprüft und evtl. für die folgende Wirtschaftsperiode den Veränderungen angepasst.
- Die Handlungsziele werden von übergeordneten Aktionseinheiten festgelegt.
- Die Entscheidungen über die Mittel, die zur Erreichung der Ziele bzw. zur Ausführung von Aufgaben anzuwenden sind, treffen die untergeordneten Aktionseinheiten.
- Die Beteiligung untergeordneter Stellen an der Zielformulierung fördert deren Motivation und Verantwortungsbewusstsein und trägt so zur Durchsetzung der Ziele bei.

10. Welche Bedeutung hat das Management by Delegation?

Management by Delegation (MbD) heißt Führung durch die *Delegation von Kompetenzen und Verantwortung* von Vorgesetzten an Mitarbeiter; die Mitarbeiter treffen die Entscheidung und führen sie in eigener Verantwortung aus. Bei der Delegation legen die Vorgesetzten im Allgemeinen Ausnahmeregelungen fest. Sie greifen in den Entscheidungsprozess ein, wenn diese Ausnahmen vorliegen.

Durch MbD werden die Vorgesetzten von bestimmten Aufgaben entlastet. Sein besonderer Vorteil liegt aber darin, dass die Leistungsbereitschaft der Mitarbeiter durch die Anregung der Eigeninitiative gefördert wird.

11. Wie wird bei dem Management by Exception geführt?

Management by Exception (MbE) heißt Führung nach dem Prinzip der *Ausnahme*. Das MbE setzt die Delegation von Aufgaben an untere Ebenen voraus. Vorgesetzte sollen nur die Aufgaben ausführen, die ihnen aus grundsätzlichen Erwägungen überlassen bleiben müssen. Alle anderen Aufgaben sollen nachgeordneten Stellen übertragen werden. Die untergeordneten Stellen erhalten für die Ausführung der Aufgaben einen *Handlungsspielraum*. Vorgesetzte greifen in die Ausführung nur ein, wenn die Grenzen des Spielraums überschritten werden; dadurch erhalten sie die Möglichkeit zur Kontrolle.

Zum Beispiel erhält ein Einkäufer für die Beschaffung einen bestimmten Höchstbetrag vorgegeben, wenn er diesen überschreiten muss, ist der Vorgesetzte zu informieren bzw. um Genehmigung zu bitten.

12. Welche Bedeutung hat die X-Y-Theorie für die Mitarbeiterführung?

Die X-Y-Theorie beruht auf der *Typisierung von Menschenbildern*. Sie geht dabei von zwei Typen aus: Theorie X und Theorie Y.

Theorie X wird folgendermaßen gekennzeichnet:
- Der Mensch verabscheut Arbeit und versucht sie nach Möglichkeit zu vermeiden.
- Mitarbeiter zeigen im Allgemeinen keinen Ehrgeiz und wenig Bereitschaft, Verantwortung zu übernehmen.
- Sie streben im hohen Maße nach Sicherheit.
- Mitarbeiter müssen deshalb geführt, zu Leistung gezwungen und kontrolliert werden.

Theorie Y wird folgendermaßen gekennzeichnet:
- Arbeitsunlust ist nicht angeboren. Arbeit ist für die Menschen eine Quelle der Zufriedenheit.
- Bei Identifikation des Menschen mit den Zielen des Unternehmens entwickeln sie Initiative, Verantwortung, Selbstkontrolle, sodass Kontrollen durch Vorgesetzte entfallen können.
- Die Menschen, also auch die Mitarbeiter im Unternehmen, streben im Allgemeinen nach Selbstverwirklichung.
- Potenziale bei den Mitarbeitern, wie z. B. Initiative oder Einfallsreichtum, können besser genutzt werden.

Die Theorie X führt zur Anwendung des autoritären Führungsstils. Die Theorie Y ist Grundlage kooperativen Führungsverhaltens.

5.1.3.2 Führungsverhalten

01. Was soll durch das Führungsverhalten erreicht werden?

Als Führungsverhalten wird die Führung in der aktuellen Führungssituation bezeichnet. Ziel des Führungsverhaltens ist

- die Förderung der Arbeitszufriedenheit
- die Verbesserung der Arbeitsleistung.

02. Wovon ist der Führungserfolg abhängig?

Der Führungserfolg ist vorwiegend abhängig von dem Führungsverhalten des Vorgesetzten. Das tatsächliche Führungsverhalten wird außer von Einstellungen des Vorgesetzten vor allem von den Erfordernissen der Situation bestimmt. Führungsverhalten kann autoritär oder kooperativ sein (vgl. autoritärer und delegativer Führungsstil).

In der Praxis zeigt sich häufig, dass kooperatives Führungsverhalten die Mitarbeiter stärker motivieren kann und deshalb erfolgreicher ist.

03. Woran kann sich Führungsverhalten orientieren?

Das Führungsverhalten kann sich grundsätzlich an den Mitarbeitern oder an den Aufgaben orientieren. Entsprechend kann mitarbeiter- und aufgabenorientiertes Führungsverhalten unterschieden werden.

04. Wie drückt sich mitarbeiterorientiertes Führungsverhalten aus?

Mitarbeiterorientiertes Führungsverhalten wird wesentlich bestimmt durch die Berücksichtigung von Erwartungen und Bedürfnissen der Mitarbeiter.

Das mitarbeiterorientierte Führungsverhalten lässt sich folgendermaßen umschreiben:

- Der Vorgesetzte ist um das Wohlergehen der unterstellten Mitarbeiter besorgt. Das zeigt sich u. a. in der Arbeitsorganisation, in der Arbeitsanleitung, in der Leistung von Hilfestellung u. Ä.
- Er versteht sich als „primus inter pares", er behandelt die ihm Unterstellten als Gleichberechtigte, das zeigt sich z. B. in der Art, wie Arbeitsanweisungen erteilt werden, in den Umgangsformen, im kooperativen Verhalten.
- Er erleichtert den Unterstellten die Kontaktaufnahme.
- Er setzt sich für die ihm unterstellten Mitarbeiter ein.

05. Wie drückt sich aufgabenorientiertes Führungsverhalten aus?

Aufgabenorientiertes Führungsverhalten wird wesentlich bestimmt durch die Aufgabe. Das aufgabenorientierte Führungsverhalten lässt sich folgendermaßen umschreiben:

5.1 Unternehmensziele und Unternehmensorganisation

- Der Vorgesetzte wacht mit besonderer Strenge über Qualität und Menge der geleisteten Arbeit.
- Er fordert besondere Anstrengungen von den ihm unterstellten Mitarbeitern.
- Er tadelt nicht ausreichende (mangelhafte) Arbeitsleistungen.

06. Worin zeigt sich der Erfolg des Führungsverhaltens?

Der Erfolg des Führungsverhaltens zeigt sich als wirtschaftlicher und als sozialer Erfolg.

Der *wirtschaftliche Erfolg* zeigt sich im *Ergebnis der Arbeitsleistung*, in der Quantität und der Qualität der erbrachten Arbeitsleistung. Er zeigt sich auch darin, dass vorgegebene Ziele erreicht wurden usw.

Der *soziale Erfolg* zeigt sich im *Verhalten der Mitarbeiter*. Er drückt sich z. B. in ihrer Arbeitszufriedenheit aus. Der soziale Erfolgt schlägt sich in der Verbesserung des Betriebsklimas nieder und leistet damit einen positiven Beitrag zur Leistungsbereitschaft.

5.1.3.3 Führungsmittel

01. Was sind Führungsmittel?

Führungsmittel sind die Instrumente mit denen Vorgesetzte führen, die sie also einsetzten, um den Führungserfolg zu erzielen. Im Folgenden wird eine Übersicht über Führungsmittel gegeben:

- Weisungen
- Information
- Kommunikation
- Mitarbeiterbeteiligung (Kooperation, Delegation, Partizipation)
- Kritik
- Beurteilung
- Anreizsysteme.

02. Was sind Weisungen?

Mithilfe von Weisungen teilen Vorgesetzte den unterstellten Mitarbeitern mit, wie sie Aufgaben zu erledigen haben. Weisungen können als Befehle, Aufträge und Anweisungen erteilt werden. Von besonderer Bedeutung sind die Anweisungen.

Eine Anweisung ist an einen Mitarbeiter persönlich gerichtet; sie enthält den Arbeitsauftrag und den Hinweis, wie die Arbeit auszuführen ist.

03. Welche Bedeutung haben Informationen als Führungsmittel?

Eine Information ist einerseits zweckorientiertes Wissen (ein Mitarbeiter verfügt über Informationen), andererseits aber die Weitergabe von Wissen (ein Vorgesetzter informiert einen Mitarbeiter). Als Führungsmittel haben Längsinformationen (von oben nach unten) besondere Bedeutung. Längsinformationen sind z. B. die Weisungen der Vorgesetzten an die unterstellten Mitarbeiter.

04. Welche Informationstechniken sind in der Mitarbeiterführung von Bedeutung?

Folgende Informationstechniken[1] haben in der Mitarbeiterführung mehr oder weniger große Bedeutung:[2]

- Visualisierung
- Präsentation
- Moderation.

05. Welche Bedeutung hat die Kommunikation als Führungsmittel?

Als Kommunikation bezeichnet man allgemein den Austausch von Informationen. Die Partner der Kommunikation werden *Kommunikator* und *Rezipient* genannt. Die vermittelnde Information wird auch als Mitteilung oder Zeichen bezeichnet.

Die Bedeutung der Kommunikation in der Mitarbeiterführung lässt sich folgendermaßen umschreiben:

- Die Kommunikation hat einen besonderen sozialen Beziehungsaspekt: Der Vorgesetzte ist i. d. R. der Kommunikator und der unterstellte Mitarbeiter der Rezipient.
- Die Mitteilung soll bei dem Rezipienten eine Reaktion hervorrufen.
- Die Kommunikation ist meistens an einen Dienstweg gebunden.
- Die Kommunikation kann sowohl formell als auch informell sein. Der formellen Kommunikation liegt der Stellenplan o. Ä. zu Grunde, z. B. bei Anweisungen. Die informelle Kommunikation findet z. B. bei informellen Gesprächen statt.

06. Welche Kommunikationsformen gibt es?

Im Allgemeinen werden soziale und technische Kommunikationsformen unterschieden. Soziale Kommunikation kann verbal und non-verbal ablaufen. Technische Kommunikation ist Kommunikation mithilfe des Computers und anderer technischer Einrichtungen.

07. Welche verbalen Kommunikationsformen haben in der Mitarbeiterführung besondere Bedeutung?

Folgende verbale Kommunikationsformen sind von Bedeutung:

- Gespräch: Das Gespräch dient i. d. R. dem Austausch von Informationen zwischen zwei Personen. Es kann z. B. der kooperativen Führung, der Konfliktlösung usw. dienen

---

[1] Vgl. Olfert, K., 2010, S. 235 ff.
[2] Die Informationstechniken werden in Kap. *5.2 Moderation und Präsentation* weitergehend dargestellt.

- Besprechung: An der Besprechung nehmen i. d. R. mehr als zwei Personen teil. Sie kann als Mitarbeiter- oder Dienstbesprechung jeweils unter Leitung des Vorgesetzten ablaufen. Die Mitarbeiterbesprechung dient vor allem der Information und der Beratung, die Dienstbesprechung der Führung, Anordnung u. Ä.
- Konferenz: An der Konferenz nehmen mehrere Personen teil, die unter Leitung des Vorgesetzten fachliche, organisatorische o. ä. Probleme besprechen.

08. Wie kann mit Beteiligung der Mitarbeiter geführt werden?

Mitarbeiter können an der Führung beteiligt werden durch Kooperation, Delegation, Partizipation.

- Kooperation, das ist die Zusammenarbeit von mehreren Personen, die zusammen Aufgaben erledigen.
- Delegation, das ist die Übertragung von Kompetenzen für die selbstständige Erledigung bestimmter Aufgaben von Vorgesetzten auf unterstellte Mitarbeiter (vgl. Management by Exception und by Delegation).
- Partizipation, das ist die Beteiligung von unterstellten Mitarbeitern an Entscheidungen (Entscheidungsfindung) von Vorgesetzten. Im Betriebsverfassungsgesetz ist die Partizipation als Mitbestimmung und Mitwirkung des Betriebsrates bei bestimmten Entscheidung im Personalbereich vorgeschrieben.

09. Was ist Gegenstand der Beurteilung von Mitarbeitern?

Die Beurteilung von Mitarbeitern kann sich u. a. auf die folgenden Gegenstände beziehen.[1]

- Leistung: Beurteilt wird die Arbeitsleistung nach Quantität und Qualität, die der Mitarbeiter in einem vergangenen Zeitraum erbracht hat. Die Leistungsbeurteilung ist im Allgemeinen einfach durchzuführen, sie ist deshalb die häufigste Form der Mitarbeiterbeurteilung.
- Verhalten: Beurteilt werden u. a.
  - das Arbeitsverhalten
  - das Verhalten gegenüber den unterstellten Mitarbeitern, gegenüber den Vorgesetzten und gegenüber den anderen Mitarbeitern
  - die geistigen Anlagen
  - das äußere Erscheinungsbild und das persönliche Auftreten.

10. Welche Bedeutung hat die Beurteilung als Führungsmittel?

Im Allgemeinen werden Mitarbeiter regelmäßig durch Vorgesetzte beurteilt. (Von Selbstbeurteilung der Mitarbeiter wird hier abgesehen.) Die Beurteilung verfolgt zwar mehrere Ziele (z. B. leistungsgerechte Entlohnung, Förderung von Mitarbeitern), aber sie ist vor allem ein wichtiges Führungsmittel.

---

[1] in Anlehnung an Olfert, K., 2012, S. 250 ff.

- Mit der Beurteilung kann dem Mitarbeiter gezeigt werden, welche Leistungen er erbringt. Im Beurteilungsgespräch kann das Ergebnis kritisch gewürdigt werden; im positiven Fall wird der Mitarbeiter evtl. auch belohnt oder für eine Beförderung vorgesehen; im negativen Fall wird der Mitarbeiter zu Mehrleistung oder besserer Leistung aufgefordert, evtl. werden ihm Sanktionen angedroht.
- Durch regelmäßige Beurteilungen können Mitarbeiter zu besonderer Leistung angespornt werden; das gilt insbesondere dann, wenn die Beurteilungsergebnisse für materielle Belohnungen herangezogen werden (z. B. Prämien). Die Beurteilungen gelten deshalb als Motivator.

11. Warum ist ein Anreizsystem ein Bestandteil des Führungssystems?

Ein Anreizsystem umfasst alle Arbeitsbedingungen, die von einem Unternehmen eingerichtet werden, um direkt oder indirekt auf das Verhalten der Mitarbeiter einwirken zu können. Die Mitarbeiter sollen durch Anreize zu höherer Leistung, zur Übernahme von Führungsaufgaben u. Ä. motiviert, „angereizt", werden.

Das Anreizsystem i. w. S. enthält alle *Anreizmöglichkeiten*. Dazu zählen z. B.

- das Entgelt
- andere materielle Vorteile
- die Arbeitsbedingungen
- Auszeichnungen
- die Aufstiegsmöglichkeiten innerhalb der Führungshierarchie, Statusverbesserung
- die mit einem Status verbundenen Symbole.

Das Anreizsystem i. e. S. umfasst lediglich das System der Lohngestaltung.

12. Wie wirken Anreize auf die Arbeits- und Leistungsmotivation?

Die Reaktion der Mitarbeiter auf Anreize hängt u. a. von der Art der Motivation ab. Dabei wird zwischen intrinsischer und extrinsischer Motivation unterschieden.

Bei *intrinsischer* Motivation liegt der *Anreiz in der Arbeit* selbst. Der Tätigkeitsvollzug ist der eigentliche Anreiz; die Arbeit macht dem Mitarbeiter Spaß, sie entspricht seinen Neigungen und Bedürfnissen; die Arbeitszeit wird emotional erlebt, sie vergeht wie im Flug. Es bedarf keiner weiteren Anreize als Tätigkeiten, die die Neigungen und Bedürfnisse des Mitarbeiters berücksichtigen.

Bei *extrinsischer* Motivation liegen die *Anreize im Arbeitsumfeld*. Folgen des Tätigkeitsvollzuges, also z. B. besondere materielle Vergünstigungen, Beförderungen usw. (s. o.) bilden die Anreize für Leistung.

5.2 Moderation und Präsentation

5.2.1 Moderation

01. Was ist Moderation?

Es ist üblich, mit Moderation die Gesprächsführung in Fachgesprächen, Konferenzen, Qualitätszirkeln u. dgl. zu bezeichnen. Das Wort leitet sich vom lateinischen „moderatio" ab, das man einerseits mit Lenkung oder Leitung, andererseits aber mit Mäßigung, Selbstbeherrschung übersetzen kann. Diese Begriffsdeutung weist auf den Moderator hin; der Moderator soll das Gespräch leiten, aber sich in Meinungsäußerung zu den Gesprächsinhalten mäßigen, sich zurückhalten.

02. Welche Aufgaben hat der Moderator?

Aufgabe des Moderators ist die Moderation, die Gesprächsleitung in einer Gruppe, mit Anwendung bestimmter Arbeitstechniken oder Methoden (Moderationstechniken). Die Gruppe sollte höchstens zehn bis zwölf Mitglieder umfassen. (Empfehlenswert ist die Zusammenarbeit des Moderators mit einem Co-Moderator.)

Der Moderator ist methodischer Helfer bei der Erreichung eines Ziels bzw. bei der Lösung eines Problems; er darf nicht als Experte für den Inhalt des Gesprächs in Erscheinung treten. Das zwingt ihn zu einem bestimmten Verhalten während der Moderation: Er muss seine eigene Meinung und seine Ziele zurückhalten und darf Teilnehmeräußerungen nicht bewerten.

Seine Aufgaben lassen sich folgendermaßen umschreiben:

- Schaffung und Erhaltung eines guten Gruppenklimas, Beseitigung von Störungen, Beilegung von Konflikten u. Ä.
- Erschließung der Frage- und Problemstellungen durch angemessene Darstellung
- Aktivierung der Gruppe durch Fragen
- Strukturierung von Beiträgen der Gruppenmitglieder
- Visualisierung von Arbeitsergebnissen u. dgl.
- Anwendung von Moderationstechniken
- Zusammenfassungen.

03. Welche Aspekte sollte die Moderationsvorbereitung berücksichtigen?

Bei der Vorbereitung der Moderation sollten u. a. die folgenden Aspekte berücksichtigt werden:

- Die Thematik des anstehenden Gesprächs
- der Ablauf der Moderation (Moderationsplan)
- Visualisierungsmöglichkeiten
- Rahmenbedingungen, z. B. Zeitpunkt, Zeitrahmen, Ort, Raum
- benötigte Medien.

04. Welche Aspekte berücksichtigt der Moderationsplan?

Der Moderationsplan bereitet den Ablauf der Moderation vor. Er gibt einen Überblick über die einzelnen Schritte des Ablaufs hinsichtlich

- der thematischen Ziele
- der anzuwendenden Methode
- der anzuwendenden Hilfs- und Visualisierungsmittel
- der benötigten Zeit.

05. In welchen Schritten wird eine Moderation durchgeführt?

Im Allgemeinen wird eine Moderation in folgenden Schritten durchgeführt:[1]

1. Einstieg:
    - Begrüßung, Vorstellung der Teilnehmer
    - Orientierung über Erwartungen und Zielsetzung
    - Vorstellung der anzuwendenden Methoden
    - Festlegung der Protokollführung.

2. Themen sammeln

3. Thema auswählen

4. Thema bearbeiten

5. Maßnahmen planen

6. Abschluss:
    - Kritik des Ablaufs
    - Kritik der Gesprächsergebnisse.

06. Welche Moderationstechniken können angewandt werden?

Der Moderator kann eine Reihe von Moderationstechniken in den verschiedenen Schritten des Moderationsablaufs einsetzen. Im Folgenden werden einige der relativ häufig eingesetzten Techniken aufgelistet. (Darüber hinaus können Analyseinstrumente, die in anderen Zusammenhängen dargestellt werden, auch als Moderationstechniken genutzt werden, z. B. die Matrix, das Affinitätsdiagramm, das Baumdiagramm.)

- Kartenabfrage
- Punktabfrage
- Problem-Analyse-Schema
- Mind-Mapping
- Brainstorming
- Maßnahmenplan.

---

[1] in Anlehnung an Seifert, J. W., 2004, S. 91 ff.

07. Welche Bedeutung hat die Kartenabfrage?

Die Kartenabfrage dient insbesondere der *Sammlung* von Themen, Ideen usw.

Die Gruppenmitglieder werden aufgefordert, zu einer vorgegebenen Fragestellung bzw. zu einem vorgegebenen Thema, das der Moderator auf eine Pinnwand geschrieben hat, Gedanken, Ideen oder Antworten auf sog. *Moderationskarten* zu schreiben. Die Karten werden vom Moderator eingesammelt und an die Pinnwand geheftet; dabei werden die Karten nach Sinneinheiten (Begriffsfamilien) geordnet. Sowohl an der Definition der Sinneinheiten, als auch an der Zuordnung der Karten wird die Gruppe beteiligt. Die Sinneinheiten (Begriffsfamilien) erhalten entsprechende Überschriften (auf besonderen Moderationskarten, die ebenfalls an die Pinnwand geheftet werden).

08. Welchem Zweck dient die Punktabfrage?

Mithilfe der Punktabfrage können Themen, Problem- oder Fragestellungen ausgewählt werden.

Auf eine Pinnwand listet der Moderator mehrere Themen, Problem- oder Fragestellungen als Alternativen auf. Jeder Teilnehmer kann aus der Liste (höchstens zwei) Alternativen auswählen; die Auswahl wird durch Punkte kenntlich gemacht, die neben das Thema geklebt werden. Die Häufigkeit der Punkte ist Grundlage für die *Rangordnung* der Themen. Nach der Rangordnung kann ausgewählt werden.

09. Wozu kann das Problem-Analyse-Schema verwandt werden?

Das Problem-Analyse-Schema wird bei der Bearbeitung eines Themas bzw. einer Fragestellung genutzt. Diese Technik ist relativ schwierig zu handhaben.

Auf einer Pinnwand wird das Thema bzw. die Problemstellung notiert und das Schema als vierspaltige Tabelle vorbereitet. Die vier Spalten werden überschrieben, z. B.

1. Erscheinungsformen des Problems
2. Ursachen für das Problem
3. Maßnahmen zur Lösung des Problems
4. Schwierigkeiten bei der Lösung des Problems.

Die Tabelle wird auf Zuruf vom Moderator ausgefüllt. Zweckmäßigerweise wird dabei von einem Begriff in der ersten Spalte ausgegangen und dann in der Reihenfolge der Spalten weitergearbeitet.

10. Welche Bedeutung hat die Mind-Map?

Die Mind-Map dient vorwiegend der Bearbeitung eines Themas. Es ist relativ leicht zu handhaben und wird deshalb häufig eingesetzt.

In die Mitte einer Plakatwand schreibt der Moderator die zu bearbeitende Thematik (Fragestellung) und fordert die Gruppenmitglieder auf, Begriffe, die mit der Thematik direkt oder indirekt zusammenhängen, zu finden. Er notiert die Begriffe auf Zuruf auf die Plakatwand und ordnet sie dem Hauptbegriff (mit Pfeilen oder Linien) so zu, dass direkte und indirekte Zusammenhänge erkennbar werden. Das Bild, das sich schließlich ergibt, erinnert an ein Netz.

11. Welche Bedeutung hat das Brainstorming?

Das Brainstorming dient der Bearbeitung eines Themas. Es eignet sich besonders zur *Ideenfindung* und wird deshalb häufig dazu eingesetzt, Produktideen hervorzubringen.

Der Gruppe wird das Thema bekannt gegeben. Die Gruppenmitglieder äußern sich frei und ungezwungen, sie dürfen einander nicht kritisieren oder die Beiträge bewerten. Bei den Beiträgen geht *Quantität vor Qualität*. Die Ergebnisse können protokolliert oder auf Tonträger aufgezeichnet werden. Im Allgemeinen werden sie auf einer Plakatwand visualisiert und nach gemeinsam erarbeiteten Gesichtspunkten geordnet.

Brainwriting (Methode 635) ist eine Sonderform des Brainstorming. Die Gruppe besteht aus 6 Mitgliedern, die jeweils 3 Ideen für eine Problemlösung nacheinander unter Zeitdruck (in jeweils etwa 5 Minuten) in eine Liste schreiben; jeder Teilnehmer bringt auf diese Art insgesamt 18 Ideen ein. Im Allgemeinen werden sie auf einer Plakatwand visualisiert und nach gemeinsam erarbeiteten Gesichtspunkten geordnet.

12. Welche Bedeutung hat der Maßnahmenplan?

Im Maßnahmenplan schlagen sich die Ergebnisse der Moderation in konkreten Maßnahmen nieder.

Im Plan werden die Maßnahmen konkret formuliert und angegeben, wer für die Erledigung zuständig sein soll, bis wann die Maßnahme ausgeführt werden muss usw.

13. Welche Fragetechniken kann der Moderator anwenden?

Die wichtigste Aufgabe des Moderators ist, mithilfe von Fragen das Gespräch anzuleiten, Mitarbeit anzuregen, Wissen und Meinungen der Gruppenmitglieder einzubeziehen usw. Von besonderer Bedeutung sind deshalb Fragen, die das Gespräch voranbringen und die die Gruppenmitglieder aus der Reserve locken. Abzulehnen sind Fragen, die das Gespräch ersticken oder den Befragten manipulieren sollen. – Darüber hinaus muss der Moderator aber auch mit den Fragen umgehen können, die ihm die Gruppenmitglieder stellen.

14. Welche Frageformen spielen in der Moderation eine Rolle?

Folgende Frageformen können in der Moderation angewandt werden. Sie sind allerdings nicht alle geeignet, das Gespräch voranzubringen.

- Offene Fragen
- geschlossene Fragen
- rhetorische Fragen
- Suggestivfragen.

15. Wodurch zeichnen sich offene Fragen aus?

Bei offenen Fragen können die Antworten frei formuliert werden.

Beispielfrage: „Wie können die Beschaffungskosten für das Material X gesenkt werden?", mögliche Antwort: „Neue Bezugsquellen ermitteln".

16. Was sind geschlossene Fragen?

Geschlossene Fragen lassen nur bestimmte, vorgegebene Antworten zu. Häufig sind geschlossene Fragen als

- *Alternativfragen*, auf die es nur zwei Antworten, z. B. ja oder nein, gibt.

  Beispielfrage: Können die Beschaffungskosten gesenkt werden?

- *Selektivfragen* – Selektivfragen sind Alternativfragen, die mehr als zwei Antworten zulassen.

  Beispielfrage: „Lassen sich die Beschaffungskosten durch neue Bezugsquellen, durch Verhandlungen mit den bisherigen Lieferanten oder durch Ausbau des Informationssystems senken?"

17. Was ist eine rhetorische Frage, und welche Probleme wirft eine rhetorische Frage auf?

Auf eine rhetorische Frage wird eigentlich keine Antwort erwartet; der Frager will mit ihr lediglich einen bestimmten Standpunkt betonen. Rhetorische Fragen bringen im Allgemeinen das Gespräch nicht voran.

18. Was ist eine Suggestivfrage, und welche Probleme wirft eine Suggestivfrage auf?

Eine Suggestivfrage suggeriert eine bestimmte Antwort, d. h. die Frage wird so gestellt, dass eine bestimmte Antwort nahe liegt. Diese Antwort spiegelt meistens die Meinung des Fragestellers wider. Der Befragte fühlt sich manipuliert; die Gesprächsrunde wird gestört.

19. Welche Probleme können in der Gruppenarbeit auftreten?

Im Folgenden werden einige Beispiele für Probleme, die die Arbeit in der Gruppe stören oder beeinträchtigen können, genannt. Die Probleme können ursächlich mit der Gruppe, dem Moderator, dem Thema, der Methodik oder dem Raum zusammenhängen.

- Geringes Engagement einiger Gruppenmitglieder zur Mitarbeit
- Störungen durch Zuspätkommen, (private) Gespräche mit dem Sitznachbarn u. Ä.
- geringe Beachtung von Regeln und Abmachungen
- geringe Bereitschaft bei einzelnen Gruppenmitgliedern, auf die Beiträge der anderen einzugehen
- unsachliche Beiträge
- Kritik an den Beiträgen der Gruppenmitglieder
- Dominanz einiger Gruppenmitglieder, eines sprachgewandten (und erfahrenen) Teilnehmers
- Zweifel an der Zweckmäßigkeit der Gruppenarbeit
- geringe Akzeptanz der Methodik
- geringe Akzeptanz des Moderators
- gereizte Stimmung, Aggressivität
- offener Konflikt (Gruppenmitglieder untereinander, Gruppe mit Gesprächsleiter).

20. Welche Ursachen haben Konflikte in der Gruppenarbeit?

Probleme in der Gruppenarbeit können u. a. folgende Ursachen haben. Sie können mit der Gruppe, dem Moderator, dem Thema, der Methodik oder dem Raum zusammenhängen.

- Gruppe:
  - falsche Zusammensetzung der Gruppe
  - geringe Motivation, weil Teilnahme durch Arbeitgeber erzwungen
  - geringe Motivation wegen geringer Nutzeneinschätzung
  - Ablehnung der Methodik, kein Verständnis und keine Erfahrung
  - in der Persönlichkeit des Gruppenmitglieds begründete Abneigung, sich im größeren Kreis zu äußern, Ablehnung von Regeln und Abmachungen.

- Moderator:
  - unzulängliche Gesprächsführung
  - mangelnde Kompetenz (Inhalt und Methodik)
  - geringe Erfahrung
  - autoritäres Verhalten
  - geringe Eignung, geringes Organisationsvermögen
  - in der Persönlichkeit begründete Unfähigkeit, das Gruppenklima positiv zu beeinflussen.

- Thema:
  - geringe Nutzeneinschätzung
  - langweilig
  - unvollständige Ausschöpfung.
- Methodik:
  - Ablehnung der Methodik
  - unzulängliche Visualisierung
  - unzulängliche Mittel zur Erreichung des Ziels bzw. der Problemlösung.
- Raum:
  - unzulängliche Raumgröße
  - unzulängliche Einrichtung
  - ungünstiges Raumklima
  - falsche Sitzordnung
  - unzulängliche Medien.

21. Wie werden Störungen gelöst bzw. bearbeitet?

Störungen, die die Arbeit in der Gruppe beeinträchtigen oder gar behindern, müssen vom Moderator aufgegriffen werden. Dabei ist von ihm Geschick und Fingerspitzengefühl zu fordern.

Bei einem *offenen Konflikt* zwischen Gruppenmitgliedern sollte der Moderator ein Gespräch mit den Beteiligten suchen. Das kann in einer Pause geschehen oder während der Sitzung mit Beteiligung der Gruppe. Im Gespräch wird auf die Störung eingegangen; die Beteiligten kommen zu Wort, sie sollen Erwartungen hinsichtlich des Verhaltens des Konfliktgegners und evtl. auch der übrigen Gruppenmitglieder äußern. Auf der Grundlage des Gesprächsergebnisses wird ein gangbarer Weg zur Lösung des Konflikts besprochen und nach Regeln für künftiges Verhalten gesucht. Mit den Regeln, die für alle Gruppenmitglieder gelten, wird weitergearbeitet.

Vielen Störungen liegen *verdeckte Konflikte* bzw. nicht sofort erkennbare Ursachen zu Grunde. In diesen Fällen sollte der Moderator die Sitzung unterbrechen und die Gruppe nach den Ursachen fragen. Wenn die Ursachen feststehen, wird das weitere Vorgehen besprochen. Gelegentlich können Ursachen schnell beseitigt werden, z. B. Änderung der Sitzordnung. Häufig muss das weitere Vorgehen besprochen und nach Wegen zur Beseitigung der Störungen bzw. der Störungsursachen gesucht werden, die für alle gangbar sind. Für das gemeinsame Vorgehen werden Regeln aufgestellt und auf der Grundlage der Regeln weitergearbeitet.

22. Welche besondere Bedeutung hat die Feed-Back-Technik zur Beseitigung von Störungen?

Mithilfe der Feed-Back-Technik lassen sich Störungen der Gruppenarbeit konstruktiv bearbeiten.[1] Feed Back bedeutet eine Rückmeldung des Moderators an die Gruppe

---
[1] Vgl. Seifert, J. W.,1995, S. 88 ff.

oder an einzelne Gruppenmitglieder; sie bringt zum Ausdruck, dass ihr störendes Verhalten die Arbeit der Gruppe und des Moderators beeinträchtigt.

Die Feed-Back-Technik berücksichtigt drei Stufen:[1)]

1. Störungen nicht weitergehend beachten.
2. Durch Blicke oder Gesten den Betroffenen die Störung bewusst machen und sie zur weiteren Mitarbeit auffordern.
3. Die Störungen gezielt angehen. Dazu sollte der Störende angesprochen und auf sein störendes Verhalten aufmerksam gemacht werden. Der Moderator sollte auch eine Begründung für das Feed Back geben und erläutern, dass und wie die gemeinsame Arbeit und die Gesprächsführung gestört werden und den Betroffenen schließlich um Einstellung des störenden Verhaltens und um konstruktive Mitarbeit bitten. Wenn der Konflikt einvernehmlich geregelt werden kann, sollte der Moderator sich bedanken und auf der Grundlage der einvernehmlichen Regelung mit der Moderation fortfahren.

Wenn der störende Teilnehmer keine Einsicht zeigt, kann in der Gruppe nach einem gemeinsamen Weg aus dem Konflikt gesucht werden. Eventuell muss dem Teilnehmer das Ausscheiden aus der Gruppe nahe gelegt oder die Sitzung abgebrochen und vertagt werden.

5.2.2 Präsentation

01. Wie können die Ergebnisse von Besprechungen u. dgl. dargestellt werden?

Zur Darstellung der Ergebnisse von Besprechungen, Gruppenarbeit u. dgl. bestehen u. a. folgende Darstellungsformen:
- Protokoll
- (schriftlicher) Bericht
- Präsentation mithilfe von Visualisierungstechniken.

02. Wie wird ein Protokoll abgefasst?

Ein Protokoll gibt den *Verlauf* oder das *Ergebnis* einer Besprechung o. dgl. wieder. Es dient als Erinnerungsstütze für die Teilnehmer, zur Information für Vorgesetzte, zur Dokumentation. In einem Verlaufsprotokoll wird die Veranstaltung in chronologischer Abfolge ausführlich dargestellt. In einem Ergebnisprotokoll werden wesentliche Ergebnisse der Veranstaltung wiedergegeben.

Ein Protokoll weist im Allgemeinen folgende Merkmale auf:
- Form:
  Überschrift, Ort, Datum, Anwesende, Thema, Uhrzeit von Beginn und Ende der Veranstaltung, Unterschrift des Protokollführer und evtl. des Veranstaltungsleiters

---
[1)] Seifert, J. W., 1995

- Inhalt:
Verlauf und Ergebnisse, wesentliche Punkte in folgerichtigem Zusammenhang, Zwischen- und Endergebnisse
- Besonderheiten: z. B.
  - bei Diskussionen: Thesen und Gegenthesen, Argumente
  - bei Abstimmungen: Anträge, Beschlüsse, Abstimmungsergebnisse.

03. Welche typischen Kennzeichen weist ein Bericht auf?

Der Bericht soll über ein Ereignis informieren; dabei kommt es auf die wesentlichen Aspekte des Ereignisses an; die wesentlichen Aspekte lassen sich mit folgenden Fragewörtern umschreiben: *was, wann, wo, wer, warum, wie?* Der Umfang des Berichts ist vom Gegenstand, z. B. vom zeitlichen Umfang des Ereignisses, und vom Informationsbedarf des Empfängers abhängig.

Merkmale der Darstellung:

- Darstellung in chronologischer Abfolge
- Darstellung in der Vergangenheitsform (weil über ein vergangenes Ereignis berichtet wird)
- Darstellung überwiegend in indirekter Rede
- Darstellung mit einfachen Sätzen und Satzgefügen, Vermeidung von Ausschmückungen, Verwendung von Fachausdrücken bzw. genauen Bezeichnungen usw.

04. Welche Bedeutung hat der Begriff Präsentation?

Das Wort Präsentation leitet sich vom lateinischen Verb „praesentare" ab, das man mit vorführen, vorzeigen, darbieten usw. übersetzen kann. Der Begriff ist im allgemeinen Sprachgebrauch nicht festgelegt.

Im Zusammenhang mit Moderation bedeutet Präsentation die Vorführung oder Vorstellung von Arbeitsergebnissen u. Ä. mithilfe der Visualisierungstechniken.

05. Wie wird eine Präsentation vorbereitet?

Eine Präsentation muss sorgfältig vorbereitet werden. Die Vorbereitung befasst sich mit folgenden Fragestellungen:

1. Was soll mit der Präsentation erreicht werden?
2. Wer soll mit der Präsentation erreicht werden?
3. Was soll präsentiert werden?
4. Wie soll präsentiert werden?
5. Wo soll präsentiert?
6. Wann soll präsentiert werden?

Zu 1.: Die Vorbereitung betrifft zunächst das *Ziel* der Präsentation. Das schlägt sich in seiner Formulierung nieder, sie muss einerseits den Inhalt der Präsentation möglichst konkret wiedergeben, andererseits aber auch attraktiv genug sein, um die Zielpersonen anzusprechen.

Zu 2.: Dann bezieht sich die Vorbereitung auf die *Zielgruppe*, auf die Personen, die sich für die Thematik der Präsentation interessieren könnten oder aus beruflichen Gründen interessieren müssten; von besonderem Interesse sind ihre Erwartungen an die Präsentation, das betrifft einerseits den Inhalt, andererseits aber die Form der Präsentation, also auch die Visualisierung des Inhalts.

Zu 3.: Die Vorbereitung bezieht sich auch auf den *Inhalt* der Präsentation. Die inhaltlichen Aspekte der Thematik sind sowohl im Hinblick auf das Ziel und die Zielpersonen, andererseits aber auch unter Berücksichtigung der Darstellungsmöglichkeiten auszuwählen bzw. zusammenzufassen.

Zu 4.: Für die Präsentation sind die geeigneten *Medien* und Gestaltungselemente auszuwählen; dabei sind inhaltliche Aspekte, das Ziel der Präsentation und die Zielpersonen zu berücksichtigen. Eventuell müssen für die Teilnehmer Material, Unterlagen u.dgl. vorbereitet werden.

Zu 5.: Der *Raum* für die Präsentation ist vorzubereiten. Eventuell sind Hinweisschilder anzufertigen und aufzustellen. Die Sitzordnung ist zu organisieren; sie muss die Größe der Gruppe, die Bedeutung der Diskussion u. Ä. berücksichtigen, z. B. Halbkreis- oder Frontalanordnung, Stühle mit Tischen. Präsentationsmittel sind bereitzustellen, z. B. Overhead-Projektor, Beamer.

Zu 6.: *Zeitpunkt und Dauer* der Veranstaltung, Anzahl, Zeitpunkt und Dauer der Pausen sind festzulegen.

06. Wie soll die Präsentation ablaufen?

Im Allgemeinen läuft eine Präsentation in folgenden Phasen ab:[1]

1. Einstieg:
   Der Präsentator begrüßt die Teilnehmer, stellt sich (und evtl. weitere Präsentatoren oder Mitwirkende) vor, benennt das Thema, gibt einen Überblick über den Ablauf und den Zeitrahmen usw.

2. Darstellung:
   Dieser Teil der Präsentation ist der umfangreichste; zusammen mit der Zusammenfassung bildet er ihren Hauptteil. Der Präsentator stellt die Ergebnisse mithilfe von Visualisierungsmitteln dar und erläutert die Darstellung, geht evtl. auf Fragen ein usw.

---

[1] in Anlehnung an Deutsche Gesellschaft für Qualität e. V.

3. Zusammenfassung:
   Der Präsentator stellt die Quintessenz der Ausführungen dar, fasst die Ausführung nach Schwerpunkten zusammen und leitet damit zur Diskussion über.

4. Diskussion:
   In der Diskussion wird zunächst auf die noch offenen Fragen der Teilnehmer eingegangen; die Diskussionsbeiträge können Ergänzungen und weitergehende Gesichtspunkt der Thematik bringen.

5. Abschluss:
   Der Präsentator fasst die Aspekte der Diskussion zusammen und verbindet sie mit den Schwerpunkten der Präsentation.

07. Was ist eine Visualisierung?

Visualisierung ist die optische Darstellung einer Information mithilfe von geeigneten Informationsträgern und Gestaltungsmitteln. Die Bedeutung der Visualisierung liegt darin, dass der Mensch besser im Gedächtnis speichert, was er hört und sieht, insbesondere dann, wenn er am Zustandekommen des visualisierten Gegenstandes, z. B. durch einen Gesprächsbeitrag, beteiligt war.

08. Welche Vorteile hat die Visualisierung?

Die Visualisierung einer Information hat u. a. folgende Vorteile:

- Besprechungergebnisse u. dgl. werden wegen der Visualisierung besser behalten.
- Schwierige und komplizierte Sachverhalte werden durch die Visualisierung verständlicher.
- Durch die Visualisierung können Missverständnisse vermieden werden.
- Mithilfe der Visualisierung werden Standpunkte verdeutlicht.
- Kontroverse Meinungen in der Gesprächsrunde werden sichtbar und können besser nachvollzogen werden.
- Mit entsprechenden Visualisierungstechniken lassen sich wesentliche und unwesentliche Informationen besser unterscheiden, dadurch wird die Sachlichkeit der Diskussion gefördert.
- Durch die Visualisierung wird ein Gespräch bzw. eine Diskussion strukturiert. Der rote Faden des Gesprächs wird vor Augen geführt und kann deshalb besser nachvollzogen und fortgeführt werden.

09. Welche Medien können bei der Visualisierung eingesetzt werden?

Folgende Medien werden als Informationsträger für die Visualisierung häufig genutzt.

- Pinnwand
- Flip-Chart
- Overheadprojektor
- Beamer
- TV und Laptop.

10. Welche Funktion haben Pinnwände bei der Visualisierung?

Pinnwände sind Hartschaumwände, die im Allgemeinen als Stellwände eingesetzt werden. Für die Nutzung werden sie mit Papier (meistens mit braunem Packpapier) bespannt. Sie können beschriftet oder/und mit Moderationskarten versehen werden.

11. Was ist ein Flip-Chart, und welche Bedeutung hat ein Flip-Chart für die Visualisierung?

Das Flip-Chart ist ein großer Papierblock (ca. 1 m · 70 cm), der auf ein Gestell montiert ist und dessen Seiten nach oben umgeschlagen werden. Die Seiten können beschriftet werden. Das kann z. B. während des Gesprächs, der Diskussion usw., aber auch vor der Veranstaltung geschehen. Die beschrifteten Seiten können wiederholt eingesetzt werden.

12. Wie wird der Overheadprojektor eingesetzt?

Mithilfe des Overheadprojektors können Klarsichtfolien eingesetzt werden. Die Folien können während der Moderation beschriftet werden; sie können aber auch vorbereitet und während der Moderation aufgelegt werden.

13. Wie kann der Beamer der Visualisierung dienen?

Mithilfe des Beamers lassen sich vorbereitete Folien direkt aus dem PC auf die Projektionsfläche oder auf den TV-Bildschirm übertragen. Bei kleineren Besprechungsgruppen kann der Bildschirm eines Laptops u. U. für die Darstellung ausreichen.

14. Welche Gestaltungselemente können bei der Visualisierung verwendet werden?

Bei der Visualisierung werden folgende Gestaltungselemente genutzt.

- Text
- Grafik
- Symbol
- Diagramm.

15. Welche Regeln sind bei der Verwendung von Text zu beachten?

Die häufigste Form der Visualisierung ist das geschriebene Wort. Bei der Verwendung von Text sind einige Regeln zu beachten; dazu zählen z. B. gute Lesbarkeit, Prägnanz, Komprimierung einer Aussage auf ihren wesentlichen Inhalt, Benutzung allgemein verständlicher Ausdrücke, Übersichtlichkeit der Textanordnung.

16. Welche Bedeutung hat die Grafik für die Visualisierung, und welche grafischen Elemente können verwendet werden?

Grafische Elemente einer Visualisierung können Sachverhalte veranschaulichen oder textliche Informationen vertiefen und ergänzen oder ihre Bedeutung hervorheben; zu den grafischen Elementen zählen z. B. Pfeile, Linien, Unterstreichungen, Frage- und Ausrufezeichen, Plus- und Minuszeichen, Umrandungen; bei der Darstellung spielt die Farbgebung eine besondere Rolle.

17. Wann können Symbole bei der Visualisierung Verwendung finden?

Bei Moderationen kommt es im Allgemeinen auf die schnelle Darstellung an; deshalb ist die Verwendung auch bei freier Grafik von Symbolen häufig. Die verwendeten Symbole müssen allgemein verständlich sein, z. B. standardisierte Symbole oder allgemein verständliche Pictogramme. Sie lassen sich z. B. in vorbereitete Folien und Plakatwände leicht einbeziehen. Für Visualisierungen auf Pinnwänden empfehlen sich vorbereitete Symbole, die angeheftet oder angeklebt werden können.

18. Was sind Diagramme, und welchen Zweck erfüllen Diagramme bei der Visualisierung?

Diagramme sind Schaubilder, die der Veranschaulichung von Zahlen, Statistiken, und logischen Zusammenhängen dienen. Zu unterscheiden sind: Stab-, Säulen- und Kreisdiagramme. Diagramme werden häufig bei Gesprächen und Diskussionen zur Veranschaulichung und Vertiefung eingesetzt. Im Allgemeinen muss die Darstellung vorbereitet werden, z. B. auf Folien, Plakatwänden u. Ä. Sie können dann bei Bedarf im Vortrag, in der Moderation usw. eingesetzt werden.

5.3 Team- und Projektmanagement

5.3.1 Teammanagement

01. Was ist ein Team?

Als Team wird eine sich selbst steuernde Arbeitsgruppe bezeichnet, die längere Zeit zusammenarbeitet. Die Teammitarbeiter entstammen im Allgemeinen verschiedenen Fachbereichen und bringen deshalb unterschiedliche Kompetenzen in die Zusammenarbeit ein. Die Arbeit in der Gruppe fördert *Synergieeffekte* und berücksichtigt die Bedürfnisse der Teammitarbeiter in hohem Maße.

02. Welche Bedeutung hat ein Team in einem Unternehmen?

Teamarbeit gewinnt in den Unternehmen an Bedeutung aufgrund der Einsicht, dass Arbeitsteilung, wie sie sich in der Aufteilung in Funktionsbereiche zeigt, kontraproduktiv sein kann. Durch Teams lassen sich Hierarchieebenen verringern, dadurch können Kosten minimiert und Entscheidungen schneller herbeigeführt werden.

Besondere Bedeutung können Teams in der Ausgestaltung der Wertschöpfungskette gewinnen. Der Erfolg der Wertschöpfungskette hängt wesentlich von der kompetenten und partnerschaftlichen Zusammenarbeit von Einkauf und Logistik mit Produktion und Absatz unter Einbeziehung externer Leistungen ab. Die Zusammenarbeit ist im Allgemeinen teamorientiert.

03. Welche Kennzeichen weist ein erfolgreiches Team auf?

Ein Team, das erfolgreich sein will, weist u. a. folgende Kennzeichen auf:[1]

- Im Team werden Mitarbeiter aus verschiedenen Fachbereichen zusammengefasst; daraus ergeben sich fachliche Ergänzungen.
- Die Teammitarbeiter haben die Freiheit zur Gestaltung der Strukturen, der Organisation, der Arbeitsteilung usw.
- Im Team werden Interessen und Fähigkeiten der Mitarbeiter aufeinander abgestimmt; Stärken und besondere Fähigkeiten werden besser erkannt und genutzt.
- Die Teammitarbeiter bringen die Bereitschaft zu partnerschaftlichem Verhalten ein; sie beschließen gemeinsam (evtl. von Fall zu Fall) Spielregeln, die das Miteinander lenken und gestalten; Rivalitäten werden weitgehend abgebaut.
- Meistens herrscht im Team eine Atmosphäre von gegenseitigem Vertrauen, die es erlaubt, mit Kritik offen und fair umzugehen. Es besteht die grundsätzliche Bereitschaft, Konflikte in partnerschaftlicher Fairness zu regeln.
- Die Teammitarbeiter sind gleichberechtigte Partner, die dem gleichen Ziel verpflichtet sind. Jeder bringt in die gemeinsame Arbeiten seine Fähigkeiten, Kenntnisse und Fertigkeiten ein. Die Arbeit wird als produktiv und kreativ empfunden und macht deshalb Spaß, die Mitarbeiter sind hoch motiviert.

04. Wie werden Teamziele formuliert?

Das Team benötigt ein verbindliches Ziel, das auch die Teammitglieder verbindet. Das Ziel kann von außen vorgegeben sein oder im Rahmen der Vorgaben vom Team formuliert werden.

Teamziele sollten u. a. folgende Bedingungen erfüllen:

- Eindeutigkeit
- Messbarkeit

---

[1] Diese und die folgenden Ausführungen in Anlehnung an Haug, 2003, S. 15 ff.

5.3 Team- und Projektmanagement

- schriftliche Festlegung
- Erreichbarkeit
- Vereinbarkeit mit persönlichen Zielen
- Identifizierbarkeit.

05. Wie werden die Teammitglieder ausgewählt?

Die Mitglieder eines Teams werden danach ausgewählt, ob und in welchem Maße sie *Teamrollen* übernehmen können. Die Teamrollen entsprechen den Funktionen im Team. Es geht darum, die Teamrollen mit den richtigen Personen zu besetzen; das ist schwierig, weil sich die Menschen hinsichtlich ihrer Persönlichkeitsmerkmale, z. B. Ausbildungen, Interessen, Talente u. dgl. unterscheiden. Die Persönlichkeitsmerkmale äußern sich in den Verhaltensweisen.

Das Verhalten in den folgenden (teamtypischen) Situationen wird der Rollenbesetzung zu Grunde gelegt.

1. Zwischenmenschliche Beziehungen
2. Informationsbeschaffung und -verarbeitung
3. Entscheidungsfindung
4. Selbst- und Arbeitsorganisation.

Diese Kategorien werden folgendermaßen typisiert:

Zu 1.: extrovertiert oder introvertiert
zu 2.: praktisch oder kreativ
zu 3.: analytisch oder intuitiv
zu 4.: strukturiert oder flexibel.

Die Teamrollen werden einerseits durch die *Funktionen*, andererseits aber mithilfe der *Verhaltenstypen* definiert. Wenn eine Person z. B. sich in zwischenmenschlichen Beziehungen extrovertiert, bei Informationsbeschaffung praktisch, bei der Entscheidungsfindung analytisch und bei der Selbstorganisation strukturiert verhält, kann er im Team die Rolle des Entscheiders wahrnehmen; wenn sich aber eine Person in den genannten Verhaltenskategorien introvertiert, kreativ, intuitiv und flexibel verhält, müsste er eigentlich als der Berater im Team fungieren.

Man unterscheidet *acht typische Teamrollen*, sie entsprechen den Funktionen im Team. Das bedeutet aber nicht, dass ein Team aus acht Personen bestehen müsste; in einem kleinen Team könnte ein Teammitglied zwei Rollen übernehmen, in einem größeren Team könnte eine Rolle auf zwei Mitglieder aufgeteilt werden.

06. Welche Rollentypen können in einem Team unterschieden werden?

Rollentypen im Team mit ihren Funktionen:[1)]

1.	Reporter – Adviser *Berater* (Informationsbeschaffer) Sammlung von Informationen, verständliche Aufbereitung von Informationen	
2.	Creator – Innovator *Innovationsförderer* (Künstler) Lieferung (Schöpfung) neuer Ideen, Gestalter	
3.	Explorer – Promoter *Überzeuger* (Förderer) Entdecker neuer Ideen, Förderer (Antreiber) der Ideenbearbeitung, Perspektivengeber	
4.	Assessor – Developer *Bewerter* (Prüfer) Einschätzung der Leistung, Bewertung neuer Ideen hinsichtlich ihrer Realisierbarkeit	
5.	Thruster – Organizer *Organisator* (Anschieber) Erstellung von konkreten Plänen zur Ideenumsetzung, Festsetzung von Terminen und Zielen	
6.	Concluder – Producer *Macher* Zuverlässige Umsetzungen geplanter Aktivitäten, Mahnung zur Einhaltung von Plan- und Budgetvorgaben	
7.	Controller – Inspector *Kontrolleur* (Prüfer) Aufspüren von Fehlern, Kontrolle der Zielerreichung, Qualitätssicherung	
8.	Upholder – Maintainer *Bewahrer* (Helfer) Aufrechterhaltung der Teamnormen, Unterstützung der anderen Teammitglieder	

07. Welche Verhaltenstypen entsprechen den Teamrollen?

Im Folgenden werden die Verhaltenstypen wiedergegeben, die den Rollen im Team am ehesten entsprechen. Mit ihrer Hilfe können Mitarbeiter für das Team ausgewählt werden.

	Rolle im Team	Verhaltensbereiche	Verhaltenstypen
1	Berater	Zwischenmenschliche Beziehungen	introvertiert
		Informationsbeschaffung und -verarbeitung	kreativ
		Entscheidungsfindung	gefühlsmäßig
		Selbst- und Arbeitsorganisation	flexibel

[1)] Die Begriffe, die Aufgabenstimmungen und die Rollendefinitionen sind dem Team-Design-Modell von C. Margerison entnommen; angefügt werden die deutschen Übertragungen der Begriffe (vgl. Haug, S. 87 ff. und Itis-GmbH, Teammanagement, online 2005).

5.3 Team- und Projektmanagement

2	Innovationsförderer	Zwischenmenschliche Beziehungen	extrovertiert
		Informationsbeschaffung und -verarbeitung	kreativ
		Entscheidungsfindung	gefühlsmäßig
		Selbst- und Arbeitsorganisation	flexibel
3	Überzeuger	Zwischenmenschliche Beziehungen	extrovertiert
		Informationsbeschaffung und -verarbeitung	kreativ
		Entscheidungsfindung	analytisch
		Selbst- und Arbeitsorganisation	flexibel
4	Bewerter (Prüfer)	Zwischenmenschliche Beziehungen	extrovertiert
		Informationsbeschaffung und -verarbeitung	kreativ
		Entscheidungsfindung	analytisch
		Selbst- und Arbeitsorganisation	strukturiert
5	Organisator	Zwischenmenschliche Beziehungen	extrovertiert
		Informationsbeschaffung und -verarbeitung	praktisch
		Entscheidungsfindung	analytisch
		Selbst- und Arbeitsorganisation	strukturiert
6	Macher	Zwischenmenschliche Beziehungen	introvertiert
		Informationsbeschaffung und -verarbeitung	praktisch
		Entscheidungsfindung	analytisch
		Selbst- und Arbeitsorganisation	strukturiert
7	Kontrolleur (Prüfer)	Zwischenmenschliche Beziehungen	introvertiert
		Informationsbeschaffung und -verarbeitung	praktisch
		Entscheidungsfindung	gefühlsmäßig
		Selbst- und Arbeitsorganisation	strukturiert
8	Bewahrer (Helfer)	Zwischenmenschliche Beziehungen	introvertiert
		Informationsbeschaffung und -verarbeitung	praktisch
		Entscheidungsfindung	gefühlsmäßig
		Selbst- und Arbeitsorganisation	flexibel

08. Wer leitet das Team?

Das Team wird von einem Teamleiter geführt. Er steuert den Ablauf der Teamarbeit, unterstützt die Teammitglieder, vertritt das Team nach außen; evtl. übernimmt er auch die Teambildung (Auswahl). Der Teamleiter wird entweder von außen, d. h. von der Unternehmensleitung bzw. Geschäftsführung, eingesetzt oder vom Team bestimmt und mit Kompetenzen ausgestattet.

Wenn der Teamleiter von der Geschäftsführung bestimmt wird, sind seine Kompetenzen meistens umfassender; er erhält dann häufig umfangreiche Weisungsbefugnisse und ähnliche Vorgesetztenrechte bzw. -pflichten.

Wenn der Teamleiter vom Team eingesetzt wird, erhält er keine disziplinarischen Rechte. Er muss das Team führen kraft seiner Persönlichkeit, mithilfe kommunikativer und methodischer Kompetenz. Nach außen tritt er als Sprecher des Teams auf. In einem Team sind die Mitglieder gleichberechtigt; das bedeutet, jedes Mitglied kann die Führung des Teams übernehmen.

09. In welchen Phasen entwickelt sich ein Team?

In der Teamentwicklung werden im Allgemeinen vier Phasen unterschieden.

1. Forming (Gestaltgewinnung) – Testphase
2. Storming (Angreifen) – Kampfphase
3. Norming (Ausrichtung) – Orientierungsphase oder Organisierungsphase
4. Performing (Ausführung) – Verschmelzungsphase oder Arbeitsphase:

10. Wozu dient die Testphase?

Die Testphase dient der Orientierung und der Einführung in das Teamlernen; dazu zählen z. B. das gegenseitige Kennenlernen, der Abbau von Unsicherheiten, Zielangabe, Aufgabenverteilung; die Kommunikation läuft vorwiegend über die Teamleitung.

11. Was spielt sich in der sog. Kampfphase ab?

In der Kampfphase zeigen sich Schwierigkeiten im Umgang miteinander, im Verständnis für die zugewiesene Rolle, die sich in Konfrontationen und Rivalitäten zwischen Personen äußern; Teammitglieder verbünden sich gegen andere und evtl. gegen den Teamleiter; gelegentlich wird die Kompetenz der Teamleitung infrage gestellt.

12. Welche Bedeutung hat die Organisationsphase für die Teamentwicklung?

In der Orientierungsphase oder Organisierungsphase geht es nach dem Abbau der Konfrontationen darum, Gemeinsamkeiten aufzubauen und das Team im Hinblick auf die Teamaufgabe zu organisieren; das geschieht z. B. in der gemeinsamen Festlegung von Regeln für den Umgang miteinander, in der gemeinsamen Definition von Unterzielen und Aufgaben.

13. Wodurch ist die Verschmelzungsphase gekennzeichnet?

Mit der Verschmelzungsphase oder Arbeitsphase sollte die Teamentwicklung abgeschlossen werden; die Teamfähigkeit der Mitglieder zeigt sich in der Identifikation mit ihren Rollen, in der partnerschaftlichen, solidarischen und hilfsbereiten Zusammenarbeit; die auf die geforderte Leistungserstellung ausgerichtete Arbeit des Teams hat begonnen.

14. Wann erfordert die Teamarbeit einen Coach?

In bestimmten Situationen muss ein *teamexterner Ratgeber*, der sog. Coach, dem Team vorübergehend Hilfestellung leisten; der Coach wird nicht Mitglied des Teams.

Folgende Situationen können Coaching erfordern:
- Schwierigkeiten in der Anfangsphase der Teamarbeit
- Schwierigkeiten des Teamleiters, seine Kompetenzen ausreichend einzusetzen
- Schwierigkeiten im Kontakt mit den Abteilungen, mit der Geschäftsleitung usw.
- Gefährdungen des Teamgeistes
- Behinderungen der Teamleistungen von außen und von innen.

15. Was besagt der Ringelmann-Effekt?

Der Ringelmann-Effekt besagt, dass in der Gruppenarbeit die individuelle Leistung der Gruppenmitglieder nicht optimal genutzt wird. Bei zunehmender Gruppengröße nimmt die Leistung insgesamt ab. Der Effekt wird u. a. darauf zurückgeführt, dass in der Gruppenarbeit die Einzelleistung nicht gewürdigt wird und deshalb die Motivation zur individuellen Leistung abnimmt.

Der Psychologe Ringelmann hat den nach ihm benannten Effekt bei Mannschaften beobachtet, die sich im Tauziehen gegenüberstanden. Je größer die Mannschaft, desto stärker machte sich die Neigung zum sog. *Trittbrettfahren* bei den Gruppenmitgliedern bemerkbar.

Der erkennbare *Motivationsverlust* tritt also offensichtlich dann vermehrt auf, wenn die Gruppenmitglieder gleiche Leistungen erbringen müssen, wie z. B. beim Tauziehen; bezeichnenderweise trat der Effekt auch beim sog. Brainstorming in Erscheinung.

Es kann also davon ausgegangen werden, dass der Ringelmann-Effekt nicht bei jeder Art von Gruppenarbeit auftritt.

5.3.2 Projektmanagement

5.3.2.1 Projekt

01. Was ist ein Projekt?

Als Projekt wird umgangssprachlich ein großes, meistens einmaliges oder seltenes Vorhaben bezeichnet, das wegen seiner Einmaligkeit bzw. seiner Seltenheit als bedeutend empfunden wird und deswegen mit besonderer Sorgfalt organisiert werden muss. Im privaten Lebensbereich könnte ein Projekt z. B. der Bau eines Eigenheims sein.

Auch in einem Unternehmen bezeichnet man ein besonderes, aus dem normalen Geschäftsbetrieb herausragendes Vorhaben als Projekt. Projekte von Unternehmen können z. B. große Bauvorhaben, Abwicklung einer Fusion, Einführung eines neuen

Entlohnungssystems, Einführung der gleitenden Arbeitszeit, Markteinführung eines neuen Produkts u. Ä. sein. In der betriebswirtschaftlichen Literatur wird ein Projekt als *einmaliges Vorhaben einer Aufgabenausführung* definiert.[1] Damit diese Vorhaben effizient ausgeführt werden können, bedürfen sie sorgfältiger Organisation.

02. Welche Bedeutung haben Projekte für ein Unternehmen?

Mit Projekten kann ein Unternehmen schnell auf Änderungen des Unternehmensumfelds reagieren, die sich daraus ergebenden Chancen aufgreifen und Risiken begegnen. Darüber hinaus bieten Projekte die Möglichkeit, abteilungsübergreifende Probleme und Aufgaben zu lösen.

Das Projektmanagement wird dadurch zu einem Teil des Unternehmensmanagements, sodass man von einem Management by Projects sprechen kann.

03. Welche Arten von Projekten gibt es?

Projekte können u. a. nach den Objekten, mit denen sie sich zu befassen haben, und nach den Auftraggebern eingeteilt werden. Danach ergeben sich z. B. folgende Projektarten.

- Nach dem Objekt:
  - Forschungs- und Entwicklungsprojekte
  - Organisationsprojekte
  - Investitionsprojekte
  - Softwareprojekte.

- Nach dem Auftraggeber:
  - interne Projekte, die Projekte werden vom eigenen Unternehmen veranlasst
  - externe Projekte, die Projekte werden von fremden Unternehmen, von Kunden usw. veranlasst.

04. Welche Kennzeichen weist ein Projekt auf?

Ein Projekt lässt sich folgendermaßen kennzeichnen.[2]

- Das Projekt ist *einmalig*, eine identische Wiederholung ist nicht vorgesehen.

- Das Projekt ist *komplex*, d. h. die Aufgabenstellung ist umfassend, vielfältig und im Allgemeinen auch schwierig.

- Das Projekt ist *zeitlich* begrenzt.

- Das Projekt erfordert häufig die *Zusammenarbeit* mehrerer Fachbereiche.

---

[1] Offert/Rahn, 2010, S. 152 ff. Die Kennzeichnungen lehnen sich an die Begriffsbestimmungen von DIN 6901 an.
[2] in Anlehnung an: Offert, K., 2009, S. 285 ff

- Das Projekt ist mit *Risiken* behaftet, sie können das Ergebnis der Aufgabenerledigung, den Zeitrahmen, die Finanzierung, die Fähigkeiten der Mitarbeiter usw. betreffen.
- Das Projekt dient der *Zielerreichung* des Unternehmens und bekommt so seine besondere Bedeutung.

05. Wodurch wird ein Projekt ausgelöst?

Am Anfang der Projektorganisation steht das Problem, das gelöst werden muss. Das Problem ist zu analysieren, d. h. es muss definiert und in seiner Bedeutung für die Unternehmensziele gewürdigt werden. Auf der Grundlage des Analyseberichts kann das Projekt definiert werden.

06. Welche Bedeutung hat die Projektdefinition?

Die Projektdefinition benennt die Aufgaben und Ziele des Projekts.

07. Welche Projektziele können unterschieden werden?

Projektziele können ergebnisorientiert oder ablauforientiert sein. Entsprechend werden Ergebnis- und Ablaufziele unterschieden.

Ein Ergebnisziel ist z. B.: Entwicklung eines Neuprodukts zu Ergänzung des Sortiments. Ein Ablaufziel ist z. B. auf die Mittel, auf die Dauer des Projekts usw. ausgerichtet.

Ein Ablaufziel könnte z. B. sein: Produktentwicklung mit einem Mitteleinsatz von 100.000 € innerhalb von 12 Monaten.

08. Welche Bedingungen sollten Projektziele erfüllen?

Projektziele sollten u. a. folgende Bedingungen erfüllen.

- Eindeutigkeit
- Messbarkeit
- schriftliche Festlegung
- Erreichbarkeit
- Vereinbarkeit mit persönlichen Zielen der Projektgruppenmitglieder
- Identifizierbarkeit.

5.3.2.2 Projektstrukturierung

01. Was ist eine Projektstruktur, und wie werden Projekte strukturiert?

Die Projektstruktur gibt die Beziehungen zwischen den Elementen des Projekts wieder. Die Strukturierung des Projekts ist Grundlage der gesamten Projektplanung.

Projekte werden mit den folgenden Plänen strukturiert.[1]
- Strukturpläne
- Ablaufpläne
- Phasenpläne.

02. Welche Bedeutung hat der Strukturplan?

Der Strukturplan gibt an, welche Aufgaben in einem Projekt anfallen. In der Aufgabenanalyse werden die Einzelaufgaben des Projekts näher bestimmt; die Gesamtaufgabe, die durch die Projektdefinition festgelegt wird, wird schrittweise in ihre Bestandteile zerlegt, also in Hauptaufgaben (Teilprojekte) und Arbeitspakete. Der Strukturplan zeigt also einerseits, welche Aufgaben (Arbeitspakete) insgesamt anfallen, und andererseits, wie sie mit der Gesamtaufgabe, dem Projekt, zusammenhängen.

03. Was ist ein Arbeitspaket?

Als Arbeitspakete bezeichnet man im Strukturplan die Elemente des Projekts, die für den Strukturplan nicht weiter aufgegliedert werden. Es ist also die kleinste Einheit des Projekts. (Der für das Arbeitspaket zuständige Projektmitarbeiter kann – falls erforderlich und möglich – das Arbeitspaket in weitere Einzelaufgaben untergliedern.) Für die termintreue Ausführung eines Arbeitspakets wird ein Projektmitarbeiter verantwortlich.

04. Wie wird der Strukturplan grafisch dargestellt?

Der Strukturplan kann mithilfe eines *Baumdiagramms* grafisch dargestellt werden. In der folgenden Zeichnung bedeuten: TA = Teilaufgabe, AP = Arbeitspaket.

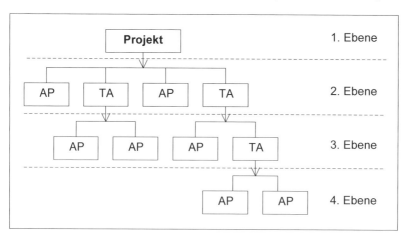

Die einzelnen Zweige des Baums können als Objekte oder als Funktionen aufgefasst werden. Bei der objektorientierten Darstellung eines Projekts (z. B. Produktentwicklung) ergeben sich die Arbeitspakete als Einzelteile des Produkts. Bei der funktionsori-

---
[1] In Anlehnung an Schelle, H., 2004, S. 10 ff.

entierten Darstellung ergeben sich die Arbeitspakete aus den Funktionen; das können z. B. Entwicklung, Modellbau, Beschaffung usw. sein. In der Praxis sind i. d. R. Kombinationen der beiden Darstellungsformen anzutreffen.

05. Welche Bedeutung haben Standard-Projektstrukturpläne?

Für bestimmte Projekte bestehen Standardstrukturpläne. Für die Anwendung im konkreten Fall müssen sie lediglich modifiziert werden. Durch Standardpläne kann die Projektstrukturplanung rationalisiert werden.

06. Wie wird der Ablauf strukturiert?

Im Ablaufplan wird festgelegt, in welcher Reihenfolge die einzelnen Projektarbeiten zu erledigen sind.

07. Wie werden Ablaufpläne dargestellt?

Weil die Netzplantechnik sowohl die Abhängigkeiten der einzelnen Ereignisse voreinander als auch ihre Dauer berücksichtigt, können Ablauf- und Terminplanung in einem *Netzplan* dargestellt werden.

Abläufe und Termine können auch mit sog. *Balkenplänen* dargestellt werden. In einem Balkendiagramm symbolisieren die Balken die Projektaufgaben, ihre Länge gibt die Dauer der Aufgabe an. Die Balken werden in ein Kalenderblatt eingezeichnet, sodass auch ihr Beginn und ihr Ende abgelesen werden können.

Der Vorteil von Balkendiagrammen liegt in der einfachen Handhabung und in ihrer Übersichtlichkeit. Ihr besonderer Nachteil ist, dass sie Abhängigkeiten der einzelnen Projektaufgaben voneinander nicht ausreichend verdeutlichen.

08. Welche Bedeutung hat der Phasenplan?

Ein Projekt läuft in mehreren (oder vielen) Phasen ab. In einem Phasenplan werden die Phasen des Projekts erfasst.

09. Welche Probleme wirft das Phasenmodell auf?

In der Praxis kann die Einhaltung einer strengen Phaseneinteilung hemmend auf die Projektarbeit wirken. Aus zeitlichen Gründen muss es häufig zur Überlappung kommen. Kritisiert wird an dem reinen Phasenmodell auch, dass sie bei Abweichungen nur wenige Ansatzpunkte für effektives Gegensteuern haben. Die Phaseneinteilung wird häufig außer Kraft gesetzt und verliert deshalb ihre Strukturierungsaufgabe.

5.3.2.3 Projektmanagement

01. Wie lassen sich die Aufgaben des Projektmanagements umschreiben?

Nach IN 69901 umfasst das Projektmanagement alle Führungsaufgaben, die Führungsorganisation, sowie die Führungstechniken und -mittel zur Abwicklung eines Projekts. In Anlehnung an die Definition der Deutschen Gesellschaft für Projektmanagement kann die Führung eines Projekts umschrieben werden als die „Steuerung der verschiedenen Einzelaktivitäten [...] im Hinblick auf das übergeordnete Projektziel".

02. Welche Grundsätze sind beim Projektmanagement zu beachten?

Für das Projektmanagement ist die Beachtung der folgenden Grundsätze sinnvoll.[1]
- Projektstrukturierung
- Projektdefinition
- klare und eindeutige Zielvorgaben
- Transparenz über den jeweiligen Projektstand
- rechtzeitiges Erkennen von Risiken
- schnelle Reaktionen auf Projektstörungen
- personifizierte Verantwortung.

03. Welche Bereiche umfasst das Projektmanagement?

Das Projektmanagement umfasst nach DIN 69901 folgende Bereiche:
1. Anforderungsmanagement
2. Terminmanagement
3. Risikomanagement
4. Aufwandsmanagement
5. Informations-, Kommunikations- und Dokumentationsmanagement.

5.3.2.3.1 Anforderungsmanagement

01. Was wird als Anforderung bezeichnet?

Als Anforderung wird *die Beschaffenheit, die Fähigkeit oder die Leistung* bezeichnet, die ein Produkt, ein Prozess oder die am Prozess beteiligte Person besitzen oder erbringen muss, um einen Vertrag, eine Norm u. Ä. zu erfüllen.

02. Welche Aspekte umfasst das Qualitätsmanagement in einem Projekt?

Das Qualitätsmanagement umfasst folgende Aspekte:
- Definition der Erfolgskriterien
- Planung der Qualitätssicherung
- Sicherung der Qualität
- Sicherung der Projekterfahrungen.

---
[1] In Anlehnung an Schelle, H., 2004, S. 35 ff.

03. Welches Ziel wird mit der Definition von Erfolgskriterien verfolgt?

Zu einem frühen Zeitpunkt des Projekts werden einige kritische Erfolgsfaktoren festgelegt, mit den Projektbeteiligten diskutiert und anhand von Messzahlen definiert. Erfolgskriterien können als Hypothesen angegeben werden, die besagen, wie bestimmte Wirkungen erzeugt oder vermieden werden können. Die Konzentration auf wenige Kriterien kann zur Verbesserung der Effizienz und der Effektivität des Projektmanagements beitragen.

04. Wie wird die Qualitätssicherung geplant?

Bei Planung der Qualitätssicherung kann folgendermaßen vorgegangen werden:

- Klärung der einschlägigen Normvorschriften
- Festlegung der Verfahren und Instrumente, die zur Erreichung der Qualität erforderlich sind
- Festlegung der Aspekte, die für das Informations-, Kommunikations- und Berichtswesen wichtig sind.

05. Welcher Zweck wird mit dem Qualitätssicherungsplan verfolgt?

Mit dem Qualitätssicherungsplan soll erreicht werden, dass die Ziele des Projekts erfüllt werden können und den Anforderungen des Auftraggebers entsprechen.

06. Wie wird die Qualität gesichert?

Die Projektarbeit wird anhand des Qualitätssicherungsplans laufend überwacht; bei Abweichungen von den Vorgaben wird mit angemessenen Korrekturmaßnahmen eingegriffen. Der Vorgang wird dokumentiert.

07. Warum ist die Qualitätssicherung wichtig?

Durch die Qualitätssicherung soll die Qualität des Projektergebnisses sichergestellt werden. Es geht darum, *die Folgen von Qualitätsmängeln zu vermeiden*, das können z. B. Haftungs- und Ersatzansprüche, Verlust des Auftrags, Verlust eines Kunden sein.

08. Warum sollen Projekterfahrungen gesichert werden?

Projekterfahrungen sollen *für folgende Projekte nutzbar gemacht werden*, deshalb sind sie zu sichern. Dazu werden die Erfahrungen aller am Projekt Beteiligten systematisch erfasst und dokumentiert. Es soll erreicht werden, dass Fehler nicht wiederholt werden können. Die gesammelten Erfahrungen werden den Mitarbeitern in Schulungen u. dgl. vermittelt. (In DIN 69901 gilt die Sicherung der Projekterfahrung als Mindeststandard.)

5.3.2.3.2 Terminmanagement

01. Welche Aspekte umfasst das Terminmanagement in einem Projekt?

Das Terminmanagement umfasst folgende Aspekte.

- Definition der Meilensteine
- Planung der Vorgänge
- Erstellung des Terminplans und des Projektplans
- Anstoßen der Vorgänge
- Steuerung der Termine.

02. Welchen Zweck verfolgt die Definition von Meilensteinen in einem Projekt?

Die Definition von Meilensteinen dient dazu, *Zwischenereignisse* bzw. Zwischenergebnisse in eine zeitliche Reihenfolge zu bringen. Dadurch entsteht die Möglichkeit,

- die Aufwände abzuschätzen
- die Machbarkeit zu bewerten
- einen Terminplan zu erstellen.

Aus der Definition der Meilensteine und der Festlegung ihrer Reihenfolge ergibt sich der mit Terminen versehene *Meilensteinplan*.

03. Wie und zu welchem Zweck werden Vorgänge geplant?

Die Vorgänge, die zuvor festgelegt und beschrieben wurden, werden in einer Liste zusammengestellt, dabei werden sowohl die Abhängigkeit der Vorgänge von anderen Vorgängen als auch die Bearbeitungszeiten angegeben. Dann können in einem Plan die Vorgänge zueinander in Beziehung gesetzt, früheste Anfangs- und Endzeiten angegeben, Pufferzeiten und der kritische Weg ermittelt werden. Zweck der Planung ist die Ermittlung der Gesamtlaufzeit und die Optimierung des Ablaufs.

04. Wie und zu welchem Zweck wird der Terminplan erstellt?

Der Terminplan ist ein *zentrales Instrument der Projektsteuerung*. Er ergibt sich aus der Planung der Vorgänge durch Einbeziehung der Meilensteine; im Terminplan werden die Vorgänge mit ihren geplanten Anfangs- und Endzeiten angegeben. Außerdem können die Abläufe noch einmal überprüft werden.

05. Was wird im Projektplan erfasst?

Im Projektplan werden alle Einzelpläne zusammengefasst und hinsichtlich ihrer Widerspruchsfreiheit geprüft. Erforderlichenfalls werden Korrekturen angebracht. Der Plan dient dem Projektleiter als wichtiges Instrument der Projektabwicklung.

06. Wozu dient der Projektplan dem Projektleiter?

Anhand des Projektplans kann der Projektleiter die Vorgänge anstoßen und die Termine steuern.

Vorgänge anstoßen bedeutet, dass der Projektleiter rechtzeitig vor Beginn der geplanten Zeiten die Verantwortlichen auffordert, mit der Arbeit zu beginnen.

Termine steuern bedeutet, dass die Einhaltung der Termine regelmäßig überwacht und anhand der Vorgaben überprüft werden. Abweichungen werden unverzüglich analysiert, damit geeignete Maßnahmen zur Gegensteuerung ergriffen werden können.

5.3.2.3.3 Risikomanagement

01. Welche Aspekte umfasst das Risikomanagement in einem Projekt?

Das Risikomanagement umfasst folgende Aspekte:

- Festlegung des Umgangs mit Risiken
- Analyse des Projektumfelds (Stakeholder)
- Bewertung der Machbarkeit
- Analyse der Risiken
- Planung von Gegenmaßnahmen zu Risiken
- Steuerung der Risiken.

02. Wie wird der Umgang mit Risiken festgelegt?

Der Umgang mit Risiken wird in folgenden Schritten festgelegt:

1. Klärung der für das Projekt relevanten Vorgaben im Hinblick auf Risiken
2. Festlegung eines geeigneten Verfahrens zum Umgang mit Risiken für den gesamten Projektverlauf
3. Definition der notwendigen Berichtswege und Hilfsmittel.

03. Warum wird das Projektumfeld analysiert?

Das Umfeld beeinflusst das Projekt, das Projekt beeinflusst aber auch das Umfeld. Zum Projektumfeld zählen insbesondere die Stakeholder, die zunächst bekannt sein müssen. Das Projektumfeld wird analysiert, damit seine Einflüsse auf das Projekt deutlich werden und bewertet werden können.

04. Warum ist die Bewertung der Machbarkeit eines Projekts wichtig?

Die Machbarkeit eines Projekts wird bewertet, um eine Antwort auf die Frage zu finden: *„Können die Projektziele mit den zur Verfügung stehenden Mitteln in der vorgegebenen Zeit mit den vorhandenen Ressourcen erreicht werden?"* Dazu werden die

Informationen auf der Grundlage eigener Stärken und Schwächen unter Berücksichtigung von Chancen und Risiken bewertet.

05. Warum und wie werden Risiken analysiert?

Risiken, die ein Projekt gefährden können, müssen bekannt sein und hinsichtlich ihrer Wirksamkeit bewertet werden. Bei der Analyse kann folgendermaßen vorgegangen werden:

1. Identifikation der Risiken (unter Berücksichtigung vieler Stakeholder und Einflussfaktoren)
2. Bewertung anhand von vorliegenden Kriterien
3. Angabe der jeweiligen Eintrittswahrscheinlichkeit und der Tragweite.

06. Warum werden Gegenmaßnahmen zu Risiken geplant?

Gegenmaßnahmen zu Risiken werden geplant, um die *Eintrittswahrscheinlichkeit des Risikos* zu reduzieren und Schäden, die durch den Eintritt des Risikos entstehen können, wenigstens teilweise zu vermeiden. Bei der Planung müssen allerdings die Kosten der Gegenmaßnahmen berücksichtigt werden. Als Gegenmaßnahmen kommen in Betracht:

- Risikovermeidung
- Risikoverminderung
- Risikoüberwälzung
- Übernahme des Risikos mit seinen Folgen.

07. Was bedeutet Risikosteuerung und wie werden Risiken gesteuert?

Risikosteuerung bedeutet, dass *während des Projektverlaufs die Risikosituation überprüft* wird. Wenn sich die Risikosituation geändert hat und/oder neue Risiken auftreten, müssen angemessene Maßnahmen ergriffen oder Risiken neu bewertet werden. Die vorgesetzten Gremien und der Auftraggeber sind gemäß dem vorgeschriebenen Verfahren zu informieren, damit entsprechende Entscheidungen getroffen werden können.

5.3.2.3.4 Aufwandsmanagement

01. Welche Aspekte umfasst das Aufwandsmanagement in einem Projekt?

Das Aufwandsmanagement ist das Management der Kosten und Finanzen, es umfasst folgende Aspekte:

- Grobschätzung der Aufwände
- Erstellung des Kosten- und Finanzmittelplans
- Steuerung der Kosten und Finanzmittel
- Erstellung der Nachkalkulation.

5.3 Team- und Projektmanagement

02. Warum und wie werden Aufwände grob geschätzt?

Auf der Grundlage von Grobstruktur und Meilensteinplan werden die Kosten des Projekts von erfahrenen Mitarbeitern zunächst grob geschätzt. Die Schätzergebnisse werden zum *Projektbudget* zusammengefasst und sind eine der Grundlagen für die Machbarkeitsanalyse.

03. Welchen Zweck verfolgt der Kosten- und Finanzmittelplan?

Der Kosten- und Finanzmittelplan soll dazu beitragen, dass die erwartete Projektrendite und die Liquidität im Projekt abgesichert werden. Grundlagen des Plans sind Termin- und Ressourcenplan.

04. In welchen Schritten läuft die Kosten- und Finanzmittelplanung ab?

Die Kosten- und Finanzmittelplanung läuft in folgenden Schritten ab:

- Abschätzung der Kosten während des Projektverlaufs
- Ermittlung der erforderlichen Finanzmittel
- Liquiditätsberechnung
- Zusammenfassung im Businessplan
- Wirtschaftlichkeitsberechnung.

05. Wie werden Kosten und Finanzmittel gesteuert?

Die Steuerung besteht in dem *kontinuierlichen Abgleich* der Kosten und Finanzmittel mit dem Plan. Planabweichungen müssen erfasst, bewertet und mit einer Plananpassung berücksichtigt werden. Eventuell werden Nachforderungen gegenüber dem Auftraggeber erforderlich.

06. Welchen Zweck erfüllt die Nachkalkulation?

Die Nachkalkulation besteht in dem Abgleich des *betriebswirtschaftlichen Erfolgs* des Projekts mit den Vorgaben aus dem Plan. Die festgestellten Abweichungen werden analysiert und bewertet. Eventuell werden Nachforderungen fällig. Die Informationen werden für den Projektabschlussbericht und für die Abschlussbesprechung aufbereitet.

5.3.2.3.5 Informations-, Kommunikations- und Dokumentationsmanagement

01. Welche Aspekte umfasst das Informations-, Kommunikations- und Dokumentationsmanagement in einem Projekt?

Das Informations-, Kommunikations- und Dokumentationsmanagement umfasst folgende Aspekte:

- Festlegung von Information, Kommunikation, Berichtswesen
- Definition des Projektmarketing

- Planung von Information, Kommunikation, Berichtswesen und Dokumentation
- Erteilung der Freigabe
- Steuerung von Information, Kommunikation, Berichtswesen und Dokumentation
- Abnahme erteilen
- Erstellung des Projektabschlussberichts
- Archivierung der Projektdokumentation.

02. Welche Bedeutung hat die Festlegung von Information, Kommunikation und Berichtswesen?

Information, Kommunikation und Berichtswesen sind die Grundlagen eines reibungslosen Projektverlaufs. Deshalb ist es erforderlich, den entsprechenden Bedarf zu identifizieren. Für den Umgang mit Informationen sind Formate, Medien, Regeln, Berichtswege usw. festzulegen.

03. Wie kann das Informations- und Berichtswesen definiert werden?

Informations- und Berichtswesen ist die Gesamtheit der Einrichtungen und Regeln zur zielgruppenorientierten Information und Berichterstattung nach den Erfordernissen der Dokumentation. Zu den Informationen zählen Analysen, Bewertungen, Trendaussagen und Rechnungslegung. Im Berichtswesen werden unter Berücksichtigung von Berichtswegen und -mitteln u. a. die Gestaltung, der Inhalt, das Format, die Berichtszeitpunkte und die Verteilung von Projektberichten festgelegt.

04. Welches Ziel verfolgt das Projektmarketing und wie soll es erreicht werden?

Das Projektmarketing zielt darauf ab, relevante Stakeholder über das Projekt und über die Projektziele zu informieren. Dadurch soll das Erreichen der Projektziele unterstützt werden. Es ist deshalb erforderlich, die Ziele und vor allem die Zielgruppen des Projektmarketings festzulegen.

05. Welchen Zweck verfolgt die Planung von Information, Kommunikation, Berichtswesen und Dokumentation?

Kommunikation bedeutet Steuerung des Informationsflusses: geplant werden muss wer, wann, worüber in welcher Qualität informiert wird. Dazu müssen zunächst die relevanten Stakeholder identifiziert und die Anforderungen an das Informations-, Kommunikations- und Berichtswesen analysiert werden.

06. Zu welchem Zwecke werden Information, Kommunikation, Berichtswesen und Dokumentation gesteuert?

Nur wenn Information, Kommunikation, Berichtswesen und Dokumentation gut funktionieren, kann ein Projekt erfolgreich fortschreiten und abgeschlossen werden. Entscheidungen werden i. d. R. auf der Grundlage von Informationen und funktionierender

5.3 Team- und Projektmanagement

Kommunikation getroffen; Steuerung bedeutet deshalb, dass alle Informationen zur richtigen Zeit in der richtigen Qualität am richtigen Ort und aufgabengerecht verfügbar sind.

07. Wann wird die Abnahme erteilt?

Nach Ablauf jeder Phase im Projektablauf wird Freigabe erteilt damit die nächste Phase beginnen kann. Am Ende der Steuerungsphase steht die letzte Freigabe bzw. Abnahme: sie hat deshalb besondere Bedeutung. Für die Erteilung der Abnahme wird überprüft, ob die Projektziele wie vereinbart erreicht und der Auftrag erfüllt wurden.

08. Welchen Zweck erfüllt der Projektabschlussbericht?

Der Projektabschlussbericht dokumentiert

- den Ablauf des Projekts und seinen Stand nach der Abnahme
- die Ergebnisse von Aufgaben
- die Projektbewertung durch die Projektbeteiligten
- den tatsächlichen Aufwand und seine Abweichungen vom Plan
- die Form der Abnahme durch den Auftraggeber.

Der Projektbericht dient u. a. zur Erfahrungssicherung und ist eine wichtige Grundlage für die Abschlussbesprechung.

09. Was geschieht mit der Projektdokumentation nach Projektabschluss?

Die Projektdokumentation wird auf Vollständigkeit überprüft und dann in geeigneter Form archiviert.

5.3.2.4 Projektphasen

01. Wodurch wird der Ablauf eines Projekts bestimmt?

Der Ablauf eines Projekts wird durch den Ablauf der *Phasen* und durch die Folge der *Prozesse* in den Phasen bestimmt. Ein Projekt umfasst folgende Phasen: Initialisierung, Definition, Planung, Steuerung und Abschluss. (Vgl. DIN 69901.)

02. Welche Prozesse umfasst die Phase „Definition"?

Die Prozessphase „Definition" umfasst folgende Prozesse:

- Meilensteine festlegen
- Information, Kommunikation und Berichtswesen festlegen
- Projektmarketing definieren
- Aufwände grob schätzen
- Projektkernteam bilden

- Erfolgskriterien definieren
- Umgang mit Risiken festlegen
- Projektumfeld/Stakeholder analysieren
- Machbarkeit bewerten
- Grobstruktur erstellen
- Umgang mit Verträgen definieren
- Vertragsinhalte mit Kunden festlegen
- Ziele definieren
- Projektinhalte abgrenzen.

03. Welche Prozesse umfasst die Phase „Planung"?

Die Prozessphase „Planung" umfasst folgende Prozesse:

- Vorgänge planen
- Terminplan erstellen
- Projektplan erstellen
- Umgang mit Änderungen planen
- Information, Kommunikation und Berichtswesen planen
- Kosten und Finanzmittelplan erstellen
- Projektorganisation planen
- Qualitätssicherung planen
- Ressourcenplan erstellen
- Risiken analysieren
- Gegenmaßnahmen zu Risiken planen
- Projektstrukturplan erstellen
- Arbeitspakete beschreiben
- Vorgänge beschreiben
- Vertragsinhalte mit Lieferanten festlegen.

04. Welche Prozesse umfasst die Phase „Steuerung"?

Die Prozessphase „Steuerung" umfasst folgende Prozesse:

- Vorgänge anstoßen
- Termine steuern
- Änderungen steuern
- Information, Kommunikation und Berichtswesen steuern
- Abnahme erteilen
- Kosten und Finanzmittel steuern
- Kick-off durchführen
- Projektteam bilden
- Projektteam entwickeln
- Qualität sichern
- Ressourcen steuern
- Risiken steuern

- Verträge mit Kunden und Lieferanten abwickeln
- Nachforderungen steuern
- Zielerreichung steuern.

05. Welche Prozesse umfasst die Phase „Abschluss"?

Die Prozessphase „Abschluss" umfasst folgende Prozesse:

- Projektabschlussbericht erstellen
- Projektdokumentation archivieren
- Nachkalkulation erstellen
- Abschlussbesprechung durchführen
- Leistungen würdigen
- Projektorganisation auflösen
- Projekterfahrungen sichern, Ressourcen rückführen
- Verträge beenden.

5.3.2.5 Projektsteuerung und -kontrolle

01. Welche Bereiche umfasst die Projektdurchführungssteuerung?

Die Projektdurchführung umfasst die Bereiche *Steuerung und Kontrolle*. Die Projektdurchführungssteuerung veranlasst und sichert die Erledigung der Aufgaben bei der Projektdurchführung.

02. Welche Aspekte umfasst die Steuerung?

Die Steuerung der Projektdurchführung betrifft u. a. folgende Aspekte:

- Einhaltung der Projektplanung
- Mitarbeiterführung und Mitarbeitereinsatz
- sach- und fachgerechte Aufgabenausführung
- Koordination der Einzelaufgaben
- Bereitstellung der Projektmittel.

03. Womit befasst sich die Projektkontrolle?

Schließlich findet eine *Kontrolle der Projektdurchführungssteuerung* statt. Sie soll feststellen, ob die Arbeitsergebnisse des Projekts den vorgegebenen Zielen (Sollwerten) entsprechen. Zu ihren Aufgaben gehört auch die Analyse festgestellter Abweichungen. Aus der Analyse ergibt sich, ob die Abweichungsursachen oder die gesamte Projektplanung geändert werden soll.

6. Einkauf

6.1 Einkaufsstrategien und Beschaffungsmarketing

6.1.1 Einkaufsstrategien

6.1.1.1 Konzeptionelle Erstellung

01. Was sind Einkaufsstrategien?

Als Einkaufsstrategie wird die langfristige und grundsätzliche Planung des Einkaufs bezeichnet; sie drückt sich aus in den Maßnahmen des Einkaufs zur optimalen Versorgung des Unternehmens mit Materialien und Dienstleistungen.

Einkaufsstrategien werden abgeleitet aus der erfolgswirtschaftlich ausgerichteten grundlegenden Strategie des Unternehmens.

02. Welche Bedeutung haben einkaufspolitische Ziele für die Einkaufsstrategien?

Ziele der Einkaufspolitik von Fertigungs- und Handelsunternehmen sind die optimale Versorgung und die Sicherstellung der Versorgung auf Dauer. Diese Ziele sind die wesentlichen Vorgaben für Einkaufsstrategien.

03. Warum müssen die Faktoren des Einkaufs- und Beschaffungsfeldes analysiert werden?

Die Faktoren des Einkaufs- und Beschaffungsfeldes bestimmen die Strategieentwicklung. Sie sind deshalb aufzugreifen und hinsichtlich ihrer Bedeutung für die Planung der Strategien zu analysieren.

Faktoren des Einkaufs- und Beschaffungsfeldes[1)] sind u. a.

- Lieferanten, Beschaffungsmarkt, Produktakquisition
- Konkurrenten, Konkurrenzprodukte, Substitutionskonkurrenz, Wettbewerbssituation
- Preissituation, Preise der Konkurrenzprodukte, Preiselastizitäten der Nachfrage
- Kunden
- Mitarbeiter im Einkauf, Einkaufsorganisation
- Leistungsfähigkeit des eigenen Unternehmens, Stärken und Schwächen.

[1)] Der Begriff „Einkaufs- und Beschaffungsfeld" wird in der Literatur nicht eindeutig definiert und in der Praxis nicht einheitlich verwandt. Es erscheint vor allem in Hinblick auf die folgenden Ausführungen sinnvoll, hier u. a. die angegeben Begriffe zu verwenden.

04. Wie können Einkaufsstrategien bewertet werden, welche Bewertungsmaßstäbe gibt es?

Im Allgemeinen kommen für ein Unternehmen zur Erreichung seiner Einkaufs- und Beschaffungsziele mehrere Strategien in Betracht. Vor der Entscheidung für eine Strategie sind die Strategiealternativen zu bewerten. Im Allgemeinen werden für die Bewertung analytische Modelle benutzt; dazu zählen z. B. Nutzwertanalysen, Kennzahlenrechnungen.[1)]

05. Welche Anforderungen sind an die Einkaufsstrategie zu stellen?

Die Anforderungen, die an die Einkaufsstrategie zu stellen sind, lassen sich folgendermaßen umschreiben.

- Die Einkaufsstrategie muss der übergeordneten Unternehmensstrategie entsprechen.
- Die Strategie muss sicherstellen können, dass leistungsfähige Bezugsquellen ermittelt werden, aus denen der Betrieb mit den Materialien u. dgl., die zur Erreichung des Unternehmensziels erforderlich sind, versorgt wird.
- Die Einkaufsstrategie muss Erfordernisse der Absatzstrategie berücksichtigen. Dazu zählt auch die Unterstützung bei der Erschließung neuer Absatzmärkte z. B. durch neue Produkte.
- Die Einkaufsstrategie muss bei der Entscheidung für oder gegen Eigenproduktion helfen können.

06. Wodurch bekommt die Einkaufsstrategie eines Fertigungsunternehmens ihre besondere Ausrichtung?

In den Unternehmen nimmt die Fertigungstiefe ab, gleichzeitig nimmt aber der Anteil des Materialeinsatzes am Umsatz zu. Der Einkauf von Einzelteilen nimmt ab, der Einkauf von vormontierten Teilen (Komponenten) nimmt zu. Die Anzahl der Lieferanten wird reduziert, die Konzentration auf wenige (gelegentlich auf einen) Lieferanten für bestimmte Teile oder Materialien gewinnt erheblich an Bedeutung. Der weltweite Einkauf nimmt zu.

6.1.1.2 Arten und Eignung

01. Welche inhaltlichen Aspekte weist der Produktbezug bei produktbezogenen Strategien auf?

Strategien, die sich vorrangig auf ein Produkt beziehen, werden als produktbezogene Strategien bezeichnet. Produktbezogene Strategien können z. B. folgendermaßen umschrieben werden:

- Neuproduktentwicklung (Produktinnovation): Mit neuen Produkten eigener Entwicklung sollen neue Käufersegmente erschlossen werden.

[1)] Vgl. hierzu Ehrmann, 2012, S. 176 ff.

- Produktdifferenzierung und Produktvariation: Produkte werden den Änderungen der Verbraucherwünsche angepasst.
- Fremdbeschaffung: Der Beschaffungsmarkt wird analysiert hinsichtlich der Produkte zur Ergänzung der Angebotspalette.
- Make or Buy.

02. Was sind marktbezogene Strategien, und welche Dimensionen können marktbezogene Strategien aufweisen?

Als marktbezogene Strategien werden im Allgemeinen Strategien bezeichnet, die sich auf den Absatzmarkt beziehen. Die Einkaufsstrategien sind auf diese Strategien ausgerichtet.

Typische Marktstrategien sind z. B.

- Kostenführerschaft
- Differenzierung
- Konzentration
- Marktdurchdringung
- Markterschließung.

03. Was sind preisbezogene Strategien?

Bei einer Einkaufsstrategie, die sich vorrangig auf den Preis bezieht, kann es darum gehen, die günstigste Bezugsquelle zu ermitteln. Im Vordergrund stehen also Einkaufsmarktforschung und -analyse. Auch durch Verhandlungen kann beim Einkauf der Beschaffungspreis beeinflusst werden, z. B. durch Rabattgewährung bei angemessener Mengenabnahme.

Das Target Pricing spielt in diesem Zusammenhang eine wichtige Rolle. Target Pricing kann mit Zielkostenrechnung übersetzt werden. Von einem Zielpreis aus, der vom Markt vorgegeben ist, wird danach gefragt, wie hoch die Kosten für das Produkt sein dürfen, damit unter Berücksichtigung eines angemessenen Gewinns, der vorgegebene Preis erreicht werden kann. Die Zielkostenrechnung gibt also vor, wie teuer das einzukaufende Material höchstens sein darf.

6.1.2 Beschaffungsmarketing

6.1.2.1 Beschaffungsmarketingprozess

01. Welche Bedeutung hat die Einkaufsstrategie für das Beschaffungsmarketing?

Die Einkaufsstrategie bestimmt die Maßnahmen des Beschaffungsmarketings.

02. Welche Bereiche umfasst der Beschaffungsmarketingprozess?

Im Allgemeinen umfasst der Beschaffungsmarketingprozess die folgenden Bereiche:

- Informationen über die Ausgangssituation – der Prozess beginnt mit dem Beschaffungsmarkt, seine Kenntnis ist für den Beschaffungsvorgang von Bedeutung; es geht also darum, den Beschaffungsmarkt zu erforschen, die Forschungsergebnisse zu analysieren usw.
- Bedarfsanalyse – der Bedarf ist zu ermitteln und zu analysieren.
- Beschaffungsplanung – für die einzelnen Bereiche der Beschaffung sind Pläne aufzustellen, z. B. Bedarfs-, Einkaufs-, Transportplan usw.
- Vorbereitung und die Abwicklung des Einkaufs; dazu zählen auch die Einkaufsverhandlungen mit dem Abschluss der Verträge.
- Einkaufscontrolling.

6.1.2.2 Beschaffungsmarktforschung

6.1.2.2.1 Merkmale des Beschaffungsmarktes

01. Wie lässt sich die Bedeutung von Beschaffungsmärkten umschreiben?

Als Beschaffungsmärkte bezeichnet man die der Produktion und dem Handel vorgelagerten Märkte. Es sind also die Märkte, auf denen Industriebetriebe die zur Produktion erforderlichen Rohstoffe, Hilfsstoffe, Teile, Investitionsgüter u. dgl. beschaffen und auf denen Handelsunternehmen die Waren einkaufen, die sie an andere Handelsunternehmen (z. B. Groß- an Einzelhändler) oder an die Endverbraucher weitergeben.[1] Auf Beschaffungsmärkten treffen nachfragende auf anbietende Unternehmen; es findet also Business-to-Business-Handel, B2B-Handel, statt.

02. Welche Kennzeichen weisen Beschaffungsmärkte auf?

Die Beschaffungsmärkte sind u. a. gekennzeichnet[2]

- durch unterschiedliche Interessen von Anbietern und Nachfragern (Lieferanten und Kunden)
- durch die unterschiedliche Macht, diese auch durchzusetzen (Marktform)
- durch Veränderungen von Marktstrukturen
- durch besondere Formen von Kooperation
- durch die Konzentration.

---

[1] Im weiteren Sinn gehören hierzu auch die Märkte für Personal-, Kapitalbeschaffung usw., auf die im Rahmen dieses Buches nicht weiter eingegangen wird.
[2] Vgl. hierzu auch die entsprechenden Ausführungen in Kap. 1. Einkaufspolitik und Einkaufsmarketing

03. Welche Interessen haben Lieferanten und Kunden auf den Beschaffungsmärkten?

Das *Interesse des Kunden* ist darauf ausgerichtet, einen auf Dauer zuverlässigen Lieferanten an sich zu binden. Das Risiko, von diesem Lieferanten abhängig zu werden, ist sehr groß. Das *Interesse des Lieferanten* besteht darin, einen ständigen Abnehmer seiner Produkte zu erhalten. Dafür muss er im Allgemeinen einen Beitrag zum Ergebnis oder zu besonderen Problemlösungen des Kunden beitragen.

04. Welche Marktform herrscht auf Beschaffungsmärkten vor?

Man kann davon ausgehen, dass Beschaffungsmärkte im Allgemeinen *bilaterale Oligopole* sind. Monopole sind selten. Relativ wenige nachfragende Unternehmen treffen auf eine relativ geringe Anzahl von Anbietern; sowohl die Anzahl der Anbieter als auch die der Nachfrager ist überschaubar.

Diese Marktsituation erleichtert *Wertschöpfungspartnerschaften* zwischen Anbietern und Nachfragern.

05. Welche Formen der Kooperation ergeben sich auf den Beschaffungsmärkten?

Die Marktform begünstigt die Zusammenarbeit sowohl zwischen den einkaufenden Unternehmen als auch zwischen Kunden und Lieferanten.

Unternehmen, die zwar unterschiedliche Produkte herstellen, dafür aber gleiche Materialien oder Teile beschaffen müssen, können sich zu *Einkaufskooperationen* zusammenschließen. Einkaufskooperationen bieten sich auch für Unternehmen an, die zwar gleiche Produkte herstellen, diese aber auf verschiedenen Märkten anbieten. Wegen der höheren Beschaffungsmengen können günstigere Beschaffungspreise erzielt werden. Der Lieferant kann wegen der höheren Produktionsmengen die Kosten senken.

Zusammenarbeit zwischen Kunden und Lieferanten ergibt sich z. B., wenn der Kunde dem Lieferanten gestattet, die Einrichtungen seiner Vertriebslogistik zu nutzen.

6.1.2.2.2 Begriff, Aufgaben, Objekte und Ziele

01. Welche Ziele verfolgt die Beschaffungsmarktforschung?

Alle Maßnahmen, die darauf abzielen, Märkte für den Einkauf von Waren, Rohstoffen, Materialien u. dgl. für das beschaffende Unternehmen überschaubarer zu machen, werden als Beschaffungsmarktforschung bezeichnet. Dazu gehören die Gewinnung und die Auswertung von Informationen über die Beschaffungsmärkte, ihre Besonderheiten und Entwicklungen. Das Ziel der Beschaffungsmarktforschung ist die Ermittlung der günstigsten und auf Dauer leistungsfähigsten Bezugsquellen.

02. Welche Bereiche umfasst die Beschaffungsmarktforschung?

Die Beschaffungsmarktforschung umfasst folgende Bereiche:

1. Lieferantenforschung, Informationen über potenzielle Anbieter in relevanter Beschaffungsreichweite
2. Konkurrenzforschung, Informationen über Mitbewerber auf den Beschaffungsmärkten
3. Preisinformation auf den Beschaffungsmärkten.

03. Welche Aufgaben hat die Lieferantenforschung?

Die Lieferantenforschung soll alle für die Beschaffung wichtigen Informationen beschaffen und bereitstellen. Dabei sind folgende Bereiche von Bedeutung:

1. Die *Zahl der möglichen Lieferanten* in sinnvoller Beschaffungsreichweite ist zu ermitteln. Dazu werden u. a. entsprechende Veröffentlichungen von Verbänden, Fachzeitschriften, Ausstellerverzeichnisse bei Messen, Internetseiten, Internetportale herangezogen.

2. Für die erfassten Unternehmen werden sodann die *Eigenschaften* ermittelt, die für die Beurteilung der wirtschaftlichen und technischen Leistungsfähigkeit erforderlich sind.

   - Wirtschaftliche Leistungsfähigkeit: Folgende Aspekte können u. a. von Bedeutung sein:
     - Struktur und Strukturentwicklung der Umsätze, der Gewinne und der Kosten
     - Fluktuation und Qualifikationen des Personals
     - Verkaufsprogramm, Sortiment, Marktanteile
     - finanzielle Situation, Eigentümerverhältnisse.

   - Technische Leistungsfähigkeit: Folgende Aspekte können u. a. von Bedeutung sein:
     - Umfang des Fertigungsprogramms
     - Fertigungsmethoden
     - Kapazitäten (Fertigung und Lager)
     - Fertigungskontrollen.

   Die Informationen können aus allgemein zugänglichen Unterlagen, aus Befragungen (z. B. von Geschäftsfreunden) und durch Marktbeobachtungen gewonnen werden. Lieferer, denen an einer Zusammenarbeit liegt, sind im Allgemeinen bereit, Auskünfte zu den anstehenden Fragen zu geben.

3. Schließlich sind die *Marketingaktivitäten* der potenziellen Lieferanten noch von Interesse, z. B. Preisverhalten, Verkaufsförderungsmaßnahmen, Logistik, Organisation des Außendienstes. Die erforderlichen Informationen können gewonnen werden durch Marktbeobachtung, Auswertung von Fachzeitschriften, durch Befragungen usw.

04. Welche Bedeutung hat das Qualitätsmanagement des Lieferanten?

Die Lieferantenforschung, mit der die Zuverlässigkeit eines künftigen Lieferanten geprüft werden soll, ist sehr aufwändig. Allerdings kann sie weitgehend entfallen, wenn der Lieferant ein Qualitätsmanagementsystem aufgebaut hat, das den Anforderungen der Normenreihe DIN EN ISO 9000 ff. entspricht und wenn es von einer unabhängigen Institution zertifiziert wurde. Viele Unternehmen verlangen von ihren Zulieferern den Nachweis von Zertifizierungen dieser Art.

05. Welche Aufgaben erfüllt die Konkurrenzforschung?

Die Unternehmen, die gleiche Produkte herstellen und dafür ähnliche oder gleiche Materialien oder Teile benötigen, sind auch auf den Beschaffungsmärkten Konkurrenten. Folgende Informationen über die Mitbewerber können wichtig sein:

- Zahl der relevanten Konkurrenten
- Betriebsgröße, Marktstellung, Image, Marketingaktivitäten
- Beschaffungsaktivitäten, Lieferanten, Einkaufspreise, Nachlässe u. dgl.

Die Informationen sind im Allgemeinen nur schwer zugänglich. Einige Fragen können durch Betriebsvergleiche unter Anwendung betriebswirtschaftlicher Kennziffern beantwortet werden, andere durch Marktbeobachtungen.

06. Warum müssen Daten über die Preissituation auf den Beschaffungsmärkten erhoben werden?

Umfangreiche Kenntnisse der Preissituation auf den Beschaffungsmärkten sind von besonderer Bedeutung für Beschaffungsplanungen. Sie ermöglichen Preisvergleiche; verglichen werden die Preise, die die verschiedenen Lieferanten für Materialien oder Teile vergleichbarer Qualitäten fordern; in die Analyse werden auch Preise für mögliche Substitutionsgüter einbezogen.

Die Angemessenheit eines Beschaffungspreises wird auch vom Verkaufspreis her beurteilt, zu dem das fertige Produkt verkauft werden soll.

Quellen für die erforderlichen Daten sind u. a. Angebote, Kataloge, Preislisten, Messeinformationen, Geschäftsberichte u. Ä. Sie können evtl. auch. durch Marktanalysen und Marktbeobachtungen gewonnen werden.

6.1.2.2.3 Arten der Beschaffungsmarktforschung

01. Was ist eine Marktanalyse?

Eine Marktanalyse ist eine Untersuchung des Marktes, die einmal oder in regelmäßigen Abständen stattfindet. Zu einem bestimmten Zeitpunkt werden die Daten des Beschaffungsmarktes erfasst und analysiert. Das Ergebnis gibt eine *Momentaufnahme des Beschaffungsmarktes* wieder.

02. Was ist eine Marktbeobachtung?

Die Marktbeobachtung unterscheidet sich von der Marktanalyse dadurch, dass sie kontinuierlich stattfindet. Daten werden laufend erhoben, um Informationen über die Entwicklung des Marktes im Zeitablauf zu erhalten.

03. Wozu dient eine Marktprognose?

Eine Marktprognose dient der Voraussage über die wahrscheinliche Entwicklung des Marktes. Auf der Grundlage von beobachteten Entwicklungsreihen (vgl. Marktbeobachtung) wird mithilfe statistischer Methoden (vgl. Methode der gleitenden Durchschnitte und Methode der exponentiellen Glättung erster Ordnung) die wahrscheinliche Marktentwicklung prognostiziert.

6.1.2.2.4 Techniken der Beschaffungsmarktforschung

01. Wodurch unterscheiden sich desk research und field research?

Als **desk research** (Schreibtischforschung) bezeichnet man die Auswertung statistischen Materials am Schreibtisch. **Field research** (Feldforschung) dagegen ist die Erhebung primärstatistischer Daten in der natürlichen Umwelt, in der sie entstehen. Natürliche Umwelt soll heißen, dass die Rahmenbedingungen für die Forschung nicht künstlich geschaffen wurden, wie z. B. im Labortest.

02. Was wird als Sekundärforschung bezeichnet?

Wenn vorhandenes statistisches Material (Daten und Informationen) für eine konkrete Fragestellung aufgearbeitet und zu weiteren Informationen herangezogen wird, spricht man von Sekundärforschung.

Sekundäre Daten sind vorhandene Daten, die nicht für eine konkrete Fragestellung der Beschaffungsmarktforschung erhoben wurden; sie sind vielmehr primär in Zusammenhängen mit anderen Fragestellungen oder für andere Zwecke entstanden. Sie werden „sekundär" für eine konkrete Fragestellung herangezogen und aufbereitet. Das sekundäre Material kann aus internen oder externen Quellen stammen.

03. Welche Vorteile und Nachteile hat sekundäres Material?

Vorteile:

Das Material ist leicht zugänglich, der Aufwand zur Gewinnung der erforderlichen Informationen ist gering.

Nachteile:

Das Material ist nicht aktuell; es kann Fehler enthalten, die sich in der Bearbeitung fortsetzen und zu falschen Rückschlüssen führen; es reicht eventuell zur Beantwortung der anstehenden Fragen nicht aus.

04. Was sind externe Datenquellen?

Externe Datenquellen sind unternehmensfremde Datenquellen. Dazu zählen u. a.

- Veröffentlichungen von Behörden, z. B. Statistiken
- Veröffentlichungen von Kammern, z. B. Berichte
- Veröffentlichungen von anderen Unternehmen, z. B. Geschäftsberichte, Kataloge
- Veröffentlichungen in Zeitungen und Zeitschriften, z. B. Aufsätze, Berichte, Anzeigen
- Veröffentlichungen von wirtschaftswissenschaftlichen Instituten.

05. Was ist internes Datenmaterial?

Internes Datenmaterial entstammt unternehmenseigenen Datenquellen. Internes Datenmaterial sind u. a.

- Unterlagen der Buchhaltung, z. B. über Kosten-, Umsatz-, Gewinnentwicklung
- Unterlagen der Marketingabteilung, z. B. über Absatzentwicklungen, über Reklamationen
- Vertreterberichte mit Angaben über Tätigkeiten u. dgl.
- Kundenmitteilungen.

06. Was wird als Primärforschung bezeichnet?

Primärerhebungen weisen zwei Kennzeichen auf:

1. Die Daten werden primär für die konkrete Fragestellung erhoben.
2. Die Daten werden im Allgemeinen am Orte ihrer Entstehung erhoben.

Primärerhebungen werden erforderlich, wenn das sekundäre Material nicht ausreicht, die konkrete Fragestellung zu beantworten.

Methoden der primären Datenerhebung sind Befragung, Beobachtung und Experiment. Auch Anfragen kann man im weiteren Sinn zu den Primärerhebungen zählen.

07. Welche Vorteile und Nachteile haben Primärerhebungen?

Vorteile:

Primäres Material ist gegenüber dem sekundären Material gekennzeichnet durch seine Aktualität und durch seinen konkreten Bezug auf die Fragestellung.

Nachteil:

Primärerhebungen sind sehr aufwändig.

6.1.2.2.5 Analysen

01. Wie werden die ermittelten Daten und Informationen analysiert?

Die in Marktanalysen und Marktbeobachtungen gewonnenen Informationen und Daten müssen so bearbeitet werden, dass sie für Planungen in Einkauf und Logistik auch sinnvoll genutzt werden können. Dazu wird das Material zunächst durch Verdichtung, Straffung und Zusammenfassung aufbereitet; die Aufbereitungen finden ihren Niederschlag in Tabellen, Schaubildern (Kurvendiagrammen, Portfolio-Matrizen u. dgl.) und in Ermittlung von Kennziffern. Die aufbereiteten Daten werden schließlich analytisch ausgewertet.

Für die Analysen werden u. a. folgende Analyseinstrumente eingesetzt:
- ABC-Analyse
- XYZ-Analyse
- Risikoanalyse.

02. Welche Analysen können für Einkauf und Logistik von Bedeutung sein?

Für Einkauf und Logistik können folgende Analysen von Bedeutung sein:

- Materialanalysen, analysiert werden das Material bzw. die Teile hinsichtlich ihrer Bedeutung für die Beschaffungsaktivitäten

- Lieferantenanalysen, analysiert werden die Lieferanten z. B. hinsichtlich ihrer Zuverlässigkeit

- Konkurrentenanalysen, analysiert werden die Mitbewerber hinsichtlich ihrer Anzahl, ihrer Sortimente, Marketingaktivitäten u. Ä.

- Produktanalysen (Leistungsanalysen), weil Beschaffungsplanungen in hohem Maße vom Absatzmarketing abhängt, werden auch Analysen des Absatzmarktes herangezogen und für die Belange von Einkauf und Logistik aufbereitet.

03. Welchen Zweck erfüllt die ABC-Analyse?

Der ABC-Analyse liegt ein einfacher Gedanke zu Grunde. Erfahrungsgemäß sind sehr wichtige (wertvolle), weniger wichtige und nebensächliche, eher unwichtige Materialien, Teile u. dgl. einzukaufen und zu lagern. Diese drei erkennbar unterschiedlichen Gruppen von Materialien und Teilen lassen sich in drei Kategorien – A, B, C – einteilen. Diese Einteilung kann Grundlage der Planungen von Beschaffungsaktivitäten hinsichtlich ihres Umfangs oder ihrer Qualität sein.

04. Welche Kriterien können für die Kategorienbildung bei der ABC-Analyse herangezogen werden?

Mögliche Kriterien für die Einteilung von Materialien, Teilen u. dgl. in die Kategorien A, B und C sind ihr Mengen- und Wertanteil am Einkauf:

1. Materialien, Teile u. dgl. der Kategorie A: Mengenanteil relativ gering (z. B. 10 %), Wertanteil relativ hoch (z. B. 60 %).

2. Materialien, Teile u. dgl. der Kategorie B: mittlerer Mengen- und Wertanteil (z. B. jeweils 30 %).

3. Materialien, Teile u. dgl. der Kategorie C: Mengenanteil relativ hoch (z. B. 60 %, Wertanteil relativ gering (z. B. 10 %).

05. Welche Bedeutung hat die ABC-Analyse für Einkauf und Logistik?

Mithilfe dieser Kategorienbildung können Beschaffungsaktivitäten hinsichtlich ihres Umfanges geplant werden; für A-Teile sind sie umfangreich, für B-Teile weniger umfangreich und für C-Teile sind sie eher bedeutungslos.

Die folgende Tabelle gibt für einige Vorgänge aus Beschaffung und Lagerhaltung die mögliche Zuordnung zu den Kategorien A (und evtl. B) sowie C an.

Vorgänge	Güterkategorien	
	A (und evtl. B)	C
Beschaffungsmarktanalysen	umfangreich und sehr intensiv	können weitgehend entfallen (häufig Verwendung interner Bezugsquellen)
Bedarfsermittlung	sehr exakte Berechnungen	vereinfachte Bedarfsermittlung
Bestellhäufigkeit	hoch oder gering mit häufigem Abruf	gering, mit relativ hohen Bestellmengen
Bestandsüberwachung	sehr aufwändig, häufige Bestandskontrollen	Bestandskontrollen, Bestandsfortschreibungen
Just-in-time-Beschaffung	nach Möglichkeit häufig	selten bzw. nie

06. Wie wird bei einer ABC-Analyse vorgegangen?

Bei einer ABC-Analyse wird im Allgemeinen nach folgendem Schema vorgegangen:

1. Erfassung des Materials: Der Jahresbedarf wird angegeben und mit den Preisen bewertet.

2. Sortierung des Materials: Nach dem Wert des Jahresbedarfs wird eine Rangordnung aufgestellt.

3. Berechnungen: Die prozentualen Anteile der einzelnen Positionen werden für Mengen und Werte errechnet; danach werden die Werte kumuliert.

4. Auswertung: Die Wertgruppen werden ermittelt, d. h. die Positionen werden den drei Kategorien gemäß ihrem Mengen- und Wertanteil zugeordnet; evtl. wird eine Zeichnung (Konzentrationskurve) erstellt.

5. Analyse: Die Ergebnisse werden beschrieben und auf ihre Anwendung bei Einkauf und Logistik organisiert.

07. Wie wird eine ABC-Analyse durchgeführt?

Mithilfe einer ABC-Analyse kann die Struktur des Einkaufs dargestellt werden. Dazu werden in einer Tabelle z. B. Teile sowohl mengen- als auch wertmäßig erfasst, nach der Höhe der Wertanteile geordnet und den Kategorien A, B und C zugeordnet. Als A-Teile werden die Teile bezeichnet, die einen hohen Wert-, aber geringen Mengenanteil am Einkauf haben. C-Teile haben einen geringen Wert-, aber einen hohen Mengenanteil am Einkauf. (B-Teile liegen mengen- und wertmäßig zwischen A- und C-Teilen; sie werden bei der Analyse aber häufig wie die A-Teile behandelt.) Die Ergebnisse der Berechnung können in einer sog. Konzentrationskurve dargestellt werden.

Zur Veranschaulichung der Ausführung soll das folgende vereinfachte *Beispiel* dienen.

Dazu werden zehn Teile angenommen. Sie werden mengen- und wertmäßig erfasst. Nach Höhe der Einkaufswerte werden die Rangplätze ermittelt (vgl. Tab. 1).

In Tab. 2 werden die Rangplätze festgelegt, die jeweiligen Anteile in Prozent ermittelt und die Prozentsätze kumuliert. Diese liefert u. a. folgende Informationen: Die Menge des Teils Nr. 103 macht 3,41 % der gesamten Menge aus, der Wertanteil dieses Teils macht 23,35 % aus; die Teile 101 und 103 erzielen mit 3,75 % der eingekauften Menge 54,47 % des Einkaufswertes.

In Tab. 3 werden die Wertgruppen angegeben. Die Abbildung gibt die Angaben in Tab. 3 wieder (durchgezogene Linien und Angabe der Wertgruppen). Die Abbildung mit den gestrichelten Linien lässt zusätzlich folgende Aussagen zu: Mit 20 % (50 %) der eingekauften Menge werden ungefähr 70 % (85 %) des wertmäßigen Einkaufs erzielt.

Art.-Nr.	Menge in Stück	Preise je Stück	Einkaufswert	Rangplatz
101	100	400	40.000,00	1
102	10.500	1,5	15.750,00	4
103	1.000	30	30.000,00	2
104	600	7	4.200,00	6
105	600	5	3.000,00	7
106	300	9	2.700,00	8
107	210	10	2.100,00	9
108	40	462,5	18.500,00	3
109	15.000	0,75	11.250,00	5
110	1.000	1	1.000,00	10

Tabelle 1

$$\frac{\text{Menge in St.}}{\text{Gesamtmenge}} \cdot 100 = \text{eingek. Menge in \%}$$

$$\frac{\text{Einkaufswert}}{\text{Gesamtmenge}} \cdot 100 = \text{wertm. Einkauf in \%}$$

6.1 Einkaufsstrategien und Beschaffungsmarketing

Rang-platz	Art.-Nr.	eingek. Menge in %	eingek. Menge in % kumuliert	wertm. Einkauf in %	wertm. Einkauf in % kumuliert
1	101	0,34	0,34	31,13	31,13
2	103	3,41	3,75	23,35	54,47
3	108	0,14	3,88	14,40	68,87
4	102	35,78	39,66	12,26	81,13
5	109	51,11	90,77	8,75	89,88
6	104	2,04	92,81	3,27	93,15
7	105	2,04	94,86	2,33	95,49
8	106	1,02	95,88	2,10	97,59
9	107	0,72	96,59	1,63	99,22
10	110	3,41	100,00	0,78	100,00
		100,00		100,00	

Tabelle 2

		Mengenanteile	Wertanteile	Kumulation
A	101, 103	3,75 %	54,48 %	54,48
B	108, 102	35,91 %	26,66 %	81,14
C	109, 104, 105, 106, 107, 110	60,34 %	18,86 %	100,00

Tabelle 3

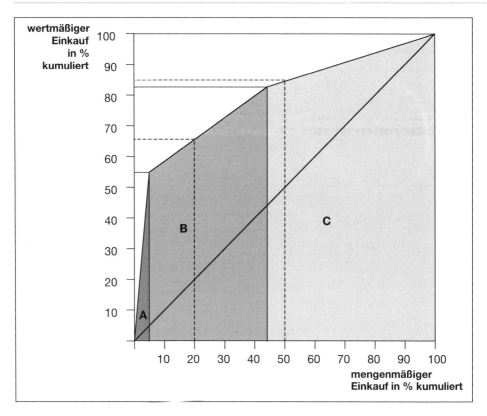

Abb. zu den Tabellen

08. Welchem Zweck dient die XYZ-Analyse?

Die zu beschaffenden Güter u. dgl. können außer nach ihren Mengen und Werten (wie bei der ABC-Analyse) auch nach anderen Kriterien, den sog. *XYZ-Kriterien*, analysiert werden.

Ein wichtiges XYZ-Kriterium ist die *Vorhersagegenauigkeit*; Güter und Materialien können z. B. danach eingeteilt werden, wie genau Termine und Mengen für die Beschaffung vorhersehbar sind. Als X-Güter werden solche Güter bzw. Materialien bezeichnet, die eine sehr hohe Vorhersagegenauigkeit haben. Es kann bei ihnen genau vorhergesagt werden, zu welchem Termin welche Gütermengen zu bestellen sind. Zeitpunkt und mengenmäßiger Umfang des Bedarfs liegen fest; mit dem Risiko überhöhter, unvorhergesehener Lagerhaltung ist nicht zu rechnen.

Y-Güter sind Güter bzw. Materialien mit mittlerer Vorhersagegenauigkeit; Mengen und Termine sind zwar planbar, es muss jedoch mit Schwankungen im Bedarf gerechnet werden; sie werden z. B. durch Mode, Wetter u. Ä. verursacht.

Z-Güter (Z-Materialien) sind schließlich Güter, für die der mengen- und termingemäße Bedarf nicht vorhergesagt werden kann. Das gilt z. B. für Ersatzteile u. Ä.

09. Welche Bedeutung hat eine Analyse der Beschaffungsrisiken?

A-Güter, gelegentlich auch B-Güter, werden häufig auch hinsichtlich bestimmter Risikofaktoren analysiert.[1] Dabei wird unterschieden zwischen unternehmensbezogenen und marktbezogenen Risiken. Die Risiken werden mithilfe eines Punktwertverfahrens geschätzt und gewichtet.

Unternehmensbezogene Risikofaktoren für das zu beschaffende Teil können z. B. sein

- technische Anforderungen
- Standardisierungsgrad
- Kosten des Lieferantenwechsels
- Ausweichmöglichkeiten (Substitution).

Marktbezogene Risikofaktoren können z. B. sein

- technisches Know-how des Lieferanten
- technische Komplexität des Fertigungsverfahrens
- technologische Entwicklung
- Ausweichmöglichkeiten.

Das Ergebnis der Analyse gibt die Höhe des Versorgungsrisikos für bestimmte Güter oder Teile wieder.

10. Wie lassen sich Ergebnisse der Material- bzw. Teileanalyse für die Entwicklung von Normstrategien nutzen?

Die Ergebnisse der Analysen lassen sich für die Entwicklung von Normstrategien nutzen. Dazu werden zweckmäßigerweise die Ergebnisse mehrerer Analysen zusammengefasst, z .B. das Einkaufsvolumen und das Versorgungsrisiko. Die Kriterien Einkaufsvolumen und Versorgungsrisiko werden für eine Typologie der zu beschaffenden Teile benutzt. Es ergeben sich die folgenden vier Typen (Material- bzw. Teiletypen). Für diese Typen können Normstrategien entwickelt werden.

1. Strategische Teile: hohes Einkaufsvolumen – hohes Versorgungsrisiko
2. Hebelteile: hohes Einkaufsvolumen – niedriges Versorgungsrisiko
3. Engpassteile: niedriges Einkaufsvolumen – hohes Versorgungsrisiko
4. unkritische Teile: niedriges Einkaufsvolumen – niedriges Versorgungsrisiko.

---

[1] in Anlehnung an Hug, W.: Einkaufsstrategien von Industrieunternehmen, online, 2000

Der Sachverhalt kann mit einer Portfolio-Matrix dargestellt werden.

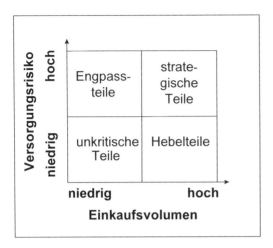

Abb.: Materialportfolio

11. Welche Normstrategien ergeben sich für die Teiletypen?

Für die Teiletypen (vgl. vorstehende Frage) ergeben sich folgende Normstrategien:

1. Strategische Teile:
   Schaffung zuverlässiger, langfristiger Lieferbeziehungen
   Ausbau der Zusammenarbeit in einer Wertschöpfungspartnerschaft
   präzise Bedarfsprognose usw.

2. Hebelteile:
   optimale Ausnutzung der Einkaufsmacht
   Lieferantenauswahl
   gezielte Verhandlungsstrategien usw.

3. Engpassteile:
   Sicherstellung von Mengen
   Sicherstellung der Verfügbarkeit (Bestandssicherung)
   Suche nach Ausweichmöglichkeiten.

4. unkritische Teile:
   Optimierung der Bestellmengen und der Bestände
   Bestellungen nach (elektronischem) Katalog
   Teile- bzw. Materialstandardisierung.

12. Wie wird eine Lieferantenanalyse durchgeführt?

Die Lieferantenanalyse kann als ABC-Analyse durchgeführt werden. Der Anzahl der Lieferanten wird das Einkaufsvolumen gegenübergestellt. Die Anzahl der Lieferanten und das Einkaufsvolumen werden in Prozent umgerechnet, sodass man angeben kann, auf wie viel Prozent der Lieferanten welcher Anteil des Einkaufsvolumens entfällt. Danach kann die Gesamtzahl der Lieferanten in A-, B- und C-Lieferanten eingeteilt werden. Als A-Lieferanten können die wenigen Lieferanten bezeichnet werden, auf die der größte Teil des Einkaufsvolumens entfällt.

In Anlehnung an die Analyse des Einkaufsvolumens können vereinfacht A-Lieferanten als die Lieferanten von A-Gütern bzw. A-Teilen bezeichnet werden, B-Lieferanten als Lieferanten von B-Gütern usw.

Die ABC-Analyse kann durch eine XYZ-Analyse ergänzt werden. Kriterium kann z. B. die Lieferzuverlässigkeit o. Ä. sein.

Schließlich könnte auch eine Risikoanalyse einbezogen werden.

6.1.2.3 Bedarfsanalyse

01. Was soll mit einer Bedarfsanalyse erreicht werden?

Mithilfe einer Bedarfsanalyse sollen die Aspekte des Materialbedarfs hinsichtlich ihrer Bestimmungsgründe untersucht werden. Die Aspekte des Materialbedarfs sind

- die Art des Bedarfs
- die Menge des Bedarfs
- der Zeitpunkt des Bedarfs.

Gegenstand der Bedarfsanalyse[1] ist deshalb u. a. die Beantwortung folgender Fragen:

- Welche Bedarfsart liegt vor? Wodurch wird dieser Bedarf bestimmt?
- Wodurch wird die Bedarfsmenge bestimmt? Wie kann sie beeinflusst werden?
- Wodurch wird der Zeitpunkt des Bedarfs bestimmt?

02. Wie lassen sich Bedarfsarten unterscheiden?

Unterscheidungskriterien sind

- Berücksichtigung von Fremdbezug und Produktebene –
  danach sind Primärbedarf, Sekundärbedarf und Tertiärbedarf zu unterscheiden.

- Berücksichtigung von Zusatzbedarf und Lagerbestand –
  danach sind Bruttobedarf und Nettobedarf zu unterscheiden.

---

[1] Auf Preis- und Leistungsanforderungen wird im Kap. *6.3 Preis- und Wertanalyse* eingegangen.

03. Wie werden Primär-, Sekundär- und Tertiärbedarf definiert?

Es ist üblich, Primär-, Sekundär- und Tertiärbedarf folgendermaßen zu definieren.

- Primärbedarf ist der Bedarf an verkaufsfähigen Erzeugnissen, das ist der Periodenbedarf des Marktes.
- Sekundärbedarf ist der Bedarf an Rohstoffen, Teilen u. Ä. zur Herstellung des Primärbedarfs.
- Tertiärbedarf ist der Bedarf an Betriebs- und Hilfsstoffen, der zur Herstellung des Primärbedarfs erforderlich ist.

04. Wie unterscheiden sich Brutto- und Nettobedarf an Materialien?

Der **Bruttobedarf** an Materialien ergibt sich, wenn zum Sekundär- und Tertiärbedarf ein Zusatzbedarf, z. B. für Reparaturen, hinzugezählt wird. Der **Nettobedarf** ergibt sich aus dem Bruttobedarf durch Abzug eines Lagerbestandes.

05. Wie bestimmt das Produktionsprogramm den Bedarf?

Das Produktionsprogramm bestimmt den Materialbedarf; es ergibt sich aus

- Kundenaufträgen
- Lageraufträgen (das sind sog. Innenaufträge)
- Betriebsaufträgen (die vom Vertrieb ausgehen)
- innerbetrieblichen Aufträgen (zur Erstellung innerbetrieblicher Leistungen).

Ursprüngliche Aufträge, z. B. die Lageraufträge, lösen im Zusammenhang mit der Produktionsplanung und -steuerung (PPS) weitere Aufträge, sog. abgeleitete Aufträge, aus. Dieser Vorgang wird als *Auftragsumwandlung* bezeichnet. Abgeleitete Aufträge richten sich auch an die Materialwirtschaft zur Bereitstellung von Material, Teilen u. Ä.

Der Bedarf an Roh-, Hilfs- und Betriebsstoffen sowie an Teilen, also der Sekundär- und Tertiärbedarf, wird über die Erzeugnisse bestimmt. Mithilfe von Stücklisten und Verwendungsnachweisen werden die Bestandteile der einzelnen Erzeugnisse festgelegt.

Der Materialbedarf nach Art und Menge ergibt sich schließlich unter Berücksichtigung der Produktionsmenge.

06. Was wird in einer Konstruktionsstückliste angegeben?

In einer Stückliste (Konstruktionsstückliste) wird das Erzeugnis dargestellt, und zwar durch die Angabe aller erforderlichen Einzelteile (z. B. im Getriebe- und Fahrzeugbau) oder der erforderlichen Zutaten (z. B. in der Nahrungsmittel- und chemischen Industrie). Die Konstruktionsliste gibt alle Teile und Werkstoffe (einschließlich der Baugruppen und der fremdbezogenen Teile) an, die zur Produktion des funktionsfähigen Produkts erforderlich sind.

07. Welche Angaben enthält eine Stückliste?

Eine Stückliste enthält folgende Angaben:

- Hauptzeile: Benennung der Liste (Art der Liste), Benennung des Produkts, Angabe der Nummer der Zeichnung, auf die sich die Liste bezieht
- Zeilen: für jedes Teil usw. jeweils eine Zeile
- Spalten:
  1. Positionsnummer
  2. Stück oder Menge je Produkteinheit
  3. Benennung des Teils, der Baugruppe, des Normteils
  4. Bezug auf die Zeichnung oder Angabe der Normnummer
  5. Angabe des Werkstoffs und der Abmessungen
  6. zusätzliche Angaben zur Qualität des Werkstoffs, Hinweise auf Fremdbezug u. dgl.
- Schlusszeile: Daten der Bearbeitung, Prüfung, Änderung, Unterschriften.

Im Folgenden wird zur Veranschaulichung der Ausführungen ein vereinfachtes Beispiel einer Konstruktionsstückliste dargestellt.

Konstruktions-stückliste		Pkw-Anhänger		213-000	
Pos. Nr.	Stück	Art	Zeichnung DIN	Werkstoff Abmessungen	Bemerkungen
1					
2					
3					
Bearbeitung (Datum, Unterschrift)		Änderung (Datum, Unterschrift)			Blatt-Nr.
Prüfung (Datum, Unterschrift)		Prüfung (Datum, Unterschrift)			

Abb.: Beispiel für eine Stückliste (schematische Darstellung)

08. Welche Arten von Stücklisten können unterschieden werden?

Stücklisten dienen vor allem der Arbeitsvorbereitung und der Materialdisposition. Dabei werden die folgenden Arten von Stücklisten unterschieden.

- Mengenstücklisten, die eine Übersicht über die benötigten Teile geben und deshalb auch als Mengenübersichtsstücklisten bezeichnet werden
- Strukturstücklisten, die die benötigten Teile so auflisten, dass die Fertigungsstruktur erkennbar wird
- Baukastenstücklisten, die lediglich die Baugruppen und die Teile, die in eine Baugruppe eingehen, auflistet; die Fertigungsstruktur wird dabei nicht erkennbar.

09. Wie wird mit der Mengenstückliste der Bedarf ermittelt?

Die Mengenstückliste (Mengenübersichtsstückliste) zählt alle für das Endprodukt erforderlichen Teile und Baugruppen nach Art des Materials und nach Menge auf. Sie berücksichtigt nicht die Fertigungsstruktur; gleiche Teile werden jeweils in der insgesamt benötigten Anzahl angegeben. Der Bedarf an einzelnen Teilen ergibt sich durch Multiplikation der Anzahl der herzustellenden Endprodukte mit der Anzahl der für das Endprodukt benötigten Teile.

10. Wie wird in Strukturstücklisten die Fertigungsstruktur berücksichtigt?

Strukturstücklisten berücksichtigen die Fertigungsstruktur. Die Fertigungsstruktur zeigt, wie unter Berücksichtigung der einzelnen aufeinander folgenden Fertigungsstufen das Produkt allmählich entsteht. Auf den Fertigungsstufen gehen Einzelteile in Baugruppen (Montagegruppen), Einzelteile und Baugruppen in übergeordnete Baugruppen und schließlich in das Endprodukt ein.

Die Anzahl der Fertigungsstufen gibt die Produktionstiefe an. Auf der ersten Stufe entsteht das Endprodukt. Auf der untersten Stufe wird der Rohstoff bzw. die grundlegenden Materialien für ein Zwischenprodukt (Baugruppe) auf der nächst höheren Stufe be- oder verarbeitet. Gleiche Materialien (Teile) können auf mehreren Stufen Verwendung finden.

Durch entsprechende Angaben in der Liste wird gezeigt, auf welcher Fertigungsstufe ein Material oder eine Baugruppe in welchem Umfang in das Produkt eingeht. Für die Ermittlung des Bedarfs sind die Baugruppen aufzulösen.

Es gibt mehrere Formen der Darstellung; im folgenden Beispiel wird die jeweilige Stufe durch Einrücken der Stufennummer kenntlich gemacht.

Das folgende einfache Beispiel soll die Ausführungen verdeutlichen. Dazu werden einige Angaben einer Strukturstückliste herangezogen, T steht für Teil, Material, Rohstoff u. Ä., G für Baugruppe, Zwischenprodukt u. Ä.[1]

---

[1] in Anlehnung an Oeldorf/Olfert, 2008, S. 135 ff.

6.1 Einkaufsstrategien und Beschaffungsmarketing

Endprodukt E 1		
Fertigungsstufe	Bezeichnung	Menge
1	T 1	4
1	G 1	1
- 2	T 2	5
- 2	T 1	4
1	T 2	3
1	G 2	1
- 2	T 3	12
- 2	G 3	2
- - 3	T 2	8
- - 3	T 4	6

11. Wie kann die Fertigungsstruktur für ein Produkt dargestellt werden?

Die Fertigungsstruktur für ein bestimmtes Produkt kann durch einen sog. *Strukturbaum* dargestellt werden. Ein Strukturbaum ist ein Struktogramm, das zeigt, wie auf den verschiedenen Fertigungsstufen Einzelteile in Baugruppen, Einzelteile und Baugruppen in übergeordnete Baugruppen und schließlich in das Endprodukt eingehen.

Im Folgenden wird zur Veranschaulichung ein vereinfachtes Beispiel *eines Strukturbaums für vier Fertigungsstufen* dargestellt. Die Abkürzungen haben folgende Bedeutung: G steht für Baugruppe, T für Einzelteil, Baugruppen und Einzelteile sind durch Nummerierungen gekennzeichnet; die Nummerierungen geben keine Rangfolge und keinen Bezug auf die jeweilige Fertigungsstufe an.

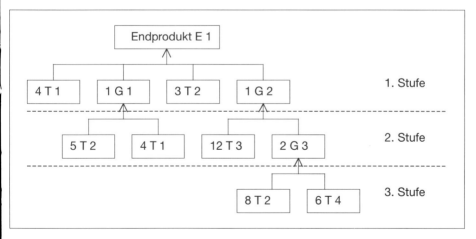

Abb.: Strukturbaum

12. Was wird mit Baukastenstücklisten angegeben?

Baukastenstücklisten sind Stücklisten, die sich auf einzelne Baugruppen beziehen. Die Baukastenstückliste fasst die Teile und Baugruppen zusammen, die in eine übergeordnete Baugruppe eingehen. Für ein Endprodukt, in das auf den verschiedenen Fertigungsstufen mehrere (oder viele) Baugruppen eingehen, fallen also mehrere (oder viele) Stücklisten an. Für gleiche, mehrfach vorkommende Baugruppen, ist nur eine Stückliste erforderlich.

Zur Veranschaulichung wird das Beispiel in Fragen 10 und 11 fortgeführt. Die Abbildung in Frage 11 weist drei Baugruppen auf: G 1, G 2, G 3. Die Mengenliste für G 1 weist folgendes Bild auf:

Baugruppe 1 G 1	
Bezeichnung	Menge
T 2	5
T 1	4

13. Wodurch unterscheiden sich Stücklisten von Verwendungsnachweisen?

Von der Stückliste ist der Verwendungsnachweis zu unterscheiden. Die **Stückliste** beschreibt das Produkt durch die Auflistung der Bestandteile (Teile, Baugruppen usw.) und beantwortet damit die Frage *„Welche Teile enthält ein bestimmtes Produkt?"*. Das wird durch die folgende Tabelle verdeutlicht; beispielhaft verkürzt werden für die Produkte P 1, P 2 und P 3 die Teile T 1, T 2, T 3 und T 4 (Rohstoffe usw.) mit ihren Mengen angegeben.

P 1		P 2		P 3	
Teile	Menge	Teile	Menge	Teile	Menge
T 1	2	T 2	1	T 1	2
T 2	1	T 3	2	T 3	3
T 3	4	T 4	3	T 4	4
T 4	3	T 5	4	T 5	1
T 5	1	T 6	1	T 6	1

Ein **Verwendungsnachweis** gibt dagegen an, welcher Teil (Rohstoff usw.) in welcher Menge in den einzelnen Erzeugnissen enthalten ist. Er beantwortet also die Frage *„In welchen Produkten ist ein bestimmtes Teil in welchem Umfang enthalten?"*. Die folgende Tabelle ist die Fortsetzung des vorstehenden Beispiels; sie geht aus von den Teilen und zeigt, in welchem Umfang die Teile in den einzelnen Produkten enthalten sind.

T 1		T 2		T 3		T 4		T 5		T 6	
Prod.	Menge	Prod.	Menge	Prod.	Menge	Prod.	Menge	Prod.	Menge	Prod.	Menge
P 1	2	P 1	1	P 1	4	P 1	3	P 1	1	P 2	1
P 3	2	P 2	1	P 2	2	P 2	3	P 2	4	P 3	1
				P 3	3	P 3	4	P 3	1		

14. Kann durch Materialrationalisierung der Bedarf beeinflusst werden?

Durch Materialrationalisierung wird der Bedarf beeinflusst. Rationalisierungsmaßnahmen sind

- Normung
- Typung
- Mengenstandardisierung.

15. Was wird als Normung bezeichnet?

Mit Normung bezeichnet man die einheitliche Festlegung von Größen, Abmessungen, Farben, Eigenschaften, Qualitäten, Begriffe u. Ä. für Material, Teile u. dgl. Entsprechend werden u. a. folgende Normen unterschieden:

- Teilenormen für Einzelteile
- Stoffnormen für die Eigenschaften von Rohstoffen usw.
- Gütenormen für Kraftstoffe, Mineralöle usw.
- Konstruktionsnormen für Schrauben, Gewinde, Papierformate usw.
- Begriffsnormen für Begriffe, Formelzeichen, Symbole usw.

Normen haben unterschiedliche *Geltungsbereiche*:

- Werksnormen gelten nur für ein Unternehmen; so werden für einzelne Unternehmensbereiche Vordrucke normiert, z. B. für Materialentnahme, Bestellungen, Bestandsfortschreibungen.
- Nationale Normen gelten für ein Land, z. B. die DIN-Normen, die vom Deutschen Institut für Normung festgelegt werden, für Deutschland; besonders bekannte DIN-Normen sind die einheitlichen Papierformate, z. B. DIN A 4.
- Internationale Normen werden durch entsprechende Abkürzungen kenntlich gemacht. Die Abkürzung DIN EN weist auf die Übernahme einer europäischen Norm in das deutsche Normenwerk hin. ISO ist die Abkürzung für International Organization for Standardization, sie kennzeichnet eine internationale Standardnorm. ISO-Normen ersetzen im Allgemeinen nationale Normen.

16. Wie beeinflusst Normung den Bedarf?

Normung hat Einfluss auf den Bedarf. Ein Unternehmen, das sich bei Produktion auf die Verwendung genormter, vielseitig verwendbarer Teile beschränkt, schränkt damit die Vielzahl von Teilen, die auch verwendet werden könnten, ein.

Bei der Bedarfsanalyse zeigen sich die Vorteile der Normung. Sie ergeben sich z. B. durch die Eindeutigkeit verwendeter Begriffe, sie erleichtert die Verständigung mit dem Lieferanten, verkürzt Beschaffungsvorgänge, reduziert Bestellkosten. Die Beschränkung auf einige genormte Teile bedeutet auch größere Abnahmemengen; daraus können sich Preisvorteile ergeben, die die Beschaffungskosten senken.

(Normung ist nicht nur für die Beschaffung, sondern auch für die Lagerhaltung vorteilhaft. Die Lagerhaltung wird durch die Beschränkung der Teile vereinfacht. Die Lagerdauer kann evtl. dadurch verkürzt werden, dass Nachlieferungen schneller möglich sind. Verkürzung der Lagerdauer und die Senkung der Beschaffungskosten verringern auch den Umfang der Kapitalbindung, sodass die Lagerhaltungskosten insgesamt gesenkt werden.)

17. Wie beeinflusst Typung den Bedarf?

Typung liegt vor, wenn ein Unternehmen seine *Endprodukte* vereinheitlicht durch Einschränkung von Größen, Ausstattungen o. Ä. Im Gegensatz zur Normung ist Typung im Allgemeinen immer *unternehmensindividuell* und bezieht sich nicht auf Einzelteile, sondern auf das Endprodukt.

Die Verwendung gleicher Teile, Materialien und Werkstoffe bei der Herstellung verschiedener Typen erlaubt die Beschaffung größerer Mengen. Daraus können sich Kostenvorteile ergeben. (Die Lagerhaltung wird erleichtert.)

Das sog. *Baukastensystem* stellt eine besondere Form der Typung dar. Bei der Produktion verschiedener Typen werden gleiche Bausteine verwandt. Das bedeutet, dass alle oder doch zumindest einige Typen aus den gleichen Grundelementen bestehen. Der besondere Vorteil liegt darin, dass die Bausteine in großen Serien und darum kostengünstig hergestellt werden können. Zum Beispiel kann der Hersteller von Anhängern für verschiedene Anhängertypen gleiche Achsen mit Rädern und Aufhängung verwenden.

18. Welche Bedeutung hat die Mengenstandardisierung?

Als Mengenstandardisierung bezeichnet man die mengenmäßige Standardisierung des Materialverbrauchs. Sie beruht auf der Prognose des mengenmäßigen Materialverbrauchs und ist somit Gegenstand der Bedarfsanalyse.

19. Wie wird der Bedarf durch die Entscheidung für oder gegen Eigenproduktion beeinflusst?

Einzelne Teile oder Baugruppen für ein Erzeugnis können u. U. sowohl im eigenen Unternehmen hergestellt als auch von anderen Herstellern bezogen werden. Die Entscheidung, ob Teile oder Baugruppen im eigenen Unternehmen (Eigenproduktion) oder von einem anderen Hersteller bezogen werden (Fremdbezug), beeinflusst selbstverständlich den Bedarf. Bei Eigenproduktion ist der Bedarf an Materialien, z. B. an Roh-, Hilfs- und Betriebsstoffen, Teilen usw., zu analysieren, bei Fremdbezug der Bedarf an dem Produkt bzw. an der Baugruppe.

20. Welche Aspekte umfasst die Analyse des Bedarfszeitpunkts?

Analysiert werden Zeitpunkt und Zeitrahmen des Bedarfs.

Zeitpunkt des Bedarfs kann der sog. *Bestellpunkt* sein. Der Bestellpunkt ist der Zeitpunkt, an dem der Meldebestand erreicht wird. In die Analyse geht die Untersuchung des täglichen Bedarfs und der Zeit von der Bestellung bis zur Lieferung ein; darüber hinaus ist der sog. *Mindestbestand* zu berücksichtigen.

Für die Belieferung nach dem Just-in-time-Prinzip ist Voraussetzung, dass der Bedarf an Material u. dgl. zeitlich genau analysiert wird. Das gilt auch für die Lieferung Just-in-Sequence, d. h. für die Lieferung von Material usw. in der Produktionsreihenfolge.

6.1.2.4 Beschaffungsplanung[1]

01. Welche Aspekte umfasst die Beschaffungsplanung?

Die Beschaffungsplanung umfasst folgende Aspekte:
- Bedarf
- Einkauf
- Transport
- Vorrat
- Entsorgung.

02. Was enthält der Bedarfsplan?

Der Bedarfsplan ist vor allem ein Bedarfsmengenplan. Er gibt an, wann welche Rohstoffe, Materialien, Teile usw. benötigt werden. Grundlage des Bedarfsplans ist die Bedarfsanalyse.

---

[1] Die inhaltliche Bestimmung des Begriffs „Beschaffungsplanung" folgt hier den Vorgaben des Rahmenplans. In der Literatur und in der Praxis wird der Begriff auch anders verwandt. Die Darstellung deutet die Bestimmung der einzelnen Begriffe lediglich an, in den entsprechenden Zusammenhängen werden sie ausführlicher behandelt.

03. Was enthält der Einkaufsplan?

Der Einkaufsplan setzt den Bedarfsplan um. Der Einkauf erhält von der Fertigung die Bedarfsmengen, die zu bestellen sind. Der Einkaufsplan enthält die optimalen Bestellmengen in Verbindung mit angemessenen Einkaufsstrategien; er enthält also z. B. die günstigsten Bezugsquellen, Bestelltermine, Liefertermine u. dgl.

04. Was enthält der Transportplan?

Der Transportplan im Zusammenhang mit der Beschaffungsplanung befasst sich mit der Beschaffungslogistik. Der Transportplan sorgt für den optimalen Güterfluss; dazu legt er die erforderlichen Transportkapazitäten fest, gibt die Termine und die Orte für deren Bereitstellung an, plant den Einsatz eigener oder fremder Transportmittel.

05. Was enthält der Vorratsplan?

Der Vorratsplan gibt an, wann welche Mengen auf Lager genommen werden. Die Vorratshaltung spielt dann eine Rolle, wenn das Unternehmen für bestimmte Materialien, Teile u. Ä eine Unabhängigkeit vom Beschaffungsmarkt anstrebt.

06. Was enthält der Entsorgungsplan?

In einem Entsorgungsplan werden die Entsorgungsstrategien festgelegt. Gegenstände der Planung sind auch

- die Abwicklung der Aufträge an Entsorgungsunternehmen
- die Art des Recyclings
- der Transportmitteleinsatz.

6.2 Einkaufsvorbereitung und Einkaufsabwicklung

6.2.1 Einkaufsvorbereitung

6.2.1.1 Anfragetechniken

01. Woher stammen Informationen über Bezugsquellen bei einer internen Bezugsquelleninformation?

Bei einer internen Bezugsquelleninformation werden die erforderlichen Informationen über Lieferanten der Lieferantenkartei und der Warenkartei des Betriebes entnommen.

Eine *Lieferantenkartei* enthält für mögliche Lieferer Angaben über Produkte, über deren Qualität, über Lieferungs- und Zahlungsbedingungen, Preise, Lieferzeiten usw.,

6.2 Einkaufsvorbereitung und Einkaufsabwicklung

aber auch über Erfahrungen mit dem Lieferer (z. B. Zuverlässigkeit bei Lieferung); in einer Anlage kann der Karte Prospektmaterial, Anfragen usw. beigefügt sein.

Eine *Warenkartei* enthält Angaben über verschiedene Lieferanten des gleichen Artikels.

02. Woher stammen Informationen über Bezugsquellen bei einer externen Bezugsquelleninformation?

Extern werden Informationen über Bezugsquellen beschafft

- über Vertreter
- durch den Besuch von Messen und Ausstellungen
- durch die Lektüre von Fachzeitschriften
- durch die Auswertung von Katalogen u. dgl.
- insbesondere durch Anfragen.

03. Wie gelangt ein Unternehmen an die Anschriften für die Anforderung von Informationen und für Anfragen?

Die Anschriften für die Anforderungen von Informationen und für Anfragen sind u. a. folgenden Quellen zu entnehmen:

- Branchenverzeichnisse
- Branchenfernsprechbücher
- Adressbücher
- Auskünfte der IHK
- Fachzeitschriften
- Internetseiten.

04. Welche Bedeutung hat eine Anfrage?

Eine Anfrage dient der Bezugsquellenermittlung bzw. der Information über eine Bezugsquelle. Eine Anfrage ist die Aufforderung an einen möglichen Lieferanten, Informationen zu liefern und zwar (als *allgemeine Anfrage*) u. a. über

- die Angebotspalette
- Preise, Preisnachlässe
- Liefertermine
- Zahlungs- und Lieferbedingungen.

Mit einer *bestimmten Anfrage* wird ein Angebot für ein bestimmtes Produkt bzw. für eine bestimmte Dienstleistung eingeholt.

Die Anfrage ist rechtlich unverbindlich; das bedeutet, sie verpflichtet nicht zum Kauf.

05. Nach welchen Kriterien werden die Unternehmen ausgewählt, bei denen angefragt werden soll?

Aus einer Vielzahl von möglichen Lieferanten sind die auszuwählen, die für eine Anfrage besonders geeignet sind. Für die systematische Auswahl werden im Allgemeinen Kriterien aufgestellt, mit deren Hilfe die Lieferanten bewertet werden können.[1] Die Kriterien werden mit Punkten bewertet. Bei den Lieferanten mit den höchsten Punktzahlen wird angefragt.

Folgende Kriterien werden z. B. zur *Beurteilung der Leistung* des Lieferanten herangezogen.

- Qualität
- Preis
- Lieferungs- und Zahlungsbedingungen
- Zuverlässigkeit
- Liefertreue.

Folgende Kriterien werden z. B. zur *Beurteilung des Lieferanten* herangezogen:

- Rechtsform
- finanzieller Status
- Marktanteil
- Ruf bei Mitbewerbern
- Kooperationsbereitschaft
- Möglichkeit zu Gegengeschäften.

06. Welche Anforderungen sind an Anfragen hinsichtlich Form und Inhalt zu stellen?

An eine Anfrage werden hinsichtlich Inhalt und Form bestimmte Anforderungen gestellt. Im Folgenden werden wesentliche *Aspekte des Inhalts* aufgelistet:

- Absenderangaben

- evtl. Angabe von Nummer und Datum der Anfrage

- Anschrift des Lieferanten

- Bitte um Abgabe eines Angebots, im Allgemeinen mit Fristangabe

- Angaben zum Material, z. B. Materialnummer, Art des Materials (evtl. mit genauer Beschreibung, Zeichnung, Muster usw.), Menge, Abmessungen, Mengeneinheit u. Ä., Qualität (evtl. mit genauer Beschreibung, Normangabe)

- Fragen nach Preisen pro Einheit und insgesamt

- Zahlungsbedingungen, Lieferbedingungen

- gewünschter Liefertermin.

---

[1] Vgl. Oeldorf/Olfert, 2008, S. 264 f.

6.2 Einkaufsvorbereitung und Einkaufsabwicklung

Für die *Form* (äußere Gestaltung) der Anfrage bestehen keine rechtlichen Vorgaben. Die Form der Anfrage ist von der Bedeutung des Anfrageobjekts abhängig; Anfragen können schriftlich oder mündlich abgegeben werden.

07. Wann genügen mündliche Anfragen?

Bei Materialien u. dgl. mit geringerem Wert, z. B. bei C-Materialien, genügt im Allgemeinen eine mündliche bzw. fernmündliche Anfrage. Das bei einer mündlichen Anfrage abgegebene Angebot gilt allerdings nur während des Gesprächs bzw. des Telefongesprächs, es sei denn, die Gesprächspartner vereinbaren eine zusätzliche Frist.

08. Wann sind schriftliche Anfragen vorzuziehen?

Bei Materialien, Teilen u. dgl. der Kategorien A und B sind schriftliche Anfragen vorzuziehen. Schriftliche Angaben über das zu beschaffende Material oder Teil sind im Allgemeinen präziser und umfassender; Missverständnisse werden vermieden. Präzise Angaben sind wichtige Grundlagen für die Angebotserstellung, die gerade bei A- und B-Teilen bzw. -Materialien besonders sorgfältig ausgeführt werden muss. Häufig werden für schriftliche Anfragen (genormte) Formulare benutzt.

09. Welche Vorteile bietet ein Anfrageformular?

Der Einsatz genormter Formulare für schriftliche Anfragen hat erhebliche Vorteile.

- Der Anfragevorgang wird rationalisiert.
- Gleichzeitig kann aber auch die Bearbeitung durch den Lieferanten rationalisiert werden, wenn dem Anfrageformular ein entsprechend gestalteter Anhang oder Durchschlag beigegeben wird, auf dem das Angebot abgegeben werden kann.
- Durch vorgegebene Rubriken im Formular wird vermieden, dass wesentliche Aspekte der Anfrage vergessen werden.
- Die Verständigung mit dem Lieferanten wird einfacher.

10. Welche Besonderheiten weisen Anfragen bei Entsorgungsverträgen auf?

Bei Einholung von Angeboten von Entsorgungsdienstleistungen sind neben den allgemeinen Angaben (vgl. Frage 06.) auch genaue Angaben über die Art des Entsorgungsguts erforderlich. Bei der Anfrage wird auch nach der Entsorgungsqualität und nach einem Nachweis für die Fähigkeit zur angemessenen Entsorgung gefragt. Evtl. werden Zertifizierungen verlangt.

11. Was ist nach dem Vergaberecht Grundlage für die Abgabe eines Angebots?

Grundlage für die Abgabe eines Angebots im Vergaberecht ist die öffentliche Ausschreibung eines Auftrags. Mit der öffentlichen Ausschreibung fordern öffentliche Auftraggeber, (z. B. Gemeinden, Landkreise, Bundesländer, der Bund) interessierte Unternehmen auf, sich für einen öffentlichen Auftrag, dessen Leistungsumfang in der Ausschreibung beschrieben wird, zu bewerben. Die Unternehmen können bei der in der Ausschreibung angegebenen Stelle die Vergabeunterlagen anfordern.[1]

12. Was beinhalten die Vergabeunterlagen?

Die Vergabeunterlagen umfassen das Anschreiben mit Angaben zu Art und Umfang der geforderten Leistung, Vergabebedingungen, Fristen usw., soweit sie noch nicht veröffentlicht wurden, die Bewerbungsbedingungen sowie die Vertragsunterlagen.[2] In den Vergabeunterlagen hat der Auftraggeber die Leistung eindeutig und erschöpfend zu beschreiben. Die Beschreibung muss alle erforderlichen technischen Angaben enthalten, damit die Leistung eindeutig gekennzeichnet wird.

13. In welcher Form wird bei einer öffentlichen Ausschreibung das Angebot abgegeben?

Grundlage für die Abgabe des Angebots sind die Vergabeunterlagen. In den Vergabeunterlagen sollten die geforderten Leistungen so genau und detailliert beschrieben werden, dass der Bieter lediglich die Preise angeben muss. Darüber hinaus muss er die geforderten Nachweise führen bzw. Erklärungen abgeben. Weitere Erläuterungen sind im Allgemeinen nicht gestattet. Änderungen an den Vergabeunterlagen darf der Bieter nicht vornehmen.

Das Angebot ist zu unterschreiben; bei einer Bietergemeinschaft müssen alle Bieter unterschreiben. Bei elektronischer Übermittlung muss das Angebot mit einer elektronischen Signatur gemäß Signaturgesetz unterzeichnet sein.

Weil Angebote vertraulich zu behandeln sind, muss der Anbieter sein Angebot in einem verschlossenen Umschlag abgeben. Für die Abgabe ist in der Ausschreibung eine Abgabefrist vorgegeben.

14. Wie lange ist der Bieter an sein Angebot gebunden?

Nach Ablauf der Abgabefrist beginnt die Bearbeitung der Angebote durch den öffentlichen Auftraggeber, an deren Ende der Zuschlag steht. Diese Frist wird als Zuschlagsfrist bezeichnet. Bis zum Ablauf der Zuschlagsfrist ist der Bieter an sein Angebot gebunden.

15. Was ist eine freihändige Vergabe, und unter welchen Bedingungen ist die freihändige Vergabe zulässig?

Bei einer freihändigen Vergabe vergibt die öffentliche Hand Aufträge ohne förmliches Ausschreibungsverfahren; sie ist jedoch nur unter bestimmten Bedingungen zulässig.

---

[1] Die rechtliche Thematik wird ausführlicher in Kap. *4.2.3 Grundlagen des Vergaberechts* beschrieben.
[2] Vgl. Schütte/Horstkötter/Schubert/Wiedemann, 2011, S. 39 ff.

6.2 Einkaufsvorbereitung und Einkaufsabwicklung

Nach den Vergabeordnungen ist die freihändige Vergabe zulässig, wenn die öffentliche Ausschreibung unzweckmäßig ist; das gilt u. a. dann, wenn für die Ausführung der Leistung nur bestimmte Unternehmen in Betracht kommen (z. B. wegen des Erfordernisses besonderer Geräte) oder wenn die Leistung sehr dringlich ist. Freihändig werden Aufträge auch dann vergeben, wenn nach Aufhebung einer Ausschreibung eine erneute Ausschreibung als unzweckmäßig erscheint.

Außerdem werden Aufträge mit geringem Auftragswert (zurzeit 10.000 €) freihändig vergeben.

6.2.1.2 Angebotsprüfung und -bewertung sowie Lieferantenauswahl

01. Welchen Zweck verfolgt eine formelle Angebotsprüfung?

Mit der formellen Angebotsprüfung soll festgestellt werden, ob das Angebot mit der Anfrage übereinstimmt. Geprüft wird, ob und wie weit der Lieferant auf die einzelnen Punkte der Anfrage eingegangen ist. Prüfkriterien können z. B. sein

- Art, Qualität und Menge des Materials, Abmessungen u. Ä.
- Preis
- Liefertermin
- Lieferungs- und Zahlungsbedingungen usw.

Bei mangelnder Übereinstimmung kann nachgefragt oder über Ergänzungen bzw. Änderungen verhandelt werden.

02. Welchen Zweck verfolgt die materielle Angebotsprüfung?

Mit der materiellen Angebotsprüfung werden die einzelnen Aspekte eines Angebots nach bestimmten Kriterien untersucht. Dabei können u. a. folgende Kriterien von Bedeutung sein:

- Der Beschaffungspreis: Der Beschaffungspreis ist der Preis, den das beschaffende Unternehmen beim Einkauf des Materials und alle in Rechnung gestellten Leistungen, die mit der Lieferung verbunden sind, an den Lieferer zu zahlen hat. Der Einstandspreis wird im Allgemeinen in Anlehnung an das sog. Kalkulationsschema ermittelt.

  Geprüft wird z. B., ob der ermittelte Einstandspreis hinsichtlich der Absatzmarktsituation angemessen ist und ob die angebotenen Preisbedingungen Spielräume für Beeinflussung des Preises (z. B. durch Verhandlungen über Abnahmemengen) enthalten. Schließlich wird der ermittelte Einstandspreis mit dem Durchschnittspreis verglichen.

- Die Qualität des Materials: Die Qualität muss mit den Angaben in der Anfrage übereinstimmen oder der geforderten Norm entsprechen.

- Die Lieferfrist: Geprüft wird, ob die Lieferfrist den betrieblichen Erfordernissen entspricht. (Ein günstiges Angebot, das wegen seiner relativ langen Lieferfristen nicht akzeptiert werden kann, kann bei späteren Bestellungen berücksichtigt werden.)
- Der Standort des Lieferanten: Ein Standort in der Nähe des Beschaffungsunternehmens verringert die Transportkosten und trägt auch zur Sicherheit der Versorgung bei.
- Der Lieferant (der Anbieter) hinsichtlich seines Rufs, seiner Flexibilität und seiner Marktstellung.

03. Wie wird bei der Angebotsauswahl mittels eines Preisvergleichs vorgegangen?

Wenn mehrere Angebote vorliegen, kann das günstigste mithilfe eines Vergleichs der Einstandspreise ausgewählt werden. Dazu werden die Einstandspreise nach dem folgenden Schema errechnet und die Ergebnisse der Rechnungen übersichtlich in einer Tabelle dargestellt.

   Angebotspreis
- Rabatt
+ Mindermengenzuschlag
= Zieleinkaufspreis
- Skonto
= Bareinkaufspreis
+ Bezugskosten (Verpackung, Frachten u. Ä.)
= Einstandspreis

Zur Veranschaulichung soll das folgende einfache Beispiel dienen.

Die Firma Oyewu GmbH hat für eine Bestellmenge von 5.000 Stück eines bestimmten Materials zwei Angebote eingeholt. Für welches Angebot wird man sich entscheiden?

1. Angebot:
- Preis 40,00 €/100 Stück; bei Abnahme von 1.000 Stück: 35,00 €/100 Stück,
- Zahlungsbedingungen: 30 Tage Ziel, bei Zahlung innerhalb 14 Tagen 3 % Skonto,
- Lieferbedingungen: Lieferung frei Haus, Lieferfrist: 10 Tage.

2. Angebot:
- Preis: 45,00 €/100 Stück, Rabatt 12,5 % bei der in Aussicht gestellten Menge,
- Zahlungsbedingungen: 30 Tage Ziel, bei Zahlung innerhalb 14 Tagen 2 % Skonto,
- Frachtkostenanteil: 1,00 €/100 Stück,
- Lieferfrist: Lieferung sofort möglich.

Angebote:	1.	2.
Angebotspreis	1.750,00	2.250,00
- Rabatt		281,25
Zieleinkaufspreis	1.750,00	1.968,75
- Skonto	52,50	39,37
Bareinkaufspreis	1.697,50	1.929,37
+ Bezugskosten		50,00
Einstandspreis	1.697,50	1.979,37

04. Wie werden Lieferanten bewertet und ausgewählt?

Im Allgemeinen reicht das Kriterium „Preis" für die Beurteilung der Angebote nicht aus. Global sourcing, Reduzierung der Beschaffungsquellen, modular bzw. system sourcing, einsatzsynchrone Anlieferungen und der Aufbau langfristiger Beschaffungsbeziehungen machen die sorgfältige Beurteilung der Leistungsfähigkeit i.w.S. von Lieferanten erforderlich. Die vorgelegten Angebote, Informationen aus der Beschaffungsmarktforschung, evtl. auch Rückfragen bei Geschäftsfreunden, Erfahrungen aus bisherigen Geschäftsbeziehungen mit den Lieferanten sind Grundlagen für die Analyse von Angeboten.

6.2.1.3 Lieferantenmanagement

01. Wie lässt sich die Bedeutung des Lieferantenmanagements umschreiben?

Als Lieferantenmanagement kann man die Ausgestaltung der Beziehungen eines Unternehmens zu den guten Lieferanten bezeichnen. Sie hat u. a. folgende Ziele:[1]

- Transparenz der Lieferbeziehungen hinsichtlich Güte und Dimension zur Ausschöpfung von Bündelungspotenzialen
- Ausschöpfung von Verbesserungspotenzialen unter Berücksichtigung eines ganzheitlichen Ansatzes unter Einschluss auch technischer Aspekte
- Berücksichtigung der Gesamtkosten, d. h. Vermeidung einer ausschließlichen Preisorientierung des Einkaufs
- Aufbau, Ausbau und Pflege einer partnerschaftlichen Versorgungskette mit guten Lieferanten und ihre Optimierung.

02. Welche Aspekte umfasst das Lieferantenmanagement?

Das Lieferantenmanagement umfasst folgende Aspekte, die im Allgemeinen aufeinander folgen:

---

[1] diese und die folgenden Ausführungen in Anlehnung an Schulte, C., 2009, S. 270 ff.

- Lieferantenauswahl
- Lieferantenbewertung
- Lieferantenentwicklung
- Kostensenkung mit Lieferanteneinbindung.

03. Welche Kriterien können für die Beurteilung eines Lieferanten herangezogen werden?

Für die Beurteilung werden Bewertungskriterien ausgewählt. Mit ihrer Hilfe soll das Unternehmen allgemein beurteilt und seine Eignung als Lieferant kritisch gewürdigt werden. Folgende Kriterien können für die Bewertung herangezogen werden:

Allgemeine Kriterien, dazu zählen z. B.

- Kapitalbasis, Eigenkapital
- Kreditwürdigkeit
- Image
- Ertragslage
- Organisation
- Kooperationsbereitschaft.

Spezielle Kriterien, dazu zählen z. B.

- Preis
- Qualität
- Lieferungsbedingungen, Übernahme der Transportkosten
- Anlieferungsmöglichkeiten (Standort)
- Zahlungsbedingungen, Kreditierungen
- Garantieleistungen
- Gegengeschäfte.

04. Wie werden die Kriterien bewertet?

Für die einzelnen Kriterien werden Punktwerte ermittelt. Zur Bewertung qualitativer Merkmale, zu denen die meisten Kriterien zählen, nutzt man häufig *ordinale Skalierungen*. Für jedes Kriterium wird eine Skala mit (z. B.) fünf Bewertungen mit Punktwerten vorgegeben, z. B. sehr gut (= 5 Punkte), gut (= 4), mittelmäßig/neutral (= 3), schlecht (= 2), sehr schlecht (= 1 Punkt).

Zur Veranschaulichung wird ein einfaches, relativ leicht zu handhabendes *Beispiel* wiedergegeben[1].

Als Bewertungskriterien werden Qualität, Preis und Termin angenommen. Das Kriterium Qualität wird auf Mindestanforderungen, das Kriterium Preis auf den Durchschnittspreis und das Kriterium Termin auf durchschnittliche Liefertermine bezogen; die entsprechenden Bezugswerte liegen als Ergebnisse der Beschaffungsmarktforschung vor. Zusätzlich wird die Zuverlässigkeit der Lieferanten hinsichtlich der Qualität, des Termins und der Menge untersucht.

---

[1] nach Schulte, C., 2009, S. 269

6.2 Einkaufsvorbereitung und Einkaufsabwicklung

Mithilfe der Punktwerte kann angegeben werden, in welchem Umfang ein Angebot bzw. der Anbieter das jeweilige Kriterium erfüllt.

Punkte:	5	4	3	2	1
Bewertung:	**sehr gut**	**gut**	**neutral**	**mäßig**	**schlecht**
Das Angebot					
Qualität	übertrifft weit die	übertrifft die	entspricht den	liegt teilweise knapp unter den	entspricht in keiner Weise den
			Mindestanforderungen		
Preis	liegt mehr als 5 % unter dem	liegt bis zu 5 % unter dem	entspricht dem	liegt bis zu 5 % über dem	liegt mehr als 5 % über dem
			Durchschnittspreis		
Termin	liegt mehr als 10 % unter den	liegt bis zu 10 % unter den	entspricht den	liegt bis zu 10 % über den	liegt mehr als 10 % über den
			durchschnittlichen Lieferterminen		
Die Zuverlässigkeit des Lieferanten hinsichtlich ...					
... Qualität			Lieferungen		
	übertreffen Vertragsvereinbarungen	übertreffen teilweise die Vertragsvereinbarungen	entsprechen genau den Vertragsvereinbarungen	weisen kleinere Fehler auf	müssen teilweise zurückgewiesen werden
... Termin			Lieferungen		
	gem. Vereinbarung	treffen ca. eine Woche zu früh ein	treffen ca. 2 Tage zu spät bzw. mehr als eine Woche zu früh ein	treffen ca. eine Woche zu spät ein	treffen trotz Mahnung mehr als 2 Wochen zu spät ein
... Menge			Liefermenge		
	gem. Vereinbarung	liegt bis zu 5 % über Bestellmenge	liegt bis zu 5 % unter bzw. mehr als 5 % über der Bestellmenge	liegt bis zu 10 % unter der Bestellmenge	liegt mehr als 10 % unter der Bestellmenge

05. Warum werden die Punktwerte aus der Angebots- bzw. Lieferantenanalyse gewichtet?

Im Allgemeinen haben die Kriterien unterschiedliches Gewicht. So kann z. B. die Kapitalbasis eines Lieferanten von geringer, die Kooperationsbereitschaft im Hinblick auf die zukünftige Zusammenarbeit von höherer, die Zuverlässigkeit, die Qualität und die Preise der Produkte von sehr hoher Bedeutung sein. Entsprechend werden die ermittelten Punktwerte gewichtet, d. h. sie werden mit einem Gewichtungsfaktor multipliziert. Die *Summe der gewichteten Punkte* ist Grundlage der Entscheidung für ein Angebot bzw. für einen Anbieter.

Zur Veranschaulichung wird im Folgenden ein einfaches (hinsichtlich der Angebote bzw. Anbieter und der Kriterien beliebig ergänzbares) *Beispiel* konstruiert.

Verglichen werden mehrere Angebote bzw. Anbieter hinsichtlich einiger Kriterien. Dazu werden die Angaben aus dem Beispiel bei vorstehender Frage herangezogen, durch weitere Kriterien ergänzt und Gewichtungsfaktoren angenommen.

Kriterien	Gewichtungs-faktoren	Lieferanten							
		I		II		III		(sonst.)	
		Punktwerte	gewichtete Punktwerte	Punktwerte	gewichtete Punktwerte	Punktwerte	gewichtete Punktwerte	Punktwerte	gewichtete Punktwerte
Preis	1,5	5	7,5	4	6,0	3	4,5		
Qualität	1,2	4	4,8	3	3,6	2	2,4		
Termin	1,0	3	3,0	3	3,0	2	2,0		
Zuverlässigkeit	1,0	4	4,0	3	3,0	3	3,0		
Kooperationsbereitschaft	0,8	3	2,4	4	3,2	5	4,0		
Kapitalbasis	0,5	3	1,5	3	1,5	3	1,5		
(sonst.)									
Punktsumme			23,2		20,3		17,4		

06. Welche Bedeutung hat die Lieferantenbewertung für die Strategien der Lieferantenentwicklung?

Ausgewählte Lieferanten werden nach bestimmten Kriterien bewertet (s. o.). Die Bewertung ist Grundlage für die Einteilung der Lieferanten in Kategorien. Die Zuordnung zu den Kategorien bestimmt die Lieferantenentwicklung.

Folgende Kategorienbildung wäre z. B. denkbar:

1. Beste Lieferanten
2. akzeptierte Lieferanten
3. reduzierte Lieferanten
4. schlechteste Lieferanten.

Bei den besten Lieferanten werden strategische Partnerschaften entwickelt und gemeinsame Ziele und Maßnahmen vereinbart, das Ziel ist die Erhöhung des Einkaufsvolumens. Bei den schlechtesten Lieferanten wird man Ausphasen anstreben, auf jeden Fall aber das Einkaufsvolumen möglichst schnell reduzieren.

07. Welchen Zweck verfolgt die Lieferantenförderung?

Mit der Förderung eines Lieferanten will der Abnehmer eine Verbesserung der Leistungen erreichen, die der Lieferant für ihn erstellen soll. Schwerpunkte der Lieferantenförderung sind Beratung und aktive Unterstützung bei Problemen, die der Lieferant ohne Hilfe durch den Kunden kaum bewältigen kann.[1]

08. Welche Maßnahmen der Lieferantenförderung gibt es?

Maßnahmen der Lieferantenförderung können u. a. die Produktion und die Beschaffung betreffen. Maßnahmen im Produktionsbereich sind z. B. Vorschläge für die Rationalisierung und für die Qualitätsverbesserung sowie Vermittlung von Informationen über technologische Entwicklungen. Förderungsmaßnahmen bei Beschaffung können z. B. in der Kooperation bei Beschaffung, in der Lieferung von Materialien durch den Kunden oder in Finanzierungshilfen bei Einkäufen von Materialien durch den Lieferanten bestehen.

6.2.2 Einkaufsabwicklung

6.2.2.1 Bestellung

01. Auf welchen Voraussetzungen beruht die Bestellung?

Im Allgemeinen hat eine Bestellung eine der folgenden Voraussetzungen:

- Das mit einer Anfrage eingeholte Angebot eines Lieferers
- ein unverlangt vorgelegtes Angebot eines Lieferers
- das Angebot, dass sich als Ergebnis aus Einkaufsverhandlungen ergeben hat
- Vereinbarungen von Rahmenbedingungen für Lieferungen.

02. Welche Bedeutung hat eine Bestellung?

Die Bestellung des Materials begründet im Allgemeinen einen Kaufvertrag (gelegentlich auch einen Werkvertrag, auf den hier allerdings nicht weiter eingegangen wird).[2]

Wenn aufgrund eines aktuellen Angebots, das ohne Freizeichnungsklauseln abgegeben wurde, bestellt wird, kommt durch die Bestellung der Kaufvertrag zustande. Das Angebot ist die Willenserklärung des Lieferanten an einen bestimmten Kunden, ein nach Menge, Art, Qualität bestimmtes Material zu bestimmten Bedingungen zu liefern. Durch die Bestellung wird der Lieferant verpflichtet zu liefern.

Wenn das Angebot allerdings Freizeichnungsklauseln enthält, kommt der Kaufvertrag erst zustande, wenn die Bestellung angenommen wurde, d. h. nach der Auftragsbestätigung.

Wenn einer Bestellung kein aktuelles Angebot zu Grunde liegt, gibt der Kunde dem Lieferanten gegenüber eine Willenserklärung ab, dass er das nach Art, Menge u. dgl. in der Bestellung genau bezeichnete Material zu den angeführten Bedingungen kau-

---

[1] Arnolds/Heege/Röh/Tussing, 2010, S. 248
[2] Zur rechtlichen Bedeutung der Bestellung und zum Zustandekommen von Kaufverträgen vgl. die Ausführungen in Kap. *4. Rechtliche Gestaltung*.

fen will. Der Kaufvertrag kommt durch die Auftragsbestätigung zustande. Der Besteller muss das gelieferte Material annehmen (und bezahlen).

03. Ist für die Bestellung eine bestimmte Form vorgeschrieben?

Für die Bestellung bestehen keine Formvorschriften. Die Bestellung kann schriftlich, mündlich, fernmündlich oder fernschriftlich erfolgen. Gelegentlich empfiehlt sich zur rechtlichen Absicherung die schriftliche Bestellung. Bei C-Gütern wird im Allgemeinen vom Sachbearbeiter am Ort des Bedarfs fernmündlich oder per Internet bestellt; für diese Bestellungen liegen Rahmenvereinbarungen mit dem Lieferanten vor.

04. Welche Angaben enthält die Bestellung?

Die Bestellung enthält im Allgemeinen folgende Angaben. (Sie gelten als Vereinbarung im Kaufvertrag, der sich aufgrund der Bestellung ergibt.)

- Material nach Art und Beschaffenheit sowie nach Menge, Gewicht o. dgl.
- Verpackung
- Lieferungsbedingungen
- Preis und Zahlungsbedingungen
- Erfüllungsort und Gerichtsstand.

05. Welche Bedeutung hat die Auftragsbestätigung?

Bei einer Bestellung, der kein Angebot zu Grunde liegt, gilt die Auftragsbestätigung durch den Lieferanten als Annahme der Bestellung. Damit der Vorgang rechtswirksam ist, darf die Auftragsbestätigung die Angaben in der Bestellung nicht ändern. (An die Stelle der Auftragsbestätigung kann die Lieferung treten; sie gilt als Auftragsannahme, wenn sie in allen Punkten der Bestellung entspricht.)

Die Auftragsbestätigung ist vom Gesetzgeber nicht ausdrücklich vorgeschrieben. Sie ist aber unter Kaufleuten üblich. Auftragsbestätigungen dienen der Sicherheit bei der Materialversorgung.

6.2.2.2 Terminsicherung

01. Wie lässt sich die Bedeutung der Terminsicherung umschreiben, und wie umfassend ist der Begriff „Terminsicherung"?

Terminsicherung ist mehr als Terminkontrolle. Terminsicherung bedeutet, Einkauf bei „sichern", d. h. *zuverlässigen Lieferanten*, die in der Lage sind, vereinbarte Termine einzuhalten. Terminsicherung findet also bereits vor der Bestellung statt.

Terminsicherung bedeutet aber auch *rechtzeitige Bestellung*, damit termingerecht geliefert werden kann. Das setzt ein gut funktionierendes Informationssystem voraus:

6.2 Einkaufsvorbereitung und Einkaufsabwicklung

Nur wenn dem Einkauf die Bedarfsmeldungen rechtzeitig vorliegen, kann rechtzeitig bestellt werden.

Schließlich ist aber auch die *Terminkontrolle* ein wichtiger Aspekt der Terminsicherung.

02. Welche Bedeutung hat die Kontrolle der Liefertermine?

Wenn der Einkauf Materialien u. Ä. bestellt hat, muss durch entsprechende Einrichtungen der Liefertermin überwacht werden. Die laufende Kontrolle der Liefertermine dient der Terminsicherung. Wenn Material nicht termingerecht eintrifft, ist die Einhaltung geplanter Termine für logistische Vorgänge, für die Produktion, für die Ablieferung u. Ä. gefährdet. Die Einhaltung der Liefertermine durch den Lieferanten ist aus Kostengründen von großer Bedeutung. Bei verspäteter Lieferung können z. B. Fehlmengenkosten, bei vorzeitiger Lieferung evtl. zusätzliche Lagerhaltungskosten entstehen.

03. Welche Folgen kann die Nichteinhaltung von Lieferterminen haben, und welche Maßnahmen kann das beschaffende Unternehmen ergreifen?

Durch die systematische Kontrolle der Liefertermine wird ein Lieferungsverzug rechtzeitig erkannt, das Mahnverfahren kann in Gang gebracht, Nachfristen gesetzt werden; evtl. sind Deckungskäufe vorzunehmen. Die Lieferterminkontrolle mindert auch das Risiko des Unternehmens, dass der Produktionsprozess wegen fehlender Materialien oder Teile unterbrochen wird, und das Unternehmen selbst in Lieferschwierigkeiten kommt.

04. Wie werden Lieferterminkontrollen durchgeführt?

Die Lieferterminkontrollen können durch die Einkaufsabteilung erfolgen, z. B. mithilfe der termingerecht geordneten Bestellsatzkopien. Bei größeren Unternehmen sorgt eine eigene Überwachungsstelle mit entsprechenden Karteien oder EDV-Systemen für die Kontrolle der Liefertermine.

6.2.2.3 Transport- und Lagerwirtschaft

01. Welche Funktionen hat das Lager?

Das Lager hat folgende Funktionen[1]

- Sicherung
- Überbrückung
- Spekulation
- Veredelung
- Entsorgung.

---

[1] Die Lagerfunktionen werden ausführlich in Kap. *7.3.1.2 Lagerfunktionen* dargestellt.

02. Welches Ziel verfolgen Lagersteuerung und -verwaltung?[1]

Das Ziel der Lagersteuerung und -verwaltung ist die optimale Gestaltung des Materialflusses, d. h. sie organisieren den Materialfluss im Lager störungsfrei, termingerecht, überprüfbar und bei minimalen Kosten.

03. Welche Funktionen umfasst die Einlagerung entsprechend der Lagersteuerung und Lagerverwaltung?

Die Einlagerung umfasst folgende Funktionen:

- Materialeingang
- Identifizierung
- Positionierung
- körperliche Einlagerung.

6.2.2.4 Berücksichtigung der Kreislaufwirtschaft

01. Wie lässt sich der Begriff „Kreislauf", der in die Formulierung des Kreislaufwirtschaftsgesetzes eingegangen ist, umschreiben?

Der Kreislauf kann als Prozess von Versorgung und Entsorgung umschrieben werden. Die Materialwirtschaft versorgt die Fertigung mit den erforderlichen Materialien und sie entsorgt die Abfälle aus dem Produktionsprozess. Durch ihre Verwertung sollen sie nach Möglichkeit wieder zurück in den Kreislauf gelangen.[2]

02. Welches Ziel verfolgt der Staat mit dem Kreislaufwirtschaftsgesetz (KrWG)?

Das Ziel des Kreislaufwirtschaftsgesetzes kommt in seinem vollständigen Namen zum Ausdruck: Gesetz zur Förderung der Kreislaufwirtschaft und Sicherung der umweltverträglichen Bewirtschaftung von Abfällen. Die Vorschriften des Gesetzes sollen also die Kreislaufwirtschaft fördern und sicherstellen, dass Abfälle umweltverträglich bewirtschaftet, d. h. vermieden, verwertet, verwendet, beseitigt werden.

03. Welche Aufgaben hat das sog. Abfallmanagement?

Das Abfallmanagement ist zuständig für die umweltschonende Entsorgung von Abfällen. Die dabei anfallenden Einzelaufgaben lassen sich folgendermaßen umschreiben.

- Einteilung der Abfälle nach Verwertbarkeit
- Aufbereitung und Vorbereitung verwertbarer Abfälle für die Wiederverwertung und -verwendung
- Aussonderung nicht verwertbarer Abfälle

---

[1] Lagerverwaltung und -steuerung werden ausführlich in Kap. *7.3.3 Lagersteuerung und -verwaltung* dargestellt.
[2] Die Thematik Entsorgung wird ausführlich in Kap. *6.4.5 Entsorgung* behandelt.

- evtl. Vernichtung von Abfällen
- Verkauf weiter verwertbarer Abfälle, Einholung von Angeboten von Entsorgungsbetrieben, Verhandlungen mit Entsorgungsbetrieben, Vertragsabschlüsse
- Abtransport der Abfälle, Sicherstellung der Transportlogistik.

6.3 Preis- und Wertanalyse

6.3.1 Wertanalyse

01. Was ist eine Wertanalyse, und welche Ziele werden mit der Wertanalyse verfolgt?

Eine Wertanalyse ist eine *Funktionskostenanalyse*. Die Funktionen eines Objekts, z. B. eines Produkts oder einer Dienstleistung, werden systematisch, d. h. nach einem Arbeitsplan, von einem Team analysiert; die Analyse betrifft das Objekt in seiner Gesamtheit und in seinen Bestandteilen.

Ziele der Wertanalyse ist, alle Kosten, die für die Funktionen oder den Wert des Objekts nicht erforderlich sind, zu erkennen und abzubauen.

Beispiel: In einem Unternehmen sollen die Verpackungskosten für ein Haushaltsgerät gesenkt werden. Ein Team analysiert die Funktionen der Verpackung im Hinblick auf Kostensenkungspotenziale. Dabei wird u. a. festgestellt, dass die Verpackungsfunktionen, Schutz des Produkts, Präsentation und Verkaufsförderung im Handel usw. mit einer Kostenreduzierung zu erreichen sind; dazu müssten u. a. folgende Maßnahmen ergriffen werden:

- Verkleinerung der Umverpackung bei geringfügiger Produktänderung
- Verkürzung der Klebelaschen
- Ersatz der Produktstützen in der Verpackung und der zusätzlichen Umhüllung des Gerätes mit Folie durch Schaumstoffflocken
- Verzicht auf farbigen Aufdruck u. Ä.

02. Was ist typisch für wertanalytisches Arbeiten?

Wertanalytisches Arbeiten beruht u. a. auf folgenden typischen Grundlagen.

- Betrachtung der Funktionen eines Objektes
- Denken in Funktionen
- Wertbestimmung der Funktionen
- systematisches zielorientiertes Arbeiten zur Kostenminimierung und Werterhöhung
- kooperative Teamarbeit
- ständige (selbstlose) Suche nach besseren Lösungen.

03. Wie definiert die VDI-Richtlinie 2800 eine Wertanalyse?

In der VDI-Richtlinie 2800 wird die Wertanalyse definiert. Danach ist die Wertanalyse „ein Wirksystem zum Lösen komplexer Probleme in Systemen, die nicht oder nicht vollständig algorithmierbar sind. Sie beinhaltet das Zusammenwirken der Systemelemente Methode, Verhaltensweisen, Management unter Einbeziehung des Umfelds als Beitrag ganzheitlicher Betrachtungsweise des Wertanalyse-Objekts".

04. Was sind Wertanalyse-Objekte?

Nach der VDI-Richtlinie 2800 sind Wertanalyse-Objekte Funktionsträger, die entweder bereits bestehen oder geplant sind, und die wertanalytisch behandelt werden sollen. Man unterscheidet materielle und immaterielle Wertanalyse-Objekte. Wertanalyse-Objekte können z. B. Konsumgüter, Investitionsgüter, Dienstleistungen, Produktionsverfahren, organisatorische Abläufe usw. sein.

05. Welche Funktionen kann ein Wertanalyse-Objekt haben?

Die Funktionen eines Wertanalyse-Objekts lassen sich systematisch einteilen nach ihrer Art und nach ihrer Bedeutung für das Objekt. Nach der Art werden Gebrauchs- und Imagefunktionen, nach der Bedeutung Haupt- und Nebenfunktionen unterschieden.

06. Wodurch unterscheiden sich Gebrauchs- und Imagefunktionen?

Gebrauchsfunktionen dienen der technischen und wirtschaftlichen Nutzung. Imagefunktionen sollen prestigeorientierte Bedürfnisse befriedigen.

07. Wodurch unterscheiden sich Haupt und Nebenfunktionen?

Gebrauchs- und Imagefunktionen können sowohl Haupt-, als auch Nebenfunktionen sein. Die **Haupt**funktionen sind für die Verwendung oder Nutzung des Objekts unbedingt erforderlich. Sie entsprechen dem eigentlichen Verwendungszweck. **Neben**funktionen ergänzen im Allgemeinen die Hauptfunktionen; sie sollten darauf untersucht werden, ob und wie weit sie für den eigentlichen Verwendungszweck erforderlich sind; evtl. lassen sie sich abbauen.

08. Welche Arten von Wertanalysen können unterschieden werden?

Wertanalysen können bei bestehenden Objekten angewandt werden, um nicht notwendige Kosten aufzuspüren; sie tragen so dazu bei, dass die Kosten für dieses Objekt vermindert und sein Wert erhöht wird. Die Wertanalyse bei bestehenden Objekten wird als *Wertverbesserung* (Value Analysis) bezeichnet.

Die Wertanalyse kann auch bei der Planung von Objekten, z. B. bei der Produktentwicklung, eingesetzt werden; sie trägt so dazu bei, dass bestimmte Kosten gar nicht erst entstehen. Die Wertanalyse bei geplanten Objekten wird als *Wertgestaltung* (Value Engineering) bezeichnet.[1)]

09. Wie lassen sich die Systemelemente der Wertanalyse kennzeichnen?

Systemelemente der Wertanalyse sind Methodik, Verhaltensweisen und Management. *Methodik* kennzeichnet die Vorgehensweise; *Verhaltensweisen* beschreibt das von den Teammitgliedern geforderte Verhalten. *Management* besagt, dass die Geschäftsleitung bzw. die betroffenen Führungskräfte Voraussetzungen und Rahmenbedingungen für die Wertanalysearbeit schaffen müssen.

10. Wie lässt sich Methodik im Zusammenhang mit einer Wertanalyse kennzeichnen?

Methodik lässt sich folgendermaßen kennzeichnen.

- Ausrichtung der Arbeit an konkreten Zielen, z. B. Senkung der Verpackungskosten um 10 %
- Zusammenarbeit in Teams, deren Mitglieder aus verschiedenen Fachbereichen stammen
- strikte Beachtung der Grundschrittefolge (Wertanalyse-Arbeitsplan)
- Trennung der kreativen Phase von der Bewertung.

11. Welche Verhaltensweisen werden von den Teammitgliedern bei der Wertanalyse verlangt?

Verhaltensweisen der Teammitglieder lassen sich u. a. folgendermaßen kennzeichnen:

- Förderung der gemeinsamen Arbeit an der Wertanalyse
- kooperatives Verhalten
- (erforderlichenfalls) Änderung persönlichen Verhaltens
- Bereitschaft zur Delegation von Verantwortung (als Vorgesetzter)
- Bereitschaft zur Übernahme von Verantwortung (als Mitarbeiter).

12. Wann sollte eine Wertanalyse angewandt werden?

Die Durchführung einer Wertanalyse ist sehr aufwändig. Deshalb ist es erforderlich, die Analyseobjekte sorgfältig auszuwählen. Für die Auswahl können u. a. folgende Kriterien herangezogen werden:

- Für die Ergebnisse der Wertanalyse, d. h. für die Wertverbesserung, sollten relativ hohe Ziele vorgegeben werden.

[1)] Die Verwendung der Begriffe ist nicht ganz eindeutig. Die VDI-Richtlinie 2800 übersetzt Wertanalyse mit Value analysis (vgl. englische Version von 2800). In einer Fußnote wird darauf hingewiesen, dass im amerikanischen Sprachraum der Begriff Value Engineering und im britischen der Begriff Value Management verwendet werden.

- Für die Analyse werden Kenntnisse aus verschieden Fachbereichen und Informationen aus mehreren Abteilungen benötigt, sodass sie zweckmäßigerweise in Teamarbeit durchgeführt werden sollte.
- Die Wertanalyse sollte nicht zur Überprüfung bereits bekannter oder bereits beschrittener Lösungswege eingesetzt werden.

13. Wie ist ein Wertanalyse-Team zusammengesetzt?

Ein Wertanalyse-Team ist eine *interdisziplinär zusammengesetzte Arbeitsgruppe;* sie besteht in der Regel aus fünf bis sieben Personen, die prinzipiell unterschiedliche Fachbereiche vertreten. Im Allgemeinen gehören dem Team Mitarbeiter aus den Bereichen Beschaffung (Einkauf), Produktion (einschließlich Entwicklung und Arbeitsvorbereitung), Absatz (Verkauf) und Controlling an. (In das Team können erforderlichenfalls auch Kunden und Lieferanten einbezogen werden.)

Das Wertanalyse-Team wird von einem Moderator geführt und gesteuert. Ein Koordinator stimmt die Arbeit mit der Geschäftsleitung bzw. mit den betroffenen Abteilungsleitungen ab und organisiert die Rahmenbedingungen für die Arbeit.

14. Welche Arbeitsschritte gibt der Wertanalyse-Arbeitsplan vor?

Die VDI-Richtlinie 2800 gibt in einem Arbeitsplan den Arbeitsablauf vor. Folgende Arbeitsschritte sind vorgesehen.[1)]

1. Projekt vorbereiten
2. Objektsituation analysieren
3. Soll-Zustand beschreiben
4. Lösungsideen entwickeln
5. Lösungen festlegen
6. Lösungen verwirklichen.

15. Welche Bedeutung hat die Wertanalyse im Einkauf?

Im Allgemeinen kann bei einem Lieferanten keine Wertanalyse nach VDI-Richtlinie 2800 durchgeführt werden. Aber eine Zusammenarbeit auf der Grundlage einiger Schritte der Wertanalyse ist möglich; so kann z. B. das Denken in Funktionen angewandt werden.

Eine Funktionsanalyse des Beschaffungsobjekts gibt Aufschluss über Eigenschaften, Wert und Kosten. Die so erworbenen Erkenntnisse können Grundlage für Veränderungen mit dem Ziel Werterhöhung und der Kostenminimierung sein. In Zusammenarbeit mit dem Lieferanten kann nach Alternativlösungen gesucht werden.

[1)] nach business-wissen.de – Wertanalyse (online)

6.3.2 Preisanalyse

6.3.2.1 Arten der Preisanalyse

01. Was ist eine Preisanalyse und welche Bedeutung hat sie?

Als Preisanalyse bezeichnet man die Untersuchung der Beschaffungspreise im Hinblick auf die Bedingungen und Faktoren, die sie beeinflussen. Mithilfe der Analyseergebnisse lassen sich z. B. Preise beurteilen und mehrere Angebotspreise vergleichen. Wenn dem Einkäufer die Einflussfaktoren der Preisbildung bekannt sind, kann er in Verhandlungen Einfluss auf die Beschaffungspreise nehmen.

Im engeren Sinn ist die Preisanalyse eine Preisstrukturanalyse. Daneben haben aber auch Preisbeobachtung und Preisvergleich preisanalytische Bedeutung.[1]

02. Was ist Gegenstand der Preisstrukturanalyse?

Mithilfe der Preisstrukturanalyse wird die Zusammensetzung eines Angebotspreises hinsichtlich der Kostenbestandteile und des Gewinns untersucht. Damit soll geprüft werden, ob der Preis dem Produkt bzw. der Produktqualität entspricht. Die Kenntnis der Preisstruktur kann helfen, bei Verhandlungen die Höhe des Angebotspreises zu beeinflussen.

03. Welche weiteren Faktoren sind für die Beurteilung des Angebotspreises von Bedeutung und können deshalb Gegenstand von Verhandlungen sein?

Für die Beurteilung von Preisen und für Preisverhandlungen können u. a. auch die folgenden Faktoren wichtig sein; sie sind deshalb in eine Preisanalyse einzubeziehen.

- Die Preispolitik des Anbieters
- die Rabattpolitik
- die Zahlungspolitik
- die Kreditpolitik.

04. Welche Bedeutung hat ein Preisvergleich, und wann ist ein Preisvergleich anzuwenden?

Wenn mehrere Anbieter des gleichen Produkts zu betrachten sind, bietet sich der Preisvergleich an. Er wird – in seiner einfachsten Form – in tabellarischer Form durchgeführt. Die quantifizierbaren Preisangaben werden zunächst in der Tabelle – in Anlehnung an das Kalkulationsschema – erfasst. Dann werden weitere Bedingungen interpretiert und in der Tabelle dargestellt.

---

[1] Vgl. hierzu Arnolds/Heege/Röh/Tussing, 2010, S. 70 f.

05. Wozu dient eine Preisbeobachtung?

Eine Form der Preisanalyse i. w. S. stellt die Preisbeobachtung dar. Die Beobachtung liefert Informationen über die Veränderungen von Angebotspreisen im Laufe der Zeit und lässt Prognosen über künftige Entwicklungen zu.

6.3.2.2 Einflussnahme durch das preispolitische Instrumentarium

6.3.2.2.1 Preispolitik

01. Was versteht man unter Preispolitik?

Unter Preispolitik versteht man alle Maßnahmen eines Lieferers zur Gestaltung, Festsetzung, Beeinflussung, Variation und Präsentation des Angebotspreises.

02. Welche Ziele verfolgt ein Unternehmen mit seiner Preispolitik?

Ein Unternehmen verfolgt mit seiner Preispolitik u. a. die folgenden Ziele:

- Anpassung des Absatzes an die Produktion
- Verbesserung der Kostensituation
- Verbesserung der Beschäftigungssituation
- Einführung eines neuen Produkts
- Erschließung eines neuen Segments
- Gewinnung von Marktanteilen
- Ausschaltung von Mitbewerbern
- Ausnutzung eines preispolitischen Spielraums
- langfristig: Verbesserung der Gewinnsituation.

03. Welche Einflussgrößen bestehen für die Preispolitik?

Folgende Größen haben Einfluss auf die Preispolitik eines Anbieters:

- Die Marktform, d. h. die Zahl der Mitbewerber und ihre möglichen Reaktionen

- der preispolitische Spielraum, den sich der Anbieter durch seine Präferenzpolitik geschaffen hat

- die Elastizitäten der Nachfrage in Bezug auf Preisänderungen, d. h. die Reaktion der Nachfrager

- die Kosten, die die Grundlage der preispolitischen Überlegungen darstellen.

04. Was versteht man unter konkurrenzorientierter Preisfestsetzung?

Bei konkurrenzorientierter Preissetzung lässt sich ein Unternehmen vorwiegend von den Preisen der Konkurrenz leiten, Leitpreise können z. B. die Durchschnittspreise der Branche oder die Preise von Preisführern sein. Die Orientierung an Kosten und an Nachfragern ist von untergeordneter Bedeutung. Konkurrenzorientierte Preisbildung ist häufig auf Märkten mit homogenen Gütern und hoher Konkurrenzdichte.

05. Welche Bedeutung hat ein Leitpreis?

Orientierung an einem Leitpreis bedeutet nicht seine identische Übernahme. Der Preis eines Unternehmens kann mit dem Leitpreis identisch sein; er kann aber auch (geringfügig) darüber oder darunter liegen. Diese Abweichungen sind abhängig vom Umfang der Konkurrenz und von der Homogenität des Gutes bzw. der Leistung.

Der nach einem Leitpreis festgelegte Preis ändert sich im Allgemeinen nicht, wenn sich grundlegende Kosten ändern; er folgt dem Leitpreis bei Preisänderungen, auch wenn sich die Kosten nicht geändert haben.

06. Warum orientiert sich ein Unternehmen an Leitpreisen?

Ziele der Orientierung an Leitpreisen sind vor allem

- Minderung von Risiken, die sich z. B. aus den mangelhaften Kenntnissen über Reaktionen von Mitbewerbern und Kunden auf Preisänderungen ergeben
- Übernahme von Erfahrungen einer Branche bzw. eines Preisführers, die sich in der Preisgestaltung ausdrücken
- Vermeidung von Preiskämpfen.

07. Wodurch wird die Art der Preispolitik bestimmt?

Die Art der Preispolitik hängt von der Wettbewerbs- und der Marktsituation ab. Es werden zwei Arten der Preispolitik unterschieden: die *aktive* und die *passive Preispolitik*.

Bei *aktiver Preispolitik* versucht ein Unternehmen seinen Preis unter Ausnutzung aller Marktchancen zu setzen und auf Änderungen des Preisverhaltens der Konkurrenz flexibel zu reagieren. Der Preis ist wesentlicher Teil seiner Absatzpolitik. Über den Preis will er Marktanteile auf Kosten der Mitbewerber gewinnen. Typisch ist aktive Preispolitik für ein Unternehmen, das mit einem Produkt neu auf den Markt kommt und sich gegen direkte oder Substitutionskonkurrenz durchsetzen muss.

Bei *passiver Preispolitik* ist der Preis nicht der wichtigste Teil der Absatzpolitik. Andere Bereiche stehen im Vordergrund. Typisch ist passive Preispolitik für ein Unternehmen, das die Reaktionen der Konkurrenz auf seine Preisänderungen fürchtet. Es ist im Allgemeinen bereits seit längerem mit einem angemessen Anteil auf diesem Markt. In seinem Preisverhalten schließt er sich der Preisführerschaft anderer Unternehmen an.

6.3.2.2.2 Rabattpolitik

01. Was sind Rabatte?

Rabatte sind *Preisnachlässe*, die der Verkäufer einer Ware dem Abnehmer für die Übernahme bestimmter Funktionen, die mit der Ware zusammenhängen, gewährt. Rabatte sind also Entgelte für die Übernahme bestimmter Funktionen, z. B. Lagerhaltung, Abholung (Transportleistung) u. Ä.

Häufig werden mehrere Rabattarten gleichzeitig gewährt, die nacheinander bei den jeweils verminderten Werten berücksichtigt werden. Der Gesamtrabatt ergibt sich deshalb nicht als Summe der einzelnen Rabattsätze.

02. Welche Ziele verfolgt ein Lieferer mit seiner Rabattpolitik?

Der Verkäufer gewährt unter bestimmten Bedingungen den Käufern Rabatte, um bestimmte Ziele zu erreichen. Folgende Ziele haben u. a. dabei besondere Bedeutung:

- Umsatzsteigerung
- Erhaltung und Erweiterung der Kundentreue
- zeitliche Lenkung des Auftragseingangs
- Rationalisierung der Auftragsabwicklung.

03. Welche Arten von Rabatten gibt es?

Folgende Rabattarten können unterschieden werden:

- Funktionsrabatt, Nachlass an Handelsstufe
- Mengenrabatt, Nachlass bei Abnahme hoher Mengen, häufig auch nachträglich als Bonus (Jahresbonus)
- Treuerabatt, Nachlass bei längeren Geschäftsbeziehungen, für weitgehend ausschließlichen Bezug
- Frühbezugsrabatt, Nachlass für vorzeitigen Bezug von Saisonartikeln, häufig auch als Nachlass für Bezug vor Erscheinen des Katalogs bzw. der Preisliste
- Barzahlungsrabatt, Nachlass für vorzeitige Zahlung (Skonto).

04. Wann wird Mengenrabatt gewährt und welche Ziele werden mit der Rabattgewährung verfolgt?

Der Mengenrabatt wird bei Abnahme großer Mengen gewährt, die entweder aufgrund eines Auftrages (einer Lieferung) oder mehrerer Aufträge (und Lieferungen) in einer Periode bezogen werden. Der Rabatt kann beim Abschluss als Abschlag vom Angebotspreis oder nachträglich als Bonus berechnet werden. Mengenrabatte werden häufig progressiv gestaffelt, d. h. der Rabattsatz steigt bei steigenden Abnahmemengen überproportional.

Ziel der Rabattgewährung ist die Entlastung des Lagers. Der Mengenrabatt ist ein Entgelt des Herstellers an den Händler für die Übernahme der Funktion der Lagerhaltung.

05. Welche besondere Bedeutung hat der Zeitrabatt?

Der Zeitrabatt wird gewährt, wenn der Auftrag zu bestimmten Zeiten erfolgt. Saison-, Einführungs- und Auslaufrabatte sind Zeitrabatte.

Ziel der Rabattgewährung ist die zeitliche Lenkung von Bestellungen zur besseren Disposition in Lagerhaltung und Produktion. Der Zeitrabatt ist ein Entgelt des Herstellers an den Händler für die Übernahme der Funktion der Lagerhaltung.

06. Wann kann man von optimaler Rabattgestaltung sprechen?

Optimal ist ein Rabattsystem, wenn die Erlösschmälerungen durch die Rabattgewährung durch entsprechende Vorteile mindestens ausgeglichen werden.

6.3.2.2.3 Zahlungspolitik

01. Was könnte man unter Zahlungspolitik verstehen?

Als Zahlungspolitik des Lieferers könnte man den differenzierten Einsatz der zahlungspolitischen Instrumente bezeichnen. Der Lieferer setzt zahlungspolitische Mittel ein, um bestimmte Ziele zu erreichen. Besondere Ziele der Zahlungspolitik könnten z. B. sein

- Ausbau partnerschaftlicher Beziehungen zu einem Kunden
- Absatzsteigerungen
- Gewinnung neuer Kunden.

02. Über welche Mittel kann die Zahlungspolitik verfügen?

Im Folgenden werden einige Mittel der Zahlungspolitik aufgelistet:

- Unterschiedliche Zahlungsfristen

- Differenzierung der Zahlungsarten

- Einräumung von Lieferkrediten

- differenzierte Forderung von Sicherheiten, z. B. Eigentumsvorbehalt, Sicherungsübereignungen, Bürgschaften

- Möglichkeiten zu Gegengeschäften

- Skontoziehung bei vorzeitiger Zahlung.

6.3.2.2.4 Kreditpolitik

01. Welche Ziele verfolgt ein Unternehmen mit seiner Kreditpolitik?

Mit der Gewährung von Krediten an Abnehmer verfolgt ein Lieferer ähnliche Ziele wie mit der Rabatt- und Zahlungspolitik. Mit der Kreditpolitik wird das Nachfrageverhalten der Kunden beeinflusst. Durch einen Kredit des Verkäufers werden Kunden in die Lage versetzt, früher oder überhaupt zu kaufen.

Kredite können Wiederverkäufern, industriellen Endverwendern und privaten Endverbrauchern eingeräumt werden.

02. Was ist ein Lieferantenkredit?

Der Lieferantenkredit wird in der Form eines Verkaufs auf Ziel gewährt; der Kunde braucht die gelieferte Ware erst nach *Ablauf des Zahlungsziels* zu bezahlen. Das Zahlungsziel beträgt im Allgemeinen einen Monat; mit Rücksicht auf die Absatzdauer bestimmter Waren können auch längerfristige Ziele eingeräumt werden. Die hohe Zinsbelastung durch den Lieferantenkredit wird bei der Ermittlung des Verkaufspreises berücksichtigt.

Für vorzeitige Zahlung wird dem Kunden die Möglichkeit zur *Skontoziehung* eingeräumt. Skontosätze können in Abhängigkeit von differenzierten Zahlungszielen gestaffelt sein; z. B. bei Zahlung innerhalb 14 Tagen 3 % Skonto, bis Ablauf des 1. Monats 2 % Skonto, bis Ablauf des 2. Monats 1 % Skonto, bei einem Gesamtzahlungsziel von 3 Monaten.

Der Lieferantenkredit ist sehr teuer; deshalb lohnt es sich für einen Kunden eher, einen Bank-, als einen Lieferantenkredit in Anspruch zu nehmen. Dieser Sachverhalt lässt sich anhand des folgenden *Beispiels* nachvollziehen.

Rechnungsbetrag: 5.000 €, Zahlungsbedingung: Zahlung innerhalb 30 Tagen ohne Abzug, bei Zahlung innerhalb 10 Tagen 3 % Skonto. Zum Rechnungsausgleich nach 10 Tagen muss das Konto überzogen werden, Kreditbetrag: 4.850 €, Laufzeit: 20 Tage, Zinssatz 12 %. Die folgende Rechnung zeigt den Vergleich: Skonto beträgt 150 €, die Zinsen betragen 32,33 € (Ersparnis bei Skontoziehung trotz der Kontoüberziehung: 117,67 €; um den Skontosatz mit dem Zinssatz vergleichbar zu machen, müsste man ihn als Zinssatz für 20 Tage definieren, das würde einem Jahreszinssatz von 54 % entsprechen.

Skonto	Zinsen
3,0 %	12,0 %
150,00 €	32,33 €
3,0 %	54,0 %

03. In welchem Zusammenhang steht das Factoring mit der Kreditpolitik?

Beim Factoring tritt ein Unternehmen die Forderungen aus den von ihm gewährten Lieferantenkrediten an ein Finanzierungsinstitut, den Factor, ab. Der Factor übernimmt die folgenden Funktionen.

1. Der Factor schießt dem Unternehmen den Forderungsbetrag vor *(Finanzierungsfunktion).*

2. Der Factor verwaltet die Forderungen, d. h. er übernimmt das Mahnwesen, das Inkasso usw. *(Dienstleistungsfunktion).*
3. Der Factor trägt das Kreditrisiko *(Delkrederefunktion).*

04. Wodurch unterscheidet sich das echte vom unechten Factoring?

Echtes Factoring liegt von, wenn der Factor alle drei Funktionen übernimmt, wenn die Delkrederefunktion nicht übernommen wird, liegt **unechtes** Factoring vor.

05. Wodurch unterscheidet sich das stille vom offenen Factoring?

Beim **stillen** Factoring erhält der Kreditnehmer keine Information über die Forderungsabtretung und zahlt an den Kreditgeber, der die Zahlungen an den Factor weitergibt. Beim **offenen** Factoring wird der Kreditnehmer mit einem entsprechenden Vermerk auf der Rechnung darauf hingewiesen, dass die Zahlungen an den Factor zu leisten sind.

06. Welche Bedeutung hat das Factoring für einen Verkäufer?

Das Factoring hat für den Verkäufer (Kredit gewährendes Unternehmen) Vorteile, denen einige Nachteile gegenüberstehen.

Vorteile:

Ein Unternehmen kann seinen Kunden Zahlungsziele einräumen

- ohne wesentliche Liquiditätsbelastungen
- ohne Belastungen durch die Verwaltung der Außenstände
- ohne Kreditrisiko.

Nachteile:

- Das Factoring, vor allem unter Einbeziehung der Delkrederefunktion, ist relativ teuer.
- Der Hinweis auf die Abtretung kann als Zeichen wirtschaftlicher Schwäche angesehen werden.

07. Was sind dingliche Sicherheiten bei Kreditgewährung?

Der Lieferant kann vom Kunden verlangen, dass er mit bestimmten Sachwerten den Kredit absichert. Formen der dinglichen Sicherung sind z. B.

- die Sicherungsübereignung
- das Pfand
- der Eigentumsvorbehalt.

08. Wie wird durch eine Sicherungsübereignung ein Kredit gesichert?

Eine Form der dinglichen Sicherung ist die Sicherungsübereignung. Bei einer Sicherungsübereignung wird das Eigentum an einer Sache dem Kreditgeber überlassen; der *Kreditnehmer* bleibt ihr *Besitzer* und kann sie deshalb weiter nutzen. Übereignet werden bewegliche Sachen, z. B. Maschinen, Fahrzeuge, Lager u. Ä.; sie müssen genau bezeichnet werden, z. B. durch Angabe der Maschinennummer; im Allgemeinen handelt es sich um Sachen, die für den Kreditnehmer unentbehrlich sind. Die Sicherungsübereignung erlischt, wenn der Kreditnehmer den Kredit getilgt und alle damit zusammenhängenden Forderungen des Kreditgebers beglichen hat.

09. Wie wird durch ein Pfand ein Kredit gesichert?

Eine Form der dinglichen Sicherung ist die *Verpfändung*. Das Pfandrecht an einer Sache dient der Kreditsicherung. Bei einer Verpfändung übergibt der Kreditnehmer eine Sache als Pfand; der Kreditgeber wird Besitzer der Sache, der Kreditnehmer bleibt ihr Eigentümer. Verpfändet werden bewegliche, für den Kreditnehmer meistens entbehrliche Sachen, das können z. B. Wertpapiere, Maschinen, Waren u. Ä. sein. Die verpfändete Sache kann dem Kreditgeber direkt übergeben werden, er muss sie dann lagern; häufig genügt auch die Übergabe von bestimmten Papieren, die das Pfandrecht begründen, z. B. des Lagerscheins; schließlich kann die verpfändete Sache, z. B. ein Warenlager, so dem Zugriff des Kreditnehmers entzogen werden, dass der Kreditgeber sie mit verschließt (Mitverschluss). Das Pfand wird zurückgegeben, wenn der Kreditnehmer den Kredit getilgt und alle damit zusammenhängenden Forderungen des Kreditgebers beglichen hat.

10. Wie wird durch den einfachen Eigentumsvorbehalt der Lieferantenkredit gesichert?

Auch der Eigentumsvorbehalt ist eine Form der dinglichen Kreditsicherung. In einem Kaufvertrag wird vereinbart, dass die (z. B.) auf Ziel verkaufte Ware *Eigentum des Lieferanten* bleibt. Bis zum Ablauf des Zahlungsziels gewährt der Lieferant dem Kunden einen Kredit (vgl. Kauf auf Ziel); dieser Kredit wird durch den Eigentumsvorbehalt abgesichert. Der Käufer wird zwar Besitzer der Sache, der Verkäufer aber bleibt vorläufig Eigentümer. Wenn der Kunde die Ware nicht bezahlt, kann der Verkäufer vom Vertrag zurücktreten und die unter Eigentumsvorbehalt gelieferte Ware zurückverlangen.

Dieser sog. *einfache Eigentumsvorbehalt* geht allerdings verloren, wenn der Käufer die Sache weiter verarbeitet oder mit einer anderen verbindet, oder wenn ein Dritter die Sache in dem guten Glauben erwirbt, durch den Erwerb würde das Eigentum auf ihn übergehen.

11. Welche rechtlichen Wirkungen haben verlängerter und erweiterter Eigentumsvorbehalt?

Die Nachteile des einfachen Eigentumsvorbehalts können durch den verlängerten und durch den erweiterten Eigentumsvorbehalt beseitigt werden.

Bei dem verlängerten Eigentumsvorbehalt tritt der Käufer im Voraus die Forderungen, die bei einem Weiterverkauf der Sache entstehen, an seinen Lieferanten ab.

Bei dem erweiterten Eigentumsvorbehalt wird vereinbart, dass das Eigentum an einer gekauften Sache erst dann auf den Käufer übergeht, wenn dieser auch alle anderen Forderungen dieses Lieferanten beglichen hat.

6.3.2.3 Preisklauseln

01. Wozu dienen Preisklauseln?

Eine Preisklausel wird als Bedingung für den Preis in einen Kaufvertrag aufgenommen. Bei Verwendung einer Preisklausel gehen die Vertragsparteien davon aus, dass der Preis (besser: der Ausgangspreis) nur unter Vorbehalten gilt, sich also mit Veränderungen seiner Bedingungen auch ändern kann.

Von besonderer Bedeutung sind Preisgleitklauseln.

02. Welche Bedeutung haben Preisgleitklauseln?

Preisgleitklauseln werden (u. a.) in Kaufverträgen zur *Wertsicherung* vereinbart. Bei Vereinbarung entsprechender Preisklauseln können Preise entweder später festgesetzt oder feste Ausgangspreise später geändert und den Entwicklungen von Rohstoffpreisen, Lohnkosten u. Ä. angepasst werden. Preisgleitklauseln werden vor allem bei aufwändigen Objekten mit langen Lieferfristen vereinbart.

Den Klauseln werden meistens Bezugsgrößen zu Grunde gelegt, in denen sich Preis- und Kostenentwicklungen widerspiegeln. Als Bezugsgrößen werden im Allgemeinen Indices gewählt, z. B. der Verbraucherpreisindex, der Baukostenindex. Es sind aber auch andere Bezugsgrößen möglich, z. B. Lohntarife, Preisentwicklung bestimmter Materialien, Rohstoffe u. dgl.

03. Wie ist die Verwendung von Preisklauseln geregelt?

Die Verwendung von Preisklauseln ist im Preisklauselgesetz von 2009 geregelt.

Nach dem Gesetz darf der Betrag einer Geldschuld nicht automatisch durch den Preis oder den Wert von anderen Gütern oder Leistungen, die mit den vereinbarten Gütern oder Leistungen nicht vergleichbar sind, bestimmt werden (§ 1 PreisKlG). Das Verbot gilt nicht für:

- Leistungsvorbehaltsklauseln
- Spannungsklauseln
- Kostenelementeklauseln
- Klauseln, die lediglich zu einer Ermäßigung der Geldschuld führen können.

04. Was wird mit Preis- bzw. Leistungsvorbehaltsklauseln vereinbart?

Preis- bzw. Leistungsvorbehaltsklauseln lassen für Änderungen des geschuldeten Betrages einen Ermessensspielraum zu, der es ermöglicht, die neue Höhe der Geldschuld nach Billigkeitsgrundsätzen zu bestimmen. Im Allgemeinen wird die Änderung der Bezugsgröße zum Anlass genommen, über den Preis neu zu verhandeln.

Preis- bzw. Leistungsvorbehaltsklauseln sind genehmigungsfrei.

05. Was wird mit der Spannungsklausel vereinbart?

Eine Spannungsklausel ist eine Preisgleitklausel, bei der die in Rechnung gestellte Leistung und die Bezugsgröße gleich oder gleichartig sind. So kann z. B. der Preis für ein bestimmtes Material steigen, wenn die Preise vergleichbarer Materialien gestiegen sind.

Spannungsklauseln sind genehmigungsfrei.

06. Was wird mit der Kostenelementeklausel vereinbart?

Eine Kostenelementeklausel ist eine Preisgleitklausel, nach der der geschuldete Betrag insoweit von der Entwicklung der Preise für Güter oder Leistungen abhängig gemacht wird, als diese die Selbstkosten des Gläubigers bei der Erbringung der Gegenleistung unmittelbar beeinflussen. So kann z. B. aus der Steigerung des Baukostenindexes während der Bauphase geschlossen werden, dass die Selbstkosten des Bauunternehmens gestiegen sind, sodass er aufgrund der vereinbarten Klausel einen höheren Preis vom Bauherrn verlangen kann.

Kostenelementeklauseln sind genehmigungsfrei.

07. Sieht das Preisklauselgesetz Ausnahmen vom grundsätzlichen Klauselverbot vor?

Das Preisklauselgesetz sieht Ausnahmen vom grundsätzlichen Preisklauselverbot vor; sie gelten z. B. bei bestimmten langfristigen Verträgen (§ 3 PreisKlG). Dazu zählen u. a. Verträge über wiederkehrende Zahlungen, die zu leisten sind

- auf Dauer der Lebenszeit des Schuldners, des Gläubigers oder eines Beteiligten
- bis zum Erreichen der Erwerbsfähigkeit oder eines bestimmten Ausbildungsziels
- für die Dauer von mindestens zehn Jahren.

Die Klauseln sind nur dann zulässig, wenn sie hinreichend bestimmt sind und keine Vertragspartei unangemessen benachteiligen (vgl. § 2 PreisKlG). Eine Preisgleitklausel ist dann hinreichend bestimmt, wenn sie erkennen lässt, welche Preise bestimmend sein sollen. Eine unangemessene Benachteiligung liegt z. B. dann vor, wenn der Preisanstieg eine Erhöhung, ein Preisrückgang aber keine Senkung des Zahlungsanspruchs zur Folge hat.

6.3 Preis- und Wertanalyse

08. Wie wirken Indexklauseln?

Preisgleitklauseln in Form von Indexklauseln werden gelegentlich auch als *automatische Preisgleitklauseln* bezeichnet, weil sich die Zahlungsverpflichtungen aus den entsprechenden Verträgen automatisch den Änderungen der Indices anpassen.

09. Welche Indexklauseln sind zulässig?

Bezugsgrößen für diese Gleitklauseln sind Indices, die nicht gleich oder gleichartig der vereinbarten Leistung sind. In einigen Fällen kann der vom Statistischen Bundesamt oder von einem Statistischen Landesamt erstellte Preisindex für die Lebenshaltung oder ein Verbraucherpreisindex des Statistischen Amtes der Europäischen Gemeinschaft gewählt werden. Für andere Verträge kann die Entwicklung der Gehälter und Löhne, für andere die Entwicklung der Preise für die Güter, die der Schuldner in seinem Betrieb herstellt, in Betracht kommen. (Vgl. § 3 PreisKlG.)

6.3.3 Make-or-buy-Analyse

01. Welchem Zweck dient eine Make-or-buy-Analyse?

Eine Make-or-buy-Analyse wird erforderlich, wenn ein Unternehmen vor der Entscheidung steht, Erzeugnisse, einzelne Teile oder Baugruppen für ein Erzeugnis entweder selbst, d. h. im eigenen Betrieb, herzustellen, oder von anderen Herstellern zu beziehen. Mithilfe einer Make-or-buy-Analyse soll untersucht werden, ob die Eigenproduktion („Make") oder der Fremdbezug („Buy") günstiger ist.

Eine Make-or-buy-Analyse kann sich auch auf Logistikleistungen u. Ä. beziehen.

02. Welche Kriterien liegen einer Make-or-buy-Analyse zu Grunde?

Folgende Kriterien können einer Make-or-buy-Analyse zu Grunde liegen:

- Kosten
  - *Kurzfristige Make-or-buy-Analyse:*
    Gefragt wird danach, ob ein Lieferant ein bestimmtes Produkt kostengünstiger als das eigene Unternehmen produzieren kann, evtl. unter Berücksichtigung einer kurzfristigen Engpasssituation im eigenen Unternehmen.

  - *Langfristige Make-or-buy-Analyse:*
    Langfristig kann die Eigenproduktion Investitionen erforderlich machen; die Produktionseinrichtungen und Lager müssen evtl. erweitert werden. Zusätzlicher Bedarf an Facharbeitern würde die Personalkosten erhöhen.

- Qualität
  Für den Fremdbezug muss vorausgesetzt werden können, dass der Lieferant bei Produktion mindestens gleiche Qualitätskriterien zu Grunde legt wie der eigene Betrieb. Ein erheblicher Vorteil des Fremdbezugs liegt darin, dass das Know-how eines spezialisierten und erfahrenen Herstellers genutzt werden kann. Hinzu kommt, dass

er mit dem Produkt die Bedingungen, die der Gesetzgeber evtl. für die Zulassung vorschreibt, erfüllt. Andererseits bedeutet Eigenproduktion für das Unternehmen, dass technisches Wissen weiter entwickelt und Kernkompetenzen ausgebaut werden.

- Lieferantenqualität
Kriterien sind z. B. die Liefertreue, die wirtschaftliche Lage des Lieferanten, die Produktionseinrichtungen, gefragt wird danach, ob der Lieferant die Voraussetzungen erfüllt, um Vereinbarungen hinsichtlich der Liefertermine, der Liefermengen, der Lieferqualität u. Ä. einhalten zu können.

03. Wie werden bei einer kurzfristigen Make-or-buy-Analyse die Kosten analysiert?

Bei einer kurzfristigen Make-or-buy-Analyse werden die Kosten, die bei Fremdbezug entstehen, mit den Kosten, die bei eigener Produktion anfallen, verglichen.

Die Kosten bei Fremdbezug ergeben sich als Summe aus dem Einstandspreis für das bezogene Produkt und den Kosten, die im eigenen Unternehmen im Zusammenhang mit dem Fremdbezug für Verwaltung, Eingangskontrollen, Einlagerungen usw. entstehen. Kosten bei der Eigenproduktion ergeben sich aus Material, Fertigungs- und anteiligen Verwaltungskosten.

Das folgende *Beispiel* soll (*bei Annahme proportionaler Kosten*) die Ausführungen veranschaulichen.
Bei den angenommenen Werten ergibt sich ein Kostenvorteil bei Fremdbezug.

	Eigenproduktion	Fremdbezug
Materialkosten	500 €	
Fertigungskosten	750 €	
sonst. Kosten	200 €	
Einstandspreis		1.100 €
eigene Kosten bei Bezug		250 €
Summen	1.450 €	1.350 €
Vorteil bei Fremdbezug		100 €

04. Wie werden bei einer langfristigen Make-or-buy-Analyse die Kosten analysiert?

Bei einer langfristigen Make-or-buy-Analyse sind im Allgemeinen Investitionsausgaben, zusätzliche Personalkosten usw., die bei Eigenproduktion anfallen, zu berücksichtigen. In der Analyse werden die Kosten bei Eigenproduktion den Kosten bei Fremdbezug gegenübergestellt. Das Ergebnis zeigt, bei welchen Bezugskosten bzw. bei welchen Bedarfsmengen (Produktionsmengen) die Eigenproduktion oder der Fremdbezug günstiger ist. Es wird also lediglich geklärt, ob unter Kostengesichtspunk-

6.3 Preis- und Wertanalyse

ten die Eigenproduktion oder der Fremdbezug günstiger ist. Das wird die Make-or-buy-Entscheidung maßgeblich beeinflussen, wenn keine anderen Aspekte berücksichtigt werden müssen.

Die Ausführungen sollen durch das folgende einfache *Beispiel* veranschaulicht werden. Dazu werden folgende Ausgangsdaten angenommen:

Ein Unternehmen steht vor der Entscheidung, ein bestimmtes Teil selbst zu produzieren oder von einem Lieferanten zu beziehen. Vorgesehen ist die Produktion bzw. der Bezug von 500 Stück.

Kosten bei Fremdbezug:
Einstandspreis pro Stück: 1.500 €, weitere Kosten fallen nicht an.

Kosten bei Eigenproduktion:
Investitionsausgaben (A): 2.000.000 €, Nutzungsdauer (n): 5 Jahre, daraus ergibt sich jährliche Abschreibung: 400.000,00 €
Personalkosten (Rechnungsperiode): 30.000 €
Produktionskosten pro Stück: 750 €

1. Kostenvergleich:
Kosten bei Fremdbezug:
$K_{FB} = 500 \cdot 1.500 = 750.000$

Kosten bei Eigenproduktion:
$K_{EP} = 400.000 + 30.000 + 500 \cdot 750 = 805.000$

Der Kostenvergleich zeigt, dass bei der angenommenen Menge von 500 Stück der Fremdbezug günstiger ist als die Eigenproduktion.

2. Kritische Menge:
Die kritische Menge(x_{krit}) ist die Menge, bei der die Kosten bei Eigenproduktion und Fremdbezug gleich hoch sind.

- kritische Menge x_{krit} bei $K_{Fb} = K_{Ep}$
  [Kosten (K) = fixe Kosten (fK) + variable Kosten (vK)]

- $fK_{Ep} + vK_{Ep} = fK_{Fb} + vK_{Fb}$

- $x_{krit} \cdot 1.500 = 430.000 + x_{krit} \cdot 750$

- $x_{krit} (1.500 - 750) = 430.000$

- $x_{krit} = \dfrac{430.000}{750} = 573{,}33$

Die kritische Menge liegt bei 573 Stück; bei einer Menge, die unter der kritischen Menge liegt lohnt sich der Fremdbezug, bei einer höheren Menge würde sich die Eigenproduktion anbieten. – Die folgende Zeichnung kann den Sachverhalt verdeutlichen.

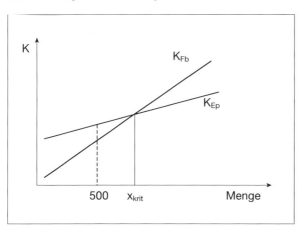

3. Kritischer Preis:
Der kritische Preis (p_{krit}) ist der Preis, bei dem Eigenproduktion und Fremdbezug bei der angenommenen Menge (x) gleich teuer sind. Er ergibt sich als Durchschnitt aus den Kosten bei Eigenproduktion.

- $p_{krit} \cdot x = K_{EP}$

- $p_{krit} \cdot x = fK_{EP} + p \cdot x$

- $p_{krit} = \dfrac{fK_{EP} + p \cdot x}{x}$

- $p_{krit} \cdot 500 = 430.000 + 750 \cdot 500$

- $p_{krit} = \dfrac{430.000 + 750 \cdot 500}{500} = 1.610$

Der kritische Preis liegt bei 1.610 €. Der Fremdbezugspreis liegt unter dem kritischen Preis; deshalb lohnt sich der Fremdbezug. Wenn der Fremdbezugspreis über den kritischen Preis steigt, beginnt sich die Eigenproduktion zu lohnen.

Anmerkungen zur Beispielaufgabe
In der Beispielrechnung wird auf die Einbeziehung von Einnahmen verzichtet; der Wiedergewinnungsfaktor (Annuitätsfaktor) wird nicht berücksichtigt. Bei Berücksichtigung des Wiedergewinnungsfaktors (Annuitätsfaktors) ergibt sich folgende Rechnung.

Produktions- bzw. Bezugsmenge: 500 Stück
Kalkulationszinsfuß: 10 %

Kosten bei Fremdbezug:
Einstandspreis pro Stück: 1.500 €, weitere Kosten fallen nicht an

6.3 Preis- und Wertanalyse

Kosten bei Eigenproduktion:
Investitionsausgaben (A): 2.000.000 €, Nutzungsdauer (n): 5 Jahre, daraus ergibt sich jährliche Abschreibung: 400.000 €

Personalkosten (Rechnungsperiode): 30.000 €
Produktionskosten pro Stück: 750 €

Der Wiedergewinnungsfaktor ergibt sich nach folgender Formel:
$W = [i (1 + i)^n] : [(1 + i)^n - 1]$

Bei dem angenommenen Kalkulationszinsfuß (i) von 0,1 und einem Nutzungszeitraum (n) von 5 Jahren ergibt sich ein Wiedergewinnungsfaktor von 0,26379748.

Für den Kostenvergleich ergibt sich die folgende Rechnung.

- Kosten bei Fremdbezug: 500 · 1.500 = 750.000
- Kosten bei Eigenproduktion: 2.000.000 · 0,26379748 + 30.000 + 500 · 750 = 932.594,96

Der Kostenvergleich zeigt, dass bei der angenommenen Menge von 500 Stück der Fremdbezug auch bei Berücksichtigung des Wiedergewinnungsfaktors günstiger ist als die Eigenproduktion.

05. Was heißt Produktakquisition?

Nicht nur bei Teilen sondern auch bei fertigen Produkten steht ein Unternehmen u. U. vor der Entscheidung „Eigenproduktion oder Fremdbezug". Die Beschaffung neuer Produkte durch ein Unternehmen bei anderen Unternehmen bezeichnet man als Produktakquisition.

06. Warum akquirieren Unternehmen Produkte?

Durch Akquisition neuer Produkte will ein Unternehmen sein Angebot vervollständigen (kundengerechte Erweiterung des Angebots), und zwar mit Produkten, die im eigenen Haus nicht hergestellt werden, weil das Absatzrisiko sehr hoch ist, der Finanzbedarf für neue Investitionen zu hoch ist und das Know-how nicht vorhanden ist.

Durch Akquisition neuer Produkte nutzt ein Unternehmen das Kow-how anderer Unternehmen, die Markteinführung des Produktes, evtl. die behördliche Zulassung (z. B. bei pharmazeutischen Artikeln), die TÜV-Genehmigung (bei bestimmten technischen Geräten u. Ä.).

07. Bei welchen Unternehmen werden Produkte akquiriert?

Produkte werden bei Produzenten, Lizenznehmern usw. akquiriert, die durch die Akquisition den Produktionsapparat, Patente, Lizenzen usw. besser ausnutzen und ihren Absatz steigern wollen.

08. Welche Marketingziele verfolgt ein Unternehmen mit der Akquisition von Produkten?

Ein Unternehmen will durch Produktakquisition das Sortiment erweitern. Für die Sortimentserweiterung können folgende Gesichtspunkte maßgeblich sein:

- Das Sortiment wird bedarfsgerecht erweitert, d. h. die Erweiterung des Sortiments entspricht den Kundenerwartungen und -wünschen.

- Das Sortiment wird dem branchenüblichen Umfang angepasst, d. h. das Sortiment wird den Sortimenten der Mitbewerber angepasst.

- Mit neuen Produkten kann die Überlegenheit über Mitbewerber begründet werden.

- Mit neuen Produkten kann evtl. der Zugang zu Absatzmittlern und Kunden erleichtert werden.

- Das Unternehmen strebt ein Vollsortiment an.

6.4 Einkaufsverhandlungen – Einkaufsverträge einschließlich besonderer Verträge

6.4.1 Einkaufsverhandlungen

01. Warum wird verhandelt?

Der angebotene Lieferpreis orientiert sich zwar an den Kosten, und das vorrangige Interesse des Lieferers kann durchaus sein, diesen Preis durchzusetzen. Im Allgemeinen kann ein Einkäufer aber davon ausgehen, dass das Angebot eines Lieferers Verhandlungsspielräume offen lässt. Sowohl die für die aktuelle Verhandlung eingeholten Informationen als auch die Verhandlung selbst können zeigen, dass der Anbieter weitere Interessen hat, z. B. an dauerhaften, stabilen Lieferbeziehungen, an hohen Absatzmengen, an der partnerschaftlichen Zusammenarbeit mit einem bedeutenden Hersteller u. Ä. Es kommt also für die aktuellen Einkaufsverhandlungen darauf an, dass der Einkäufer selbst etwas zu bieten hat, woran der Verkäufer interessiert ist, z. B. den attraktiven Bedarf seines Unternehmens.

02. Welche Voraussetzungen haben Einkaufsverhandlungen?

Einkaufsverhandlungen sind auf die Vorteile beider Verhandlungsparteien ausgerichtet und verlangen deshalb die Kooperation zwischen den Verhandlungsführern.

Verhandeln heißt nach einem alten Spruch, *ich gebe dir, damit du mir gibst*[1]. Das hat für die aktuelle Einkaufsverhandlung folgende Bedeutung: Der Einkäufer bietet dem Verkäufer attraktive Geschäftsbeziehungen, hohe Abnahmemengen usw. für den Fall,

---
[1] Übersetzung des lat. Rechtsgrundsatzes *do ut des*.

6.4 Einkaufsverhandlungen

dass der Verkäufer ihm bei der Preisgestaltung, evtl. auch bei der Produktgestaltung, bei Qualitätsanforderungen, bei Liefermengen und -zeitpunkten usw. entgegenkommt. Die Kontrahenten machen Zugeständnisse, damit sie dafür jeweils Zugeständnisse erhalten.

Die Verhandlungen sollen schließlich dazu führen, dass durch die Vereinbarungen die Positionen beider Kontrahenten verbessert werden können.

03. Mit welchen Grundfragen wird die Einkaufsverhandlung vorbereitet?

Vor Beginn der Einkaufsverhandlungen sollten folgende Grundfragen beantwortet werden:[1]

- Welches Ziel soll erreicht werden? Kann das Ziel erreicht werden?
- Lohnt es sich zu verhandeln?
- Mit welchem Lieferer soll verhandelt werden?
- Wie ist die eigene Ausgangsposition?
- Wie ist die Position des Kontrahenten?

04. Wie werden Einkaufsverhandlungen vorbereitet?

Umfang und Intensität der Vorbereitung hängt u. a. vom Verhandlungsobjekt, vom Verhandlungsziel und vom jeweiligen Verhandlungspartner ab. Die Vorbereitung umfasst mindestens die folgenden Aspekte:

- Definition des Verhandlungsziels, Festlegung von Teilzielen und ihre Prioritäten
- Prüfung der eigenen Verhandlungskompetenz, Zusammensetzung des Verhandlungsteams
- Suchen nach Alternativen zur Sache
- Suchen nach alternativen Lieferern
- Analyse des Marktes, Versuch zur Prognose seiner Entwicklung
- Einholung von Informationen über den Lieferer und über den gegnerischen Verhandlungspartner
- Einschätzung der Machtverhältnisse
- Einarbeitung in Sachfragen, mögliche Streitpunkte bedenken
- Einholung von Informationen, z. B. über Wertanalyseergebnisse
- Auswertung von Unterlagen vorhergegangener Verhandlungen.

Aus diesen Aspekten wird für die Einkaufsverhandlung ein Konzept entwickelt, das in Kurzform den geplanten Verhandlungsverlauf skizziert.

---

[1] Die Ausführungen beziehen sich hier und im Folgenden (teilweise) auf Hirschsteiner, G., 1999

05. Auf welche Objekte beziehen sich Einkaufsverhandlungen?

Verhandlungsobjekte bei Fertigungsunternehmen sind u. a.

- Materialien, also z. B. Rohstoffe, Hilfsstoffe, Betriebsstoffe, Teile, Ersatzteile
- Fertigwaren als Handelswaren
- Investitionsgüter
- Dienstleistungen, z. B. Transport, Reinigung, Versicherungen
- Entsorgungsleistungen.

06. Welche Ziele werden bei Verhandlungen mit Lieferern verfolgt?

Bei Verhandlungen mit Lieferern werden u. a. folgende Ziele verfolgt:

- Ermittlung der günstigsten Bezugsquelle
- Minimierung der Beschaffungskosten
- Abbau von Lieferstörungen
- Beseitigung von Qualitätsmängeln
- Aushandeln von Ersatzleistungen, von Schadenersatzleistungen, z. B. bei Qualitätsmängeln und Lieferungsverzug
- optimale Gestaltung der Supply Chain
- Auf- und Ausbau einer Wertschöpfungspartnerschaft.

07. Wer soll an der Einkaufsverhandlung teilnehmen?

Wer auf Seiten des einkaufenden Unternehmens an den Einkaufsverhandlungen teilnimmt, hängt u. a. von folgenden *Kriterien* ab:

- Zuständigkeit und Kompetenz: Die Unternehmensorganisation gibt Zuständigkeiten und Kompetenzen für Einkaufsverhandlungen vor.
- Das Objekt: Wenn die einzukaufende Sache fachliche Kompetenz erfordert, wird der Einkäufer mindestens mit einem Berater in die Verhandlungen gehen; häufig wird z. B. beim Einkauf von Materialien der Konstrukteur beteiligt, beim Einkauf von Investitionsgütern der zuständige Ingenieur oder Betriebsleiter usw.
- Der Verkäufer bzw. das Verkäuferteam: Es ist wichtig, dass die Kontrahenten bzw. die Teams mit gleichwertigen Kompetenzen ausgestattet sind; berücksichtigt wird bei der Besetzung des Teams auch die Gleichrangigkeit im hierarchischen Unternehmensaufbau.
- Teamfähigkeit: Für die Beteiligung an Einkaufsverhandlungen ist strategische Teamfähigkeit vorauszusetzen; die Form und der Umfang an den Gesprächen wird im Team abgesprochen; den Teammitgliedern werden entsprechende Rollen zugeteilt, die ihr Verhalten in den Verhandlungsgesprächen bestimmen.

08. Welche Strategien finden bei Einkaufsverhandlungen Anwendung?

Die Einkaufsstrategie des Unternehmens ist Grundlage für die Strategie der Einkaufsverhandlungen. Die Einkaufsstrategie drückt sich aus in den Maßnahmen des Einkaufs zur optimalen Versorgung des Unternehmens mit Materialien, Dienstleistungen usw. Einkaufsverhandlungen als Teil des Einkaufs sollen also auch dazu beitragen, dass wichtige Unternehmensziele, z. B. Wettbewerbsvorteile auf dem Absatzmarkt, erreicht werden können.

Mithilfe einer angemessenen Strategie sollen Verhandlungen sicherstellen, dass (auf Dauer) leistungsfähige Bezugsquellen den Betrieb mit Materialien usw. zu Bedingungen versorgen, mit denen Wettbewerbsvorteile erreichbar sind.

Es ist also wichtig, das strategische Vorgehen in Verhandlungen sorgfältig zu planen.

09. Welche Aspekte umfasst eine Strategie der Einkaufsverhandlungen?

Die Verhandlungsstrategie umfasst ansatzweise u. a. folgende Aspekte:

- Formulierung eines Verhandlungsziels, das sich aus dem Unternehmensziel ableitet, und angemessene Berücksichtigung des Ziels bei den Verhandlungen
- strategischer Aufbau der Argumentation, die eine Steigerung im Verlauf der Verhandlungen zulässt
- Vermeidung einer frühzeitigen Festlegung
- angemessene Berücksichtigung der gegnerischen Reaktion auf den Einsatz bestimmter Maßnahmen (z. B. Ausnutzung eigener Überlegenheit)
- Verhandlungsspielräume kennen und ausnutzen, dem Kontrahenten Zugeständnisse abfordern und zu eigenen Zugeständnissen bereit sein
- Überlegenheit geschickt ausspielen, Schwächen des Kontrahenten ausnutzen
- im Team strategisches Vorgehen absprechen, davon ausgehen, dass der Kontrahent gegensätzliche Standpunkte im Team zu seinen Gunsten ausnutzen kann
- Alternativen bereithalten.

10. Welche Taktik liegt der Verhandlung zugrunde?

Am Beginn der Einkaufsverhandlungen steht auf beiden Seiten die begründete Erwartung, dass die Verhandlungen schließlich zu einem Ergebnis führen können, mit dem die jeweiligen Ausgangspositionen verbessert werden. Das erfordert eine angemessene Taktik, d. h. eine angemessene Vorgehensweise in der aktuellen Verhandlungssituation.

Diese Taktik lässt sich folgendermaßen umschreiben:

- Grundlage ist berechnendes, erfolgsorientiertes und zweckmäßiges Handeln; es geht von der Einsicht aus, dass Verhandeln *professionelle Auseinandersetzung* um wirtschaftliche Vorteile bedeutet.

- Für die Verhandlung ist eine *vertrauensvolle Atmosphäre* zu schaffen, die sich in der angemessenen Anerkennung der Interessen des Partners und im sachlichen Umgang miteinander ausdrücken. Dazu gehört z. B. Argumente des Kontrahenten anzuhören, auf eitle und unbesonnene Rechthaberei zu verzichten.
- Formulierung und Vortrag der Argumente sollten *am Partner orientiert* sein und mit angemessenem Demonstrationsmaterial veranschaulicht werden.
- Zur Taktik gehört auch *flexibler Umgang mit der Argumentation*. Starres Beharren auf Standpunkten behindert die Gesprächsführung und verhindert Entgegenkommen des Kontrahenten. Für den Fall, dass das Gespräch in eine Sackgasse gerät, sollten vorbereitete alternative Lösungen eingebracht werden.

11. Was ist beim Abschluss zu beachten?

Der Schluss einer Verhandlung sollte eine abgeschlossene *Vereinbarung* über die von beiden Seiten zu erbringenden Leistungen sein. Im Allgemeinen werden die Vereinbarungen schriftlich festgehalten. Wenn den Verhandlungen nicht unmittelbar ein Vertragabschluss folgt, werden die Ergebnisse zweckmäßigerweise in einem Protokoll festgehalten.

6.4.2 Einkaufsverträge

6.4.2.1 Allgemeine Vertragsgrundlagen[1)]

01. Welche rechtlichen Grundlagen bestehen für Einkaufsverträge?

Wenn ein Unternehmen von einem anderen Unternehmen Materialien, Dienstleitungen, Investitionsgüter u. Ä. einkauft, liegt ein Handelskauf vor. Einkaufsverträge sind als Handelskäufe im BGB und ergänzend im HGB geregelt.

Allgemeine Rechtsgrundlagen von Einkaufsverträgen sind also die von Kaufverträgen.

02. Was ist ein Kaufvertrag, und wie kommt ein Kaufvertrag zustande?

Ein Kaufvertrag ist ein *zweiseitiges Rechtsgeschäft*. Er kommt zustande durch zwei übereinstimmende Willenserklärungen, durch Antrag und Annahme (des Antrages). Antrag im Einkaufsvertrag kann das Angebot des Lieferanten sein, die entsprechende Annahme ist die Bestellung des Kunden. Antrag kann aber auch die Bestellung des Kunden sein, auf die der Lieferant mit einer Auftragsbestätigung als Annahme reagiert; eine Auftragsbetätigung ist auch erforderlich, wenn in der Bestellung Angebotsbedingungen geändert wurden.

[1)] Allgemeine Vertragsgrundlagen werden ausführlich in Kap. *4. Rechtliche Gestaltung in Einkauf und Logistik* behandelt.

03. Wodurch unterscheidet sich der Handelskauf vom Verbrauchsgüterkauf?

Bei einem **Handelskauf** sind Verkäufer und Käufer Unternehmer; die gekaufte Sache dient dem Unternehmenszweck des Käufers. Es handelt sich um ein B*usiness-to-Business-Geschäft* („B2B"). Bei einem **Verbrauchsgüterkauf** ist lediglich der Verkäufer Unternehmer, der Käufer ist privater Verbraucher, der die Sache zur privaten Verwendung kauft. Es handelt sich um ein *Business-to-Consumer-Geschäft* („B2C").

6.4.2.2 Bestellung

6.4.2.2.1 Form und Inhalt

01. Wie lässt sich der Bestellvorgang umschreiben?[1)]

Der Bestellvorgang umfasst folgende Phasen:

- Die Bedarfsermittlung
- die Angebotseinholung durch Anfragen (evtl. auch durch elektronische Märkte bzw. Ausschreibungen)
- der Angebotsvergleich
- Analysen der Angebotsbedingungen
- Verhandlungen
- die Entscheidung
- die Bestellung.

02. Bestehen Formvorschriften für die Bestellung?

Der Gesetzgeber schreibt für die Bestellung keine bestimmte Form vor. Unter Kaufleuten ist für Bestellungen allerdings die *Schriftform* üblich. Die schriftliche Bestellung ermöglicht die genaue und sichere Übermittlung der Bestelldaten und kann in Zweifelsfällen als Beweis herangezogen werden. Sie ist Grundlage für den Vergleich mit den entsprechenden Angaben in der Auftragsbestätigung.

Schließlich dient die schriftliche Bestellung auch der innerbetrieblichen Dokumentation.

03. Welche Angaben enthält die Bestellung?

Die Bestellung enthält im Allgemeinen folgende Angaben. (Sie gelten als Vereinbarung im Kaufvertrag, der sich aufgrund der Bestellung ergibt.)

- Material nach Art und Beschaffenheit
- Material nach Menge, Gewicht o. dgl.

[1)] Vgl. hierzu auch Kap. *6.2.2 Einkaufsabwicklung*.

- Verpackung
- Art und Weise der Lieferung
- Zeitpunkt der Lieferung
- Übernahme der Kosten der Lieferung usw.
- Preis
- Art der Zahlung
- Zeitpunkt der Zahlung
- Zahlungsnachlässe usw.
- Erfüllungsort, das ist der Ort, an dem der Vertrag zu erfüllen ist
- Gerichtsstand, das ist das Gericht, das bei Streitigkeiten aus dem Vertrag zuständig sein soll.

04. Wie wird die Beschaffenheit des Materials bei Bestellung angegeben?

Folgende Angaben zur Qualität bzw. zur Beschaffenheit sind u. a. möglich:

- Beschreibung des Materials, evtl. unter Berücksichtigung von Stücklisten
- Verwendung von normierten Qualitätsbezeichnungen u. Ä.
- Bezugnahme auf Katalog mit Angabe der Katalognummer
- Bezugnahme auf frühere Lieferungen
- Bezugnahme auf beigefügte Probe bzw. beigefügtes Muster (Kauf nach Probe).

Werden zur Qualität keine Angaben vereinbart, muss Material mittlerer Qualität geliefert werden.

05. Wie werden Menge, Umfang, Gewicht u. Ä., des Materials bei Bestellung angegeben?

Folgende Angaben zu Menge, Umfang, Gewicht u. Ä. sind u. a. möglich:

- Genaue Mengenangaben, z. B. in Stückzahl, Anzahl von Packungen mit bestimmter Stückzahl.
- Ungefähre Mengenangaben, dabei gelten geringfügige Abweichungen als vereinbart oder sie werden – im Rahmen geltender Handelsbräuche – in Kauf genommen.
- Mengenangaben mit der Garantie genauer Mengenablieferungen, diese Angabe ist z. B. bei Materialien erforderlich, die während des Transports Gewicht verlieren können (z. B. durch Verdunstung).
- Gewichtsangaben, dabei kann zwischen Bruttogewicht und Nettogewicht (Reingewicht) unterschieden werden; bedeutsam ist die Gewichtsangabe z. B. für Preisberechnungen; die Differenz zwischen Brutto- und Nettogewicht ergibt sich durch die Verpackung (Tara).

06. Wie wird Verpackung definiert?

In Anlehnung an die Begriffsbestimmungen der Verpackungsverordnung vom 12.06.1991 lässt sich Verpackung folgendermaßen definieren:

Transportverpackungen sind Umhüllungen, die dem Schutz der Ware und der Sicherheit des Transports auf dem Weg vom Hersteller zum Vertreiber dienen; *Verkaufsverpackungen* sind Umhüllungen von Waren, die vom Endverbraucher zum Transport oder bis zum Verbrauch verwandt werden. *Umverpackungen* sind Umhüllungen von Verkaufsverpackungen, sie dienen überwiegend der Werbung und der Selbstbedienung.

Verpackungen sind also z. B. Fässer, Kisten, Säcke, Kartonagen, Becher, Beutel, Dosen, Kartonagen, Eimer, Tragetaschen.

07. Wer trägt die Kosten der Verpackung?

Die Kosten der Transportverpackung sind im Allgemeinen nicht im Preis des Materials enthalten. Für die Verrechnung bestehen mehrere Möglichkeiten:

- Die Verpackung wird dem Abnehmer zur Miete und leihweise (gegen Pfand) überlassen.
- Die Verpackung wird (zum Selbstkostenpreis) in Rechnung gestellt; sie geht in das Eigentum des Abnehmers über.
- Die Verpackung wird (zum Selbstkostenpreis) in Rechnung gestellt; der Abnehmer soll die Verpackung zurücksenden; der in Rechnung gestellte Betrag wird (zumindest teilweise) erstattet.

Bei der Vereinbarung „brutto für netto" werden die Verpackungskosten in den für das Material berechneten Preis einbezogen.

08. Welche Regelungen umfassen die Lieferungsbedingungen?

Lieferungsbedingungen umfassen u. a. folgende Regelungen:

- Zeitpunkt und Ort der Anlieferung
- Transportmittel
- Vertragsstrafen bei Nichterfüllung
- Umtauschrechte
- Abnahme von Mindestmengen
- Zuschläge bei Mindermengen
- Berechnung von Lieferkosten (vgl. Frage 09.).

09. Welche Berechnungsarten für Lieferkosten (Lieferungsbedingungen i.e.S.) gibt es?

Bei den Lieferungsbedingungen i. e. S. wird geregelt, wer – Käufer oder Verkäufer – welche Kosten für Fracht, Versicherung usw. trägt.

Im Folgenden wird beispielhaft eine Übersicht über die gängigen Lieferungsbedingungen gegeben:

Lieferungsbedingungen	Verkäufer trägt ...	Käufer trägt ...
ab Werk		sämtliche Transport- und Risikokosten
ab Keller		
ab Lager		
frei Haus	sämtliche Transport- und Risikokosten	
frei Lager		
frei Werk		
ab hier	Kosten bis zum Versandbahnhof (Versandhafen)	Verladekosten, Transportkosten usw.
ab Bahnhof hier		
ab Hafen hier		
unfrei		
frei dort	Kosten bis zum Bestimmungsbahnhof	Abrollgeld
frei Bahnhof dort		
frachtfrei		
frei Waggon	Kosten bis zur Beladung	Transportkosten, Transportrisiko
frei Lkw		

10. Welche Angaben zum Preis kann die Bestellung enthalten?

Im Allgemeinen wird von einem festen Preis für das bestellte Material ausgegangen; er wird pro Mengeneinheit und insgesamt angegeben.

Gelegentlich werden Gleitpreisklauseln (Preisgleitklauseln) vereinbart; sie ermöglichen – vor allem bei längeren Lieferzeiten – die endgültige Festsetzung des Preises bei Lieferung. Mithilfe von Preisgleitklauseln lassen sich die Preise veränderten Marktbedingungen, gestiegenen Lohn- und Rohstoffkosten anpassen.[1]

11. Welche vertraglichen Vereinbarungen werden mit dem Begriff Zahlungsbedingungen erfasst?

Zahlungsbedingungen regulieren alle im Zusammenhang mit dem Rechnungsausgleich stehenden Leistungen des Käufers. Dazu zählen u. a.

- Zahlungsfristen
- Sicherheiten, z. B. Eigentumsvorbehalt, Sicherungsübereignungen, Bürgschaften
- Gegengeschäfte
- Kreditierungen
- Skontoziehung bei vorzeitiger Zahlung

---

[1] Vgl. die Ausführungen zu Preisgleitklauseln in Kap. *6.3.2.3 Preisklauseln*

- Preisnachlässe (Rabatte)
- Zahlungsarten.

12. Was versteht man unter Zahlungsbedingungen i. e. S.?

Zahlungsbedingungen i. e. S. bestimmen Zeitpunkt, Art und Weise der Zahlung. Zahlungen lassen sich systematisieren in Zahlungen vor, bei und nach Lieferung.

Im Folgenden wird eine Aufstellung von Vertragsformulierungen von Zahlungsbedingungen auf der Grundlage dieser Systematisierung gegeben.

Zeitpunkt der Zahlung	Vertragsformulierungen
Zahlung vor Lieferung	Zahlung bei Bestellung
	Anzahlung (z. B. bei Bestellung, 2. Teilbetrag bei Lieferung, 3. Teilbetrag nach Lieferung)
	Zahlung im Voraus
	netto Kasse gegen Rechnung (Versand der Ware erst nach Eingang der Zahlung)
Zahlung bei Lieferung	gegen bar; gegen Kasse, netto Kasse
	gegen Nachnahme
Zahlung nach Lieferung	auf Abzahlung; zahlbar in vier Monatsraten
	zahlbar in 30 Tagen; Ziel: ein Monat
	zahlbar in 30 Tagen oder innerhalb 14 Tagen mit 30 % Skonto
	Ziel 3 Monate gegen Wechsel

13. Wie werden Kleinbestellungen abgewickelt?

Kleinbestellungen sind kosten- und personalintensiv; sie werden deshalb im Allgemeinen in automatisierter Form abgewickelt. Bestellt wird nach einem elektronischen Produktkatalog direkt vom Arbeitsplatz aus.

6.4.2.2.2 Auftragsbestätigung, Kaufmännisches Bestätigungsschreiben und Terminsicherung

01. Welche rechtliche Bedeutung hat die Auftragsbestätigung bei einem Bestellvorgang?

Die Auftragsbestätigung hat vor allem rechtliche Bedeutung, wenn ein Kunde bestellt, ohne dass ihm ein Angebot vorliegt. Die Auftragsbestätigung ist dann die Annahme der Bestellung, wenn sie keine Änderungen der Punkte in der Bestellung enthält. Durch Antrag, das ist in diesem Fall die Bestellung, und Annahme (das ist hier die Auftragsbestätigung) kommt der Kaufvertrag zu Stande. Der Verkäufer muss zu den vereinbarten Bedingungen liefern.

02. Welche kaufmännische Bedeutung hat die Auftragsbestätigung?

Auftragsbestätigungen sind nur als Antragsannahme von rechtlicher Relevanz (vgl. Frage 01). Es ist jedoch unter Kaufleuten üblich, auch in anderen Fällen Aufträge zu bestätigen.

03. Welchem Zweck dient das kaufmännische Bestätigungsschreiben?

Das sog. kaufmännische Bestätigungsschreiben ist gesetzlich nicht geregelt. Es handelt sich um einen Handelsbrauch; das Bestätigungsschreiben ist unter Kaufleuten üblich, aber nicht vorgeschrieben. Es dient der Bestätigung von Vereinbarungen, insbesondere mündliche oder fernmündlich abgeschlossener Verträge.[1]

04. Welche Bedeutung hat die Terminsicherung im Zusammenhang mit der Bestellung?

Auftragsbestätigungen dienen der Terminsicherung; ihr Eingang unterliegt im Allgemeinen der Terminkontrolle. Vor allem aber werden die Liefertermine kontrolliert. Für die Terminsicherung ist es wichtig, den vertraglich zugesicherten Eingangstermin zu überwachen, denn die Nichteinhaltung von Terminen kann für das einkaufende Unternehmen schwerwiegende Folgen haben.[2]

6.4.2.3 Spezielle Einkaufsverträge[3]

01. Stehen Einkaufsverträge im Zusammenhang mit der Einkaufspolitik?

Die *Kontraktpolitik* ist ein Teil der Einkaufspolitik. Sie befasst sich mit der Ausgestaltung der Einkaufsverträge hinsichtlich der Preise, der Qualitäten, der Lieferungsbedingungen usw. Spezielle Einkaufsverträge drücken besondere Formen der Vertragsausgestaltung aus.

02. Was wird in einem Rahmenvertrag vereinbart?

Der Rahmenvertrag oder Rahmenliefervertrag ist ein Kaufvertrag über eine bestimmte Menge eines Materials o. Ä.; dabei wird festgelegt, dass die gekaufte Menge innerhalb eines bestimmten Zeitraums in Teilmengen vom Käufer abgerufen wird. Typisch für den Rahmenvertrag ist, dass die Qualität des Materials und die Lieferungs- und Zahlungsbedingungen fest vereinbart werden.

---

[1] Vgl. die entsprechenden Ausführungen in Kap. *4.2.2.5 Kaufmännisches Bestätigungsschreiben*.
[2] Die Thematik Terminsicherung wird ausführlich in Kap. *6.2.2.2 Terminsicherung* behandelt.
[3] Vgl. hierzu Kap. *4.2.1.1 Der Kaufvertrag*

03. Welche besonderen Bedingungen werden in einem Abrufvertrag vereinbart?

Der Abrufvertrag ist ein Kaufvertrag über eine bestimmte Menge eines Materials o. Ä.; dabei wird festgelegt, dass die gekaufte Menge innerhalb eines bestimmten Zeitraums in Teilmengen vom Käufer abgerufen wird *(Kauf auf Abruf)*. Da der Käufer bei Bedarf abruft, kann er auch – in bestimmten Grenzen – den Umfang der Teilmengen bestimmen. Typisch für den Abrufvertrag ist, dass für den Abrufzeitraum Spannbreiten hinsichtlich der Abrufmengen und des Preises vereinbart werden.

04. Welche besonderen Kennzeichen weist der Sukzessivlieferungsvertrag auf?

Der Sukzessivlieferungsvertrag (Teillieferungsvertrag) ist ein Kaufvertrag, durch den der Verkäufer für eine vereinbarte Zeit zur Lieferung einer bestimmten Warenmenge in Raten (oder einer unbestimmten Menge auf Abruf), der Käufer regelmäßig zu entsprechender Ratenzahlung verpflichtet ist.

05. Was ist ein Konsignationslagervertrag?

Ein Konsignationslagervertrag ist ein Vertrag über sog. Konsignationsgeschäfte. Der Verkäufer („Konsignant") gibt die Ware in das Lager des Konsignators, der Eigentümer der Lagerräume ist; der Konsignant bleibt Eigentümer des Lagerguts. Der Konsignator verkauft die Waren von seinem Lager für Rechnung des Konsignanten. (Das Konsignationsgeschäft ähnelt dem Kommissionsgeschäft.)

Konsignationsgeschäfte hatten Bedeutung im Export. Die Bedeutung ist aber rückläufig.

06. Welche typischen Kennzeichen weist der Gattungskauf auf?

Der Gattungskauf ist ein Kaufvertrag, bei dem die Sache, z. B. ein Rohstoff, die der Verkäufer dem Käufer zu liefern hat, nach den Gattungsmerkmalen bestimmt ist, z. B. 5.000 l Rohöl. Wenn der Kaufvertrag nichts Näheres bestimmt, ist eine Sache von mittlerer Qualität und Art zu liefern.

07. Welche typischen Kennzeichen weist der Spezifikationskauf auf?

Ein Spezifikationskauf ist ein Kaufvertrag, bei dem vereinbart wird, dass der Käufer die gekaufte Ware später spezifizieren, d. h. weitergehend bestimmen, kann (der Spezifikationskauf wird deshalb auch als *Bestimmungskauf* bezeichnet). Der Spezifikationskauf kommt im Grundstoffhandel, z. B. im Holzhandel, Garnhandel u. Ä. zur Anwendung. Formen, Maße, Farben (gelegentlich auch Mengen) usw. können nach Abschluss des Kaufvertrages bestimmt werden.

Bedeutung hat der Spezifikationskauf dann, wenn der Käufer die zurzeit. des Kaufabschlusses günstigen Preise ausnutzen will, aber die spezifischen Anforderungen an das Material bzw. an die Ware zu diesem Zeitpunkt noch nicht genau kennt.

08. Welche rechtliche Wirkung hat ein Fixkauf?

Der Fixkauf ist ein Kaufvertrag, bei dem vereinbart wird, dass der Verkäufer das gekaufte Material zu einem bestimmten „fixierten" Zeitpunkt oder innerhalb einer fest bestimmten Frist liefern soll. Wenn nicht anders vereinbart, ist der Kunde bei Fristüberschreitung berechtigt, vom Kaufvertrag zurückzutreten.

Bedeutung hat der Fixkauf beim Einkauf von Materialien, die zu einem bestimmten Zeitpunkt für die Produktion benötigt werden und deshalb just-in-time geliefert werden müssen.

09. Welche typischen Kennzeichen weisen der Kauf nach, der Kauf auf und der Kauf zur Probe auf?

Diese Einkaufsverträge weisen die folgenden Kennzeichen auf:

- Kauf *nach Probe*: Der Käufer bezieht sich bei Bestellung auf ein Muster, auf eine Probe u. dgl.; die eingekaufte Ware muss diesem Muster entsprechen.
- Kauf *auf Probe*: Der Käufer kauft zur Ansicht, Rückgaberecht und -frist werden dabei vereinbart.
- Kauf *zur Probe*: Der Käufer kauft zunächst eine Probemenge.

10. Wie lässt sich der Kauf nach Besicht kennzeichnen?

Beim Kauf nach Besicht besichtigt der Käufer vor Vertragabschluss die Ware und kauft sie „wie besehen".

11. Wie lässt sich der Kauf in Bausch und Bogen kennzeichnen?

Beim Kauf in Bausch und Bogen (Ramschkauf) kauft der Käufer die Ware en bloc zu einem Pauschalpreis.

12. Was ist ein Streckengeschäft?

Bei einem Streckengeschäft ist ein Großhändler Vermittler der Lieferung, er wird bei Lieferung umgangen, nicht jedoch bei Bestellung und Zahlungsvorgang. Der Kunde bestellt das Material bei einem Großhändler, der sie an den Hersteller weiterleitet; der Hersteller liefert direkt an den Kunden. Der Kunde überweist den Rechnungsbetrag an den Großhändler. Der Großhändler unterhält also kein Lager, umgeht so die entsprechenden Kosten. Das Streckengeschäft ist häufig bei Massengütern zu finden.

6.4.2.4 Einkaufsverträge im Internet[1]

01. Wie kann ein Kaufvertrag im Internet zu Stande kommen?

Ein Kaufvertrag im B2B-Handel kann durch E-Mails zu Stande kommen: Der Unternehmer bietet per E-Mail einem anderen Unternehmer eine Ware oder Leistung an und der Empfänger der E-Mail nimmt das Angebot durch eine Bestellung per E-Mail an.

02. Was ist eine Bestellmaske, und welche Bedeutung hat die Bestellmaske für das Zustandekommen eines Einkaufsvertrages?

Auf der Bestellmaske präsentiert der Verkäufer die Ware bzw. die Leistung, die er verkaufen möchte. Der Verkäufer gibt zwar eine Willenserklärung ab, sie ist aber für ihn nicht bindend; insofern liegt kein Angebot vor. Diese Präsentation ist also kein Angebot, mit dem sie häufig verwechselt wird, sondern lediglich eine *Einladung zur Abgabe eines Antrags*, in diesem Fall einer Bestellung. Der Bestellvorgang wird durch die Betätigung des Bestellbuttons eingeleitet; die Ware wird in den Warenkorb gelegt; der Käufer sendet die Bestellung, damit hat er eine ihn bindende Willenserklärung abgegeben. Der Unternehmer muss den Zugang der Bestellung unverzüglich auf elektronischen Wege bestätigen (§ 312g BGB). Diese Form der Bestellung ist besonders häufig im B2C-Handel (Verbrauchsgüterkauf), sie kommt aber auch im B2B-Handel (Handelskauf) vor.

03. Welche Rolle spielen Rahmenverträge für die Bestellung per Internet?

Vor allem für C-Güter gilt, dass der Mitarbeiter bei Bedarf und am Ort des Bedarfs bestellen kann. Für die Bestellungen bestehen Rahmenverträge mit den Konditionen, die mit den Lieferanten ausgehandelt wurden. Der Mitarbeiter kann auf zentral gesteuerte Intranet-Seiten zugreifen. Durch die Bestellung kommt der Einkaufsvertrag zu Stande. Eine Auftragsbestätigung ist im Allgemeinen nicht erforderlich.

6.4.3 Investitionsgüter- und Dienstleistungseinkauf

6.4.3.1 Einkauf von Investitionsgütern

01. Was wird als Investition bezeichnet?

Als Investition wird die langfristige Sachanlage von Kapital (Sachkapital) zur Erwirtschaftung von Erträgen bezeichnet. Zu den Investitionen zählen Anschaffungen von Maschinen, maschinellen Anlagen, Produktionsstätten, Lkw usw.

---

[1] Der Rahmenplan bezieht diese Thematik als Teil des Themenbereichs Spezielle Einkaufsverträge in Kap. 6.4.2.3 mit ein. Wegen der besonderen Thematik wird hier ein eigenes Kapitel vorgesehen. Außerdem wird auf die Ausführungen in Kap. *4.4 Elektronischer Geschäftsverkehr und rechtliche Entwicklung* verwiesen.

02. Warum wird investiert?

Investiert wird u. a.

- zur Rationalisierung der Produktionsprozesse *(Rationalisierungsinvestitionen)*
- zur Erweiterung des Produktionsapparates *(Erweiterung- oder Neuinvestitionen)*
- zum Ersatz abgeschriebener Anlagegüter *(Ersatz- oder Reinvestitionen)*.

03. Welche Besonderheiten bestimmen den Investitionsgütereinkauf?

Das Einkaufsverhalten im Zusammenhang mit der Beschaffung von Investitionsgütern weist u. a. die folgenden Besonderheiten auf:

- Dem Einkauf geht im Allgemeinen ein rationaler Entscheidungsprozess voraus.
- Das Einkaufsverhalten ist im Allgemeinen organisationales Verhalten, mehrere Personen, die im sog. *Buying-Center* zusammengefasst sind, tragen bzw. beeinflussen die Einkaufsentscheidung.
- Der Informationsbedarf im Zusammenhang mit Beschaffung ist in Abhängigkeit von der Kaufhäufigkeit unterschiedlich groß.

04. Was ist ein Buying-Center?

Der Begriff Buying-Center umschreibt ein theoretisches Konstrukt zur Erklärung des Einkaufsverhaltens von Unternehmen. Das Einkaufsverhalten ist *organisational*, d. h. gruppenorientiert. Im Buying-Center sind die Funktionen zusammengefasst, die im weiteren Sinne von Beschaffungen im Investitionsgüterbereich betroffen sind, die entsprechende Entscheidungen, Einkaufsvorgänge, Informationen usw. beeinflussen.

05. Welche Funktionen umfasst das Buying-Center?

Das Buying-Center umfasst folgende Funktionen:

- Einkaufen, gemeint ist die Tätigkeit des Einkäufers.
- Entscheiden, gemeint ist die Funktion desjenigen bzw. derjenigen, von dessen bzw. von deren Entscheidung die Beschaffung letztlich abhängt. Entscheidungsträger können z. B. der Eigentümer, ein Geschäftsführer, ein oder mehrere Gesellschafter sein.
- Verwenden bzw. Benutzen, Verwender bzw. Benutzer können z. B. die Arbeiter sein, die die Maschine, die eingekauft werden soll, benutzen müssen.
- Beeinflussen, die Entscheidung wird von mehreren Faktoren beeinflusst, z. B. von Umweltbedingungen, von Mode, von Einsichten in technologische Entwicklungen. Beeinflusser können z. B. Presseorgane, Berater usw. sein.
- Gate-Keeping, gemeint ist die Funktion des sog. Gate-Keepers, der die Informationen in das Buying-Center und innerhalb des Buying-Centers organisiert, filtert und lenkt.

6.4 Einkaufsverhandlungen 409

06. Welche Besonderheiten bestimmen die Preispolitik bei Investitionsgütern?

Der Preis von Investitionsgütern kommt im Allgemeinen durch Verhandlungen zwischen Käufer und Verkäufer zustande, in denen die folgenden Aspekte eine Rolle spielen können:

- Die Anschaffung von Investitionsgütern erfolgt zum Ersatz abgeschriebener Anlagegüter, zur Produktionserweiterung, zur Rationalisierung usw. Im Zusammenhang mit der Nutzung hat der Investor Einnahmen und Ausgaben (Verkaufserlöse und Kosten). Durch eine Investitionsrechnung auf der Grundlage dieser Einnahmen und Ausgaben kann ermittelt werden, ob sich die Investition lohnen wird.
- Investitionsgüter dienen der mehrjährigen Nutzung. Die Schätzung der künftigen Einnahmen und Ausgaben im Zusammenhang mit der Investition ist mit Unsicherheiten behaftet.
- Investitionsgüter haben häufig lange Lieferfristen (in Abhängigkeit von Entwicklung und Produktion), bis zur Fertigstellung und Lieferung können die Kosten steigen; die Festlegung des Preises ist riskant, deshalb werden Preisgleitklauseln vereinbart.
- Wegen der im Allgemeinen hohen Anschaffungsausgabe stehen bei einer Investition besondere Finanzierungsprobleme an.

07. Wozu dienen Investitionsrechnungen?

Mithilfe von Investitionsrechnungen wird ermittelt, ob sich eine Investition lohnt und welche von mehreren Investitionsalternativen die günstigere ist. Beim Einkauf von Investitionsgütern, z. B. von Maschinen, reicht der Vergleich von Einstandspreisen meistens nicht aus. In den Vergleich sind vielmehr die Aufwendungen für den laufenden Betrieb der Maschinen und evtl. auch die Erträge, die mit den Maschinen erwirtschaftet werden können, einzubeziehen. Als Investitionsrechnungen eignen sich z. B.

- die Kostenvergleichsrechnung zum Vergleich von Investitionsalternativen und
- das Kapitalwertverfahren zur Ermittlung der Rentabilität einer Investition.

08. Wie lässt sich die Kostenvergleichsrechnung kennzeichnen?

Die Kostenvergleichsrechnung berücksichtigt lediglich die Kosten eines Investitionsobjekts, nicht seine Erträge. Beim Vergleich mehrerer Investitionsobjekte müssen deshalb gleiche Erträge vorausgesetzt werden, andernfalls ist der Kostenvergleich nicht sinnvoll.

09. Welche Kosten werden in die Kostenvergleichsrechnung einbezogen?

Folgende Kosten werden im Allgemeinen in die Kostenvergleichsrechnung einbezogen:

- Kalkulatorische Abschreibungen, das sind die Wertminderungen einer anzuschaffenden Maschine. Sie ergeben sich, wenn man die Anschaffungskosten (A) der Maschine (evtl. vermindert um einen Restwert) durch die Jahre der Nutzung (n) teilt:

$$AB = \frac{A}{n}$$

- Kalkulatorische Zinsen, das sind die Zinsen für das betriebsnotwendige Kapital, das durch die Anschaffung der Maschine und ihren Betrieb gebunden wird. Im einfachsten Fall kann das betriebsnotwendige Kapital mit der Hälfte der Anschaffungskosten gleichgesetzt werden; die kalkulatorischen Zinsen ergeben sich dann durch die Multiplikation der anteiligen Anschaffungskosten mit dem kalkulatorischen Zinssatz (i):

$$Zi = \frac{A}{2} \cdot i$$

- Betriebskosten, das sind alle Kosten, die bei dem Betrieb der Maschine anfallen, z. B. Personalkosten (Pko), Materialkosten (Mko), Instandhaltungskosten (Iko):
Bko = Pko + Mko + Iko + ...

Die Kosten für ein Investitionsobjekt, z. B. eine Maschine, ergeben sich als Summe aus den aufgezählten Kostenarten: K = Ab + Zi + Bko. Verglichen werden die Kosten, die zwei verschiedene Investitionsobjekte aufwerfen. Die Entscheidung fällt im Allgemeinen für das Objekt mit den geringeren Kosten.

Zur Veranschaulichung der Ausführungen soll das folgende einfache *Beispiel* dienen.

Die Landtransport GmbH benötigt zur Erweiterung der Kapazität eine neue Drehbank. Es liegen zwei Angebote mit folgenden Anschaffungskosten vor: I - 250.000 €, II - 200.000 €. Es wird davon ausgegangen, dass einerseits mit beiden Maschinen Erträge in etwa gleicher Höhe erzielt werden können, dass aber beide Maschinen Kosten in unterschiedlicher Höhe verursachen werden. Vor der Entscheidung für ein Angebot, müssen deshalb die Kosten, die beide Maschinen verursachen können, verglichen werden.

Im Folgenden wird die Kostenvergleichsrechnung durchgeführt. Vorgaben:
I - Anschaffungskosten (A): 250.000 €, Nutzungsdauer (n): 5 Jahre, kalkul. Zinssatz (i) 8 %
II - Anschaffungskosten (A): 200.000 €, Nutzungsdauer (n): 5 Jahre, kalkul. Zinssatz (i) 8 %

Die folgende Kostenvergleichsrechnung zeigt, dass das erste Angebot kostengünstiger ist und deshalb wahrscheinlich (wenn keine anderen Gründe dagegen sprechen) akzeptiert wird.

	I		II	
Abschreibungen		50.000		40.000
Zinsen		10.000		8.000
Betriebskosten		195.000		217.000
Personalkosten (Löhne)	75.000		90.000	
Materialkosten	90.000		98.000	
Instandhaltungskosten	5.000		5.000	
sonstige	25.000		24.000	
Gesamtkosten		**255.000**		**265.000**

10. Wie lässt sich mithilfe des Kapitalwertverfahrens die Vorteilhaftigkeit einer Investition ermitteln?

Bei dem Kapitalwertverfahren wird danach gefragt, welchen Wert die zukünftigen Nettoeinnahmen, die im Zusammenhang mit der Investition stehen, am Beginn der Betrachtungsperiode haben. (Nettoeinnahmen sind die Differenz zwischen den Einnahmen und den Ausgaben.) Der sich durch die Abzinsung der Nettoeinnahmen ergebende Gegenwartswert, der sog. *Kapitalbarwert*, wird zur Prüfung der Vorteilhaftigkeit einer Investition herangezogen.

11. Auf welchen Grundbegriffen beruht das Kapitalwertverfahren?

Für das Verständnis des Kapitalwertverfahrens ist die Kenntnis einiger Grundbegriffe aus der Finanzmathematik von Vorteil.

Der *Barwert* z. B. einer Einnahme, die erst in der Zukunft fällig ist, ist ihr Gegenwartswert. Der *Zeitwert* der Einnahme ist ihr Wert zum Zeitpunkt der Fälligkeit. Der Barwert (Gegenwartswert) ist geringer als der Zeitwert; der Barwert ergibt sich, wenn der Zeitwert auf den gegenwärtigen Zeitpunkt *abgezinst* wird.

Das folgende einfache *Beispiel* kann die Ausführungen veranschaulichen:

A hat dem B am 01.11.2013 als Entgelt für eine bestimmte Leistung 3.000 € zu zahlen. Welchen Wert hat dieser Betrag heute, am 01.11.2011? Oder anders gefragt: Wie viel müsste A dem B, der mit der vorzeitigen Zahlung einverstanden ist, heute unter Berücksichtigung eines angemessenen Zinsabschlags zahlen?

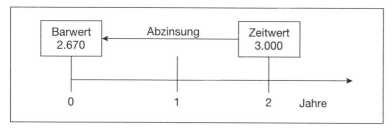

Abb. 1: Abzinsung bei einmaliger Zahlung

Der Zeitwert, das sind 3.000 € am 01.11.13, ist auf den gegenwärtigen Zeitpunkt 01.11.11 abzuzinsen; dazu wird er mit dem sog. Abzinsungsfaktor multipliziert. Der Abzinsungsfaktor berücksichtigt die Zeit und den Zinssatz.

Der Abzinsungsfaktor kann rechnerisch ermittelt[1] oder der sog. Abzinsungstabelle entnommen werden (vgl. Tabelle im Anhang zu dieser Frage). Bei einmaliger Zahlung, einer Abzin-

---

[1] Der Barwert wird nach folgender Formel errechnet:

$$K_0 = K_n \cdot \frac{1}{(1+i)^n} = 3.000 \cdot \frac{1}{1,06^2} = 3.000 \cdot 0,8899964 = 2.669,9892$$

K_0 = Barwert, K_n = Zeitwert am Ende des n-ten Jahres, i = Zinssatz, n = Zeit

$\frac{1}{(1+i)^n}$ = Abzinsungsfaktor bei einmaliger Zahlung

sungszeit von zwei Jahren und einem Zinssatz von 6 % beträgt der Abzinsungsfaktor 0,89. Durch die Multiplikation des Zeitwerts von 3.000 € mit dem Abzinsungsfaktor (0,89) ergibt sich der Barwert von 2.670 €. – Es sei in Fortführung des Beispiel angenommen, dass A dem B den Betrag von 3.000 € in zwei Raten von 1.500 € am Ende des ersten und am Ende des zweiten Jahres zahlen sollte. Wie hoch ist der Barwert jetzt? Es ist leicht einzusehen, dass zwei Abzinsungen stattfinden, von K_1 für ein Jahr und von K_2 für zwei Jahre.

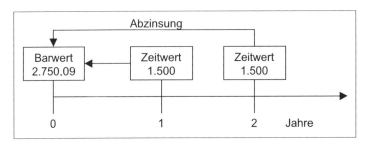

Abb. 2: Abzinsung bei mehrmaliger Zahlung

Der Abzinsungsfaktor kann rechnerisch ermittelt[1] oder der Abzinsungstabelle entnommen werden (vgl. Tabelle im Anhang zu dieser Frage). Bei mehrmaliger Zahlung, hier bei zweimaliger Zahlung von jeweils 1.500 €, einer Abzinsungszeit von zwei Jahren und einem Zinssatz von 6 % beträgt der Abzinsungsfaktor 1,8334. Durch die Multiplikation des Zahlungsbetrages von 1.500 € mit dem Abzinsungsfaktor (1,8334) ergibt sich der Barwert von 2.750,10 €.

Anhang

	bei einmaliger Zahlung				bei mehrmaliger Zahlung			
n	6 %	8 %	10 %	12 %	6 %	8 %	10 %	12 %
1	0,9434	0,9259	0,9091	0,8929	0,9434	0,9259	0,9091	0,8929
2	0,8900	0,8573	0,8264	0,7972	1,8334	1,7833	1,7355	1,6901
3	0,8396	0,7938	0,7513	0,7118	2,6730	2,5771	2,4869	2,4018
4	0,7921	0,7350	0,6830	0,6355	3,4651	3,3121	3,1699	3,0373
5	0,7473	0,6806	0,6209	0,5674	4,2124	3,9927	3,7908	3,6048
6	0,7050	0,6302	0,5645	0,5066	4,9173	4,6229	4,3553	4,1114
7	0,6651	0,5835	0,5132	0,4523	5,5824	5,2064	4,8684	4,5638
8	0,6274	0,5403	0,4665	0,4039	6,2098	5,7466	5,3349	4,9676
9	0,5919	0,5002	0,4241	0,3606	6,8017	6,2469	5,7590	5,3282
10	0,5584	0,4632	0,3855	0,3220	7,3601	6,7101	6,1446	5,6502
11	0,5268	0,4289	0,3505	0,2875	7,8869	7,1390	6,4951	5,9377
12	0,4970	0,3971	0,3186	0,2567	8,3838	7,5361	6,8137	6,1944

Tab.: Abzinsungsfaktoren bei einmaliger und bei mehrmaliger Zahlung
(Auszug aus Abzinsungstabelle)

---

[1] Bei einem Zinssatz von 6 % ergibt sich ein Barwert in Höhe von 2.750,09 € nach folgender Formel:

$$K_0 = Z \cdot \frac{(1+i)^n - 1}{i \cdot (1+i)^n} = 1.500 \cdot \frac{1,06^2 - 1}{0,06 \cdot 1,06^2} = 1.500 \cdot 1,8333926 = 2.750,088999644$$

K_0 = Barwert, Z = Zahlung

$\frac{(1+i)^n - 1}{i \cdot (1+i)^n}$ = Abzinsungsfaktor bei mehrmaliger Zahlung

12. Wie wird das Kapitalwertverfahren als Investitionsrechnung angewandt?

Das Kapitalwertverfahren hat als dynamisches Verfahren den großen Vorteil, dass unterschiedliche Einnahmen und Ausgaben während der Nutzungsdauer des Investitionsobjekts, z. B. einer Maschine, bei der Berechnung des Gegenwartswertes berücksichtigt werden können. Für die Berechnung müssen die künftigen Einnahmen und Ausgaben, die im Zusammenhang mit der Investition zu erwarten sind, geschätzt werden. Diese Schätzungen sind immer mit Ungenauigkeiten behaftet.

Aus den geschätzten Einnahmen und Ausgaben werden als Differenz die *Nettoeinnahmen* ermittelt. Die einzelnen Nettoeinnahmen werden mit den Abzinsungsfaktoren multipliziert. So ergeben sich die Barwerte für die einzelnen Nettoeinnahmen. Von der Summe der Barwerte werden die Anschaffungskosten abgezogen.

Die Ausführungen können durch das folgende Beispiel veranschaulicht werden.

Ein Unternehmen plant die Anschaffung einer Maschine, die Anschaffungskosten werden 250.000 € betragen. Es soll geprüft werden, ob diese Investition von Vorteil ist. Für die Berechnung wird von einer Nutzungsdauer von 6 Jahren und einem kalkulatorischen Zinssatz von 6 % ausgegangen. Die Einnahmen und Ausgaben im Zusammenhang mit der Investition werden gemäß folgender Aufstellung für die Jahre der Nutzung geschätzt.

Jahre	Einnahmen (€)	Ausgaben (€)
1	245.000,00	180.000,00
2	259.000,00	210.000,00
3	252.000,00	185.000,00
4	236.000,00	181.000,00
5	242.000,00	195.000,00
6	237.000,00	205.000,00

Die Nettoeinnahmen werden mit den Abzinsungsfaktoren (6 %, einmalige Zahlung, vgl. Tab. im Anhang zu Frage 11.) multipliziert; daraus ergeben sich die Barwerte. Von der Summe der Barwerte werden die Anschaffungskosten abgezogen. Der sich ergebende Kapitalwert ist positiv; das bedeutet, die Investition ist vorteilhaft.

Jahre	Einnahmen €	Ausgaben €	Nettoeinnahmen €	Abzinsungs-faktoren	Barwerte €
1	245.000,00	180.000,00	65.000,00	0,9434	61.321,00
2	259.000,00	210.000,00	49.000,00	0,8900	43.610,00
3	252.000,00	185.000,00	67.000,00	0,8396	56.253,20
4	236.000,00	181.000,00	55.000,00	0,7921	43.565,50
5	242.000,00	195.000,00	47.000,00	0,7473	35.123,10
6	237.000,00	205.000,00	32.000,00	0,7050	22.560,00
Summe der Barwerte					262.432,80
Anschaffungskosten					250.000,00
Kapitalwert					**12.432,80**

13. Wie wird mit dem Kapitalwertverfahren bei Investitionsalternativen vorgegangen?

Wenn zwei Investitionen miteinander verglichen werden, wird in ähnlicher Weise vorgegangen. Für beide Investitionen werden die Nettoeinnahmen ermittelt und abgezinst, die abgezinsten Nettoeinnahmen, die Barwerte, werden addiert. Von den beiden Barwertsummen werden die jeweiligen Anschaffungskosten subtrahiert. Die sich so ergebenden Kapitalwerte werden miteinander verglichen; der höhere Kapitalwert deutet auf die vorteilhaftere Investition hin.

6.4.3.2 Dienstleistungseinkauf

01. Welche charakteristischen Merkmale weisen Dienstleistungen auf?

Dienstleistungen weisen folgende Merkmale auf:

- Dienstleistungen sind immaterielle Güter.
- Dienstleistungen können nicht auf Lager genommen werden.
- Produktion und Verbrauch von Dienstleistungen fallen zusammen.
- Dienstleistungen sind meistens an den Standort gebunden.

Die beiden letzten Merkmale haben allerdings abnehmende Bedeutung.

02. Was sind unternehmensbezogene Dienstleistungen?

Unternehmensbezogene Dienstleistungen sind von den Dienstleistungen zu unterscheiden, die von privaten Verbraucherhaushalten nachgefragt werden; die Unterscheidung ist gelegentlich jedoch nur schwer möglich (vgl. als Beispiel die Bankdienstleistungen). Zu den unternehmensbezogenen Dienstleistungen zählen z. B.

- Werbung
- logistische Aufgaben (Transport, Lagerung, Versand)
- Forschung und Entwicklung
- Gebäudereinigung
- Sicherheitsdienste
- Unternehmensberatung
- Finanzdienstleistungen.

Unternehmensbezogene Dienstleistungen werden entweder im eigenen Betrieb erstellt oder von anderen Unternehmen *(Dienstleistungsunternehmen)* gekauft.

03. Welche Entwicklung zeigt sich beim Dienstleistungseinkauf?

In den vergangenen Jahren zeigt sich eine Entwicklung, die zunehmend an Bedeutung gewinnt. Sie lässt sich in folgenden Aspekten andeuten:

- Viele Unternehmen verlagern im Zusammenhang mit Rationalisierungsmaßnahmen bestimmte Dienstleistungen auf externe Anbieter (vgl. Outsourcing).

- Beim Einkauf von Investitionsgütern werden häufig nicht nur die Güter, sondern auch komplementäre Dienstleistungen, z. B. Beratung, Vermietung, Wartung, vom gleichen Lieferanten eingekauft.
- Produktion und Verbrauch der Dienstleistungen werden entkoppelt.
- Der internationale Handel mit Dienstleistungen nimmt zu.

04. Welche Dienstleistungen muss ein Fertigungsbetrieb einkaufen?

Die Dienstleistungen, die ein Produktionsunternehmen einkaufen muss, lassen sich in zwei Gruppen einteilen:

1. Dienstleistungen, die in unmittelbarem Zusammenhang mit der produktiven Leistung stehen, z. B. Montage einer Anlage, Transport. (Diese Dienstleistungen werden gelegentlich auch als *externe Dienstleistungen* bezeichnet.)
2. *interne Dienstleistungen*, z. B. Gebäudereinigung, Bewachung, Pflege des Fuhrparks, Bewirtschaftung der Personalkantine.

05. Was ist bei der Vertragsgestaltung zu beachten?

Im Zusammenhang mit dem Einkauf und der weiteren Nutzung von (sog. externen) Dienstleistungen können einem Fertigungsbetrieb erhebliche Probleme erwachsen. Zu den Problemen zählen z. B.

- Inanspruchnahme von Kunden mit Vertragsstrafen wegen Nichteinhaltung von Terminen
- Schadenersatzforderungen von Kunden wegen mangelhafter Vertragserfüllung
- Haftungsansprüche.

Zur Minimierung der finanziellen Risiken trägt eine angemessene Vertragsgestaltung bei. Die Einkaufsverträge von Dienstleistungen sollten neben den Angaben von Leistungsentgelten und Materialpreisen u. a. folgende Aspekte berücksichtigen:

- Genaue Beschreibung der zu erbringenden Leistung
- genaue Beschreibung der zu verwendenden Materialien
- Festlegung der Termine für die Leistungserbringung
- Gewährleistungsansprüche
- Vertragsstrafen
- Haftungsansprüche.

06. Welche Bedeutung hat der Werkvertrag beim Einkauf von Dienstleistungen?

Der Vertrag mit einem Dienstleister kann ein Werkvertrag sein. Durch den Vertrag verpflichtet sich der Dienstleister, ein Werk, eine Dienstleistung, gegen Zahlung einer Vergütung zu erbringen und evtl. das Material, das er benötigt, zu liefern. Der Dienstleister übernimmt die Garantie für den Erfolg der Leistung. Das Werk kann z. B. Herstellung oder Reparatur einer Sache oder die Erstellung einer sonstigen Leistung sein (z. B. Rechtsberatung).

07. Wie unterscheidet sich der Dienstvertrag vom Werkvertrag?

Der Vertrag mit einem Dienstleister kann ein Dienstvertrag sein. Der Dienstvertrag unterscheidet sich vom Werkvertrag dadurch, dass der Dienstleister dem Unternehmen seine Arbeitskraft für die vertraglich festgesetzte Dauer zur Verfügung stellt, während es beim Werkvertrag auf die Ablieferung eines Werks, d. h. auf den Erfolg, ankommt. Das Unternehmen verpflichtet sich zur Zahlung eines entsprechenden Entgelts. Dienstverträge werden im Allgemeinen auf kurze Dauer abgeschlossen.

Der Dienstvertrag mit unselbständig Tätigen ist mit dem Arbeitsvertrag identisch. So genannte freie Dienstverträge, das sind Dienstverträge mit selbstständig Tätigen, werden z. B. mit Rechtsanwälten abgeschlossen.

08. Was ist unter dem Begriff Arbeitnehmerüberlassung zu verstehen?

Arbeitnehmerüberlassung bedeutet, dass ein Arbeitgeber anderen Unternehmern Arbeitnehmer zur Beschäftigung überlässt. Hinsichtlich der rechtlichen Relevanz ist zwischen echter und unechter Arbeitnehmerüberlassung zu unterscheiden.

Echte Arbeitnehmerüberlassung liegt z. B. in folgenden Fällen vor:

- Beim Verkauf von Investitionsgütern stellt der Verkäufer vertragsgemäß Arbeitnehmer für die Einweisung vorübergehend an den Kunden ab.

- Zur Vermeidung von Kurzarbeit oder Entlassungen überlässt ein Arbeitgeber anderen Arbeitgebern desselben Wirtschaftszweiges (vorübergehend) seine Arbeitnehmer.

Als *unechte Arbeitnehmerüberlassung* bezeichnet man die gewerbsmäßig betriebene Arbeitnehmerüberlassung, den sog. Arbeitnehmerverleih. Sie wird durch die Vorschriften des Arbeitnehmerüberlassungsgesetzes (AÜG) geregelt. AÜG § 1 besagt, dass der Arbeitgeber, der Arbeitnehmer gewerbsmäßig verleiht, dafür die Erlaubnis haben muss. Der Antrag auf Genehmigung wird bei der Landesagentur für Arbeit gestellt.

09. Was wird durch den Arbeitnehmerüberlassungsvertrag geregelt?

An der Arbeitnehmerüberlassung sind drei Parteien beteiligt: Der Verleiher, der Entleiher und der bzw. die Leiharbeitnehmer. Der Vorgang lässt sich folgendermaßen umschreiben:

1. Der Verleiher hat als Arbeitgeber mit Leiharbeitnehmern Arbeitsverträge abgeschlossen.

2. Dadurch erhält er gegenüber den Leiharbeitnehmern das Direktionsrecht.

3. Er zahlt den Leiharbeitnehmern den Nettolohn (Lohn- und Kirchensteuer sowie Sozialabgaben führt er ab).
4. Der Verleiher und der Entleiher schließen einen Vertrag zur Arbeitnehmerüberlassung ab.
5. Der Verleiher überlässt dem Entleiher den oder die Arbeitnehmer, dafür erhält er eine Leihgebühr.
6. Der Entleiher erhält ein auf Arbeitsanweisungen begrenztes Direktionsrecht.
7. Leiharbeitnehmer sind zur Arbeitsleistung gegenüber dem Entleiher verpflichtet.
8. Der Entleiher übernimmt die Fürsorgepflicht gegenüber den Leiharbeitnehmern.

Der Vorgang der Arbeitnehmerüberlassung lässt sich durch folgende schematische Darstellung verdeutlichen:

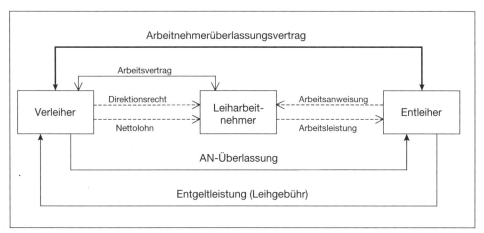

Abb.: Arbeitnehmerüberlassung

10 Welche Vorteile hat ein Unternehmen durch den Einsatz von Leiharbeitnehmern?

Der Einsatz von Leiharbeitnehmern kann u. a. folgende Vorteile haben.

- Der Ausfall eigener Arbeitnehmer durch Krankheit Urlaub usw. kann kurzfristig überbrückt werden.
- Der vorübergehende Bedarf an Arbeitskräften bei hohen Auftragsmengen kann ausgeglichen werden.
- Das Risiko von Fehleinstellungen entfällt weitgehend.
- Auseinandersetzungen bei Beendigung von Beschäftigungsverhältnissen werden vermieden.

6.4.3.3 Sonderprobleme beim Einkaufen von Dienstleistungen und Anlagegütern

6.4.3.3.1 Haftung und Haftungsbeschränkung

01. Was ist unter Vertragshaftung zu verstehen, und wie haftet der Lieferer bei Sachmängeln?

Vertragshaftung ist die Haftung für eine Schuld, die im Zusammenhang mit einer gestörten *Vertragserfüllung* entsteht. Der Lieferer, der Sachen liefert, die Mängel aufweisen, haftet dem Käufer.

02. Wie wird bei unerlaubter Handlung gehaftet?

Bei unerlaubter Handlung ist der Täter verpflichtet, dem Geschädigten den Schaden zu ersetzen, der ihm aus der Verletzung entsteht.

03. Ist die Produkthaftung eine Gefährdungshaftung?

Die *Produkthaftung ist eine Gefährdungshaftung*; der Hersteller eines Produkts kann auch dann zur Haftung für einen Schaden herangezogen werden, wenn er die Schadensquelle, nämlich den Fehler des Produkts, nicht schuldhaft verursacht hat. Es genügt für die Pflicht zum Schadenersatz, wenn das Produkt fehlerhaft ist und gewerblich vertrieben wurde. Bei der Gefährdungshaftung setzt die Pflicht zum Schadenersatz *kein Verschulden* voraus. Die Gefährdung besteht bei einer erlaubten Tätigkeit, und der entstandene Schaden ist unvermeidlich.

04. Wodurch unterscheidet sich die Produkthaftung von der Produzentenhaftung?

Die **Produzentenhaftung** setzt das *Verschulden* des Herstellers für die Fehlerhaftigkeit von Produkten und damit für weitergehende Beschädigungen voraus. Der Geschädigte muss beweisen, dass der Produzent die Schäden verursacht hat. Die **Produkthaftung** ist *verschuldensunabhängig*, das bedeutet, der Geschädigte muss dem Produzenten die Fehlerhaftigkeit des Produkts nicht beweisen, wenn das Produkt bereits fehlerhaft in den Verkehr gebracht wurde.

05. Kann die Haftung beschränkt oder ausgeschlossen werden?

Durch einen Vertrag kann die Haftung beschränkt und sogar ausgeschlossen werden. Das gilt auch für die vertragliche Haftung, aber nur eingeschränkt für die Gefährdungshaftung. Nach § 276 Abs. 3 ist lediglich die Haftung wegen Vorsatzes nicht durch vertragliche Absprache ausgeschlossen; oder anders ausgedrückt: Eine Verschuldenshaftung kann bei Fahrlässigkeit eingeschränkt oder ausgeschlossen werden.

06. Welche Bedeutung haben die AGB für Haftungsbeschränkungen

In § 309 Nr. 7 BGB werden AGB-Klauseln verboten, die die Haftung außer bei Verletzung von Leben, Körper und Gesundheit ausdrücklich auch bei grobem Verschulden verbieten. Der AGB-Verwender haftet also auch bei Fahrlässigkeit.

07. Welche Haftungsgrenzen sieht das Haftpflichtgesetz vor?

Das Haftpflichtgesetz sieht in § 10 eine Haftung für Sachschäden nur bis zu einem Betrag in Höhe von 300.000 € vor.

08. Welche Haftungsbeschränkungen sieht das Produkthaftungsgesetz bei Sachbeschädigungen vor?

Nach § 1 Abs. 1 ProdHG haftet der Hersteller nur, wenn eine andere Sache als das fehlerhafte Produkt beschädigt wird und diese andere Sache ihrer Art nach gewöhnlich für den privaten Ge- oder Verbrauch bestimmt und hierzu von dem Geschädigten hauptsächlich verwendet wird.

6.4.3.3.2 Vertragsstrafen

01. Was ist eine Vertragsstrafe, und worauf zielt die Vereinbarung einer Vertragsstrafe ab?

Eine Vertragsstrafe wird zwischen dem Verkäufer und dem Käufer bei Vertragsabschluss über die Lieferung von z. B. Investitionsgütern vereinbart. Die Vereinbarung besagt, dass der Schuldner aus dem Vertrag dem Gläubiger eine Geldsumme zahlt, wenn er den Vertrag nicht oder nicht in gehöriger Weise erfüllt (vgl. § 339 BGB). Das Ziel der Vereinbarung einer Vertragsstrafe bei Kauf eines Investitionsgutes besteht z. B. darin, den Verkäufer zur (pünktlichen) Lieferung zu zwingen.

02. Wie wirkt die Vertragsstrafe, wenn der Vertrag nicht erfüllt, also z. B. nicht geliefert wird?

Wenn der Verkäufer, den Vertrag nicht erfüllt, also z. B. das Anlagegut nicht liefert, wird die Vertragsstrafe fällig. In diesem Fall besteht kein Anspruch auf Erfüllung des Vertrages, hier also auf Lieferung. Wurde im Vertrag zwischen Verkäufer und Käufer Schadenersatz wegen Nichterfüllung vereinbart, hat der Käufer Anspruch auf Schadenersatz und Zahlung der Vertragsstrafe. (Vgl. § 340 BGB.)

03. Wie wirkt die Vertragsstrafe bei nicht gehöriger Erfüllung?

Bei nicht gehöriger Erfüllung des Vertrages, z. B. bei Lieferungsverzug, hat der Gläubiger Anspruch auf Zahlung der Vertragsstrafe und auf Erfüllung des Vertrages.

04. Kann die Vertragsstrafe herabgesetzt werden?

Wenn die Vertragsstrafe unverhältnismäßig hoch ist, kann sie durch ein richterliches Urteil auf einen angemessenen Betrag herabgesetzt werden (§ 343 BGB). Das gilt jedoch nicht für einen Kaufmann im Sinne des HGB, der die Vertragsstrafe im Betrieb seines Handelsgewerbes versprochen hat (§ 348 HGB).

6.4.3.3.3 Sonstige

01. Was wird als Beistellung bezeichnet?

Eine Beistellung liegt dann vor, wenn ein Unternehmen seinem Lieferanten bei der Bestellung Material, Teile, Werkzeuge o. Ä. „beistellt", die zur Bearbeitung oder Verarbeitung des Produkts gebraucht oder verbraucht werden. Beistellung ist keine Lieferung, weil das Eigentum nicht übergeht und die Sache nach Be- oder Verarbeitung wieder in den Besitz des Auftraggebers zurückgelangt. Im Allgemeinen ist die Beistellung unentgeltlich.

02. Was sind gefährliche Güter?

Gefährliche Güter sind (nach der Definition des Gesetzes) Stoffe und Gegenstände, von denen aufgrund ihrer Natur, ihrer Eigenschaften oder ihres Zustandes im Zusammenhang mit der Beförderung Gefahren für die öffentliche Sicherheit oder Ordnung, insbesondere für die Allgemeinheit, für wichtige Gemeingüter, für Leben und Gesundheit von Menschen sowie für Tiere und Sachen ausgehen können.

03. Welche Probleme treten bei der Beschaffung von gefährlichen Gütern auf?

Die Probleme bei der Beschaffung gefährlicher Güter werden durch die Gefährdung der Umwelt bei Transport und Lagerung, insbesondere beim Be- und Entladen verursacht. Während der Gefahrgutbeauftragte eines Unternehmens für bestimmte gefährliche Güter im eigenen Unternehmen zuständig ist, kann der Einkäufer u. U. für diese Güter beim Beladen und beim Transport verantwortlich sein. Es wird deshalb empfohlen, die Verantwortung an Dritte zu übertragen, z. B. an den Frachtführer, und den Vertrag mit dem Lieferanten entsprechend zu gestalten.

6.4.3.4 Facility-Management und Outsourcing

01. Was wird als Facility-Management[1] bezeichnet?

Mit Facility-Management umschreibt man die *professionelle Gebäudebewirtschaftung* eines Unternehmens; dazu zählt nicht nur die Bewirtschaftung i. e. S., sondern auch die Planung und die Verwaltung der Gebäude, Anlagen und Einrichtungen.

---

[1] facilities (engl.) = Einrichtungen, Anlagen

Das Facility-Management hat eine operative Komponente. Sie betrifft die klassischen Aufgaben der Gebäudebewirtschaftung. Das operative Facility-Management umfasst die Umsetzung der Strategie. Im eigentlichen Sinn ist das Facility-Management ein strategisches Konzept. Es befasst sich mit der Planung, Durchführung und Kontrolle von Prozessen.

Ziel des Facility-Management ist letztlich die *Senkung von Bewirtschaftungskosten*.

02. Wer führt das Facility-Management aus?

Das Facility-Management kann vom Unternehmen selbst durch entsprechende Abteilungen ausgeführt werden. Facility-Management-Aufgaben gehören im Allgemeinen nicht zum Kerngeschäft eines Unternehmens, sondern unterstützen diese lediglich; deshalb eignen sie sich für die Auslagerung an spezielle Unternehmen. Facility-Management gilt deshalb als klassisches *Beispiel für Outsourcing*.

03. Wie lässt sich Outsourcing[1] umschreiben?

Als Outsourcing bezeichnet man die *Auslagerung einzelner Unternehmensprozesse* an externe Anbieter, die sich auf die Erstellung bestimmter Leistungen spezialisiert haben und entsprechend qualifiziert sind. Ausgelagert wird häufig die Produktion bestimmter Teile und Komponenten, insbesondere aber die Erstellung von Dienstleistungen.

Durch Outsourcing wird die Leistungstiefe des eigenen Unternehmens verkürzt. Gleichzeitig findet aber eine Konzentration auf wesentliche Aspekte des Kerngeschäfts statt („Do what you can do best – outsource the rest."). Das führt im Allgemeinen zu erheblichen Kostenvorteilen und damit auch zur Verbesserung der Wettbewerbssituation.

04. Welche Gründe kann es für das Outsourcing geben?

Outsourcing kann u. a. folgende Gründe haben:

- Rationalisierung der Leistungserstellung
- Verringerung der Leistungstiefe
- Konzentration auf das Kerngeschäft
- Freisetzung von Kapazitäten, insbesondere von Managementkapazitäten
- Vermeidung von Mittelbindung durch hohe Investitionen
- Verzicht auf den Ausbau eigener Kapazitäten, der viel Zeit in Anspruch nimmt.

05. Welche Probleme können bei Outsourcing entstehen?

Outsourcing kann Probleme aufwerfen. Sie lassen sich folgendermaßen umschreiben:

- Die Qualität ausgelagerter Leistungserstellung lässt sich kaum direkt beeinflussen.

---

[1] Der Begriff outsourcing wurde aus den englischen Wörtern outside, resource und using konstruiert.

- Die Abhängigkeit von anderen Unternehmen ist bei Outsourcing hoch; entsprechend hoch sind auch die damit verbundenen Risiken. Outsourcing ins Ausland ist mit besonderen Risiken behaftet.
- Outsourcing bietet kurz- und mittelfristig (z. T. erhebliche) Kostenvorteile. Auf lange Sicht können allerdings die Kosten steigen; Kostensteigerungen können sich vor allem durch die Abhängigkeiten und im Zusammenhang mit der Qualitätssicherung ergeben.

06. Welche Formen des Outsourcing gibt es?

Nach dem Umfang der ausgelagerten Leistungen lassen sich u. a. folgende Formen von Outsourcing erkennen:

- Selective Outsourcing: Einzelne *Teile eines Unternehmensbereichs* werden ausgelagert; das Spezialwissen eines externen Anbieters soll ausgenutzt werden; Personal und Assets gehen nicht an das Drittunternehmen über. Wenn lediglich einzelne Funktionen oder Aufgaben (tasks) ausgelagert werden, spricht man von Outtasking.
- Complete Outsourcing: Ein ganzer *Unternehmensbereich* wird ausgelagert; dabei gehen Teile des Personals und Assets mit an das Drittunternehmen. Complete Outsourcing liegt z. B. vor, wenn ein Unternehmen der Medizintechnik den Bereich Zahnmedizintechnik an ein Drittunternehmen auslagert.
- Process Outsourcing: Ein *Unternehmensprozess* wird ausgelagert. Process Outsourcing liegt z. B. vor, wenn die Logistik von einem Logistikdienstleister für eine bestimmte Zeit übernommen wird.

6.4.4 Importgeschäft

6.4.4.1 Volks- und betriebswirtschaftliche Bedeutung

01. Welche volkswirtschaftliche Bedeutung hat der deutsche Import?

Die Bundesrepublik Deutschland ist in erheblichem Maße vom Außenhandel abhängig. In der Rangordnung der wichtigsten Ausfuhrländer steht es im Allgemeinen an zweiter oder sogar an erster Stelle.

Deutschland ist vom Import in zweierlei Hinsicht abhängig: Einmal werden die Rohstoffe und Anlagegüter für die heimische Industrie dringend benötigt; andererseits kann in ein anderes Land nur exportiert werden, wenn dieses Land auch die Chancen zum Export hat.

Die Abhängigkeit vom Export wird deutlich, wenn man bedenkt, dass i. d. R. ein Drittel des BIP für den Export produziert wird. Hinzu kommt aber, dass mithilfe des Exports die Devisen erwirtschaftet werden, mit denen die Importe bezahlt werden.

02. Welche Länder sind die wichtigsten Lieferländer im deutschen Importgeschäft?

Der Güteraustausch Deutschlands findet überwiegend mit hoch entwickelten Industrieländern statt. Deutsche Unternehmen führen Produkte aus industrialisierten Ländern ein; sie exportieren auch überwiegend in diese Länder.

Bedeutendstes Lieferland sind zurzeit die Niederlande. China, das noch zu den Reformländern gezählt wird, gewinnt zunehmend als Lieferland (und auch als Empfängerland) an Bedeutung.

Im Folgenden werden die elf wichtigsten Lieferländer mit ihren Anteilen am Gesamtimport aufgelistet.

	Lieferländer nach Anteil an der Gesamteinfuhr in %	
1	Niederlande	9,09
2	VR China	8,81
3	Frankreich	7,34
4	Italien	5,34
5	Vereinigtes Königreich	4,97
6	Belgien und Luxemburg	4,58
7	Österreich	4,15
8	Schweiz	4,09
9	USA	3,56
10	Japan	2,61
11	Spanien	2,50

Tab.: Wichtige Lieferländer, Anteile am Import, 2011 (Quelle: Monatsbericht der Deutschen Bundesbank Juli 2012)

03. Welche Warengruppen werden hauptsächlich eingeführt?

Der deutsche Import konzentriert sich auf Produkte der gewerblichen Wirtschaft. Hauptsächlich werden Investitionsgüter und bestimmte Grundstoffe importiert. Es werden vor allem Fertigwaren, weniger Halbwaren und Rohstoffe eingeführt.

04. Welche betriebswirtschaftliche Bedeutung hat der Import?

Die betriebswirtschaftliche Bedeutung von Importen hat mehrere Aspekte:

- Unternehmen benötigen Rohstoffe für die Produktion, die im Inland nicht vorkommen, also eingeführt werden müssen.
- Inländische Unternehmen können Investitionsgüter, Teile, Komponenten u. dgl. wegen der Kostenvorteile, insbesondere der Lohnkostenvorteile, im Ausland günstiger einkaufen als im Inland.

- Inländische Unternehmen können Dienstleistungen wegen der Lohnkostenvorteile im Ausland günstiger einkaufen als im Inland.
- Wegen der Lohnkostenvorteile lohnt sich für inländische Unternehmen auf die Produktion bestimmter Teile im Inland zu verzichten und ins Ausland zu verlagern (Outsourcing).

6.4.4.2 Arten

01. Was ist direkter Import?

Wenn der Importeur das Geschäft mit dem ausländischen Lieferanten direkt abschließt, liegt direkter Import vor. Unfertige Erzeugnisse und Rohstoffe werden häufig direkt eingeführt. Der direkte Import von Rohstoffen ist gekennzeichnet durch relativ große Einfuhrmengen. Direkte Importgeschäfte werden entweder direkt mit dem Lieferanten abgeschlossen, oder sie kommen auf Auktionen spontan zu Stande.

02. Welche Vorteile und welche Nachteile hat der direkte Import?

Vorteile des direkten Imports sind u. a.

- der unvermittelte Kontakt zum Lieferanten
- Vermeidung von Vermittlungskosten durch den Verzicht auf die Dienste von Einfuhrhändlern.

Nachteile können z. B. sein

- geringe Lieferverlässlichkeit des ausländischen Lieferanten
- das Risiko von Preisschwankungen.

03. Welche Probleme kann der direkte Import aufwerfen?

Der direkte Import kann u. a. durch folgende Probleme erschwert werden. Der Importeur verfügt nur über unzulängliche Kenntnisse des auswärtigen Marktes. Es besteht u. U. eine Diskrepanz zwischen inländischen Bedarfsmengen und den Einkaufsmengen auf dem auswärtigen Markt.

04. Wie können die Probleme minimiert werden?

Zur Verringerung der Probleme bestehen u. a. folgende Möglichkeiten:

- Einschaltung eines Agenten als Vermittler, der Kontakte zu den ausländischen Lieferanten aufbaut und dadurch den Markt erschließt.
- Einrichtung einer Einkaufsniederlassung, die die Kontakte zu den Lieferanten pflegt, neue Kontakte akquiriert, den auswärtigen Markt beobachtet und die Geschäfte abschließt.

- Einrichtung eines Importlagers, das dazu beiträgt, die Diskrepanz zwischen Einkaufs- und Bedarfsmengen abzubauen.

05. Was ist indirekter Import?

Als indirekten Import bezeichnet man den Bezug von Gütern über Importhändler. Importhändler sind Handelsunternehmen, die im Ausland Produkte einkaufen, in das Inland einführen und an Produktions- oder Handelsunternehmen verkaufen.

06. In welchen Fällen bietet sich der indirekte Import an??

Der indirekte Import bietet sich in folgenden Fällen an:

- Geringer mengenmäßiger Bedarf
- zeitlich begrenzter (geringer) Bedarf
- einmaliger Bedarf
- Bedarf von Produkten aus mehreren Ursprungsländern.

07. Welche Vorteile bietet der indirekte Import?

Der indirekte Import hat für das einkaufende Unternehmen einige Vorteile:

- Der Importhändler verfügt über Marktkenntnisse.
- Der Importhändler kauft in größeren Mengen ein; dadurch entstehen Kostenvorteile, die dem einkaufenden Unternehmen zugute kommen können.
- Die Lieferbereitschaft von Importhändlern ist im Allgemeinen hoch, sodass das einkaufende Unternehmen keine Beschaffungsprobleme hat.
- Die Ermittlung von Bezugsquellen ist für das einkaufende Unternehmen einfacher als bei direktem Import.

08. Wie unterscheidet sich der sichtbare vom unsichtbaren Import?

Als **sichtbaren** Import bezeichnet man den Import von Rohstoffen, Materialien, Maschinen, Anlagen usw. **Unsichtbarer** Import ist der Import von Dienstleistungen.

6.4.4.3 Risiken im Importgeschäft und Risikoeingrenzungen

01. Welche Risiken bestehen bei Importgeschäften?

Importgeschäfte sind von erheblichen Risiken bedroht, die sich aus den Unwägbarkeiten wirtschaftlicher und politischer Entwicklungen auf den ausländischen Märkten ergeben können.

Politische Risiken für Importgeschäfte können sich aus den Veränderungen politischer Konstellationen, durch handelspolitische Maßnahmen u. Ä. ergeben. Wirtschaftliche

Risiken hängen unmittelbar mit dem Importgeschäft zusammen; zu den wirtschaftlichen Risiken zählen z. B.[1]

- Marktrisiken
- das Risiko von Preissteigerungen auf dem ausländischen Markt
- das Lieferungsrisiko
- das Kursrisiko
- das Transportrisiko
- das Standortrisiko.

02. Wie lassen sich die wirtschaftlichen Risiken von Importgeschäften eingrenzen?

Wirtschaftliche Risiken von Importgeschäften lassen sich durch ein angemessenes Risikomanagement des importierenden Unternehmens eingrenzen. Das setzt die Kenntnis latenter Risikoquellen und die Fähigkeit, aktuelle Risiken zu erkennen, voraus. Die Risikopolitik des Unternehmens umfasst folgende Aspekte:

- Beobachtung der Risikoentwicklung
- Beurteilung der Entwicklung und Einschätzung des aktuellen Risikos
- Erkennen der Verlustgefahren
- Maßnahmen zur Minimierung des Risikos und zur Vermeidung von Verlusten
- Maßnahmen zur Risikoabwälzung.

03. Was sind Marktrisiken?

Marktrisiken zeigen sich, wenn Produkte in Mengen und Qualitäten importiert werden, die der inländische Markt nicht aufnimmt.

04. Wie lassen sich Marktrisiken eingrenzen?

Maßnahmen zur Eingrenzung von Marktrisiken sind z. B.:

- Analyse und Beobachtung des inländischen Absatzmarktes hinsichtlich des mengenmäßigen und qualitativen Bedarfs
- Erschließung angemessener Absatzwege (z. B. im Handel).

05. Welche Preisrisiken bestehen für Importgeschäfte?

Für den Importeur besteht ein doppeltes Preisrisiko.

- Preiserhöhungen auf dem ausländischen Markt: Die Produkte können auf dem inländischen Markt zu den entsprechenden Verkaufspreisen nicht abgesetzt werden.
- Preissenkungen auf dem inländischen Absatzmarkt: Die auf der Grundlage der Importpreise kalkulierten Verkaufspreise lassen sich nicht halten.

---

[1] hier und im Folgenden (insbesondere bei der Terminologie) in Anlehnung an Jahrmann, 2010, S. 291 ff.

06. Wie lassen sich Preisrisiken eingrenzen?

Maßnahmen zur Eingrenzung von Preisrisiken sind z. B.:

- Preisgleitklauseln
- langfristige Lieferverträge
- Preisabsprachen.

07. Wie zeigt sich das Lieferungsrisiko?

Das Lieferungsrisiko besteht darin, dass der ausländische Lieferant Absprachen über Liefermenge, Qualität der Produkte, Zeitpunkt der Lieferung u. Ä. nicht einhält.

08. Wie lässt sich das Lieferungsrisiko eingrenzen?

Maßnahmen zur Eingrenzung des Lieferungsrisikos sind z. B.:

- Einforderung besonderer Gewährleistungen, z. B. durch Banken, Bürgen u. dgl.
- Einholung von Auskünften, z. B. bei Banken, anderen Unternehmen, Handelskammern, Konsulaten
- angemessene Vertragsgestaltung, z. B. Akkreditiv.

09. Welches Transportrisiko besteht?

Das Transportrisiko besteht darin, dass Güter auf dem Transportweg beschädigt werden oder verloren gehen können.

10. Welche Maßnahmen zur Eingrenzung des Transportrisikos können ergriffen werden?

Maßnahmen zur Eingrenzung des Transportrisikos sind z. B.:

- Transportversicherung
- Abwälzung des Transportrisikos auf den Lieferanten durch entsprechende Vertragsgestaltung (vgl. Incoterms).

11. Welche Bedeutung hat das Kursrisiko und wie sollte es gehandhabt werden?

Das Kursrisiko ergibt sich durch Veränderungen der Wechselkurse; der Wechselkurs gibt das Austauschverhältnis zweier Währungen an; Wechselkursänderungen sind Aufwertungen und Abwertungen. In der Europäischen Union besteht das Kursrisiko nicht; d. h. der größte Teil deutscher Importgeschäfte ist von dem Kursrisiko nicht betroffen.

Für den Importeur besteht das Kursrisiko darin, dass die Währung, in der die Importrechnung zu begleichen ist, aufgewertet wird (die heimische Währung wird dadurch entsprechend abgewertet). Das bedeutet, der Importeur muss für den Rechnungsausgleich in heimischer Währung, also in Euro, mehr bezahlen.

Maßnahmen zur Risikoeingrenzung z. B.:

- Ausstellung der Importrechnung in Euro
- Vereinbarung von Vorauszahlungen (evtl. mit Abschlägen) u. dgl.

6.4.4.4 Rechtliche Rahmenbedingungen

01. Welche rechtlichen Rahmenbedingungen bestehen für Importgeschäfte?

Für Importgeschäfte bestehen die folgenden rechtlichen Rahmenbedingungen.

- Außenwirtschaftsrecht
- Zollrecht
- internationales Kaufrecht (UN-Recht)
- Schiedsgerichtsklauseln
- Incoterms.

6.4.4.4.1 Außenwirtschaftsrecht

01. Was wird als Außenwirtschaftsrecht bezeichnet?

Als Außenwirtschaftsrecht bezeichnet man die Zusammenfassung aller rechtlichen Regelungen der Wirtschaftsvorgänge, die die Grenzen des Staates überschreiten.

Der deutsche Außenwirtschaftsverkehr wird im Wesentlichen im Außenwirtschaftsgesetz (AWG)[1] geregelt. Daneben besteht die Außenwirtschaftsverordnung. Allerdings ergänzen europäische Regelungen das nationale Außenwirtschaftsrecht.

02. Von welchem Grundsatz geht das Außenwirtschaftsgesetz aus?

Grundsatz des Außenwirtschaftsgesetzes ist die Freiheit des Wirtschaftsverkehrs zwischen Gebietsansässigen mit dem Ausland. Nach § 1 AWG ist der Waren-, Dienstleistungs-, Kapital-, Zahlungs- und sonstige Wirtschaftsverkehr mit fremden Wirtschaftsgebieten zwischen Gebietsansässigen grundsätzlich frei.

---

[1] Das AWG trat bereits 1961 in Kraft; es ist seitdem mehre Male geändert und den politischen Entwicklungen angepasst worden. Neben dem Gesetz bestehen wichtige Verordnungen, die u. a. Zuständigkeiten im Außenwirtschaftsverkehr u. dgl. regeln.

03. Kann nach dem Außenwirtschaftsgesetz der Außenwirtschaftsverkehr beschränkt werden?

Das Gesetz sieht unter bestimmten Umständen Beschränkungen des Außenwirtschaftsverkehrs vor. Durch Rechtsverordnung können bestimmte Rechtsgeschäfte und Handlungen, z. B. die Ausfuhr oder Einfuhr bestimmter Güter, genehmigungspflichtig oder sogar verboten werden. Die Beschränkungen sind nach Art und Umfang auf das Maß zu begrenzen, das notwendig ist, um den vorgesehenen Zweck zu erfüllen. Sie sind aufzuheben, wenn der Zweck erreicht ist.

04. Welche Beschränkungen sieht das Außenwirtschaftsgesetz vor?

Das Gesetz sieht Beschränkungen von Rechtsgeschäften und Handlungen im Außenwirtschaftsverkehrs aus folgenden Gründen vor:

- Wenn bestimmte Rechtsgeschäfte die Erfüllung von Verpflichtungen aus zwischenstaatlichen Vereinbarungen behindern, können sie beschränkt werden.

- Bestimmte Maßnahmen in fremden Wirtschaftsgebieten können schädliche Folgen für die inländische Wirtschaft oder für einzelne Wirtschaftszweige haben. Diese Maßnahmen können z. B. den Wettbewerb behindern oder den Wirtschaftsverkehr mit dem Inland einschränken. Durch Beschränkungen des Wirtschaftsverkehrs sollen die Einwirkungen auf die heimische Wirtschaft abgewehrt werden.

- Politische Verhältnisse im Ausland, die mit der freiheitlichen Ordnung in Deutschland nicht übereinstimmen, haben unter Umständen schädliche Auswirkungen auf das Inland. Zur Abwehr dieser Auswirkungen können Rechtsgeschäfte im Außenwirtschaftsverkehr beschränkt werden.

- Schließlich kann der Außenwirtschaftsverkehr beschränkt werden, um die Sicherheit der Bundesrepublik Deutschland zu gewährleisten. Eine Beschränkung ist auch möglich, wenn dadurch eine Störung des friedlichen Zusammenlebens der Völker verhütet werden kann. Darüber hinaus kann der Außenwirtschaftsverkehr auch beschränkt werden, um eine erhebliche Störung der auswärtigen Beziehungen der Bundesrepublik zu verhindern.

6.4.4.4.2 Zollrecht

01. Welche Bedeutung hat der Zollkodex für das Zollrecht?

Der sog. Zollkodex ist die Grundlage des Zollrechts der Europäischen Gemeinschaft (seit 01.01.1994). Im Zollkodex wurde das Zollrecht der Mitgliedsländer und EG-Verordnungen zum Zollwesen systematisch zusammengefasst. Der Zollkodex hat Anwendungsvorrecht vor nationalem Zollrecht.

02. Für welches Gebiet gelten die Regelungen des Zollkodex?

Das EU-Zollgebiet ergibt sich aus den Hoheitsgebieten der Mitgliedsländer; als Außengrenze gelten die Grenzen der Mitgliedsländer gegenüber den Ländern, die nicht zur EU gehören (sog. Drittländer).

Im Zollgebiet bestehen zollfreie Zonen. Von besonderer Bedeutung sind dabei die Freihäfen, deren Zugänge bewacht werden. Innerhalb der Freihäfen werden Waren vom Zoll nicht erfasst. Zollfrei sind auch sog. Freilager; sie werden zollamtlich überwacht.

03. Wie werden Güter nach dem Zollrecht unterschieden?

Nach dem Zollrecht können Güter folgendermaßen unterschieden werden:
- Gemeinschaftsgut: im EU-Gebiet erzeugtes Gut und Drittlandsgut, das vom Zoll abgefertigt wurde
- Drittlandsgut: außerhalb des EU-Gebietes erzeugtes Gut
- Nichtgemeinschaftsware: Zollgut, zollamtlich noch nicht abgefertigtes Importgut aus einem Drittland
- Gemeinschaftswaren: Freigut, zollamtlich abgefertigtes Importgut aus einem Drittland und im Zollinland erzeugtes Gut.

04. Welche Bedeutung hat der Zolltarif?

Der Zolltarif ist Grundlage für *zollamtliche Überwachung des Warenverkehrs* mit Ländern außerhalb des Zollgebiets der Gemeinschaft. Zu den zollamtlichen Tätigkeiten zählt auch die Erhebung von Abgaben (Zölle, Einfuhrumsatzsteuer und bestimmte Verbrauchsteuern).

Der Zolltarif enthält ein Verzeichnis aller Waren, das nach einer besonderen Systematik aufgebaut ist (Nomenklatur). Dazu werden die Abgabesätze und Hinweise auf Verbote und Beschränkungen angegeben.

05. Was gibt der elektronische Zolltarif an?

Der elektronische Zolltarif gibt die EU- und nationalen *Vorschriften* an, die der zollamtlichen Behandlung zu Grunde liegen. Darin wird jede Ware mit einer Codenummer beschrieben; für Einfuhren erhalten die Waren 11-stellige, für Ausfuhren 8-stellige Codenummern.

Unternehmen, die Waren in Drittländer exportieren oder aus diesen Ländern importieren, können mithilfe des elektronischen Zolltarifs Auskünfte abrufen.

06. Für welches Zollgebiet gilt das EU-Zollrecht?

Das Zollgebiet umfasst zunächst die Hoheitsgebiete der Mitgliedstaaten. Darüber hinaus sind auch einige überseeische bzw. nichtkontinentale Länder und sonstige Gebiete wegen ihrer traditionell engen Beziehung zu einem der EU-Mitgliedstaaten in das Zollgebiet einbezogen.

Die EU bildet eine Zollunion mit der Türkei, mit Andorra und mit San Marino.

07. Was sind Präferenzen im zollrechtlichen Sinn?

Präferenzen im zollrechtlichen Sinn sind *Bevorzugungen bestimmter Waren aus bestimmten Gebieten bei Einfuhr* in das Zollinland. Präferenzen schlagen sich in der Anwendung von Präferenzzollsätzen nieder, d. h. es werden ermäßigte Zollsätze angewandt oder es besteht sogar Zollfreiheit.

Präferenzzollsätze können nur für Waren in Anspruch genommen werden, die den Vorgaben der Präferenzregelung entsprechen.

08. Auf welcher Grundlage beruht die Anwendung von Präferenzen?

Die Anwendung von Präferenzen beruht auf den *Präferenzabkommen* der Europäischen Gemeinschaft mit anderen Staaten oder Staatengruppen. Daneben werden jedoch von der Gemeinschaft auch einseitig Präferenzmaßnahmen (sog. autonome Präferenzmaßnahmen) ergriffen, um die Wirtschaft bestimmter Länder, z. B. der Entwicklungsländer, zu fördern.

6.4.4.4.3 UN-Kaufrecht

01. Welcher grundlegenden Problematik unterliegen die Verträge von Importgeschäften?

Verträge bei Importgeschäften, also Kaufverträge zwischen inländischen Käufern und ausländischen Verkäufern, berühren zwei unterschiedliche Rechtsordnungen und damit im Allgemeinen auch Rechtsauffassungen, die voneinander abweichen können. Wenn bei Importgeschäften unterschiedliche Rechtsauffassungen auftreten, muss geklärt werden, welche Auffassung gelten soll. Das kann entweder durch die entsprechende Formulierung des Vertragsinhalts oder durch die Berücksichtigung internationaler Vereinbarungen geschehen.

02. Welche Bedeutung hat das Internationale Privatrecht?

Das internationale Privatrecht ist Teil der Gesetzgebung der meisten Staaten. In Deutschland wurde es dem BGB als Einführungsgesetz angefügt[1]. Das internatio-

---

[1] Einführungsgesetz zum Bürgerlichen Gesetzbuche von 1994 (EGBGB)

nale Privatrecht regelt u. a., wann bei internationalen Kaufverträgen inländisches, z. B. deutsches, und wann ausländisches Recht anzuwenden ist.

Grundsätzlich gilt, dass die Vertragsparteien frei vereinbaren können, ob sie das Recht des Importlandes oder das des Exportlandes anwenden wollen.

03. Welches Ziel verfolgt das Wiener UN-Übereinkommen über den internationalen Wareneinkauf?

Das auf UN-Initiative in Wien 1980 zu Stande gekommene Übereinkommen[1] verfolgt das Ziel, ein internationales Kaufvertragsrecht zu schaffen. Es ist anzuwenden auf Kaufverträge über Waren zwischen Personen, die ihre Niederlassungen in verschiedenen Staaten haben, wenn diese Staaten Vertragsstaaten sind oder wenn die Regeln des internationalen Privatrechts zur Anwendung des Rechts eines Vertragsstaates führen.

Deutschland hat das Übereinkommen 1989 anerkannt; es gilt inzwischen für 62 Staaten.

04. Was wird durch das UN-Kaufrecht geregelt?

Die Regeln des UN-Kaufrechts gelten dann, wenn die Vertragspartner keine entsprechenden Vereinbarungen getroffen haben. Bei Fragen, die im UN-Kaufrecht nicht oder nicht ausreichend geklärt werden, sind die Regeln des internationalen Privatrechts anzuwenden.

Bei Auslegung der Regeln ist der internationale Charakter des UN-Kaufrechts zu berücksichtigen, damit seine einheitliche Anwendung und die Wahrung des guten Glaubens im internationalen Handel gefördert werden. Das gilt z. B. bei der Auslegung von Willenserklärungen sowie bei der Bindung an Handelsbräuche und Gepflogenheiten.

05. Für welche Geschäfte gilt das UN-Kaufrecht nicht?

Das UN-Kaufrecht gilt u. a. nicht

- für den Kauf von Waren zum persönlichen oder familiären Gebrauch
- für den Kauf bei Versteigerungen
- für den Kauf von Wertpapieren.

6.4.4.4.4 Schiedsgerichtsklauseln

01. Was sind Schiedsgerichtsklauseln?

Es ist üblich, bei internationalen Kaufverträgen sog. Schiedsgerichtsklauseln zu berücksichtigen. Mit Schiedsgerichtsklauseln wird vereinbart, dass im Streitfall ein Schiedsgericht angerufen werden soll und welches Schiedsgericht zuständig sein soll.

---

[1] Übereinkommen der Vereinten Nationen über Verträge über den internationalen Warenkauf (United Nations Convention on Contracts for the International Sale of Goods – CISG)

Eine Schiedsgerichtsklausel könnte z. B. folgendermaßen lauten:[1)]

Alle aus oder in Zusammenhang mit dem gegenwärtigen Vertrag sich ergebenden Streitigkeiten werden nach der Schiedsgerichtsordnung der Internationalen Handelskammer von einem oder mehreren gemäß dieser Ordnung ernannten Schiedsrichtern endgültig entschieden.

02. Welche Bedeutung haben Schiedsgerichte für Streitigkeiten bei Kaufverträgen?

Das Schiedsgericht klärt den Streitfall unter Ausschluss des ordentlichen Rechtsweges endgültig.

Internationale Schiedsgerichte bestehen in verschiedenen Ländern, so z. B. in Deutschland (Berlin) die Deutsche Institution für Schiedsgerichtsbarkeit e. V. Von besonderer Bedeutung ist das Schiedsgericht der Internationalen Handelskammer in Paris.

03. Welche Vorteile haben Schiedsverfahren gegenüber Verfahren der ordentlichen Gerichtsbarkeit?

Die Vorteile von Verfahren vor einem Schiedsgericht bei Streitigkeiten des Handelsverkehrs sind eindeutig.

- Die Schiedsrichter sind in den zur Verhandlung anstehenden Sachverhalten Fachleute. Sie sind vertraut mit den Handelsbräuchen und Gepflogenheiten.
- Schiedsgerichtsverfahren werden relativ schnell abgewickelt.
- Die beteiligten Vertragspartner haben die Wahl, ob das Schiedsgericht mit einem Einzelschiedsrichter oder mit drei Schiedsrichtern besetzt sein soll.
- Die Kosten des Schiedsgerichtsverfahrens sind relativ niedrig.

6.4.4.4.5 Incoterms

01. Was sind Incoterms?

Incoterms ist die gebräuchliche Abkürzung für *International Commercial Terms*, d. h. für internationale Handelsklauseln. Sie definieren spezifizierte Handelsbedingungen im Außenhandel. Die Incoterms werden herausgegeben von der Internationalen Handelskammer (International Chamber of Commerce, ICC) Paris. Die ICC veröffentlichte die ersten Incoterms 1936 und revidiert sie seitdem regelmäßig, um sie den Bedürfnissen des Handels und der Entwicklung der Wirtschaft anzupassen. Die letzte Revision fand im Jahre 2010 statt. Sie berücksichtigt in besonderem Maße den Wegfall von Zollformalitäten zwischen Staaten in der EU, anderen Freihandelszonen usw. Die letzte Fassung der Incoterms wurde unter dem Titel *Incoterms 2010* veröffentlicht und zur Anwendung empfohlen. Sie traten am 01.01.2011 in Kraft.[2)]

[1)] Quelle: IHK Frankfurt/Oder (online)
[2)] nach ICC Incoterms®-Regeln in ICC-Deutschland online

02. Warum wurden die Incoterms im Jahr 2010 revidiert?

Die Incoterms wurden revidiert, weil sich bestimmte Rahmenbedingungen geändert haben. Dazu zählen z. B. die Entwicklung neuer Transporttechniken sowie der Wegfall von Zollformalitäten zwischen Staaten in der EU und in anderen Freihandelszonen. Dadurch können die Incoterms sowohl in internationalen als auch in nationalen Verträgen angewandt werden.

03. Welche Ziele werden mit den Incoterms verfolgt?

Die Incoterms tragen dazu bei, dass die Pflichten von Käufern und Verkäufern im internationalen Handel einheitlich ausgelegt werden. Dadurch werden Missverständnisse vermieden.

04. Was wird mithilfe der Incoterms geregelt?

Die Incoterms regeln in zuzeit elf Klauseln die Pflichten von Verkäufer und Käufer. Die Klauseln legen z. B. fest,

- wer – Käufer oder Verkäufer – welche Transportkosten trägt
- wer das Transportrisiko trägt
- wer die erforderlichen Dokumente beschafft
- wer die Zollkosten trägt
- wer die Ware versichert.

05. Was regeln die Incoterms nicht?

Die Klauseln regeln u. a. folgende Aspekte des Kaufvertrages nicht:

- Abwicklung von Zahlungen
- Übergang des Eigentums
- Vorgehensweise bei Vertragsverletzungen, (z. B. bei Zahlungsverzug, Mängeln).

06. Wie werden die Incoterms angewandt?

Die Anwendung von Incoterms müssen die Vertragspartner im Kaufvertrag ausdrücklich bestimmen. Sie können dabei die anzuwendende Klausel entweder als Kürze (3-Buchstaben-Klausel) angeben oder die Klausel ausschreiben.

07. Welche Incoterms enthält Incoterms 2010?

Das Regelwerk enthält elf Klauseln. Sie werden in zwei Gruppen danach eingeteilt, ob sie als multimodale Klauseln für alle Transportarten anwendbar sind oder ob sie lediglich für den See- und Binnenschiffstransport geeignet sind (vgl. folgende Tabelle).

6.4 Einkaufsverhandlungen

Die folgende Tabelle gibt eine Übersicht über die Incoterms.

	Klauseln	
1	EXW ex works (... named place), ab Werk (... benannter Ort)	mulitmodale Klauseln
2	FCA free carrier (... named place), frei Frachtführer (... benannter Ort)	
3	CPT carriage paid to (... named port of destination), frachtfrei (... benannter Bestimmungshafen)	
4	CIP carriage and insurance paid to (... named place of destination), frachtfrei versichert (... benannter Bestimmungsort)	
5	DAT delivered at terminal geliefert an terminal	
6	DAP delivered at place geliefert an (genau fest gelegten) Ort	
7	DDP delivered duty paid (... named place of destination), geliefert verzollt (... benannter Ort)	
8	FAS free alongside ship (... named port of shipment), frei Längsseite Schiff (... benannter Verschiffungshafen)	Klauseln für den See- und Binnenschiffstransport
9	FOB free on board (... named port of shipment), frei an Bord (... benannter Verschiffungshafen)	
10	CFR cost and freight (... named port of destination), Kosten und Fracht (... benannter Bestimmungshafen)	
11	CIF cost, insurance and freight (... named port of destination), Kosten, Versicherung und Fracht (... benannter Bestimmungshafen)	

8. Wie sind in den Incoterms Kosten- und Gefahrübergang geregelt?

Für die einzelnen Klauseln sind Kosten- und Gefahrübergang folgendermaßen geregelt:

- EXW:
  Der Käufer (Importeur) trägt die Transportkosten ab Werk (oder Lager) des Verkäufers (des Exporteurs), das Risiko geht hier auf ihn über.

- FCA:
  Der Verkäufer (Exporteur) liefert die Ware frei an einen vom Käufer benannten (ersten) Frachtführer an einen vereinbarten Lieferort. Der Käufer (Importeur) zahlt den

Haupttransport, das sind die Transportkosten ab Lieferort; am Lieferort geht auch die Gefahr auf den Käufer über. (Der Käufer bezahlt den Haupttransport.)

- CPT:
Der Verkäufer liefert die Ware an einen Frachtführer (oder eine andere benannte Person) an einem vereinbarten Ort; er trägt bis zu diesem Ort die Frachtkosten. Die Gefahr geht bei Übergabe der Ware an den ersten Frachtführer auf den Käufer über. (Der Verkäufer bezahlt den Haupttransport.)

- CIP:
Es gilt die gleiche Regelung wie bei CPT, allerdings muss der Verkäufer auf seine Kosten eine Transportversicherung abschließen. Mindestdeckung der Versicherung ist der Warenwert plus Zuschlag von 10 %. (Der Verkäufer bezahlt den Haupttransport.)

- DAT:
Der Verkäufer trägt die Transportkosten bis zum benannten Terminal (z. B. Hafenkai, Luftfrachtterminal, Eisenbahnterminal) und die Entladekosten. Bis die Ware entladen ist und dem Käufer zur Verfügung steht, trägt der Verkäufer auch das Risiko. (Der Verkäufer bezahlt den Haupttransport.)

- DAP:
Der Verkäufer trägt die Transportkosten bis zum benannten Bestimmungsort, d. h. bis die Ware dem Käufer für die Entladung zur Verfügung steht. An diesem Ort geht die Gefahr auf den Käufer über. (Der Verkäufer bezahlt den Haupttransport.)

- DDP:
Es gilt die gleiche Regelung wie bei DAP. Allerdings muss der Verkäufer zusätzlich den Einfuhrzoll tragen. (Der Verkäufer bezahlt den Haupttransport.)

- FAS:
Der Verkäufer trägt die Transportkosten und das Risiko bis zur Längsseite des Schiffs im benannten Verschiffungshafen. Hier geht die Gefahr für die Ware auf den Käufer über, er trägt auch die weiteren Kosten für Beladen, Transport usw. (Der Käufer bezahlt den Haupttransport.)

- FOB:
Der Verkäufer trägt die Kosten und das Risiko bis die Ware an Bord des Schiffes im benannten Verschiffungshafen ist. Die Gefahr geht erst über, wenn die Ware sich an Bord befindet. Die weiteren Kosten trägt der Käufer. (Der Käufer bezahlt den Haupttransport.)

- CFR:
Der Verkäufer zahlt die Transportkosten bis zum vertraglich vereinbarten Bestimmungshafen. Die Gefahr für den Transport geht auf den Käufer über, sobald sich die Ware an Bord des Schiffes befindet. (Der Verkäufer bezahlt den Haupttransport.)

- CIF:
Es gilt die gleiche Regelung wie bei CFR, allerdings muss der Verkäufer auf seine Kosten eine Transportversicherung abschließen. Mindestdeckung der Versicherung ist der Warenwert plus Zuschlag von 10 %. (Der Verkäufer bezahlt den Haupttransport.)

6.4.4.5 Importabwicklung

6.4.4.5.1 Dokumente

01. Welche Dokumente fallen bei Außenhandelsgeschäften an?

Im Außenhandel fallen Dokumente (Urkunden) an, die der Lieferungs- und Zahlungssicherung sowie der Eigentumsübertragung und der Finanzierung (Kreditierung) dienen. Im Folgenden werden die wichtigsten Dokumente aufgelistet:

- Transportdokument:
  - bei Seeschifffahrt: Konnossement, Seefrachtbrief
  - bei Binnenschifffahrt: Ladeschein
  - bei Bahnverkehr: Eisenbahnfrachtbrief
  - bei Luftverkehr: Luftfrachtbrief
  - bei Straßenverkehr: internationaler Frachtbrief, Spediteurübernahmebescheinigung
  - bei Kombination von Transportarten: multimodales Transportkonnossement
- Lagerdokumente: Lagerschein
- Transportversicherungsdokumente: Transportversicherungspolice
- Handels- und Zolldokumente („Begleitdokumente"):
  - Handelsrechnung
  - Zollfaktura
  - Konsulatsfaktura
  - Packliste
  - Qualitätszertifikat
  - Ursprungszeugnis u. a.

Die Dokumente erfüllen wichtige Funktionen, z. B. die Wertpapier-, Beweis- und Legitimationsfunktion (Im Folgenden wird auf die wichtigsten Funktionen eingegangen.)

02. Welche Bedeutung hat die Wertpapierfunktion?

Einige Außenhandelsdokumente sind Wertpapiere. Das bedeutet, nur der Inhaber des Dokuments hat alle mit dieser Urkunde verbrieften Rechte. Ansprüche kann nur der Inhaber des Papiers geltend machen, allerdings muss er dafür das Dokument vorlegen; wenn der Inhaber das Papier dem Schuldner vorlegt, ist dieser zur Einlösung verpflichtet, d. h. er muss leisten.

03. Welche Dokumente haben Wertpapierfunktion?

Die Wertpapierfunktion haben folgende Dokumente.

- Konnossement
- Ladeschein
- Lagerschein
- Transportversicherungspolice

Nur der Inhaber des Konnossements, des Lade- oder Lagerscheins kann über die Ware verfügen und nur der Inhaber der Transportversicherungspolice hat das Recht auf Leistungen aus der Transportversicherung.

Alle Dokumente mit Wertpapierfunktion haben auch Beweis- und Legitimationsfunktion.

04. Worin zeigt sich beim Konnossement die Wertpapierfunktion?

Das Konnossement ist ein Beispiel für ein Außenhandelsdokument mit Wertpapierfunktion. Der Exporteur übergibt dem Verfrachter, dem Reeder, die Ware und erhält dafür das Konnossement; mit dem Konnossement bestätigt der Reeder den Empfang der Ware und verspricht, sie an den Besitzer des Konnossements auszuhändigen. Im Empfangshafen legt der Importeur das ihm inzwischen zugegangene Original des Konnossements vor und erhält dafür die Ware.

05. Welche Bedeutung hat die Beweisfunktion?

Wenn Dokumente lediglich Beweisfunktion haben, können mit ihnen keine weitergehenden Rechte geltend gemacht werden. So dient z. B. die Handelsrechnung mit den Angaben über Art, Menge, Preis der Ware u. dgl. dem Verkäufer (Exporteur) als Beweisunterlage, dass und wie er den Vertrag erfüllt hat. Die Vorlage der Rechnung verpflichtet den Käufer (Importeur) nicht ohne weiteres zur Zahlung. Zu den Dokumenten, die lediglich Beweisfunktion haben, zählen die Folgenden:

- alle Begleitdokumente
- Frachtbriefe.

06. Was sind Traditionspapiere?

Zur Übertragung des Eigentums an einer beweglichen Sache ist neben der Einigung darüber, dass das Eigentum übergehen soll, die Übergabe der Sache erforderlich. Wenn die Sache im Besitz eines Dritten ist, kann der *Herausgabeanspruch abgetreten* werden. Traditionspapiere sind die Dokumente, mit denen der Exporteur als Eigentümer die im Besitz eines Dritten befindlichen Waren die Herausgabe an den Importeur abtritt.

Die Dokumente, die als Traditionspapiere dienen, werden auch als *Dispositionspapiere* bezeichnet, weil sie zur uneingeschränkten Disposition über die Sache berechtigen. Zu diesen Dokumenten zählen z. B.

- das Konnossement
- der Lagerschein
- der Ladeschein.

07. Können Traditionspapiere auch als Kreditsicherungsmittel genutzt werden?

Traditionspapiere können auch als Kreditsicherungsmittel genutzt werden. Wenn der Importeur zur Finanzierung des Importgeschäfts Kredite benötigt, hinterlegt er die Dokumente, z. B. das Konnossement als Sicherheit.

08. An welche Form ist die Weitergabe von Dokumenten im Außenhandel gebunden?

Wegen ihrer wirtschaftlichen Bedeutung sieht der Gesetzgeber für Konnossemente der Verfrachter, Ladescheine der Frachtführer, Lagerscheine und Transportversicherungspolicen die vereinfachte Weitergabe vor. Nach HGB § 363 können sie durch Indossament übertragen werden, wenn sie an Order lauten.

Konnossemente, Ladescheine, Lagerscheine und Transportversicherungspolicen sind sog. *gekorene Orderpapiere*; im Gegensatz zu den geborenen ist bei den gekorenen Orderpapieren die Orderklausel konstitutiv, d. h. erst durch die Orderklausel werden sie zu Orderpapieren. Zur Weitergabe benötigen sie lediglich einen Weitergabevermerk (Indossament).

6.4.4.5.2 Durchführung und Zollabwicklung

01. Was umfasst der Begriff Wareneinfuhr?

Nach dem Gesetz umfasst der Begriff Wareneinfuhr alle Warengeschäfte, bei denen deutsche Unternehmen Waren sowohl aus Drittländern als auch aus anderen EG-Mitgliedstaaten einführen. Als Ware gelten alle beweglichen Sachen (Güter), die Gegenstände des Handelsverkehrs sein können und Elektrizität.

02. Muss die Einfuhr von Waren in das Gebiet der Europäischen Gemeinschaft genehmigt werden?

Die Einfuhr von Waren der gewerblichen Wirtschaft in das Gebiet der Europäischen Gemeinschaft durch Gemeinschaftsansässige ist grundsätzlich genehmigungsfrei.

Allerdings bestehen gelegentlich Verbote (von begrenzter Dauer) im Rahmen von Sanktionsregelungen der Gemeinschaft und Genehmigungsvorbehalte im Rahmen der gemeinsamen Handelspolitik. (Vgl. auch die besonderen Vorschriften zur Aufrechterhaltung der EG-Agrarmarktordnung in den folgenden Fragen.)

03. Wie wird der Antrag auf Einfuhrabfertigung[1] gestellt?

Derjenige, der die Ware einführt, muss die Abfertigung der Einfuhr bei einer Zollstelle seiner Wahl beantragen. (Unter bestimmten Voraussetzungen kann ein Gemeinschaftsansässiger an Stelle des Einführers die Abfertigung beantragen.) Der Antrag

---
[1] Quelle: AWV 1986 § 27

kann formlos gestellt werden. Bei Antragsstellung sind auch die für die Außenhandelsstatistik erforderlichen Angaben zu machen, dazu zählt z. B. die genaue Bezeichnung der Ware.

Bei Antragstellung sind u. a. folgende Dokumente vorzulegen:
- Rechnung, aus der auch das Einkaufs- oder Ursprungsland hervorgeht
- evtl. Ursprungszeugnis oder Ursprungserklärung
- Einfuhrkontrollmeldung
- evtl. Einfuhrlizenz.

Der Antrag auf Einfuhrabfertigung wird gleichzeitig mit der Zollanmeldung gestellt.

04. Welche Bedeutung hat ein Ursprungszeugnis?

Mithilfe der Ursprungszeugnisse soll der Ursprung der eingeführten Waren nachgewiesen werden. Dieser Nachweis kann z. B. aus folgenden Gründen erforderlich sein:
- Kontrolle der Warenströme
- Überwachung von handelspolitischen Maßnahmen (z. B. Importkontingentierungen)
- Durchführung von Antidumpingmaßnahmen.

Das Zeugnis wird von der zuständigen Stelle des Ursprungslandes ausgestellt; es enthält alle zur Identifizierung erforderlichen Angaben und die eindeutige Bezeichnung des Ursprungslandes. Das Ursprungsland ist das Land, in dem die Ware hergestellt oder gewonnen wurde.

05. Wann ist eine Einfuhrkontrollmeldung erforderlich?

Einfuhrkontrollmeldungen werden insbesondere bei der Einfuhr von Waren des Ernährungsbereichs erforderlich. Sie dienen z. B. der Überwachung von Einfuhrquoten und der Marktbeobachtung.

06. Welche Bedeutung hat die Einfuhrlizenz?

Die Einfuhr von sog. Marktordnungswaren wird durch ein Lizenzsystem gesteuert. *Marktordnungswaren* sind vor allem landwirtschaftliche Produkte, deren Binnenmarktpreise durch die EG-Marktordnung festgelegt und subventioniert werden und die deshalb grundsätzlich höher als die Weltmarktpreise sind. Durch Einfuhrzölle sollen die Differenzen ausgeglichen werden.

Damit die Ziele der Agrarpolitik eingehalten werden können, ist u. a. eine Begrenzung der Einfuhrmengen von (vielen) Agrarprodukten erforderlich. Für die Einfuhr erteilt das Bundesamt für Wirtschaft Genehmigungen; sie sind vor der Einfuhr zu beantragen. Die Lizenzen gelten für eine bestimmte Menge und für eine bestimmte Zeit.

07. Welchen Zweck verfolgt die Zollanmeldung?

Mit dem Antrag auf Einfuhrabfertigung wird auch die Zollanmeldung (nach Vordruck) eingereicht. Der Anmelder will damit erreichen, dass eine Ware in ein bestimmtes Zollverfahren überführt wird. Die Anmeldung muss alle Angaben enthalten, die für das beantragte Verfahren erforderlich sind; außerdem sind alle notwendigen Unterlagen beizufügen. Nach Vorführung der Ware bei der Zollstelle wird die Zollanmeldung bearbeitet.

Die Art des Zollverfahrens richtet sich danach, ob die eingeführte Ware im Zollgebiet der EG bleibt oder ob sie nach Einlagerung oder Bearbeitung wieder ausgeführt wird. Im ersten Fall werden Einfuhrabgaben erhoben, im zweiten i. d. R. nicht.

08. Welche Voraussetzung verlangt die vereinfachte Zollanmeldung?

Das zuständige Hauptzollamt kann eine vereinfachte Zollanmeldung dann bewilligen, wenn ein Importeur regelmäßig in großem Umfang Zollanmeldungen einzureichen hat. Bei einer vereinfachten Zollanmeldung wird zunächst auf die Beifügung der erforderlichen Unterlagen verzichtet; sie werden später in einer einzigen Anmeldung nachgereicht.

09. Welches Zollamt ist für das Abfertigungsverfahren zuständig?

Für das Abfertigungsverfahren kann grundsätzlich ein Grenzzollamt oder ein Binnenzollamt zuständig sein.

- Grenzzollamt: zollrechtliche Abfertigung
  - bei Landtransport an den Außengrenzen der EG
  - bei Seetransport in den Seehäfen, z. B. Hamburg
  - bei Lufttransport auf den internationalen Flughäfen.
- Binnenzollamt: zollrechtliche Abfertigung
  - nach Transport von dem Grenzzollamt zum Bestimmungsort, Abfertigung erfolgt durch das Binnenzollamt, das für den Bestimmungsort zuständig ist.

10. In welchen Phasen läuft das Abfertigungsverfahren ab?

Das Abfertigungsverfahren läuft in der Regel in folgenden Phasen ab.[1]

- Annahme der *Zollanmeldung* durch die Zollstelle
- *Vorprüfung* der Zollanmeldung durch die Zollstelle, geprüft wird u. a. ob die formalen Voraussetzungen für die Bearbeitung vorliegen, ob die Waren der Zollstelle gestellt wurden und ob die Zollstelle zuständig ist
- *rechtswirksame Annahme* der Anmeldung (wenn die Vorprüfung keine Beanstandungen ergeben hat), der Zeitpunkt der Annahme ist der maßgebende Zeitpunkt für die Entstehung der Einfuhrabgabenschuld

---

[1] Quelle: Bundesministerium der Finanzen online

- *inhaltliche Prüfung* der Zollanmeldung
  - durch Überprüfung der Angaben in der Zollanmeldung und/oder
  - durch eine *Zollbeschau*, bei der die Menge und Beschaffenheit der Waren geprüft wird
- schriftliche Dokumentation der Prüfergebnisse im sog. *Zollbefund*, der auch Grundlage für die Berechnung der Einfuhrabgaben ist
- *Überlassung* der Ware, evtl. muss der Anmelder vor Überlassung Einfuhrabgaben entrichten oder aber eine entsprechende Sicherheit leisten.

6.4.5 Entsorgung[1]

01. Was meint der Begriff Entsorgung?

Gemeint ist die Entsorgung von Abfällen. Der Begriff umfasst die Verwertung und die Beseitigung von Abfällen in den Unternehmen. Konzepte zur betrieblichen Entsorgung beziehen häufig auch die Pläne zur Vermeidung von Abfällen mit ein.

02. Was besagt der Begriff Kreislaufwirtschaft?

Der Begriff Kreislaufwirtschaft besagt, dass Rohstoffe und Materialien, die bei der Produktion abfallen, und die Produkte selbst am Ende ihres Gebrauchs, am Ende ihres „Produktlebens", als Rohstoffe wieder in den Produktionsprozess geführt werden.

03. Welches Ziel verfolgt die Kreislaufwirtschaft?

Das Ziel der Kreislaufwirtschaft ist die weitgehende Nutzung nicht erneuerbarer Rohstoffe und die Entlastung von Entsorgungseinrichtungen (Deponien u. dgl.); Abfälle sollen nach Möglichkeit vermieden werden. Wieder- und Weiterverwendung sowie die Verwertung solcher Rohstoffe und die Beseitigung unvermeidbarer Abfälle sollen emissionsfrei und ohne Schädigung der Umwelt und der Gesundheit von Menschen und Tieren erfolgen.

6.5 Einkaufscontrolling

6.5.1 Aufgaben

01. Wie lässt sich Einkaufscontrolling definieren?

In Anlehnung an die von J. Piontek stammende eingängige Definition von Controlling[2] lässt sich Einkaufscontrolling folgendermaßen umschreiben: Einkaufscontrolling fasst die strategische und operative Führung des Bereichs Einkauf auf der Grundlage von Ex-post-Daten und Ex-ante-Prognosen zusammen. Diese Definition weist auf die Pla-

---
[1] Das Thema Entsorgung wird ausführlich behandelt in Kap. *7.3.2 Entsorgung*.
[2] Vgl. Kap. *3.2.4 Grundlagen des Controllings*.

6.5 Einkaufscontrolling

nungs- und Kontrollorientierung von Controlling sowohl auf der Planungs- als auch auf der Ausführungsebene hin. Mithilfe des Einkaufscontrollings sollen Chancen und Risiken auf dem Beschaffungsmarkt erkannt und Entwicklungen aufgezeigt werden.

02. Wie lässt sich das strategische Einkaufscontrolling kennzeichnen?

Das strategische Einkaufscontrolling ist gekennzeichnet durch den Aufbau und Ausbau eines Informations- und Kontrollsystems, das

- die strategische Einkaufsplanung unterstützt
- die Einkaufsstrategien steuert
- das Grundlage für das operative Einkaufscontrolling ist.

03. Wie lässt sich das operative Einkaufscontrolling kennzeichnen?

Das operative Einkaufscontrolling ist gekennzeichnet durch die Umsetzung der Vorgaben des strategischen Einkaufscontrollings. Es umfasst folgende *Aspekte*:

- Planung, z. B. wie im Einzelnen vorzugehen ist, dazu zählt u.a. auch die Planung der Materialkosten unter besonderer Berücksichtigung von Kostenminimierung
- Kontrolle, z. B. der Kostenentwicklung, der Entwicklungen auf den Beschaffungsmärkten
- Analyse, z. B. von Wirtschaftsdaten (gesamtwirtschaftliche Daten), Kostenstrukturen und -entwicklungen als Grundlage für Prognosen der weiteren Entwicklung
- Information, z. B. über die Entwicklungen auf Beschaffungsmärkten (z. B. der Einkaufspreise bei den verschiedenen Materialien), die Entwicklungen der Umweltbedingungen mit entsprechender Berichterstattung an die Unternehmensführung, damit auf die Entwicklungen reagiert werden kann.

04. Auf welche Bereiche bezieht sich das Einkaufscontrolling?

Folgende für den Einkauf relevanten Bereiche sind Controllingobjekte:[1]

1. Die Umwelt des Einkaufsmarkts
2. der spezifische Einkaufsmarkt
3. Potenziale des Einkaufs im einkaufenden Unternehmen.

05. Welche Bereiche umfasst das Umweltcontrolling?

Umweltcontrolling ist die Beobachtung der Umwelt (das *environment*) des spezifischen Einkaufsmarkts; sie umfasst zwei Bereiche:

1. Gesamtwirtschaft, beobachtet werden die gesamtwirtschaftlichen und (wirtschafts-) politischen Bedingungen, z. B.

---

[1] in Anlehnung an Piontek, J., 2004, S. 60 ff.

- die konjunkturelle Entwicklung, Situation und Entwicklung der Beschäftigung, der Preise, der privaten und öffentlichen Nachfrage,
- Maßnahmen der Wirtschaftspolitik, Außenhandelspolitik, Zinspolitik, Subventionspolitik usw.

2. Märkte, das sind die Beschaffungsmärkte, auf denen bisher noch nicht eingekauft wurde, die aber bei entsprechender Entwicklung in der Zukunft für den Einkauf von Interesse sein könnten, das sind aber auch die Märkte, deren Bedarf an Rohstoffen u. Ä. die Preise auf den Beschaffungsmärkten in Zukunft beeinflussen könnten; beobachtet werden z. B.
- Angebotsentwicklungen
- Nachfrageentwicklungen.

06. Welche Aufgaben hat das Umweltcontrolling?

Die Aufgaben des Umweltcontrollings bestehen darin, die weitere Umwelt des Einkaufsmarkts zu beobachten. Zu den Aufgaben zählen die Sammlung und die Analyse von Informationen sowie die Prognose von Entwicklungen *(environment analysis)*; darüber hinaus sind Abweichungen von den prognostizierten Entwicklungen aufzugreifen und mit Vorschlägen für angemessene Maßnahmen zur Anpassung der Einkaufsstrategien an die Einkaufs- bzw. Unternehmensleitung zu berichten.

07. Auf welche Bereiche bezieht sich das Controlling des Einkaufsmarkts?

Das Controlling des spezifischen Einkaufsmarkts befasst sich mit Beobachtungen des Marktes, auf dem das einkaufende Unternehmen die erforderlichen Materialien, Rohstoffe, Teile, Handelswaren usw. einkauft. Das Einkaufsmarktcontrolling bezieht sich auf die folgenden Bereiche:

- Das Angebot, hinsichtlich
  - Menge
  - Qualität
  - Preise

- die Marktstruktur, hinsichtlich
  - der Anzahl der anbietenden Unternehmen, ihrer Betriebsformen, ihrer Standorte u. Ä.
  - des Distributionsgrades, d. h. des Anteils von Unternehmen, die das nach Art und Qualität definierte Material u. Ä. anbieten

- der Konkurrenzsituation und die Kooperation auf der Angebotsseite und die damit verbundene relative Marktmacht der Anbieter

- der Konkurrenzsituation auf der Nachfrageseite.

08. Welche Aufgaben hat das Controlling des Einkaufsmarkts?

Die Aufgaben des Controllings des spezifischen Einkaufsmarkts bestehen darin, Angebot und Nachfrage auf dem Einkaufsmarkt zu beobachten. Zu den Aufgaben zählen z. B.

- die Sammlung und die Analyse von Informationen über Anzahl und relative Bedeutung von Anbietern, über Preise von Materialien, über Anzahl und relative Bedeutung weiterer Nachfrager
- die Prognose von Entwicklungen
- Erfassung der Abweichungen von den prognostizierten Entwicklungen und ihre Analyse
- Kontrolle der Veränderungen sowohl auf der Angebots- als auch auf der Nachfrageseite und ihre Analyse
- Bericht mit Vorschlägen für angemessene Maßnahmen zur Anpassung der Einkaufsstrategien an die Einkaufs- bzw. Unternehmensleitung.

09. Welche Aufgaben hat das Controlling der Einkaufspotenziale?

Das Controlling der Einkaufspotenziale befasst sich mit der Kontrolle der Funktionen des Einkaufs in quantitativer und qualitativer Hinsicht. Die Aufgaben des Controllings der Einkaufspotenziale bestehen darin, ob und wie Handlungsspielräume des Einkaufs genutzt werden.

6.5.2 Instrumente

6.5.2.1 Budget und Budgettierungstechniken

01. Welche Kennzeichen weisen die Instrumente des Einkaufscontrollings auf?

Die Instrumente des Einkaufscontrollings weisen im Allgemeinen folgende Kennzeichen auf:

- Sie unterstützen die operative Planung.
- Sie kontrollieren die Maßnahmen des Einkaufs hinsichtlich der Planerfüllung.
- Sie zeigen Abweichungen von den vorgegebenen Zielen auf.
- Sie schaffen die Möglichkeiten zur Analyse der Abweichungen und
- zur Gegensteuerung.

02. Was bedeutet Budgetierung?

Als Budgetierung bezeichnet man die Erstellung eines Budgets. Ein Budget wird rechtzeitig vor Ende des laufenden Geschäftsjahres für das nächste Jahr (Budgetjahr) erstellt; an seiner Erstellung sind im Allgemeinen das Controlling sowie die Führungskräfte der Bereiche und Abteilungen maßgeblich beteiligt. Nach Genehmigung durch die Unternehmensleitung dient das Budget den Fachbereichen als Vorgaben. Die vorgegebenen Zahlenwerte müssen entweder mindestens erreicht oder dürfen nicht unterschritten werden.

Das Budget enthält die erwarteten Leistungen und Kosten für die Abschnitte (Monate oder Quartale) des folgenden Budgetjahres.

03. Welche Bedeutung hat die Budgetierung für die operative Planung?

Die Bedeutung der Budgetierung für die Planung zeigt sich u. a. in folgenden Aspekten:

- Die Werte in einem Budget beruhen in der Regel auf Vergangenheitswerten, die für das Budgetjahr entsprechend der erwarteten Entwicklung fortgeschrieben werden. (Das gilt zumindest für die traditionelle Budgetierung.) Die Prognosen gehen von Erfahrungen, Einschätzungen und Beobachtungen, z. B. der Konkurrenz (vgl. Benchmarking), aus. Die budgetierten Werte werden dadurch zur Grundlage operativer Planung.

- Mithilfe des Budgets wird die Erfolgskontrolle ermöglicht. Abweichungen von den Budgetansätzen werden beobachtet und analysiert; die Analyseergebnisse sind Grundlagen für eine Anpassung der operativen Planung.

04. Wodurch unterscheidet sich die traditionelle Budgetierung vom Zero-Base-Budgeting?

Bei der traditionellen Budgetierung wird von Vergangenheitswerten ausgegangen, die mit entsprechenden Zuschlägen fortgeschrieben werden. Alte Aufgaben bekommen durch diese Vorgehensweise ein relativ hohes Gewicht. Nachteile zeigen sich z. B. in bestimmten Einzelbudgets, wenn finanzielle Mittel bis zum Jahresende nicht verbraucht wurden; sie werden dann häufig für nicht geplante Anschaffungen verwendet, weil sonst mit einer Kürzung des Budgetansatzes für das folgende Jahr zu rechnen ist.

Die *Null-Basis-Budgetierung* vermeidet diese und ähnliche Nachteile. Vergangenheitswerte werden nicht berücksichtigt; es wird so vorgegangen, als stünde das Unternehmen am Anfang.

05. Welcher Zusammenhang besteht zwischen den Einzelbudgets und dem Gesamtbudget?

Das Gesamtbudget setzt sich aus mehreren Einzel- oder Teilbudgets zusammen. Die Einzelbudgets beziehen sich aufeinander bzw. sind voneinander abhängig. Die wesentliche Funktion des Gesamtbudgets besteht in der Koordination der Einzelbudgets. Zu den Einzelbudgets zählen z. B. das Produktions-, das Investitions-, das Personal- und das Beschaffungsbudget. Teil des Beschaffungsbudgets ist das Einkaufswertbudget.

06. Was enthält das Einkaufswertbudget?

Das Einkaufswertbudget enthält das geplante Einkaufsvolumen, das ist die Summe der geplanten Materialkosten. Materialkosten ergeben sich durch die Bewertung der geplanten Materialmenge mit Materialpreisstandards.

Der geplanten Materialmenge liegen im Allgemeinen die Stücklisten zu Grunde, die sich aus der Planung der Produktionsmengen ergeben.

07. Was sind Materialpreisstandards?

Die Bewertung erfolgt im Allgemeinen mit sog. Materialpreisstandards. Materialpreisstandards sind Plankosten, die sich auf der Grundlage von Erfahrungswerten aus der Vergangenheit mithilfe von Einschätzungen der Preis- und Kostenentwicklungen ergeben.

08. In welchem Zusammenhang steht das Einkaufswertbudget mit dem Beschaffungsbudget?

Das Einkaufswertbudget ist ein Teil des Beschaffungsbudgets. Das Beschaffungsbudget enthält außerdem die Budgetierungen der Bezugskosten und der anderen mit dem Einkauf und dem Bezug von Materialien verbundenen Kosten.

09. Welche Aufgabe erfüllt die beschaffungsorientierte Budgetierung?

Die beschaffungsorientierte Budgetierung soll alle Aktivitäten der Beschaffung, also auch des Einkaufs, mit Blick auf den geplanten Erfolg vorbereiten. Dazu muss der geplante Erfolg mithilfe von Standardwerten (Kostenstandards) wertmäßig festgelegt werden. Die Standardwerte werden auf der Grundlage sämtlicher durch die Beschaffung veranlassten Kosten ermittelt; dabei sind nach Möglichkeit alle Leistungen des Lieferanten zu berücksichtigen. Es ergeben sich folgende Kostenstandards:

- Materialpreisstandards
- Organisationskostenstandards
- Bezugskostenstandards
- Vorratswertstandards (Kapitalbindung).

Danach können die Einzelbudgets des Beschaffungsbudgets gebildet werden.

6.5.2.2 Prozessorientiertes Controlling

01. Was ist prozessorientiertes Controlling, und wie unterscheidet sich prozessorientiertes Controlling vom funktionsorientierten Controlling?

Das **prozessorientierte Controlling** ist ein horizontales, prozessbegleitendes Controlling, für das die Prozessbeteiligten die Verantwortung tragen. Es geht davon aus, dass die an einem Prozess Beteiligten, die Abläufe im Prozess am besten kennen und sie deshalb analysieren und steuern können. Dazu benötigen sie auf den jeweiligen Prozess ausgerichtete Instrumente, die den Prozessstand transparent machen und auch zur Kommunikation und Koordination im Team tauglich sind. Diese Instrumente müssen sie über Kosten und Kostenentwicklung, evtl. auch über die Preise der Mitbewerber informieren können.

Prozessorientiertes Controlling ist also nicht auf Abteilungen und Funktionsbereiche ausgerichtet, es verzichtet auf den Controller als Funktionsinstanz und damit auf vertikales Controlling. Das sind die wesentlichen Unterschiede zum **funktionsorientierten Controlling**.

02. Was bedeutet prozessorientiertes Controlling für den Beschaffungsprozess?

Das prozessorientierte Controlling ist in den Beschaffungsprozess integriert. Damit verbinden sich seine wesentlichen Aufgaben.

- Mithilfe der kostenorientierten Analyse des Beschaffungsprozesses sollen Rationalisierungsmöglichkeiten im Zusammenhang mit der Beschaffung bzw. mit dem Einkauf gefunden und ausgenutzt werden.
- Durch die verbesserte Kontrolle der Kostenverursacher wird die Wirtschaftlichkeit der Beschaffung bzw. des Einkaufs effektiver gesteuert.

03. Welche Bedeutung hat die Prozesskostenrechnung für das prozessorientierte Controlling?

Grundlage des prozessorientierten Controllings ist die Prozesskostenrechnung. Die Prozesskostenrechnung verlangt die Zerlegung der Kostenstellen in Teilprozesse und deren Verdichtung zu kostenstellenübergreifenden Hauptprozessen.[1]

Mithilfe der Prozesskostenrechnung werden die indirekten Kosten (Gemeinkosten) transparenter; sie ermöglicht darum die Suche nach Abhängigkeiten und Kostenverursachern.

6.5.2.3 Beschaffungsmarktsegmentierung und Materialpreisveränderungsrechnung

01. Was heißt Segmentierung im Allgemeinen, und was heißt Beschaffungsmarktsegmentierung im Besonderen?

Segmentierung des Beschaffungsmarktes bedeutet die Aufteilung des Marktes nach bestimmten Kriterien. Für die Segmentierung muss das Controlling solche Kriterien suchen, die eine Differenzierung der Kostenrechnungen und damit auch differenzierte Einkaufsentscheidungen ermöglichen.

---

[1] Vgl. die Ausführungen zur Prozesskostenrechnung in Kap. *3.2.3 Kostenrechnungssysteme.*

02. Welches Ziel wird mit der Beschaffungsmarktsegmentierung verfolgt?

Ziel der Segmentierung ist die Suche nach Kostensenkungspotenzialen.

03. Nach welchen Kriterien kann der Beschaffungsmarkt segmentiert werden?

Als Segmentierungskriterien eignen sich u. a. die Beschaffungsobjekte (z. B. Material), die Lieferanten oder Einkaufsgebiete (Regionen).

04. Welche Bedeutung hat die Materialpreisveränderungsrechnung?

Die Materialpreisveränderungsrechnung soll die Entwicklung der Preise bestimmter Materialien bei wiederholter Beschaffung aufzeigen.

05. Wie werden die Materialpreisveränderungen in der Materialpreisveränderungsrechnung angegeben?

Die Materialpreisveränderungsrechnung gibt den Unterschied zwischen den durchschnittlichen Beschaffungspreisen des Materials im laufenden Geschäftsjahr mit den entsprechenden Preisen des Materialzugangs im Vorjahr in Prozent an. Dadurch liefert die Materialpreisveränderungsrechnung dem Controlling Grundlagen für die Analysen der Veränderungen und ihrer Ursachen, sodass Steuerungsmaßnahmen ergriffen werden können.

6.5.2.4 Kennzahlen

01. Was sind Kennzahlen und welche Bedeutung haben Kennzahlen für das Controlling?

Kennzahlen sind Daten, die auf einfache Art und in verdichteter Form Informationen liefern, die z. B. für die Planung, Steuerung und Kontrolle des Einkaufs benötigt werden.[1]

Mehrere Kennzahlen können miteinander ein sog. Kennzahlensystem bilden, wenn sie in einer *sinnvollen Beziehung* zueinander stehen und *gemeinsam einen Sachverhalt erfassen* oder erklären.

Für das Controlling werden u. a. folgende Kennzahlen bzw. Kennzahlensysteme zur Versorgungssicherheit, zur Lieferantensteuerung und zur Qualitätssicherung benötigt:

- Versorgungssicherheit:
  - Beschaffungsmarktdurchdringung
  - Beschaffungsmarktbesetzung
- Lieferantensteuerung:
  - Termintreuegrad
  - Servicegrad.

---

[1] Vgl. hierzu die Ausführungen über Kennzahlen in Kap. *2.2 Strategische Analysen*.

- Qualitätssicherung:
  - Versorgungsqualität
  - Bereitstellungsqualität
  - Entsorgungsqualität.

02. Was wird mit der Kennzahl für die Beschaffungsmarktdurchdringung angegeben?

Die Kennzahl für die Beschaffungsmarktdurchdringung setzt für ein Beschaffungsobjekt das realisierte oder geplante Beschaffungsvolumen des beschaffenden Unternehmens zum Versorgungspotenzial des Beschaffungsmarktes in Beziehung; dabei werden Beschaffungszeitraum, Beschaffungsregion und Kostengrenzen berücksichtigt. Die Kennzahl, der sog. *Durchdringungsgrad*, gibt also an, in welchem Umfang das beschaffende Unternehmen in einem bestimmten Zeitraum und innerhalb bestimmter Kostengrenzen für ein Beschaffungsobjekt, z. B. für ein Material, das Versorgungspotenzial des Beschaffungsmarktes ausgeschöpft hat.

Die Formel für den Durchdringungsgrad des Beschaffungsmarktes lautet folgendermaßen:

$$DdrGrad_{BM} = \frac{Beschaffungsvolumen}{Versorgungspotenzial}$$

In einem Vergleich des tatsächlichen Durchdringungsgrades mit dem geplanten können Abweichungen festgestellt und analysiert werden.

03. Welche Informationen liefert die Kennzahl für die Beschaffungsmarktbesetzung?

Die Kennzahl für die Beschaffungsmarktbesetzung setzt für ein Beschaffungsobjekt die Anzahl der aktiven zur Anzahl der potenziellen Lieferanten in Beziehung; dabei werden neben Beschaffungszeitraum, Beschaffungsregion und Kostengrenzen auch eine Differenzierung der Lieferanten (z. B. nach Angebotsprogramm oder -schwerpunkten) berücksichtigt. Die Kennzahl für die Beschaffungsmarktbesetzung, der sog. *Besetzungsgrad*, gibt Auskunft über das Versorgungsrisiko.

Die Formel für den Besetzungsgrad lautet folgendermaßen:

$$BesGrad_{BM} = \frac{aktive\ Lieferanten}{potenzielle\ Lieferanten}$$

Ein hoher Besetzungsgrad weist auf eine hohe Versorgungssicherheit hin.

Mit einer besonderen Kennzahl, die das realisierte Beschaffungsvolumen für ein Beschaffungsobjekt zur Anzahl der Lieferanten in Beziehung setzt (unter Berücksichtigung der zeitlichen, regionalen Grenzen und Kostengrenzen sowie der Lieferantendifferenzierung) kann ermittelt werden, wie weit das Risiko tatsächlich gestreut ist. Aus einer niedrigen Kennzahl für die Risikostreuung kann geschlossen werden, dass die Versorgung möglicherweise nicht ausreichend gesichert ist.

04. Welche Kennzahlen dienen der Lieferantensteuerung?

Kennzahlen, die der Lieferantensteuerung dienen, sind der Termintreuegrad und der Servicegrad.

- Der *Termintreuegrad* ist die Kennzahl für die Einhaltung vereinbarter Liefertermine; er gibt für ein Beschaffungsobjekt an, in welchem Umfang vereinbarte Liefertermine eingehalten wurden.

Die Formel für den Termintreuegrad bei einem bestimmten Beschaffungsobjekt ergibt sich rechnerisch aus dem Verhältnis verspäteter Lieferungen zu allen Lieferungen (unter Berücksichtigung zeitlicher, regionaler Grenzen und Kostenbegrenzung).

$$\text{TermTrGrad} = \frac{\text{verspätetes Beschaffungsvolumen}}{\text{gesamtes Beschaffungsvolumen}}$$

- Der *Servicegrad* ist die Kennzahl für den Service. Er ergibt sich für ein bestimmtes Beschaffungsobjekt rechnerisch aus dem Verhältnis der sofort ausgeführten Anforderungen zu allen Anforderungen (unter Berücksichtigung zeitlicher, regionaler Grenzen und Kostenbegrenzung).

$$\text{ServGrad} = \frac{\text{sofort geliefertes Beschaffungsvolumen}}{\text{insgesamt angefordertes Beschaffungsvolumen}}$$

05. Mit welcher Kennzahl wird die Versorgungsqualität kontrolliert?

Als Versorgungsqualität wird die Qualität von Serviceleistungen, z. B. Montage, Installation, Schulungsmaßnahmen, Ausführung von Folgeaufträgen, Kundendienst u. Ä., bezeichnet. Als Kennziffer gilt die *Beanstandungsquote*; sie wird nach folgender Formel ermittelt.

$$\text{BeanstQuote}_{\text{Serv}} = \frac{\text{beanstandete Lieferungen}}{\text{alle Lieferungen}} \qquad \text{(Lieferungen jeweils Anzahl)}$$

Mithilfe der Kennzahl lassen sich Abweichungen von dem vorgegebenen Qualitätsziel feststellen. Wenn das Qualitätsziel nicht erreicht wird, sind die Gründe für die Abweichungen zu analysieren. Eventuell muss durch angemessene Maßnahmen der Entwicklung gegengesteuert werden.

06. Mit welcher Kennzahl wird die Bereitstellungsqualität kontrolliert?

Materialien, Rohstoffe, Teile und andere Beschaffungsobjekte können durch Bewegungsvorgänge anlässlich der Bereitstellung, z. B. beim Umladen und Ausladen, beschädigt werden. Als Bereitstellungsqualität wird die Qualität der bereitgestellten Beschaffungsobjekte im Sinne von Beschädigungsfreiheit bezeichnet. Die Anzahl der Beschädigungen darf eine vorgegebene Höchstgrenze nicht überschreiten, da sonst die Produktion gefährdet sein kann. Deshalb ist es erforderlich die Bereitstellungsqualität zu kontrollieren. Die Kennzahl zur Kontrolle ist die *Schadensquote*; sie wird nach folgender Formel berechnet.

$$\text{SchQuote} = \frac{\text{beschädigte Beschaffungsobjekte}}{\text{bewegte Beschaffungsobjekte}} \qquad \text{(Beschaffungsobjekte jeweils Wert oder Anzahl)}$$

Mithilfe der Kennzahl lassen sich Abweichungen von dem vorgegebenen Qualitätsziel feststellen. Wenn das Qualitätsziel nicht erreicht wird, sind die Gründe für die Abweichungen zu analysieren. Eventuell muss durch angemessene Maßnahmen der Entwicklung gegengesteuert werden.

07. Mit welcher Kennzahl wird die Entsorgungsqualität kontrolliert?

Abfälle eines Unternehmens sind zu beseitigen, dabei sind behördliche Vorschriften zu beachten. Wenn die Abfallbeseitigung nicht den Vorschriften entspricht, wird sie beanstandet. Die tatsächlich erreichte Entsorgungsqualität sagt etwas aus über die Anzahl der Beanstandungen. Die Kennzahl für die Entsorgungsqualität, die *Beanstandungsquote*, wird nach folgender Formel ermittelt.

$$\text{BeanstQuote}_{\text{Ents}} = \frac{\text{mangelhafte Abfallbeseitigungen}}{\text{alle Abfallbeseitigungen}}$$

Mithilfe der Kennzahl lassen sich Abweichungen von dem vorgegebenen Qualitätsziel feststellen. Wenn das Qualitätsziel nicht erreicht wird, sind die Gründe für die Abweichungen zu analysieren. Eventuell muss durch angemessene Maßnahmen der Entwicklung gegengesteuert werden.

7. Logistik

7.1 Materialplanung und Bedarfsermittlung

7.1.1 Grundlagen der logistischen Planung und Steuerung

7.1.1.1 Begriffsbestimmungen

01. Worauf bezieht sich die logistische Planung und Steuerung?

Die logistische Planung und Steuerung bezieht sich auf

- den Material- und den Informationsfluss
- die Logistik
- das Materialmanagement
- die physische Distribution.

02. Welcher Zusammenhang besteht zwischen Material- und Informationsfluss?

Als *Materialfluss* bezeichnet man den Fluss des Materials vom Lieferanten zum Lager oder zur Fertigung des Bestellers. Die einzelnen Abschnitte des Materialflusses sind u. a.

- Materialanfuhr

- Materialeingang mit
  - Annahme
  - Auspacken
  - Kontrolle

- Lager oder Fertigung.

Mit dem Materialfluss korrespondiert der *Informationsfluss*. Informationen über Bestände lösen Beschaffungsaktivitäten und schließlich die Bestellung aus. Informationen über die Ergebnisse der Kontrollen bewirken entweder die Freigabe des Materials oder die Mängelrüge usw.

03. Wie lässt sich Logistik definieren?

Der Begriff Logistik weist die folgenden definitorischen Merkmale auf:

- Logistik bezeichnet alle Maßnahmen und Instrumente für einen optimalen Fluss von Material, Werten und Informationen im Rahmen des betrieblichen Leistungserstellungsprozesses.

- Der Material- und Informationsfluss reicht von der Beschaffung über die Leistungserstellung bis zur Verteilung (Distribution).

- Die Logistikziele sind aus den Unternehmenszielen abgeleitet.

04. Welche Aufgabe hat das Materialmanagement?

Das Materialmanagement hat die Aufgabe, die Fertigung qualitativ und quantitativ zu versorgen bei gleichzeitiger wirtschaftlicher Gestaltung der Lagerhaltung. Das Ziel des Materialmanagements ist die Optimierung des Materialflusses.

05. Wie lässt sich physische Distribution definieren?

Als physische Distribution wird die Verteilung der Endprodukte an die (vorläufigen) Endabnehmer bezeichnet.

7.1.1.2 Ziele

01. Auf welche Ziele ist die logistische Planung und Steuerung ausgerichtet?

Die logistische Planung und Steuerung ist u. a. auf folgende Ziele ausgerichtet:

- Optimale Gestaltung der Logistikkette (Supply Chain)
- optimale Gestaltung des Lieferservice
- Minimierung der Distributionskosten.

02. Welche logistischen Prozesse stehen im Zusammenhang mit der Lieferkette?

An allen Stationen der Lieferkette, der sog. Supply Chain, finden logistische Vorgänge bzw. logistische Prozesse statt. Dazu zählen z. B. Warenumschlag, Kommissionierung, Transport, Einlagerungen usw.

03. Was wird als Supply Chain bezeichnet?

Als Supply Chain bezeichnet man die *unternehmensübergreifende Lieferkette*; sie wird gelegentlich auch als Wertschöpfungskette bezeichnet. Eine derartige Liefer- oder Wertschöpfungskette reicht von den Zulieferern über die Hersteller von Halbfabrikaten und Fertigprodukten, über den Handel und die Endverkäufer zu den privaten Endverbrauchern. Die Supply Chain umfasst nicht nur die unmittelbar beteiligten Fertigungs- und Handelsunternehmen, sondern auch die mittelbar beteiligten Logistikdienstleister (Transport- und Lagerhaltungsunternehmen, Docking Center). Die Kette hat einen sichtbaren Teil, den Warenfluss, und einen unsichtbaren, den Informationsfluss.

7.1 Materialplanung und Bedarfsermittlung

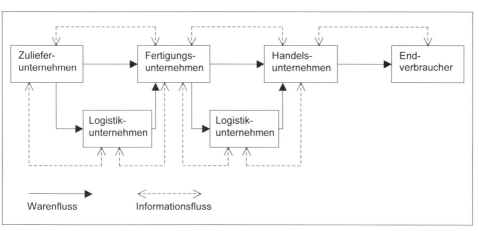

Abb.: Supply Chain

04. Was wird mit dem Begriff Supply-Chain-Management umschrieben?

Supply-Chain-Management umschreibt alle Maßnahmen im Zusammenhang mit der Organisation von Informations- und Warenflüssen zwischen den Gliedern dieser Kette mit dem Ziel, sie zu optimieren. Dazu gehören auch die Analyse und die angemessene Beeinflussung der Kettenstruktur, d. h. der an der Kette beteiligten Institutionen. Das zeigt, dass das Supply-Chain-Management mehr ist als die Organisation von Warenflüssen.

05. Welches Ziel verfolgt das Supply-Chain-Management?

Das Supply-Chain-Management ist vor allem darauf gerichtet, autonom handelnde Unternehmen so miteinander zu verbinden, dass sie ihre spezifischen Kernkompetenzen in die Lieferkette einbringen können. Einzelaufgaben und Ziele lassen sich folgendermaßen umschreiben:

- Rationalisierung des Warenflusses
- Organisation des Informationsflusses
- Verringerung von Lagerbeständen evtl. auch Vermeidung von Lagerbeständen durch Organisation von Just-in-time-Lieferungen
- Verringerung von Logistikkosten
- schnelle Lieferung zur rechtzeitigen Regalauffüllung und zur Vermeidung des Problems Out of Stock
- besondere Berücksichtigung des Endkunden, d. h. aus der Sicht des Handels der Verbraucherhaushalte.

06. Mit welchen Mitteln können die Ziele des SCM erreicht werden?

Zu den Mitteln, die das SCM einsetzen kann, um seine Ziele zu erreichen, zählen u. a.

- logistische Standardprozesse, wie z. B. das Cross Docking und die Warenflusssteuerung
- Technologien zur automatischen Identifikation von Lagerbeständen
- Optimierung der Versandeinheiten (EUL).

07. Was bedeutet Cross Docking?

Der Begriff Cross Docking leitet sich von dem Vorgang des Warenumschlags im Distributionslager ab: Die Lkw des Lieferers docken an der Empfangsrampe des Distributionslagers an, die Waren werden nach Empfängern zusammengefasst und auf der Ausgangsrampe für die Abholung bereit gestellt; die Ausgangsrampe liegt im Allgemeinen der Empfangsrampe gegenüber.

08. Was wird als einstufiges Cross Docking bezeichnet?

Bei einem einstufigen Cross Docking hat der Absender die Versandeinheiten, z. B. Paletten, mit Bezug auf den Endempfänger bereits kommissioniert. Im Cross Docking Center werden die Versandeinheiten lediglich weitergeleitet.

09. Was wird als zweistufiges Cross Docking bezeichnet?

Bei einem zweistufigen Cross Docking hat der Absender die Versandeinheiten mit Bezug auf ein Cross Docking Center kommissioniert. Im Center werden die Versandeinheiten aufgelöst und zu neuen Einheiten zusammengestellt. Diese Versandeinheiten werden mit Bezug auf den Empfänger, das kann der Endempfänger oder ein weiteres Cross Docking Center sein, kommissioniert.

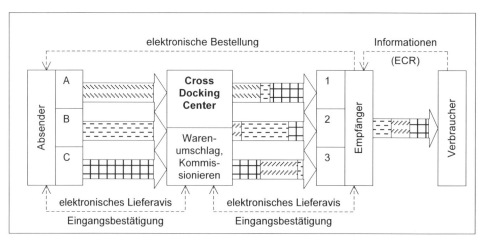

Abb.: Cross Docking (schematische Darstellung, die Schraffuren geben Warenumschlag und Kommissionierung an)

10. Welche Kennzeichen weist der Cross-Docking-Prozess auf?

Der Cross-Docking-Prozess weist zwei wesentliche Kennzeichen auf.

- Der Warenumschlag soll in möglichst kurzer Zeit abgewickelt werden; angestrebt werden Umschlagzeiten von unter 24 Stunden. Das Ziel dabei ist die Vermeidung von Zwischenlagerungen und der damit verbundenen Lagerhaltungskosten.
- Die beteiligten Institutionen, also Absender, Empfänger, und Cross Docking Center, sind durch ein Informationssystem miteinander verknüpft. Dadurch wird die gesamte Supply Chain geplant und gesteuert. Ein wichtiges Hilfsmittel dabei ist die Nummer der Versandeinheit (NVE) und das elektronische Lieferavis.

11. Welche Elemente weist der Datenaustausch zwischen Lieferer, Empfänger (Besteller) und Cross-Docking-Center auf?

Wesentliche Elemente des Datenaustauschs sind die *elektronische Bestellung, das elektronische Lieferavis* und *die Lieferbestätigung*. Der Einkauf bestellt die Waren elektronisch (im Handel unter Berücksichtigung der Kundenwünsche). Der Lieferer kann die Lieferung zusammenstellen, kommissionieren, für den Versand bereitstellen und schließlich versenden. Bei Versand wird die Lieferung avisiert, dabei werden die in der Lieferung enthaltenen Waren beschrieben. Die Lieferung wird bei Eingang anhand der Liefermeldung geprüft. Danach kann der Eingang bestätigt werden.

Wenn der Lieferer an ein Cross-Docking-Center liefert, erhält das Center auch das Lieferavis; es bestätigt dem Lieferer auch den Eingang der Lieferung. Das Center avisiert dem Empfänger die Lieferung und der Empfänger bestätigt dem Center den Eingang der Lieferung.

12. Wie erfolgt der Datenaustausch?

Der Datenaustausch erfolgt im Allgemeinen mit dem *Electronic-Data-Interchange (EDI)*; EDI ist der elektronische Austausch strukturierter Geschäftsdaten zwischen den beteiligten Unternehmen. Die Daten sollen zweckmäßigerweise schnell der Zielanwendung zugeführt und in die interne Bearbeitung einbezogen werden. Im Allgemeinen verwenden die Unternehmen standardisierte Datensysteme als Kommunikationsbasis, die von einer Vielzahl von Partnern genutzt werden können.

13. Welche Vorteile hat das Electronic-Data-Interchange (EDI)?

Das Electronic-Data-Interchange (EDI) hat u. a. folgende Vorteile:

- Verwaltungsarbeiten werden rationalisiert
- manuelle Eingaben entfallen
- die Fehlerquote wird durch den Wegfall der manuellen Eingaben und der Verwendung von Standards reduziert
- die Bearbeitungszeit wird verkürzt.

7.1.1.3 Planung und Steuerung

01. Wodurch wird die logistische Planung und Steuerung ausgelöst?

Die logistische Planung und Steuerung wird durch *Aufträge* ausgelöst. Zu unterscheiden sind externe von internen Aufträgen. Externe Aufträge sind Kundenaufträge, interne Aufträge sind z. B. Lageraufträge, die der Lagerauffüllung dienen. Lageraufträge und Kundenaufträge sind Fertigungsaufträge, wenn sie von der eigenen Fertigung ausgeführt werden. Fertigungsaufträge lösen im Zusammenhang mit der Produktionsplanung und -steuerung (PPS) weitere Aufträge aus, die sog. *abgeleiteten Aufträge*. Zu den abgeleiteten Aufträgen zählt u. a. auch der Auftrag an den Einkauf zur Beschaffung von Materialien usw., Aufträge an das Lager zur Bereitstellung von Lagerraum, an das Transportwesen zur Vorbereitung des Transports und zur Bereitstellung von Transportmitteln u. Ä.

Im Zusammenhang mit der Auftragsabwicklung fallen *Material- und Informationsflüsse* an; sie sind Gegenstand der logistischen Planung und Steuerung.

02. Welche Aspekte umfasst die Auftragsabwicklung?

Als Auftragsabwicklung bezeichnet man den Prozess der Erfüllung von Kundenaufträgen vom Zeitpunkt der Bestellung durch den Kunden bis zur Bezahlung der Rechnung durch den Kunden.

Der Prozess umfasst folgende Aspekte:

- Bestellung, sie enthält die wesentlichen Daten des Auftrags
- Auftragsbearbeitung, dazu zählt neben der Überprüfung des Auftrags auch die Einplanung in das Logistiksystem
- Fertigung und/oder Zusammenstellung des Auftrags
- Verpackung und Versand
- Fakturierung.

03. Was ist Gegenstand der logistischen Planung und Steuerung?

Die im Zusammenhang mit einem Kundenauftrag anfallenden Material- und Informationsflüsse sind zu planen und zu steuern. Die Material- und Informationsflüsse beginnen mit der Auftragserfassung und durchlaufen alle Funktionsbereiche, die von dem Auftragsdurchlauf betroffen sind.

Die logistische Planung und Steuerung umfasst u. a. die folgenden Aspekte:[1]
- Kundenauftragserfassung
- Durchlaufzeitenberechnung

---

[1] Die einzelnen Aspekte (Begriffe gemäß Rahmenplan) werden im Folgenden ausführlich behandelt, die Bedarfsermittlung darüber hinaus auch in Kap. *3.1.3 Disposition*

7.1 Materialplanung und Bedarfsermittlung

- Bedarfsermittlung
- Wareneingang mit Qualitätskontrolle
- Lagerwirtschaft, Lagersteuerung und Lagerverwaltung
- Transport und Transportverträge
- Logistikcontrolling.

04. Welche Daten fallen im Zusammenhang mit der Auftragserfassung an?

Der Auftrag ist die Informationsquelle für die Logistik. Die Auftragsdaten sind „der Input für das Logistiksystem".[1] Es ist deshalb wichtig, dass die Bestellung möglichst alle erforderlichen Daten enthält. Zu den wichtigen Auftragsdaten zählen

- Auftragsdatum, -nummer
- Kunde: Adresse und Nummer, Branche und Stellung im Absatzweg
- Verkäufer, Verkaufsgebiet
- Artikel: Bezeichnung, Nummer, Menge, Bruttopreis
- Verkaufsbedingungen, Rabatte
- Transportmittel
- zu berechnender Versandkostenanteil
- Versandanschrift
- Liefertermin.

05. In welchem Zusammenhang stehen die Informations- mit den Güterflüssen?

Informations- bzw. Datenflüsse können den Güter- bzw. Materialflüssen vorauslaufen, sie begleiten oder ihnen folgen.

- *Vorauslaufende* Informationsflüsse informieren die betroffenen Stellen über eintreffende Materialien; die Stellen erhalten so die Grundlagen für die Planungen.
- *Begleitende* Informationsflüsse versorgen die betroffenen Stellen mit Informationen für die Ausführung von Transport-, Umschlag- und Lagertätigkeiten. Darüber hinaus liefern sie Informationen über den aktuellen Stand des Güter- bzw. Materialflusses und schaffen dadurch Grundlagen für die Steuerung des Materialflusses bzw. des Güterflusses
- *Nachfolgende* Informationsflüsse versorgen die betroffenen Stellen mit Daten, die erst nach dem Materialfluss zur Verfügung stehen; das sind z. B. die Daten für die Rechnungsstellung, für bestimmte Versandpapiere u. Ä.

---

[1] Vgl. hierzu und zum Folgenden: Pfohl, H.-C., 2010, S. 78 ff.

7.1.2 Prozessorientierte Disposition[1]

01. Was ist prozessorientierte Disposition?

Bei der prozessorientierten Disposition orientiert sich die Planung des Bedarfs an Materialien u. dgl. am Ablauf des Fertigungsprozesses. Der Fertigungsprozess besteht aus den einzelnen aufeinander bezogenen Bearbeitungsstellen; zwischen den Bearbeitungsstellen wird das (bearbeitete) Material transportiert („gefördert") oder es wartet auf die Förderung bzw. auf die weitergehende Bearbeitung.

02. Wie ergibt sich die Durchlaufzeit des Materials?

Die Durchlaufzeit des Materials ist der Zeitraum vom Beginn des ersten Fertigungsabschnittes bis zur endgültigen Fertigstellung; sie beginnt mit der Bereitstellung des Materials für die erste Bearbeitung und endet mit der Fertigstellung des Teils bzw. des Produkts und Bereitstellung für die weitere Bearbeitung oder für den Transport ins Fertiglager. Die Durchlaufzeit ergibt sich als Summe aus allen Teilzeiten (vgl. folgende Fragen).

03. Welche Komponenten weist die Durchlaufzeit auf?

Die Durchlaufzeit weist folgenden Komponenten auf:[2]

1. Bearbeitungszeit
2. Rüstzeit
3. Förderzeit
4. Kontrollzeit
5. Liegezeit.

Zu 1. Die Bearbeitungszeit ergibt sich aus der Auftragsmenge unter Berücksichtigung der Stückzeit.

Zu 2. Rüstzeit ist die Zeit für die Vorbereitung und die Nachbereitung eines Arbeitsplatzes.

Zu 3. Förderzeit ist die Zeit, die für den Transport des Materials oder des Werkstücks von einem Platz zum nächsten bzw. in das Lager erforderlich ist; von der Förderzeit ist die Wartezeit während des Transports zu unterscheiden.

Zu 4. Die Kontrollzeit wird für die Kontrolle des Fertigungsprozesses mit seinen Komponenten benötigt.

Zu 5. Die Liegezeit ist die Zeit, in der das Werkstück ruht, auf die Fortsetzung der Bearbeitung oder Verarbeitung „wartet" (deshalb wird diese Zeit auch als Wartezeit bezeichnet).

---

[1] Hier sieht der Rahmenplan auch eine Einführung in die Wertanalyse vor („Fähigkeit, wertanalytisch zu denken und zu arbeiten"). Es handelt sich um die gleichen Vorgaben wie zu Kap. *6.3 Preis- und Wertanalyse*. Der Leser wird deshalb auf die Ausführungen in Kap. *6.3.1 Wertanalyse* verwiesen.
[2] Vgl. Ebel, B., 2009, S. 243 ff.

7.1 Materialplanung und Bedarfsermittlung

04. Welche Ursachen haben Liegezeiten?

Liegezeiten sind *Wartezeiten*; das sind die Zeiten, in denen das Material auf die Förderung bzw. auf die Bearbeitung „wartet". Liegezeiten werden einerseits als Arbeitspuffer geplant, damit zusätzliche (unnötige) Wartezeiten vermieden werden. Andererseits entstehen Liegezeiten aber auch aus unzulänglicher Planung von Arbeits- und Transportterminen und durch nicht vorherzusehende Störungen des Fertigungsablaufs.

Die Liege- oder Wartezeiten machen einen relativ hohen Anteil an der Durchlaufzeit aus. Entsprechend hoch ist auch der durch sie verursachte Anteil an den Lagerhaltungskosten (Kosten der Kapitalbindung).

Verkürzungen der Durchlaufzeiten setzen häufig bei den Liegezeiten an, da Bearbeitungs- und Transportzeiten durch die technischen Gegebenheiten der Produktion im Allgemeinen festliegen.

05. Welche Bedeutung hat die Durchlaufzeit für den Bedarf?

Die Durchlaufzeit bestimmt den Zeitpunkt des Bedarfs an Materialien u. dgl. Bei mehrstufiger Produktion ist auch die Vorlaufzeit zu berücksichtigen. Als Vorlauf wird die Fertigung von Teilen bezeichnet, die für die nächste Fertigungsstufe benötigt werden.

06. Welche Funktion hat die Durchlaufterminierung?

Die Durchlaufterminierung ist ein Aspekt des PPS-Systems. Sie dient der termingerechten Steuerung des Bedarfs.

Bei der *Vorwärtsterminierung* wird von einem fiktiven Termin (Zeitpunkt 0) ausgegangen, an dem die Fertigung in der ersten Bearbeitungsstelle beginnen soll. Vom Zeitpunkt 0 aus werden die Termine berechnet, an denen die folgenden Bearbeitungen frühestens beginnen können; über die Berücksichtigung der Bearbeitungsdauer ergibt sich das früheste Ende der Bearbeitungszeit in der jeweiligen Stelle. Schließlich wird mit dem Ende der Bearbeitungszeit in der letzten Stelle das frühest mögliche Ende des Durchlaufs angegeben.

Bei der *Rückwärtsterminierung* wird vom Termin der Fertigstellung ausgegangen und schließlich der späteste Termin ermittelt, an dem die erste Bearbeitung beginnen muss, damit der Endtermin erreicht werden kann.

07. Welche Funktion erfüllt das Durchlaufzeiten-Controlling?

Das Durchlaufzeiten-Controlling steuert die Durchlaufzeit des Materials (bzw. des Auftrags). Seine Aufgaben liegen u. a.

- in dem Vergleich der Soll-Werten mit den Ist-Werten der Durchlaufzeiten (Bearbeitungs- und Transportzeiten)

- in der Analyse von Abweichungen
- in der Kontrolle der nicht geplanten Liegezeiten
- in der Suche nach Möglichkeiten zur Vermeidung ungeplanter Liegezeiten und zur Minimierung geplanter Liegezeiten.

7.2 Wareneingang und Qualitätskontrolle

7.2.1 Aufgaben des Wareneingangs

01. Welche Aktivitäten fallen beim Wareneingang an?

Beim Waren- bzw. Materialeingang fallen folgende Aktivitäten an:

- Annahme des Materials bzw. der Ware
- Prüfung der Übereinstimmung von Bestellung und Lieferung (Identitätsprüfung) durch den Vergleich der Bestelldaten mit den Lieferdaten hinsichtlich
    - der Material- bzw. Warenart
    - der Menge
    - der Qualität
    - des Liefertermins.
- Freigabe der Lieferung zur Entladung an der vorgesehenen Entladestelle
- weitergehende Kontrollen, insbesondere der Qualität
- Erstellung von Unterlagen über den Materialeingang, z. B. Mängelberichte, Eingangsbelege für die Freigabe.

02. Wie lassen sich Material- und Informationsfluss im Wareneingang darstellen?

Der Material- und Informationsfluss im Zusammenhang mit dem Wareneingang wird in Anlehnung an die Vorgaben des Zentralverbandes der Elektrotechnischen und Elektronischen Industrie (ZVEI) folgendermaßen dargestellt.[1]

---

[1] nach Schulte, C., 2009, S. 334

7.2 Wareneingang und Qualitätskontrolle

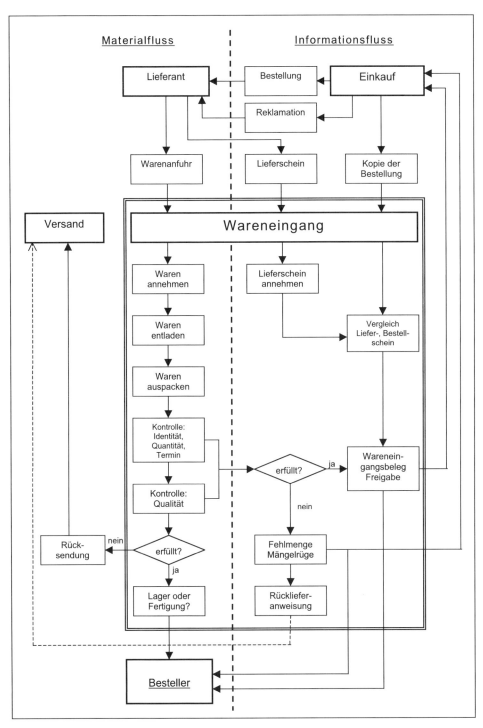

Abb.: Material- und Informationsfluss

03. Welche Aspekte umfasst die Gestaltung des Wareneingangs?

Die Gestaltung des Wareneingangs betrifft u. a.

- Einrichtungen für das Ausladen, den Warenumschlag, den Transport
- Gestaltung der Ladezone (z. B. Rampe)
- Räume und Flächen für den Umschlag, für die Abwicklung, für Verwaltungsvorgänge, für die Prüfung
- technische Einrichtungen für Materialbewegungen und Entnahmen für die Prüfungen und die Qualitätskontrolle (z. B. Förderzeuge, Gabelstapler)
- Geräte für Prüfungen und Kontrollen
- Standort des Lagers, bei dem die angelieferten Materialien entladen bzw. angenommen werden (zentrale oder dezentrale Warenannahme).

04. Wovon ist die Gestaltung des Wareneingangs abhängig?

Die Gestaltung des Wareneingangs nach Art und Umfang ist u. a. von folgenden *Kriterien* abhängig:

- Spezifischen Merkmalen des eingehenden Materials, z. B. Art, Form, Gewicht, Zustand, Empfindlichkeit, Qualität
- Wertkategorie des eingehenden Materials, z. B. A-, B- oder C-Güter
- Aufgabenumfang
- Minimierung der Durchlaufzeiten von Material und Informationen und
- Minimierung der Kosten, die im Zusammenhang mit dem Wareneingang entstehen.

05. Wie unterscheiden sich Zentralisation und Dezentralisation des Wareneingangs?

Von **zentralem Wareneingang** spricht man, wenn es lediglich einen Standort für den Wareneingang gibt; alle eingehenden Waren und Materialien werden hier angenommen, geprüft entladen usw. Häufig befindet sich der Standort in unmittelbarer Nähe einer Werkseinfahrt. **Dezentraler Wareneingang** liegt vor, wenn es mehrere Wareneingangsstandorte gibt; die Standorte befinden sich an den Einsatzorten der Materialien oder an den spezifischen Lagerorten.

06. Welche Gründe bestehen für eine zentrale Materialannahme?

Für die zentrale Warenannahme bestehen u. a. folgende Gründe:

- Räume und Einrichtungen für die Warenannahme und den Weitertransport sind nur einmal vorzuhalten; zusätzliche Investitionen werden vermieden.
- Aufwändige Prüfeinrichtungen, Geräte und Labore, können besser ausgelastet werden.
- Speziell qualifiziertes Personal kann effizienter eingesetzt werden.
- Lieferverkehr auf dem Werksgelände wird vermieden.

7.2 Wareneingang und Qualitätskontrolle

07. Welche Gründe bestehen für eine dezentrale Materialannahme?

Für die dezentrale Warenannahme bestehen u. a. folgende Gründe:

- Zeitaufwändige Warenumschläge werden vermieden. Das ist insbesondere bei Just-in-time-Lieferungen von Bedeutung.
- C-Güter und sonstige Materialien, bei denen auf Prüfungen verzichtet werden kann, können an den Einsatzort oder den Lagerort geliefert werden.

7.2.2 Warenannahme und Qualitätsprüfung

7.2.2.1 Formalitäten und Prüfung

01. Welche Vorschriften bestehen für die Prüfung eingehender Waren bzw. Materialien?

Wenn der Kauf für beide Teile ein Handelsgeschäft ist, wird die Prüfung eingehender Waren in § 377 HGB vorgeschrieben. Der Käufer muss die eingehende Ware unverzüglich nach Ablieferung prüfen.

02. Welche Mängel können in einem Handelsgeschäft auftreten?

Mängel, die in einem Handelsgeschäft auftreten können, beziehen sich auf

- die Qualität der gelieferten Ware
- die Menge (es wurde zu wenig oder zu viel geliefert)
- die Art (es wurde die falsche Ware geliefert).[1]

03. Welche Prüfungen sind vorgesehen?

Den Vorschriften entsprechend (vgl. Frage 01. und 02.) beziehen sich die Prüfungen bei Waren- bzw. Materialeingang auf

- die Qualität
- die Menge
- die Art der angelieferten Ware bzw. der angelieferten Materialien.

04. Was ist zu tun, wenn eingehende Waren oder Materialien Mängel aufweisen?

Ist die gelieferte Ware mangelhaft, muss der Käufer den Mangel dem Verkäufer *unverzüglich anzeigen* (§ 377 Abs. 1 HGB). Wenn er diese sog. *Mängelrüge* unterlässt, gilt die Ware als genehmigt; der Käufer verliert Ansprüche an den Verkäufer. Als Ausnahme gilt, wenn der Mangel trotz sorgfältiger Prüfung nicht entdeckt wurde (versteckter Mangel).

---

[1] Vgl. die Ausführungen zu Mängeln und Mängelrügen in Kap. *4. Rechtliche Gestaltung in Einkauf und Logistik*

05. Wann wird ein sog. versteckter Mangel gerügt?

Wird der Mangel erst später entdeckt, muss er unverzüglich nach Entdeckung gerügt werden.

06. Welche Angaben sollen eine Mängelrüge beinhalten?

Mit der Mängelrüge zeigt der Käufer dem Verkäufer in einem Handelskauf an, dass die gelieferte Sache mangelhaft ist. Der Käufer muss den Mangel genau beschreiben; evtl. ist der Rüge Beweismaterial beizufügen. Darüber hinaus sollte der Käufer auch angeben, welche Rechte er in Anspruch nehmen will.

07. Welche Rechte hat ein Käufer bei Lieferung von Sachen, die mit Mängeln behaftet sind?

Nach § 437 BGB hat der Käufer bei sog. Sachmängeln folgende Rechte:

- Nacherfüllung
- Rücktritt vom Vertrag
- Minderung des Kaufpreises
- Schadenersatz
- Ersatz vergeblicher Aufwendungen.

08. Wie wird Material bei Warenannahme geprüft?

Die Prüfung von Materialien bei Warenannahme ist eine *Identitätsprüfung*, die im Allgemeinen anhand der Belege durchgeführt wird. Verglichen werden die Angaben in den Warenbegleitpapieren (z. B. Lieferschein) mit den entsprechenden Daten der Bestellung, die dem Wareneingang mit der Kopie der Bestellung (Bestellsatzkopie) vorliegen oder mithilfe des PCs abgerufen werden können.

Die Intensität der Prüfung eingehender Materialien hängt davon ab, ob es sich um A-, B- oder C-Güter handelt.

09. Was wird bei Warenannahme geprüft?

Bei Annahme werden u. a. folgende Prüfungen vorgenommen, dabei wird insbesondere die Übereinstimmung der Angaben im Lieferschein mit den vorliegenden Daten der Bestellung verglichen.

- Art der Ware bzw. des Materials
- Menge
- Anzahl der Versandstücke und Beschädigungen an den Versandstücken
- offensichtliche Mängel am Material bzw. an der Ware
- Liefertermin
- Lieferort.

7.2.2.2 Wareneingangserfassung und Wareneingangsmeldung

01. Wann wird der Wareneingang gemeldet?

Wenn die Kontrollen der eingehenden Materialien nicht zu Beanstandungen geführt haben, wird der Eingang in entsprechenden Belegen erfasst und der Stelle gemeldet, die den Bestand führt. Damit sind die eingegangen Materialien für den Weitertransport in das Lager oder in die Fertigung freigegeben.

02. Welche Steuerungsinformationen werden mit der die Wareneingangsmeldung weitergegeben?

Die Wareneingangsbelege enthalten Informationen zur weitergehenden Steuerung. Folgende Steuerungsinformationen sind u. a. möglich.[1]

- Kennzeichnung von Fehlteilen, die bevorzugt behandelt werden
- Hinweise für Prüfvorschriften
- Angabe von Prüfmengen und Prüfintervallen, Abbuchung vom Bestellbestand
- Eingangsbuchung
- Unterscheidung von Groß- und Kleinteilen.

03. Welche Aspekte umfasst die Rechnungsprüfung?

Die Rechnung wird in sachlicher und rechnerischer Hinsicht geprüft. Die sachliche Richtigkeit ergibt sich durch die Übereinstimmung der Angaben in der Rechnung mit den bei Warenannahme überprüften Wareneingangspapieren (Lieferschein). Für die rechnerische Richtigkeit werden die Berechnungen und Ausrechnung überprüft; außerdem wird kontrolliert, ob bei der Erstellung der Rechnung die ausgehandelten Konditionen berücksichtigt wurden.

7.2.3 Qualitätsprüfung

7.2.3.1 Aufgaben der Qualitätsprüfung

01. Welche Aufgaben erfüllt die Qualitätsprüfung?

Mithilfe der Qualitätsprüfung wird die Beschaffenheit des gelieferten Materials geprüft; es soll sichergestellt werden, dass geliefertes Material geeignet ist, den Anforderungen zu genügen.

Die Qualitätsprüfung dient der *Qualitätssicherung* der Produktion, und zwar sowohl des Prozesses als auch des Ergebnisses. Fehlerhaftes Material kann Störungen des Produktionsprozesses verursachen und zu mangelhaften Produkten führen. Beseitigung von Fehlern im Produktionsprozess und die Abwicklung von Mängelrügen ist im Allgemeinen mit erheblichen Kosten verbunden.

---
[1] Vgl. Schulte, C., 2009, S. 335

02. Welche formalen Voraussetzungen hat eine Qualitätsprüfung?

Bei einer Qualitätsprüfung wird die Beschaffenheit geprüft. Als Beschaffenheit gilt die Gesamtheit aller (Prüf-)Merkmale; für die Merkmale werden Werte definiert; geprüft wird, ob und in welchem Umfang das Merkmal diesen Wert erreicht.

Voraussetzungen für die Qualitätsprüfung sind also

- die Definition der Qualitätsmerkmale und
- die Benennung der Merkmalswerte, die mindestens erreicht werden müssen (Soll-Werte).

03. Was wird für die Qualitätsprüfung festgelegt?

Darüber hinaus wird für die Qualitätsprüfung u. a. festgelegt,

- in welchem Umfang geprüft wird
- wie geprüft wird
- was (welche Eigenschaft) geprüft wird
- mit welchen Geräten geprüft wird.

04. Wer bestimmt die Anforderungen an die Qualität des Materials?

Die Anforderungen an das Material werden u. a. bestimmt durch

- Kundenwünsche an das fertige Produkt
- Vorschriften (z. B. DIN-Vorschriften, Gütebestimmungen)
- Qualitätsstandards.

05. Welche Eigenschaften des Materials können geprüft werden?

Prüfbare Eigenschaften sind u. a.

- die Festigkeit des Materials
- die Zusammensetzung des Materials
- die Verschleißfestigkeit des Materials
- die Reaktionen des Materials auf Kälte und Hitze
- der Feuchtigkeitsgehalt eines Rohstoffs
- die Leitfähigkeit eines Materials.

7.2.3.2 Art der Qualitätsprüfung

01. Wie unterscheiden sich Attributen- und Variablenprüfung?

Qualitätsprüfungen können als Attributen- oder als Variablenprüfungen durchgeführt werden. Bei einer **Attributenprüfung** wird geprüft, ob das Material das geforderte Attribut aufweist, z. B. das geforderte Qualitätsmerkmal, oder nicht. Diese Prüfung wird auch als Gut-Schlecht-Prüfung bezeichnet. Wegen ihrer relativ einfachen Handhabung ist sie in der Praxis häufiger anzutreffen als die Variablenprüfung.

7.2 Wareneingang und Qualitätskontrolle

Eine **Variablenprüfung** ist umfangreicher. Sie wird auch als messende Prüfung bezeichnet, weil bei den Teilen (bzw. bei den entnommenen Teilen) die Prüfmerkmale gemessen werden. Für die Prüfmerkmale werden Grenzwerte festgelegt. Wenn die Messergebnisse diese überschreiten, können die Teile nicht mehr angenommen werden.

02. Was ist eine Stichprobe?

Eine Stichprobe ist eine *Repräsentativerhebung*. Im Allgemeinen werden die erforderlichen Informationen nicht von der Gesamtheit eingeholt; der Gesamtheit, z. B. der gesamten Lieferung, einem Los usw., werden vielmehr Stichproben entnommen, d. h. es wird eine *Teilgesamtheit* ermittelt. Die erforderlichen Daten für die Qualitätsprüfung werden von der Teilgesamtheit erhoben, die erhobenen Daten lassen Rückschlüsse auf die Gesamtheit zu.

03. Welche Vorteile haben Stichprobenprüfungen gegenüber vollständigen Prüfungen?

Die Stichprobenprüfungen haben gegenüber vollständigen Prüfungen u. a. folgende Vorteile:

- Der Arbeitsaufwand für Datenerhebung und -auswertung ist bei einer Stichprobe geringer.
- Bei einer Stichprobe fallen weniger Kosten an.
- Eine Stichprobe kann schneller durchgeführt werden.
- Bei einer Stichprobe können die Daten im Allgemeinen gründlicher aufbereitet werden.

04. Welche Nachteile haben Stichprobenprüfungen gegenüber vollständigen Prüfungen?

Die Stichprobenprüfungen haben gegenüber vollständigen Prüfungen u. a. folgende Nachteile:

- Der Rückschluss von der Stichprobe auf die Gesamtheit ist mit Unsicherheiten behaftet.
- Die Aussage einer Stichprobe ist ungenau, die Genauigkeit einer Stichprobe nimmt mit ihrem Umfang ab.
- Die Aussage einer Stichprobe ist nicht eindeutig.

05. Mit welchen Unsicherheitsfaktoren ist der Rückschluss von einer Stichprobe auf die Gesamtheit behaftet?

Die Aussage aus einer Stichprobe kann nur bedingt auf die Gesamtheit übertragen werden. Der Rückschluss von der Teilgesamtheit auf die Gesamtheit ist mit zwei Unsicherheitsfaktoren behaftet.

1. Die Aussage kann nicht mit 100-prozentiger Sicherheit, sondern nur mit einem geringeren *Sicherheitsgrad* übertragen werden. Ein Sicherheitsgrad von 90 % besagt z. B., dass die Aussage aus der Stichprobe mit einer Wahrscheinlichkeit von 90 % auch auf die Gesamtheit zutrifft. Anders ausgedrückt: Bei 100 Stichproben würden 90 die Aussage der Gesamtheit ungefähr wiedergeben; 10 Stichproben würden die Aussage der Gesamtheit nicht wiedergeben.
2. Die Aussage kann nicht mit einer bestimmten Zahl, sondern nur mit einem Zahlenbereich, dem sog. *Vertrauensbereich*, angegeben werden. Eine Angabe von z. B. 30 % mit der zusätzlichen Angabe ± 2 % besagt, dass die Aussage aus der Teilgesamtheit nur mit einer Fehlertoleranz von 2 % für die Gesamtheit zutrifft, dass der entsprechende Wert in der Gesamtheit also zwischen 28 % und 32 % liegt.

06. Von welchen Faktoren ist der Umfang einer Stichprobe abhängig?

Die folgenden Fragestellungen bestimmen den Umfang einer Stichprobe.

1. Wie hoch soll der Sicherheitsgrad der Aussage mindestens sein? Mit welcher Wahrscheinlichkeit soll die Aussage aus der Teilgesamtheit auch auf die Gesamtheit zutreffen? Zum Beispiel 90 %, 95 %.
2. Wie hoch darf die Fehlertoleranz sein? Zum Beispiel ± 2 %, ± 10 %.
3. Wie hoch sind die relativen Anteile der Merkmalsausprägungen, die in die Berechnung eingehen? Zum Beispiel 40 % und 60 %, 30 % und 70 %.

07. Wie lautet die Formel zur Ermittlung des Stichprobenumfangs?

Die Formel für die Ermittlung des Stichprobenumfangs lautet:

$$n = \frac{t^2 \cdot p \cdot q}{e^2}$$

Die verwendeten Zeichen bedeuten:

n = Stichprobenumfang
t = Faktor, der für den Grad der Sicherheit bzw. der Wahrscheinlichkeit steht
p = Anteil der Ausprägungen des Merkmals p
q = Anteil der Ausprägungen des Merkmals q
e = Fehlertoleranz

08. Wie kann die Wahrscheinlichkeit berücksichtigt werden?

Der Grad der Wahrscheinlichkeit kann in einem V.-H.-Satz angegeben werden. Im Allgemeinen wird der Grad der Wahrscheinlichkeit mit dem sog. *Sicherheitsfaktor* angegeben. Den Zusammenhang zwischen dem Sicherheitsfaktor t und der Wahrscheinlichkeit gibt die folgende Tabelle beispielhaft wieder.

7.2 Wareneingang und Qualitätskontrolle

Sicherheitsfaktor t	Wahrscheinlichkeit
t = 1	68,3 %
t = 2	95,5 %
t = 3	99,7 %

In der Praxis sind t = 1 und t = 2 von besonderer Bedeutung.

09. Wie werden die Merkmalsanteile i. d. R. berücksichtigt?

Die Merkmalsausprägungen werden bei der Ermittlung des Stichprobenumfangs mit ihren relativen Anteilen berücksichtigt. Die Summe der beiden Anteile ist 100 (bzw. 1). Die Kenntnis der Anteile ergibt sich aus Erfahrung oder aus früheren Berechnungen und aus Abschätzungen bisheriger Entwicklungen usw. Können die Anteile nicht geschätzt werden, werden sie mit jeweils 50 % angenommen.

10. Was wird mit der sog. Fehlertoleranz angegeben?

Die Fehlertoleranz gibt an, welche Fehlerspanne toleriert werden kann. Die Aussage aus der Stichprobe kann nur mit einer Fehlertoleranz für die Gesamtheit gelten.

11. Wie lässt sich mithilfe der Formel der Stichprobenumfang ermitteln?

Voraussetzung für die Ermittlung des Stichprobenumfangs sind:

- Festlegung des Sicherheitsgrades, d. h. der Wahrscheinlichkeit, mit der das Stichprobenergebnis auf die Gesamtheit übertragen werden kann
- Festlegung der Fehlertoleranz
- Festlegung der erwarteten Merkmalsausprägungen.

Die Ermittlung des Stichprobenumfangs lässt sich an folgendem *Beispiel* darstellen:

Bei einem Unternehmen gehen 5.000 Teile für die Weiterverarbeitung in Maschinen ein. Die Teile sollen hinsichtlich des Vorhandenseins eines bestimmten Qualitätsmerkmals geprüft werden. Für die Qualitätsprüfung werden Stichproben gezogen. Wie hoch ist der Stichprobenumfang, wenn eine Wahrscheinlichkeit von 95,5 %, ein Anteil des Merkmals „vorhanden" mit 90 % und eine Fehlertoleranz mit 3 % angenommen wird? Die folgende Berechnung ergibt einen Stichprobenumfang von 400.

$$n = \frac{t^2 \cdot p \cdot q}{e^2} = \frac{4 \cdot 90 \cdot 10}{9} = 400$$

12. Welche Bedeutung hat ein Nomogramm?

Ein Nomogramm ist eine Tabelle, mit deren Hilfe man für eine bestimmte Wahrscheinlichkeit (95,5 %) die Fehlertoleranz bestimmen bzw. (bei gegebener Fehlertoleranz) den Umfang der Stichprobe ablesen kann. Berechnungen mithilfe der Formel können dann entfallen.

13. Wie können Stichproben ausgewählt werden?

Stichproben können mithilfe von zufallsgesteuerten oder mit bewussten *Auswahlverfahren* bestimmt werden.

Bei der *Zufallsauswahl* haben alle Elemente der Grundgesamtheit die gleichen Chancen, für die Stichprobe ausgewählt zu werden. Es bleibt dem Zufall überlassen, welche Elemente tatsächlich in die Stichprobe gelangen. Zu den Zufallsverfahren zählen die einfache (uneingeschränkte) Zufallsauswahl und die höheren Verfahren wie z. B. das geschichtete und das Klumpenverfahren.

Bei den *bewussten Auswahlverfahren* bleibt die Auswahl der Elemente aus der Grundgesamtheit für die Stichprobe nicht dem Zufall überlassen.

Im Allgemeinen werden die für die Qualitätsprüfung beim Wareneingang erforderlichen Stichproben nach dem einfachen (uneingeschränkten) Zufallsverfahren ausgewählt.

14. Was ist ein Stichprobenplan (Stichprobenprüfplan)?

Ein Stichprobenplan (Stichprobenprüfplan) ist ein Instrument der Qualitätsprüfung bei Wareneingang. Der Plan gibt Anweisungen zur Stichprobenprüfung; so enthält er z. B. Angaben zum Stichprobenumfang (bei gegebener Losgröße), zu der Anzahl fehlerhafter Teile in der Stichprobe, bei der die Gesamtheit (das Los, die Lieferung o. Ä.) noch angenommen werden kann.

Stichprobenpläne werden häufig zwischen Lieferanten und Abnehmer vereinbart und sind Bestandteile der Kaufverträge.

15. Welche Bedeutung haben AQL-Werte für Stichprobenpläne?

AQL-Werte werden häufig in Stichprobenpläne aufgenommen. Ein *Acceptable Quality Level* gibt mit einem Prozentsatz an, wie hoch maximal der Anteil fehlerhafter Einheiten an einer Stichprobe sein darf, damit die Qualität noch annehmbar ist.

7.2.2.3 Prüfverfahren und Dokumentation

01. Welche Verfahren zur Qualitätsprüfung werden eingesetzt?

Die Art der Prüfungsverfahren ist abhängig von den Eigenschaften der zu prüfenden Materialien. Im Folgenden werden einige Prüfverfahren aufgezählt:[1]

---

[1] in Anlehnung an Oeldorf/Olfert, 2008, S. 29

- Physikalisch-chemische Prüfverfahren, mit denen die Zusammensetzung eines Rohstoffs geprüft wird (z. B. Schmelzverfahren, Potentiometrie)
- metallurgische Prüfverfahren, mit denen die Strukturen von Metallen und Legierungen geprüft werden
- mechanische Verfahren, mit denen u. a. die Festigkeit von Teilen geprüft werden
- Korrosionsprüfverfahren, mit denen die Korrosionsmöglichkeiten von Teilen und Metallen untersucht werden
- zerstörungsfreie Prüfverfahren, mit denen Gussteile und Materialien z. B. auf oberflächlich nicht sichtbare Schäden untersucht werden, wie z. B. Risse, Brüche, Blasen u. Ä.

02. Wie werden Qualitätsprüfungen dokumentiert?

Die Qualitätsprüfungen werden in einem *Prüfbericht* dokumentiert. Der Bericht hält die Prüfergebnisse fest. Mit der Fertigstellung des Prüfberichts ist die Eingangskontrolle abgeschlossen (s. o.).

03. Welchen Zwecken dient der Prüfbericht?

Der Prüfbericht dient u. a.

- der Fehleranalyse
- der Qualitätssicherung
- als Grundlage der Rechnungsprüfung.

7.3 Lagerwirtschaft, -steuerung und -verwaltung

7.3.1 Aufgaben der Lagerwirtschaft

7.3.1.1 Lagerstrategien

01. Was sind Lagerstrategien?

Lagerstrategien sind grundsätzliche Entscheidungen, die für eine längere Zeit (meistens für etwa fünf Jahre) festlegen, wie die Aufgaben der Lagerhaltung gelöst werden sollen.

Besondere Bedeutung hat dabei die Sicherstellung des Materialbedarfs für die Produktion durch eine ausreichende Bestandshaltung bei gleichzeitiger wirtschaftlicher Gestaltung der Lagerhaltung (vgl. Sicherungsfunktion).

Lagerstrategien beziehen sich u. a. auf die Systeme, die Organisation sowie die Kosten der Lagerhaltung.

02. Auf welche Bereiche beziehen sich lagerstrategische Entscheidungen?

Lagerstrategien betreffen u. a. Entscheidungen in folgenden Bereichen:

- Lagerordnung: Freiplatz- oder Festplatzsystem
- Eigentum von Lagerräumen und Lagergut: Eigen- oder Fremdlager
- Zentralisierung der Lagerhaltung: Zentrale oder dezentrale Lager.

7.3.1.2 Lagerfunktionen

01. Welche Funktionen hat die Lagerhaltung?

Die Lagerhaltung von Materialien kann für ein Produktionsunternehmen folgende Funktionen haben:

- Sicherungsfunktion
- Überbrückungsfunktion
- Spekulationsfunktion
- Veredelungsfunktion
- Entsorgungsfunktion.

02. Wie nimmt die Lagerhaltung die Sicherungsfunktion wahr?

Das Lager nimmt die Sicherungsfunktion durch den sog. *Sicherheitsbestand* wahr. Mit dem Sicherheitsbestand an Materialien soll das Lager den Bedarfsanforderungen der Fertigung rechtzeitig und in ausreichendem Umfang nachkommen können. Die ausreichende Lagerhaltung soll also sicherstellen, dass Produktionsabläufe nicht unterbrochen werden müssen; der Sicherheitsbestand sorgt also dafür, dass Fehlmengen und damit Fehlmengenkosten vermieden werden.

03. Welche Probleme wirft ein hoher Sicherheitsbestand auf?

Ein hoher Sicherheitsbestand, der ständig hohen Bedarfsanforderungen gerecht werden kann, setzt eine hohe Lagerbestandshaltung voraus; hohe Lagerbestände aber verursachen hohe *Lagerhaltungskosten*. Mit steigenden Beständen nehmen die Lagerhaltungskosten zu.

Der Verzicht auf die hohe Bestandshaltung führt dazu, dass Bedarfsanforderungen u. U. nicht sofort oder nicht vollständig ausgeführt werden können. Es entstehen Fehlmengen, die ebenfalls Kosten verursachen, die sog. *Fehlmengenkosten*. Fehlmengenkosten nehmen mit steigender Bestandshaltung ab.

04. Wie kann die Bestandshaltung, die die Sicherungsfunktion erfüllt, gesenkt werden?

Die Bestandshaltung an Materialien kann durch eine *Just-in-time-Beschaffung* gesenkt werden. Bei einer Just-in-time-Beschaffung werden Materialien genau zu dem Zeitpunkt angeliefert, an dem sie für die Produktion benötigt werden.

Wichtige Voraussetzung für die Just-in-time-Beschaffung von Materialien ist, dass der Verbrauch relativ gleichmäßig ist und sich gut vorhersagen lässt. Daneben ist ein gut funktionierendes Datenaustauschsystem von erheblicher Bedeutung.

05. Wie kann das Just-in-time-Prinzip bei der Produktion zur Verringerung der Materialbestände beitragen?

Durch die Produktion nach dem Just-in-time-Prinzip gelingt es, Materialbestände zu verringern. Auf den einzelnen Produktionsstufen wird nur soviel produziert, wie von den folgenden abgerufen wird. Dadurch verringern sich die Bestände in den einzelnen Zwischenlagern bzw. die Zwischenlagerung entfällt. Zur Produktion darf nicht mehr Material als erforderlich und nicht früher als benötigt angefordert werden; die benötigten Materialien sind abzuholen.

Die Produktion nach dem Just-in-time-Prinzip wird gelegentlich auch als *Kanban-Methode* bezeichnet. Kanban ist der japanische Begriff für Karte. Die Materialien werden gegen Vorlage einer sog. Kanban-Karte angefordert. Die Kanban-Karten dienen der Information über den Lagerbedarf und sind Grundlagen für die erforderlichen Bestandsergänzungen.

06. Welche Bedeutung hat die Überbrückungsfunktion?

Durch die Lagerhaltung werden die Diskrepanzen zwischen Beschaffung und Produktion in zeitlicher, mengenmäßiger und preislicher Hinsicht überbrückt. Unzureichende Informationen über Bedarfsmengen, Absatzmengen, Bedarfs- und Lieferzeitpunkte, Preisentwicklungen u. Ä. können zu den Diskrepanzen führen. Um die Risiken zu minimieren, ist der Produzent zur Lagerhaltung gezwungen.

Die Überbrückungsfunktion hat folgende Aspekte, die im Allgemeinen miteinander verknüpft sind:
- Zeitliche Überbrückung,
- mengenmäßige Überbrückung
- preisliche Überbrückung.

07. Wann spricht man von zeitlicher Überbrückung?

Von zeitlicher Überbrückung wird dann gesprochen, wenn das Lager die zeitliche Diskrepanz zwischen Beschaffung und Produktion überbrücken soll. Der Produzent benötigt ein Materiallager, um ständig produktionsbereit zu bleiben. Durch die Lagerhaltung wird das Risiko von Produktionsausfällen infolge verspäteter Lieferungen verringert.

Die zeitliche Überbrückung hat ihre besondere Bedeutung bei kontinuierlicher Produktion und diskontinuierlicher Beschaffung; das ist z. B. bei der Be- und Verarbeitung von Ernteartikeln der Fall.

08. Wann spricht man von mengenmäßiger Überbrückung?

Wenn Unsicherheiten über die Höhe von Bedarfsmengen bestehen, insbesondere auch bei Bedarfsschwankungen im Produktionsablauf kann die Lagerhaltung der mengenmäßigen Überbrückung dienen.

Mengenmäßige Überbrückung trifft auch bei kontinuierlicher Produktion und diskontinuierlicher Beschaffung zu.

09. Wann spricht man von preislicher Überbrückung?

Der Produzent, der Materialien auf Lager nimmt, weil er Preissteigerungen erwartet, nutzt das Lager zur preislichen Überbrückung. Die Lagerhaltung dient hier vorwiegend dazu, den Preis für das Erzeugnis auf dem Absatzmarkt zu halten. (Vgl. dazu die Spekulationsfunktion in Frage 10.)

10. Welche Bedeutung hat die Spekulationsfunktion?

Die Lagerhaltung kann auch der Spekulation dienen. Der Produzent nimmt Materialien auf Lager, weil er Preissteigerungen erwartet.

Wenn er davon ausgeht, dass sich auf dem Absatzmarkt aufgrund der wirtschaftlichen Lage höhere Preis durchsetzen lassen, spekuliert er darauf, zusätzliche Gewinne abschöpfen zu können. – Wenn er davon ausgeht, dass sich höhere Preise auf dem Absatzmarkt nicht durchsetzen lassen, die Mitbewerber aber die günstige Preissituation auf dem Beschaffungsmarkt nicht ausnutzen konnten, spekuliert er auf Wettbewerbsvorteile, z. B. auf Gewinn- bzw. Umsatzvorteile aufgrund von Preissenkungen oder Preisdifferenzierungen.

11. Wie kann die Lagerhaltung zur Veredelung beitragen?

Veredelung bedeutet die Verbesserung der Qualität von Materialien als Vorbereitung auf die Produktion. So muss z. B. Holz, das für die Herstellung von hochwertigen Möbeln oder von Musikinstrumenten verwendet werden soll, austrocknen und wird dafür auf Lager genommen. Die Lagerhaltung trägt so zur Veredelung des Materials bei.

Gelegentlich müssen halbfertige Produkte vor der Weiterverarbeitung zur Qualitätsverbesserung gelagert werden; das geschieht z. B. bei Käse, Wein u. Ä. Die gewünschte Qualität der Produkte wird durch Alterung, Gärung usw. erreicht. Hier ist die Lagerhaltung Teil des Produktionsprozesses.

12. Welche Aspekte umfasst die Entsorgungsfunktion?

Im Allgemeinen ist das Lager für die Entsorgung von Abfällen zuständig.[1] Die Entsorgung kann die folgenden Aspekte umfassen:

---

[1] Vgl. hierzu die Ausführungen zur Entsorgung in Kap. *6.4.5 Entsorgung* und *7.3.2 Entsorgung*.

7.3 Lagerwirtschaft, -steuerung und -verwaltung

- Zwischenlagerung der Abfälle
- Einteilung der Abfälle nach Verwertbarkeit
- Aufbereitung und Vorbereitung verwertbarer Abfälle für die Wiederverwertung und -verwendung
- Aussonderung nicht verwertbarer Abfälle
- evtl. Vernichtung von Abfällen
- Verkauf weiter verwertbarer Abfälle
- Abtransport der Abfälle.

7.3.1.3 Wahl der Lagerart

01. Welche Kriterien können die Wahl der Lagerart bestimmen?

Für die Wahl der Lagerart sind u. a. folgende Kriterien entscheidend:

- Funktionen bzw. Ziele der Lagerhaltung
- Kosten der Lagerhaltung, das sind die Lagerkosten i. e. S. und die Kosten der Kapitalbindung
- die Höhe der Bestandshaltung
- die Art des Lagerguts
- Transportwege.

02. Wie lassen sich Lagerarten nach den Zielen der Lagerhaltung unterscheiden?

Die folgenden Lagerarten werden durch die Ziele, die mit ihnen verfolgt werden, wesentlich bestimmt. Diese Lager werden deshalb auch als *zielorientierte Lager* bezeichnet, z. B.:

- Reservelager: Sicherung angemessener Verkaufs-, und Lieferfähigkeit
- Sammellager: Aufnahme großer Mengen zum Ausgleich starker Beschaffungsschwankungen
- Verteilungslager: Ausgleich von Absatzschwankungen
- Manipulationslager: Verbesserung oder Veredelung des Produkts
- Umschlaglager: kurzfristige Aufnahme des Lagerguts vor Weitertransport
- Spekulationslager: Bestand wird aus spekulativen Gründen gehalten, z. B. wegen der Erwartung eines Preisanstiegs
- Normallager: Berücksichtigung üblicher Beschaffungs- und Absatzschwankungen.

7.3.1.3.1 Lagerart nach Lagerordnung

01. Wodurch unterscheiden sich Freiplatz- und Festplatzsystem bei der Lagerung?

Die Lagerung von Material u. dgl. ist grundsätzlich sowohl im Freiplatz- als auch im Festplatzsystem möglich.

Beim **Freiplatzsystem** wird das Material auf derzeitig freien Lagerplätzen untergebracht. Diese Lagerung wird auch als *chaotische Lagerhaltung* bezeichnet. Der Lagerplatz ist durch eine Lagerplatznummer zu kennzeichnen. Lagerung im Freiplatzsystem ist typisch für *Hochregallager*. Insbesondere in diesem Fall setzt die Lagerführung Computerunterstützung voraus.

Beim **Festplatzsystem** hat jedes Material u. dgl. seinen festen Lagerplatz, der auch auf Dauer für sie reserviert bleibt, auch wenn er zeitweilig nicht genutzt wird.

02. Welche Vorteile und Nachteile hat das Freiplatzsystem?

Vorteile des Freiplatzsystems sind u. a.

- bessere Ausnutzung der Lagerkapazität
- geringerer Platzbedarf
- schnellere Einlagerung.

Nachteile sind u. a.

- Einlagerung gleicher Materialien evtl. auf getrennten Lagerplätzen: Verzögerungen bei Entnahmen sind möglich
- aufwändige Einrichtungen: Transportsysteme für Entnahmen, EDV-Einrichtungen, besonderer Lagerräume (Hochregallager) u. Ä.

03. Welche Bedeutung haben Lagerplatznummern im Freiplatzsystem?

Das Lagerplatznummernsystem soll eindeutig Auskunft über den Lagerplatz geben und das Auffinden des Lagergutes erleichtern. Die Ziffernfolge einer Lagerplatznummer gibt das Lager, Regal, Regalebene und Lagerfach an.[1]

(Die Lagernummer 01 02 03 04 bedeutet z. B. erstes Lager, zweites Regal, dritte Regalebene, viertes Lagerfach.)

04. Welche Vorteile und Nachteile hat das Festplatzsystem?

Vorteil des Festplatzsystems ist z. B.:

- Lagerplatzordnung berücksichtigt Entnahmehäufigkeiten und Transportwegeoptimierung.

---

[1] Vgl. die Ausführung zur Materialnummerung in Kap. *2.1 Lagerwirtschaft und Transport im Unternehmen.*

Nachteile sind u. a.

- Lagerraum kann evtl. frei bleiben.
- Lagerraum reicht bei höherem Bedarf evtl. nicht aus: neue Lagerplatzordnung wird erforderlich.
- Bei geringem Lagerbedarf wird der reservierte Lagerplatz nicht optimal genutzt.

7.3.1.3.2 Lagerart nach Standort

01. Wodurch unterscheiden sich zentrale und dezentrale Lagerung?

Zentrale Lagerung bedeutet die räumliche Zusammenfassung der Lager gleicher Art.
Dezentrale Lagerung ist die räumliche Trennung der Lager gleicher Art.

02. Welche Vorteile und welche Nachteile hat die zentrale Lagerung?

Vorteile der zentralen Lagerung sind u. a.

- große Übersichtlichkeit
- geringe Raum- und Verwaltungskosten
- einfache Bestands- und Bewegungskontrollen
- schneller (zentraler) Datenzugriff.

Nachteile sind u. a.

- höhere Transportkosten
- längere Transportwege
- evtl. Störungen bei Lieferungen (bei längeren Transportwegen).

03. Welche Vorteile und welche Nachteile hat die dezentrale Lagerung?

Vorteile der dezentralen Lagerung sind u. a.

- Kundennähe
- kürzere Transportwege
- geringere Transportkosten
- evtl. geringere Störungen bei Lieferungen.

Nachteile sind u. a.

- geringe Übersichtlichkeit
- hohe Raum- und Verwaltungskosten
- schwierigere Bestands- und Bewegungskontrollen.

7.3.1.3.3 Lagerart nach Eigentum des Lagers

01. Wodurch unterscheiden sich Eigenlager und Fremdlager?

Bei einem **Eigenlager** ist der Abnehmer des Materials Eigentümer der Lager bzw. der Lagerräume, in denen das angelieferte Gut eingelagert wird. Bei einem **Fremdlager** sind die Lager bzw. die Lagerräume Eigentum eines Dritten. Der Abnehmer des Materials nimmt also die Dienste eines Lagerhalters in Anspruch.

Häufig sind *Mischformen*. Bestimmte Materialien bedürfen besonderer Lagerung. Wenn der Käufer nicht über entsprechende Lagerungsmöglichkeiten verfügt, bringt er sie in einem Fremdlager, alle anderen Materialien im Eigenlager unter.

Bei der Unterscheidung von Eigen- und Fremdlager nimmt das *Konsignationslager* eine Sonderstellung ein.

02. Welche Besonderheit weist das Konsignationslager auf?

Bei einem Konsignationslager gehört das Lagergut dem Lieferer, es wird allerdings beim Abnehmer gelagert. Der Abnehmer kann bei Bedarf entnehmen; abgerechnet wird i. d. R. monatlich. Der Abnehmer bindet kein Kapital und verfügt schnell über die Ware. Der Lieferer bindet einen Kunden und spart evtl. Auftragsabwicklungskosten.

03. Wann bietet sich der Betrieb eines Gemeinschaftslagers an?

Ein Gemeinschaftslager wird von mehreren Unternehmen gemeinschaftlich betrieben. Der Betrieb eines Gemeinschaftslagers bietet sich an, wenn die Kapazität eines Lagers nur gemeinsam optimal genutzt werden kann.

04. Was ist ein Lagerhalter?

Der Lagerhalter ist ein selbstständiger Kaufmann, der gewerbsmäßig die Lagerung und Aufbewahrung von Gütern für andere übernimmt.

05. Welche Gründe bestehen für die Inanspruchnahme eines Fremdlagers?

Die Inanspruchnahme eines Fremdlagers soll vor allem der Minimierung von Kosten und der Verminderung von Risiken dienen. Im Einzelnen können u. a. folgende Gründe für die Inanspruchnahme eines Fremdlagers bestehen:

- Ein Eigenlager wird zu teuer.
- Der Lagerbedarf ist nur vorübergehend.
- Das Fremdlager verfügt über Einrichtungen zur speziellen Lagerung.
- Das Fremdlager bietet besondere Dienste an, z. B. Pflege des Lagerguts, Verpackung, Versand.

06. Wann gewinnt das Speditionslagermodell seine besondere Bedeutung?

Das Speditionslagermodell hat seine besondere Bedeutung bei großer Entfernung zwischen Lieferant und Abnehmer und bei großer Teilevielfalt. Es soll in diesen Fällen dem optimalen Materialfluss dienen. Das Modell beruht auf der Kooperation zwischen Lieferer, Abnehmer und Spediteur.[1]

07. Wie werden Lieferungen beim Speditionslagermodell abgewickelt?

Die Lieferungen werden beim Speditionslagermodell folgendermaßen abgewickelt:

- Abnehmer und Lieferer schließen Rahmenverträge über die Lieferung von Materialien ab.
- Der Abnehmer ruft die Materialien, Teile u. dgl. bei dem Lieferer ab.
- Daraufhin liefert der Lieferer die Materialien an das Speditionslager aus.
- Der Abnehmer ruft die Materialien bei Bedarf ab.
- Der Spediteur kommissioniert die benötigten Teile.
- und liefert sie – Just-in-time – an den Abnehmer aus.

7.3.1.3.4 Lagerart nach Produktionsstufen (Wertschöpfungsstufen)

01. Was sind Stufenlager?

Lagerstufen entsprechen den Stufen des Produktionsprozesses. Folgende Stufenlager lassen sich unterscheiden:

- **Eingangslager**: Im Eingangslager werden eingehende Materialien eingelagert; die eingegangenen Materialien bleiben mindestens bis zum Abschluss aller Eingangsprüfungen im Eingangslager bzw. bis zur Entnahme für die Fertigung.
- **Zwischenlager**: Nach einzelnen Bearbeitungsvorgängen werden die bearbeiteten Materialien bzw. halbfertigen Produkte in Zwischenlagern untergebracht; Zwischenlager, die auch als *Werkstattlager* bezeichnet werden, nehmen nicht nur das teilweise bearbeitete Produkt, sondern zusätzlich auch Materialien und Teile auf, die auf der folgenden Produktionsstufe benötigt werden.
- **Endlager**: Das fertige Produkt wird schließlich auf Endlager genommen, von dem der Verkauf bzw. die Auslieferung erfolgt.

02. Wann haben Stufenlager ihre besondere Bedeutung?

Stufenlager haben ihre besondere Bedeutung bei der *Werkstattfertigung*; bei den einzelnen Werkstätten, die das Produkt bis zur endgültigen Fertigstellung durchläuft, werden Stufenlager, sog. Werkstattlager, eingerichtet. Das Werkstattlager nimmt vor allem geringwertige Materialien auf. Bei reiner Fließfertigung entfallen Zwischenlager.

---

[1] Vgl. Schulte, C., 2009, S. 302 ff.

Zwischenlager dienen der Optimierung des Materialflusses. Gelegentlich übernehmen Zwischenlager die Funktion von Pufferlagern.

7.3.1.3.5 Lagerart nach materialspezifischen Anforderungen des Lagerguts

01. Welche Bedeutung haben materialspezifische Anforderungen des Lagerguts für die Wahl der Lagerart?

Als Lagergut in einem Fertigungsbetrieb fallen Roh-, Hilfs- und Betriebsstoffe, Teile, Ersatzteile, Handelsware, Verpackungsmaterial, Paletten u. dgl. an. Dieses Lagergut stellt unterschiedliche Anforderungen an die Lagerung. So verlangt z. B. hochwertiges, verderbliches Lagergut die Unterbringung in geschlossenen Lagern, evtl. sogar in Speziallagern; bestimmtes Fertigungs- und Verpackungsmaterial kann in offenen oder halboffenen Lagern gelagert werden.

02. Was sind geschlossene Lager?

Die meisten Materialien werden in geschlossenen Lagern untergebracht. Geschlossene Lager verfügen über die üblichen Geräte für den Transport, für die Einlagerung, für die Entnahme, für die Materialprüfung u. Ä. Prüfungen.

Geschlossene Lager können ein- und mehrgeschossig sein.

Zu den geschlossenen Lagern i. w. S. zählen auch die Speziallager. Bestimmte Rohstoffe erfordern spezielle Lagereinrichtungen zur Trocknung, zur temperierten Lagerung usw.; auch für flüssige und gasförmige Materialien usw. gibt es Speziallager.

03. Wann kommen für die Lagerung offene und halboffene Lager in Betracht?

Bei **offenen** Lagern handelt es sich um Lagerplätze, die lediglich umzäunt sind. Sie eignen sich nur zur Lagerung solcher Güter, die durch Witterungseinflüsse nicht zerstört werden, dazu zählen z. B. Baumaterialien.

Halboffene Lager sind überdachte Lagerflächen, die sich zur Unterbringung von Gütern eignen, bei denen Qualitätsminderungen durch diese Lagerung nicht zu befürchten sind, dazu zählen z. B. Paletten u. Ä.

04. Welche Bedeutung haben Hochregallager?

Hochregallager finden sich gelegentlich in Fertigungsbetrieben mit umfangreichen Produktionsprogrammen und umfangreichem Materialbedarf, z. B. in der pharmazeutischen Industrie. Sie sind i. d. R. mit EDV-gesteuerten Ein- und Auslagerungssystemen verbunden. Typischerweise wird nach dem *Freiplatzsystem* eingelagert. Eingehende Materialien werden durch Lagerkräne auf der Transporteinheit (Palette) in freie Lagerplätze gebracht.

7.3.1.4 Lagereinrichtungen und Gefahrenabsicherung

7.3.1.4.1 Lagereinrichtungen

01. Welche Faktoren bestimmen die Art der Lagereinrichtung?

Folgende Faktoren bestimmen u. a. die Art der Lagereinrichtung bzw. die Auswahl der Einrichtungsgegenstände:

- Art des Lagerguts
- optimale Ausnutzung von Lagerfläche und -raum
- Gestaltung der Transportwege für Einlagerung und Entnahme
- Arbeit am Lagergut (Manipulation, Kontrolle, Pflege)
- Qualifikation des Lagerpersonals.

02. Welche Arten von Einrichtungen werden für eine zweckmäßige Lagerhaltung benötigt?

Folgende Arten von Lagereinrichtungen werden im Allgemeinen für eine zweckmäßige und funktionierende Lagerhaltung benötigt:

- Regale
- Lagerhilfsmittel (Ladehilfsmittel, Förderhilfsmittel)
- Lagerhilfsgerät
- materialspezifische Sondereinrichtungen.

03. Welche Regalsysteme können unterschieden werden?

Folgende Regalsysteme können unterschieden werden:

- Durchlaufregale sind von zwei Seiten zugänglich und tragen so dazu bei, dass die zuerst eingelagerten Waren auch zuerst entnommen werden. Lagerhüter werden vermieden.
- Kompaktregale bestehen aus Regaleinheiten, die erforderlichenfalls auseinander geschoben werden können. Sie kommen damit wachsendem Lagerbedarf entgegen.
- Paternosterregale lassen sich für die Einlagerung und die Entnahme in vertikaler Richtung bewegen. Sie gestatten eine bessere Raumausnutzung.
- Palettenregale. Beladene Paletten werden in Regale eingestellt oder übereinander gestapelt.
- Fachregale.

04. Was sind Lagerhilfsmittel?

Als Lagerhifsmittel werden Mittel zur Zusammenfassung von Gütern zu Lager- oder Ladeeinheiten bezeichnet, die das Lagergut

- tragen, z. B. Paletten
- tragen und umschließen, z. B. Behälter
- tragen, umschließen und abschließen, z. B. Container.[1]

Lagerhilfsmittel dienen zunächst der Lagerung und dem Schutz der Materialien. Da sie gleichzeitig auch für den Transport genutzt werden, tragen sie zur Verringerung von Transport-, Lade- und Verpackungskosten bei. (Wegen der verschiedenen Funktionen werden sie sowohl in der Praxis als auch in der Literatur unterschiedlich bezeichnet, häufig ist z. B. die Bezeichnung *Förderhilfsmittel*, weil sie auch dem Materialfluss im Betrieb dienen.)

05. Welche Funktionen erfüllen Lagerhilfsgerät und materialspezifische Sondereinrichtungen?

Als Lagerhilfsgerät werden die Geräte zum Prüfen, Wiegen, Messen, Manipulieren und Pflegen des Lagerguts bezeichnet.

Materialspezifische Sondereinrichtungen sind z. B. Kühlräume, Trockenräume, Belüftungseinrichtungen u. Ä.

06. Was sind Packmittel?

Packmittel sind Umhüllungen des Lagergutes aus Papier, Karton und Pappe, aus Glas, Kunststoff und Metall u. Ä.; sie sollen die *Lagerfähigkeit* des Gutes fördern. (Sie dienen aber auch der *Versand- und Verkaufsfähigkeit*.)

Bei der Auswahl von Packmitteln spielen nicht nur die Anforderungen des Lagergutes, sondern auch die *Entsorgungsmöglichkeiten* des Packmaterials eine bedeutende Rolle.

Packmittel sind z. B.

- Beutel aus Papier oder Kunststoff
- Kasten aus Holz oder Kunststoff, ohne Deckel, stapelbar
- Kiste aus Holz oder Pappe, mit Boden fest verbundene Seitenteilen und Deckel
- Schachtel aus Pappe, verschließbar (gelegentlich auch als „Karton" bezeichnet)
- Flasche aus Glas oder Kunststoff
- Dose aus Metall.

07. Welche Funktionen hat die Verpackung?

Die Verpackung erfüllt u. a. die folgenden Funktionen:

- Schutzfunktion: Die Verpackung schützt einerseits das Material auf dem Transport, während der Lagerung, bei der Entnahme usw. vor Einflüssen auf die Qualität und auf die Quantität sowie vor Beschädigungen; andererseits schützt sie auch den Menschen und die Umwelt.

---

[1] Vgl. Koether u. a., 2004, S. 366 ff.

- Lagerfunktion: Mithilfe der Verpackung kann die Lagerung rationalisiert werden, das Material wird durch die Verpackung stapelbar, die Verpackung bestimmt die Entnahmeeinheit.
- Transportfunktion: Die Verpackungseinheiten bilden auch die Transporteinheiten. Dadurch können die Materialien einfacher transportiert werden; die Transporteinrichtungen werden optimal ausgelastet.
- Informationsfunktion: Durch entsprechende Aufschriften auf den Verpackungen wird informiert über das Material (Identifikationsfunktion), die Behandlung, erforderliche Vorsichtsmaßnahmen usw.

08. Wie kann die Verpackung rationalisiert werden?

Durch die Rationalisierung der Verpackung sollen logistische Abläufe vereinfacht und beschleunigt werden. Die Rationalisierung betrifft sowohl die Verpackungsvorgänge als auch das Verpackungsmaterial.

Folgende Maßnahmen können der Rationalisierung dienen:

- Standardisierung des Verpackungsmaterials und Vermeidung einer Vielzahl von Verpackungsgrößen, Verwendung von Standardkartons, Normcontainer, Standardpaletten usw.
- Vereinheitlichung der Aufschriften, und zwar sowohl hinsichtlich des Inhalts der Angaben (z. B. Artikelnummer, Hinweise auf Qualität und Quantität) als auch des Aufschriftenfeldes (Platz und Umfang)
- Verwendung des standardisierten Verpackungsmaterials und Anwendung der vereinheitlichten Aufschriften auf der gesamten logistischen Kette, vom Lieferanten über den Logistikdienstleister und den innerbetrieblichen Transport bis zur Einlagerung und der Verwendung (z. B. Entnahme) und Weitertransport zum Bearbeitungsstelle, sodass Umpackungen, neue Codierungen u. Ä. nicht anfallen
- Verwendung des EAN-Strichcodes auf Verpackungen für Lebensmittel.

09. Was besagt die Verpackungsverordnung?

Die Verpackungsverordnung von 1991 zwingt die Wirtschaft zur Rücknahme und Verwertung von Verpackungen. Die Mittel dazu sollen durch ein Finanzierungs- und Kennzeichnungssystem aufgebracht werden. Die von der Wirtschaft gebildete Gesellschaft für Abfallvermeidung und Sekundärrohstoffgewinnung (Duales System Deutschland GmbH) vergibt gegen Entgelt an Unternehmen das Recht zur Nutzung des Grünen Punkts; die Käufer des Nutzungsrechts versehen ihre Verpackung mit diesem Zeichen. Sie müssen nachweisen, dass Abnahme und Verwertung des jeweiligen Verpackungsmaterials garantiert sind.

Die Verwender von Glas, Weißblech und Kartonverbund für flüssige Nahrungsmittel erhalten das Nutzungsrecht ohne Nachweise. Für Verpackungen aus Papier u. dgl.

hat die Interseroh AG, Köln, eine pauschale Abnahme- und Verwertungsgarantie übernommen. Ähnliche Einrichtungen zur Übernahme dieser Garantien gibt es auch für andere Verpackungsmaterialien (Kunststoff, Aluminium).

7.3.1.4.2 Technologien zur automatischen Identifikation von Lagerbeständen

01. Mit welchen Technologien lassen sich Lagerbestände automatisch identifizieren?

Technologien zur automatischen Identifikation von Lagerbeständen sind z. B.
- RFID (Radio Frequency Identifikation)
- EAN-Barcode (EAN - Europaeinheitliche Artikelnummer)
- NVE (Nummer der Versandeinheit).

02. Wie werden mit dem RIFD Lagerbestände identifiziert?

RFID (Radio Frequency Identifikation) ist eine Technologie zur *berührungslosen Identifizierung und Lokalisierung von Waren, Verpackungen u. dgl. per Funk*. Ein RFID-System besteht aus einem Transponder und einem Lesegerät. Der Transponder (Chip), der auf der Ware bzw. auf dem Artikel angebracht ist, enthält die Information, die mithilfe des Lesegerätes ausgelesen wird. Die Informationen können bei Hunderten von Transpondern gleichzeitig abgerufen werden; sie stehen praktisch sofort zur Verfügung.

Es wird erwartet, dass die RFID-Technik wegen ihrer erheblichen Vorteile den EAN-Barcode auf mittlere Sicht ersetzen wird, zumal die Transponder immer preiswerter werden.

03. Welche besondere Bedeutung wird der RFID-Technik im Handel zugeschrieben?

Besondere Vorteile scheinen die großen Warenhäuser in der Anwendung der RFID-Technik zu sehen. Informationen über Warenstandorte und Bestände in den Filialen vom Handlager bis zur Verkaufsfläche lassen sich mithilfe von Lesegeräten abrufen. Dadurch wird die Datenqualität im Warenwirtschaftssystem erheblich verbessert; Regallücken können vermieden werden.

(Es ist möglich, die Technik mit Nutzungsmöglichkeiten durch die Kunden zu erweitern. An einzelnen Verkaufstischen in einem Warenhaus soll sich der Käufer mithilfe eines Lesegerätes darüber informieren können, ob der von ihm gesuchte Artikel im Bestand ist.)

04. Wie werden mit dem EAN-Barcode Lagerbestände identifiziert?

EAN (Europaeinheitliche Artikelnummer) ist eine Internationale Artikelnummer; sie wird zentral verwaltet und an die Hersteller auf Antrag vergeben. Der EAN-Barcode

7.3 Lagerwirtschaft, -steuerung und -verwaltung

(EAN-Strich- oder Balkencode) ist eine international vereinbarte Regelung zur Kennzeichnung von Artikeln.

Zu unterscheiden sind 13-stellige Artikelnummern von achtstelligen (EAN-13 und EAN-8). Sie werden auf Verpackungen bzw. an der Ware als Strichcodes angebracht. Die Striche bzw. Balken der Codes enthalten Informationen über den Artikel, die durch Barcodescanner decodiert werden.

05. Welche Informationen enthält der EAN-13?

Der EAN-13 enthält 13 Ziffern, sie haben folgende Bedeutung:

- Das Länderkennzeichen (dreistellig, z. B. 400 - 440 für Deutschland)
- die Betriebsnummer des Herstellers, die national vergeben wird (vierstellig, es werden seit einigen Jahren aber auch Betriebsnummern mit fünf oder sechs Stellen vergeben)
- die Artikelnummer, die der Hersteller festlegt (fünfstellig)
- Prüfziffer (einstellig).

06. Welche Informationen enthält der EAN-8?

Der EAN-8 dient der Kennzeichnung kleinerer Artikel. Der Code umfasst eine dreistellige Ländernummer, eine vierstellige Artikelnummer und eine einstellige Prüfziffer.

07. Wie werden die EAN-Barcodes dargestellt?

EAN-13 und EAN-8 werden mithilfe von Linien bzw. Strichen in einem Barcode dargestellt. Eine Ziffer wird durch zwei helle und zwei dunkle Striche gekennzeichnet. Die Striche haben unterschiedliche Stärken. Die codierte Information wird unter dem Strichcode mit entsprechenden Zahlenangaben in Klarschrift wiederholt.

08. Welchem Zweck dient die NVE (Nummer der Versandeinheit)?

Die NVE dient der Identifizierung einer Versandeinheit, z. B. einer Palette, eines Containers u. Ä. Sie wird mit einem Barcode auf der Versandeinheit angegeben. Die Versandeinheit wird eindeutig definiert nach Hersteller (bzw. Verwender der Nummer) mit Anschrift, Bestimmungsort usw. Die NVE wird gegen Entgelt von der GS 1 Germany vergeben.

Die NVE wird ungültig, wenn der Empfänger die Versandeinheit auflöst, d. h. beispielsweise die Palette abpackt, den Container entleert usw.

7.3.1.4.3 Lagersicherheit

01. Welche Aspekte umfasst die Lagersicherung?

Lagersicherung umfasst folgende Aspekte:

- Sicherung des Lagers (des Gebäudes, der Räume) z. B. gegen Feuer (Brandschutz)
- Sicherung des Lagerguts z. B. gegen Diebstahl, Verderb, Verunreinigungen, Veralterung, Feuer (Lagersicherung i. e. S.)
- Sicherung der Arbeitnehmer (Arbeitssicherheit), insbesondere Sicherung vor der Gefährdung durch Gefahrstoffe.

02. Was sind Gefahrstoffe?

Nach dem Chemikaliengesetz § 3 a, auf das sich die Gefahrstoffverordnung bezieht, werden Gefahrstoffe folgendermaßen beschrieben: Gefährliche Stoffe oder gefährliche Zubereitungen sind Stoffe oder Zubereitungen, die ein oder mehrere der folgenden Merkmale aufweisen:

- Explosionsgefährlich, brandfördernd
- hochentzündlich, leichtentzündlich, entzündlich
- sehr giftig, giftig
- gesundheitsschädlich
- ätzend, reizend, sensibilisierend
- krebserzeugend, fortpflanzungsgefährdend, erbgutverändernd
- umweltgefährlich (umweltgefährlich sind Stoffe oder Zubereitungen, die selbst oder deren Umwandlungsprodukte geeignet sind, die Beschaffenheit des Naturhaushaltes, von Wasser, Boden oder Luft, Klima, Tieren, Pflanzen oder Mikroorganismen derart zu verändern, dass dadurch sofort oder später Gefahren für die Umwelt herbeigeführt werden können).

03. Welche Maßnahmen zum Schutz der Arbeitnehmer bei Gefahrstofflagerung sieht die Gefahrstoffverordnung vor?

Der Arbeitgeber ist verpflichtet, die Gesundheit und die Sicherheit der Beschäftigten mit Gefahrstoffen sicherzustellen, dabei hat er die erforderlichen Maßnahmen nach dem Arbeitsschutzgesetz zu beachten und die Kontamination des Arbeitsplatzes und die Gefährdung der Beschäftigten so gering wie möglich zu halten.

04. Welche Maßnahmen sind für die Schutzstufe 1 vorgesehen?

Schutzstufe 1 betrifft die geringe Gefährdung. zu den Maßnahmen zählen u. a.
- die entsprechende Gestaltung des Arbeitsplatzes
- Bereitstellung geeigneter Arbeitsmittel

- Begrenzung der Anzahl der Beschäftigten, die Gefahrstoffen ausgesetzt sind
- Begrenzung der Dauer und des Ausmaßes der Exposition
- Kennzeichnung der Gefahrstoffe.

05. Welche Maßnahmen sind in der Schutzstufe 2 vorgesehen?

In der *Schutzstufe 2* sind Grundmaßnahmen zum Schutz der Beschäftigten vorgesehen. Dazu zählen u. a. die folgenden Maßnahmen:

- Vermeidung von Tätigkeiten mit Gefahrstoffen
- Substitution der Gefahrstoffe durch Stoffe oder Erzeugnisse, die unter den jeweiligen Verwendungsbedingungen weniger oder gar nicht gefährlich sind
- Verringerung der Gefährdungen auf ein Mindestmaß, z. B. durch die Gestaltung geeigneter Verfahren nach dem Stand der Technik, durch kollektive Schutzmaßnahmen an der Gefahrenquelle (z. B. angemessene Be- und Entlüftung)
- Nutzung von Schutzausrüstungen durch die Arbeitnehmer.

06. Welche Vorschriften enthält die Gefahrstoffverordnung für die Lagerung von Gefahrstoffen?

Die Gefahrstoffverordnung sieht für die Lagerung von Gefahrstoffen u. a. folgende Regelungen vor:

- Gefahrstoffe dürfen nur an dafür geeigneten Orten gelagert werden; von der Lagerung darf keine Gefährdung von Menschen und Umwelt ausgehen.
- Gefahrstoffe dürfen in Arbeitsräumen nur gelagert werden, wenn die Lagerung mit dem Schutz der Beschäftigten vereinbar ist.
- Gefahrstoffe dürfen nicht zusammen gelagert werden, wenn dadurch gefährliche Vermischungen entstehen können, die die Brand- und Explosionsgefahr erhöhen.
- Lagerbereiche mit feuergefährlichen Stoffen sind durch ein entsprechendes Warnzeichen zu kennzeichnen.
- Gefährliche Stoffe und gefährliche Zubereitungen sind zu kennzeichnen; die Kennzeichnungen sollen auch Hinweise auf Schutzmaßnahmen, die zu beachten sind, enthalten.
- Gefahrstoffe sind so zu lagern, dass sie die menschliche Gesundheit und die Umwelt nicht gefährden.
- Gefahrstoffe dürfen nur in Behältern gelagert werden, die die Verwechslung von Behältern mit Lebensmitteln ausschließen.
- Gefahrstoffe müssen übersichtlich geordnet gelagert werden.
- Gefahrstoffe dürfen nicht zusammen mit Lebens-, Arznei- oder Futtermitteln gelagert werden.

7.3.2 Entsorgung

7.3.2.1 Bedeutung der Entsorgung

01. Was besagt der Begriff Kreislaufwirtschaft, und welches Ziel verfolgt die Kreislaufwirtschaft?

Der Begriff Kreislaufwirtschaft besagt, dass Rohstoffe und Materialien, die bei der Produktion abfallen, und die Produkte selbst am Ende ihres Gebrauchs, am Ende ihres „Produktlebens", als Rohstoffe wieder in den Produktionsprozess geführt werden. Das Ziel der Kreislaufwirtschaft ist die weitgehende Nutzung nicht erneuerbarer Rohstoffe und die Entlastung von Entsorgungseinrichtungen (Deponien u. dgl.); Abfälle sollen nach Möglichkeit vermieden werden. Wieder- und Weiterverwendung sowie die Verwertung solcher Rohstoffe und die Beseitigung unvermeidbarer Abfälle sollen emissionsfrei und ohne Schädigung der Umwelt und der Gesundheit von Menschen und Tieren erfolgen.

02. Welche Ziele verfolgt das Kreislaufwirtschaftsgesetz?

Das Ziel des Kreislaufwirtschaftsgesetz (KrWG) kommt in seinem vollständigen Namen zum Ausdruck: Gesetz zur Förderung der Kreislaufwirtschaft und Sicherung der umweltverträglichen Bewirtschaftung von Abfällen.[1] Die Vorschriften des Gesetzes sollen einerseits die Kreislaufwirtschaft zur Schonung der natürlichen Ressourcen fördern und andererseits sicherstellen, dass Menschen und Umwelt bei der Erzeugung und Bewirtschaftung von Abfällen geschützt werden (§ 1 KrWG).

03. Bestehen neben dem Kreislaufwirtschafsgesetz weitere Vorschriften zur Entsorgung von Abfällen?

Die Vorschriften des Kreislaufwirtschaftsgesetzes gelten nicht für die Entsorgung aller Abfälle. Sie gelten z. B. nicht für die Entsorgung von

- Lebensmitteln, Lebensmittelzusatzstoffen, Kosmetik
- Tierkadavern, Fäkalien u. Ä.
- tierischen Nebenprodukten, die aus hygienischen Gründen nicht für den menschlichen Verzehr geeignet sind
- Kernbrenn- und sonstige radioaktive Stoffe
- gasförmige Stoffe, die nicht in Behältern gefasst sind
- Stoffe, die in Gewässer oder Abwasseranlagen eingeleitet werden
- Kohlendioxyd.

---

[1] Das Gesetz ist seit dem 01.06.2012 in Kraft. Es ersetzt das Gesetz zur Förderung der Kreislaufwirtschaft und Sicherung der umweltverträglichen Beseitigung von Abfällen (in der Fassung von 2002). Der wesentliche Unterschied kommt im Titel zum Ausdruck: Das neue Gesetz spricht nicht mehr von Beseitigung von Abfällen, sondern von deren Bewirtschaftung. Das Gesetz setzt die entsprechende EU-Richtlinie von 2008 um.

7.3 Lagerwirtschaft, -steuerung und -verwaltung

Die Vorschriften für die Entsorgung dieser Stoffe finden sich z. B. im Lebensmittel- und Futtermittelgesetzbuch, im Tierseuchengesetz, im Tierische-Nebenprodukte-Beseitigungsgesetz, im Atomgesetz.

7.3.2.2 Objekte des Entsorgungsgeschäftes

01. Welche Abfälle fallen bei der industriellen Fertigung und im Handel an?

Zu den Abfällen in Industrie und Handel zählen z. B.

- Metall- und Holzspäne
- Sägemehl
- Staub
- Altöl
- zerbrochene Teile
- überflüssiges Material
- misslungene Werkstücke
- Abluft, Abwasser
- Verpackungsmaterial
- giftige Rückstände u. Ä.

02. Was sind Abfälle im Sinne des Kreislaufwirtschaftsgesetzes?

Abfälle im Sinne des Kreislaufwirtschaftsgesetzes sind Stoffe oder Gegenstände, deren sich der Besitzer entledigt, entledigen will oder entledigen muss, d. h. die er verwertet, beseitigt oder über die er die tatsächliche Sachherrschaft aufgibt (§ 3 Abs. 1 und 2 KrWG).

03. Wann endet die Abfalleigenschaft nach dem Kreislaufwirtschaftsgesetz?

Nach § 5 KrWG ist ein Stoff oder ein Gegenstand dann kein Abfall mehr, wenn er ein Verwertungsverfahren durchlaufen hat: Nach dem Verfahren muss seine Beschaffenheit eine übliche Verwendung zulassen und es muss eine Nachfrage nach ihm bestehen; darüber hinaus muss er alle für seine jeweilige Zweckbestimmung geltenden technischen Anforderungen sowie alle Rechtsvorschriften und anwendbaren Normen für Erzeugnisse erfüllen, und seine Verwendung darf nicht zu schädlichen Auswirkungen auf Mensch oder Umwelt führen.

7.3.2.3 Formen der Entsorgung als Ziel der Abfallwirtschaft

01. Welche Formen der Entsorgung sind möglich?

Abfälle lassen sich nie vollständig vermeiden, sie müssen entsorgt werden. Entsorgung heißt entweder Verwertung, also Rückführung in den Wertstoffkreislauf (Recycling), Verwendung (Wiederverwendung) oder Beseitigung; beseitigt werden Abfälle, deren Recycling nicht möglich oder nicht zumutbar ist.

02. Wodurch unterscheiden sich Wiederverwertung und Weiterverwertung?

Bei einer **Wiederverwertung** wird der Abfall aufbereitet und dann wieder als Rohstoff genutzt. Zum Beispiel Verpackungsmaterial aus Pappe und Papier wird als Altpapier für die Herstellung von Papierprodukten verwendet, mangelhafte Werkstücke werden als Schrott eingeschmolzen und als Material für die Produktion wiederverwendet.

Bei einer **Weiterverwertung** wird der Abfall nicht in den ursprünglichen Produktionsprozess zurückgeführt, sondern in einen anderen eingebracht. Verpackungsmaterial z. B. wird in Heizungen zur Herstellung von Wärme weiterverwendet.

03. Wodurch unterscheiden sich Wiederverwendung und Weiterverwendung?

Bei einer **Wiederverwendung** wird der Abfall wieder seinem ursprünglichen Verwendungszweck zugeführt, z. B. Getränkeflaschen werden als Pfandflaschen zurückgegeben und vom Hersteller für die Abfüllung von Getränken wieder verwendet. Bei einer **Weiterverwendung** wird der Abfall für einen weitergehenden Zweck verwendet, z. B. das Senfglas wird im Haushalt als Trinkglas benutzt.

04. Was umfasst die Beseitigung von Abfällen?

Die Beseitigung von Abfällen umfasst

- die Abfallablagerung auf einer Deponie
- die Abfallvernichtung, z. B. durch Verbrennen
- die Abfalldiffusion, z. B. durch gleichmäßige Verteilung von Abfällen in Umweltmedien (Emission).

05. Welche Abfallhierarchie sieht das Kreislaufwirtschaftsgesetz vor?

Das Kreislaufwirtschaftsgesetz gibt für die Rangfolge der Maßnahmen folgende Hierarchie vor:

1. Vermeidung
2. Vorbereitung zur Wiederverwendung
3. Recycling
4. sonstige Verwertung
5. Beseitigung.

06. Welche Bedeutung hat die Abfallhierarchie?

Die Abfallhierarchie gibt die *Rangfolge der Maßnahmen* vor. Nach § 6 Abs. 2 KrWG gilt dabei, dass die Maßnahme vorrangig durchgeführt wird, die Mensch und Umwelt bei der Erzeugung und Bewirtschaftung von Abfällen am besten schützt.

Die Verwertung von Abfällen hat Vorrang gegenüber der Beseitigung. Die Verwertung darf weder die Umwelt noch die Gesundheit der Menschen schaden. Das gilt insbesondere auch dann, wenn die Abfälle in Erzeugnisse eingebunden werden. Verwertet werden müssen Abfälle dann, wenn dies technisch möglich und wirtschaftlich zumutbar ist. (Vgl. § 7 KrWG.)

07. Welche Verwertungsverfahren sieht der Gesetzgeber vor?

Der Gesetzgeber sieht für die Verwertung u. a. folgende Verfahren vor (vgl. Anlage 2 KrWG):

- Verwendung als Brennstoff
- Rückgewinnung und Regenerierung von Lösemitteln
- Recycling und Rückgewinnung von organischen Stoffen (einschließlich biologischer Umwandlungsverfahren), von Metallen und Metallverbindungen sowie von Säuren und Basen
- erneute Ölraffination
- Aufbringung auf den Boden zur ökologischen Verbesserung

08. Welche Beseitigungsverfahren kommen für Abfälle in Betracht?

Der Gesetzgeber sieht für die Beseitigung u. a. folgende Verfahren vor (vgl. Anlage 1 KrWG):

- Ablagerungen in Deponien und in speziellen Deponien
- biologischer Abbau von flüssigen oder schlammigen Abfällen im Erdreich
- Verpressung in Bohrlöchern oder natürlichen Hohlräumen
- Einleitung in ein Gewässer
- Verbrennung an Land und auf See
- Dauerlagerung, z. B. in einem Bergwerk.

7.3.2.4 Betriebliche Aspekte der Bewirtschaftung von Abfällen

01. Wie schlägt sich der Umweltschutz in den Unternehmen nieder?

Der Gesetzgeber schreibt den Unternehmen eine umweltschonende Entsorgung ihrer Abfälle vor. Bei der industriellen Fertigung (aber auch bei der Leistungserstellung des Handels) fallen Abfälle an. Abfälle müssen entsorgt werden. Die Verantwortung für den Umweltschutz, die Erwartungen der Verbraucher, insbesondere aber die strengen staatlichen Vorschriften zwingen die Unternehmer zu umweltschonender Entsorgung. Für die Entsorgung in den Betrieben ist die Materialwirtschaft zuständig.

Die Entsorgung ist i. d. R. sehr aufwändig; die Unternehmen suchen deshalb nach Alternativen, z. B. Abfallvermeidung u. Ä. Der Umweltschutz i. w. S. wird wegen seiner Bedeutung in den Entscheidungsprozess des Unternehmens einbezogen. Dabei geht es zwar zunächst um die Erfüllung der gesetzlichen Vorgaben, aber im Rahmen dieser Vorgaben vor allem um Harmonisierung von ökologischen Zielen mit anderen Unternehmenszielen.

02. Welche Verantwortung trägt der Hersteller eines Produkts für die Erfüllung der Ziele der Kreislaufwirtschaft?

§ 23 KrWG besagt, dass derjenige, der Erzeugnisse entwickelt, herstellt, be- oder verarbeitet, die Verantwortung für das Produkt trägt. Er soll Erzeugnisse möglichst so gestalten, dass bei ihrer Herstellung und bei ihrem Gebrauch möglichst wenig Abfälle anfallen; außerdem soll er sicherstellen, dass die nach ihrem Gebrauch entstandenen Abfälle umweltverträglich verwertet oder beseitigt werden.

03. Welche Aufgaben hat der Betriebsbeauftragte für Abfall?

Betreiber von Anlagen, in denen regelmäßig gefährliche Abfälle anfallen, müssen mindestens einen Abfallbeauftragten (§ 59 Abs. 1 KrWG). Er hat nach § 60 u. a. folgende Aufgaben:

- Der Abfallbeauftragte überwacht den Weg der Abfälle von der Entstehung bis zur Verwertung oder Beseitigung.
- Er überwacht die Einhaltung der Vorschriften des Kreislaufwirtschaftgesetzes und kontrolliert in regelmäßigen Abständen die Betriebsstätten und die anfallenden Abfälle.
- Er klärt die Betriebsangehörigen über Beeinträchtigungen des Wohls der Allgemeinheit, welche von den Abfällen ausgehen können, auf.
- Er trägt zur Entwicklung von Verfahren bei, mit denen Abfälle umweltverträglich bewirtschaftet werden können.

04. Welche Nachweispflichten bestehen für Erzeuger gefährlicher Abfälle?

Erzeuger (daneben aber auch Besitzer, Sammler usw.) gefährlicher Abfälle müssen die ordnungsgemäße Entsorgung gefährlicher Abfälle nachweisen (§ 50 KrWG).

05. Können Unternehmen Beratungen zur Kreislaufwirtschaft in Anspruch nehmen?

Unternehmen können Beratungen zur Abfallbewirtschaftung in Anspruch nehmen. Das Kreislaufwirtschaftsgesetz verpflichtet folgende Stellen zur Beratung und Information:

- Öffentlich-rechtliche Entsorgungsträger
- Industrie- und Handelskammern
- Handwerkskammern
- Landwirtschaftskammern.

06. Welche Arbeiten fallen im Zusammenhang mit der Entsorgung für die Materialwirtschaft an?

Für die Entsorgung ist im Allgemeinen die Materialwirtschaft bzw. Beschaffung und Lagerhaltung zuständig. Im Einzelnen fallen folgende Arbeiten an:

- Einteilung der Abfälle nach Verwertbarkeit
- Aufbereitung und Vorbereitung verwertbarer Abfälle für die Wiederverwertung und -verwendung
- Aussonderung nicht verwertbarer Abfälle
- evtl. Vernichtung von Abfällen
- Verkauf weiter verwertbarer Abfälle
- Abtransport der Abfälle.

07. Wie lässt sich das Ziel der Entsorgungslogistik umschreiben?

Das Ziel der Entsorgungslogistik lässt sich umschreiben als Planung, Gestaltung, Realisierung und Steuerung des internen und externen Entsorgungsflusses (das ist der Fluss der Entsorgungsgüter) unter Berücksichtigung wirtschaftlicher und ökologischer Gesichtspunkte.

08. Welche Aufgabenbereiche umfasst die Entsorgungslogistik?

Die Entsorgungslogistik umfasst die folgenden Aufgabenbereiche:

- Lagerung der Entsorgungsgüter
- Transport
- Umschlag
- Sammlung und Trennung
- Verpackung.

7.3.3 Lagersteuerung und -verwaltung

01. Welches Ziel verfolgen Lagersteuerung und -verwaltung?

Das Ziel der Lagersteuerung und -verwaltung ist der störungsfreie, termingerechte und überprüfbare Materialfluss im Lager bei minimalen Kosten. Diese optimale Gestaltung des Materialflusses setzt mindestens Folgendes voraus:

1. Die anforderungsgerechte Dimensionierung der Kapazitäten (des gesamten Lagers, der einzelnen Lagerzonen und Lagerplätze usw.) und der Lagerhilfsmittel (innerbetriebliche Transporteinrichtungen usw.)

2. die Abstimmung einzelner Logistikleistungen aufeinander mithilfe eines Informationssystems sowie

3. die exakte und transparente Bestandsrechnung.

02. Auf welche Bereiche beziehen sich Lagersteuerung und Lagerverwaltung?

Lagersteuerung und -verwaltung beziehen sich auf folgende Bereiche:

- Einlagerung des Materials, dazu zählen
  - Materialeingang
  - Identifizierung
  - Positionierung
  - körperliche Einlagerung
- Auslagerung des Materials, dazu zählen
  - Auftragsvorbereitung
  - Kommissionierung
  - Materialausgang
  - Entsorgung
  - Fortbewegung
- Erfassung der Lagerbewegungen und Überwachung des Bestands durch die Rechnungssysteme.[1]

03. Welche Bedeutung hat ein Lagerverwaltungssystem?

Die Aufgaben der Lagersteuerung und -verwaltung werden im Allgemeinen von einem Lagerverwaltungssystem (LVS) ausgeführt. Als LVS bezeichnet man die Anwendungssoftware, die die Lagerprozesse steuert und verwaltet. Diese Prozesse stehen im Zusammenhang mit (vgl. vorstehende Frage)

- der Einlagerung
- der Auslagerung
- den Rechnungssystemen.

04. Welche Aufgaben hat ein Lagerverwaltungssystem?

Das Lagerverwaltungssystem (LVS) soll zur optimalen Gestaltung des Materialflusses durch die Lösung folgender Aufgaben beitragen.[2]

- Optimierung der Reihenfolge von Einlagerungs- und Auslagerungsaufträgen
- Zuordnung von Einlagerungsaufträgen zu Leerflächen
- Zuordnung von Auslagerungsaufträgen zu Ladeeinheiten
- Veranlassung und Überwachung von Fahranweisungen für die Regalförderzeuge
- reibungslose Identifikation und Kontrolle der Ein- und Auslagerung von Lagerhilfsmitteln
- Führung des Lagerspiegels (Angabe der Leerfächer und der belegten Fächer)
- Regelung der Transportvorgänge
- Regelungen des Einsatzes von Mensch und Technik.

---
[1] in Anlehnung an Ehrmann, H.
[2] Vgl. hierzu: Ehrmann, H., 2012, S. 412ff. und Schulte, C., 2009, S. 239 f.

7.3 Lagerwirtschaft, -steuerung und -verwaltung

05. Wie wird die Lagersteuerung im LVS realisiert?

Zur Lagersteuerung werden DV-Programme genutzt. Bei der bisher angewandten Technik wurde die Lagersteuerung auf einem Rechner realisiert. Im Allgemeinen werden heute PC-Netzwerke zur Lösung der Steuerungsaufgaben eingesetzt. Dabei werden die Aufgaben der Lagerssteuerung auf mehrere Rechner verteilt, die in einer dreistufigen Rechnerhierarchie miteinander verbunden sind.

06. Welche Bedeutung hat der Lagerverwaltungsrechner?

Der Lagerverwaltungsrechner fungiert bei geeigneter Software als Zentralrechner, der in einem PC-Netzwerk untergeordnete Steuerungssysteme koordiniert.

Der Lagerverwaltungsrechner verwaltet die Basisdaten, die für die Lagersteuerung und -verwaltung benötigt werden; dazu zählen z. B. Lieferantendaten, Lagerinformationen, Lagerbereichsdaten, Artikelstammdaten usw. Darüber hinaus laufen über den Lagerverwaltungsrechner Programme zur Datenauswertung und -analyse.

7.3.4 Rechnungssysteme im Lager

7.3.4.1 Arten der Rechnungssysteme

01. Was soll mit der Bestandsrechnung erreicht werden?

Mithilfe der Bestandsrechnung sollen die Bestände an Material usw. mengen- und wertmäßig erfasst und ausgewiesen werden. Die Bestandsrechnung dient der Bestandsplanung als Grundlage.

02. Welchem Zweck dienen Verbrauchsrechnungen?

Verbrauchsrechnungen erfassen die Materialmengen, die für einzelne Aufträge entnommen werden, die also für einen Auftrag verbraucht werden.

03. Was wird als Inventur bezeichnet?

Wenn ein Kaufmann „Inventur macht", stellt er ein Verzeichnis seines Vermögens und seiner Schulden auf. Zu seinen Vermögensgegenständen gehören auch die Warenbestände. Er muss sie zum Inventurstichtag ermitteln und bewerten. Für Inventur und Bewertung bestehen handels- und steuerrechtliche Vorschriften.

04. Welches Ziel verfolgt das Controlling?

Controlling ist hier Bestandscontrolling. Ziel ist die Steuerung von Beständen anhand von Kennziffern.

7.3.4.2 Bestandsrechnung

01. Welche Aufgabe erfüllt die Bestandsrechnung?

Aufgabe der Bestandsrechnung ist es, Bestände an Material, Halb- und Fertigprodukten usw. mengen- und wertmäßig zu erfassen und auszuweisen. Die Ergebnisse der Bestandsrechnungen dienen in besonderem Maße der *Bestandsplanung*.

02. Welche Aufgabe erfüllt die Bestandsplanung?

Mithilfe der Bestandsplanung werden die Bestände ermittelt, die ausreichen, um die Leistungserstellung des Unternehmens zu sichern; darüber hinaus soll die Bestandsplanung dazu beitragen, die Lagerhaltung von Materialien usw. wirtschaftlich zu gestalten. Eine zu geringe Lagerhaltung kann dazu führen, dass der Fortgang der Produktion gefährdet wird; eine überhöhte Lagerhaltung aber bedeutet vermeidbare Kapitalbindungskosten.

Folgende Bestandsarten sind für die Bestandsrechnung und -planung von besonderer Bedeutung:
- Höchstbestand
- Mindestbestand
- Meldebestand
- Lagerbestand.

03. Was wird mit dem Höchstbestand angegeben?

Der Höchstbestand ist der Bestand, der höchstens auf Lager genommen werden soll. Seine Festlegung soll zur Vermeidung überhöhter Lagervorräte beitragen.

04. Welche Funktion hat der Mindestbestand?

Der Mindestbestand ist der Buchbestand, der die Menge eines Materials o. dgl. angibt, die in ungefähr gleicher Qualität ständig am Lager sein sollte. Der Mindestbestand wird auch als Eiserner Bestand oder als *Sicherheitsbestand* bezeichnet.

Als Sicherheitsbestand gilt der Materialbestand, der unter normalen Bedingungen nicht für die Fertigung entnommen werden soll. Die Bestandshaltung soll verhindern, dass die laufende Produktion wegen des Mangels an Rohstoffen, Teilen usw. unterbrochen werden muss, dass Fehlmengen und damit auch Fehlmengenkosten entstehen.

05. Wann wird der Rückgriff auf den Mindestbestand (Sicherheitsbestand) erforderlich?

Der Rückgriff auf den Mindestbestand (Sicherheitsbestand) wird u. a. aus folgenden Gründen erforderlich:

7.3 Lagerwirtschaft, -steuerung und -verwaltung

- Die Anlieferung von Materialien stockt.
- Es werden zu geringe Mengen geliefert.
- Der tatsächliche Verbrauch ist höher als der geplante.
- Es entsteht unerwartet eine hohe Nachfrage.

06. Wodurch wird die Höhe des Mindestbestandes (Sicherheitsbestandes) bestimmt?

Die Höhe des Sicherheitsbestandes für ein Material wird bestimmt durch den durchschnittlichen Verbrauch innerhalb eines Zeitraums, der sich aus der Beschaffungsdauer ergibt. Hinzugerechnet wird ein Risikozuschlag für die mangelhafte Übereinstimmung zwischen Buchbestand und tatsächlichem Bestand. (Der relativ hohe Sicherheitsbestand in einigen Betrieben deutet darauf hin, dass die Übereinstimmung von Buch- und tatsächlichem Bestand skeptisch beurteilt wird.)

Der Mindestbestand wird häufig – allerdings nur annähernd genau – mit folgender Formel ermittelt.

Mindestbestand = (durchschnittlicher) Bestand · Beschaffungsdauer

Die Ermittlung des Mindestbestands kann mithilfe des folgenden einfachen *Beispiels* veranschaulicht werden.

Der Monatsendbestand für ein Material beträgt im September 2005 900 Einheiten; der monatliche Verbrauch beläuft sich auf 300 Einheiten; die Beschaffung dauert 50 Tage. Der Mindestbestand beträgt 500 Einheiten gem. folgender Rechnung.

$$B_{mind} = \frac{300}{30} \cdot 50 = 500$$

07. Welche Aufgabe hat der Meldebestand?

Der Meldebestand ist eine Bestandsmenge; wenn diese Bestandsmenge erreicht wird, löst die Meldung die Bestellung aus. Der Meldebestand wird deshalb auch als *Bestellpunkt* bezeichnet.

Bei der Festlegung des Meldebestands wird vom Mindestbestand ausgegangen und im Übrigen unter Berücksichtigung des täglichen Bedarfs und der Beschaffungszeit (in Tagen) nach folgender Formel ermittelt.

Meldebestand = täglicher Bedarf · Beschaffungszeit in Tagen + Mindestbestand

Beispiel: Täglicher Bedarf: 10 Einheiten, Beschaffungszeit: 50 Tage, Sicherheitsbestand: 500 Einheiten. – Es ergibt sich ein Meldebestand gem. folgender Rechnung von 1.000 Einheiten.

$$B_{melde} = 10 \cdot 50 + 500 = 1.000$$

Bei unregelmäßiger Lagerentnahme kann die Größe „Täglicher Bedarf" nur unzulänglich bestimmt werden; die angegebene Formel ist deshalb nur bei regelmäßiger (gleichmäßiger) Entnahme anwendbar. Bei unregelmäßiger Entnahme wird der Meldebestand häufig mit dem zweifachen Mindestbestand angenommen.

08. Was wird mit dem Lagerbestand angegeben?

Der Lagerbestand in einem Fertigungsunternehmen ist der Gesamtbestand an Roh-, Hilfs- und Betriebsstoffen, an halbfertigen und fertigen Produkten und an Handelswaren. Der buchmäßige Bestand kann von dem tatsächlichen Bestand abweichen wegen falscher oder fehlerhafter Buchungen, Schwund usw. Deshalb ist u. a. die regelmäßige Überprüfung des Bestandes durch eine Inventur erforderlich (vgl. Inventur).

Menge und Wert des Lagerbestands sind Grundlagen für weitergehende Berechnungen, z. B. des verfügbaren Bestandes, der Lagerkennziffern, durchschnittliche Bestände, Lagerdauer, Umschlagshäufigkeiten.

09. Wie wird der verfügbare Bestand ermittelt?

Der für Entnahmen verfügbare Lagerbestand kann von dem Lagerbestand abweichen, weil bei seiner Berechnung auch Bestell- und reservierte Bestände berücksichtigt werden.

- Bestellbestand, er umfasst die bestellten, noch nicht eingegangenen Mengen, d. s. die offenen Bestellungen,
- reservierter Bestand, er enthält die Mengen, die bereits für Entnahmen reserviert, aber noch nicht entnommen sind.

Rechnerisch ergibt sich der *verfügbare Bestand* folgendermaßen:

```
  Tatsächlicher Bestand
+ Bestellbestand
- reservierter Bestand
= verfügbarer Bestand
```

10. Wie wird der durchschnittliche Lagerbestand ermittelt?

Der durchschnittliche Lagerbestand wird als arithmetisches Mittel aus mehreren Beständen ermittelt. Für die Berechnung des durchschnittlichen Lagerbestands (dLb) bestehen folgende Rechenansätze; sie unterscheiden sich durch die Anzahl der jeweils berücksichtigten Bestände.

- Ermittlung des durchschnittlichen Lagerbestands *aus den beiden begrenzenden Beständen* (Anfangs- und Endbestand) nach folgender Formel:

$$dLb_1 = \frac{AB + EB}{2}$$

- Ermittlung des durchschnittlichen Lagerbestands *aus dem Anfangsbestand und den vier Quartalsendbeständen* nach folgender Formel:

$$dLb_2 = \frac{AB + 4QEB}{5}$$

- Ermittlung des durchschnittlichen Lagerbestands *aus Anfangsbestand und zwölf Monatsendbeständen*:

$$dLb_3 = \frac{AB + 12MEB}{13}$$

- Ermittlung des durchschnittlichen Lagerbestands *aus der Bestellmenge* nach folgender Formel (diese Berechnung kann angesetzt werden bei industriebetrieblicher Materialwirtschaft, wenn das Material regelmäßig, z. B. täglich, und in gleichen Mengen entnommen wird):

$$dLb_4 = \frac{Bestellmenge}{2}$$

11. Was wird mit der Umschlagshäufigkeit angegeben und wie wird sie ermittelt?

Die Umschlagshäufigkeit gibt an, wie oft die Menge oder der Wert eines durchschnittlichen Lagerbestands in einer Periode (z. B. in einem Jahr) umgeschlagen wurde. Errechnet wird die Umschlagshäufigkeit (Uh) aus dem Verhältnis der Entnahmen in einer Periode (z. B. in einem Jahr) zum entsprechenden durchschnittlichen Lagerbestand nach folgender Formel:

$$Uh = \frac{Entnahmen\ (Jahr)}{dLb}$$

12. Was wird mit der Lagerdauer angegeben und wie wird sie ermittelt?

Lagerdauer ist die Zeit zwischen Beschaffung und Entnahme des Materials. Die durchschnittliche Lagerdauer (dLd) ist ein Durchschnittswert für eine Periode (im Allgemeinen für ein Jahr). Ermittelt wird die Anzahl der Tage, an denen sich das Material am Lager befand. Zur Berechnung wird die Umschlagshäufigkeit auf die Anzahl der Tage der Periode, die der Berechnung zu Grunde liegt, bezogen, bei einem Jahr also auf 360 Tage.

$$dLd = \frac{360}{Uh}$$

7.3.4.3 Verbrauchsrechnungen

01. Welche Aufgaben erfüllen Verbrauchsrechnungen?

Mit den Verbrauchsrechnungen werden die Materialmengen erfasst, die für einzelne Aufträge entnommen werden. Bei den Verbrauchsrechnungen werden folgende Methoden angewandt:

- Skontrahierung
- retrograde Methode
- Inventurmethode.

02. Wie wird mit der Skontrahierungsmethode der Verbrauch erfasst?

Bei der Skontrahierungsmethode wird der Lagerbestand fortgeschrieben, deshalb wird sie auch als *Fortschreibungsmethode* bezeichnet. Der in der Lagerkartei der Lagerbuchhaltung enthaltene Lagerbestand wird um die Zugänge erhöht und um die Abgänge vermindert. Belege für die Buchung der Zugänge sind die Lieferscheine, für die Buchung der Abgänge die Entnahmescheine.

Die Entnahmescheine enthalten neben den Angaben zur Art und Menge des entnommenen Materials und dem Datum der Entnahme auch Hinweise auf die betroffenen Kostenstellen.

Durch die laufenden Buchungen der Ab- und Zugänge ergibt sich jeweils der aktuelle Buchbestand.

03. Welche Vorteile und Nachteile hat die Skontrahierungsmethode?

Die Skontrahierungsmethode hat u. a. folgende Vorteile:

- Der aktuelle Buchbestand kann schnell ermittelt werden.
- Die Methode ist sehr genau.
- Die Methode ist Grundlage der sog. permanenten Inventur.
- Die Zuweisung des Verbrauchs auf die Kostenstellen ist schnell und eindeutig möglich, da die Belege u. a. die entsprechenden Hinweise enthalten.

Die Nachteile lassen sich folgendermaßen umschreiben:

- Das notwendige Belegwesen ist aufwändig.
- Die Einrichtung der Lagerbuchhaltung muss den Anforderungen genügen können.

04. Wie wird mit der retrograden Methode der Verbrauch erfasst?

Die retrograde Methode ist eine *Rückwärtsrechnung*. Der Materialverbrauch wird ermittelt, wenn das Erzeugnis fertig ist. Vom fertigen Erzeugnis aus wird auf den Materialverbrauch geschlossen. Dazu wird von der Kostenträgerrechnung über die Ko-

7.3 Lagerwirtschaft, -steuerung und -verwaltung

stenstellenrechnung auf die Kostenartenrechnung zurückgegriffen. Im Allgemeinen werden die Stücklisten herangezogen, um den Verbrauch an Teilen, Baugruppen usw. zu ermitteln.

Vorzugsweise wird die retrograde Methode bei einfachen Erzeugnissen eingesetzt, für deren Herstellung nur eine geringe Anzahl von Teilen verbraucht werden.

05. Welche Vorteile und welche Nachteile hat die retrograde Methode?

Die Vorteile der retrograden Methode lassen sich folgendermaßen umschreiben:

- Die Methode ist weniger aufwändig als die Skontrahierungsmethode.
- Die Methode reicht zur Ermittlung des Verbrauchs bei einfachen Erzeugnissen (wenige Teile) aus.

Die Nachteile lassen sich folgendermaßen umschreiben:

- Die Methode ist ungenau, Gemeinkosten lassen sich nicht ermitteln.
- Die Methode ist bei komplizierten Erzeugnissen nicht anwendbar.

06. Wie wird mit der Inventurmethode der Verbrauch erfasst?

Bei der Inventurmethode wird der Verbrauch an Material mithilfe der Inventurbestände unter Berücksichtigung der Zugänge ermittelt. Berechnet wird der Verbrauch folgendermaßen.

```
  Anfangsbestand lt. Inventur
+ Zugänge
- Endbestand lt. Inventur
= Verbrauch
```

07. Welche Vorteile und welche Nachteile hat die Inventurmethode?

Vorteile der Inventurmethode:

- Verringerung des Verwaltungsaufwands, da die Entnahmescheine nicht benötigt werden.

Nachteile:

- Der Verbrauch kann nur nach einer Inventur ermittelt werden.
- Es wird nur der Gesamtverbrauch ermittelt, nicht der Verbrauch für einzelne Erzeugnisse.

7.3.4.4 Inventur

7.3.4.4.1 Bestandsermittlung

01. Warum und wie wird der Lagerbestand ermittelt?

§ 240 HGB schreibt dem Kaufmann vor, dass er für das Ende jedes Geschäftsjahres sein gesamtes Vermögen und seine Schulden in einer Aufstellung erfasst; die Vermögensgegenstände sind dabei zu bezeichnen und zu bewerten. Dazu müssen auch die Warenbestände zu diesem Stichtag (Jahresende) ermittelt und bewertet werden. (Die Vorschriften des HGB werden durch steuerrechtliche Vorschriften, die insbesondere die Bewertung betreffen, ergänzt.)

Die Bestände werden deshalb gezählt, gewogen und gemessen sowie bewertet. Es findet also eine körperliche Bestandsaufnahme statt. Diese Bestandsaufnahme wird als Inventur bezeichnet.

02. Warum ist die Inventur aus betriebswirtschaftlichen Gründen erforderlich?

Die lediglich buchmäßig erfassten Bestände können von den tatsächlich vorhandenen abweichen. Ursachen für diese mangelhafte Übereinstimmung können Fehler bei Aufzeichnungen von Zugängen und Entnahmen, Diebstahl, Schwund, Verderb usw. sein. Für die Beschaffungsplanung ist es erforderlich, über exakte Bestandsrechnungen zu verfügen.

03. Wie wird die Inventur organisiert?

Im Allgemeinen stellen Unternehmen für die Inventur Organisationspläne auf. Diese Pläne enthalten u. a.

- Festlegung des Stichtags
- Terminplan
- Plan für die Reihenfolge der Aufnahmearbeiten
- Festlegung von Zuständigkeiten
- Richtlinien für die Bewertung.

04. Wie lauten die Grundsätze der Inventur?

Grundsätze für die körperliche Bestandsaufnahme sind:

- Vollständigkeit
- Richtigkeit
- Nachprüfbarkeit
- Dokumentation.

05. Was wird als Stichtagsinventur bezeichnet und welche Bedeutung hat sie?

Die Inventur, mit der die Bestände an einem Stichtag (i. d. R. Jahresende) aufgenommen werden, wird als Stichtagsinventur bezeichnet. Ihre Bedeutung gewinnt sie durch den engen zeitlichen Bezug zur Bilanzierung. Die Erstellung der Bilanz kann unmittelbar an ein Inventarverzeichnis anschließen, das sich aus einer gerade abgeschlossenen körperlichen Bestandsaufnahme ergeben hat.

06. Was wird als permanente Inventur bezeichnet und welche Bedeutung hat sie?

Auch eine permanente Inventur ist zulässig (§ 241 Abs. 3 HGB). Als permanente Inventur wird eine Bestandsermittlung durch Fortschreibung *(Skontration)* bezeichnet. Bei der permanenten Inventur wird ein ermittelter Bestand um die anfallenden Zu- und Abgänge vermehrt und vermindert, sodass sich der neue Bestand ergibt. Der sich so zum Stichtag ergebende Bestand wird bewertet.

Erforderlich ist, dass durch eine körperliche Bestandsaufnahme mindestens einmal im Jahr die Buchbestände überprüft werden; diese Aufnahme muss aber nicht mehr zum Schluss des Geschäftsjahres erfolgen.

7.3.4.4.2 Bestandsbewertung

01. Nach welchen Grundsätzen sind Bestände zu bewerten?

Für die Bewertung von Beständen bestehen folgende Grundsätze:

- Einzelbewertung: Die einzelnen Teile eines Gesamtbestandes sind zu erfassen und zu bewerten.

- Sammelbewertung (Pauschalbewertung): Sie ist zulässig, wenn eine Einzelbewertung nicht möglich ist. Voraussetzung ist, dass die bewertenden Waren gleichartig und vertretbar sind.

- Niederstwertprinzip: Die Bestände müssen i. d. R. zu ihren Anschaffungskosten bewertet werden. Bestehen für einen Bestand zwei Werte, nämlich Anschaffungs- und Tageswert, so ist der niedrigere Wert anzusetzen.

02. Welche Verfahren der Bewertung von Beständen gibt es?

Folgende Verfahren zur Bestandsbewertung können unterschieden werden:

- Bewertung zum Buchbestandspreis
- Bewertung zu gleitenden Durchschnittspreisen
- Bewertung nach dem Fifo-Verfahren
- Bewertung nach dem Lifo-Verfahren
- Bewertung nach dem Hifo-Verfahren.

03. Wie wird ein Bestand mithilfe des Buchbestandspreises bewertet?

Der Buchbestandspreis ist ein Durchschnittspreis. Er ergibt sich als gewogenes arithmetisches Mittel aus den Mengen und Werten von Anfangsbestand und Einkäufen. Der Bestand wird mit diesem Preis bewertet, wenn der Tageswert nicht niedriger ist.

Der Veranschaulichung kann das folgende vereinfachte *Beispiel* dienen.

Bei einer Handelsware gab es die folgenden Bestandsbewegungen; der Schlussbestand ist zu bewerten.

	Menge in kg	Einstandspreis je kg in €	Wert in €
Anfangsbestand	300	10,00	3.000,00
Einkauf	400	15,00	6.000,00
Einkauf	150	17,50	2.625,00
Einkauf	225	20,00	4.500,00
	1.075		16.125,00

Buchbestandspeis = $\frac{16.125}{1.075}$ = 15

Der Buchbestandspreis beträgt 15 €. Ein Schlussbestand von z. B. 500 kg würde demnach mit 7.500 € anzusetzen sein. Der Bestand ist aber nur dann mit diesem Preis zu bewerten, wenn der Tageswert nicht niedriger ist.

04. Wie wird bei der Bewertung mit Eingangsdurchschnittspreisen verfahren?

Bei der Bewertung mit Eingangsdurchschnittspreisen wird ähnlich verfahren wie bei der Bewertung mithilfe des Buchbestandspreises; jedoch wird in die Berechnung der Anfangsbestand nicht einbezogen.

05. Wie wird ein Bestand mithilfe gleitender Durchschnittspreise bewertet?

Bei dem Bewertungsverfahren mit gleitenden Durchschnittspreisen wird nach jeder Bestandsveränderung ein Durchschnittspreis ermittelt. Der neue Bestand, der sich durch die Bestandsveränderung ergibt, wird mit diesem Durchschnittspreis bewertet.

Das Verfahren mit gleitenden Durchschnittspreisen ist genauer als das reine Buchbestandspreisverfahren. Beide entsprechen den Grundsätzen ordnungsgemäßer Buchführung (Einschränkungen gibt es bei hohen Preisschwankungen).

Der Veranschaulichung kann das folgende vereinfachte *Beispiel* dienen.

Bei einer Handelsware gab es die folgenden Bestandsbewegungen; der Schlussbestand ist zu ermitteln und zu bewerten.

7.3 Lagerwirtschaft, -steuerung und -verwaltung

	Menge in kg	Einstandspreis je kg in €	Wert in €
Anfangsbestand	300	10,00	3.000,00
Einkauf	400	15,00	6.000,00
Bestand	700	12,86	9.000,00
Verkauf	450	12,86	5.787,00
Bestand	250	12,86	3.213,00
Einkauf	150	17,50	2.625,00
Bestand	400	14,60	5.838,00
Verkauf	125	14,60	1.825,00
Bestand	275	14,60	4.013,00
Einkauf	225	20,00	4.500,00
Bestand	500	17,03	8.513,00

Anmerkung zur Rechnung: Der Anfangsbestand von 300 kg wird mit 10 € bewertet (dieser Einstandspreis ergibt sich aus dem Vorjahr); die Bewertung ergibt 3.000 €. Der Einkauf von 400 kg wird mit dem Rechnungspreis von 15 €/kg bewertet, die Bewertung ergibt 6.000 €. Der sich aus Anfangsbestand und Einkauf ergebende Bestand von 700 kg wird mit einem Durchschnittspreis bewertet, der sich aus den Werten und den Mengen von Anfangsbestand und Einkauf gem. folgender Rechnung ergibt.

$$\frac{3.000 + 6.000}{300 + 400} = \frac{9.000}{700} = 12,86$$

Mit diesem Preis wird auch der folgende Verkauf von 450 kg bewertet, Wert 5.787 €.

Wenn der Tageswert nicht niedriger als 17,03 € je kg ist, wird der Schlussbestand von 500 kg mit 8.513 € bewertet.

06. Wie wird ein Bestand nach dem Fifo-Verfahren bewertet?

Bei dem Fifo-Verfahren wird unterstellt, dass die zuerst beschafften Waren bzw. Materialien auch zuerst entnommen werden (fifo = first in – first out). Das bedeutet, dass die noch nicht entnommenen Waren bzw. Materialien auch die zuletzt eingekauften Waren sind. Dieser Bestand ist deshalb auch zu den Einstandspreisen der zuletzt gekauften Waren zu bewerten.

Der Veranschaulichung kann das folgende vereinfachte *Beispiel* dienen.

Bei einer Handelsware gab es die folgenden Bestandsbewegungen; der Schlussbestand ist zu bewerten.

	Menge in kg	Einstandspreis je kg in €	Wert in €
Anfangsbestand	300	10,00	3.000,00
1.Einkauf	400	15,00	6.000,00
2. Einkauf	150	17,50	2.625,00
3. Einkauf	225	20,00	4.500,00

Der Schlussbestand wird mit 500 kg ermittelt. Dieser Bestand hat einen Wert von 9.000 €. Der Wert ergibt sich nach folgender Rechnung. In dem Beispiel wird unterstellt, dass der Anfangsbestand und ein Teil des 1. Einkaufs verkauft wurde.

225 kg	20,00 €	3. Einkauf	4.500,00 €
150 kg	17,50 €	2. Einkauf	2.625,00 €
125 kg	15,00 €	1. Einkauf	1.875,00 €
500 kg			**9.000,00 €**

07. Gestatten die Rechtsvorschriften die Anwendung des Fifo-Verfahrens?

Das HGB sieht dies Verfahren vor. Es entspricht bei sinkenden Preisen den Grundsätzen vorsichtiger Bewertung. Das Einkommensteuerrecht gestattet die Anwendung nur, wenn die angenommene Reihenfolge Fifo nachweislich der tatsächlichen entspricht.

08. Wie wird ein Bestand nach dem Lifo-Verfahren bewertet?

Bei dem Lifo-Verfahren wird angenommen, dass die zuletzt eingekauften Waren oder Materialien zuerst entnommen wurden (lifo = last in – first out). So kann unterstellt werden, dass sich der ermittelte Bestand (Inventurbestand) aus dem Anfangsbestand und evtl. aus den zuerst eingekauften Warenmengen zusammensetzt. Der Bestand ist deshalb mit den Preisen des Anfangsbestands und – wenn er höher ist als der Anfangsbestand – mit den Preisen der ersten Einkäufe zu bewerten.

Zur Veranschaulichung wird das *Beispiel* aus Frage 06. modifiziert.

Bei Bestandsaufnahme ergab sich ein mengenmäßiger Schlussbestand von 500 kg. Dieser Bestand hat einen Wert von 6.000 €. Der Wert ergibt sich nach folgender Rechnung.

300 kg	10,00 €	Anfangsbestand	3.000,00 €
200 kg	15,00 €	1. Einkauf	3.000,00 €
500 kg			**6.000,00 €**

09. Gestatten die Rechtsvorschriften die Anwendung des Lifo-Verfahrens?

Handelsrechtlich ist dieses Verfahren zulässig, wenn die Preise steigen. Bei sinkenden Preisen verstößt die Anwendung des Lifo-Verfahrens gegen das Niederstwertprinzip.

10. Wie wird ein Bestand nach dem Hifo-Verfahren bewertet?

Bei Anwendung des Hifo-Verfahrens wird angenommen, dass die am teuersten eingekauften Waren oder Materialien zuerst entnommen wurden (hifo = highest in – first out). Der Bestand ist deshalb mit dem Einstandspreis der billiger eingekauften Waren bzw. Materialien zu bewerten.

Bei steigenden Preisen bestehen handelsrechtlich keine Bedenken gegen die Anwendung dieses Verfahrens. Es berücksichtigt in besonderem Maße das Niederstwertprinzip.

7.3.4.5 Bestandscontrolling durch ausgewählte Lagerkennzahlen

01. Welche Aufgaben erfüllt das Bestandscontrolling?

Das Bestandscontrolling kann als Aspekt des *Logistikcontrolling* angesehen werden. Seine Aufgaben liegen im Wesentlichen darin, die Bestände anhand von Kennzahlen zu steuern. Die Lagerkennzahlen können als Soll-Werte für bestimmte Aspekte der Bestandshaltung definiert werden. Die ermittelten Kennzahlen geben als statistische Größen den Ist-Zustand wieder.[1]

02. Was wird mit der Kennzahl Lagerreichweite ermittelt?

Die Kennzahl Lagerreichweite (Reichweite des Lagerbestandes) für ein bestimmtes Material gibt an, ob und in welchem Umfang der durchschnittliche Lagerbestand einer Periode den durchschnittlichen Bedarf dieser Periode decken konnte. Die Kennzahl wird nach folgender Formel berechnet:

$$\text{Lagerreichweite} = \frac{dLb}{\text{durchschnittlicher Bedarf}}$$

03. Was wird mit der Kennzahl Lagerbestandsanteil angegeben?

Der durchschnittliche Lagerbestand kann auf verschiedene Größen bezogen werden, z. B. auf den Umsatz, auf das Umlaufvermögen u. Ä. Die Kennziffer Lagerbestandsanteil am Umlaufvermögen gibt z. B. den relativen Anteil des durchschnittlichen Lagerbestands am Umlaufvermögen an. Die Kennzahl wird nach folgender Formel berechnet:

$$\text{Lagerbestandsanteil}_{Uv} = \frac{dLb}{\text{Umlaufvermögen}} \cdot 100$$

---

[1] Vgl. zu den Lagerkennzahlen die Ausführungen in Kap. 7.3.4.2 *Bestandsrechnung*.

04. Was wird mit dem Sicherheitskoeffizient angegeben?

Der Sicherheitskoeffizient bezieht den Mindestbestand (eisernen Bestand) auf den durchschnittlichen Lagerbestand; die Kennzahl gibt den relativen Anteil des Mindestbestandes am durchschnittlichen Lagerbestand an. Die Kennzahl wird nach folgender Formel berechnet:

$$\text{Sicherheitskoeffizient} = \frac{\text{Mindestbestand}}{\text{dLb}} \cdot 100$$

05. Was wird mit der Kennzahl Lagerbestandsstruktur angegeben?

Als Struktur des Lagerbestands wird die Zusammensetzung des Lagerbestandes aus einzelnen Bestandsanteilen bezeichnet. Für die Ermittlung der Strukturkennzahlen[1] werden die Bestandsanteile herangezogen, die für die Fragestellungen der Bestandskontrolle und Bestandsüberwachung von Bedeutung sind; die Kennzahlen geben in einem Prozentsatz den Anteil des jeweiligen Bestandsanteils am Lagerbestand an. Entsprechend können mehrere Kennzahlen zur Lagerbestandsstruktur unterschieden werden, so z. B.

- Lagerbestandsstruktur nach Versorgungssicherheit
- Lagerbestandsstruktur nach der Lagerreichweite
- Lagerbestandsstruktur nach der Verkäuflichkeit bestimmter Waren.

06. Was wird mit der Lagerkennzahl Materialumschlag angegeben?

Die Kennzahl Materialumschlag gibt an, wie hoch der Anteil des Verbrauchs an einem bestimmten Material am durchschnittlichen Bestand des entsprechenden Materials ist. Die Kennzahl wird nach folgender Formel berechnet:

$$\text{Materialumschlag} = \frac{\text{Materialverbrauch}}{\text{durchschnittlicher Materialbestand}} \cdot 100$$

7.4 Transport und Transportverträge

7.4.1 Transportlogistik

7.4.1.1 Grundbegriffe

01. Was wird mit dem Begriff Transportlogistik umschrieben?

Als Transportlogistik werden alle Maßnahmen zur optimalen Gestaltung des Transports und deren Durchführung bezeichnet. Transportlogistische Maßnahmen betreffen Transportsysteme, Transportmittel, Transportabwicklung, Transportverträge.

---

[1] Vgl. zu den Kennzahlen: Oeldorf/Olfert, 2008, S. 219 f.

02. Wie lässt sich der Transportvorgang umschreiben?

Allgemein kann Transport definiert werden als Beförderung von Menschen, Sachen, Energie und Nachrichten durch die entsprechenden Einrichtungen der Förder- und Verkehrstechnik.

In Industrie und Handel ist Transport das Mittel des Materialflusses zwischen Beschaffungsmärkten, Unternehmen und Absatzmärkten.

03. Was sind Transportmittel?

Transportmittel sind die Medien der Beförderung. Zu unterscheiden sind die Transportmittel im außerbetrieblichen Verkehr, z. B. Straßengüterverkehr, Schienenverkehr, Schifffahrt, von den Transportmitteln im innerbetrieblichen Verkehr, z. B. die Förderhilfsmittel.

04. Was sind Förderhilfsmittel?

Förderhilfsmittel fassen Transportgüter zu Ladeeinheiten zusammen. Die Ladeeinheiten sind im Allgemeinen gleichzeitig auch Lager- und Entnahmeeinheiten, bei bestimmten Waren auch Verkaufseinheit. Zu den Förderhilfsmitteln zählen z. B. Paletten, Behälter, Container, Packmittel.

05. Wie lässt sich der Begriff Transportsystem umschreiben?

Als Transportsystem kann die Zusammenfassung von Transportmitteln bezeichnet werden, die organisatorisch – evtl. auch in Verbindung mit Förderhilfsmitteln und bestimmter Lagertechnik – in einem Transportprozess aufeinander bezogen sind.

Zu unterscheiden sind innerbetriebliche und außerbetriebliche Transportsysteme.

06. Welche Aspekte umfasst der Transportprozess?

Der Transportprozess umfasst die Transportorganisation und die Transportsteuerung.

07. Was wird als Transportkette bezeichnet?

Als Transportkette wird eine Folge von Transportvorgängen bezeichnet, die technisch und organisatorisch aufeinander abgestimmt sind.

Man unterscheidet eingliedrige und mehrgliedrige Transportketten. Bei der *eingliedrigen Transportkette* wird das Transportgut nicht umgeschlagen; im sog. Punkt-zu-Punkt-Transport wird das Gut vom Versender zum Empfänger mit ausschließlich einem Verkehrsmittel transportiert.

Bei der *mehrgliedrigen Transportkette* wird das Transportgut mindestens einmal umgeschlagen; dabei werden mehrere Verkehrsträger genutzt *(intermodaler Verkehr)*.

08. Welche Verträge sind im Zusammenhang mit dem Transport von Bedeutung?

Im Zusammenhang mit der Transportlogistik sind folgende Verträge von Bedeutung.

- Speditionsverträge
- Frachtverträge
- Lagerverträge
- Versicherungsverträge.

7.4.1.2 Förderhilfsmittel[1)]

7.4.1.2.1 Paletten, Behälter, Container

01. Welche Aufgaben erfüllen die Förderhilfsmittel?

Förderhilfsmittel fassen Stückgüter zu Förder- bzw. Transporteinheiten zusammen. Ihre besondere Bedeutung in der Produktionswirtschaft und im Handel liegt darin, dass sie nacheinander Lade-, Transport-, Lager-, Entnahme- und Versandeinheit sein können. Davon gibt es allerdings einige Ausnahmen.

02. Welche Arten von Förderhilfsmitteln können unterschieden werden?

Folgende Arten von Förderhilfsmitteln können unterschieden werden.

- *Tragende* Förderhilfsmittel, dazu zählen z. B. Paletten, Flats und Werkstückträger

- *tragende und umschließende* Förderhilfsmittel, dazu zählen z. B. Paletten mit Aufsätzen, Behälter

- *tragende umschließende und abschließende* Förderhilfsmittel, dazu zählen die Container.

Diese Förderhilfsmittel sind genormt; sie können zum großen Teil sowohl im innerbetrieblichen auch im außerbetrieblichen Transport eingesetzt werden.

Gelegentlich werden auch die Packmittel zu den Förderhilfsmitteln gezählt.

03. Was sind Paletten?

Paletten sind tragende Lagerhilfsmittel. Paletten gibt es in mehreren Formen, verschiedenen Abmessungen und aus unterschiedlichem Material (z. B. Holz, Kunststoff, Metall). In den Fertigungsbetrieben finden sich vor allem die sog. *Euro-Palette* (Abmessungen 0,80 m · 1,20 m) und die *Industriepalette* (1 m · 1,20 m).

[1)] Vgl. hierzu auch die Ausführungen zu den Lagerhilfsmitteln in Kap. *7.3.1.4 Lagereinrichtungen und Gefahrenabsicherung*

04. Nach welchen Merkmalen können Paletten unterschieden werden?

Paletten können nach folgenden Merkmalen unterschieden werden.

- Häufigkeit der Verwendung: Einweg- und Mehrwegpaletten
- Aufnahmemöglichkeit durch Gabelstapler: Zweigweg- und Vierwegpaletten (Zweiwegpaletten können nur von den zwei gegenüberliegenden Seiten aufgenommen werden).

05. Was ist beim Palettieren zu beachten?

Beim Palettieren, d. h. bei der Herstellung der Palettenladeeinheit, ist auf die optimale Ausnutzung der Palettenfläche und auf die stabile Stapelung der Packstücke zu achten. Dem Palettieren liegt i. d. R. ein Muster oder ein vorgegebenes Schema zu Grunde.

06. Wie können Ladeeinrichtungen gesichert werden?

Die Ladeeinheiten werden häufig zusätzlich gesichert z. B. durch folgende Verfahren:

- *Umreifen*: Die Ladeeinheit wird durch Bänder (meistens aus Kunststoff) fest umschlungen.
- *Umstretchen*: Die Ladeeinheit wird mit Kunststofffolien umwickelt (dabei wird die Palette meistens nicht einbezogen).
- *Umschrumpfen*: Die Ladeeinheit wird mit Kunststofffolien umwickelt und anschließend erwärmt; beim Abkühlen schrumpft die Folie, dadurch wird die Stabilität erhöht.

07. Wodurch unterscheiden sich Flats und Werkstückträger?

Flats dienen vorrangig dem außerbetrieblichen Transport von großen Stückgütern. **Werkstückträger** werden dagegen vorrangig im innerbetrieblichen Transport von Werkstücken eingesetzt.

08. Durch welche Ergänzungen können Paletten zu umschließenden Förderhilfsmitteln werden?

Paletten können durch Ergänzungen oder Aufbauten zu folgenden tragenden und umschließenden Förderhilfsmitteln werden. Die Aufbauten dienen der Sicherung des Fördergutes. Auch mit den Aufbauten sind diese Paletten stapelbar und mit Gabelstapler oder ähnlichem Fördergerät transportierbar:

- Gitterboxpaletten, das sind mit Gitterwänden ausgestattete Paletten
- Vollwandboxpaletten, an die Stelle von Gitterwänden treten Platten als Wände
- Paletten mit flexiblem Aufsatz, der Aufsatz ist abnehmbar und meistens faltbar, sodass die Lagerung des Leerguts erleichtert wird.

09. Was sind Behälter?

Behälter (oder Kasten) sind tragende und umschließende (nach oben offene) Förderhilfsmittel im Allgemeinen aus Metall oder Kunststoff. Sie werden in großer Typenvielfalt angeboten. Im Allgemeinen lassen sich die verschiedenen Typen im Verbund stapeln (meistens auch in Verbindung mit Paletten).

10. Was sind Container?

Container sind tragende, um- und abschließende Förderhilfsmittel. Nach ihrer Größe werden Klein-, Mittel- und Großcontainer unterschieden. Container sind leicht zu beladen und zu entladen und mit verschiedenen Transportmitteln einsetzbar. Von besonderer Bedeutung sind die Übersee-(ISO-)Container und die Binnencontainer.

11. Welche typischen Kennzeichen weist der Überseecontainer auf?

Überseecontainer, wegen ihrer international gültigen Normierungen auch *ISO-Container* genannt, werden weltweit eingesetzt.

Der ISO-Container weist die folgenden Kennzeichen auf:

- Stahlkasten mit Tür an der Stirnwand
- genormte Befestigungsmöglichkeiten (Eckbeschläge) für Fördergeräte
- Stapelbarkeit (sechsfach)
- genormte Außenmaße (Angaben in Fuß[1]): Breite 8, Höhe 8, Länge (i. d. R.) 10, 20, 30 oder 40
- genormte Innenmaße
- Vielzahl von unterschiedlichen Ausführungen gestattet vielfältige Einsatzmöglichkeiten
  - Standardcontainer (General Purpose Container)
  - Container mit Planendach für die Kranbeladung (Open Top Container)
  - Container mit Kühlaggregat, mit Belüftungseinrichtungen
  - Isolierte Container
  - Tankcontainer.

12. Wodurch unterscheidet sich der Binnencontainer vom ISO-Container?

Der **ISO-Container** hat zwei Nachteile für die Nutzung:

1. Die Innenmaße sind nicht auf die Maße der Euro-Palette abgestimmt, sodass eine optimale Raumausnutzung nicht erreicht wird.
2. Die Containerbreite nutzt die in Europa für Lkw zulässige Breite von 2,55 m nicht aus.

---

[1] 1 Fuß (foot) = 30,48 cm

Um die Nachteile auszugleichen, wurde der **Binnencontainer** in Europa eingeführt. Er ist breiter als der ISO-Container (2.550 mm), hat aber die gleichen Höhen- und Längenmaße.

13. Nach welchen Kriterien werden Förderhilfsmittel ausgewählt?

Förderhilfsmittel werden u. a. nach folgenden Kriterien ausgewählt:

- Art des Förderguts
- Verwendbarkeit in der logistischen Kette
- Handhabung im Zusammenhang mit den Transportmitteln
- Raumnutzung
- Lagerfähigkeit des wieder verwendbaren Leerguts (Mehrweg-Förderhilfsmittel)
- Entsorgungsmöglichkeiten.

7.4.1.2.2 Efficient Unit Loads (EUL)

01. Was sind Efficient Unit Loads?[1]

Als Efficient Unit Loads bezeichnet man die *Bündelung einzelner Versandeinheiten*, sog. Sekundärverpackungen, zu Tertiärverpackungen, das sind größere und damit effizientere logistische Einheiten, z. B. Paletten. Durch die Optimierung der logistischen Einheit hinsichtlich der Fläche und des Volumens soll die Effizienz der logistischen Kette gesteigert werden. Die EUL können so zu einer besseren Auslastung der Kapazitäten bei den einzelnen Stationen der logistischen Kette, also beim Hersteller, bei den Handelsunternehmen und bei den Logistikdienstleistern, beitragen.

02. Auf welcher Grundlage beruht das EUL-System?

Grundlage des EUL-Systems ist eine umfassende Standardisierung *(EUL-Standards)* der Komponenten; Komponenten des EUL-Systems sind z. B. Transportverpackungen, Ladeeinheiten, Paletten und Regale sowie Ladungshilfsmittel usw. Transport- und Lagereinheiten werden dadurch vereinheitlicht und kompatibel.

03. Welche Anforderungen sind an die Standardisierung von Einwegtransportverpackungen zu stellen?

Die Standardisierung muss den Anforderungen von Hersteller und Handel gerecht werden. Für den Handel ist z. B. bei Einwegtransportverpackungen (ETV) wichtig, dass sie im Lager und im Laden bzw. im Zentrallager und in der Filiale sowie während des Transports sicher und effizient gehandhabt werden können. Daneben hat die Displayfähigkeit der ETV ganz erhebliche Bedeutung, d. h. die Verpackungen müssen auch für den Abverkauf des Inhalts genutzt werden können. Die Konsumgüterindustrie erwartet von den ETV, dass sie die Waren im Lager und auf dem Transport optimal schützen.

---

[1] Efficient Unit Load kann übersetzt werden mit „effiziente logistische Einheit".

04. Welche Anforderungen sind an die Standardisierung von Mehrwegtransportverpackungen zu stellen?

Mehrwegtransportverpackungen (MTV) sollen stapelbar und so stabil sein, dass sie sicher und effizient gehandhabt werden können. In Konsumgüterindustrie und -handel erfüllen z. B. Getränkekästen und bestimmte Paletten bereits diese Anforderungen.

05. Wie schlagen sich die Anforderungen an die Standardisierung in den Empfehlungen von GS 1 Germany nieder?

Unter Berücksichtigung dieser Anforderungen empfiehlt die GS 1 Germany[1] für die EUL die Anwendung einer Modularordnung und einer einheitlichen Kennzeichnung.

06. Was soll durch die Modularordnung erreicht werden?

Die Modularordnung sieht für die Transportverpackungen eine Vereinheitlichung der Flächenmaße vor. Dadurch wird erreicht, dass Sekundärverpackungen, z. B. Kartons, optimal auf Tertiärverpackungen, z. B. Paletten, untergebracht werden können.

07. Worauf beruht die Modularordnung?

Die Modularordnung beruht auf dem Grundmaß (Iso-Mastermodul) von 600 · 400 mm. Die Flächenmaße der Transportverpackungen und Ladeinheiten sollen modular zu diesem Grundmaß sein, ihm also identisch oder modular entsprechen. Zum Grundmaß von 600 · 400 mm sind folgende Multimodule bzw. Untermaße möglich:

- 1.200 mm · 800 mm
- 800 mm · 600 mm
- 400 mm · 300 mm
- 300 mm · 200 mm
- 400 mm · 200 mm
- 300 mm · 100 mm

08. Welchen Zweck verfolgt die einheitliche Kennzeichnung?

Die von der GS 1 Germany empfohlene einheitliche Kennzeichnung soll die eindeutige Identifikation der Einwegtransportverpackung auf allen Stationen der logistischen Kette ermöglichen. Zur Darstellung der Daten werden EAN-Strichcodes genutzt. Der Inhalt der Codes wird durch parallele Balken unterschiedlicher Breite kenntlich gemacht.

Von besonderer Bedeutung ist der EAN-128; er ist umfassender als der EAN-13, weil mit ihm weitere Daten codiert werden können, z. B. Gewichtsangaben, Länge, Menge, Produktions- und Verfalldatum, Identnummer des Empfängers u. Ä. Er dient in Handel und Industrie vor allem der Auszeichnung von Artikeln und Paletten.

---

[1] GS1 Germany ist das Dienstleistungs- und Kompetenzzentrum für unternehmensübergreifende Geschäftsabläufe in der deutschen Konsumgüterwirtschaft und ihren angrenzenden Wirtschaftsbereichen.

09. Welche Bedeutung hat die Nummer der Versandeinheit?

Die Nummer der Versandeinheit (NVE) ist Bestandteil des EAN-128. Die NVE ist eine 18-stellige Identifikationsnummer. Mit ihrer Hilfe kann eine Transporteinheit, z. B. eine Palette, auf dem Weg vom Versender zum Empfänger eindeutig identifiziert werden; die eindeutige Identifikation ist auch dann möglich, wenn die Versandeinheit individuell für einen bestimmten Empfänger zusammengestellt wurde und unterschiedliche Waren bzw. Artikel enthält, z. B. bei einer Mischpalette. Darüber hinaus ermöglicht die NVE die Verfolgung einer Sendung bzw. des aktuellen Standortes einer Versandeinheit (Tracking & Tracing).

7.4.2 Transportsysteme

7.4.2.1 Innerbetriebliche Transportsysteme

01. Was wird als innerbetrieblicher Transport bezeichnet?

Innerbetrieblicher Transport ist die räumliche Überbrückung von Materialien usw. innerhalb des Betriebes, d. h. innerhalb einer Halle, Werkstatt o. dgl. und zwischen verschiedenen Hallen, Werkstätten o. dgl. des gleichen Betriebes. Innerbetrieblicher Transport wird auch als Fördern und die innerbetrieblichen Transportmittel werden als Fördermittel bezeichnet.

02. Was wird als innerbetriebliches Transportsystem bezeichnet?

Als innerbetriebliches Transportsystem kann die Zusammenfassung von Fördermitteln und Förderhilfsmitteln bezeichnet werden, die organisatorisch und technisch im innerbetrieblichen Förderprozess aufeinander bezogen sind.

03. Welche Faktoren bestimmen die Gestaltung des innerbetrieblichen Transportsystems?

Folgende Faktoren bestimmen die Gestaltung des innerbetrieblichen Transportsystems:[1)]

- Art und Umfang des Förderguts, die Art verlangt u. U. die Berücksichtigung gesetzlicher Bestimmungen (z. B. wegen leichter Entzündbarkeit, Explosionsgefahr)
- Förderintensität, die vom Fertigungsverfahren abhängig sein kann
- Förderstrecke.

04. Nach welchen Kriterien lässt sich das Fördergut einteilen?

Die Art des Förderguts bestimmt wesentlich die Gestaltung des innerbetrieblichen Transportsystems und die Auswahl der Fördermittel.

[1)] hier und im Folgenden teilweise in Anlehnung an Schulte, C., 2009, S. 151 ff.

Die Art des Förderguts kann nach folgenden Kriterien unterschieden werden:

- Aggregatzustand
  - feste Güter (Stückgüter und Schüttgüter)
  - flüssige Güter
  - gasförmige Güter

- Maße
  - Länge, Breite, Höhe

- chemische Eigenschaften
  - Stoffeigenschaften, z. B. elektrostatische Aufladung
  - Eigenschaften der Berührfläche, z. B. scharfe Kanten, feuchte Oberflächen
  - Emissionen, z. B. leichte Entzündbarkeit, explosiv.

05. Wodurch wird die Förderintensität bestimmt?

Die Förderintensität wird gemessen an der Anzahl der Ladeeinheiten je Zeiteinheit. Sie ist abhängig von der Art der Fertigung und damit vom Bedarf an Material je Zeiteinheit, so ist sie z. B. bei Massenfertigung sehr hoch.

06. Welche Ziele werden mit der Gestaltung des innerbetrieblichen Transportsystems verfolgt?

Mit der Gestaltung des innerbetrieblichen Transportsystems sollen folgende Ziele erreicht werden:

1. Optimale Nutzung, Kennzeichen z. B. hohe Auslastung, geringe Transportkosten
2. Hoher Servicegrad, Kennzeichen z. B. niedrige Transportzeiten
3. Hohe Flexibilität, Kennzeichen z. B. hohe Anpassungsfähigkeit
4. Hohe Transparenz, Kennzeichen z. B. Erzeugung von Kennzahlen zur Kontrolle und Steuerung.

07. Welche Aspekte umfassen die Planungs-, Steuerungs- und Durchführungsaufgaben?

Im Zusammenhang mit der Verfolgung der Ziele (vgl. Frage 06.) fallen die folgenden Aufgaben an:[1)]

- Planungsaufgaben, dazu zählen
  - die langfristige Planung von Transportmitteln und Transportabläufen
  - die Entwicklung von Dispositionsstrategien

- Dispositions- und Steuerungsaufgaben, dazu zählen
  - die kurzfristige Transportmitteldisposition anhand aktueller Daten
  - die Zuordnung der Transportaufträge zu einzelnen Fahrzeugen und ihre Übermittlung

---

[1)] Vgl. hierzu Rahmenplan 7.4.2.1 und Schulte, C., 2009, S. 152.

7.4 Transport und Transportverträge

- Durchführungsaufgaben, dazu zählen
  - die Abwicklung der Transportaufträge
  - die Rückmeldung der Ist-Werte an die dispositive Ebene.

08. Wie lassen sich Fördermittel einteilen?

Fördermittel lassen sich nach verschiedenen Kriterien einteilen:[1)]

- Stetigkeit der Förderung: stetige Fördermittel (Stetigförderer) und unstetige Fördermittel (Unstetigförderer)
- Flurbindung: flurgebundene, aufgeständerte, flurfreie Fördermittel
- Betrieb: maschinell und manuell betriebene Fördermittel
- Ortsbindung: ortsfeste und fahrbare Fördermittel.

09. Welche Kennzeichen weisen Stetigförderer auf?

Stetige Fördermittel (Stetigförderer) ermöglichen bei festliegenden Transportwegen einen stetigen, d. h. kontinuierlichen Materialfluss. Sie sind ortsfest (ortsgebunden) und werden maschinell betrieben.

10. Welche Fördermittel zählen zu den Stetigförderern?

Zu den Stetigförderern zählen u. a.

- Kettenförderer
- Gurtförderer
- Stapelförderer
- Kreisförderer
- Unterflurförderanlagen
- Rutschen usw.

11. Welche Vorteile und welche Nachteile haben Stetigförderer?

Vorteile von Stetigförderern sind z. B.

- ständige Förderbereitschaft
- relativ geringer Personalbedarf.

Nachteile von Stetigförderern sind z. B.

- geringe Flexibilität durch die Ortsbindung
- geringe Wirtschaftlichkeit bei geringer Auslastung.

[1)] in Anlehnung an Ehrmann, H.: Logistik, 5. Aufl., Ludwigshafen (Kiehl) 2005

12. Welche Kennzeichen weisen Unstetigförderer auf?

Unstetige Fördermittel (Unstetigförderer) sind nicht an einen bestimmten Transportweg gebunden; die Transportwege können variieren und unterbrochen werden. Sie sind flurgebunden oder aufgeständert, gelegentlich auch flurfrei. Sie sind nur ausnahmsweise ortsfest, fast immer fahrbar. Sie werden entweder manuell, mechanisch oder automatisch bedient bzw. gesteuert. Unstetigförderer eignen sich in erster Linie für die Förderung von Stückgütern in kleinen bis mittleren Mengen.

13. Welche Fördermittel zählen zu den Unstetigförderern?

Zu den Unstetigförderern zählen u. a.

- ortsfeste Hebezeuge, z. B. Aufzüge, ortsfeste Hebebühnen
- fahrbare Hebezeuge, vor allem Krane
- Flurförderzeuge, z. B. Stapler, Wagen.

14. Welche Funktion haben Aufzüge?

Aufzüge sind fest installierte Einrichtungen zum Transport von Gütern und Personen in vertikaler Richtung.

15. Welche besondere Bedeutung haben Krane?

Krane sind die wichtigsten fahrbaren Hebezeuge; sie werden als Brückenkrane, Hängekrane, Drehkrane usw. eingesetzt. Ihre besondere Bedeutung haben Krane dadurch, dass sie das Fördergut *sowohl horizontal als auch vertikal* transportieren können und dass sie den Deckenraum des Lagers ausnutzen.

16. Welche besondere Bedeutung haben Stapler?

Stapler sind die wichtigsten *Flurförderzeuge* für Stückgut. Sie sind flurgebunden, d. h. sie benötigen Wege bzw. Flure mit ausreichender Breite; sie können sowohl innen (geschlossene Lager) als auch außen eingesetzt werden. Ihre besondere Bedeutung haben sie durch ihre vielseitige Einsetzbarkeit und ihre Flexibilität. Im Allgemeinen werden Stapler manuell bedient, meistens durch einen Fahrer. Daneben gibt es auch automatisch gesteuerte Stapler.

17. Nach welchen Kriterien lassen sich Stapler unterscheiden?

Stapler lassen sich nach folgenden Kriterien unterscheiden. (Diese Kriterien können auch die Auswahl bestimmen.)

- Antriebsart:
    - Handbetrieb (z. B. Hubwagen)
    - Motorbetrieb mit Fahrer (Elektromotor z. B. Hubwagen, Verbrennungsmotor z. B. Front- und Seitenstapler)
    - automatische Steuerung (z. B. Regalbediengerät)

7.4 Transport und Transportverträge

- Konstruktion für speziellen Förderbedarf:
  - Langguttransport (z. B. Seitenstapler)
  - Lagerung von Paletten im geschlossenen Lager (z. B. Schubmaststapler)
- Tragkraft und Geschwindigkeit:
  - hohe Tragkraft und hohe Geschwindigkeit (z. B. Frontlader)
  - geringe Traglast (z. B. Schubmaststapler)
  - hohe Geschwindigkeit (z. B. Schmalgangstapler)
- Einsatzbereich:
  - Innen und Außen (z. B. Frontlader)
  - Innen (z. B. Schubmaststapler)
- Fördermenge:
  - gering (z. B. handbetriebene Gabelhubwagen)
  - hoch (z. B. Frontlader, Schubmaststapler).

18. Welche Bedeutung haben Wagen und Schlepper als Flurförderzeuge?

Zu den Flurförderzeugen gehören auch handbetriebne Wagen und Karren. Sie werden nur eingesetzt, wenn Fördergut in geringen Mengen anfällt und die Förderwege kurz sind. Besondere Bedeutung haben handbetriebne Gabelhubwagen, mit denen auch Paletten transportiert werden können.

Bei längeren Förderwegen werden gelegentlich Schlepper mit anhängenden Wagen eingesetzt.

19. Wann werden schienengeführte Regalbediengeräte eingesetzt?

Schienengeführte Regalbediengeräte werden automatisch gesteuert. Ihr Einsatz lohnt sich im Allgemeinen nur in Hochregallagern. Die Geräte fahren die Lagerplätze automatisch an, auch Einlagerungen und Entnahmen erfolgen automatisch.

7.4.2.2 Außerbetriebliche Transportsysteme

7.4.2.2.1 Grundlagen

01. Was wird als außerbetrieblicher Transport bezeichnet?

Außerbetrieblicher Transport ist die räumliche Überbrückung von Waren, Materialien usw. mithilfe von Transportmitteln. Außerbetrieblicher Transport umfasst die Belieferung von Kunden und die Lieferung an Zweitwerke, Lager o. dgl. des eigenen Unternehmens.

Funktionen des außerbetrieblichen Transports sind die Beförderung von Gütern und deren Umschlag (Be-, Entladen usw.).

02. Was wird als außerbetriebliches Transportsystem bezeichnet?

Als außerbetriebliches Transportsystem kann die Zusammenfassung von Transportmitteln bezeichnet werden, die organisatorisch und technisch im außerbetrieblichen Transport aufeinander bezogen sind.

03. Welche Kriterien bestimmen die Wahl des Verkehrsmittels bei außerbetrieblichem Transport?

Für die Wahl des Verkehrsmittels können u. a. folgende Kriterien bestimmend sein:

- Die Art des Transportgutes
- die Qualität des Transportgutes
- der Umfang des Transportgutes
- das Gewicht des Transportgutes
- der Preis des Transportmittels
- der Transportweg, die Erreichbarkeit des Empfängers
- die Flexibilität des Transportmittels.

04. Wie lassen sich außerbetriebliche Transportsysteme nach den Verkehrsträgerarten einteilen?

Verkehrsträger außerbetrieblicher Transportsysteme sind u. a.

- Straßengüterverkehr
- Eisenbahngüterverkehr
- Binnenschifffahrt
- Seeschifffahrt
- Luftfrachttransport
- Kombinationsverkehr
- Paketdienste.

7.4.2.2.2 Transportarten

01. Welche besonderen Vorteile hat der Straßengüterverkehr?

Die Vorteile des Straßengüterverkehrs (insbesondere gegenüber anderen Verkehrsträgerarten) beruhen auf dem gut ausgebauten Straßennetz; sie zeigen sich vor allem im Nahverkehr. Probleme ergeben sich jedoch durch die Überlastung der Straßen in Ballungsgebieten zu bestimmten Zeiten und durch den zunehmenden Transitverkehr.

Vorteile des Straßengüterverkehrs sind u. a.

- Kostenvorteile
- Flexibilität
- Schnelligkeit
- gute direkte Erreichbarkeit des Empfängers
- Anpassungsfähigkeit (Spezieller Transportbedarf, Transportziele, Transportmengen).

7.4 Transport und Transportverträge

02. Welche Transportmittel spielen im Straßengüterverkehr eine Rolle?

Verkehrsmittel des Straßengüterverkehrs sind u. a.

- Lkw
- Sattelfahrzeuge
- Lkw mit Anhänger mit unterschiedlicher Länge, die die Anzahl der Achsen bestimmt; das jeweilige zulässige Gesamtgewicht ist von der Anzahl der Achsen abhängig, die Breite der Ladefläche reicht aus für zwei Paletten
- Transporter, Lieferwagen für den Verteilerverkehr mit kleineren Gütermengen innerhalb der Nahzone.

03. Welche Lkw-Ausstattungen berücksichtigen den speziellen Transportbedarf?

Lkw-Ausstattungen für den speziellen Transportbedarf sind u. a.

- Kipper für Schüttgüter, z. B. Baumaterial, landwirtschaftliche Güter
- Kofferaufbau mit Hecktüren für Möbel und ähnliche Stückgüter
- Kühlbehälter für Lebensmittel u. dgl.
- Einrichtungen zur Aufnahme von Containern und ähnlichen Behältern
- Tankaufbauten für Flüssig-, gasförmige und ähnliche Güter
- Tieflader für den Schwerguttransport.

04. Welche besonderen Vorteile hat der Schienengüterverkehr?

Die Vorteile des Schienengüterverkehrs liegen im Massengütertransport und bei hohen Nutzlasten. Auch die Pünktlichkeit und die Zuverlässigkeit der Bahn beim Gütertransport wird gelegentlich geschätzt. Besonderen Vorteil hat der Eisenbahngüterverkehr dann, wenn der Empfänger über einen Gleisanschluss verfügt.

05. Welche Nachteile hat der Schienengüterverkehr gegenüber dem Straßengüterverkehr?

Der Schienengüterverkehr ist dem Straßengüterverkehr (außer bei Massengütern und hohen Nutzlasten) unterlegen. Gründe dafür liegen im Schienennetz, das lediglich 40.000 km umfasst, die Bahn hat viele Strecken stillgelegt, Güterbahnhöfe geschlossen und den Leistungsumfang eingeschränkt.

06. Mit welchen Fahrzeugtypen kann der Schienengüterverkehr auf speziellen Transportbedarf eingehen?

Besonderer Transportbedarf im Schienengüterverkehr kann u. a. mit folgenden Fahrzeugtypen berücksichtigt werden:

- Offene Wagen mit hohen und niederen Borden
- gedeckte Wagen für Stückgut

- Kühlwagen
- Tiefladewagen für den Schwerguttransport
- offene Doppelstockwagen für den Kfz-Transport
- Wagen für den Container- und Behältertransport
- Behälterwagen
- Kesselwagen.

07. Welche Vorteile und welche Nachteile hat der Gütertransport durch die Binnenschifffahrt?

Vorteile des Binnenschifffahrtsverkehrs liegen im Transport von Massengütern (Steine, Kohle, Schrott, Kies u. dgl.) mit großen Transporteinheiten bei relativ niedrigen Transportkosten. Das Wasserstraßennetz in Deutschland ist relativ umfangreich. Als Nachteil wird gelegentlich die lange Transportzeit gesehen.

08. Welche Schiffstypen werden beim Gütertransport durch die Binnenschifffahrt eingesetzt?

Schiffstypen sind u. a.

- Stückgutfrachter
- Schüttgutfrachter
- Tanker
- Containerschiffe.

09. Welche besondere Bedeutung hat der Seegütertransport?

Der Seegütertransport hat im interkontinentalen Handel seine besondere Bedeutung; sie zeigt sich u.a. beim relativ kostengünstigen Massentransport auf langen Strecken, beim Transport von Gütern mit geringer Zeitempfindlichkeit, bei Sondertransporten (z. B. von Erdöl und Erdölprodukten, von Gas, von Kühlgut, von Containern).

Durch die zunehmende Verwendung von Containern in den Transportketten wird die Bedeutung des Seegütertransports mit Containerschiffen weiter wachsen.

10. Wie unterscheiden sich Linien- und Trampschifffahrt?

Beim Seegütertransport sind Linien- und Trampschifffahrt zu unterscheiden. Die **Linienschifffahrt** bedient feste Routen nach vorgegebenen Terminplänen, Seewege und Häfen sowie Liegezeiten liegen fest, die Beförderungsbedingungen sind – zumindest für eine gewisse Zeit – konstant.

Die **Trampschifffahrt** befördert Massengüter bei Bedarf. Die Versender schließen mit Maklern Charterverträge ab, in denen Frachträume, Zielhäfen, Beförderungsbedingungen festgelegt werden.

11. Welche Schiffstypen werden beim Seegütertransport eingesetzt?

Folgende Schiffstypen werden u. a. im Seegütertransport eingesetzt:

- Stückgutschiffe für den Transport unterschiedlicher Güter, die (vorwiegend) im Linienverkehr eingesetzt werden
- Bulkcarrier (Massengutschiffe) für Schüttgüter (Erze, Kohle, Getreide u. Ä.)
- Containerschiffe für den Transport genormter Container, die sowohl in den Laderäumen als auch auf Deck gestapelt werden können
- Tankschiffe für den Transport von flüssigen, gasförmigen und ähnliche Gütern
- Roll-on-Roll-off-Schiffe zum Transport von Landtransportmitteln (z. B. Lkw).

12. Unter welchen Bedingungen kommt der Luftfrachttransport in Betracht?

Der Luftfrachttransport ist gekennzeichnet durch kurze Transportzeiten und hohe Transportkosten. Wegen der erheblichen Transportkosten weisen die Güter, die für den Luftfrachttransport in Betracht kommen, ein oder mehrere der folgenden Kriterien auf:

- Hohe Zeitempfindlichkeit
- Hochwertigkeit
- geringes Gewicht und geringer Umfang.

13. Was wird als Kombinationsverkehr bezeichnet?

Als kombinierten Verkehr (Kombinationsverkehr) bezeichnet man die Beförderung eines Transportgutes *in einer festen Ladeeinheit über mehrere Glieder der Transportkette*. Das Ladegut wird mindestens einmal umgeschlagen. Besondere Bedeutung hat der *intermodale Kombinationsverkehr*, an dem mehrere Verkehrsträger, z. B. Straßen- und Schienengüterverkehr, beteiligt sind. Im Gegensatz dazu ist beim intramodalen Kombinationsverkehr nur ein Verkehrsträger beteiligt.

14. Welche Formen des Kombinationsverkehrs finden in der Praxis häufige Anwendung?

Die folgenden Formen des Kombinationsverkehrs werden in der Praxis häufig angewandt:

- Huckepackverkehr
- Kombinierter Containerverkehr
- Roll-on-Roll-off-Verkehr (Ro-Ro-Verkehr)
- Lash-Verkehr.

15. Welche Vorteile hat der Kombinationsverkehr?

Der Kombinationsverkehr hat sowohl Kosten- als auch Leistungsvorteile.

Lange Transportketten lassen sich im Allgemeinen nur bewältigen durch die Beteiligung mehrerer Verkehrträger; so wird z. B. beim interkontinentalen Transport das Ladegut sowohl im Versand- als auch im Zielhafen umgeschlagen (Lkw – Schiff – Lkw). Aber auch der intrakontinentale und der Transport innerhalb eines Landes können aus dem Kombinationsverkehr Nutzen ziehen, z. B. durch die Kombination des Schienen- mit dem Straßengüterverkehr. Die Kombination mehrerer Verkehrsträger hat also *Leistungsvorteile*.

Der Kombinationsverkehr hat auch *Kostenvorteile*, wenn die relativen Kostenvorteile einzelner Verkehrsträger, deren Kombination wirtschaftlich sinnvoll ist, ausgenutzt werden können.

16. Was wird als Huckepackverkehr bezeichnet?

Als Huckepackverkehr wird die Kombination des Lkw-Transports mit dem Schienengütertransport bezeichnet. Das Ladegut wird mit Lkw zum Bahnhof des Versenders gebracht, mit der Bahn zum Empfangsbahnhof befördert und von dort wieder mit dem Lkw zum Empfänger transportiert.

17. Welche Formen des Huckepackverkehrs können unterschieden werden?

Beim Huckepackverkehr werden folgende Formen unterschieden:

- Die *rollende Landstraße*: Spezielle Bahnwaggons (Niederflurwagen) transportieren vollständige Sattelzüge oder Lastzüge zum Empfangsbahnhof.
- Der Transport von *Sattelanhängern*: Die Sattelanhänger werden mit Kranen auf die Bahnwaggons verladen; die Zugmaschinen werden nicht mitbefördert.
- Der Transport von *Wechselbehältern*: Die Ladeeinheiten (geschlossene Behälter) werden mit Kranen am Versandbahnhof vom Lkw auf die Bahnwaggons geladen und am Empfangsbahnhof von den Waggons wieder auf die Lkw.

18. Was zeichnet den kombinierten Containerverkehr aus?

Iso- und Binnencontainer haben als Ladeeinheiten im Kombinationsverkehr besondere Bedeutung. Sie lassen sich im Straßen-, Schienengüterverkehr, im Schiffstransport usw. transportieren. Sie erleichtern deshalb erheblich die Kombination der verschiedenen Verkehrsträger. Als kombinierten Containerverkehr bezeichnet man den Transport von Containern unter Nutzung mehrerer Transportmittel, d. h. die Container werden auf dem Beförderungsweg mehrere Male umgeschlagen.

19. Welche Formen des Kombinationsverkehrs spielen im Schiffsgütertransport eine Rolle?

Beim Schiffsgütertransport spielen u. a. folgende Formen eine Rolle:

- Roll-on-Roll-off-Verkehr *(Ro-Ro-Verkehr)* – Kombination des Straßengüter- mit dem Schiffstransport: Landfahrzeuge werden mit Schiffen transportiert.

- *Lash-Verkehr* – Kombination von Binnenschiffs- mit Seeschiffgütertransport: Seeschiffe nehmen Leichter mit dem Transportgut an Bord („lighter aboard ship").

20. Welche Bedeutung haben die KEP-Dienste für den Gütertransport?

KEP-Dienste sind *Kurier-, Express- und Paketdienste*. Sie befördern neben Dokumenten Güter in kleinen Ladeeinheiten; dafür werden Begrenzungen des Höchstgewichts und der Abmessungen vorgegeben. Ihre Bedeutung im Gütertransport haben sie bei Just-in-time-Lieferungen kleiner Mengen (in geringvolumigen Abpackungen).

21. Welche Beförderungsdienste übernehmen Paket-, Express- und Kurierdienste?

- Paketdienste sind auf die Beförderung einschließlich *Auslieferung von Gütern bis 31,5 kg* in einem standardisierten System innerhalb eines Landes spezialisiert. Im Allgemeinen werden Paketdienste über Verteilzentren abgewickelt.

- Expressdienste befördern *Sendungen ohne Gewichts- und Umfangsbeschränkungen* von Haus zu Haus.

- Kurierdienste befördern neben Dokumenten nur *Sendungen mit niedrigem Gewicht*. Sie zeichnen sich durch Schnelligkeit und Zuverlässigkeit aus. Mit modernen Informations- und Kommunikationstechniken können die Sendungen verfolgt werden. Zu unterscheiden sind regionale, nationale und internationale Kurierdienste.

22. Welche besondere Bedeutung hat der internationale Kurierdienst?

Internationale Kurierdienste sind weltweit agierende Transportdienstleister, sog. *Integrators* (z. B. DHL, UPS). Die Integrators unterhalten Niederlassungen in fast allen Ländern der Erde; sie verfügen über eigene Lkw-Flotten und Flugzeuge, setzen aber im Bedarfsfall auch fremde Verkehrsmittel ein. Ihre besonderen Kennzeichen sind u. a.

- Bemühungen um hohe Qualität des Dienstes – auch bei Einsatz fremder Verkehrsmittel – durch ständige Qualitätskontrolle

- hohe Zuverlässigkeit

- Schnelligkeit

- Haus-zu-Haus-Lieferungen

- technische Einrichtungen zur Verfolgung der Transportketten.

23. Wie werden Versendungen bei internationalen Kurierdiensten abgewickelt?

Die Versendungen werden in sog. *Hub-and-Spoke-Systemen*[1] abgewickelt. Damit wird ein Verkehrsnetz bezeichnet, dessen Gestalt dem Bild eines Wagenrades mit Nabe und Speichen ähnelt. Im Mittelpunkt (Nabe = hub) liegt ein Verteilzentrum, auf

---

[1] hub (engl.) – Radnabe, im übertragenen Sinn auch Mittelpunkt; spoke (engl.) – Radspeiche

das die Sendungen wie Speichen (Spokes) zulaufen; am Ende eines Spokes werden Sendungen aufgenommen und am Ende eines anderen ausgeliefert.

7.4.2.2.3 Fuhrpark- und Flottenmanagement

01. Auf welche Objekte bezieht sich das Fuhrpark- bzw. Flottenmanagement?

Objekt des Fuhrparkmanagements ist der Fuhrpark eines Unternehmens. Als Fuhrpark wird die Gesamtheit der Fahrzeuge eines Unternehmens (einschließlich der zu ihrer Unterhaltung erforderlichen Einrichtungen) bezeichnet. Im Allgemeinen handelt es sich bei den Fuhrparks von Fertigungs- und Handelsunternehmen um Kraftfahrzeuge (Lkw und Pkw). Aber große Unternehmen, insbesondere Transportunternehmen, unterhalten häufig auch andere Transporteinrichtungen. Wohl deshalb hat sich im Laufe der letzten Jahre der Begriff Fahrzeugflotte gegen den Begriff Fuhrpark durchgesetzt. Fuhrpark und Fahrzeugflotte können jedoch als identische Begriffe benutzt werden. Fuhrparkmanagement und Flottenmanagement umfassen demnach gleiche Funktionsbereiche.

02. Welche Aufgaben hat das Fuhrparkmanagement?

Zu den Aufgaben des Fuhrparkmanagements zählt zunächst die *Ausgestaltung des Fuhrparks*. Dieser Aufgabenbereich umfasst alle Entscheidungen im Zusammenhang mit Fahrzeugbeschaffung und -finanzierung sowie Wartung, Reparaturen und Pflege der Fahrzeuge. Dann zählt zu den Aufgaben aber vor allem *die Planung, Durchführung, Kontrolle und Steuerung des Fahrzeugeinsatzes*. Schließlich hat das Fuhrparkmanagement die Kosten des Fuhrparks und des Fahrzeugeinsatzes zu kontrollieren und zu steuern.

03. Welche Ziele verfolgt das Fuhrparkmanagement?

Die Ziele des Fuhrparkmanagements können folgendermaßen umschrieben werden:

- Bereitstellung eines ausreichenden Fuhrparks, dessen Fahrzeugen für die spezifischen Transportaufgaben geeignet sind
- optimaler Einsatz des Fuhrparks, d. h. effiziente Planung der Touren
- Kostenminimierung
- Zufriedenheit der Auftraggeber.

04. Welche Ziele verfolgt die Einsatzplanung der Fahrzeugflotte?

Das vorrangige Ziel der Einsatzplanung ist die bedarfsgerechte Steuerung der Fahrzeugflotte unter Beachtung der Wirtschaftlichkeit. Dieses Ziel umfasst u. a. folgende Aspekte:

7.4 Transport und Transportverträge

- Sicherung der Betriebsbereitschaft der Fahrzeuge
- Einsatz des richtigen Fahrzeugs für den Transportbedarf
- Kapazitätsauslastung der Fahrzeuge
- optimale Tourenplanung zur
  - Minimierung von Leerfahrten
  - Vermeidung unnötiger Wege.

7.4.2.2.4 Computergestützte Tourenplanungssysteme

01. Was sind Transportmanagementsysteme, und wer wendet Transportmanagementsysteme an?

Transportmanagementsysteme sind umfassende EDV-gestützte Informations- und Kommunikationssysteme, die die Prozesse der *Transportplanung* usw. unterstützen. In vollem Umfang werden sie nur von den großen Unternehmen der Transportwirtschaft angewandt. Einzelne Funktionen werden jedoch mithilfe von Modulen auch von Fertigungs- und Handelsunternehmen zur Lösung ihrer Transportabwicklung genutzt.

02. Wozu dienen Transportmanagementsysteme?

Transportmanagementsysteme erlauben die Interaktion zwischen Leitstelle und Fahrer; dadurch kann die *Touren- und Routenplanung* dynamisch gestaltet werden. So kann z. B. die Tour dem veränderten Auftragsaufkommen angepasst und die Reihenfolge der anzufahrenden Kundenstandorte aktualisiert werden. Darüber hinaus erlauben die Systeme im Allgemeinen auch die Fahrzeugüberwachung u. a. mit der genauen Standortermittlung und die Tourenanalyse mithilfe der aktuellen Erfassung der Fahrzeugdaten und deren Auswertung.

03. Welche Funktion hat ein Tracking-and-Tracing-System?

Mithilfe eines Tracking-and-Tracing-Systems können einzelne Sendungen verfolgt werden. In der Hauptsache dient das System der Überwachung der Laufwege und Laufzeiten und damit der Überwachung und Steuerung einer Auftragsabwicklung. Darüber hinaus können aber auch Kunden durch Eingabe der entsprechenden Daten die Sendung verfolgen.

04. Welche Funktionsbereiche umfassen die Transportmanagementsysteme?

Transportmanagementsysteme können folgende Funktionsbereiche umfassen:[1]

- Auftragsannahme mit der Erstellung von Auftragsdokumenten
- Zuordnung der Aufträge zu den Transporten unter Berücksichtigung strategischer oder geografischer Bedingungen

---

[1] in Anlehnung an Heiserich/Helbig/Ullmann, Logistik, 2011, S. 375 ff.

- Tourenplanung mit der Festlegung der Reihenfolge der anzufahrenden Auftragsstandorte
- Routenplanung mit der Festlegung der Verkehrswege
- Abrechnung
- Leergut- und Lademittelverwaltung
- Tracking und Tracing mit der Erhebung von Positionsdaten und Statusmeldungen
- Lagerverwaltung innerhalb der Transportkette
- Auswertung und Statistiken.

05. Welche logistische Bedeutung hat die computergestützte Tourenplanung?

Die Tourenplanung kann durch den Einsatz von Bordcomputern unterstützt werden. Die Bedeutung der Computerunterstützung zeigt sich in der Vorbereitung der Tour, in der Entlastung des Fahrers sowie in den Möglichkeiten zur Kontrolle und Steuerung.

06. Wie unterstützt die Computertechnik die Vorbereitung der Tour?

Die Vorbereitung der Tour umfasst folgende Aspekte:

- Tourenplanung unter Berücksichtigung von Empfänger- und Auftragsrestriktionen
- Erfassung der Tourendaten auf Datenmodul, das der Fahrer in den Bordcomputer einlegt.

07. Wie entlastet der Bordcomputer den Fahrer?

Die Entlastung des Fahrers durch den Bordcomputer zeigt sich in folgenden Bereichen

- Der Bordcomputer (Displayanzeige) informiert den Fahrer über den Tourenverlauf Lademengen, Anlieferungszeiten u. dgl. Die aufwändige Verwaltung von Tourendokumenten (z. B. Tourenlisten, Empfängerlisten) entfällt weitgehend.
- Wichtige Daten der Berichterstattung, z. B. Ankunfts- und Abfahrtszeiten, Wartezeiten, werden in den Computer eingegeben, die aufwändige schriftliche Berichterstattung entfällt weitgehend.

08. Wie unterstützt der Bordcomputer das Flottenmanagement?

Das Flottenmanagement kann die vom Bordcomputer erfassten Daten übernehmen und auswerten. Die Aufbereitung der Daten trägt zur Rationalisierung von Abrechnungen und zur Steuerung der Tourenplanung bei.

09. Welche betriebswirtschaftliche Bedeutung hat der Einsatz von Bordcomputern?

Der Einsatz von Bordcomputern kann die Kostenkontrolle und die Kostensteuerung verbessern. Im Transport sind neben den Personalkosten die Treibstoff-, Reparatur- und Standkosten von besonderer Bedeutung. Hier liegen die Einsparpotenziale.

Bei der Datenauswertung werden deshalb die Daten analysiert, die diese Kosten beeinflussen.

- Anteile der Zeiten für Warten, Laden, Fahren, Pausen
- gefahrene Kilometer
- Fahrverhalten (Bremsverhalten)
- Durchschnittsgeschwindigkeiten (insgesamt und auf einzelnen Streckenabschnitten).

7.4.2.2.5 Kooperationspartner in der Transportkette

01. Wie lässt sich eine Transportkette beschreiben, und wie unterscheidet sich eine eingliedrige Transportkette von einer mehrgliederigen?

Nach DIN 30.780 ist eine Transportkette eine *Folge von technisch und organisatorisch miteinander verknüpften Vorgängen, bei denen Personen oder Güter von einer Quelle zu einem Ziel bewegt werden*. Eine Transportkette zur Güterbeförderung ist also die Abfolge von Transportvorgängen. Zu den Transportvorgängen zählen das Einladen und das Ausladen sowie ggf. das Umladen des Gutes. Bei einer eingliedrigen Transportkette wird das beförderte Gut nicht, bei eine mehrgliederigen mindestens einmal, meistens mehrmals umgeschlagen.

02. Welche Transportphasen umfasst die Transportkette?

In einer Transportkette werden *drei Phasen* unterschieden: *Vorlauf*, Hauptlauf und Nachlauf. Der Vorlauf umfasst den Transport per Lkw Eisenhahn o. dgl. zur Umschlagstation, z. B. Bahnhof, Hafen Flughafen (Quellterminal); im Quellterminal findet die Verladung auf einen anderen Verkehrsträger statt, z. B. auf Waggons, Schiff usw. Als *Hauptlauf* wird der Transport mit der Eisenbahn, dem Schiff usw. bis zum Zielterminal bezeichnet. Dort findet der Umschlag auf Lkw o. Ä. statt, und das Gut wird an die Ziele transportiert; dieser Vorgang wird als *Nachlauf* bezeichnet.

Im Hauptlauf ist der *Wechsel der Verkehrsträger* möglich. Die Transportkette könnte z. B. folgendermaßen aussehen: Die Güter werden per Lkw zum Bahnhof befördert (Quellterminal), dort umgeschlagen und zu einem Zwischen(ziel)terminal transportiert, z. B. zu einem Hafen, dort auf Lastkähne verladen und per Binnenschiff zum Zielterminal (Hafen) transportiert, von wo aus sie per Lkw zu den Empfängern gelangen.

03. Was wird als kombinierter Transport bezeichnet?

Der kombinierte Transport wird durch eine *mehrgliederige Transportkette* wiedergegeben. In einer mehrgliederigen Transportkette (bei Güterbeförderung) kommt es zu mehrmaligem Güterumschlag. Der Kombinationstransport ist die Beförderung eines Gutes in einer festen Ladeeinheit über mehrere Glieder einer Transportkette, bei der die Leistungen verschiedener Verkehrsträger in Anspruch genommen werden, z. B. Bahn und Binnenschifffahrt. Häufig wird der Transport von Gütern unter Beteiligung von mehreren verschieden Verkehrträgern als *multimodaler Verkehr* bezeichnet.

04. Was wird als intermodaler Kombinationsverkehr bezeichnet?

Bei intermodalem Kombinationsverkehr sind an der Transportkette mehrere Verkehrsträger beteiligt, und das Transporgut wird in standardisierten Transporteinheiten befördert. Intermodaler Kombinationsverkehr liegt z. B. in folgenden Fällen vor:

- Huckepackverkehr
- kombinierter Containerverkehr
- Ro-Ro-Verkehr
- Lash-Verkehr.[1]

05. Welche Kooperationspartnerschaften können in der Transportkette bestehen?

Kooperationspartnerschaften in Transportketten werden gelegentlich danach unterschieden, wie sie ausgerichtet sind: horizontal, vertikal oder diagonal.[2]

- Horizontale Partnerschaften finden auf der gleichen Stufe statt. Dazu zählen z. B. die Zusammenarbeit von Speditionsunternehmen, die Zusammenarbeit im Sammelgutverkehr oder die Kooperation zwischen Verladern derselben Absatzkanalstufe (Importeure von Weinen arbeiten in der Distributionslogistik zusammen).
- Vertikale Partnerschaften finden auf unterschiedlichen Stufen statt. Dazu zählt z. B. die Zusammenarbeit zwischen Spediteuren und Verfrachtern, zwischen Hersteller und Handel; aber auch das Outsourcing bestimmter Aufgabenbereiche von Verladern zu Logistikunternehmen ist eine vertikale Kooperation.
- Diagonale Partnerschaften liegen z. B. vor, wenn Verkehrsträger beim Transport kooperieren; das ist u. a. beim intermodalen Verkehr der Fall.

7.4.2.3 Besonderheiten der außerbetrieblichen Transportsysteme

7.4.2.3.1 Gefahrguttransport

01. Was sind gefährliche Güter?

Gefährliche Güter sind (nach der Definition des Gesetzes) Stoffe und Gegenstände, von denen aufgrund ihrer Natur, ihrer Eigenschaften oder ihres Zustandes im Zusam-

---
[1] Vgl. die Ausführungen in Kap. *7.4.2.2.2 Transportarten.*
[2] Pfohl, 2010, S. 288 ff.

7.4 Transport und Transportverträge

menhang mit der Beförderung Gefahren für die öffentliche Sicherheit oder Ordnung, insbesondere für die Allgemeinheit, für wichtige Gemeingüter, für Leben und Gesundheit von Menschen sowie für Tiere und Sachen ausgehen können.

02. Wie lassen sich gefährliche Stoffe unterscheiden?

Gefährliche Stoffe lassen sich hinsichtlich ihrer physikalischen und chemischen Eigenschaften unterscheiden. Zur Unterscheidung wurden die folgenden Gefahrenklassen gebildet. Jede Gefahrenklasse wird durch ein bestimmtes Zeichen symbolisiert. Die Symbole dienen der Kennzeichnung.

Klasse	Stoffe	Beispiele für Gefahrgüter
1	Explosive Stoffe, Gegenstände mit Explosivstoffen	Munition, Feuerwerkskörper
2	Gase	med.-techn. Gase, Spraydosen
3	Entzündbare flüssige Stoffe	Spiritus, Benzin
4.1	Entzündbare feste Stoffe	Streichhölzer, Feueranzünder
4.2	Selbstentzündliche Stoffe	ölhaltige Textilien, Phosphor
4.3	Stoffe, die in Berührung mit Wasser entzündbare Gase entwickeln	Carbid, Natrium-Batterien
5.1	Entzündend wirkende Stoffe	Düngemittel, Nitrate
5.2	Organische Peroxide	PE-Härter, Acrylharze
6.1	Giftige Stoffe	Arsen, Pestizide
6.2	Ansteckungsgefährliche Stoffe	klinische Abfälle, Laborproben
7	Radioaktive Stoffe	Prüfinstrumente, die radioaktive Stoffe enthalten, radioaktiver Abfall
8	Ätzende Stoffe	Säuren, Laugen
9	Verschiedene gefährliche Stoffe und Gegenstände	Asbest, PCB u. Ä.

03. Wann werden Haupt- und Nebengefahren unterschieden?

Von den Gefahrgütern gehen die stofftypischen Gefährdungen von Menschen und Umwelt aus. Häufig enthalten die Güter mehrere Gefahrstoffe, sie können z. B. gleichzeitig entzündlich und giftig sein. Wenn von einem Transportgut mehrere Gefahren ausgehen, werden diese nach Haupt- und Nebengefahren unterschieden.

04. Welche Aspekte umfasst die Beförderung von gefährlichen Gütern?

Die Beförderung gefährlicher Güter umfasst folgende Aspekte:

- Vorgang der Ortsveränderung
- Übernahme und Ablieferung

- zeitweilige Aufenthalte im Verlauf der Beförderung z. B. wegen des Wechsels der Beförderungsart oder des Beförderungsmittels
- Vorbereitungs- und Abschlusshandlungen, dazu zählen Verpacken, Auspacken, Beladen, Entladen.

05. Welche rechtlichen Vorschriften regeln den Transport gefährlicher Güter?

Der Transport gefährlicher Stoffe unterliegt nationalen und internationalen Rechtsvorschriften. Für den Transport mit den einzelnen Verkehrsträgern gelten folgende Vorschriften. Neben dem Gesetz über die Beförderung von gefährlichen Gütern (GGBefG) bestehen für die Gefahrguttransporte im Straßengüter- und Eisenbahngüterverkehr die folgenden wichtigen Vorschriften:

- GGVSE: Verordnung über die innerstaatliche und grenzüberschreitende Beförderung gefährlicher Güter auf der Straße und mit der Eisenbahn (Gefahrgutverordnung),
- ADR: Europäisches Übereinkommen über die internationale Beförderung gefährlicher Güter auf der Straße,
- RID: Europäisches Übereinkommen über die internationale Beförderung gefährlicher Güter auf der Eisenbahn.

Daneben bestehen besondere Vorschriften für die anderen Transportsysteme:

- für die Binnenschifffahrt die *Verordnung über die innerstaatliche und grenzüberschreitende Beförderung gefährlicher Güter auf Binnengewässern* (GGVBinSch) und *das europäische Übereinkommen über die internationale Beförderung gefährlicher Güter auf Binnenwasserstraßen* (ADN) und die entsprechenden Sondervorschriften für die Rheinschifffahrt (ADN-R),
- für die Seeschifffahrt die Verordnung über die innerstaatliche und grenzüberschreitende Beförderung gefährlicher im Seegütertransport (GGVSee) und den *International Maritime Dangerous Goods Code* (IMDG-Code),
- für die Luftfahrt die *Vorschriften über die Beförderung gefährlicher Güter im Luftverkehr des internationalen Verbandes der Fluggesellschaften* (IATA-DGR) und die *technischen Anweisungen für die Beförderung gefährlicher Güter im Luftverkehr der internationalen Luftfahrtorganisation* (ICAO-TI).

06. Worauf weisen die Gefahrenzettel hin?

Gefahrenzettel weisen auf die Hauptgefahr und auf die möglichen Nebengefahren hin die von einem Transportgut ausgehen können. Sie haben die Form eines Quadrats das auf der Spitze steht; die Gefahr wird durch ein *Pictogramm* symbolisiert; zusätzlich wird in der unteren Ecke die Nummer der Gefahrenklasse oder ein Hinweis auf die Gefahrenklasse angegeben.

Gefahrenzettel werden auf den Versandstücken und (unter bestimmten Voraussetzungen) auf den Transportmitteln angebracht.

07. Welche Funktion erfüllen die Warntafeln?

Warntafeln werden auf Lkw, Tankfahrzeuge, Eisenbahnwaggons usw. angebracht; sie sind *rechteckig und orangefarben*. Unter bestimmten Voraussetzungen wird in ihrem oberen Teil die Gefahr (mit der sog. Kemlernummer) und in ihrem unteren Teil der Stoff (mit der UN-Nummer) gekennzeichnet.

08. Was wird mit der UN-Nummer angegeben?

Die UN-Nummer ist eine *international gültige Stoffnummer*[1]; sie wird in der unteren Hälfte der Warntafel angegeben und dient zur Kennzeichnung des Stoffes.

Die UN-Nummern in vierstelligen Ziffernfolgen bezeichnen Stoffgruppen bzw. Güter mit ähnlichem Gefährdungspotenzial. Mithilfe der UN-Nummern kann der transportierte Stoff eindeutig identifiziert werden.

UN-Nummer sind z. B.

- 1202 für Dieselkraftstoff, leichtes Heizöl
- 1203 für Benzin
- 1223 für Petroleum
- 1428 für Natrium
- 1830 für Schwefelsäure
- 1950 für Druckgaspackungen, Spraydosen
- 1965 für Flüssiggas.

09. Was wird mit der Kemlernummer angegeben?

Die Kemlernummer dient der *Kennzeichnung der Gefahr*, die von einem Transportgut ausgehen kann; sie wird im oberen Teil der Warntafel angegeben. Die Kemlernummer besteht aus mindestens zwei (höchstens drei) Ziffern; eine Verdoppelung der Ziffern bedeutet eine Erhöhung der Gefahr, eine an eine Einzelziffer angehängte Null dient lediglich der Ergänzung auf zwei Ziffern; das gelegentlich einer Ziffernkombination vorangestellte X deutet darauf hin, dass der Stoff in Verbindung mit Wasser gefährlich reagiert.

Die erste Ziffer gibt die Hauptgefahr an. Die Ziffern haben folgende Bedeutungen:

1	Explosionsgefahr
2	Gefahr durch Entweichen von Gas
3	Gefahr durch die Entzündbarkeit von flüssigen und gasförmigen Stoffen
4	Gefahr durch die Entzündbarkeit von festen Stoffen
5	Gefahr durch die brandfördernde Wirkung des Stoffes

[1] Die UN-Nummern wurden definiert vom der UN-Expertenkommitee für Gefahrguttransporte. Die Länder, die die Charta der Vereinten Nationen unterzeichnet haben, folgen den Empfehlungen des Expertenkomitees.

6	Gefahr durch Giftigkeit oder Ansteckung
7	Gefahr durch Radioaktivität
8	Gefahr durch Ätzwirkung
9	Gefahr durch eine spontane heftige Reaktion

Die Kennzeichnungsnummer sind zwei- oder dreistellige Kombinationen der vorstehenden Ziffern. Im Folgenden werden einige Beispiele konstruiert.

Gefahrennummer	Bedeutung
20	Gefahr durch Entweichen von Gas, 0 ist ohne Bedeutung
21	Gefahr durch Entweichen von Gas, Explosionsgefahr
22	starke Gefahr durch Entweichen von Gas
462	Gefahr bei Entzündung eines festen Stoffes, giftig, Gasentwicklung
X423	entzündbarer fester Stoff, der in Verbindung mit Wasser gefährlich reagiert und entzündbare Gase entwickelt

10. Was ist bei der Verpackung gefährlicher Stoffe zu beachten?

Gefahrgüter sind für den Transport in *UN-zertifizierten Behältern* zu verpacken. Die Verpackungen sind getestet auf Druckdichtigkeit, Stapelbarkeit, Festigkeit bei Fall. Die zertifizierten Verpackungen erhalten eine UN-Markierung, aus der Folgendes hervorgeht:

- Art der Verpackung
- erlaubte Verpackungsgruppen
- erlaubte Gewichts- und Druckbelastungen
- Genehmigung für feste, flüssige oder gasförmige Stoffe
- Registriernummer der Zertifikation.

Es werden drei Verpackungsgruppen unterschieden.

Gruppe	Gefahr	Kennzeichen
I	hohe Gefahr	X
II	mittlere Gefahr	Y
III	niedrige Gefahr	Z

11. Welche Begleitpapiere sind für den Transport erforderlich?

Für die Transporte von Gefahrgütern sind folgende Begleitpapiere vorgeschrieben:

- Beförderungspapier (Gefahrgutdokument) mit folgenden Angaben
  - eindeutige (offizielle) Bezeichnung des Gefahrstoffes
  - Nettogewicht bzw. Nettomenge
  - Gefahrgutklasse
  - Nummern der Gefahrzettel

- UN-Nummer
  - Verpackungsgruppe
  - Anzahl der Versandstücke
  - Beschreibung der Verpackung
  - Name und Anschrift des Absenders
  - Name und Anschrift des Empfängers

- Unfallmerkblatt (im Straßenverkehr),

- ADR-Bescheinigung über die Schulung des Fahrers (im Straßenverkehr mit Lkw ab 3,5 t zulässiges Gesamtgewicht).

7.4.2.3.2 Grenzüberschreitender Verkehr

01. Welche Besonderheiten weist der grenzüberschreitende Güterverkehr auf?

Der grenzüberschreitende Güterverkehr ist u. a. gekennzeichnet

- durch die besondere Art der Transportkette
- durch die Besonderheit der Transportdokumente
- durch die Zollabwicklung[1].

02. Wie kann die Transportkette bei grenzüberschreitendem Güterverkehr gekennzeichnet werden?

Die Transportkette bei grenzüberschreitendem Güterverkehr ist häufig multimodaler Verkehr, weil am Transport mehrere Verkehrsträger beteiligt sind. Das gilt vor allem bei Transporten zwischen den Kontinenten, bei denen immer Seeschifffahrt und evtl. Luftfahrt für den Hauptlauf in Betracht kommen. Bei kontinentalen Transportwegen spielen Seeschifffahrt und Luftfahrt eher eine untergeordnete Rolle, dafür kommen Binnenschifffahrt, Lkw und Eisenbahn zum Einsatz.

03. Welche Transportdokumente sind bei grenzüberschreitendem Güterverkehr erforderlich?

Bei grenzüberschreitendem Güterverkehr sind folgende Transportdokumente erforderlich:

- Bei Seeschifffahrt: Konnossement, Seefrachtbrief

- bei Binnenschifffahrt: Ladeschein

- bei Bahnverkehr: Eisenbahnfrachtbrief

- bei Luftverkehr: Luftfrachtbrief

- bei Straßengüterverkehr: internationaler Frachtbrief, Spediteurübernahmebescheinigung

- bei Kombination von Transportarten: multimodales Transportkonnossement.

---
[1] Die Zollabwicklung wird ausführlich in Kap. *6.4.4.5 Importabwicklung* behandelt.

04. Welche rechtlichen Rahmenbedingungen bestehen bei grenzüberschreitendem Güterverkehr?

Bei grenzüberschreitendem Güterverkehr bestehen u. a. folgende rechtliche Rahmenbedingungen[1)]

- Straßengüterverkehr:
  - Kabotagekontingente nach EG-Verordnung
  - Gemeinschaftslizenzen nach EG-Verordnung.

- Eisenbahngüterverkehr:
  - Zugangsregelung nach EG-Richtlinie
  - vereinfachtes gemeinschaftliches Versandverfahren nach EG-Verordnung.

- Binnenschiffsgüterverkehr: Mannheimer Akte (sie betrifft lediglich die Reinschifffahrt, sie beruht darauf, dass die Rheinschifffahrt grundsätzlich frei ist).

05. Welche administrativen Rahmenbedingungen bestehen bei grenzüberschreitendem Güterverkehr?

Bei grenzüberschreitendem Güterverkehr bestehen u. a. folgende administrative Rahmenbedingungen

- Straßengüterverkehr:
  - Kontrolle des mitgeführten Kraftstoffs
  - Kontrolle der Verkehrsgenehmigung
  - Warenkontrollen
  - Arbeitszeitregelungen an Zollstellen und personelle Besetzung der Zollstellen.

- Eisenbahngüterverkehr:
  - Austausch der Güterwagen, Triebfahrzeuge und des Begleitpersonals an den Grenzen
  - Dokumenten- und Warenkontrollen
  - wagentechnische Untersuchungen.

- Binnenschiffsgüterverkehr:
  - Kontrolle der Antriebskraftstoffmenge
  - Zulassungsprüfung der Schiffe für den Transport gefährlicher Stoffe
  - Material- und Bordvorrätekontrolle.

06. Was wird mit dem Begriff Kabotage bezeichnet, und wie ist die Kabotage in der EU geregelt?

Kabotage besagt zunächst, dass die Beförderungen von Personen und Gütern innerhalb eines Landes inländischen Unternehmen vorbehalten sind. Durch Abkommen zwischen Staaten und durch EU-Reglungen besteht im Güterverkehr weitgehende Kabotagefreiheit. Kabotagefreiheit besagt, dass auch ausländische Unternehmen im Inland Personen und Güter befördern dürfen.

[1)] Zu den rechtlichen und administrativen Rahmenbedingungen vgl. Pfohl, 2010, S. 341.

7.4 Transport und Transportverträge

07. Welche Bedeutung haben TIR-Verfahren?

TIR ist die Abkürzung von Transports Internationaux Routiers, das bedeutet auf deutsch zollrechtliches Versandverfahren und wird bei dem Transit von Gütern, die mit dem Lkw befördert werden, angewandt. Das Transportgut wird zollrechtlich lediglich im Absenderland und im Zielland behandelt. Dadurch wird der Verwaltungsaufwand erheblich reduziert. Für den Versand werden die Lkw verplombt. Die Wagen werden mit einem Schild, das die Abkürzung TIR in weißer Schrift auf blauem Grund enthält, kenntlich gemacht.

7.4.3 Transportverträge

7.4.3.1 Rechtslage

01. Was ist ein Beförderungsgeschäft?

Als Beförderungsgeschäft bezeichnet man die *Beförderung von Gütern (und Personen) gegen Entgelt*. Das Beförderungsgeschäft ist ein *Werkvertrag*; der Auftragnehmer, z. B. der Frachtführer, verpflichtet sich zur Erstellung eines Werks, z. B. der Beförderung einer Fracht von A nach B, der Auftraggeber zur Zahlung eines Entgelts für die Ausführung des Werks.

02. Welche Teilbereiche umfasst das Beförderungsgeschäft?

Das Beförderungsgeschäft umfasst u. a. die folgenden Teilbereiche, für die die angegebenen Regelungen gelten.

- Frachtgeschäfte zu Lande
  - mit Lkw (Güterkraftverkehrsgesetz)
  - mit Bahn (Eisenbahnverkehrsordnung)
- Frachtgeschäfte auf Binnengewässern (Binnenschifffahrtsrecht)
- Seefrachtgeschäfte (Seehandelsrecht)
- Luftfrachtgeschäfte (Luftrecht).

03. Was ist ein Frachtführer?

Ein Frachtführer ist ein selbstständiger Gewerbetreibender, der die Beförderung von Gütern zu Lande, auf Binnengewässern und mit Luftfahrzeugen übernimmt. Für die Beförderung von Gütern zur See ist der sog. Verfrachter zuständig. (Vgl. §§ 407 ff. HGB.)

04. Welche Rechte hat der Frachtführer?

Dem Frachtgeschäft liegt ein *Frachtvertrag* zu Grunde. Der Frachtvertrag begründet Pflichten und Rechte des Frachtführers.

Der Frachtführer hat u. a. folgende Rechte.

- Übergabe des Transportgutes in sicherer und einwandfreier Verpackung und der Begleitpapiere durch den Absender
- Bezahlung des vereinbarten Entgelts nach Ausführung der Beförderung
- Ausstellung eines Frachtbriefes durch den Absender.

05. Welche Pflichten hat der Frachtführer?

Der Frachtführer hat u. a. folgende Pflichten.

- Sorgfältige Ausführung des Transports, dazu zählt z. B. die Einhaltung der Lieferfrist
- Befolgung von Weisungen (auch nachträglichen Weisungen) des Absenders
- Haftung bei Verletzung der Pflichten (Schadenersatzpflicht).

06. Welche Bedeutung hat ein Frachtbrief?

Der Frachtführer kann vom Absender die Ausstellung eines Frachtbriefs verlangen. Der Frachtbrief wird in drei Ausführungen ausgestellt: eine Ausfertigung für den Absender, eine zum Verbleib bei dem Frachtführer, eine als Begleitpapier.

Der Frachtbrief dient als *Beweis für den Abschluss eines Frachtvertrages* zwischen dem Absender und dem Frachtführer.

Der Absender hat mit seiner Ausfertigung des Frachtbriefs das Verfügungsrecht über das Transportgut; dieses Recht erlischt bei Ablieferung des Gutes beim Empfänger.

07. Welche Angaben enthält ein Frachtbrief?

Der Frachtbrief enthält u. a. folgende Angaben (vgl. § 408 HGB):

- Ort und Tag der Ausstellung

- Namen und Anschriften
  - des Absenders
  - des Frachtführers
  - des Empfängers

- die Bezeichnung der Art des Gutes und die Art der Verpackung, das Gewicht oder die Menge des Gutes, sowie Anzahl, Zeichen und Nummern der Frachtstücke

- die vereinbarte Fracht.

08. Was ist ein Spediteur?

Der Spediteur ist ein selbstständiger Gewerbetreibender, der Güterversendungen im eigenen Namen für Rechnung des Versenders durch Frachtführer oder Verfrachter besorgt. (Vgl. §§ 453 ff. HGB.)

09. Welche Pflichten hat der Spediteur?

Dem Speditionsgeschäft liegt ein *Speditionsvertrag* zu Grunde. Durch den Speditionsvertrag werden Pflichten und Rechte des Spediteurs begründet.

Der Spediteur hat u. a. folgende Pflichten:

- Organisation der Beförderung, diese Pflicht umfasst
  - die Bestimmung der Beförderungsmittel
  - die Bestimmung des Beförderungsweges
  - die Auswahl der ausführenden Unternehmen
  - der Abschluss der erforderlichen Verträge (z. B. Frachtverträge)
- Ausführung sonstiger Vereinbarungen, die mit der Beförderung zusammenhängen, z. B. Versicherung, Verpackung
- Wahrnehmung der Interessen des Versenders
- Befolgung von Weisungen des Versenders
- Haftung (unter bestimmten Voraussetzungen) für Schäden am Speditionsgut oder bei Verlust des Speditionsgutes.

10. Welche Rechte hat der Spediteur?

Der Spediteur hat u. a. folgende Rechte:

- Vergütung der erbrachten Leistung
- Ersatz von Aufwendungen
- Ersatz von Aufwendungen für die Beseitigung von Schäden, die durch ungenügende Verpackung oder ungenaue Kennzeichnung seitens des Versenders verursacht wurden
- Selbsteintritt
- Sammelladung.

11. Was besagt das Selbsteintrittsrecht des Spediteurs?

Der Spediteur hat das Recht, die Beförderung des Gutes selbst zu übernehmen. Er wird durch diesen sog. Selbsteintritt Frachtführer bzw. Verfrachter. Er übernimmt damit die Pflichten des Frachtführers (Verfrachters) und erhält dessen Rechte. Er kann dann neben der Vergütung für seine Tätigkeit als Spediteur auch das übliche Entgelt für die Verfrachtung verlangen.

12. Was besagt die Befugnis zu einer Sammelladung?

Der Spediteur hat das Recht, das Speditionsgut mehrerer Versender zusammenzufassen und als Sammelladung durch einen Frachtführer (auf der Grundlage eines entsprechenden Frachtvertrages) versenden zu lassen.

13. Was ist ein Lagerhalter?

Der Lagerhalter ist ein selbstständiger Gewerbetreibender, der die Einlagerung von Gütern und deren Aufbewahrung für den Einlagerer gegen Entgelt übernimmt. (§§ 467 ff. HGB).

14. Welche Pflichten hat der Lagerhalter?

Dem Lagergeschäft liegt ein *Lagervertrag* zu Grunde. Aus ihm ergeben sich die Pflichten und Rechte des Lagerhalters.

Der Lagerhalter hat u. a. folgende Pflichten:

- Lagerung und Aufbewahrung des Lagerguts
- Sicherung von Schadensersatzansprüchen des Einlagerers, wenn das Einlagerungsgut in (erkennbar) beschädigtem Zustand angeliefert wird
- unverzügliche Benachrichtigung des Einlagerers, wenn das Einlagerungsgut in (erkennbar) beschädigtem Zustand angeliefert wird und Schadensersatzansprüche entstehen
- Einräumung der Möglichkeit für den Einlagerer, die zur Pflege des Lagerguts erforderlichen Arbeiten vorzunehmen
- Pflege des Lagerguts bei Sammellagerung
- Versicherung des Lagerguts
- Haftung für Verlust oder Beschädigung.

15. Welche Rechte hat der Lagerhalter?

Der Lagerhalter hat u. a. folgende Rechte:

- Vergütung
- Ersatz von Aufwendungen
- Ersatz von Aufwendungen für die Beseitigung von Schäden, die durch die Beschaffenheit des Lagerguts verursacht wurden
- Pfandrecht an dem Lagergut
- Sammellagerung (unter bestimmten Voraussetzungen).

16. Welche Bedeutung hat die Sammellagerung?

Wenn der Lagerhalter vertretbare Sachen mit anderen Sachen gleicher Art und Güte bei Lagerung vermischt, liegt eine Sammellagerung vor. Die beteiligten Einlagerer müssen ihr Einverständnis zu dieser Sammellagerung geben; ihnen steht in diesem Fall Miteigentum an dem vermischten Lagergut nach Bruchteilen zu.

17. Welche Bedeutung hat der Lagerschein?

Nach Einlagerung kann der Lagerhalter einen Lagerschein ausstellen.

Die Bedeutung des Lagerscheins lässt sich folgendermaßen umschreiben:

- Der Lagerschein hat *Beweisfunktion*, z. B. hinsichtlich des äußeren Zustands des Lagerguts, der Verpackung der Anzahl der Packstücke u. Ä., aber auch hinsichtlich des Gewichts, der Menge und des Inhalts.
- Der Lagerhalter liefert das Lagergut nur gegen *Rückgabe* des Lagerscheins aus.
- Der Lagerschein hat *Legitimationsfunktion*, d. h. der Besitzer des Lagerscheins gilt als berechtigt zum Empfang des Lagerguts; das kann der im Lagerschein genannte Einlagerer oder derjenige sein, auf den der Lagerschein durch Indossament übertragen wurde.
- Der Lagerschein und damit das Recht an dem Lagergut kann durch Indossament auf dem Lagerschein übertragen werden *(Traditionsfunktion)*.

18. Welche Angaben enthält der Lagerschein?

Der Lagerschein enthält u. a. folgende Angaben:

- Ort und Tag der Einlagerung und der Ausstellung des Lagerscheins
- Namen und Anschriften des Einlagerers und des Lagerhalters
- Bezeichnung der Art des Gutes und der Verpackung (ggf. unter Berücksichtigung von Gefahrgutvorschriften)
- Anzahl, Zeichen und Nummern der Packstücke sowie Gewicht oder Menge des Lagerguts
- ggf. Hinweis auf Sammellagerung.

7.4.3.2 Vertragsarten

01. Was ist Gegenstand eines Frachtvertrages?

Ein Frachtvertrag ist ein Werkvertrag. Der Frachtführer verpflichtet sich als Auftragnehmer zur Beförderung von Waren oder anderen Gütern, der Auftraggeber (Absender) zur Zahlung des vereinbarten Entgelts. Gegenstand des Frachtvertrages ist also die *Beförderung eines Gutes* zu Lande, auf Binnengewässer oder mit Luftfahrzeugen; die Beförderung muss zum Betrieb eines gewerblichen Unternehmens gehören. (Vgl. § 407 HGB.)

02. Was ist Gegenstand eines Speditionsvertrages?

Ein Speditionsvertrag ist ein Werkvertrag. Der Spediteur verpflichtet sich als Auftragnehmer, die Versendung des Gutes zu besorgen, der Auftraggeber (Absender) zur

Zahlung des vereinbarten Entgelts. Gegenstand des Speditionsvertrages ist also *die Besorgung der Versendung*. Die Besorgung der Versendung muss zum Betrieb eines gewerblichen Unternehmens gehören. (Vgl. § 453 HGB.)

03. Was umfasst die Besorgung der Versendung?

Die Besorgung der Versendung durch den Spediteur umfasst (nach § 454 HGB) die Organisation der Beförderung; dazu zählen

- die Bestimmung des Beförderungsmittels und des Beförderungsweges
- die Auswahl der ausführenden Unternehmen (Frachtführer, Lagerhalten usw.) und der Abschluss der entsprechenden Verträge
- die Sicherung der Schadenersatzansprüche des Versenders.

04. Wodurch unterscheidet sich der Frachtführer vom Spediteur?

Der Frachtführer übernimmt die Beförderung eines Gutes. Der Spediteur übernimmt lediglich die Besorgung der Versendung. Der Spediteur kann die Versendung selbst übernehmen, aber er kann auch einen Frachtführer mit der Versendung beauftragen.

05. Was ist Gegenstand eines Lagervertrages, und wer schließt einen Lagervertrag ab?

Ein Lagervertrag ist ein Werkvertrag. Der Lagerhalter verpflichtet sich als Auftragnehmer zur Lagerung und zur Aufbewahrung des Lagergutes, der Auftraggeber (Absender) zur Zahlung des vereinbarten Entgelts. Die Lagerung und Aufbewahrung müssen zum Betrieb eines gewerblichen Unternehmens gehören. (Vgl. § 467 HGB.)

7.4.3.3 Transportversicherung

01. Welche Schäden werden durch die Transportversicherung versichert?

Die Transportversicherung ist eine Versicherung gegen Schäden an Transportmitteln und an den Transportgütern während des Transports und der Lagerungen, die mit dem Transport im Zusammenhang stehen. Darüber hinaus gehört zur Transportversicherung auch die Versicherung bestimmter Nebeninteressen, z. B. imaginärer Gewinn, Fracht, Havarieschäden, Schiffsmieten.

Die Versicherung der Transportmittel wird als *Kaskoversicherung*, die Versicherung der Transportgüter als *Kargoversicherung* bezeichnet.

Die Versicherung kann sich auf alle Transportgefahren beziehen, soweit sie nicht durch die Allgemeinen Versicherungsbedingungen ausgeschlossen sind, oder auf bestimmte Transportgefahren, die die Allgemeinen Versicherungsbedingungen ausdrücklich benennen. Durch besondere vertragliche Vereinbarungen kann der Deckungsumfang erweitert oder eingeschränkt werden.

7.4 Transport und Transportverträge

02. Welche Bedeutung hat die Transportversicherung?

Die Transportversicherung tritt ein, wenn der Versicherungsnehmer durch einen Transportschaden Verluste erleidet oder in einem Schadensfall bei Transport haften muss. Während des Transports und der Lagerungen, die mit dem Transport im Zusammenhang stehen, können Schäden an den Transportmitteln und an den beförderten Gütern auftreten.

03. Wodurch unterscheidet sich die Kaskoversicherung von der Kargoversicherung?

Als Kaskoversicherung wird die Versicherung der Transportmittel; die Kargoversicherung ist die Versicherung der Transportgüter.

04. Können neben den Transportmitteln und -gütern weitere Interessen versichert werden?

Auch sog. Nebeninteressen können versichert werden. Zu den Nebeninteressen gehört z. B. ein imaginärer Gewinn.

05. Wie lassen sich Transportversicherungen nach dem Transportweg unterscheiden?

Nach dem Transportweg werden folgende Transportversicherungen unterschieden:

- Binnentransportversicherung
- Seeversicherung
- Lufttransportversicherung.

06. Welche Risiken bzw. Gefahren sind bei der Transportversicherung abgedeckt?

Die Versicherung kann sich auf alle Transportgefahren beziehen, soweit sie nicht durch die Allgemeinen Versicherungsbedingungen ausgeschlossen sind; man spricht dann von einer *Allgefahrendeckung*. Durch besondere vertragliche Vereinbarungen kann der Deckungsumfang erweitert oder eingeschränkt werden.

07. Welche Bedeutung haben Gefahrenausschlüsse und Begrenzungen?

Die Allgefahrendeckung wird i. d. R. durch Gefahrenausschlüsse eingeschränkt. Generell wird die Haftung z. B. ausgeschlossen bei Krieg, Aufruhr, Plünderung u. Ä. Aber auch bei Warenschäden, mit denen gerechnet werden kann, z. B. Verderb von Lebensmitteln, und bei Schäden, die durch subjektives Fehlverhalten verursacht wurden, übernimmt die Versicherung keine Haftung.

Daneben bestehen Begrenzungen bei Schadenarten und Schadenumfang. So kann im Vertrag z. B. vereinbart werden, dass die Versicherung bei sog. Bagatellschäden nicht haftet. Im Strandungsdeckungsfall tritt z. B. die Versicherung (Seegüterversicherung) nur bei genau bezeichneten Schadenarten ein.

Im Allgemeinen gilt: Die Transportversicherung bietet trotz der Ausschlüsse und Leistungsbegrenzungen einen ausreichenden Versicherungsschutz bei akzeptablen Prämien. Zwar sind Transportmittel und -güter nur bei typischen Transportaufgaben im Fall von Verlust und Beschädigung versichert, aber zusätzlicher Schutz kann durch Vereinbarung gegen Zahlung von Sonderprämien erworben werden.

08. Welche Bedeutung haben Transportversicherungen bei Incoterms?

Incoterms (International Commercial Terms) sind Regeln für die Auslegung von Handelsklauseln, die im internationalen Handel üblich sind.[1] Die Handelsklauseln regeln, wer – Käufer oder Verkäufer – welche Kosten trägt. Sie geben auch an, wann die Gefahr für das Transportgut vom Verkäufer auf den Käufer übergeht, und regeln damit, wer die Transportversicherung abzuschließen hat.

Aber sowohl beim Import als auch beim Export bestehen Restrisiken. Sie können durch Import- und Exportschutzversicherungen abgedeckt werden.

09. Wann wird eine Importschutzversicherung erforderlich?

Bei Vertragsabschluss nach den Klauseln CIF und CIP kann der Fall eintreten, dass keine Transportversicherung für den Transport nach Gefahrübergang besteht. Deshalb schließt der Verkäufer auf eigene Rechnung eine übertragbare Seeversicherung als Importschutzversicherung ab. Das Deckungsvolumen bemisst sich nach dem Wert des Transportgutes in CIF(bzw. CIP)-Preisen plus 10 %.

10. Wann ist der Abschluss einer Exportschutzversicherung zu empfehlen?

Eine Exportschutzversicherung ist eine Ergänzung zur Transportversicherung. Sie wird auch als Subsidiärversicherung bezeichnet. Subsidiär heißt soviel wie helfend, unterstützend, ergänzend; es ist also eine Versicherung, die eintritt, wenn die eigentliche Transportversicherung einen Schaden nicht (oder nicht ausreichend) deckt. Sie wird vom Exporteur abgeschlossen und soll ihn schützen. Wenn sich z. B. bei den Incoterms FAS und FOB der Käufer bei einem Transportschaden weigert, die Ware anzunehmen, tritt diese Versicherung ein.

7.4.4 Haftung der Verkehrsträger

01. Warum ist der Abschluss von Transportversicherungen zu empfehlen?

Der Abschluss von Transportversicherungen ist zu empfehlen, weil die Haftung der Verkehrsträger einschließlich der Spediteure und Frachtführer bei Transportschäden im Allgemeinen nicht ausreicht.

---

[1] Weitere Ausführungen zu den Incoterms findet Leser in Kap. *6. Einkauf*

02. Wie haften die Verkehrsträger im Allgemeinen?

Die Verkehrsträger haften im Allgemeinen im Rahmen der Gefährdungshaftung oder der Verschuldenshaftung mit umgekehrter Beweislast. Im Allgemeinen gilt bei den Verkehrsträgern (einschließlich Spediteur und Frachtführer) der Grundsatz der Gefährdungshaftung. Im internationalen Luftfrachtverkehr, in der Seeschifffahrt, bei einigen Geschäften des Spediteurs gilt der Grundsatz der Verschuldenshaftung mit umgekehrter Beweislast.

Die Verkehrsträger haften selbstverständlich bei Güterschäden, bei Vermögensschäden, bei Überschreitung von Lieferfristen u. Ä. Aber der Umfang der Haftung ist begrenzt.

03. Was besagt eine Gefährdungshaftung?

Bei der Gefährdungshaftung setzt die Pflicht zum Schadenersatz kein Verschulden voraus. Die Gefährdung besteht bei einer erlaubten Tätigkeit und der entstandene Schaden ist unvermeidlich. (Werden z. B. bei der – erlaubten – Nutzung eine Kfz. Personen oder deren Vermögen unvermeidlich geschädigt oder beschädigt, kann der Fahrzeughalter zur Haftpflicht herangezogen werden.)

04. Was wird bei der Verschuldenshaftung für die Haftpflicht vorausgesetzt?

Die Verschuldenshaftung setzt für die Entstehung der Haftpflicht das Verschulden des Haftpflichtigen voraus, d. h. er muss den Schaden vorsätzlich oder fahrlässig herbeigeführt haben. Da der Geschädigt im Allgemeinen das Verschulden des Schädigers nicht beweisen kann, gilt häufig die Beweislastumkehr, d. h. der Schädiger muss zur Abwendung der Haftpflicht beweisen, dass er den Schaden nicht verursacht hat.

05. Wann und wie haftet der Frachtführer?

Der Frachtführer haftet

- bei Güterschäden sowohl im nationalen als auch im internationalen Frachtverkehr mit dem Wert des Gutes, maximal mit 10 € je kg
- bei sonstigen Vermögensschäden (im nationalen Frachtverkehr) bis zum Dreifachen dessen, was bei Verlust des Gutes zu zahlen wäre
- bei Überschreitungen der Lieferfrist mit dem Dreifachen der Fracht im nationalen Frachtverkehr, im internationalen Frachtverkehr lediglich in Höhe der Fracht.

06. Wann und wie haftet der Spediteur?

Der Spediteur haftet im Rahmen seiner Gefährdungshaftung wie der Frachtführer. Im Rahmen seiner Verschuldungshaftung haftet er unbegrenzt für Lieferfristüberschreitungen und sonstige Vermögensschäden.

07. Wie wird im internationalen Eisenbahnverkehr gehaftet?

Im internationalen Eisenbahnverkehr wird bei Güterschäden bis zu 20 € je kg gehaftet, bei Überschreitung der Lieferfrist bis zum Vierfachen der Fracht.

08. Wie wird im Luftfrachtverkehr gehaftet?

Im Luftfrachtverkehr (international) wird im Rahmen der Verschuldungshaftung bei Güterschäden (und Lieferfristüberschreitungen) mit maximal 27,35 € je kg gehaftet, im Rahmen der Gefährdungshaftung mit 20 € je kg.

09. Wie wird in der Seeschifffahrt gehaftet?

In der Seeschifffahrt wird für Güterschäden gehaftet entweder mit maximal 2,40 € je kg des Rohgewichts oder mit maximal 800 € je Packungseinheit. Gehaftet wird mit dem jeweils höheren Betrag.

10. Wann schließen Verkehrsträger die Haftung grundsätzlich aus?

Es gibt Gründe, bei denen die Verkehrsträger ihre Haftung ausschließen. Grundsätzlich gilt, dass im Rahmen der Gefährdungshaftung nicht gehaftet wird, wenn der Schaden durch ein unabwendbares Ereignis verursacht wurde. Bei der Verschuldenshaftung muss ein Verschulden des Verkehrsträgers vorliegen, damit er haftet.

11. Welche Haftungsausschlüsse bestehen bei Frachtführer und Spediteur?

Der Frachtführer haftet z. B. nicht bei ungenügender Verpackung durch den Absender, bei ungenügender Kennzeichnung der Frachtstücke.

Ähnliche Gründe für seinen Haftungsausschluss hat auch der Spediteur im Rahmen seiner Gefährdungshaftung.

12. Welche Haftungsausschlüsse bestehen bei den einzelnen Verkehrsträgern?

Im Eisenbahnverkehr wird die Haftung u. a. ausgeschlossen, wenn die Verpackung fehlt oder mangelhaft ist, wenn Absender oder Empfänger die Waggons selbst be- oder entladen.

Auch beim Luftfrachtverkehr kann die mangelhafte Verpackung die Haftung ausschließen. Außerdem wird keine Haftung im Kriegsfall u. Ä. übernommen.

In der Seeschifffahrt wird u. a. nicht gehaftet, wenn der Schaden durch den Ablader oder Eigentümer infolge von Unterlassungen oder bestimmten Handlungen, durch kriegerische Handlungen u. Ä. verursacht wurde. Auch bei gerichtlich angeordneter Beschlagnahme wird keine Haftung übernommen.

7.5 Logistikcontrolling[1]

7.5.1 Grundlagen

01. Wie lässt sich Logistikcontrolling umschreiben?

Logistikcontrolling lässt sich umschreiben als *Steuerung logistischer Prozesse*, das sind die material- und dazugehörigen informationswirtschaftlichen Prozesse zur Erfüllung von Kundenaufträgen. Logistikcontrolling dient der strategischen Unternehmensentwicklung und zielorientierten Steuerung der Logistikvorgänge.[2] Zu unterscheiden sind strategisches und operatives Logistikcontrolling und entsprechende Aufgaben.

02. Welche Aufgaben hat das strategische Logistikcontrolling?

Das strategische Logistikcontrolling kann z. B. folgende Aufgaben haben:

- Beteiligung an der langfristigen Logistikplanung und damit an der Definition der Logistikstrategien durch vorbereitende Analysen
- Koordination der Logistikstrategie mit anderen Strategien im Rahmen der strategischen Budgetierung
- Überprüfung der Übereinstimmung von Ergebnissen mit den Voraussetzungen (strategische Kontrolle).

03. Welche Aufgaben hat das operative Logistikcontrolling?

Das operative Logistikcontrolling hat folgende Aufgaben:[3]

- Unterstützung bei der Bestimmung und Präzisierung der Logistikziele durch die Erarbeitung eines in sich stimmigen Systems der Logistikziele, das auch Grundlage für Leistungsbeurteilungen sein kann
- Definition der Maßzahlen (Kennziffern) zur Messung der Logistikziele
- Beteiligung an der Logistikplanung insbesondere durch die Bereitstellung der erforderlichen Informationen
- Budgetierungen im Bereich der Logistik.

04. In welchen Phasen läuft der Logistikcontrollingprozess ab?

Der Logistikcontrollingprozess umfasst mehrere Phasen, die sich folgendermaßen kennzeichnen lassen:[4]

---

[1] Der Rahmenplan sieht vor, dass in diesem Kapitel auch *prozessorientiertes Controlling* zu behandeln ist. Der Leser findet die entsprechenden Ausführungen im 6. Kapitel unter *6.5.2.2 Prozessorientiertes Controlling*. Die Prozesskostenrechnung wird in Kap. *3.2.3 Kostenrechnungssysteme* dargestellt.
[2] vgl. Koether, Reinhard u. a., Wien 2004, S. 373 ff.
[3] in Anlehnung an Kämpf, R. u. a., 2000
[4] in Anlehnung an Schulte, C., 2009, S. 616 ff.

1. Definition der (quantifizierbaren) Ziele unter Berücksichtigung folgender Aspekte:
   - Inhalt der Ziele
   - Ausmaß der Zielerreichung (Zielpunkte und Toleranzbreiten)
   - zeitlicher Rahmen für die Zielerreichung
2. Festlegung von Controllinggrößen (Kennzahlen, Messbereiche usw.)
3. Beobachtung der Ist-Situation, Vergleich der Ist-Werte mit vorgegebenen Soll-Werten
4. Erfassung von Abweichungen und Analyse ihrer Ursachen
5. Planung von Maßnahmen unter Berücksichtigung der Abweichungsursachen und Einschätzung der Kosten der geplanten Maßnahmen
6. Definition neuer Planwerte und ihre Absicherung durch neue Zielvereinbarungen
7. Berichterstattung.

7.5.2 Controllinggrößen

01. Welche Zwecke können Logistikcontrollinggrößen erfüllen?

Logistikcontrollinggrößen sind Kennziffern, mit deren Hilfe logistische Vorgänge geplant, gesteuert, kontrolliert und koordiniert werden können. Letztlich dienen die Kontrollgrößen zur Quantifizierung der Logistikleistungen und zur Bewertung der Leistungen; entsprechend werden sie nach *Leistungs- und Kostengrößen* unterschieden.

Einzelkennzahlen, die sachlogisch miteinander in Beziehung stehen, werden in einem sog. Kennzahlensystem zusammengefasst.

Mithilfe der Controllinggrößen werden
- Ziele operationalisiert
- Abweichungen erkannt
- Ziel- und Plangrößen definiert
- Prozesse gesteuert.

02. Was sind Logistikleistungen?

Zu unterscheiden sind dispositive und physische Logistikleistungen.

Zu den *dispostiven* Logistikleistungen zählen die Führung, Steuerung und die Wahrnehmung der physischen Distribution.

Zu den *physischen* Logistikleistungen zählen alle Leistungen im Zusammenhang mit
- Transport
- Lagerung
- Kommissionierung
- Verpackung.

7.5 Logistikcontrolling

03. Welche Anforderungen sind an Logistikleistungsgrößen zu stellen?

Folgende Anforderungen sind u. a. an Logistikleistungsgrößen zu stellen:

- Die Erfassung der zu Grunde liegenden Leistungsdaten muss nach wirtschaftlichen Kriterien sinnvoll sein.
- Die erfassten Daten müssen sich in das betriebliche Informationssystem einfügen.
- Die Daten müssen für die spezifische Zielangabe durch Zuordnung geeigneter Maßgrößen verwendbar sein.
- Die Leistungsgrößen müssen mit den entsprechenden Kosten bewertet werden können.
- Die (bewerteten) Leistungsgrößen müssen sich für Abweichungsanalysen eignen.

04. Wie werden Logistikleistungsgrößen erfasst?

Der Vorgang zur Erfassung der Logistikleistungsgrößen in den Logistikbereichen lässt sich folgendermaßen (beispielhaft[1])) umschreiben. (Die einzelnen Aspekte werden in den folgenden Fragen beschrieben.)

1. Beschreibung der Logistikleistungsart in den Logistikbereichen
2. Auswahl und Anwendung der Logistikverfahren
3. Bestimmung der Logistikplanbezugsgrößen
4. Zuordnung der Logistikkosten
5. Ermittlung von Plankosten und Planmengen.

05. Welche Logistikleistungsarten fallen in den Logistikbereichen an?

Logistikleistungen fallen in den verschiedenen Logistikbereichen an; Logistikbereiche sind z. B. Warenannahme, Eingangslagerung, Kommissionierung usw. Die einzelnen Logistikleistungsarten werden beschrieben.

Leistungsarten, die in diesen Bereichen anfallen, sind z. B.

- bei Warenannahme:
  Bereitstellung der angelieferten Waren (z. B. Roh-, Hilfs- und Betriebsstoffe) in der erforderlichen Qualität für die Einlagerung (bzw. für die Verarbeitung)

- bei Eingangslagerung:
  Zeitüberbrückung der angelieferten Waren

- bei Kommissionierung:
  auftragsentsprechende Bereitstellung von Waren (Materialien).

---

[1]) in Anlehnung an Schulte, C, 2009, S. 621 ff.

06. Welche Bedeutung haben die Logistikverfahren?

Für die Ausführung der Logistikleistungen ist das zweckmäßigste und wirtschaftlichste Verfahren auszuwählen. Die mithilfe der Logistikverfahren spezifizierten Logistikleistungsarten sind die Logistikleistungen i. e. S.

Verfahren, die für einzelne Logistikleistungen angewandt werden könnten, sind z. B.

- bei „Bereitstellung der angelieferten Waren in der erforderlichen Qualität für die Einlagerung (bzw. Verarbeitung)":
  Entladung der angelieferten Paletten mit Gabelstapler
  Entnahmen von Proben für die Qualitätskontrollen

- bei „Zeitüberbrückung der angelieferten Waren":
  Lagerung der Paletten in Materiallager

- bei „auftragsentsprechender Bereitstellung von Materialien":
  Entnahme des Materials „Ware zum Mann" mit Hilfsgerät (z. B. Gabelstapler).

07. Warum müssen Logistikplanbezugsgrößen ermittelt werden?

Damit die mit den bestimmten Verfahren zu erbringenden Logistikleistungen erfasst werden können, sind geeignete Bezugsgrößen erforderlich. Mit den Bezugsgrößen werden die mithilfe der Verfahren spezifizierten Logistikleistungsarten (Logistikleistungen) quantifiziert. Die Ergebnisse werden häufig als Logistikleistungsgrößen bezeichnet.

Folgende Bezugsgrößen (Logistikplanbezugsgrößen) für die angegebenen Verfahren sind z. B. möglich:

- Bei „Entladung der angelieferten Paletten mit Gabelstapler":
  Anzahl der durchschnittlich in einem bestimmten Zeitraum zu bewegenden Paletten

- bei „Entnahmen von Proben":
  Anzahl der durchschnittlich zu entnehmenden Proben

- bei „Lagerung der Paletten in Materiallagern":
  Anzahl der durchschnittlich zu lagernden Paletten

- bei „Entnahme des Materials „Ware zum Mann" mit Hilfsgerät (z. B. Gabelstapler)":
  Anzahl der durchschnittlichen Gabelstaplerstunden.

08. Welche Bedeutung haben die Logistikkostenarten und die Logistikplankosten für die Ermittlung der Controllinggrößen?

Damit die Logistikleistungsgrößen für das Logistikcontrolling effektiv genutzt werden können, müssen die geplanten Leistungsbezugsgrößen detailliert beschrieben werden. Das geschieht mit den Logistikkosten. Dazu müssen zunächst die entsprechenden Kostenarten bestimmt werden; auf der Grundlage der geplanten (wahrscheinlichen)

7.5 Logistikcontrolling

Preise und Mengen werden dann die Plankosten ermittelt. *Planmengen und Plankosten können als Controllinggrößen der Logistikleistungen dienen.* Mit ihrer Hilfe werden Ziele definiert und Abweichungen erkannt.

Für die Beschreibung der Bezugsgrößen kommen u. a. folgende Kostenarten in Betracht:

- Anzahl der durchschnittlich in einem bestimmten Zeitraum zu bewegenden Paletten:
  z. B. Lohnkosten (Lohn in €/Mon.), Treibstoffkosten (Liter in €/Mon.), Wartungskosten (Werkstattstunden in €/Mon)
- Anzahl der durchschnittlich zu entnehmenden Proben:
  z. B. Lohnkosten (Lohn in €/Mon.)
- Anzahl der durchschnittlich zu lagernden Paletten:
  z. B. Zinskosten bzw. Kapitalbindungskosten (Zinssatz)
- Anzahl der durchschnittlichen Gabelstaplerstunden:
  z. B. Lohnkosten (Lohn in €/Mon.), Treibstoffkosten (Liter in €/Mon.), Wartungskosten (Werkstattstunden in €/Mon)

09. Wie werden die Leistungsziele des Logistiksystems gesteuert?

Leistungsziele der Logistik sind z. B.

- Liefertreue (Termintreue)
- Lieferfähigkeit
- Lieferzeit
- Lieferqualität.

Die Leistungsziele werden wesentlich bestimmt von den Erwartungen der externen und internen Kunden und müssen entsprechend gesteuert werden. Dazu werden Zielgrößen definiert und sog. Messpunkte bestimmt.

10. Welche Funktionen erfüllen Messpunkte?

Die Einhaltung von Lieferterminen hängt im Allgemeinen von Terminen des Fertigungsprozesses ab, der mit der Auftragserteilung beginnt, mit der Auslieferung endet und sowohl die Beschaffung als auch die Produktion usw. einbezieht. Für die rechtzeitige Information über Termin- und Qualitätsabweichungen sind deshalb *Zeitmesspunkte* festzulegen. Zeitmesspunkte werden für einzelne Abschnitte des Prozessverlaufs angenommen. Bei den Zeitmesspunkten werden Kennziffern ermittelt, die das Verhältnis des jeweiligen Ist-Termins zum geplanten Endtermin (Soll-Termin) angeben. Sie erlauben eine frühzeitige Gegensteuerung, wenn der geplante Termin für die einwandfreie Lieferung gefährdet ist.

11. Was wird mit der Logistikleistungsgröße Liefertreue (Termintreue) angegeben?

Liefertreue liegt vor, wenn zugesagte Liefertermine eingehalten werden (Termintreue), d. h. wenn zugesagte Liefertermine mit den tatsächlichen übereinstimmen.

Die Kennziffer für Liefertreue gibt den Anteil der Lieferungen mit eingehaltenen Lieferterminen zur gesamten Anzahl der Lieferungen mit Terminzusagen an. Wenn davon ausgegangen wird, dass Verträge im Allgemeinen mit Lieferzusagen verbunden sind, kann als Bezugsgröße die Gesamtzahl aller Lieferungen gewählt werden.

$$\text{Liefertreue} = \frac{\text{termintreue Lieferungen}}{\text{alle Lieferungen}}$$

Eine Kennziffer von 0,9 (= 90 %) als Zielgröße gibt also an, dass bei 90 % aller Lieferungen der zugesagte Termin eingehalten wird.

12. Was wird mit der Logistikleistungsgröße Lieferfähigkeit angegeben?

Von Lieferfähigkeit wird gesprochen, wenn der Wunschtermin des Kunden mit dem zugesagten Liefertermin übereinstimmt, d. h. wenn dem Kundenwunsch auf der Grundlage der eigenen Planung entsprochen werden kann. Die Kennziffer gibt das Verhältnis der Lieferungen, die den Wunschterminen der Auftraggeber entsprechen, zu allen Lieferungen an. Die Kennziffer für die Lieferfähigkeit ist der sog. *Servicegrad*. Der Servicegrad gibt also an, in welchem Umfang Wunschtermine ausgeführt werden.

13. Was wird mit der Lieferbereitschaft angegeben?

Von der Lieferfähigkeit ist die Lieferbereitschaft zu unterscheiden. Die Lieferbereitschaft gibt an, dass der Auftrag eines Kunden sofort ausgeführt werden kann. Der Grad der Lieferbereitschaft besagt also, in welchem Umfang Aufträge sofort ausgeführt werden können; er ist abhängig von der Lagerhaltung.

14. Welche Bedeutung hat der Grad der Lieferbereitschaft?

Der Grad der Lieferbereitschaft ist eine statistische Kennziffer, die angibt, in welchem Umfang das Lager im Durchschnitt lieferbereit war. Ein Grad der Lieferbereitschaft von 95 % besagt z. B., dass 95 % der Aufträge ausgeführt wurden. Der Wert wird häufig zur Festlegung der Lieferbereitschaft für eine Planperiode genutzt. Bei der Anwendung ist allerdings Vorsicht geboten: Eine zu geringe Lieferbereitschaft kann Fehlmengenkosten, eine zu hohe Lieferbereitschaft u. U. Lagerhaltungskosten zur Folge haben.

Der Grad der Lieferbereitschaft L kann nach folgender Formel berechnet werden.

$$L = \frac{\text{ausgeführte Aufträge} \cdot 100}{\text{alle Aufträge}}$$

15. Was wird als Lieferzeit bezeichnet?

Als Lieferzeit wird der Zeitraum zwischen der Erteilung des Auftrags und dem Liefertermin bezeichnet. Die Lieferzeit gilt als wichtige Controllinggröße. Sie dient der Zielangabe und ist Grundlage für Abweichungsanalysen. Damit sie eingehalten wird, sind Kontrollen im Verlauf des Prozesses bei eingeplanten Messpunkten erforderlich; bei Abweichungen können Maßnahmen zur Gegensteuerung ergriffen werden.

16. Was wird mit der Logistikleistungsgröße Lieferqualität angegeben?

Von Lieferqualität wird gesprochen, wenn Aufträge fehlerfrei ausgeführt werden; fehlerfreie Lieferung bedeutet z. B., dass die richtige Ware, an den richtigen Ort, ohne Beschädigungen, in der richtigen Menge, Verpackung usw. geliefert wird.

Die Kennziffer für Lieferqualität gibt den Anteil der fehlerfrei ausgeführten Aufträge an allen ausgeführten Aufträgen an.

$$\text{Lieferqualität} = \frac{\text{fehlerfreie Lieferungen}}{\text{alle Lieferungen}}$$

17. In welchem Zusammenhang stehen Controlling und Logistikkostenrechnung?

Die Logistikkostenrechnung ist Teil des betrieblichen Rechnungswesens. Ihr kommt aber im Zusammenhang mit Kontrolle und Steuerung besondere Bedeutung zu; deshalb ist das Controlling für wichtige Aufgaben der Logistikkostenrechnung zuständig.

Zu den Aufgaben des Controlling zählt z. B.

- Feststellung der Verursacher von Logistikkosten
- Definition der Logistikkosten
- Einrichtung von Logistikkostenstellen
- Auswertung der Kostenrechnung zur Kontrolle der Wirtschaftlichkeit mit den Zielen
  - Optimierung des Faktorenverbrauchs
  - Optimierung der Kapazitätsauslastung
  - Verbesserung kostenbezogener Wettbewerbsvorteile
  - Verminderung kostenbezogener Wettbewerbsnachteile

18. Welche Aufgaben erfüllt die Logistikkostenrechnung?

Die Aufgaben der Logistikkostenrechnung lassen sich folgendermaßen umschreiben:

- Erfassung der Logistikkosten (Kostenarten), dadurch wird der Einsatz der Faktoren für die Erstellung von Logistikleistungen wiedergegeben
- Verteilung der Kosten auf die entsprechenden Kostenstellen, dadurch wird der Erstellungsprozess der Logistikleistungen wiedergegeben
- Verteilung der Logistikkosten auf die Kostenträger, dadurch werden die Logistikkosten ihren Verursachern zugerechnet.

19. Welche Logistikkostenarten gibt es?

Logistikkosten sind der Verzehr von Gütern und Dienstleistungen anlässlich der Erstellung von Logistikleistungen bewertet in Euro.

Logistikkostenarten sind z. B.
- Lohnkosten
- Treibstoffkosten
- Abschreibungen
- Kosten für Wartung und Reparaturen
- Zinsen (Kapitalbindungskosten)
- Verwaltungs- und Leitungskosten (Anteile)
- Kosten für Fremdleistungen (z. B. Transport, Entsorgung).

20. Wie lassen sich Logistikkosten einteilen?

Die Logistikkosten lassen sich einteilen in

- Einzelkosten, das sind die Kosten für logistische Fremdleistungen; sie werden dem Produkt (dem Kostenträger) direkt zugerechnet
- Gemeinkosten, das sind die Kosten für die logistischen Produktionsfaktoren, sie werden (in der traditionellen Kostenrechnung) dem Produkt mithilfe von Verteilungsschlüsseln zugerechnet.

Bei den Gemeinkosten bestehen folgende Unterschiede:

- Variable Kosten, das sind alle Kosten, die in ihrer Höhe abhängig sind von der Beschäftigung der Kostenstelle
- fixe Kosten, das sind die Kosten, die sich nicht verändern, wenn die Beschäftigung der Kostenstelle sich ändert.

21. Welche Probleme treten bei der Verrechnung der Logistikgemeinkosten auf?

In der traditionellen Kostenträgerrechnung werden die Gemeinkosten mit pauschalen Zuschlagsätzen den Kostenträgern indirekt zugeschlagen; die Zuschlagsätze werden im Betriebsabrechnungsbogen ermittelt. Zuschlagsgrundlagen sind Fertigungsmaterial und -löhne sowie die Herstellkosten des Umsatzes.

Logistikkosten hängen aber häufig nicht von diesen Werten, sondern von anderen Größen ab, z. B. von der Anzahl der Ein- und Auslagerungen, Art und Umfang der Transportvorgänge. Es ist deshalb sinnvoll, für die Ermittlung der Zuschlagsätze geeignete Bezugsgrößen zu wählen.[1)]

22. Welche Aufgabe hat die Logistikkostenstellenrechnung?

Die Aufgabe der Logistikkostenstellenrechnung besteht darin, Logistikkosten den Logistikkostenstellen zuzurechnen. Logistikkostenstellen sind z. B.

- Warenannahme
- Eingangslager
- innerbetrieblicher Transport.

In den speziellen Logistikkostenstellen werden die Kosten, die für gleichartige Logistikleistungen anfallen, zusammen erfasst. Dadurch wird sichtbar, wo (in welchen Kostenstellen) die Logistikkosten entstehen.

Mithilfe des Betriebsabrechnungsbogens (BAB) werden die Daten der Kostenstellenrechnung für die Kostenträgerrechnung aufbereitet.

23. Welche Aufgabe hat die Kostenträgerrechnung?

Die Aufgabe der Kostenträgerrechnung besteht darin, die Kosten, also auch die Logistikkosten, den Kostenträgern, das sind die Produkte, Leistungen oder Aufträge, verursachungsgemäß zuzurechnen; die Einzelkosten werden direkt aus der Kostenartenrechnung, die Gemeinkosten aus der Kostenstellenrechnung übernommen. In der Kostenträgerzeitrechnung werden die Kosten für einzelne Kostenträger in einem Abrechnungszeitraum errechnet. (Die Kostenträgerstückrechnung rechnet die Kosten mit Kalkulationssätzen den einzelnen Produkten, Produktgruppen usw. zu.)

24. Wie werden die Kalkulationssätze ermittelt?

Die Kalkulationssätze werden folgendermaßen ermittelt:

- Die Summen der Kosten der Logistikkostenstellen werden ermittelt und für die weitere Berechnung genutzt.
- Die Kostensumme wird auf eine Größe bezogen, die diese Kosten verursacht hat; im Folgenden werden einige Beispiele für geeignete Bezugsgrößen aufgezählt.
  - Für die Kostenstelle *Warenannahme* - die Anzahl der entladenen Verpackungseinheiten (z. B. Paletten)

[1)] Vgl. die Ausführungen zur Prozesskostenrechnung in Kap. 3.2.2 *Ablauf der Kostenrechnung.*

- für die Kostenstelle *Eingangslager* – die Anzahl der Ein- und Auslagerungen (z. B. Anzahl bewegte Paletten)
- für die Kostenstelle *innerbetrieblicher Transport* – Art und Umfang der Transportleistung (z. B. Gabelstaplerstunden).

- Die Kalkulationssätze werden berechnet mithilfe der Division der Kostensummen der Kostenstellen durch die Anzahl der jeweiligen Bezugsgrößeneinheiten.

$$\text{Kalkulationssatz} = \frac{\text{Kosten der Kostenstellen}}{\text{Anzahl der Bezugsgrößeneinheiten}}$$

Übungsaufgaben

Vorbemerkungen

Die Sammlung von Wiederholungs- und Übungsaufgaben ist geordnet nach den Prüfungsbereichen

1. Einkaufspolitik und Einkaufsmarketing
2. Logistik und Logistikstrategien
3. Betriebswirtschaftliche Steuerung sowie Qualitätsmanagement in Einkauf und Logistik
4. Rechtliche Gestaltung in Einkauf und Logistik
5. Personalführung, Team- und Projektmanagement
6. Einkauf
7. Logistik.

Die Übungsaufgaben *für die Prüfungsbereiche der handlungsübergreifenden Qualifikationen* sind praxisorientiert, d. h. sie greifen Begriffsbestimmungen und Fragestellungen aus Einkauf und Logistik auf, allerdings mit Bezug auf den jeweils anstehenden Prüfungsbereich mit seinen Qualifikationsschwerpunkten. Thematischer Umfang und Anspruch bleiben in dem vom Rahmenplan abgesteckten Rahmen.

Die Übungsaufgaben für die *Prüfungsbereiche der handlungsspezifischen Qualifikationen* Einkauf und Logistik sind z. T. anspruchsvoller. Die Aufgaben sind wie die Übungsaufgaben für die handlungsübergreifenden Qualifikationen an der Praxis orientiert. Das Anspruchsniveau dieser Aufgaben entspricht aber häufig den oberen Lernzielstufen (gem. Rahmenplan). Wegen der Praxisorientierung und des Situationsbezugs der Aufgaben sowie des im Allgemeinen höheren Lernzielniveaus der entsprechenden Qualifikationsschwerpunkte muss grundsätzlich von einer längeren Bearbeitungszeit ausgegangen werden. Aus den Vorgaben kann geschlossen werden, dass die jeweilige Klausur mehrere Aufgaben umfassen, jedoch auch aus lediglich einer Gesamtaufgabe bestehen kann. (In der Prüfungspraxis umfassen die Klausuren zu Einkauf und Logistik im Allgemeinen fünf Aufgaben.) Weil die Anzahl der Aufgaben e Klausur nicht ausdrücklich vorgeschrieben sind, werden Übungsaufgaben unterschiedlichen Umfangs aufgenommen.

Eine Besonderheit bilden die Übungsaufgaben für die *mündliche Prüfung*. Die mündliche Prüfung läuft als situationsbezogenes Fachgespräch von 30-minütiger Dauer mit ebenfalls 30-minütiger Vorbereitung ab. Für die Vorbereitung auf diesen Prüfungsteil werden einige Aufgaben vorgestellt, die in Gruppen- bzw. in Teamarbeit gelöst oder als Referate erarbeitet werden können. Die Ergebnisse der Arbeiten können in der Gruppe vorgetragen und zur Einübung der Präsentationstechniken genutzt werden. Die Situationsschilderungen und die Fragen sowie die Arbeitsaufträge zu diesen Aufgaben haben nicht nur auf die Themenbereiche des Kapitels 5 zum Inhalt; sie beziehen auch Themen und Fragestellungen der Kapitel 1 bis 4 mit ein.

Allen Aufgaben ist eine Tabelle vorangestellt, die folgende *Angaben* zu der jeweiligen Aufgabe enthält:

- Prüfungsbereich
- Qualifikationsschwerpunkt, der der Aufgabe zu Grunde liegt
- Thema der Aufgabe
- Textbezug, angegeben wird das jeweilige Kapitel des Buches, dessen Inhalt die Aufgabe bestimmt
- Lernzielstufe nach dem Rahmenplan
- Punkte; angegeben ist die Summe der Punkte, die sich aus den Punkten zu den Einzelaufgaben bzw. zu den einzelnen Aspekten der Aufgabe ergibt.

Die Aufgaben des Übungsteils werden zumindest andeutungsweise gelöst. Das heißt, es werden *Lösungen* vorgeschlagen, angeregt oder Lösungswege gezeigt. Bei Rechenaufgaben werden Rechenweg und das Ergebnis angegeben. Es handelt sich im Allgemeinen also nicht um Musterlösungen; alternative Lösungen sind bei manchen Aufgaben durchaus denkbar.

Bei der *Simulation von Prüfungsklausuren* ist davon auszugehen, dass die Klausuren in den handlungsübergreifenden Qualifikationen gem. Prüfungsordnung aus drei Aufgaben, die Klausuren in den handlungsspezifischen Qualifikationen üblicherweise aus fünf Aufgaben bestehen. Für die Zusammenstellung der Aufgaben können die Punktangaben genutzt werden; die Klausuren umfassen maximal 100 Punkte. Dabei ist unbedingt zu beachten, dass bei Abfassung der Aufgaben und der Festlegung der Punkte von Klausuren mit 90-minütiger Dauer in den handlungsübergreifenden und von 120-minütiger Dauer in den handlungsspezifischen Qualifikationen ausgegangen wurde. (Die Punktangaben geben Prozentsätze an, mit deren Hilfe bezogen auf 90 bzw. 120 Minuten die Bearbeitungsdauer der einzelnen Aufgabe überschlägig ermittelt werden kann.)

Für eine *Simulation der mündlichen Prüfung* können die folgenden Hinweise nützlich sein.

Für den Ablauf der mündlichen Prüfung gibt die Prüfungsordnung einen Rahmen vor, der folgendermaßen interpretiert werden kann. Im Mittelpunkt der Prüfung steht das Fachgespräch, in dem die angehenden Fachkaufleute nachweisen sollen, dass sie ihr Berufswissen in betriebstypischen Situationen anwenden können. Die Thematik konzentriert sich auf den Prüfungsbereich *Personalführung, Team- und Projektmanagement*, doch können auch Inhalte anderer handlungsübergreifender Qualifikationen herangezogen werden.

Der Prüfungsausschuss kann den Einsatz von Präsentationstechniken verlangen. Die Aufgaben werden dann entsprechend formuliert; damit zielen sie auch auf die Prüfung des Kandidaten im sachgerechten Einsatz der Präsentationstechniken ab. Für diese

Vorbemerkungen 563

Fälle müssen die erforderlichen Materialien und Techniken im Vorbereitungs- und im Prüfungsraum bereitgestellt werden.

Bei der Lösung der Aufgabe kann folgendermaßen vorgegangen werden: Die Ausgangssituation wird analysiert, das Problem herausgestellt und eine Lösung erarbeitet. In der aktuellen Prüfungssituation sind das Problem und die Lösung zu präsentieren. Zur Präsentation eignen sich Kurzvortrag, grafische Darstellungen, Moderationskarten, Tafelanschrieb u. Ä.

Die folgende *Beispielaufgabe* ist eine Teilaufgabe aus Aufgabe 5.2. Ein Lösungsvorschlag findet sich im Lösungsteil.

Die Industrielle Steuerungstechnik AG geht davon aus, dass der gute Ruf eines Unternehmens die Grundlage für erfolgreiches Zusammenarbeiten mit Lieferanten, Kunden, Behörden und Kapitalgebern ist. Sie will deshalb Grundsätze entwickeln, an denen die Mitarbeiter ihr Verhalten beim Aufbau geschäftlicher Partnerschaften, bei Einkauf und Verkauf sowie bei Kontakten mit Behörden, Banken usw. ausrichten sollen.

Dem Einkauf misst die Industrielle Steuerungstechnik AG wegen seines direkten Kontaktes zur Öffentlichkeit besondere Bedeutung bei. Für den Aufbau und die Pflege der Lieferantenbeziehungen gelten besondere Verhaltensgrundsätze für die Mitarbeiter im Einkauf.

1. Entwickeln Sie Grundsätze, die in den Verhaltenskodex eingehen können (fünf Angaben).

2. Erläutern Sie Gründe des Unternehmens, für die Mitarbeiter im Einkauft besondere Verhaltensgrundsätze vorzusehen. Nennen Sie fünf Grundsätze, die sich aus Ihren Erläuterungen ergeben.

Der Prüfling kann in einer Vorbereitungszeit von 30 Minuten (unter Aufsicht) die Aufgaben bearbeiten, Antworten notieren und sich Gedanken darüber machen, welche Präsentationstechniken er verwenden kann.

Im Prüfungsraum erhält der Kandidat Zeit und Gelegenheit, die Präsentation technisch vorzubereiten. Im Allgemeinen stehen die erforderlichen Geräte (Overhead-Projektor, Flip-Chart, Pinnwand u. dgl.) zur Verfügung. Der Prüfling stellt sich zunächst dem Prüfungsausschuss vor und gibt dann mit eigenen Worten kurz die Aufgabe wieder, stellt seine Lösung vor (Präsentation und Vortrag), erläutert die Präsentation usw. An die Präsentation schließt sich das Fachgespräch an. Im Allgemeinen bezieht sich das Fachgespräch auf die Präsentation bzw. auf die Bearbeitung der Aufgabe.

Abschließend wird die Aufgabenbearbeitung bewertet. Bewertet wird nach Form und Inhalt, die Form wird einfach, der Inhalt doppelt gewertet.

Prüfungsaufgaben – Übersicht

Übungsaufgaben		
Nr.	**Aufgabenschwerpunkt**	**Textbezug**
	1. Einkaufspolitik und Einkaufsmarketing	
1.1	Einkaufskooperation	1.1.2.2
1.2	Arbeitsablaufplan	1.3.3.1
1.3	Ziele der Einkaufspolitik	1.1.1.1 - 1.1.1.2
1.4	Bereiche, Instrumente, Organisation von Einkaufsmarketing	1.1.1 - 1.2.2
1.5	Weisungssystem – Aufgaben	1.3.1.2
1.6	Efficient Consumer Response	1.1.2.2
1.7	Elektronische Beschaffung	1.1.2.1
1.8	Materialgruppenmanagement	1.1.2.3
	2. Logistik und Logistikstrategien	
2.1	Regalsysteme	2.1.4.3
2.2	Materialnummerung	2.1.4.4
2.3	Prüfziffer (Prüfung einer Materialnummer)	2.1.4.4
2.4	Lagerarten	2.1.4.3
2.5	Beschaffungslogistik und ihre Aufgaben	2.1.2.1
2.6	Portfolioanalyse	2.2.2.1
2.7	Logistikattraktivität – Logistikkompetenz	2.2.2.1
2.8	Kommissionierung	2.1.4.4
2.9	Logistikbereiche	2.1.2
2.10	Eigen- oder Fremdtransport	2.1.1.2
	3. Betriebswirtschaftliche Steuerung sowie Qualitätsmanagement in Einkauf und Logistik	
3.1	Fehlmengenkosten	3.1.1.1
3.2	Bedarfsprognose – gleitende Mittelwerte	3.1.3.4
3.3	Bedarfsprognose – exponentielle Glättung	3.1.3.4
3.4	Bestellpunkt-, Bestellrhythmusverfahren	3.1.3.4
3.5	Lagerhaltungskostensatz	3.1.3.6
3.6	Lagerhaltungskosten	3.1.3.6
3.7	Optimale Bestellmenge	3.1.3.6
3.8	Analytische und synthetische Bedarfsauflösung	3.1.3.5
3.9	Prozesskosten	3.2.3.3
3.10	Optimale Bestellmenge (schwankender Bedarf)	3.1.3.6
3.11	Auditierung	3.3.1.1
3.12	Qualitätsanforderungen	3.3.2.1 - 3.3.2.2
3.13	Verbrauchsprognose	3.1.3.4
3.14	Deckungsbetragsrechnung – Kalkulation	3.2.2.3
3.15	EZB-Politik	3.1.1.2.7.2

Vorbemerkungen

	4. Rechtliche Gestaltung in Einkauf und Logistik	
4.1	Anfrage	4.2.1.1
4.2	Begründung von Kaufverträgen	4.2.1.1
4.3	Sachmängelhaftung – Verbrauchsgüterkauf	4.3.4.1
4.4	Verjährung von Forderungen	4.3.5.2
4.5	Gewährleistung	4.3.4
4.6	GmbH – Kennzeichen	4.1.3.2.1.4
4.7	Verjährung von Ansprüchen	4.3.5.2 - 4.3.4
4.8	Arbeitsvertrag	4.1.2.2.2
4.9	Kündigung des Arbeitsvertrages	4.1.2.2.2
4.10	Rücklagen in einer AG	4.1.3.2.1.4
4.11	Haftung in der GmbH	4.1.3.2.1.3
	5. Personalführung, Team- und Projektmanagement	
5.1	Unternehmenskultur und Unternehmensleitbild	5.1.1.1
5.2	Mitarbeiterführung	5.1.2.1 - 5.1.3.2
5.3	Teamorganisation und Teamarbeit	5.3.1.2 - 5.3.1.3
5.4	Projektauslösung und Projektplanung	5.3.2
	6. Einkauf	
6.1	ABC-Analyse	6.1.2.2.5
6.2	Erstellung einer Strukturliste und Bedarfsermittlung	6.1.2.3
6.3	Angebotsvergleich	6.2.1.2
6.4	Skontoziehung	6.2.1.2
6.5	Kostenvergleichsrechnung (Investitionsgüter)	6.4.3.1
6.6	Eigenproduktion – Fremdbezug	6.3.3
6.7	Produktakquisition	6.3.3
6.8	Investitionsrechnung	6.4.3.1
6.9	Lieferantenauswahl und -förderung	6.2.1.3
6.10	Eigentumsvorbehalt	6.3.2.2.4
6.11	Angebotsvergleich	6.2.1.2
	7. Logistik	
7.1	Verfügbarer Bestand	7.3.4.2
7.2	Lagerkennziffern	7.3.4.2
7.3	Lagerbestandsplanungen mit Lagerkennziffern	7.3.4.2
7.4	Bestandsbewertungen	7.3.4.4.2
7.5	Grad der Lieferbereitschaft	7.5.2
7.6	Mindestbestand und Meldebestand	7.3.3.1
7.7	Freiplatzsystem – Festplatzsystem	7.3.1.3
7.8	Eingangsprüfung – Stichproben	7.2.3.2
7.9	Lagerbedarf	7.3.1.3 - 7.3.1.2
7.10	Supply Chain	7.1.1.2
7.11	Cross Docking	7.1.1.2

Nr.	**1.1**
Prüfungsbereich	1. Einkaufspolitik und Einkaufsmarketing
Qualifikationsschwerpunkt	Unternehmensexterne Beziehungen und Partnerschaften
Thema der Aufgabe	**Einkaufskooperation**
Textbezug	1.1.2.2
Lernzielstufe	Bewusstsein (Erkennen 1)
Punkte	33

Mehrere Unternehmen des Einzelhandels mit Haushaltswaren in Norddeutschland haben sich zu einer Einkaufskooperation zusammengeschlossen. Für den Einkauf ist eine Zentrale zuständig. Sebastian Volkmann ist als leitender Mitarbeiter in der Zentrale mit der Beschaffungsmarktforschung befasst. Er soll u. a. in enger Zusammenarbeit mit den angeschlossenen Handelsunternehmen den Beschaffungsmarkt für neue Artikel erschließen. Im Rahmen dieser Aufgabe ist er bestrebt, eine Zusammenarbeit mit Lieferanten aufzubauen, die auf Dauer bereit und in der Lage sind, Artikel zu liefern, mit denen auf den Bedarf der Verbraucher optimal eingegangen werden kann.

01. Wie nennt man das System, das der angestrebten Zusammenarbeit mit Lieferanten zu Grunde liegt? Nennen und charakterisieren Sie es. (7 Punkte)

02. Welche Vorteile bietet der zentrale Einkauf für die angeschlossenen Unternehmen? Hat diese Kooperation auch Nachteile? (10 Punkte)

03. Welche Formen des zentralen Einkaufs sind möglich? Kennzeichnen Sie diese kurz. (10 Punkte)

04. Wie könnte die Arbeit der Zentrale finanziert werden? (6 Punkte)

Nr.	**1.2**
Prüfungsbereich	1. Einkaufspolitik und Einkaufsmarketing
Qualifikationsschwerpunkt	Ablauforganisation
Thema der Aufgabe	**Arbeitsablaufplan**
Textbezug	1.3.3.1
Lernzielstufe	Bewusstsein (Erkennen 1)
geschätzte Bearbeitungszeit	15 Minuten
Punkte	15

Bei der Ostholmer Mühlenwerke GmbH geht die Rechnung der Verpackungsgsgesellschaft mbH ein. Vor Rechnungsausgleich ist die Rechnung auf rechnerische und sachliche Richtigkeit zu prüfen. Der Vorgang weist (vereinfacht) die folgenden Ablaufabschnitte auf.

01. Stellen Sie den Arbeitsablaufplan dar. Füllen Sie dazu die Symbole entspechend aus, und verbinden Sie sie. (8 Punkte)

02. Welche analytischen Aufgaben kann dieser Arbeitsablaufplan übernehmen? (7 Punkte)

	Ablaufabschnitt	Ablaufarten des Arbeitsgegenstandes	Bemerkungen
1.	Rechnungseingang, Eingangsstempel	○ ⇨ ☐ D ▽	
2.	Ablage in Postausgangskorb	○ ⇨ ☐ D ▽	
3.	Weitergabe zur Abteilung Rechnungswesen	○ ⇨ ☐ D ▽	
4.	Rechnung im Posteingangskorb	○ ⇨ ☐ D ▽	
5.	Prüfung der Rechnung	○ ⇨ ☐ D ▽	
6.	Bestätigung der Richtigkeit	○ ⇨ ☐ D ▽	
7.	Rechnung im Ausgangskorb	○ ⇨ ☐ D ▽	
8.	Weitergabe zur Zahlungsanweisung	○ ⇨ ☐ D ▽	
9.	Rechnung im Eingangskorb	○ ⇨ ☐ D ▽	
10.	Vorlage bei Leiter Rechnungswesen	○ ⇨ ☐ D ▽	

Arbeitsablaufplan

11.	Freigabe zur Zahlung	○ ⇨ □ D ▽	
12.	Rechnung im Ausgangskorb	○ ⇨ □ D ▽	
13.	Ausstellung der Zahlungsanweisung	○ ⇨ □ D ▽	
14.	Rechnung im Ausgangskorb	○ ⇨ □ D ▽	
15.	Rechnung zur Buchhaltung	○ ⇨ □ D ▽	
16.	Verbuchung	○ ⇨ □ D ▽	
17.	Ablage	○ ⇨ □ D ▽	

Nr.	**1.3**
Prüfungsbereich	1. Einkaufspolitik und Einkaufsmarketing
Qualifikationsschwerpunkt	Grundlagen der Einkaufspolitik
Thema der Aufgabe	**Ziele der Einkaufspolitik**
Textbezug	1.1.1.1 und 1.1.1.2
Lernzielstufe	Einblick (Wissen 1)
Punkte	16 Punkte

Die Landtransport GmbH will den Kundenwünschen entsprechend Pkw-Anhänger in das Produktionsprogramm aufnehmen; es besteht die Absicht, das Anhängergestell fremd zu beziehen, den Aufbau in Eigenproduktion herzustellen und die Montage im Werk Kiel vorzunehmen. Das Unternehmen ist als Stab-Linien-System organisiert.

01. Wie hängen die Ziele der Unternehmensebenen im Bereich Einkauf von dem Ziel des Unternehmens, das Programm zu erweitern, voneinander ab? Nennen Sie auch die Zielebenen und die Unternehmensebenen. (10 Punkte)

02. Wie unterscheiden sich strategische von operationalen Zielen? (6 Punkte)

Nr.	**1.4**
Prüfungsbereich	1. Einkaufspolitik und Einkaufsmarketing
Qualifikationsschwerpunkt	Einkaufsmarketing – Grundlagen und Instrumente
Thema der Aufgabe	**Bereiche, Instrumente, Organisation von Einkaufsmarketing**
Textbezug	1.2.1 und 1.2.2
Lernzielstufe	Einblick (Wissen 1)
Punkte	20

Gehen Sie bei der folgenden Aufgabe davon aus, dass die Leitung des Unternehmens, in dem Sie tätig sind, innerhalb des Einkaufs eine besondere Stelle für die Organisation des Einkaufsmarketing geschaffen und intern ausgeschrieben hat. Sie sind an dieser Stelle interessiert und versuchen, sich über ihre Bedeutung Klarheit zu verschaffen.

01. Welche Bereiche umfasst das Einkaufsmarketing? Nennen Sie sechs Beispiele. Welche marktbezogenen Instrumente kann das Einkaufsmarketing anwenden? Nennen Sie vier Beispiele. (10 Punkte)

02. Welche Bedeutung hat das Einkaufsmarketing im betrieblichen Planungssystem? (5 Punkte)

03. Erläutern Sie kurz die Beziehungen des Einkaufsmarketings zu anderen Unternehmensbereichen. (5 Punkte)

Nr.	**1.5**
Prüfungsbereich	1. Einkaufspolitik und Einkaufsmarketing
Qualifikationsschwerpunkt	Aufbauorganisation des Einkaufs
Thema der Aufgabe	**Weisungssystem – Aufgaben**
Textbezug	1.3.1.2
Lernzielstufe	Bewusstsein (Erkennen 1)
Punkte	21

Die Landtransport GmbH in Kiel, die landwirtschaftliche Transporteinrichtungen herstellt und vertreibt, hat wegen der besonderen Bedeutung von Einkauf und Logistik für die Leistungsfähigkeit des Unternehmens die Stelle eines *Leiters Einkauf und Logistik* geschaffen, die in die oberste Führungsebene des Unternehmens eingegliedert ist.

Die Unternehmensleitung trägt damit der Einsicht Rechnung, dass auf einem enger werdenden Markt neben dem Marketing auch das Management von Einkauf und Logistik für den Bestand und das weitere Wachstum ihres Unternehmens wesentlich verantwortlich ist. Die Materialwirtschaft erhält durch diese Organisation eine angemessene starke Stellung gegenüber den anderen Managementbereichen, die für die Zusammenarbeit, insbesondere mit Produktion und Marketing, dringend erforderlich ist.

01. Erläutern Sie die Bedeutung der Zusammenarbeit von Einkauf (und Logistik) mit der Produktion. Gehen Sie dabei auch auf das System der Produktionsplanung und -steuerung (PPS) ein. (5 Punkte)

02. Erläutern Sie Gesamt-, Haupt-, Teil- und Einzelaufgaben der Landtransport (Aufgabenanalyse verkürzt auf das Beispiel Einkauf). (9 Punkte)

03. Deuten Sie in einer Zeichnung den organisatorischen Aufbau (Funktionsorientierung) der Landtransport GmbH an; gehen Sie dabei von einem Liniensystem aus, berücksichtigen Sie einen Stab und vier Bereiche (Abteilungen): Marketing, Einkauf/Logistik, Produktion, Allgemeine Verwaltung (als Zusammenfassung aller anderen Abteilungen). (7 Punkte)

Nr.	**1.6**
Prüfungsbereich	1. Einkaufspolitik und Einkaufsmarketing
Qualifikationsschwerpunkt	Unternehmensexterne Beziehungen und Partnerschaften
Thema der Aufgabe	**Efficient Consumer Response**
Textbezug	1.1.2.2
Lernzielstufe.	Kenntnis (Wissen 2)
Punkte	26

Nehmen Sie an, Sie sind für den Einkauf von Non-Food-Artikeln in der Zentrale einer Handelskette zuständig. Ihre Zusammenarbeit mit den Lieferern wird wesentlich bestimmt von dem sog. Efficient Consumer Response.

01. Erklären Sie kurz die Bedeutung von Efficient Consumer Response. (10 Punkte)

02. Nennen Sie einige Kategorien, in den sich Kundenwünsche ausdrücken können (sechs Beispiele). (6 Punkte)

03. Welche Funktion erfüllt im System des ECR das Warengruppenmanagement? (10 Punkte)

Nr.	**1.7**
Prüfungsbereich	1. Einkaufspolitik und Einkaufsmarketing
Qualifikationsschwerpunkt	Neue Bezugsmöglichkeiten
Thema der Aufgabe	**Elektronische Beschaffung**
Textbezug	1.1.2.1
Lernzielstufe	Bewusstsein (Erkennen 1)
Punkte	28

In Ihrem Unternehmen wurde vor einigen Jahren das elektronische Beschaffungswesen eingeführt. Seitdem können Mitarbeiter sog. C-Güter am Ort des Bedarfs bestellen.

01. Was versteht man unter elektronischer Beschaffung? Welche Vorteile bietet sie? (10 Punkte)

02. Elektronische Beschaffung spielt bei der Beschaffung von C-Gütern eine besondere Rolle. Warum eignet sich das elektronische Beschaffungswesen für die Beschaffung von sog. C-Gütern? (5 Punkte)

03. Wie läuft die elektronische Beschaffung ab? (8 Punkte)

04. Für diese Beschaffung hat die Einkaufsabteilung Rahmenverträge ausgehandelt. Was wird in einem Rahmenvertrag vereinbart? (5 Punkte)

Nr.	**1.8**
Prüfungsbereich	1. Einkaufspolitik und Einkaufsmarketing
Qualifikationsschwerpunkt	Trends in der Einkaufspolitik
Thema der Aufgabe	**Materialgruppenmanagement**
Textbezug	1.1.2.3
Lernzielstufe	Problembewusstsein (Erkennen 1), Kenntnis der Einflussnahmemöglichkeiten (Wissen 2)
Punkte	25

Die Firma PackTec GmbH ist Herstellerin von Verpackungs- und Befestigungsmaterial. Das Unternehmen stellt seine Produkte an drei Standorten in Hamburg und Schleswig-Holstein her. Die Beschaffung ist dezentral organisiert, d. h. jeder Betrieb verfügt über eine eigene Beschaffungsabteilung. Nach Auswertung der entsprechenden Kennzahlen schlägt der Controller die Einrichtung eines Materialgruppenmanagements vor.

01. Erklären Sie den Begriff Materialgruppenmanagement. (5 Punkte)

02. Unterscheiden Sie das Materialgruppenmanagement vom Warengruppenmanagement. (5 Punkte)

03. Welche Aufgaben hat das Materialgruppenmanagement, und wer führt diese Aufgaben aus? (10 Punkte)

04. Erläutern Sie die Vorteile der Bedarfsbündelung durch das Materialgruppenmanagement. (5 Punkte)

Nr.	2.1
Prüfungsbereich	2. Logistik und Logistikstrategien
Qualifikationsschwerpunkt	Lagerwirtschaft – Lagergestaltung
Thema der Aufgabe	**Regalsysteme**
Textbezug	2.1.4.3
Lernzielstufe	Einblick (Wissen 1)
Punkte	15

Einem neuen Mitarbeiter, den Sie durch den Betrieb führen, fällt die Verwendung unterschiedlicher Regalsysteme auf. Er lässt sich von Ihnen erklären, dass das jeweils angewandte Regalsystem den jeweiligen Lagerbedarf berücksichtigt. Für Ihre Erklärung verwenden Sie die folgenden Beispiele für Lagerbedarf.

Die Fragestellung lautet: Welche Regalsysteme kommen für den jeweils angegebenen Bedarf in Betracht?

1. Zugänglichkeit von zwei Seiten
2. wirtschaftliche Ausnutzung der Stapelhöhe
3. Entnahmemöglichkeit nach dem Fifo-Prinzip
4. vertikale Bewegung des Lagerguts
5. hohe Anpassungsfähigkeit an unterschiedliches Lagergut und hoher Platzbedarf
6. Ausnutzung der Lagerfläche durch Verringerung von Zwischengängen
7. geschlossene Fachböden, mehrere Ebenen
8. Vermeidung von Lagerhütern
9. Lagereinheit ist gleichzeitig Transporteinheit
10. geringer Lagerumschlag
11. Bedienung mit Gabelstaplern bei Überbrückung langer Wegstrecken
12. Möglichkeit zu hoher Umschlagsleistung bei geringer Automatisierungsmöglichkeit

Nr.	**2.2**
Prüfungsbereich	2. Logistik und Logistikstrategien
Qualifikationsschwerpunkt	Lagerwirtschaft – Lagergestaltung
Thema der Aufgabe	**Materialnummerung**
Textbezug	2.1.4.4
Lernzielstufe	Einblick (Wissen 1)
Punkte	15

Nehmen Sie an, die folgende Materialnummer auf einem Entnahmeschein wäre für Metallplättchen aus Stahl mit der Stärke 5 mm, Länge 6 cm, Breite 3 cm vergeben. Diese Materialnummer enthält die Identnummer und Informationen über Teil, Materialart, Format und Lagerort.

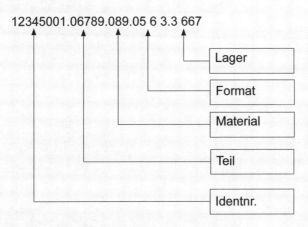

01. Interpretieren Sie die Materialnummer. (12 Punkte)

02. Wodurch unterscheidet sich die Identnr. von den anderen Komponenten der Nummer? (3 Punkte)

Nr.	2.3
Prüfungsbereich	2. Logistik und Logistikstrategien
Qualifikationsschwerpunkt	Lagerwirtschaft – Arbeitsabläufe
Thema der Aufgabe	**Prüfziffer (Prüfung einer Materialnummer)**
Textbezug	2.1.4.4
Lernzielstufe	Einblick (Wissen 1)
Punkte	15

01. Ermitteln Sie für die folgende Materialnummer die Prüfziffer, und kontrollieren Sie die Richtigkeit der ermittelten Prüfziffer.
123678 90 235 671 (10 Punkte)

02. Kontrollieren Sie anhand der Prüfziffer, ob die folgende Materialnummer richtig ist.
78902 48 601 4559 3 (5 Punkte)

Nr.	**2.4**
Prüfungsbereich	2. Logistik und Logistikstrategien
Qualifikationsschwerpunkt	Lagergestaltung
Thema der Aufgabe	**Lagerarten**
Textbezug	2.1.4.3
Lernzielstufe	Einblick (Wissen 1)
Punkte	30

Die folgenden Fälle zeigen, dass die angegebenen Unternehmen die Art der Lagerung nach bestimmten Kriterien wählen. Geben Sie zu den folgenden Fällen jeweils an, welche Lagerart vorliegt und welche Kriterien für die Lagerungsarten jeweils bestimmend sind.

01. Bei der Landtransport GmbH werden alle angelieferten Teile in einer Lagerhalle gelagert, die in der Nähe zum Werkseingang liegt.

02. Bei der Ostholmer Mühlenwerke GmbH wird das angelieferte Verpackungsmaterial auf Gabelstapler von einem Lagerarbeiter auf freie Plätze in der Lagerhalle gebracht; der Lagerarbeiter kennzeichnet den Lagerplatz durch eine Nummer.

03. Das Pharmazieunternehmen Schnittklein, das an verschiedenen Produktionsstandorten in Deutschland und Großbritannien Tabletten, Salben, Tinkturen u. Ä. herstellt, lagert an seinem Standort für die Tablettenherstellung in O. alle Artikel aus den Produktbereichen und versorgt von O. aus die Abnehmer in Norddeutschland und Skandinavien.

04. Das Lager des Pharmazieunternehmens Schnittklein in O. ist ein Hochregallager; die Einlagerung geschieht EDV-gesteuert.

05. Die Ostholmer Mühlenwerke GmbH unterhält am Stadtrand von O. und in einem Dorf im Süden des Kreises jeweils ein Silo, in die das Getreide bei Anlieferung durch die Erzeuger eingelagert wird.

06. Die landwirtschaftliche Erzeugergenossenschaft e. G. im Kreis O. unterhält in einem zentral gelegenem Dorf ein Lager, in das die Erzeuger landwirtschaftliche Produkte einlagern.

07. Der Großhändler Müller lagert einen Teil seiner Produkte bei einem Lagerhalter, weil hier z. B. die Kühllagerung von Milchprodukten möglich ist.

08. Eine Möbelfabrik lagert Holz auf einem überdachten, seitlich offenen Platz, damit es trocknen kann.

09. Ein Supermarkt lagert Waren in relativ kleinen Mengen in unmittelbarer Nähe zum Markt zur kurzfristigen Regalauffüllung.

10. Gefahrstoffe müssen mit entsprechender Kennzeichnung gesondert gelagert werden; von der Lagerung darf keine Gefährdung von Menschen und Umwelt ausgehen.

Nr.	2.5
Prüfungsbereich	2. Logistik und Logistikstrategien
Qualifikationsschwerpunkt	Aufgaben und Einsatzgebiete der Logistik
Thema der Aufgabe	**Beschaffungslogistik und ihre Aufgaben**
Textbezug	2.1.2.1
Lernzielstufe	Überblick (Wissen 1)
Punkte	24

Jacques Philippe, ein junger Mitarbeiter in der Einkaufsabteilung einer Handelskette, wird aufgefordert, in einer Besprechung der Geschäftsführung mit allen Geschäftsstellenleitern, die Bedeutung der Beschaffungslogistik kurz darzustellen. Helfen Sie ihm bei der Beantwortung folgender Fragen.

01. Worin liegt die besondere Bedeutung der Beschaffungslogistik für ein Unternehmen? (5 Punkte)

02. Welches Ziel verfolgt die Beschaffungslogistik? (7 Punkte)

03. Welche Aufgaben hat die Beschaffungslogistik (sechs Angaben)? (12 Punkte)

Nr.	**2.6**
Prüfungsbereich	2. Logistik und Logistikstrategien
Qualifikationsschwerpunkt	Ausgewählte Methoden zur strategischen Analyse
Thema der Aufgabe	**Portfolioanalyse**
Textbezug	2.2.2.1
Lernzielstufe	Fähigkeit (Können 1)
Punkte	50

Die Ostholmer Mühlenwerke GmbH (OMW) hat mit einer Portfolioanalyse die Stärken und Schwächen ihrer vier Geschäftsfelder erfasst. Die Geschäftsfelder werden bestimmt durch die Produktgruppen Weizenmehl Typ 405, grobes Mehl, Grieß, Backmischungen.

Die Analyse ergab folgende Ergebnisse.

Das Weizenmehl Typ 405 ist weiterhin der wichtigste Umsatzträger. Zwar wächst die Nachfrage nicht mehr wie bisher, ähnliche Probleme haben aber auch die Konkurrenzprodukte der Mitbewerber. Der relative Marktanteil ist deshalb nach wie vor hoch.

Die Nachfrage nach dem groben Mehl steigt; der Grund dafür ist die Änderung der Konsumgewohnheiten privater Haushalte infolge des gestiegenen Gesundheitsbewusstseins. Private Haushalte fragen vermehrt grobes Mehl oder mit grobem Mehl hergestellte Produkte nach. Die wichtigsten Mitbewerber haben den Trend frühzeitig erkannt und darauf mit Sortimentserweiterungen reagiert. Die OMW hat die Nachhaltigkeit des Trends falsch eingeschätzt und ist erst spät mit einem entsprechenden Produkt auf den Markt gekommen.

Auf dem Markt für Grieß hat sich die OMW das Segment „Grieß für Babynahrung" erschlossen und andere Bereiche vernachlässigt. Grieß zur Herstellung von Babynahrung wird zunehmend durch Fertignahrung in Gläsern u. Ä. substituiert. Die Nachfrage nach Grieß stagniert allgemein, die Nachfrage nach Grieß für die Babynahrung geht aber ganz erheblich zurück.

Backmischungen steigen in der Gunst des Publikums. Die OMW ist frühzeitig mit entsprechenden Produkten auf den Markt gekommen. Inzwischen haben die Mitbewerber zwar nachgezogen, die Konkurrenzprodukte konnten den Erfolg der OMW-Backmischungen jedoch nicht beeinträchtigen; die Nachfrage steigt weiter in einem erfreulichen Maß.

01. Stellen Sie die Analyseergebnisse in einer Portfolio-Matrix (Marktwachstum-Marktanteil mit vier Feldern) dar. (20 Punkte)

02. Leiten Sie Ansätze für Logistikstrategien ab (in Stichworten). (30 Punkte)

Nr.	2.7
Prüfungsbereich	2. Logistik und Logistikstrategien
Qualifikationsschwerpunkt	Ausgewählte Methoden zur strategischen Analyse
Thema der Aufgabe	**Logistikattraktivität – Logistikkompetenz**
Textbezug	2.2.2.1
Lernzielstufe	Fähigkeit (Können 1)
Punkte	31

In der Firma Brummix GmbH steht die Strategiebesprechung der Geschäftsleitung an. Sie sind Mitarbeiter in der Logistik und haben vor kurzem die Prüfung zum Fachkaufmann für Einkauf und Logistik absolviert. Deshalb werden Sie von Ihrem Chef aufgefordert zur Einführung ein kurzes Referat über Logistikattraktivität und Logistikkompetenz zu halten. Dabei sollen Sie auch kurz die Situation der Brummix GmbH anreißen, bei der ein Gleichgewicht zwischen Logistikattraktivität und Logistikkompetenz auf einem mittleren Niveau anzunehmen ist, und eine Strategieempfehlung abgeben. Es soll vor allem gezeigt werden, wie mithilfe einer Portfoliomatrix Grundlagen für Strategieentwicklungen veranschaulicht werden können.

01. Unterscheiden Sie Logistikattraktivität und Logistikkompetenz. (10 Punkte)

02. Erläutern Sie die Bedeutung der Portfoliomatrix für die Strategieentwicklung; nutzen Sie dazu eine Darstellung der Neun-Felder-Matrix mit Logistikattraktivität und Logistikkompetenz. (15 Punkte)

03. Welche Folgerungen können aus der Darstellung für die Strategieentwicklung gezogen werden? (6 Punkte)

Nr.	**2.8**
Prüfungsbereich	2. Logistik und Logistikstrategien
Qualifikationsschwerpunkt	Lagerwirtschaft – Arbeitsabläufe
Thema der Aufgabe	**Kommissionierung**
Textbezug	2.1.4.4
Lernzielstufe	Einblick (Wissen 1)
Punkte	23

Sie sind Assistent des Lagerleiters der PackTec GmbH. Auszubildende sollen im Verlauf ihrer Ausbildung auch einen Einblick in die Lagerwirtschaft erhalten. Sie werden beauftragt, der Auszubildenden Monika Spitzack Begriff und Vorgang der Kommissionierung zu erläutern. Sie bereiten sich auf die Instruktion vor; Sie wollen der Auszubildenden nicht nur das PackTec-eigene Verfahren veranschaulichen, sondern sie auch weitergehend informieren. Bei der PackTec GmbH wird nach der Methode „Ware zum Mann" entnommen, die Kommissionierung ist einstufig.

01. Erklären Sie der Auszubildenden den Begriff „Kommissionieren" anhand der Definition der VDI-Richtlinie. Berücksichtigen Sie, dass ein Azubi den Begriff „Auftrag" missverstehen kann. (10 Punkte)

02. Unterscheiden Sie die Entnahmemethoden „Ware zum Mann" und „Mann zur Ware". Gehen Sie auch auf die Entnahmewege ein. (8 Punkte)

03. Unterscheiden Sie serielle und parallele Kommissionierung. (5 Punkte)

Nr.	2.9
Prüfungsbereich	2. Logistik und Logistikstrategien
Qualifikationsschwerpunkt	Aufgaben und Einsatzgebiete der Logistik
Thema der Aufgabe	**Logistikbereiche**
Textbezug	2.1.2
Lernzielstufe	Einblick
Punkte	15

Ihr Unternehmen plant einen Tag der offenen Tür. Sie sind als Mitarbeiter in der Logistik beauftragt, Besuchergruppen durch den Lagerbereich zu führen. Sie rechnen damit, dass Sie von Besuchern nach der Bedeutung einzelner Logistikbereiche befragt werden. Sie notieren sich deshalb Stichworte, mit denen Sie auf Fragen dieser Art eingehen können.

01. Nennen Sie die Logistikbereiche Ihres Unternehmens. (5 Punkte)

02. Ordnen Sie die Stichworte der folgenden Liste den Logistikbereichen zu. (10 Punkte)

Liste der Stichworte
1. Aufgabe ist u. a. die Verkürzung der Durchlaufzeiten.
2. Wichtigster Aspekt ist die optimale Gestaltung des Informations- und Materialflusses.
3. Aufgabe ist u. a. die Bewegung des Lagerguts.
4. Ein Bereich ist u. a. die Warenannahme.
5. Ziel ist die Minimierung der Überbrückungszeit.
6. Aufgabe ist u. a. die Einkaufsorganisation.
7. Aufgabe ist u. a. die Leistung eines Beitrags zur Minimierung der Produktionskosten.
8. Aufgabe ist u. a. die Kommissionierung.
9. Soll zur Flexibilisierung der Fertigung beitragen.
10. Ziel ist die bedarfsgerechte Verfügbarkeit von Einsatzgütern für die Produktion.
11. Aufgabe ist u. a. die Prüfung bei Warenannahme.
12. Aufgabe ist u. a. die physische Distribution.
13. Aufgabe ist u. a. die Ermittlung des Bedarfs.
14. Aufgabe ist u. a. die Verbindung der Glieder der Logistikkette.
15. Aufgabe ist u. a. eine Verringerung der Bestände.
16. Ziel ist die Ausrichtung der Produktion an den Kundenbedürfnissen.
17. Betrifft die Entscheidung für die Inanspruchnahme von Spediteuren.
18. Aufgaben sind u. a. Zulieferung und Auslieferung.
19. Aufgabe ist u. a. die optimale Gestaltung des Lagers.
20. Der Transport bei Entnahme und Kommissionierung ist ein wichtiger Aspekt.

Eigen- oder Fremdtransport

Nr.	**2.10**
Prüfungsbereich	2. Logistik und Logistikstrategien
Qualifikationsschwerpunkt	Logistikdienstleister
Thema der Aufgabe	**Eigen- oder Fremdtransport**
Textbezug	2.1.1.2
Lernzielstufe	Einblick (Wissen 1)
Punkte	26

Die Motorenwerke Buchwald GmbH in Ostenau. sind wegen technischer und örtlicher Besonderheiten gezwungen, einzelne Teile aller Motorentypen in ihrem Zweigwerk in Trappenfeld zu fertigen. Die fertigen Teile werden werktäglich (außer freitags, insgesamt 16-mal monatlich) in das Hauptwerk nach Ostenau zur weiteren Ver- bzw. Bearbeitung transportiert. Die einfache Entfernung von Trappenfeld nach Ostenau. beträgt 50 km.

Bisher wurden die Transporte mit eigenem Lkw durchgeführt. Vor Anschaffung eines neuen Lkw lässt die Unternehmensleitung prüfen, ob die Inanspruchnahme von Transportdienstleistungen eines Spediteurs nicht kostengünstiger ist als der Eigentransport.

Grundlagen der Berechnungen:
- Das Logistikunternehmen stellt im Monat einen Festbetrag von 1.000 € und 2 € pro km in Rechnung.
- Der Kostenberechnung bei Eigentransport liegen folgende Angaben zu Grunde:
  - Abschreibungen: 30.000 € im Jahr
  - Steuern, Versicherungen u. dgl.: 3.000 € im Jahr
  - laufende Kosten für Treibstoff: 0,20 € je km
  - Lohnkosten des Fahrers: 2.100 € im Monat.

01. Stellen Sie die Vergleichsrechnung für einen Monat auf. (8 Punkte)

02. Ermitteln Sie den kritischen Wert für die Km-Leistung (mit Zeichnung). (12 Punkte)

03. Entscheiden Sie, wie die Transporte künftig ausgeführt werden sollen; begründen Sie Ihre Entscheidung. (6 Punkte)

Nr.	**3.1**
Prüfungsbereich	3. Betriebswirtschaftliche Steuerung sowie Qualitätsmanagement in Einkauf und Logistik
Qualifikationsschwerpunkt	Materialwirtschaftliches Optimum und Zielkonflikte
Thema der Aufgabe	**Fehlmengenkosten**
Textbezug	3.1.1.1
Lernzielstufe	Kenntnis (Wissen 2)
Punkte	26

Die August Heitherr GmbH in Heidebarg ist eine bedeutende Herstellerin von Branntweinen mit eigenen Brennrechten. Sie stellt u. a. Korn-, Obst- und „aufgesetzte" Branntweine her und vertreibt sie vor allem auf dem norddeutschen Markt. Wichtigster Umsatzträger ist ein Weizenbranntwein, der unter der Marke *Heidebarger Korn* gut eingeführt ist. Rohstoff des Heidebarger Korns ist ein Branntweindestillat, das von der Deutschen Kornbranntweinverwertung (DKV) bezogen wird; bei der Bearbeitung wird er mit reinem Weizenbrand aus eigener Destillation versetzt, mit enthärtetem Wasser verdünnt usw. Die Kunden der August Heitherr GmbH sind Restaurants (und Restaurantketten), der Lebensmittel- und Fachgroßhandel sowie große Unternehmen des Einzelhandels mit Filialen.

Aufgrund einer Fehlplanung ist das von der DKV bezogene Destillat verbraucht, bevor nachgeliefert werden kann. Es gelingt der August Heitherr GmbH zwar, die zur Überbrückung erforderliche Menge an Branntweindestillat bei einem Destillationsbetrieb im Kreis Heidebarg zu kaufen; allerdings ist der Beschaffungspreis etwas höher als der Abgabepreis der DKV; außerdem muss der Alkohol noch zur weitergehenden Reinigung einen letzten Destillationsvorgang durchlaufen.

Die Produktion wird für einige Tage unterbrochen. Kundenaufträge können nicht ausgeführt und Lieferverträge nicht eingehalten werden. Es entstehen Fehlmengen und Fehlmengenkosten.

01. Zählen Sie die Arten von Fehlmengenkosten auf, die im vorstehenden Fall entstanden sein können (acht Angaben). (16 Punkte)

02. Ermitteln Sie die Fehlmengenkosten bei folgenden Annahmen. (10 Punkte)

- Die Herstellungskosten erhöhen sich um 65 € je 100 Liter. Es werden bis zur neuen Lieferung durch die DKV 12.500 Flaschen zu 0,75 l hergestellt und ausgeliefert.
- Mit der Zentrale eines Lebensmittelfilialisten wurde eine Vertragsstrafe bei Lieferungsverzug in Höhe von 200 € pro Tag vereinbart. Der vertraglich vereinbarte Liefertermin wird um 5 Tage überschritten.
- Es wird damit gerechnet, dass einige Kunden ihren Bedarf künftig bei Mitbewerbern decken werden, um das Risiko des Lieferausfalls zu minimieren. Der Umsatzausfall könnte langfristig zu einem Verlust von 12.000 € führen.
- Es ist davon auszugehen, dass während des Produktionsausfalls Personal und Betriebsmittel anderweitig eingesetzt werden können.

Bedarfsprognose – gleitende Mittelwerte

Nr.	3.2
Prüfungsbereich	3. Betriebswirtschaftliche Steuerung sowie Qualitätsmanagement in Einkauf und Logistik
Qualifikationsschwerpunkt	Stochastische Disposition
Thema der Aufgabe	**Bedarfsprognose – gleitende Mittelwerte**
Textbezug	3.1.3.4
Lernzielstufe	Fähigkeit (Wissen 1)
Punkte	10

Jahr 01			Jahr 02		
Tag	Monat	Verbrauch in Stück	Tag	Monat	Verbrauch in Stück
1	Januar	1.670	13	Januar	1.750
2	Februar	1.630	14	Februar	1.720
3	März	1.570	15	März	1.684
4	April	1.635	16	April	1.713
5	Mai	1.685	17	Mai	1.760
6	Juni	1.720	18	Juni	1.786
7	Juli	1.605	19	Juli	1.772
8	August	1.660	20	August	1.635
9	September	1.620	21	September	1.695
10	Oktober	1.700	22	Oktober	1.800
11	November	1.840	23	November	2.000
12	Dezember	1.995	24	Dezember	2.150

01. Ermitteln Sie den wahrscheinlichen Verbrauch für Januar des Folgejahres nach der Methode gleitender Durchschnitte
    3. Ordnung
    5. Ordnung. (6 Punkte)

02. Beurteilen Sie die Ergebnisse. (4 Punkte)

Nr.	3.3
Prüfungsbereich	3. Betriebswirtschaftliche Steuerung sowie Qualitätsmanagement in Einkauf und Logistik
Qualifikationsschwerpunkt	Stochastische Disposition
Thema der Aufgabe	**Bedarfsprognose – exponentielle Glättung**
Textbezug	3.1.3.4
Lernzielstufe	Fähigkeit (Wissen 1)
Punkte	10

Die Ostholmer Mühlenwerke GmbH verzeichnet für das grobe Mehl in den vergangenen Jahren folgende Absatzentwicklung.

	Jahr	Absatz in 1.000 kg
1	2003	100
2	2004	105
3	2005	103
4	2006	108
5	2007	110
6	2008	112
7	2009	115
8	2010	118
9	2011	120
10	2012	123
	2013	?

Prognostizieren Sie den Absatz für das Jahr 2013 nach der Methode der exponentiellen Glättung 1. Ordnung (Glättungsfaktor g = 0,9; geschätzter Wert für 2012: 125).

Nr.	3.4
Prüfungsbereich	3. Betriebswirtschaftliche Steuerung sowie Qualitätsmanagement in Einkauf und Logistik
Qualifikationsschwerpunkt	Bestellzeitermittlung
Thema der Aufgabe	**Bestellpunkt-, Bestellrhythmusverfahren**
Textbezug	3.1.3.4
Lernzielstufe	Fähigkeit (Können 1)
Punkte	18

Die Feuerschutz GmbH stellt für den mobilen Brandschutz u. a. Feuerlöscher und Feuerlöschgeräte her, die sie unter dem Markennamen VIGILEX vertreibt. Das Feuerlöschgerät Vigilexol 50, das einen Löschmittelvorrat von 50 l enthält, ist auf einen kleinen Karren mit zwei Rädern, Seitenhalterungen und einem Lenkgriff montiert; er ermöglicht den raschen Transport des relativ schweren Geräts an den Einsatzort. Das Gerät Vigilexol 50 ist erst seit kurzem auf dem Markt; es wird gut angenommen und gewinnt zunehmend an Bedeutung als Umsatzträger der Feuerschutz GmbH.

Die Karren werden von einem Lieferanten aus Hamburg bezogen. Die für die Produktion erforderlichen Karren werden von der Beschaffungsabteilung nach Eingang der Bedarfsmeldungen bzw. nach Erreichung des Bestellpunkts bestellt.

01. Erklären Sie die Bedeutung des Bestellpunkts. Von welchen Faktoren wird der Bestellpunkt bestimmt? (6 Punkte)

02. Erklären Sie das Bestellrhythmusverfahren. Welche Nachteile hat dieses Verfahren? (6 Punkte)

03. Im vorliegenden Fall wird das Bestellpunktverfahren angewandt. Halten Sie es für sinnvoll, das Bestellpunkt- durch das Bestellrhythmusverfahren zu ersetzen? (6 Punkte)

Nr.	3.5
Prüfungsbereich	3. Betriebswirtschaftliche Steuerung sowie Qualitätsmanagement in Einkauf und Logistik
Qualifikationsschwerpunkt	Disposition
Thema der Aufgabe	**Lagerhaltungskostensatz**
Textbezug	3.1.3.6
Lernzielstufe	Fähigkeit (Können 1)
Punkte	15

Sie haben die folgenden Angaben:

- Lagerkosten: 23.250 €
- durchschnittlicher Lagerbestand: 155.000 €
- Zinssatz: 12 %
- durchschnittliche Lagerdauer: 30 Tage

01. Berechnen Sie den Lagerhaltungskostensatz. (5 Punkte)

02. Erklären Sie den Zusammenhang zwischen Lagerdauer und Lagerzins. (5 Punkte)

03. Erklären Sie den Zusammenhang zwischen Lagerhaltungskosten und Lagerbestand. (5 Punkte)

Nr.	3.6
Prüfungsbereich	3. Betriebswirtschaftliche Steuerung sowie Qualitätsmanagement in Einkauf und Logistik
Qualifikationsschwerpunkt	Disposition
Thema der Aufgabe	**Lagerhaltungskosten**
Textbezug	3.1.3.6
Lernzielstufe	Fähigkeit (Können 1)
Punkte	50

Die Großbäckerei Thaer ermittelte für Mehl einer bestimmten Sorte einen durchschnittlichen Lagerbestand von 150.000 kg; bei einem Einstandspreis von 0,45 € je kg entspricht das einem Wert von 67.500 €. Der Lagerkostensatz wird mit q_{Lh} = 11,5 % ermittelt, der kalkulierte Zinssatz mit i = 8 % angenommen. Die Höhe der Lagerhaltungskosten wird in besonderem Maße von hohen Personalkosten und von den Zinskosten bestimmt.

Es werden Überlegungen angestellt, die Lagerhaltungskosten zu verringern. (Die Überlegungen beruhen hier exemplarisch auf dem Artikel Mehl.)

01. Nennen Sie Kostenarten der Lagerhaltung (fünf Angaben). (5 Punkte)

02. Wie hoch sind die Lagerhaltungskosten für Mehl? (5 Punkte)

03. Welche Lagerarbeiten und welche Bedingungen für diese Lagerarbeiten können ursächlich für relativ hohe Lagerkosten sein? (12 Punkte)

04. Nennen Sie Möglichkeiten für eine Verringerung der Lagerkosten. (10 Punkte)

05. Welche Ursachen können relativ hohe Zinskosten haben? (8 Punkte)

06. Nennen Sie Möglichkeiten für eine Verringerung der Zinskosten. (10 Punkte)

Nr.	**3.7**
Prüfungsbereich	3. Betriebswirtschaftliche Steuerung sowie Qualitätsmanagement in Einkauf und Logistik
Qualifikationsschwerpunkt	Disposition
Thema der Aufgabe	**Optimale Bestellmenge**
Textbezug	3.1.3.6
Lernzielstufe	Fähigkeit (Können 1)
Punkte	50 (ohne Zeichnung)

01. Was wird mit der optimalen Bestellmenge angegeben? (10 Punkte)

02. Ermitteln Sie auf der Grundlage der folgenden Zahlenangaben die optimale Bestellmenge. (40 Punkte)

- Jahresbedarf: 1.200 Stück
- Einstandspreis: 0,25 € je Stück
- Bestellkosten pro Bestellung: 2,00 €
- Kostensatz der Lagerhaltungskosten: 10 % bzw. 0,1

Nr.	3.8
Prüfungsbereich	3. Betriebswirtschaftliche Steuerung, Qualitätsmanagement in Einkauf und Logistik
Qualifikationsschwerpunkt	Deterministische Disposition
Thema der Aufgabe	**Analytische und synthetische Bedarfsauflösung**
Textbezug	3.1.3.5
Lernzielstufe	Fähigkeit (Können 1)
Punkte	42

Ein Unternehmen plant von seinen vier Produkten die folgenden Mengen herzustellen.

Erzeugnis A: 1.000 Stück
Erzeugnis B: 2.000 Stück
Erzeugnis C: 3.000 Stück
Erzeugnis D: 4.000 Stück.

Aus den Mengenstücklisten (analytische Bedarfsauflösung) ergibt sich der in der folgenden Tabelle in Zähleinheiten (ZE) angegebene Bedarf an den verschiedenen Materialien (M 1, M 2 usw.). Aus Sicherheitsgründen wird für das Erzeugnis A bei den Materialien ein Zusatzbedarf von 5 % angenommen. Bei M 2 und M 7 bestehen Lagerbestände von 4.200 bzw. 3.000 ZE.

01. Erstellen Sie einen Verwendungsnachweis. (14 Punkte)

02. Ermitteln Sie den Materialbedarf. (28 Punkte)

Erzeugnisse							
A		B		C		D	
Art	Menge/ZE	Art	Menge/ZE	Art	Menge/ZE	Art	Menge/ZE
M 1	5	M 2	3	M 3	8	M 1	5
M 2	4	M 3	2	M 4	6	M 2	6
M 3	3	M 4	1	M 5	4	M 5	3
M 4	2	M 5	4	M 6	2	M 6	4
M 5	1	M 6	5	M 7	1	M 7	5

Nr.	3.9
Prüfungsbereich	3. Betriebswirtschaftliche Steuerung sowie Qualitätsmanagement in Einkauf und Logistik
Qualifikationsschwerpunkt	Kostenrechnungssysteme
Thema der Aufgabe	**Prozesskosten**
Textbezug	3.2.3.3
Lernzielstufe	Einblick (Wissen 1)
Punkte	20

Vervollständigen Sie die Tabelle.

	Teilprozesse	Prozessmenge – Periode P	Gesamtkosten – Periode P (€)	Prozesskostensatz lmi (€)	Prozesskostenumlagesatz (€)	lmi + lmn Prozesskosten (€)
Einkauf	Anfragen	1.250	125.000			
	Angebote bearbeiten	950	220.000			
	Bestellen	900	100.000			
	Eingangsrechnungen prüfen	1.150	125.000			
	Eingang überwachen	900	130.000			
	Reklamationen abwickeln	300	100.000			
	sonst.	500	500.000			
Lager	Materialannahme	2.000	115.000			
	Eingangsprüfungen	1.850	115.000			
	Einlagern (Transportvorgänge)	2.000	150.000			
	Entnahmen	15.000	180.000			
	sonst.	12.000	450.000			
	Summe lmi Prozesskosten					
	Abteilungsleitung		310.000			
	Lehrgänge		80.000			
	Summe lmn Prozesskosten					
	Summe lmi + lmn					
	Umlagesatz (%)					

Optimale Bestellmenge (schwankender Bedarf)

Nr.	**3.10**
Prüfungsbereich	3. Betriebswirtschaftliche Steuerung sowie Qualitätsmanagement in Einkauf und Logistik
Qualifikationsschwerpunkt	Disposition
Thema der Aufgabe	**Optimale Bestellmenge (schwankender Bedarf)**
Textbezug	3.1.3.6
Lernzielstufe	Fähigkeit (Können 1)
Punkte	50

Die Getriebebau Tebarg & Heide GmbH benötigt für die Herstellung von Rotoren u. a. bestimmte vorgefertigte Motorteile. Unter Berücksichtigung der Auftragslage wird von einem schwankenden Bedarf in den nächsten Monaten ausgegangen.

Ermitteln Sie nach dem Kostenausgleichsverfahren die optimalen Bestellmengen. Gehen Sie dabei von den folgenden Annahmen aus:

• Kostensatz der Lagerdauer: 0,20
• Kosten der Bestellung: 22,50 €
• Durchschnittliche Lagerdauer: 1 Monat (1. Monat = ½ Monat)

Monat	1	2	3	4	5	6	7	8	9
Bedarf in ME	86	70	58	64	62	54	40	30	20

Nr.	3.11
Prüfungsbereich	3. Betriebswirtschaftliche Steuerung sowie Qualitätsmanagement in Einkauf und Logistik
Qualifikationsschwerpunkt	Qualitätsmanagement – Grundlagen
Thema der Aufgabe	**Auditierung**
Textbezug	3.3.1.1
Lernzielstufe	Überblick (Wissen 1)
Punkte	36

Dipl.-Ing. Justus Cornelius ist Qualitätsbeauftragter der Medtec GmbH, ein Unternehmen, das u. a. Geräte der Medizintechnik herstellt. Eine der Aufgaben von Herrn Cornelius ist die Auditierung von Lieferanten. Dazu sucht er regelmäßig die Zuliefererbetriebe auf.

01. Kennzeichnen Sie kurz die Aufgaben von Herrn Cornelius. im Zusammenhang mit einem Lieferantenaudit. (10 Punkte)

02. Welche Bedeutung kann das Lieferantenaudit für die Beschaffung haben? (10 Punkte)

03. Der Qualitätsbeauftragte übt eine Funktion im Rahmen des Qualitätsmanagements seines Unternehmens aus. Kennzeichnen Sie kurz die Aspekte des Qualitätsmanagements nach EN ISO 9000 : 2005. (16 Punkte)

Nr.	3.12
Prüfungsbereich	3. Betriebswirtschaftliche Steuerung sowie Qualitätsmanagement in Einkauf und Logistik
Qualifikationsschwerpunkt	Qualitätsmanagement – Anforderungen, Gestaltung und Verbesserung
Thema der Aufgabe	**Qualitätsanforderungen**
Textbezug	3.3.2.1 - 3.3.2.2
Lernzielstufe	Fähigkeit (Können 1)
Punkte	22

Die Backhaus AG, ein im östlichen Randgebiet Hamburgs angesiedeltes Unternehmen, stellt Befestigungstechnik her. Die Produkte werden über die Backhaus AG mit ihren Tochtergesellschaften weltweit vertrieben; der größte Teil der Produkte wird in Deutschland (rd. 20 %) bzw. im übrigen Europa (rd. 60 %) abgesetzt. Das Markenzeichen BAG garantiert Spitzenprodukte der Befestigungstechnik in höchster Qualität und Zuverlässigkeit.

Die Backhaus AG ist auf Qualitätssicherung und -verbesserung aus. Das gilt insbesondere mit Blick auf den verstärkten Fremdbezug.

01. Erklären Sie die Bedeutung des Qualitätsmanagements in dieser Problemstellung. (8 Punkte)

02. Nennen Sie die Grundsätze des Qualitätsmanagements. (8 Punkte)

03. Die Backhaus AG ist nach ISO 9000 zertifiziert. Was besagt diese Zertifizierung? (6 Punkte)

Nr.	3.13
Prüfungsbereich	3. Betriebswirtschaftliche Steuerung sowie Qualitätsmanagement in Einkauf und Logistik
Qualifikationsschwerpunkt	Stochastische Disposition
Thema der Aufgabe	**Verbrauchsprognose**
Textbezug	3.1.3.4
Lernzielstufe	Fähigkeit (Können 1)
Punkte	11

Der Büromöbelhersteller Kayser & Flex GmbH hält in einer entsprechenden Statistik für Beschläge folgenden Verbrauchsverlauf fest.

	1. Jahr	Verbrauch in Stück		2. Jahr	Verbrauch in Stück
1.	Januar	2.100	13.	Januar	2.220
2.	Februar	2.050	14.	Februar	2.280
3.	März	1.950	15.	März	2.165
3.	April	1.835	16.	April	2.040
5.	Mai	1.895	17.	Mai	2.105
6.	Juni	1.980	18.	Juni	2.200
7.	Juli	1.900	19.	Juli	2.110
8.	August	1.925	20.	August	2.140
9.	September	1.910	21.	September	2.125
10.	Oktober	2.000	22.	Oktober	2.200
11.	November	1.980	23.	November	2.280
12.	Dezember	1.540	24.	Dezember	2.315

01. Ermitteln Sie den wahrscheinlichen Verbrauch für Januar des Folgejahres nach der Methode gleitender Durchschnitte 3. Ordnung und 5. Ordnung. (6 Punkte)

02. Beurteilen Sie die Ergebnisse. (5 Punkte)

Deckungsbeitragsrechnung – Kalkulation 599

Nr.	**3.14**
Prüfungsbereich	3. Betriebswirtschaftliche Steuerung sowie Qualitätsmanagement in Einkauf und Logistik
Qualifikationsschwerpunkt	Kostenrechnungssysteme
Thema der Aufgabe	**Deckungsbeitragsrechnung – Kalkulation**
Textbezug	3.2.2.3
Lernzielstufe	Einblick (Wissen 1)
Punkte	14

Die Klein GmbH & Co. KG stellt ein Produkt her, das sie mit einen Verkaufspreis von 10 € auf den Markt bringen will. Dabei geht sie von einer Angebotsmenge in Höhe von 10.000 Stück aus. Die variablen Kosten betragen 5 € je Stück, die fixen Kosten 30.000 €. Kann die Klein GmbH & Co. KG unter den angegebenen Bedingungen einen Gewinn in Höhe von 15 % des Verkaufspreises bzw. der Umsatzerlöse erzielen?

01. Ermitteln Sie, ob unter den angegebenen Voraussetzungen das Produkt angeboten werden kann. (9 Punkte)

02. Welche Bedeutung hat die Deckungsbeitragsrechnung für die Kalkulation? (5 Punkte)

Nr.	3.15
Prüfungsbereich	3. Betriebswirtschaftliche Steuerung sowie Qualitätsmanagement in Einkauf und Logistik
Qualifikationsschwerpunkt	Wechselwirkungen zwischen der Materialwirtschaft und den volkswirtschaftlichen Größen
Thema der Aufgabe	**EZB-Politik**
Textbezug	3.1.1.2.7.2
Lernzielstufe	Kenntnis (Wissen 2)
Punkte	45

Europäische Zentralbank: Monatsbericht September 2012, S. 5 ff.

Auf der Grundlage seiner regelmäßigen wirtschaftlichen und monetären Analyse beschloss der EZB-Rat auf seiner Sitzung am 6. September 2012, die Leitzinsen der EZB unverändert zu belassen. Aufgrund der hohen Energiepreise und gestiegener indirekter Steuern in einigen Euro-Ländern wird erwartet, dass die Inflationsraten im gesamten Jahresverlauf über der 2-%-Marke liegen werden. Im kommenden Jahr dürften sie wieder unter diese Marke fallen und sich über die geldpolitisch relevante Frist weiterhin im Einklang. In Übereinstimmung hiermit ist die Grunddynamik der monetären Expansion nach wie vor verhalten. Die Inflationserwartungen für die Wirtschaft im Eurogebiet bleiben fest auf einem Niveau verankert, das mit dem Ziel des EZB-Rats im Einklang steht, die Preissteigerung auf mittlere Sicht unter, aber nahe 2 % zu halten. Das Wirtschaftswachstum im Euroraum dürfte weiterhin schwach bleiben, wobei die anhaltenden Spannungen an den finanzmärkte sowie eine erhöhte Unsicherheit das Vertrauen und die Stimmung belasten. Eine erneute Verschärfung der Spannungen an den Finanzmärkten könnte zu erhöhten Risiken sowohl beim Wachstum als auch bei der Teuerung führen.

Vor diesem Hintergrund legte der EZB-Rat auf seiner Sitzung die Modalitäten für die Durchführung von geldpolitischen Outright-Geschäften[1] an den Sekundärmärkten für Staatsanleihen im Eurogebiet fest. [...] Die OTMs werden es der EZB ermöglichen, gegen schwere Verwerfungen an den Staatsanleihemärkte vorzugehen, die insbesondere auf unbegründete Ängste seitens der Anleger bezüglich der Reversibilität des Euro zurückzuführen sind. [...] Der EZB-Rat handelt strikt im Rahmen seines Mandats zur Gewährleistung der Preisstabilität auf mittlere Sicht. [...]

Um das Vertrauen wieder herzustellen, müssen die politischen Entscheidungträger im Euro-Währungsgebiet die Haushaltskonsolidierung, Strukturreformen der Wettbewerbsfähigkeit und die Schaffung europäischer Institutionen mit großer Entschlossenheit vorantreiben. [...]

---

[1] Outright-Geschäfte (Outright Monetary Transactions – OMT) sind Offen-Markt-Geschäfte der EZB mit Wertpapieren, hier mit Staatsanleihen.

01. Die EZB verändert die Leitzinsen nicht und nennt dafür zwei wesentliche Gründe. Erläutern Sie, warum die EZB keine Veranlassung sieht, die Leitzinsen zu verändern. (16 Punkte)

02. Im Text ist von Outright-Geschäften der EZB die Rede. Erklären Sie diese Geschäfte; geben Sie auch an, wie die EZB sie begründet und welche Modalitäten für diese Geschäfte bestehen. (15 Punkte)

03. Die Anleihekäufe finden auf dem Sekundärmarkt statt. Unterscheiden Sie den Sekundärmarkt vom Primärmarkt, und erörtern Sie die Beschränkung auf den Sekundärmarkt. (14 Punkte)

Nr.	**4.1**
Prüfungsbereich	4. Rechtliche Gestaltung in Einkauf und Logistik
Qualifikationsschwerpunkt	Vertragsrecht – Kaufvertrag
Thema der Aufgabe	**Anfrage**
Textbezug	4.2.1.1
Lernzielstufe	Beherrschung (Können 3)
Punkte	10

Der Großhändler K fragt bei dem Hersteller von Gartengeräten V an, ob und unter welchen Bedingungen dieser 20 Rasenmäher des Typs RW 101 C liefern könne. Daraufhin liefert V 10 Mäher, und zwar 10 Mäher des Typs RW 101 C und 10 Mäher eines anderen Typs.

Muss K alle gelieferten Rasenmäher oder nur die des Typs RW 101 C annehmen?

Begründen Sie Ihre Meinung. Benutzen Sie dabei die Begriffe aus dem Kaufvertragsrecht.

Nr.	**4.2**
Prüfungsbereich	4. Rechtliche Gestaltung in Einkauf und Logistik
Qualifikationsschwerpunkt	Vertragsarten – Kaufvertrag
Thema der Aufgabe	**Begründung von Kaufverträgen**
Textbezug	4.2.1.1
Lernzielstufe	Beherrschung (Können 3)
Punkte	25

Bearbeiten Sie folgende Fragen bzw. Aufgaben.

01. V bietet dem K Harken zu besonders günstigen Preisen an. Weitere Bedingungen sind im Angebot nicht enthalten. K bestellt 200 Stück, V hat aber nur noch 100 Stück dieser Harken auf Lager. Wie viel Harken muss V liefern? (6 Punkte)

02. Der Kaufmann X bestellt auf der Grundlage eines Angebots, das die Klausel „Preise freibleibend" enthält. Ist ein Kaufvertrag zu Stande gekommen? (2 Punkte)

03. X fragt bei Y nach den Lieferungsbedingungen für 100 Stück eines bestimmten Rohstoffs. Daraufhin liefert Y die Ware. X nimmt den dringend benötigten Rohstoff auf Lager und begleicht die Rechnung. Ist ein Kaufvertrag zu Stande gekommen? (4 Punkte)

04. X fragt bei Y nach den Lieferungsbedingungen für 100 Stück eines bestimmten Rohstoffs. Daraufhin liefert Y die 100 Stück. Muss X die gelieferte Ware annehmen? (4 Punkte)

05. Zwischen A und B ist ein Kaufvertrag über die Lieferung von 100 kg eines bestimmten Rohstoffs zustande gekommen. A liefert vertragsgemäß; B nimmt die Ware allerdings nicht an. A kann die Ware nicht zurücknehmen oder anderweitig verwenden. Was kann oder muss B in diesem Fall tun? (6 Punkte)

06. Welche Voraussetzungen gelten für den Eintritt des Lieferungsverzuges? (3 Punkte)

Nr.	4.3
Prüfungsbereich	4. Rechtliche Gestaltung in Einkauf und Logistik
Qualifikationsschwerpunkt	Vertrags- und Leistungsstörungen
Thema der Aufgabe	**Sachmängelhaftung – Verbrauchsgüterkauf**
Textbezug	4.3.4.1
Lernzielstufe	Kenntnis (Wissen 2)
Punkte	23

Am 29.11.2012 kauft B bei dem Mercedes-Händler Herrnthaler & Jensen einen gebrauchten A 140 zur privaten Nutzung. Anfang April 2013 zeigen sich erhebliche Mängel in der Fahrleistung, die durch den Bruch der Zündspindel verursacht wurden. B bringt den Wagen in die Werkstatt des Händlers und verlangt die Beseitigung des Schadens. Er macht also seinen Anspruch, der sich aus der Sachmängelhaftung des Händlers ergibt, geltend.

Erläutern Sie den Fall anhand der folgenden Fragen.

01. Was für ein Kauf liegt hier vor? (3 Punkte)

02. Muss B beweisen, dass er den Schaden nicht verschuldet hat? (3 Punkte)

03. Welche Rechte hat B? (6 Punkte)

04. Welcher Anspruch des B wird schließlich erfüllt? (5 Punkte)

05. Kann B vom Vertrag zurücktreten? (6 Punkte)

Verjährung von Forderungen

Nr.	**4.4**
Prüfungsbereich	4. Rechtliche Gestaltung in Einkauf und Logistik
Qualifikationsschwerpunkt	Einreden gegen die Leistungspflicht
Thema der Aufgabe	**Verjährung von Forderungen**
Textbezug	4.3.5.2
Lernzielstufe	Kenntnis (Wissen 2)
Punkte	18

Der Feinkosthändler Peters lieferte am 14.03.2011 Frau Schmitz für eine Familienfeier Getränke, kalte Platten usw. im Wert von 750 €. Die Rechnung wurde bei Ablieferung der Waren Frau Schmitz ausgehändigt. (Bei den folgenden Aufgaben sollten die Antworten kurz begründet werden.)

01. Wann verjährt die Forderung der Firma Peters an Frau Schmitz? (3 Punkte)

02. Am 14.10.2012 leistet Frau Schmitz eine Abschlagszahlung. Wann verjährt die Forderung danach? (4 Punkte)

03. Der Auszubildende Ferdinand Schmitz verkaufte seinem Kollegen Ludwig am 15.09.2011 ein gebrauchtes Rennrad für 300 €. Wann verjährt die Forderung? (3 Punkte)

04. Die Konditorei Bakker kaufte bei der Mühle Viktoria Mehl ein, die Rechnung über 1.500 € ist am 20.02.2010 dem Käufer zugegangen. Wann verjährt die Forderung? (2 Punkte)

05. Die Mühle Viktoria kaufte bei einer landwirtschaftlichen Vertriebsgenossenschaft e. G. Rohstoffe ein. Die Ware wurde am 20.10.2012 geliefert. Die Rechnung ist am 25.10.2012 zugegangen. Wann verjährt die Forderung? (2 Punkte)

06. Am 15.03.2013 stundet die landwirtschaftliche Vertriebsgenossenschaft e. G. die Forderung für acht Wochen (vgl. vorstehenden Fall). Wann verjährt die Forderung jetzt? (4 Punkte)

Nr.	**4.5**
Prüfungsbereich	4. Rechtliche Gestaltung in Einkauf und Logistik
Qualifikationsschwerpunkt	Gewährleistungsansprüche
Thema der Aufgabe	**Gewährleistung**
Textbezug	4.3.4
Lernzielstufe	Kenntnis (Wissen 2)
Punkte	21

Hermann Schuster kauft am 29.08.2011 bei dem Mercedes-Händler V einen gebrauchten A 160 für die private Nutzung. Der Verkäufer nimmt Herrn Schusters alten Wagen in Zahlung. Herr Schuster unterschreibt den Kaufvertrag, mit dem er sich zur vollständigen Überweisung des Rechnungsbetrages bis zum 29.09.2011 und mit der Kürzung der Gewährleistungspflicht auf die Mindestzeit einverstanden erklärt.

01. Wann verjährt der Gewährleistungsanspruch von Herrn Schuster? Gilt dieses Datum auch für die Verjährung der Forderung des Verkäufers? (7 Punkte)

02. Hermann Schuster, der sich sportlich betätigen will, kauft bei Zweirad-Meier ein neues Fahrrad mit 7-Gang-Getriebe für 750 €; er holt das Rad am 30.06.2012 ab; die Rechnung wird dabei beglichen. Wann verjährt der Gewährleistungsanspruch? (5 Punkte)

03. Am Tage vor Ablauf der Gewährleistungsfrist (vgl. vorstehenden Fall) zeigt Hermann Schuster der Firma Zweirad-Meier einen Mangel an: Die Gangschaltung funktioniert nicht und muss in der Werkstatt von Meier ausgetauscht werden. Die Reparatur wird am gleichen Tag ausgeführt, Herr Schuster kann am Abend das Rad abholen. Wann verjährt der Anspruch Meiers gegenüber seinem Lieferanten (Hersteller) auf Ersatz der bei Beseitigung des Mangels entstandenen Aufwendungen? (6 Punkte)

04. Hermann Schuster, der in seinem kleinen Betrieb Möbel herstellt, bezieht von der Firma Holhus GmbH Rohstoffe. Die Lieferung geht am 20.10.2011 bei Herrn Schuster ein. Wann ist der Gewährleistungsanspruch der Firma Schuster verjährt? (3 Punkte)

Nr.	**4.6**
Prüfungsbereich	4. Rechtliche Gestaltung in Einkauf und Logistik
Qualifikationsschwerpunkt	Rechtsformen der Unternehmen
Thema der Aufgabe	**GmbH – Kennzeichen**
Textbezug	4.1.3.2.1.3
Lernzielstufe	Überblick (Wissen 1)
Punkte	34

Eine Tageszeitung berichtete vor einiger Zeit mit Bezugnahme auf Veröffentlichungen des Statistischen Bundesamts, dass die Zahl der Unternehmungen, die bei Gründung bzw. Umgründung die Rechtsform der GmbH wählen, sehr groß ist. In einem Kommentar schloss der Wirtschaftsredakteur daraus, dass die GmbH die beliebteste Rechtsform sei.

01. Welche typischen Kennzeichen weist eine GmbH auf? (16 Punkte)

02. Warum ist die GmbH als Rechtsform so beliebt? Erörtern Sie Gründe für die Wahl der GmbH als Rechtsform. (15 Punkte)

03. Hat die GmbH auch Nachteile? (3 Punkte)

Nr.	4.7
Prüfungsbereich	4. Rechtliche Gestaltung in Einkauf und Logistik
Qualifikationsschwerpunkt	Einreden gegen die Leistungspflicht, Gewährleistung
Thema der Aufgabe	**Verjährung von Ansprüchen**
Textbezug	4.3.4 - 4.3.5.2
Lernzielstufe	Kenntnis (Wissen 2)
Punkte	32

Die Firma Schuster kaufte bei der Firma Jäger Rohstoffe ein. Die Ware wurde am 05.05.2009 geliefert. Die Rechnung ging fünf Tage später zu.

01. Wann verjährt die Forderung? Welche Bedeutung hat die Verjährung? (3 Punkte)

02. Am 15.01.2010 stundet Jäger dem Schuster die Forderung für acht Wochen. Wann verjährt die Forderung jetzt? (4 Punkte)

03. Am 10.05.2010 rügt Schuster einen Mangel an dem Material. Welche Rechte hat Schuster? (22 Punkte)

04. Wann verjährt der Gewährleistungsanspruch von Schuster? (3 Punkte)

Arbeitsvertrag

Nr.	**4.8**
Prüfungsbereich	4. Rechtliche Gestaltung in Einkauf und Logistik
Qualifikationsschwerpunkt	Teilbereiche des öffentlichen Rechts
Thema der Aufgabe	**Arbeitsvertrag**
Textbezug	4.1.2.2.2
Lernzielstufe	Überblick (Wissen 1)
Punkte	29

Die Ohlshausener Mühlenwerke GmbH hat die Stelle eines Einkaufsleiters ausgeschrieben. Auf die Anzeige in einer bundesweit erscheinenden Tageszeitung hat sich auch Horst Lühnemann beworben, der bislang den Vertrieb in einem süddeutschen Unternehmen leitet. Die Auswertung der Bewerbungsunterlagen und der gute Eindruck, den Lühnemann bei dem Vorstellungsgespräch im Februar hinterlassen hat, begründen das Interesse der OMW an Lühnemann; die Unternehmensleitung kann sich aber mit dessen Gehaltsvorstellung nicht anfreunden. Sie bittet deshalb Lühnemann zu einem weiteren Gespräch nach Ohlshausen, um die Entgeltforderungen zu verhandeln. Das Gespräch findet am 15.03. statt. Im Verlauf des Gesprächs reduziert Lühnemann seine Gehaltsvorstellungen auf 5.200 €, die die OMW akzeptiert. Darauf sagt Lühnemann zu, die Arbeit am 01.05. anzutreten. Der schriftliche Arbeitvertrag soll Lühnemann bis zum Ende des Monats zugestellt werden.

01. Welche Bedeutung hat das Vorstellungsgespräch? Welche Bedeutung hat das Gespräch am 15.03.? (10 Punkte)

02. Lühnemann kündigt seinen Vertrag bei seinem bisherigen Arbeitgeber, mit dem keine Sondervereinbarung über die Kündigungsfrist besteht, am 20.03. Der schriftliche Vertrag geht ihm jedoch erst am 03.04. zu. War die Kündigung voreilig? (6 Punkte)

03. Angenommen, Lühnemann würde erst nach Eingang des schriftlichen Vertrages, d. h. am 04.04. kündigen. Wie ist die Rechtslage und wie kann verfahren werden? (6 Punkte)

04. Der Vertrag enthält u. a. folgende Vereinbarungen: Gesetzliches Wettbewerbsverbot während der Dauer des Arbeitsverhältnisses. Nach Beendigung des Arbeitsverhältnisses besteht ein Wettbewerbsverbot für ein Jahr. Was besagt diese Vereinbarung? Wie verbindlich ist sie? (7 Punkte)

Nr.	4.9
Prüfungsbereich	4. Rechtliche Gestaltung in Einkauf und Logistik
Qualifikationsschwerpunkt	Öffentliches Recht und Privatrecht - Arbeitsrecht
Thema der Aufgabe	**Kündigung des Arbeitsvertrages**
Textbezug	4.1.2.2.2
Lernzielstufe	Überblick (Wissen 1)
Punkte	33

Dem Lagerarbeiter Lorenz Timm, der bereits seit drei Jahren dem Betrieb angehört, droht die Entlassung. Timm kam in der Vergangenheit häufig zu spät zur Arbeit; die rechtzeitige Materialausgabe bei der Landtransport wurde dadurch gefährdet. Der Lagerleiter, sein unmittelbarer Vorgesetzter, hatte ihn angesprochen und ihn gewarnt, dass er sein Verhalten dem Personalbüro melden müsse. Timm hatte seine Verspätungen entschuldigt und Besserung gelobt. Als Timm in der vergangenen Woche wieder zu spät erschien, wurde die Angelegenheit dem Personalbüro gemeldet. Vor vier Wochen erhielt Timm ein Schreiben von der Geschäftsleitung, das im Betreff das Wort „Abmahnung" enthält und das ihm für den Wiederholungsfall die Kündigung des Arbeitsverhältnisses androht. Als Timm in der vergangenen Woche wieder erheblich verspätet zur Arbeit erscheint, wird ihm gekündigt. Der Betriebsrat wird über den Vorgang informiert; der sieht allerdings keine Gründe für einen Widerspruch. Das Kündigungsschreiben ging ihm am 20.04. zu.

Vor einem Vierteljahr war dem Mitarbeiter Franz Klaubahn fristlos und ohne Abmahnung gekündigt worden, weil er Material in größerem Umfang gestohlen hatte.

Dem Mitarbeiter Horst Siecher aus der Fertigung wird gekündigt, weil seine Leistungen wegen einer chronischen Erkrankung den betrieblichen Anforderungen nicht mehr entsprechen können.

01. Ist Timms Kündigung berechtigt? Erläutern Sie den Kündigungsgrund. Gehen Sie auch auf die Bedeutung der Abmahnung ein. (10 Punkte)

02. Wann endet Timms Arbeitsverhältnis? Besondere Vereinbarungen über Kündigungsfristen bestehen nicht, d. h. es gelten die Vorschriften des BGB. (7 Punkte)

03. Wodurch unterscheidet sich der Kündigungsvorgang bei Klaubahn von dem bei Timm? (8 Punkte)

04. Reicht im Fall Siecher der angegebene Grund für eine Kündigung? Mit welchem Ziel kann Siecher die Kündigung anfechten? (8 Punkte)

Rücklagen in einer AG 611

Nr.	**4.10**
Prüfungsbereich	4. Rechtliche Gestaltung in Einkauf und Logistik
Qualifikationsschwerpunkt	Rechtsformen der Unternehmen
Thema der Aufgabe	**Rücklagen in einer AG**
Textbezug	4.1.3.2.1.4
Lernzielstufe	Überblick (Wissen 1)
Punkte	14

01. Eine AG mit einem Grundkapital von 10.000.000 € hat eine gesetzliche Rücklage von 975.000 € gebildet. Sie hat einen Gewinn von 15 %. Wie hoch ist der Betrag, den sie der gesetzlichen Rücklage zuführt? (8 Punkte)

02. Die AG führt 475.000 € den freien Rücklagen zu; weitere Rücklagen oder Rückstellungen sind nicht vorgesehen. Wie hoch ist die Dividende, die auf eine 50-€-Aktie entfällt? (6 Punkte)

Nr.	**4.11**
Prüfungsbereich	4. Rechtliche Gestaltung in Einkauf und Logistik
Qualifikationsschwerpunkt	Rechtsformen der Unternehmen GmbH
Thema der Aufgabe	**Haftung in der GmbH**
Textbezug	4.1.3.2.1.3
Lernzielstufe	Überblick (Wissen 1)
Punkte	30

Die Brüder Waldemar, Kurt und Walter Morengo sind die Gesellschafter der Morengo GmbH. Die Morengo GmbH stellt in einem Betrieb mit 25 Mitarbeitern Fenster und Türen für Wohn- und Geschäftshäuser her, die auch von ihren Zimmerleuten eingesetzt werden. Daneben vertreibt die Morengo GmbH auch Fenster mit Kunststoffrahmen, die inzwischen ein wichtiger Umsatzträger geworden sind. Bei der Umgründung in eine GmbH wurde im Vertrag auch vereinbart, eine Nachschusspflicht vereinbaren zu können.

01. Wie haftet die GmbH gegenüber ihren Gläubigern? Können die Gesellschafter weiter zur Haftung herangezogen werden? (Gehen Sie im Zusammenhang auch auf die Nachschusspflicht ein.) (13 Punkte)

02. Die Gesellschafterversammlung der Metallwaren GmbH beschließt auf der Grundlage des Gesellschaftsvertrags eine unbeschränkte Nachschusspflicht. Der Gesellschafter Walter will sich von dieser Pflicht befreien. Wie muss er vorgehen? (7 Punkte)

03. Welche Besonderheiten weist die Unternehmergesellschaft (haftungsbeschränkt) auf? (10 Punkte)

Nr.	**5.1**
Prüfungsbereich	5. Personalführung, Team- und Projektmanagement
Qualifikationsschwerpunkt	Unternehmensziele und -organisation
Thema der Aufgabe	**Unternehmenskultur und Unternehmensleitbild**
Textbezug	5.1.1.1
Lernzielstufe	Überblick (Wissen 1)
Punkte	100

Die Drägerwerk AG Lübeck stellt sich folgendermaßen der Öffentlichkeit vor:

Seit seiner Gründung 1889 ist Dräger ein Familienunternehmen.

Produkte und Dienstleistungen:

Medizintechnik: Arbeitsplätze für Anästhesie, Intensivmedizin, Notfallmedizin, Pädiatrie, Gasversorgungssysteme, Monitoring und Datenmanagementsysteme.

Sicherheitstechnik: Arbeitsschutzgeräte (Schutzanzüge, Masken und Filter), Gasmesstechnik (Sensoren und Geräte), Tauchtechnik, ganzheitliche Systemlösungen.

Unsere Produkte überwachen, unterstützen und schützen lebenswichtige Funktionen des Menschen. Sie schaffen bessere und sicherere Bedingungen für unsere Gesundheit und die Umwelt. Unsere Leitidee heißt deshalb: *Dräger. Technik für das Leben.*

Unsere obersten Ziele sind:

- Wir wollen in jedem unserer Märkte zu den ersten drei Anbietern gehören.
- Wir wollen den Unternehmenswert permanent verbessern.
- Wir wollen die Unabhängigkeit und den Familiencharakter des Unternehmens sichern.
- Wir erwirtschaften eine Rendite von mehr als 20 % (EBIT) auf das eingesetzte Kapital.

Dräger will weltweit ein exzellentes Unternehmen sein, Nr. 1 bei seinen Kunden und attraktiv für seine Mitarbeiter.

Qualitätssicherung und Umweltschutz - in allen Unternehmensbereichen.

Atmen ist Leben – Unsere Produkte unterstützen und schützen lebenswichtige Funktionen des Menschen. Daraus ergibt sich ein besonderes Verantwortungsbewusstsein, nicht nur für das Unternehmen. Qualität und Umwelt gehören deshalb zu unseren Unternehmensstärken. An jedem einzelnen Arbeitsplatz tragen qualifizierte Mitarbeiter zur Umsetzung dieser Stärke bei.

Bei Dräger hat der Schutz der Umwelt traditionell einen hohen Stellenwert. Einer unserer Unternehmensgrundsätze lautet: Wir stehen zu unserer Verantwortung für Gesellschaft und Umwelt. Umweltschutz ist wesentlicher Bestandteil unserer Prozesse.

Die Dräger-Kultur wird durch viele Aspekte beeinflusst, geformt und weiterentwickelt. An erster und wichtigster Stelle sind dies die Menschen. Vor allem die gemeinsamen Spielregeln, die Chancen und die Freiheitsgrade des Einzelnen sind wesentlich und prägend. Wir brauchen in allen Gesellschaften Mitarbeiter auf allen Ebenen, die unsere Unternehmenskultur vorleben. Bei allem was wir tun, steht der Kunde im Mittelpunkt. Dräger-Mitarbeiter handeln damit nicht nur für den Kunden, sondern für das Unternehmen und dadurch für sich selbst. Dieses Ziel erreichen wir durch Fordern und Fördern von

1. Identifikation
2. Partnerschaft
3. Vertrauenskultur
4. Anerkennung
5. dezentrale Strukturen
6. unternehmerische Denken und Handeln aller Mitarbeiter
7. Beteiligung.

In der Förderung unserer Mitarbeiter durch systematische Weiterbildung und ihres entsprechenden Einsatzes sehen wir die beste Voraussetzung für Dräger, um auch zukünftig unsere führende Marktposition sicherzustellen.

Zum traditionellen Selbstverständnis der Familie Dräger und des Konzerns gehört, für die Menschen im Unternehmen Sorge zu tragen. Hierzu gehört auch ein umfangreiches Bündel an Sozialleistungen. Dazu zählen zum Beispiel

- die werkseigene Kantine
- die Förderung eines werksnahen Kindergartens
- die betriebliche Altersversorgung
- Erfolgsbeteiligung als freiwillige Unternehmensleistung.

Die vorstehenden Auszüge aus der umfangreichen Homepage der Drägerwerk AG[1]
sind Grundlagen der folgenden Aufgaben und Fragen.

01. Stellen Sie die Unternehmenskultur der Drägerwerk dar.

02. Welches Unternehmensleitbild drückt sich in der Darstellung aus? Besteht eine Beziehung zwischen der Unternehmenskultur und dem Unternehmensleitbild?

03. Welche Ziele verfolgt das Unternehmen? Besteht ein Zusammenhang zwischen dem Unternehmensleitbild und den Unternehmenszielen?

04. Wie lässt sich die Corporate Identity des Unternehmens umschreiben? Wie wirkt die Corporate Identity nach innen und nach außen?

---

[1] Auszüge aus den Texten der Homepage der Drägerwerk AG 2005

Nr.	5.2
Prüfungsbereich	5. Personalführung, Team- und Projektmanagement
Qualifikationsschwerpunkt	Leitbild und Leitlinien sowie Mitarbeiterführung
Thema der Aufgabe	**Mitarbeiterführung**
Textbezug	5.1.2.1 und 5.1.3.2
Lernzielstufe	Überblick (Wissen 1)
Punkte	100

Der Unternehmensgruppe *Industrielle Steuerungstechnik AG* gehören vier Unternehmen an, u. a. die *Messtechnik AG* in Hamburg. Die Messtechnik AG stellt Geräte und Messsysteme für Gas- und Wasseranalyse sowie Füllstandsmesstechnik für feine und grobe, feste und flüssige Medien her. Sie vertreibt die Produkte im Inland und im europäischen Ausland mit einer eigenen Vertriebsorganisation. Abnehmer der Produkte sind Unternehmen der chemischen Industrie, Kraftwerke, Klärwerke, Futtermittelhersteller, Silobetreiber und Umweltlaboratorien.

Die anderen drei Unternehmen der Gruppe stellen elektromechanische Schaltgeräte, Last- und Leistungsschalter sowie zentrale Steuerungssysteme für optimale Prozessabläufe in der chemischen Industrie her. So bieten die einzelnen Gruppenunternehmen individuelle, auf ein Fachgebiet bezogene Problemlösungen an. Die Gruppe kann darüber hinaus komplette Leistungspakete zur Realisierung komplexer Projekte anbieten.

Weil einerseits der Erfolg des Unternehmens abhängig ist vom Ansehen des Unternehmens, andererseits das Ansehen des Unternehmens aber auch bestimmt wird vom Auftreten und Verhalten der Mitarbeiter, hat die *Industrielle Steuerungstechnik AG* Verhaltensgrundsätze aufgestellt. Nach diesen Grundsätzen sollen die Mitarbeiter ihr Verhalten beim Aufbau geschäftlicher Partnerschaften, bei Einkauf und Verkauf sowie bei Kontakten mit Behörden, Banken usw. ausrichten.

Welchen Wert die *Industrielle Steuerungstechnik AG* den Verhaltensgrundsätzen beimisst, wird bereits in der Einleitung deutlich: „Der gute Ruf unseres Unternehmens ist die Grundlage für erfolgreiches Zusammenarbeiten mit Lieferanten, Kunden, Behörden und Kapitalgebern. Deshalb sind alle Mitarbeiter aufgefordert, ihr Verhalten an diesen Grundsätzen und Regeln auszurichten. Die Führungskräfte sollen sie einmal im Jahr mit den ihnen unterstellten Mitarbeitern erörtern."

Die allgemeinen Grundsätze enthalten u. a. folgende Kerngedanken:

- Die Mitarbeiter verhalten sich, wenn sie als Repräsentanten des Unternehmens auftreten, einwandfrei.

- Die Mitarbeiter sollen mit Gepflogenheiten des Geschäfts- bzw. Verhandlungspartners, die in seiner Person oder in seiner sozialen bzw. nationalen Herkunft begründet sind, rücksichtsvoll umgehen und keine Missbilligung äußern.

- Kaufmännische Entscheidungen dürfen nicht durch Geschenke oder Zuwendungen beeinflusst werden.

- Die Führungskräfte sorgen in ihren Bereichen bzw. Abteilungen für die Einhaltung der Verhaltensgrundsätze.
- Aktive und passive Bestechung ist unzulässig. Bestechung verzerrt den Wettbewerb, dadurch können z. B. Beschaffungskosten steigen, die Transparenz der Vorgänge geht verloren.
- Die *Industrielle Steuerungstechnik AG* berücksichtigt die Empfehlungen des Deutschen Corporate Governance Kodex; Abweichungen werden im Entsprechensbericht bekannt gemacht.

Dem Einkauf misst die *Industrielle Steuerungstechnik AG* wegen seines direkten Kontaktes zur Öffentlichkeit besondere Bedeutung bei. Für den Aufbau und die Pflege der Lieferantenbeziehungen gelten besondere Verhaltensgrundsätze für die Mitarbeiter im Einkauf. Daraus werden im Folgenden einige Kerngedanken wiedergegeben:

- Die Interessen des Unternehmens sind zu wahren. So soll z. B. der Mitarbeiter Lieferanten nicht aus persönlichen Gründen präferieren, weil diese u. U. mit den Unternehmensinteressen kollidieren können.
- Unlautere Versuche eines Lieferanten, die Einkaufsentscheidung zu seinen Gunsten zu beeinflussen, sind unbedingt abzulehnen. Der Vorgang ist zu dokumentieren.
- Lieferanten sind nach objektiven Kriterien zu beurteilen und auszuwählen, dazu zählen z. B.
  - Preis
  - Qualität
  - Lieferzeit, Einhaltung von Liefervereinbarungen
  - Kooperationsbereitschaft
  - Image
  - Organisation
  - Kapitalbasis.
- Die Lieferanten, mit denen aktuelle Lieferbeziehungen bestehen, sind regelmäßig nach den angegebenen Kriterien zu überprüfen.
- Bei Anfragen sind den Lieferanten die bei der *Industrielle Steuerungstechnik AG* geltenden Regeln für die Angebotsabgabe bekannt zu geben.

Die vorstehenden Auszüge aus einem umfangreichen Regelkatalog sind Grundlage der folgenden Aufgaben und Fragen.

01. Warum stellt die *Industrielle Steuerungstechnik AG* den Katalog von Verhaltensgrundsätzen auf?

02. Wie hängen Verhaltensgrundsätze, Unternehmensleitbild und Unternehmensziele zusammen?

03. Welche Bedeutung hat der Hinweis, dass sich die *Industrielle Steuerungstechnik AG* an die Empfehlungen des Deutschen Corporate Governance Kodex hält?

04. Warum wird ausdrücklich verlangt, dass Lieferanten nach objektiven und den ausschließlich aufgezählten Kriterien auszuwählen sind?

Nr.	**5.3**
Prüfungsbereich	5. Personalführung, Team- und Projektmanagement
Qualifikationsschwerpunkt	Team- und Projektmanagement
Thema der Aufgabe	**Teamorganisation und Teamarbeit**
Textbezug	5.3.1.2 und 5.3.1.3
Lernziele	Fähigkeit (Wissen 1)
Punkte	100

Die *Norddeutsche Industrie-Glas AG* stellt Rohre, Injektoren, Kolben, Reagenzgläser, Glasplatten und dgl. aus Quarzglas her und vertreibt sie unter dem (geschützten) Produktnamen *Industrieglas* an Industrieunternehmen. Hauptabnehmer sind Unternehmen der chemischen und pharmazeutischen Industrie, Hersteller von Laboreinrichtungen und Hersteller von Waschmaschinen, Elektroherden und ähnlichen Haushaltsgeräten.

Zum Produktprogramm der Norddeutschen Industrie-Glas AG gehören auch gerahmte Glasplatten verschiedener Größen mit Einrichtungen zum sicheren Stapeln in Abständen von 12 cm. Diese Glasplatten sind ein wichtiger Umsatzträger. Die Rahmen mit den Stapelvorrichtungen werden von einem niederländischen Produzenten bezogen. Wegen der Kostenvorteile wurde das bisher für die Herstellung verwendete Metall durch Plastik ersetzt.

Bei der Norddeutschen Industrie-Glas AG geht die Mängelrüge der Labortechnik GmbH, eines bedeutenden Abnehmers der Industrie-Glas-Erzeugnisse, ein. Die Labortechnik GmbH stellt Laboreinrichtungen her und verwendet dabei u. a. die Glasplatten 40 · 60 der Norddeutschen Industrie-Glas AG. Die Labortechnik GmbH bemängelt die letzte Lieferung von Glasplatten: Bei Kälteeinwirkung ab etwa minus 10° C reißen die Rahmen und die Stapelvorrichtungen verlieren die Standfestigkeit.

Der niederländische Hersteller ist zu Ersatzleistungen nicht bereit, weil er bei seinem Angebot darauf hingewiesen hat, dass Materialveränderung bei Kälteeinwirkungen möglich sind. Offensichtlich waren die Warnhinweise der Norddeutschen Industrie-Glas AG an die Abnehmer der Glasplatten unzulänglich.

Wegen der grundsätzlichen Bedeutung des Vorgangs in rechtlicher und konstruktionstechnischer Hinsicht ordnet die Geschäftsführung an, dass das sog. Kompetenzteam den Vorgang diskutiert und Vorschläge zur Lösung des anstehenden Problems vorlegt. Dem Kompetenzteam gehören die folgenden kompetenten Mitarbeiter an.

- Der Qualitätsmanager, der von der Geschäftsführung auch als Teamleiter bestimmt wird
- der Produktmanager
- der Einkaufsleiter
- der Leiter der Abteilung Entwicklung und Konstruktion
- der Kundendienstmitarbeiter
- im vorliegenden Fall: ein Vertreter der Rechtsabteilung (Rechtsanwalt).

01. Kennzeichnen Sie kurz den betriebswirtschaftlichen und den rechtlichen Aspekt des geschilderten Vorgangs.

02. Was ist ein Team und welche Aufgaben hat ein Team im Allgemeinen? Welche Aufgaben hat das Kompetenzteam der Norddeutschen Industrie-Glas AG?

03. Welche Aufgaben hat der Teamleiter?

04. Versuchen Sie, Statements in wenigen Sätzen zu entwerfen, mit denen die Teammitglieder aus der Sicht ihrer jeweiligen Funktion auf das Problem und seine Lösung eingehen könnten.

Nr.	**5.4**
Prüfungsbereich	5. Personalführung, Team- und Projektmanagement
Qualifikationsschwerpunkt	Projektmanagement
Thema der Aufgabe	**Projektauslösung und Projektplanung**
Textbezug	5.3.2
Lernzielstufe	Fähigkeit (Wissen 1)
Punkte	100

Die Kleinschnitt GmbH, Herstellerin chemischer Produkte, hat vor einigen Jahren einen Produktionsbetrieb in eine kleine norddeutsche Stadt verlegt. Der Betrieb liegt am Rande eines Industriegebietes, das unmittelbar an Wohnsiedlungen grenzt. Vor einiger Zeit musste der Betrieb vergrößert, modernisiert und umgebaut werden. Die umfangreichen Bauarbeiten haben ein erhebliches Verkehrsaufkommen, viel Lärm und Staub verursacht.

In der örtlichen Presse wurde über die Betriebserweiterung berichtet; die Berichte lösten eine Reihe von Leserzuschriften aus, die nahezu alle die Furcht vor Belästigungen durch Geruch, Abgas, Staub u. Ä. ausdrückten. Auch eine Bürgerversammlung kam auf Initiative einer politischen Partei zu Stande, in der die Gefährdung von Umwelt und Menschen durch die chemische Industrie im Allgemeinen und durch die Kleinschnitt GmbH im Besonderen diskutiert wurde.

Die Unternehmensleitung möchte diesen Bedenken entgegenwirken und sich der Öffentlichkeit als ein sympathisches Unternehmen darstellen, das sorgfältig mit Produktionsfaktoren umgeht und sowohl eine Gefährdung der Mitarbeiter als auch der Umwelt um jeden Preis zu vermeiden sucht und sich darüber hinaus aktiv für den Umweltschutz einsetzt. Der Geschäftsführer schlägt vor, dass sich das Unternehmen an einem „Tag der offenen Tür" der Öffentlichkeit entsprechend seiner Ziele präsentiert, über seinen Umgang mit Produktionsfaktoren, über Produktionsabläufe und über Arbeitsbedingungen sowie über seine Aktivitäten zum Schutz der Umwelt informiert.

Der „Tag der offenen Tür" soll von einer Projektgruppe vorbereitet werden; auf besonderen Wunsch der Geschäftsleitung sollen die Auszubildenden an der Vorbereitung und der Veranstaltung beteiligt werden.

Geben Sie einen Überblick über

- Projektauslösung
- Projektplanung.

Nr.	6.1
Prüfungsbereich	6. Einkauf
Qualifikationsschwerpunkt	Beschaffungsmarktforschung
Thema der Aufgabe	**ABC-Analyse**
Textbezug	6.1.2.2.5
Lernzielstufe	Fähigkeit (Können 1)
Punkte	47

Für die Durchführung einer ABC-Analyse liegt Ihnen folgende Tabelle vor.

Artikel-Nr.	Stück	Preis je ME in €
1001	16	430,00
1002	950	4,40
1003	150	3,00
1004	490	1,40
1005	100	6,00
1006	85	8,00
1007	1.500	0,13
1008	1.800	0,10
1009	1.150	0,08
1010	4.000	0,03

01. Ermitteln Sie die Wertgruppen A, B und C. (27 Punkte)

02. Stellen Sie das Ergebnis in einer Konzentrationskurve dar. (10 Punkte)

03. Kennzeichnen Sie kurz die Bedeutung der ABC-Analyse für die Materialwirtschaft. (10 Punkte)

Erstellung einer Strukturstückliste und Bedarfsermittlung 621

Nr.	6.2
Prüfungsbereich	6. Einkauf
Qualifikationsschwerpunkt	Bedarfsanalyse
Thema der Aufgabe	**Erstellung einer Strukturstückliste und Bedarfsermittlung**
Textbezug	6.1.2.3
Lernzielstufe	Fähigkeit (Können 1)
Punkte	68

Sie erhalten als Mitarbeiter im Einkauf den Auftrag, aus einer vorgegebenen Fertigungsstruktur, die in einem sog. Strukturbaum dargestellt ist, eine Strukturstückliste zu erstellen.

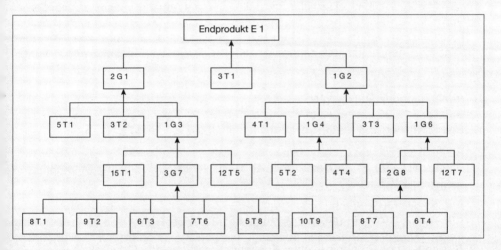

01. Erstellen Sie anhand des Strukturbaums eine Strukturstückliste. (50 Punkte)

02. Ermitteln Sie den Bedarf nach der Strukturstückliste unter der Voraussetzung, dass 500 Stück des Endprodukts E 1 hergestellt werden sollen. (18 Punkte)

Nr.	6.3
Prüfungsbereich	6. Einkauf
Qualifikationsschwerpunkt	Angebotsprüfung und -bewertung
Thema der Aufgabe	**Angebotsvergleich**
Textbezug	6.2.1.2
Lernzielstufe	Beherrschung (Können 3)
Punkte	23

Die Landtransport GmbH in Kiel, Herstellerin landwirtschaftlicher Transporteinrichtungen, hat Informationen vorliegen, wonach offenbar Nachfrage nach einachsigen Pkw-Anhängern mit geschlossenem Aufbau besteht. Sie zieht deshalb in Erwägung, ihr Sortiment entsprechend zu erweitern. Die Pläne gehen dahin, den Kastenaufbau gemäß dem Kundenbedarf selbst herzustellen und auf Anhängergestell zu montieren, die von anderen Unternehmen bezogen werden sollen. Die Beschaffungsabteilung wird deshalb beauftragt, Angebote für eine vorläufige Bedarfsmenge von 200 Stück von einschlägigen Herstellerbetrieben einzuholen. Folgende Angebote werden vorgelegt.

1. Anhängerfabrik Augsburg AG (AFAG):
   Stückpreis: 520 €; bei Bezug von mind. 100 Stück: Rabatt von 10 %; Lieferung frei Haus; Zahlung in 30 Tagen, bei Zahlung innerhalb von 14 Tagen 2 % Skonto

2. Schmidt-Fahrzeuge GmbH, Hannover:
   Stückpreis: 490 €; ab Werk; zahlbar in 30 Tagen, bei Zahlung innerhalb von 14 Tagen 2 % Skonto

3. Anton Müller KG, Hamburg:
   Stückpreis: 530 €; für die in Aussicht gestellte Menge: Rabatt von 15 %; Lieferung frei Bahnhof dort; Zahlung in 30 Tagen, bei Zahlung innerhalb von 14 Tagen 2 % Skonto.

Aufgaben

01. Vergleichen Sie die Angebote. Erläutern Sie das Ergebnis. (11 Punkte)

02. In der Darstellung werden einige Lieferungs- und Zahlungsbedingungen genannt. Was wird mit Lieferungs- und Zahlungsbedingungen geregelt? Nennen Sie weitere Lieferungs- und Zahlungsbedingungen, erklären Sie sie. (4 Punkte)

03. Lohnt sich Skontoziehung? Begründen Sie Ihre Meinung evtl. anhand eines Zahlenbeispiels. (3 Punkte)

04. Erklären Sie die Bedeutung von Rabatten. Gehen Sie auch auf den Unterschied zwischen Rabatt und Skonto ein. (3 Punkte)

05. Die Angebote in der Darstellung sind „freibleibend". Erklären Sie diese Klausel. (2 Punkte)

Nr.	**6.4**
Prüfungsbereich	6. Einkauf
Qualifikationsschwerpunkt	Angebotsprüfung und -bewertung
Thema der Aufgabe	**Skontoziehung**
Textbezug	6.2.1.2
Lernzielstufe	Beherrschung (Können 3)
Punkte	10

A bezieht von B Rohstoffe im Wert von 4.556 €. Folgende Zahlungsbedingung wird vereinbart: Zahlung innerhalb von 30 Tagen ohne Abzug, bei Zahlung innerhalb von 14 Tagen 2 % Skonto.

01. Lohnt sich die Skontoziehung? Begründen Sie Ihre Meinung und benutzen Sie dabei einen Bankzinssatz in Höhe von 12 %. (7 Punkte)

02. Welchem Zinssatz entspricht der Skontosatz? (3 Punkte)

Nr.	6.5
Prüfungsbereich	6. Einkauf
Qualifikationsschwerpunkt	Einkauf von Investitionsgütern
Thema der Aufgabe	**Kostenvergleichsrechnung (Investitionsgüter)**
Textbezug	6.4.3.1
Lernzielstufe	Kenntnis (Wissen 2)
Punkte	20

Die Ostholmer Mühlenwerke GmbH plant zur Erweiterung ihrer Kapazität die Einrichtung eines weiteren Transportbandes. Es liegen zwei Angebote vor. Bei den Objekten kann von gleich hohen Erträgen ausgegangen werden.

- Angebot A
  - Anschaffungskosten: 1.000.000 €
  - Nutzungsdauer: 4 Jahre
  - kalkulatorischer Zinssatz: 7,5 %
  - Betriebskosten: 400.000 €.

- Angebot B
  - Anschaffungskosten: 800.000 €
  - Nutzungsdauer: 4 Jahre
  - kalkulatorischer Zinssatz: 7,5 %
  - Betriebskosten: 450.000 €.

01. Vergleichen Sie die Angebote unter Einbeziehung der angegebenen Kosten. Stellen Sie für den Vergleich eine Tabelle auf. (16 Punkte)

02. Warum kann im vorliegenden Fall eine Kostenvergleichsrechnung zur Beurteilung herangezogen werden? (4 Punkte)

Eigenproduktion – Fremdbezug

Nr.	**6.6**
Prüfungsbereich	6. Einkauf
Qualifikationsschwerpunkt	Make-or-buy-Analyse
Thema der Aufgabe	**Eigenproduktion – Fremdbezug**
Textbezug	6.3.3
Lernzielstufe	Beherrschung (Können 3)
Punkte	28

Die Landtransport GmbH in Kiel, die landwirtschaftliche Transporteinrichtungen herstellt, hat, der Kundennachfrage entsprechend, Pkw-Anhänger mit geschlossenem Aufbau in ihr Angebot aufgenommen. Der Kastenaufbau wird im eigenen Betrieb hergestellt (Eigenproduktion) und auf ein Anhängergestell montiert, das von einem anderen Hersteller bezogen wird (Fremdbezug). Herstellung des Aufbaus und die Montage werden in Werkstätten ausgeführt (Werkstättenfertigung). Die Nachfrage nach den Anhängern entwickelt sich kurzfristig durchaus positiv, die weitere Entwicklung ist aber eher unsicher. Wenn die Nachfrageentwicklung allerdings langfristigen Bestand hat, sollen die Gestelle zu einem späteren Zeitpunkt in Eigenproduktion hergestellt werden. Es sind deshalb Überlegungen anzustellen, bei welcher Produktionsmenge sich die Eigenproduktion lohnen könnte.

Das Anhängergestell wird zurzeit mit 2.000 € eingekauft; der Zulieferer ist ein auf die Herstellung von Anhängergestellen spezialisiertes Unternehmen, mit dem die Zusammenarbeit bisher problemlos verlief. Bei Übernahme in Eigenproduktion werden weitere maschinelle Einrichtungen erforderlich; die entsprechenden Investitionsausgaben können mit 2.500.000 € veranschlagt werden; für die Nutzungsdauer der Maschinen werden vier Jahre zu Grunde gelegt. Die Personalkosten werden (unter Berücksichtigung der geschätzten Entwicklung) mit 35.000 € pro Rechnungsperiode, die Produktionskosten mit 800 € pro Stück angenommen.

01. Ermitteln Sie die kritische Menge, stellen Sie das Ergebnis auch in einer Handzeichnung dar. Was gibt die kritische Menge an? (12 Punkte)

02. Lohnt sich im vorliegenden Fall die Eigenproduktion, wenn von einer Produktionsmenge von 550 Stück, die auf lange Sicht erreichbar erscheint, ausgegangen wird? (6 Punkte)

03. Zeigen Sie Probleme auf, die im Zusammenhang mit der Übernahme in Eigenproduktion auftreten. (10 Punkte)

Nr.	**6.7**
Prüfungsbereich	6. Einkauf
Qualifikationsschwerpunkt	Make-or-buy-Analyse
Thema der Aufgabe	**Produktakquisition**
Textbezug	6.3.3
Lernzielstufe	Beherrschung (Können 3)
Punkte	20

Die MedVet GmbH vertreibt in Deutschland die Tierarzneimittel eines Schweizer Herstellers; Kunden sind vor allem Tierärzte. Die MedVet GmbH erwirbt bei einem holländischen Produzenten einen Impfstoff für Katzen gegen die sog. Katzenleukose, den sie unter ihrer Marke an die Tierärzte verkaufen will. Sie betreibt also Produktakquisition.

Erörtern Sie Gründe der MedVet GmbH für die Akquisition des Medikaments.

Investitionsrechnung 627

Nr.	**6.8**
Prüfungsbereich	6. Einkauf
Qualifikationsschwerpunkt	Einkauf von Investitionsgütern
Thema der Aufgabe	**Investitionsrechnung**
Textbezug	6.4.3.1
Lernzielstufe	Kenntnis (Wissen 2)
Punkte	20

Die Ostholmer Mühlenwerke GmbH plant zur Erweiterung ihrer Kapazität die Einrichtung eines weiteren Transportbandes. Die Anschaffungskosten für die Maschine belaufen sich auf 800.000 €. Die Nettoeinnahmen (Einnahmen - Ausgaben) aus dieser Maschine betragen in den 5 Jahren der Nutzung

1. 400.000 €
2. 390.000 €
3. 420.000 €
4. 370.000 €
5. 320.000 €.

Sie sollen die Entscheidung für oder gegen die Investition auf der Grundlage einer Investitionsrechnung bei einem Zinssatz vorbereiten.

01. Ermitteln Sie den Kapitalwert. Zu welcher Entscheidung kommen Sie? (10 Punkte)

02. Erläutern Sie das Ergebnis. Geben Sie dabei an, wie bei der Ermittlung des Kapitalwerts vorgegangen wird. (10 Punkte)

Abzinsungstabelle (Auszug)

	bei einmaliger Zahlung				bei mehrmaliger Zahlung			
n	6 %	8 %	10 %	12 %	6 %	8 %	10 %	12 %
1	0,9434	0,9259	0,9091	0,8929	0,9434	0,9259	0,9091	0,8929
2	0,8900	0,8573	0,8264	0,7972	1,8334	1,7833	1,7355	1,6901
3	0,8396	0,7938	0,7513	0,7118	2,6730	2,5771	2,4869	2,4018
4	0,7921	0,7350	0,6830	0,6355	3,4651	3,3121	3,1699	3,0373
5	0,7473	0,6806	0,6209	0,5674	4,2124	3,9927	3,7908	3,6048
6	0,7050	0,6302	0,5645	0,5066	4,9173	4,6229	4,3553	4,1114
7	0,6651	0,5835	0,5132	0,4523	5,5824	5,2064	4,8684	4,5638
8	0,6274	0,5403	0,4665	0,4039	6,2098	5,7466	5,3349	4,9676
9	0,5919	0,5002	0,4241	0,3606	6,8017	6,2469	5,7590	5,3282
10	0,5584	0,4632	0,3855	0,3220	7,3601	6,7101	6,1446	5,6502
11	0,5268	0,4289	0,3505	0,2875	7,8869	7,1390	6,4951	5,9377
12	0,4970	0,3971	0,3186	0,2567	8,3838	7,5361	6,8137	6,1944

Nr.	**6.9**
Prüfungsbereich	6. Einkauf
Qualifikationsschwerpunkt	Lieferantenmanagement
Thema der Aufgabe	**Lieferantenauswahl und -förderung**
Textbezug	6.2.1.3
Lernzielstufe	Beherrschung (Können 3)
Punkte	43 Punkte

Die SchiffsColor GmbH in Hamburg stellt Farben zur Verwendung im Schiffsbau her und beliefert Werften in Norddeutschland. Zur Herstellung der Außenfarben wird ein bestimmter Grundstoff verwendet, der von mehreren Lieferanten in ganz Deutschland bezogen wird. Die Unternehmensleitung beabsichtigt, die Anzahl der Lieferanten zu reduzieren. Die Leitung der Beschaffungsabteilung wird deshalb beauftragt, aus den vorliegenden Daten sinnvolle Kriterien für die Beurteilung der bisherigen Lieferanten abzuleiten und anhand dieser Daten die Lieferanten zu analysieren und zu bewerten sowie eine Auswahl zuverlässiger und guter Lieferanten vorzuschlagen.

01. Nennen Sie Kriterien für die Lieferantenanalyse, und geben Sie an, welches Ziel mit der Lieferantenanalyse verfolgt wird. (10 Punkte)

02. Kennzeichnen Sie den Ablauf des Bewertungsverfahrens. (23 Punkte)

03. Erläutern Sie den Zweck der Lieferantenförderung, und geben Sie an, welche Maßnahmen der Lieferantenförderung im vorliegenden Fall angewendet werden können. (10 Punkte)

Nr.	**6.10**
Prüfungsbereich	6. Einkauf
Qualifikationsschwerpunkt	Einflussnahme durch das preispolitische Instrumentarium
Thema der Aufgabe	**Eigentumsvorbehalt**
Textbezug	6.3.2.2.4
Lernzielstufe	Beherrschung (Können 3)
Punkte	25

Die Getriebebau GmbH in Lübeck hat bei einem Lieferer in Chemnitz Teile gekauft. Im Kaufvertrag wurde Eigentumsvorbehalt bis zum vollständigen Rechnungsausgleich vereinbart.

01. Erläutern Sie die Bedeutung dieser Vereinbarung. (10 Punkte)

02. Welche Probleme entstehen beim einfachen Eigentumsvorbehalt und wie können sie umgangen werden? (15 Punkte)

Nr.	**6.11**
Prüfungsbereich	6. Einkauf
Qualifikationsschwerpunkt	Angebotsprüfung und -bewertung
Thema der Aufgabe	**Angebotsvergleich**
Textbezug	6.2.1.2
Lernzielstufe	Beherrschung (Können 3)
Punkte	20

In der Einkaufsabteilung der Landtransport GmbH in Kiel, geht die Information ein, dass für Profileisen der Meldebestand erreicht wurde, und löst dort Beschaffungsaktivitäten aus. Der bisherige Lieferant, die Eisen-Nord GmbH in Lübeck, konnte in der Vergangenheit zugesagte Liefertermine zweimal nicht einhalten, sodass vom Mindestbestand entnommen werden musste.

Für eine Bedarfsmenge von 5.000 Stück sollen Angebote eingeholt werden, und zwar von der Eisen-Nord GmbH, dem bisherigen Lieferer, von der Kayner KG, Hamburg, und von der Hollsteiner Metallwaren GmbH. Es geht vor allem darum, eine auf Dauer leistungsfähige Bezugsquelle zu ermitteln und mit einem zuverlässigen Lieferer eine auf Dauer angelegte Zusammenarbeit anzustreben. Sie werden beauftragt, die Angebote einzuholen und zu analysieren.

Es gehen folgende Angebote ein.

1. **Angebot (Eisen-Nord GmbH)**
   Preis 40 €/100 Stück; bei Abnahme von mind. 3.000 Stück: 35 €/100 Stück
   Zahlungsbedingungen: 30 Tage Ziel, bei Zahlung innerhalb von 10 Tagen 3 % Skonto
   Lieferbedingungen: Lieferung frei Haus, Lieferfrist: 10 Tage.

2. **Angebot (Kayner KG)**
   Preis: 45 €/100 Stück, Rabatt 12,5 % bei der in Aussicht gestellten Menge,
   Zahlungsbedingungen: 30 Tage Ziel, bei Zahlung innerhalb von 14 Tagen 2 % Skonto
   Frachtkostenanteil: 1 €/100 Stück
   Lieferfrist: Lieferung sofort möglich.

3. **Angebot (Holsteiner Metallwaren GmbH)**
   Preis: 43 €/100 Stück, Rabatt ab 2.000 Stück 10 %
   Zahlungsbedingungen: 30 Tage Ziel, bei Zahlung innerhalb von 10 Tagen, 3 % Skonto
   Frachtkostenanteil: 1,20 €/100 Stück
   Lieferfrist: 3 Wochen.

01. Vergleichen Sie die Angebote, stellen Sie dazu eine Tabelle auf. (8 Punkte)

02. Erörtern Sie kurz das Ergebnis. (12 Punkte)

Verfügbarer Bestand

Nr.	**7.1**
Prüfungsbereich	7. Logistik
Qualifikationsschwerpunkt	Arten der Rechnungssysteme (im Lager) – Bestandsrechnungen
Thema der Aufgabe	**Verfügbarer Bestand**
Textbezug	7.3.4.2
Lernzielstufe	Fertigkeit (Können 2)
Punkte	12

Die Landtransport GmbH in Kiel, die vor allem Lkw-Anhänger für den landwirtschaftlichen Bedarf herstellt, hat für Profileisen im vergangenen Jahr die angegebenen Monatsbestände ermittelt.

01. Ermitteln Sie den durchschnittlichen Jahresbestand aus den folgenden Monatsbeständen. (4 Punkte)

Dez	Jan	Feb	Mrz	Apr	Mai	Jun	Jul	Aug	Sep	Okt	Nov	Dez
350	720	270	265	400	385	490	615	631	578	299	212	283

02. Ermitteln Sie die verfügbaren Monatsbestände unter Berücksichtigung der folgenden Bestellbestände und reservierten Bestände. (4 Punkte)

	Dez	Jan	Feb	Mrz	Apr	Mai	Jun	Jul	Aug	Sep	Okt	Nov	Dez
Bestellbestände	–	–	40	55	56	30	69	75	86	75	99	255	41

	Dez	Jan	Feb	Mrz	Apr	Mai	Jun	Jul	Aug	Sep	Okt	Nov	Dez
reservierte Bestände	30	30	60	45	63	40	55	88	100	112	123	154	80

03. Ermitteln Sie den durchschnittlich verfügbaren Bestand. (4 Punkte)

Nr.	7.2
Prüfungsbereich	7. Logistik
Qualifikationsschwerpunkt	Bestandsrechnung
Thema der Aufgabe	**Lagerkennziffern**
Textbezug	7.3.4.2
Lernzielstufe	Fertigkeit (Können 2)
Punkte	12

Bei der Großbäckerei Thaer weist die Lagerkarte für Weizenmehl Typ 405 (exemplarisch verkürzt) folgende (mit Einstandspreisen bewertete) Bestandsveränderungen auf.

			€		
lfd. Nr.	Datum	Text	Zugang	Abgang	Bestand
1	02.01.	Anfangsbestand			3.000,00
2	15.01.	Einkauf	6.000,00		9.000,00
3	02.02.	Entnahme		5.787,00	3.213,00
4	10.03.	Einkauf	2.625,00		5.838,00
5	15.03.	Entnahme		1.825,00	4.013,00
6	20.04.	Einkauf	4.500,00		8.513,00
7	03.05.	Einkauf	2.527,00		11.040,00
8	20.06.	Entnahme		2.208,00	8.832,00
9	09.07.	Entnahme		3.501,75	5.330,25
10	29.08.	Einkauf	1.975,80		7.306,05
11	02.09.	Entnahme		5.724,60	1.581,45
12	10.09.	Einkauf	3.858,65		5.440,10
13	29.10.	Entnahme		2.040,00	3.400,10
14	05.11.	Einkauf	7.850,00		11.250,10
15	02.12.	Entnahme		2.890,00	8360,10
16	15.12.	Entnahme		3.500,00	4860,10
17	16.12.	Entnahme		4.150,10	710,00

Ermitteln Sie die folgenden Kennziffern.

01. Durchschnittlicher Lagerbestand (4 Punkte)

02. Umschlagshäufigkeit (4 Punkte)

03. Durchschnittliche Lagerdauer (4 Punkte)

Lagerbestandsplanungen mit Lagerkennziffern

Nr.	**7.3**
Prüfungsbereich	7. Logistik
Qualifikationsschwerpunkt	Bestandsrechnung
Thema der Aufgabe	**Lagerbestandsplanungen mit Lagerkennziffern**
Textbezug	7.3.4.2
Lernzielstufe	Fertigkeit (Können 2)
Punkte	17

Ihnen liegen die folgenden Angaben vor:

- Durchschnittlicher Lagerbestand: 30.000 €
- Wareneinsatz zu Einstandspreisen: 270.000 €
- Kosten der Lagerhaltung: 32.400 €

01. Ermitteln Sie die Umschlagshäufigkeit. Erklären Sie diese Zahl. (3 Punkte)

02. Ermitteln Sie die durchschnittliche Lagerdauer. Erklären Sie diese Zahl. (3 Punkte)

03. Ermitteln Sie den Kostensatz der Lagerhaltung. Erklären Sie diese Zahl. (3 Punkte)

04. Die Umschlagshäufigkeit
    1. sinkt auf 6
    2. steigt auf 12.

    Welchen Einfluss haben die Änderungen auf die Kostensätze der Lagerhaltung und auf die durchschnittliche Lagerdauer? (Annahme: Konstanz des durchschnittlichen Lagerbestands und der Lagerhaltungskosten.) (6 Punkte)

05. Erörtern Sie die Zusammenhänge zwischen Umschlagshäufigkeit und Lagerhaltungskosten. (2 Punkte)

Nr.	**7.4**
Prüfungsbereich	7. Logistik
Qualifikationsschwerpunkt	Inventur
Thema der Aufgabe	**Bestandsbewertungen**
Textbezug	7.3.4.4.2
Lernzielstufe	Fertigkeit (Können 2)
Punkte	28

	Stück	Einzelpreis in €
Anfangbestand	800	5,00
Einkauf	200	5,85
Verkauf	300	
Verkauf	400	
Einkauf	250	6,10
Verkauf	500	
Einkauf	100	6,25
Verkauf	30	
Einkauf	625	6,55
Verkauf	300	
Verkauf	320	
Einkauf	50	7,20

01. Ermitteln Sie den Schlussbestand und bewerten Sie ihn

   1. zum Buchbestandspreis (5 Punkte)

   2. nach dem Verfahren mit gleitenden Durchschnittspreisen (5 Punkte)

   3. nach dem Fifo-Verfahren (5 Punkte)

   4. nach dem Lifo-Verfahren. (5 Punkte)

02. Geben Sie in einer Tabelle an, welche der Bewertungsverfahren nach Handels- und Steuerrecht zulässig sind. (8 Punkte)

Grad der Lieferbereitschaft

Nr.	**7.5**
Prüfungsbereich	7. Logistik
Qualifikationsschwerpunkt	Controllinggrößen
Thema der Aufgabe	**Grad der Lieferbereitschaft**
Textbezug	7.5.2
Lernzielstufe	Überblick (Wissen 1)
Punkte	23

Die Drinkuth GmbH & Co. KG in Ahrnesburg ist Anbieterin alkoholischer Getränke mit einem umfangreichen Sortiment an Obst- und Kornbranntweinen, mehreren Weinbränden, Rum der Traditionsmarke Seelord und einige Sektmarken.

Die Drinkuth GmbH & Co. KG stellt die von ihr angebotenen Produkte zu einem Teil selbst her; der größere Teil des Sortiments wird fremd bezogen. Im Angebot befindet sich auch ein Obstbranntwein, der von einem Hersteller in Süddeutschland bezogen wird. In den einzelnen Monaten des vergangenen Jahres lagen die im Folgenden aufgelisteten Aufträge vor, für die das Lager im angegebenen Umfang sofort lieferbereit war.

	Aufträge	ausgeführte Aufträge		Aufträge	ausgeführte Aufträge
Januar	1.254	1.078	**Juli**	1.330	1.225
Februar	1.401	1.247	**August**	1.390	1.304
März	1.395	1.289	**September**	1.400	1.290
April	1.195	1.119	**Oktober**	1.250	1.123
Mai	1.300	1.260	**November**	1.100	950
Juni	1.325	1.185	**Dezember**	1.000	890

01. Ermitteln Sie den Grad der Lieferbereitschaft. Was gibt der ermittelte Wert an? (3 Punkte)

02. Kann dieser Wert als Grundlage für die Planung des Folgejahres dienen? (7 Punkte)

03. Welche Fehlmengenkosten könnten entstehen? (6 Punkte)

04. Nehmen Sie Stellung zu der Behauptung, viele Unternehmen hielten einen Lieferbereitschaftsgrad von 95 für ausreichend. (3 Punkte)

05. Mit welchem durchschnittlichen Lagerbestand könnte die Drinkuth GmbH & Co. KG einem geplanten Grad der Lieferbereitschaft in Höhe von 95 gerecht werden? (4 Punkte)

Nr.	**7.6**
Prüfungsbereich	7. Logistik
Qualifikationsschwerpunkt	Lagersteuerung
Thema der Aufgabe	**Mindestbestand und Meldebestand**
Textbezug	7.3.3.1
Lernzielstufe	Kenntnisse (Wissen 3)
Punkte	14

In der Einkaufsabteilung der Ostholmer Mühlenwerke GmbH geht die Mitteilung des Lagers ein, dass bei dem Verpackungsmaterial für Weizenmehl Typ 405 (1.000-g-Beutel mit Aufdruck der Marke, des Typs, der Firma und des Gütezeichens) der Meldebestand erreicht ist.

Die OMW rechnet bei diesem Produkt zuzeit mit einer Lieferzeit von 21 Tagen, der tägliche Bedarf liegt bei 10.000 Stück, der Mindestbestand wird mit 20.000 Stück angegeben.

01. Ermitteln Sie die Höhe des Meldebestands. (3 Punkte)

02. Welche Bedeutung hat der Meldebestand? (3 Punkte)

03. Welche Bedeutung hat der Mindestbestand? (4 Punkte)

04. Wegen der Einrichtung eines weiteren Transportbandes mit Abfülleinrichtung erhöht sich der Bedarf an 1.000-g-Beuteln auf 15.000 Stück pro Tag. Wirkt sich diese Veränderung auf den Meldebestand aus? Wenn ja: wie? (4 Punkte)

Festplatzsystem – Freiplatzsystem 637

Nr.	**7.7**
Prüfungsbereich	7. Logistik
Qualifikationsschwerpunkt	Lagerordnung
Thema der Aufgabe	**Festplatzsystem – Freiplatzsystem**
Textbezug	7.3.1.3.1
Lernzielstufe	Verständnis (Erkennen 3)
Punkte	16

Die Feuerschutz GmbH stellt für den mobilen Brandschutz u. a. Feuerlöscher und Feuerlöschgeräte her, die sie unter dem Markennamen VIGILEX vertreibt. Das Feuerlöschgerät Vigilexol 50, das einen Löschmittelvorrat von 50 l enthält, ist auf einen kleinen Karren mit zwei Rädern, Seitenhalterungen und einem Lenkgriff montiert; er ermöglicht den raschen Transport des relativ schweren Geräts an den Einsatzort. Die Karren werden von einem Lieferanten aus Hamburg bezogen. Die für die Produktion erforderlichen Karren werden von der Beschaffungsabteilung nach Eingang der Bedarfsmeldungen bzw. nach Erreichung des Bestellpunkts bestellt.

Die Ware wird wie vereinbart verpackt und auf Paletten mit Lkws angeliefert. Nach Abschluss der Prüfungsarbeiten (Warenprüfung) werden die Paletten von einem Lagerarbeiter mittels Gabelstapler in den Lagerraum transportiert und dort auf die derzeit freien Plätzen untergebracht. Diese Methode der Lagerordnung wird als Freiplatzsystem bezeichnet. Der Lagerleiter hat kürzlich vorgeschlagen, diese Methode durch das Festplatzsystem zu ersetzen.

01. Stellen Sie das Freiplatzsystem auch hinsichtlich seiner Vor- und Nachteile dar. (6 Punkte)

02. Stellen Sie das Festplatzsystem auch hinsichtlich seiner Vor- und Nachteile dar. (6 Punkte)

03. Nehmen Sie Stellung zu dem Vorschlag des Lagerleiters. (4 Punkte)

Nr.	**7.8**
Prüfungsbereich	7. Logistik
Qualifikationsschwerpunkt	Qualitätsprüfung
Thema der Aufgabe	**Eingangsprüfung – Stichproben**
Textbezug	7.2.3.2
Lernzielstufe	Verständnis (Erkennen 3)
Punkte	45

Die Buntin & Comp. GmbH betreibt in Bremen eine Kaffeegroßrösterei. Der Rohkaffee wird eingeführt, im Betrieb geröstet, verarbeitet und schließlich im gesamten Bundesgebiet vertrieben. Für den Kaffee unterhält die Buntin Comp. GmbH ein Lager im Bremer Hafen. Dort gehen am 04.05. 2.500 Sack Rohkaffee ein; nach Einlagerung soll eine Qualitätskontrolle durchgeführt werden. Allerdings ist eine Prüfung der insgesamt eingelagerten Menge zu aufwändig, deshalb werden nur aus 250 (zufällig ausgewählten) Säcken Proben entnommen. Dazu sticht der Lagermeister mit dem Entnahmegerät in den Sack und zieht eine geringe Menge an Kaffeebohnen heraus. Die Proben werden geprüft. Es zeigt sich, dass drei Proben, das sind 1,5 %, nicht die geforderte Qualität aufweisen. Aus diesem Prüfungsergebnis wird geschlossen, dass wahrscheinlich auch 1,5 % der Gesamtmenge, das sind rd. 38 Säcke, die gleichen Qualitätsmängel aufweisen. Mängel in diesem Umfang werden von der Buntin & Comp. GmbH toleriert; die Ware geht nicht zurück. (Bei einer der letzten Lieferungen lag der Anteil der fehlerhaften Proben bei 3 %.) Sie werden als Mitarbeiter im Einkauf nach Ihrer Meinung befragt, ob das Stichprobenergebnis tatsächlich ein entsprechendes Ergebnis auf die Gesamtheit wiedergibt.

01. Halten Sie den Rückschluss im vorliegenden Fall für zulässig? Erörtern Sie das Problem bei der Übertragung eines Stichprobenergebnisses auf die Gesamtheit. (15 Punkte)

02. Sie werden auch danach gefragt, ob der Umfang der Stichprobe ausreichend war. Welche Faktoren bestimmen den Umfang einer Stichprobe? Wie wird der Stichprobenumfang bestimmt? (10 Punkte)

03. Wie hoch hätte nach Ihrer Meinung der Stichprobenumfang sein müssen? Berechnen Sie den Stichprobenumfang nach der Formel.[1] Legen Sie Ihrer Berechnung einen Sicherheitsfaktor von t = 2 (95,5 % Wahrscheinlichkeit und eine Fehlertoleranz von ± 2 %) zu Grunde, und gehen Sie davon aus, dass keine Angaben über die relativen Anteile der beiden Merkmalsausprägungen „gut" und „nicht gut" gemacht werden. (10 Punkte)

04. Im Text ist von einer Zufallsauswahl die Rede. Welche Bedeutung hat eine Zufallsauswahl von Stichproben? (10 Punkte)

---

[1] Vgl. Kap. 7.2.3.2 Art der Qualitätsprüfung.

Lagerbedarf

Nr.	**7.9**
Prüfungsbereich	7. Logistik
Qualifikationsschwerpunkt	Lagerart und Lagerfunktion
Thema der Aufgabe	**Lagerbedarf**
Textbezug	7.3.1.2 und 7.3.1.3
Lernzielstufe	Verständnis (Erkennen 3)
Punkte	32

Die Erich Scheidsen GmbH in Rheincamp stellt ein Regalsystem her, das sie unter der Bezeichnung *Stormarnia Einrichtungen* an private Haushalte und Betriebe für die Einrichtungen von Wohnungen, Büros und Lager vertreibt. Die Fertigung der Regalbretter und -ständer, der Schubladenelemente, der Rückwände usw. findet in Rheincamp statt, wo sich selbstverständlich auch das Rohstofflager befindet. Als Material für die Produktion wird Massivholz aus Fichte verwandt, das vorwiegend aus Schweden eingeführt wird.

Aus entsprechenden Anfragen von Kunden und aus Vertreterberichten geht hervor, dass Bedarf an verschließbaren Schrankelementen für Akten, Manuskripte und Kleider besteht. Man will deshalb in Ergänzung des bestehenden Systems die Produktion um Schranktüren und speziellen Einlegeböden erweitern. Die Ausdehnung der Produktion macht aber zusätzlichen Lagerraum für die Rohstofflagerung erforderlich. Der Lagerleiter wird deshalb beauftragt, die Möglichkeiten zur Lösung dieses Lagerproblems zu untersuchen.

01. Muss ein Unternehmen der genannten Art ein Rohstofflager unterhalten? Begründen Sie Ihre Meinung. (6 Punkte)

02. Stellt die Lagerung des Rohstoffs Holz an Lagereinrichtung usw. besondere Anforderungen? Begründen Sie Ihre Meinung. (6 Punkte)

03. Lagerhaltung ist teuer. Welche Lagerhaltungskosten fallen an? Wie können Lagerhaltungskosten minimiert werden? (10 Punkte)

04. Erörtern Sie die Möglichkeiten der Erich Scheidsen GmbH, den zusätzlichen Lagerbedarf zu decken. Welche Daten liegen der Planung für den zusätzlichen Lagerraum zu Grunde? (10 Punkte)

Nr.	**7.10**
Prüfungsbereich	7. Logistik
Qualifikationsschwerpunkt	Ziele
Thema der Aufgabe	**Supply Chain**
Textbezug	7.1.1.2
Lernzielstufe	Kenntnis (Wissen 2)
Punkte	20

Die Nordmarkt GmbH ist wie alle großen Handelsunternehmen bemüht, das System des Efficient Consumer Response auszugestalten. Deshalb kommt ihr die Strategien vieler Unternehmen der Konsumgüterindustrie sehr entgegen, die auf eine optimale Organisation der Wertschöpfungsketten abzielen. Um dieses Ziel zu erreichen, wollen sie die Prozesse an der Schnittstelle von Handel und Industrie stärker verzahnen, aufeinander abgestimmte Prozesse weiterentwickeln und erfolgreiche Pilotprojekte in das Tagesgeschäft überführen. Dazu soll der reibungslose Datenaustausch zwischen Handel und Konsumgüterindustrie optimiert und der wirtschaftliche Nutzen der RFID-Technik für beide Seiten unter Beweis gestellt werden.

01. Was ist eine Supply Chain und welche Bedeutung hat das Supply-Chain-Management? (Berücksichtigen Sie dabei das Textbeispiel.) (10 Punkte)

02. Welche Rolle spielt im Text der Datenaustausch? (5 Punkte)

03. Welche Bedeutung hat das RIFD? (5 Punkte)

Nr.	**7.11**
Prüfungsbereich	7. Logistik
Qualifikationsschwerpunkt	Ziele
Thema der Aufgabe	**Cross Docking**
Textbezug	7.1.1.1
Lernzielstufe	Kenntnis (Wissen 2)
Punkte	25

Die Nordmarkt GmbH mit ihrer Zentrale in Kiel unterhält in Schleswig-Holstein und Hamburg eine Reihe von Märkten. Marktleiter in Altenaue ist Herr I. Er ist in seinem Bereich verantwortlich für die Feststellung des Bedarfs im Food- und im Non-Food-Bereich, für Personaleinstellung sowie für Warenannahme mit den Eingangskontrollen. Darüber hinaus hat er abendlich Verkaufs- bzw. Umsatzwerte nach Kiel zu melden. Er ist für seinen Bereich an der Budgetierung beteiligt, schätzt den Umsatz unter den besonderen Bedingungen des Marktumfelds für das kommende Geschäftsjahr ab und ist damit letztlich auch an der Festlegung von Controllingkennziffern beteiligt. Für den Einsatz des Personals sind die Abteilungsleiter Food und Non-Food zuständig.

Herr I. meldet den Bedarf an die zentrale Beschaffung in Kiel. Diese fasst mehrere oder viele Bedarfsmeldungen aller Märkte zusammen und bestellt. Die Zulieferer liefern an das Lager der Zentrale in Kiel; dort werden die Waren filialgerecht kommissioniert und möglichst schnell (wenn möglich innerhalb der nächsten 24 Stunden) mit eigenen Lkws an die Filialen versandt. Bedarfsmeldungen, Bestellungen, Lieferavis und Eingangsbestätigung laufen elektronisch ab.

01. Zeichnen Sie für den dargestellten Sachverhalt Waren und Informationsflüsse. (5 Punkte)

02. Erklären Sie Begriff und Bedeutung von Cross Docking; gehen Sie dabei auch auf den Unterschied zwischen einstufigem und zweistufigem Cross Docking ein. (10 Punkte)

03. Welche Kennzeichen weist der Cross-Docking-Prozess auf? (10 Punkte)

Lösungen

1.1 Einkaufskooperation

01. Das System, das dieser Zusammenarbeit zu Grunde liegt, wird als Efficient Consumer Response bezeichnet. Das bedeutet hier z. B. Folgendes: Die Zentrale erschließt für die angeschlossenen Einzelhandelsunternehmen die günstigsten Bezugsquellen für Artikel, mit denen diese auf Kundenerwartungen optimal reagieren können. Kunden erwarten z. B., dass Artikel ihres Bedarfs zum Zeitpunkt ihres Bedarfs zu günstigen Preisbedingungen vorrätig sind.

Herr Volkmann muss also die Kundenerwartungen richtig einschätzen; dazu muss er sich Informationen über den Absatzmarkt verschaffen und den Beschaffungsmarkt erforschen, und zwar global. Er muss mit Herstellern von Haushaltswaren verhandeln, damit diese die Artikel liefern, mit denen angemessen auf die Kundenwünsche reagiert werden kann.

02. Für die kooperierenden Unternehmen hat der zentrale Einkauf folgende Vorteile:
    - Preisvorteile bei größeren Beschaffungsmengen
    - Einflussnahme auf die Produktion und damit auf die Qualität und die Art des Artikels
    - globale Erschließung des Beschaffungsmarktes
    - langfristige Bezugsmöglichkeiten bei einem zuverlässigen Lieferanten infolge entsprechender Vertraggestaltung durch die Zentrale
    - Ausnutzung der fachlichen Qualitäten spezialisierter Einkäufer
    - Entlastungen beim Einkauf.

Nachteilig für einige der angeschlossenen Unternehmen könnte (je nach Art des Geschäfts) z. B. die Einschränkung der Selbstständigkeit und der Flexibilität bei Beschaffung sein, die sich aus der Abhängigkeit von der Zentrale ergeben. Auch eine Einschränkung des Wettbewerbs zwischen den angeschlossenen Unternehmen ist zu befürchten.

03. Formen des zentralen Einkaufs:
    - Eigengeschäfte, dabei kauft die Zentrale auf eigene Rechnung ein und verkauft weiter an die angeschlossenen Unternehmen.

    - Fremdgeschäfte, dabei vermittelt die Zentrale die Geschäfte. Folgende Formen können unterschieden werden:
        - Empfehlungsgeschäfte, dabei empfiehlt die Zentrale den angeschlossenen Unternehmen Lieferanten und Artikel
        - Abschlussgeschäfte, dabei schließt die Zentrale Rahmenverträge ab, innerhalb dieses Rahmens können die beteiligten Unternehmen einkaufen
        - Zentralregulierungsgeschäfte; die Zentrale nimmt den Rechnungsausgleich mit den Lieferanten vor, die angeschlossene Unternehmen, die von den Lieferfirmen direkt beliefert wurden, zahlen an die Zentrale.

04. Bei Eigengeschäften wäre die Finanzierung der Zentrale durch den Weiterverkauf an die angeschlossenen Unternehmen mit Preisaufschlägen möglich; außerdem könnte auf die vollständige Weitergabe der beim Einkauf erzielten Rabatte verzichtet werden.

Bei Fremdgeschäften kann die Finanzierung der Zentrale durch finanzielle Beiträge der angeschlossenen Unternehmen erfolgen. Die Höhe der Beiträge hängt dann vom Umfang der getätigten Geschäfte ab. Bei Zentralregulierungsgeschäften könnte die Zentrale höhere Beträge von den Unternehmen einziehen als sie an die Lieferfirmen weitergibt.

1.2 Arbeitsablaufplan

01.

Ablaufabschnitt		Ablaufarten des Arbeitsgegenstandes	Bemerkungen
1.	Rechnungseingang, Eingangsstempel	● ⇨ □ D ▽	
2.	Ablage in Postausgangskorb	○ ⇨ □ D ▽	
3.	Weitergabe zur Abteilung Rechnungswesen	○ ▶ □ D ▽	
4.	Rechnung im Posteingangskorb	○ ⇨ □ D ▽	
5.	Prüfung der Rechnung	○ ⇨ ■ D ▽	
6.	Bestätigung der Richtigkeit	● ⇨ □ D ▽	
7.	Rechnung im Ausgangskorb	○ ⇨ □ D ▽	
8.	Weitergabe zur Zahlungsanweisung	○ ▶ □ D ▽	
9.	Rechnung im Eingangskorb	○ ⇨ □ D ▽	
10.	Vorlage bei Leiter Rechnungswesen	● ⇨ □ D ▽	
11.	Freigabe zur Zahlung	● ⇨ □ D ▽	
12.	Rechnung im Ausgangskorb	○ ⇨ □ D ▽	
13.	Ausstellung der Zahlungsanweisung	● ⇨ □ D ▽	
14.	Rechnung im Ausgangskorb	○ ⇨ □ D ▽	
15.	Rechnung zur Buchhaltung	○ ▶ □ D ▽	
16.	Verbuchung	● ⇨ □ D ▽	
17.	Ablage	○ ⇨ □ D ▼	

02. Der Plan dient dazu, die Reihenfolge von Abschnitten eines Arbeitsablaufs grafisch darzustellen.

Daneben kann er wichtige analytische Aufgaben erfüllen. Durch die Aufnahme weiterer Angaben können Schwachstellen des Arbeitslaufs deutlich gemacht werden. So zeigt das Beispiel in dieser Aufgabe besonders häufig ablaufbedingtes Liegen.

Zur weiter gehenden Analyse können die Zeiten ablaufbedingten Liegens, der Einwirkungs- und Prüfvorgänge und die Länge der Förderwege gemessen und in entsprechende Spalten des Plans aufgenommen werden. Aus den Angaben können Rückschlüsse für organisatorische Maßnahmen gezogen werden.

1.3 Ziele der Einkaufspolitik

01. Die Ziele der einzelnen Unternehmensebenen hängen voneinander ab. Die Abhängigkeit zeigt sich in der Zielhierarchie, die der Unternehmenshierarchie entspricht. Gesamtziele bzw. oberste Ziele werden auf der Ebene der Unternehmensleitung definiert. Oberziele, die auch als Bereichs- oder Abteilungsziele bezeichnet werden, leiten sich von den Gesamtzielen ab; für sie sind die Funktionsbereiche- bzw. Abteilungen zuständig. Von den Oberzielen werden die Zwischenziele abgeleitet, das sind die Ziele von Funktionsbereichen innerhalb der Abteilung. Die Unterziele ergeben sich aus den Zwischenzielen für die unteren Funktionsstellen.

Im vorliegenden Fall ist das Gesamtziel die Erweiterung des Produktionsprogramms, ein Oberziel könnte z. B. die Entscheidung Eigenproduktion oder Fremdbezug sein. Aus Fremdbezug ergäbe sich als Zwischenziel die Erforschung des Beschaffungsmarktes, daraus als Unterziel die Ermittlung der günstigsten Bezugsquelle durch Einholung von Angeboten

02. Strategische Ziele dienen der Planung; sie gehen von der Unternehmensleitung aus und berühren alle Bereiche des Unternehmens. So beeinflusst z. B. das Ziel, das Sortiment zu erweitern, nicht nur die Beschaffungsabteilung, sondern auch die Abteilungen Produktion, Personal und Marketing.

Operationale Ziele verbinden die Planungsebene mit der Durchführungsebene. Sie betreffen einzelne Unternehmensbereiche. Sie werden fast immer in quantitativen Größen angegeben. So führt z. B. die Absicht zum Fremdbezug von Anhängergestellen dazu, dass Angebote eingeholt werden und zwar für eine bestimmte Menge.

1.4 Bereiche, Instrumente, Organisation von Einkaufsmarketing

01. • Bezugsquellenermittlung – Beschaffungsmarktforschung
    - Lieferantenbeurteilung
    - Lieferantenauswahl
    - Bestellvorbereitung, dazu zählt z. B. Einholung von Angeboten, Angebotsvergleich, Entscheidungsvorbereitung
    (oder: Bestellung, Einkaufsverhandlungen, Vertragsgestaltung).

    • Marktbezogene Instrumente (4 Beispiele):
    - Beschaffungsmarktforschung
    - Vertragsgestaltung
    - Preise
    - Menge
    (oder: Termine, Wege, Lieferanten).

02. Die Bedeutung des Einkaufsmarketing im betrieblichen Planungssystem:

    • Das Einkaufsmarketing erstellt Pläne, die sich z. B. auf Einkaufsdaten, Liefermengen usw. beziehen.

    • Die Planung des Einkaufsmarketing ist abhängig von den Planungen anderer Bereiche, insbesondere der Fertigung.

03. Die Aufgabe des Einkaufsmarketings ist die Beschaffung von Materialien und Betriebsmittel sowie von Waren, und zwar im Rahmen von Planungsdaten, die von anderen Bereichen, z. B. vom Verkauf, insbesondere aber von der Fertigungsvorbereitung, vorgegeben wurden. Es kommt darauf an, die Materialien, Betriebsmittel und Waren zu beschaffen, mit denen die geplante Produktions- und Verkaufsbereitschaft gesichert wird.

1.5 Weisungssystem – Aufgaben

01. Produktionsplanung ist die vorbereitende Planung des Produktionsprozesses; die Planung bezieht sich auch auf den Bedarf an Materialien, Fertigteilen, Betriebsmitteln usw. und zwar im zeitlichen Zusammenhang mit dem Fertigungsprozess. Die Produktionssteuerung konkretisiert die Planung u. a. durch Bereitstellung der Materialien zur richtigen Zeit am richtigen Ort.

Es zeigt sich, dass das PPS eng mit Einkauf und Logistik verzahnt ist.

02. Aufgabenanalyse:

- Gesamtaufgabe, z. B.
  Herstellung landwirtschaftlicher Transporteinrichtungen
  Sortimentserweiterung, z. B. Aufnahme eines Anhängers in das Sortiment.

- Hauptaufgaben
  im Bereich Einkauf/Logsitik z. B.
  - einkaufs-, transport- und lagerpolitische Entscheidungen zur Realisierung der Gesamtaufgabe in Zusammenarbeit mit Produktion und Marketing
  - Entscheidung Eigenproduktion oder Fremdbezug
  - Ermittlung des Bedarfs
  - Ermittlung des Lagerbedarfs.

- Teilaufgaben
  im Bereich Einkauf/Logistik, z. B.
  - Lieferantenbeurteilung
  - Angebotsvergleich
  - Lagerordnung, Lagerart.

- Einzelaufgaben
  im Bereich Einkauf/Logistik: verantwortliche Ausführung der Teilaufgaben in Teilbereichen, z. B.
  - Einholung von Angeboten
  - Angebotsvergleich (Vorbereitung)
  - Einlagerungen usw.

03. Organisatorischer Aufbau – Weisungssystem (angedeuteter Entwurf)

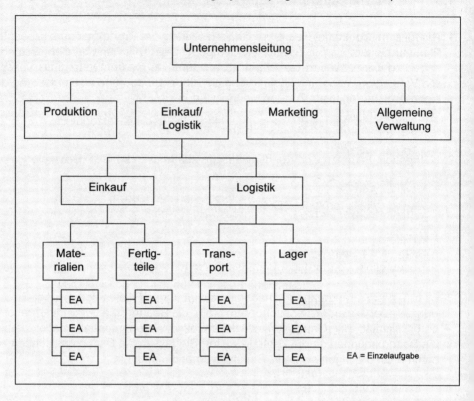

1.6 Efficient Consumer Responsetikbereiche

01. Als Efficient Consumer Response wird das System der Zusammenarbeit zwischen Handel und Lieferanten bezeichnet, bei dem in besonderem Maße Kundenwünsche und Kundenbedarf berücksichtigt werden. Das System verfolgt den Zweck, die Versorgung von Handelsunternehmen mit Konsumgütern, also auch mit Non-Food-Artikeln, optimal an den Bedürfnissen der Verbraucher auszurichten. Das System erstreckt sich auf den Warenfluss, auf die Gestaltung der Warengruppen und der Sortimente sowie auf die Präsentation.

02. Kategorien, in denen sich Kundenwünsche ausdrücken können (Beispiele):

- Art eines Artikels
- besonderer Bedarf (vgl. z. B. „Grauer Markt")
- Preise
- Mengen
- Zeitpunkt der Vorrätigkeit
- Präsentation, Vorführung, Montageanleitung.

03. Mithilfe des Warengruppenmanagements wird in den Filialen der jeweilige Bedarf ermittelt, dabei werden in besonderem Maße die Bedürfnisse der Endverbraucher berücksichtigt. Die Geschäftsstellenleiter (bzw. Warengruppenmanager) geben die Bedarfsmengen an die Zentrale weiter: Sie fassen die Bedarfsmeldungen zusammen und bringen sie in die Einkaufsverhandlungen ein.

1.7 Elektronische Beschaffung

01. Elektronische Beschaffung ist Beschaffung mithilfe des Internets. Der Verkäufer bietet auf seinen Internetseiten Waren und Leistungen gewerbsmäßig an. Die Internetseiten sind ohne Passwort zugänglich. Auf der Startseite gibt der Anbieter seine Firma mit vollständiger Anschrift an, sodass er von potenziellen Kunden identifiziert werden kann.

    Die elektronische Beschaffung hat erhebliche Vorteile. So können z. B. sowohl die Bestell- als auch die Beschaffungskosten gesenkt werden. Darüber hinaus werden auch die Beschaffungszeiten verkürzt, da die traditionellen Absatzmittler vernachlässigt werden können und der Hersteller die bestellte Ware sofort ausliefert. Schließlich kann als Vorteil auch gesehen werden, dass die geografisch unbegrenzte Datenübermittlung die Beschaffung global erheblich erleichtert.

02. Das elektronische Beschaffungswesen eignet sich eher für die Beschaffung von sog. C-Gütern. C-Güter sind Güter mit relativ geringem Wert, die häufig benötigt werden, dazu zählen z. B. bestimmte Rohstoffe, Hilfsstoffe u. Ä. Wenn gute Erfahrungen mit diesen Gütern und den Lieferanten gemacht wurden, muss die Beschaffung nicht über die zentrale Einkaufsabteilung laufen; Mitarbeiter können am Ort des Bedarfs bestellen.

03. Für den Ablauf der elektronischen Beschaffung hat das Intranet besondere Bedeutung. Für das firmeneigene Intranet erstellt die Einkaufsabteilung Produktkataloge, die sie zentral steuert.

    Die Einkaufsabteilung hat dafür die Lieferanten ausgewählt und mit ihnen Konditionen ausgehandelt, die in Rahmenverträgen festgehalten sind. Auf die Intranet-Seiten kann der Mitarbeiter bei Bedarf zugreifen.

    Der Mitarbeiter kann bei Bedarf und am Ort des Bedarfs bestellen. Im Allgemeinen wird ihm ein Höchstbetrag für die Bestellung vorgegeben. Wenn der Bestellwert höher ist, muss die Bestellung von einem Vorgesetzten oder von der Einkaufsabteilung mitverantwortet werden.

04. Der Rahmenvertrag ist ein Kaufvertrag über eine bestimmte Menge eines Materials. Im Vertrag wird festgelegt, dass die gekaufte Menge innerhalb eines bestimmten Zeitraums in Teilmengen abgerufen wird. Typisch für den Rahmenvertrag ist, dass die Qualität des Materials und die Lieferungs- und Zahlungsbedingungen fest vereinbart werden.

1.8 Materialgruppenmanagement

01. Als Materialgruppenmanagement wird die Koordination des Einkaufs bezeichnet, die auf den Beschaffungsmarkt, d. h. auf die Lieferanten, ausgerichtet ist. Gleichartige Materialien eines Unternehmens, für die i. d. R. auch gleiche Beschaffungsaufgaben bestehen, werden zu Materialgruppen zusammengefasst. Der Bedarf an gleichartigen Materialien ergibt sich aus verschiedenen Bedarfsquellen: Abteilungen, Unternehmensbereichen und Standorten des Unternehmens.

02. Das Materialgruppenmanagement ist auf den Beschaffungsmarkt ausgerichtet; das gilt nicht für das Warengruppenmanagement. Das Warengruppenmanagement (Category Management) setzt das Efficient Consumer Response um. Ziel des Warengruppenmanagements (Category Management) ist die optimale Gestaltung des Sortiments bzw. der Warengruppe unter besonderer Berücksichtigung des Bedarfs bzw. des Nutzens der Zielgruppe.

03. Die Tätigkeit des Materialgruppenmanagements ist auf den Beschaffungsmarkt ausgerichtet. Im Einzelnen fallen die folgende Aufgaben an:

- Erforschung des Beschaffungsmarkts
- Ermittlung der Bezugsquellen für das Material
- Verhandlungen mit Lieferern
- Lieferantenmanagement.

Für die Beschaffung einer Materialgruppe wird der Materialgruppenmanager zuständig; Materialgruppenmanager ist im Allgemeinen der Einkäufer. Es kann u. U. sinnvoll sein, ein Team aus Mitarbeitern an den verschiedenen Standorten zu bilden und dieses mit den Aufgaben des Materialgruppenmanagements zu beauftragen. Mit der Leitung des Teams wird der Einkäufer betraut.

04. Der größte Vorteil des Materialgruppenmanagements liegt in der Bedarfsbündelung; der gesamte Bedarf eines Unternehmens von gleichartigen Materialien wird in der Nachfrage zusammengefasst. Das umfangreiche Beschaffungspotenzial ist Grundlage für die Durchsetzung bester Konditionen.

2.1 Regalsysteme

Welche Regalsysteme kommen für den jeweils angegebenen Bedarf in Betracht?

01. Durchlaufregale (1, 3, 8)
    - sind von zwei Seiten zugänglich
    - gestatten die Entnahme nach dem Prinzip „first in first out"
    - durch diese Entnahmemöglichkeit werden Lagerhüter vermieden.

02. Palettenregale (2, 5, 9, 11)
    - ermöglichen die wirtschaftliche Ausnutzung der Stapelhöhe
    - sind besonders anpassungsfähig an unterschiedliches Lagergut und hohen Platzbedarf
    - die Palette ist nicht nur Lagereinheit sondern gleichzeitig auch Transporteinheit
    - gestatten die Bedienung mit Gabelsaplern bei Überbrückung langer Wegstrecken.

03. Paternosterregale (4)
    - gestatten die vertikale Bewegung des Lagerguts.

04. Compactregale (6, 10)
    - verringern die Zwischengänge und ermöglichen dadurch eine bessere Ausnutzung der Lagerfläche
    - bieten sich an bei geringem Lagerumschlag.

05. Fachregale (7, 12)
    - haben geschlossene Fachböden auf mehreren Ebenen
    - gestatten eine hohe Umschlagsleistung bei geringer Automatisierungsmöglichkeit.

2.2 Materialnummerung

01. Diese Nummer gibt lediglich einen Teil der Informationen wieder, die die Gesamtnummer enthält. Es wird hier angenommen, dass es sich um Informationen handelt, die bei der Materialentnahme von Bedeutung sind.

    Das Material hat eine Identifikationsnummer, das ist eine Zählnummer, die unabhängig von der Art des Materials, seinem Format, seinem Lagerort usw. vergeben wird.

    Die zweite Komponente der Nummer gibt an, um was für ein Teil es sich handelt, hier z. B. Metallplättchen. Der Umfang der Stellenzahl deutet auf eine Vielzahl von Materialien, Teilen usw. hin.

    Die dritte Komponente verschlüsselt die Art des Materials, hier Stahl. Dieser Schlüssel ist auf drei Stellen angelegt.

    Die vierte Komponente gibt in leicht lesbarer Form das Format an. Zur Verschlüsselung werden hier die Maße in cm genutzt.

    Die vierte Komponente weist auf den Lagerort hin; das Material ist im 3. Lager auf Lagerplatz 667 gelagert.

02. Die Identnummer ist lediglich eine Zählnummer, sie enthält keine weiteren Information. Die übrigen Komponenten sind Klassifikationen, sie enthalten die klassifikationstypischen Informationen.

2.3 Prüfziffer (Prüfung einer Materialnummer)

01. Ermittlung der Prüfziffer

Berechnung			Kontrolle		
1	3	3	1	3	3
2	2	4	2	2	4
3	7	21	3	7	21
6	6	36	6	6	36
7	5	35	7	5	35
8	4	32	8	4	32
9	3	27	9	3	27
0	2	0	0	2	0
2	7	14	2	7	14
3	6	18	3	6	18
5	5	25	5	5	25
6	4	24	6	4	24
7	3	21	7	3	21
1	2	2	1	2	2
		262	2	1	2
					264

$\frac{262}{11}$ = 23, Rest 9, 11 - 9 = 2

Prüfziffer: 2

Materialnummer: 123678902356712

Die Kontrolle ergibt eine Summe der Produkte, die ohne Rest durch 11 teilbar ist (264 : 11 = 24).

02. Überprüfung der Materialnummer

7	3	21
8	2	16
9	7	63
0	6	0
2	5	10
4	4	16
8	3	24
6	2	12
0	7	0
1	6	6
4	5	20
5	4	20
5	3	15
9	2	18
3	1	3
		244

244 : 11 = 22, Rest 2

Die Materialnummer ist falsch, da die Summe der Produkte aus den Ziffern der Nummer mit den Faktoren nicht ohne Rest durch 11 geteilt werden kann.

2.4 Lagerarten

01. Zentrale Lagerung, Kriterium: Standort. Durch die Wahl dieses Standorts werden bei Anlieferung Transportwege auf dem Betriebsgelände vermieden.

02. Freiplatzsystem (chaotische Lagerung), Kriterium: Lagerordnung. Diese Lagerordnung wird gewählt, wenn die Festlegung von festen Lagerplätzen für bestimmte Materialien aus Kostengründen vermieden werden soll.

03. Zentrale Lagerung, Kriterium: Standort. Von diesem Standort aus wird die Belieferung von Kunden in einem bestimmten Einzugsgebiet erleichtert.

04. Freiplatzsystem (chaotische Lagerung), Kriterium: Lagerordnung. Hochregallager sind typisch für Lager in pharmazeutischen Betrieben. Produkte bzw. Materialien werden mithilfe von EDV-gesteuerten Transportgeräten auf freie Plätze eingelagert.

05. Dezentrale Lagerung und Speziallagerung, Kriterien: Standort und warenspezifische Anforderungen. Die Wahl der Standorte können mit den Transportwegen der Anlieferer, aber auch mit dem Transportweg zur Verarbeitung zu tun haben. Getreide erfordert spezielle Lagerung in Silos, die in diesem konkreten Fall an den beiden Standorten verfügbar sind.

06. Sammellagerung, Kriterium: Funktionsschwerpunkt. Die Erzeugergemeinschaft unterhält ein gemeinsames Lager, in dem die Produkte vor Verkauf eingelagert wird.

07. Speziallagerung (Kühllagerung), Kriterium: warenspezifische Anforderungen. Der Lebensmittelgroßhändler muss bestimmte Produkte unter Kühlhausbedingungen lagern. Wenn er nicht selbst über entsprechende Lagerkapazität verfügt, muss er die Produkte bei einem Lagerhalter einlagern, dessen Lager den warenspezifischen Anforderungen entspricht.

08. Halboffenes Lager, Kriterium: warenspezifische Anforderungen. Für die Anfertigung hochwertiger Möbel ist trockenes Holz erforderlich; für die deshalb ein überdachter Lagerplatz gewählt wurde, der seitlich offen ist.

09. Reservelager, Kriterium: Funktionsschwerpunkte. Der Supermarkt benötigt ein Reservelager, damit die Ladenmöbel bei Bedarf sofort aufgefüllt werden können. Der Supermarkt muss ständig verkaufsbereit sein und dem Kundenbedarf nachkommen können.

10. Speziallager, Kriterium: warenspezifische Anforderungen. Der Gesetzgeber verlangt, dass Gefahrstoffe so gelagert werden, dass von ihnen keine Gefährdung für die Umwelt ausgehen kann.

2.5 Beschaffungslogistik

01. Die Beschaffungslogistik ist im Unternehmen das erste Glied der Logistikkette. Sie verbindet den Beschaffungsmarkt über das Lager mit dem Verkauf. Sie plant Maßnahmen zur optimalen Gestaltung der Beschaffung und führt sie aus.

02. Das Ziel der Beschaffungslogistik in einem Handelsunternehmen ist eine Verfügbarkeit der Waren in den Geschäftsstellen, die den Wünschen der Kunden entspricht. Dabei ist die Zusammenarbeit mit dem Warengruppenmanagement in den Geschäftsstellen wichtig. Regallücken sind zu vermeiden, die Ware muss angemessen präsentiert werden können, die Ware muss zum Zeitpunkt des Kundenbedarfs vorrätig sein usw.

03. Die Beschaffungslogistik hat u. a. folgende Aufgaben:
    - Organisation der Zuständigkeiten im Beschaffungsbereich. Definition der Kompetenzen usw.)
    - Beschaffungsmarktforschung
    - Ermittlung des Bedarfs
    - Lieferantenpflege
    - Lieferantenbeurteilung und Lieferantenauswahl
    - Zeit-, Preis-, Mengenplanung der Beschaffung
    - Wahl der Beschaffungswege (direkte und indirekte Beschaffung, Streckengeschäft)
    - Beschaffungsdurchführung
    - Anlieferung (Transport vom Zulieferer bis zum Wareneingang)
    - Prüfungen bei Warenannahme.

2.6 Portfolioanalyse

01. - Weizenmehl Typ 405: niedriges Marktwachstum, hoher relativer Marktanteil – Cash Cow (Melkkuh)
    - Grobes Mehl: hohes Marktwachstum, niedriger relativer Marktanteil – Question Mark (Fragezeichen)
    - Grieß für Kindernahrung: niedriges Marktwachstum, niedriger relativer Marktanteil – Poor Dog (Armer Hund)
    - Backmischungen: hohes Marktwachstum, hoher relativer Marktanteil – Star.

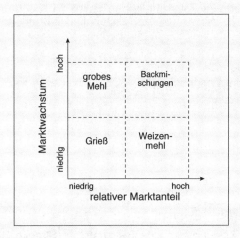

02. Logistikstrategien stehen immer im Zusammenhang mit der Unternehmensstrategie und ergeben sich aus den unternehmerischen Zielsetzungen. Im Folgenden werden einige Logistikstrategien in Stichworten aufgelistet, dabei werden auch auf die Rahmenbedingungen (Ziele) angedeutet.

- Backmischungen:
  - Produktion ausdehnen, Marktanteil mindestens halten evtl. erhöhen
  - Wertschöpfungskette ausbauen, Kundenwünsche analysieren, evtl. neue Produkte aufnehmen
  - evtl. Kapazitätserweiterung mit Berücksichtigung der Lagerorganisation
  - Einkaufsmanagement optimieren
  - Lagerhaltung optimieren
  - neue Beschaffungsquellen erschließen
  - Lieferung von Materialien sichern
  - evtl. Zukauf von Produkten, die in das Sortiment passen.

- Weizenmehl:
  - Marktanteil halten
  - Beschaffungslogistik optimieren, Ausschöpfung von Kostensenkungspotenzialen
  - neue Beschaffungsquellen erschließen
  - Materiallieferung sichern, evtl. verbessern

- Lagerhaltung optimieren, Ausschöpfung von Kostensenkungspotenzialen, z. B. durch Just-in-Time-Beschaffung
- Bestandsmanagement evtl. organisieren, Rationalisierungsmaßnahmen prüfen.

- Grobes Mehl:
  - Marktanteil ausdehnen, Produktion erweitern, evtl. Verluste in Kauf nehmen
  - Materialfluss im Zusammenhang mit der Erweiterung der Produktion organisieren
  - evtl. neue Beschaffungsquellen erschließen
  - Zusammenarbeit in der Wertschöpfungskette optimieren (Handel an Verkaufsförderung beteiligen, Werbung)
  - Marketinglogistik verbessern (Lieferservice organisieren, Konzentration auf ausgesuchte Käufersegmente).

- Grieß:
  - Bestände minimieren
  - Logistikbereiche schließen, frei werdende Logistikkapazitäten übertragen
  - Produkt evtl. vom Markt nehmen.

2.7 Logistikattraktivität – Logistikkompetenz

01. Logistik wird von einem Unternehmen dann als attraktiv eingeschätzt, wenn es durch Logistikaktivitäten seine Wettbewerbsposition verbessern kann. Logistikattraktivität wird bestimmt durch die Möglichkeiten zur Senkung der Logistikkosten und zur Steigerung und Differenzierung der Logistikleistungen. Als Logistikkompetenz eines Unternehmens bezeichnet man seine Fähigkeit, ein Logistikkonzept optimal zu planen und auszuführen. Die Logistikkompetenz drückt letztlich aus, dass ein Unternehmen durch seine logistischen Aktivitäten die richtigen Güter und Informationen im richtigen Umfang, in der richtigen Qualität, an den richtigen Orten, zur richtigen Zeit verfügbar machen kann.

02. Das Ergebnis einer Portfolio-Analyse von Logistikkompetenz und -attraktivität kann in einer Neun-Felder-Matrix dargestellt werden. Die Felder der Matrix geben das Maß der Übereinstimmung von Kompetenz und Attraktivität für bestimmte Geschäftsfelder an und weisen auf die Richtung der Strategieentwicklung hin.

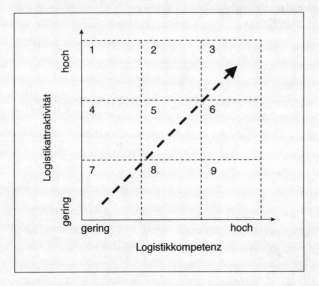

Der Pfeil stellt den Gleichgewichtspfad dar; er verbindet die Felder 7, 5 und 3, das sind die Felder, in denen Attraktivität und Kompetenz übereinstimmen. Die Felder oberhalb und unterhalb des Pfeils zeigen die Notwendigkeiten zu Veränderungen an. Die Felder 1, 2 und 4 deuten den Trend zum Kauf von Logistikleistungen an, der nach Feld 1 allmählich zunimmt; die Felder 6, 8 und 9 deuten den Trend zum Verkauf von Logistikleistungen an, der sich zum Feld 9 hin allmählich verstärkt.

03. Wenn z. B. die Logistikkompetenz relativ gering, die Logistikattraktivität aber relativ hoch ist, wird die Ergänzung von Logistikleistungen und Logistik-Know-how erforderlich (z. B. durch Kauf). Wenn dagegen die Logistikkompetenz relativ hoch, die Logistikattraktivität aber relativ gering ist, wird die Verringerung von Logistikleistungen und Logistik-Know-how erforderlich (z. B. durch Verkauf).

Bei der Brummix GmbH besteht Übereinstimmung von Logistikattraktivität und -kompetenz; deshalb besteht keine Notwendigkeit zu Veränderungen: Logistikattraktivität und -kompetenz sind im Gleichgewicht.

2.8 Kommissionierung

01. Nach der VDI-Richtlinie ist Kommissionieren das Zusammenstellen von Teilmengen aus einer Gesamtmenge von Gütern aufgrund von Aufträgen. Als Auftrag bezeichnet man auch die Anforderungen der Produktion; für die Herstellung von Produkten werden Materialien, Teile, Rohstoffe usw. benötigt, die im Bestand des Lagers enthalten sind. Der Auftrag enthält die erforderlichen Materialien usw. nach Art und Anzahl. Auf der Grundlage der schriftlichen Anforderung werden die Materialien usw. kommissioniert, d. h. dem Bestand entnommen, und zum Abtransport oder zur Abholung bereitgestellt. Nach Anzahl der gleichzeitig auszuführenden Aufträge wird die einstufige von der zweistufigen Kommissionierung unterschieden. Bei einer einstufigen Kommissionierung wird nur für einen Auftrag entnommen, die zweistufige Kommissionierung bezieht sich auf mehrere Aufträge.

02. Beim Kommissionieren werden zwei Entnahmemethoden unterschieden: „Mann zur Ware" und „Ware zum Mann". Bei der Entnahme Mann zur Ware geht der Kommissionierer zum Lagerplatz und entnimmt die Ware; die Entnahme ist häufig manuell, der Entnahmeweg ist eindimensional. Bei der Entnahme Ware zum Mann werden Behälter, Paletten o. ä. Ladungsträger zum Kommissionierer transportiert, nach Entnahme werden die Ladungsträger zurück zum Lagerplatz transportiert; diese Entnahmemethode ist häufig bei Hochregallagern, erforderlich sind maschinelle oder automatische Fördergeräte.

Für den Ablauf der Entnahme können zwei Wege unterschieden werden: eindimensionale und zweidimensionale Entnahmewege. Eindimensionale Entnahmewege sind ausschließlich horizontal. Zweidimensionale Entnahmewege sind sowohl horizontal als auch vertikal.

03. Von einer seriellen Kommissionierung spricht man, wenn Material für eine Serie gleicher (gleichartiger) Aufträge entnommen wird. Dazu werden die Aufträge nach Materialbedarf zerlegt; nach der Entnahme werden die Materialien den Aufträgen wieder zugeordnet. Von einer parallelen Kommissionierung spricht man, wenn gleichzeitig für den gleichen Auftrag Materialien in mehreren Lagern oder Lagerbereichen entnommen wird.

2.9 Logistikbereiche

- Beschaffungslogistik

    6. Aufgabe ist u. a. die Einkaufsorganisation.
    10. Ziel ist die bedarfsgerechte Verfügbarkeit von Einsatzgütern für die Produktion.
    1. Aufgabe ist u. a. die Prüfung bei Warenannahme.
    13. Aufgabe ist u. a. die Ermittlung des Bedarfs.

- Lagerlogistik

    4. Ein Bereich ist u. a. die Warenannahme.
    5. Ziel ist die Minimierung der Überbrückungszeit.
    8. Aufgabe ist u. a. die Kommissionierung.
    19. Aufgabe ist u. a. die optimale Gestaltung des Lagers.

- Produktionslogistik

    1. Aufgabe ist u. a. die Verkürzung der Durchlaufzeiten.
    2. Wichtigster Aspekt ist die optimale Gestaltung des Informations- und Materialflusses.
    7. Aufgabe ist u. a. die Leistung eines Beitrags zur Minimierung der Produktionskosten.
    9. Soll zur Flexibilisierung der Fertigung beitragen.
    15. Aufgabe ist u. a. eine Verringerung der Bestände.
    16. Ziel ist die Ausrichtung der Produktion an den Kundenbedürfnissen.

- Transportlogistik

    3. Aufgabe ist u. a. die Bewegung des Lagerguts.
    14. Aufgabe ist u. a. die Verbindung der Glieder der Logistikkette.
    18. Aufgaben sind u. a. Zulieferung und Auslieferung.
    20. Der Transport bei Entnahme und Kommissionierung ist ein wichtiger Aspekt.

- Marketinglogistik

    12. Aufgabe ist u. a. die physische Distribution.
    17. Betrifft die Entscheidung für die Inanspruchnahme eines Spediteurs.

2.10 Eigen- oder Fremdtransport

01. Kostenvergleichsrechnung bei 1.600 km

Ermittlung der festen Kosten bei Eigentransport:

	Jahr (€)	Monat (€)
Abschreibungen	30.000,00	2.500,00
Steuern	3.000,00	250,00
Lohn		2.100,00
gesamt		4.850,00

	Fremdtransport		Eigentransport	
	€	€	€	€
feste Kosten mtl.		1.000,00		4.850,00
variable Kosten je km	2,00		0,20	
variable Kosten bei 1.600 km		3.200,00		320,00
		4.200,00		5.120,00

02. Ermittlung des kritischen Werts:

$$x = \frac{(fK_{Ft} - fK_{Et})}{(kmK_{Et} - kmK_{Ft})}$$

$$x = \frac{(1.000 - 4.850)}{(0,2 - 2)} = \frac{-3.850}{-1,8} = 2.139$$

Eigen- oder Fremdtransport

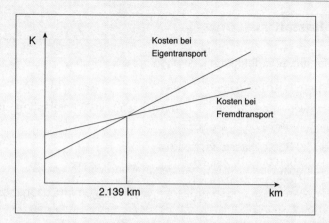

03. Die Kostenvergleichsrechnung zeigt, dass der Fremdtransport dem Eigentransport kostenmäßig überlegen ist. Es lohnt sich also, die Dienstleistungen des Logistikunternehmens in Anspruch zu nehmen.

Die Ermittlung des kritischen Km-Werts zeigt, dass sich der Eigentransport erst lohnt, wenn mehr als 2.139 km gefahren werden müssen. Wenn also der Lkw nicht für weitere Transporte genutzt wird, ist der Eigentransport zu teuer.

3.1 Fehlmengenkosten

01. Fehlmengenkosten können u. a. folgende Ursachen haben:

- Personalkosten (wegen des Produktionsausfalls)
- Betriebsmittelkosten (wegen des Produktionsausfalls stehen Abfüllanlagen und Transportbänder still u. dgl.)
- Lagerhaltungskosten (z. B. für Hilfsstoffe, Leergut)
- zusätzliche Beschaffungskosten für die Ersatzbeschaffung von Rohstoffen
- Wegfall von Preisvorteilen bei geringeren Beschaffungsmengen im Zusammenhang mit der Ersatzbeschaffung
- Vertragsstrafen
- Umsatz- und Gewinneinbußen, weil Käufer im Einzelhandel am Tag des Einkaufs das Produkt im Laden nicht vorfinden und deshalb ein entsprechendes Konkurrenzprodukt kaufen
- Absatzrückgang, weil Kunden zur Minimierung des Risikos eines Lieferausfalls bei einem Lieferer vermehrt Produkte von Mitbewerbern in ihre Sortimente aufnehmen.

02. Ermittlung der Fehlmengenkosten:

• zusätzliche Herstellkosten (12.500 Flaschen á 0,75 l, d. s. 9.375 l, 9.375 l zu 65 €/100)	6.093,75 €
• Vertragsstrafe (5 Tage á 200 €)	1.000,00 €
• geschätzter Verlust (durch Imageverlust u. Ä.)	12.000,00 €
Fehlmengenkosten	19.093,75 €

3.2 Bedarfsprognose – gleitende Mittelwerte

01. Wahrscheinliche Werte für Januar des Folgejahres nach der Methode der gleitenden Durchschnitte

   3. Ordnung: 1.983 Stück

   $$\frac{1.800 + 2.000 + 2.150}{3} = 1.983{,}33$$

   5. Ordnung: 1.856 Stück.

   $$\frac{1.635 + 1.695 + 1.800 + 2.000 + 2.150}{5} = 1.856$$

02. Das Verfahren 5. Ordnung gibt den Wert wahrscheinlich genauer an; das zeigt ein Vergleich des ermittelten Wertes mit den beiden in der Statistik enthaltenen Januarwerten. Das Verfahren 3. Ordnung hätte wahrscheinlich einen zu hohen Wert ergeben.

3.3 Bedarfsprognose – exponentielle Glättung

Schwerpunkt der Aufgabenbearbeitung ist die Anwendung einer Formel auf einen vorgegebenen Sachverhalt. Die Anforderungen entsprechen deshalb dem Bereich II. Für eine Interpretation des Ergebnisses müsste der Prüfling auch die Anwendung eines Glättungsfaktors von g = 0,9 erläutern können.

Der wahrscheinliche Wert für 2013 ergibt sich nach folgender Formel:

$$wW_{13} = wW_{12} + g(tW_{12} - wW_{12})$$

wW_{13} = 125 + 0,9(123 - 125) = 125 + 0,9 · -2 = 123,2

Der wahrscheinliche Wert für 2013 liegt bei 123.200 kg.

3.4 Bestellpunkt-, Bestellrhythmusverfahren

01. Der Bestellpunkt ist der Zeitpunkt, an dem der Meldebestand erreicht ist. Es ist der Zeitpunkt, bei dem der Beschaffungs- bzw. Bestellvorgang eingeleitet werden soll. Dieser Zeitpunkt wird bestimmt vom Umfang des täglichen Bedarfs (der täglichen Entnahmen), von dem Zeitraum zwischen Bestellung und Lieferung und dem Mindestbestand, der als sog. Eiserner Bestand ständig am Lager sein soll. Das Bestellpunktverfahren berücksichtigt in besonderem Maße den tatsächlichen Bedarf zu einem bestimmten Zeitpunkt.

02. Beim Bestellrhythmusverfahren wiederholen sich die Bestelltermine periodisch. Bestellt wird also in festgelegten Bestellrhythmen. Das Verfahren ist eher bei C-Gütern angebracht. Besondere Nachteile des Rhythmusverfahrens liegen einerseits darin, dass unerwartet hohe Nachfrage überdurchschnittliche Lagerentnahmen erfordert, sodass vorübergehend Lücken in der Versorgung auftreten können; die dann erforderlich werdende Nachbestellung kann andererseits zu überhöhten Beständen führen.

03. Es kann angenommen werden, dass der Karren in die Kategorie der sog. C-Güter fällt und deshalb im Bestellrhythmusverfahren bezogen werden könnte. Aber da das Produkt erst seit kurzem auf dem Markt ist und die Absatzmengen ständig steigen, kann nicht von einem rhythmisch anfallenden gleichmäßigen Bedarf ausgegangen werden. Das bedeutet, die Anwendung des Bestellpunktverfahrens erscheint hier sinnvoller; bestellt wird, wenn der Meldebestand erreicht ist, d. h. wenn der tatsächliche Bedarf festliegt.

3.5 Lagerhaltungskostensatz

01. Lagerhaltungskostensatz = Lagerkostensatz + Lagerzinssatz

$$q_{Lh} = \frac{Lagerkosten}{dLb}$$

$$= \frac{23.250}{155.000} = 0,15$$

Lagerzinssatz: 0,01 (1 %)
Lagerhaltungskostensatz: 0,16 (16 %)

02. Bei zunehmender Lagerdauer erhöht sich die Kapitalbindung. Dadurch steigen die Lagerzinskosten. Im vorliegenden Fall beträgt die durchschnittliche Lagerdauer 30 Tage; wenn sie sich bei dem angenommenen Zinssatz auf 60 Tage erhöht, steigt der Lagerzinssatz auf 2 %; damit steigen auch die entsprechenden Zinskosten.

03. Über den Kostensatz der Lagerhaltung nehmen die Kosten der Lagerhaltung mit steigendem Bestand zu. Im vorliegenden Fall beträgt der durchschnittliche Lagerbestand 155.000 €. Bei einem Kostensatz der Lagerhaltung von 16 % betragen die Lagerhaltungskosten 24.800 €. Wenn der Lagerbestand sich auf 200.000 € erhöht, betragen die Lagerhaltungskosten 32.000 €.

3.6 Lagerhaltungskosten

01. Lagerhaltungskosten (Kostenarten) sind z. B. Personalkosten, Raumkosten, Zinskosten.

02. Lagerhaltungskosten: $K_{Lh} = K_L + K_Z$

$$q_{Lh} = q_L + i$$

$= 0,115 + 0,08 = 0,195$
Lagerhaltungskostensatz: 19,5 %

Lagerhaltungskosten für den Artikel Mehl:

$$dLb \cdot q_{Lh}$$

$= 150.000 \cdot 0,195 = 29.250$ €

03. Lagerarbeiten:

Einlagern, Pflege und Bearbeitung des Lagerguts, Umlagern, Buchung in Lagerfachkarten, andere Aufzeichnungen, Kommissionieren, Auslagern, Umpacken, Portionieren, Mischen usw.;

von besonderer Bedeutung sind dabei z. B.

- lange Wege, die sich u. U. beim Freiplatzsystem ergeben können, sie wirken sich beim Kommissionieren, Auslagern usw. aus
- Art der Lagerfachkartenführung mit handschriftlichen Aufzeichnungen
- Art und Umfang der Kontrollarbeiten bei Wareneingang
- Art der Lagereinrichtung, der Fördermittel, des Lagerhilfsgerätes.

04. Ansätze (Beispiele):

- Änderung der Lagerplatzordnung zur Wegeoptimierung (unter Berücksichtigung der Entnahmehäufigkeit), Verbesserung des Wegesystems für Entnahmen
- Automatisierung der Aufzeichnungen und der weitergehenden Datenübermittlungen
- Anwendung von Stichprobenplänen
- Verbesserung der Lagereinrichtungen, besondere Regale (Palettenlagerung), Anschaffung leistungsfähiger Förder- und Entnahmeeinrichtungen, Verbesserung des Lagerhilfsgerätes, ... (Rationalisierungen in diesen Bereichen mit dem Ziel der Personaleinsparung führen allerdings zum Anstieg der mit den Investitionen verbundenen Kosten)

- Inanspruchnahme von Fremdlagern mit entsprechend qualifiziertem Personal und den erforderlichen Lagerdiensten (vor allem bei kurzfristigem zusätzlichem Lagerbedarf)
- Lieferung just-in-time.

05. Mögliche Ursachen für relativ hohe Zinskosten:
- lange Kapitalbindung infolge geringen Lagerumschlags
- zu hohe Lagerbestände, falsche Lagerplanungen, Fehleinschätzungen des Bedarfs, Fehleinschätzung der Absatzchancen
- zu hohe Beschaffungsmengen für Sonderaktionen, bei Inanspruchnahme von Rabatten usw.
- hohe Beschaffungskosten.

06. Ansätze
- Erhöhung des Lagerumschlags durch entsprechende absatzpolitische Maßnahmen (z. B. Rabatt- und Mindestmengenpolitik, Werbung usw.)
- Abbau der Lagerbestände durch entsprechende absatzpolitische Maßnahmen
- Aktualisierung der Bedarfsrechnungen
- Kauf auf Abruf
- Verringerung der Lieferbereitschaft unter Inkaufnahme höherer Fehlmengenkosten
- Verringerung der Beschaffungskosten durch neue Lieferer, Kooperation bei Beschaffung usw.

3.7 Optimale Bestellmenge

01. Die optimale Bestellmenge ist die Menge, bei der die Summe aus Bestellkosten und Lagerhaltungskosten ihr Minimum hat. Durch geringe Lagerhaltung können die Lagerhaltungskosten minimiert werden; geringere Bestandshaltung erfordert aber häufigere Bestellung, sodass die Bestellkosten zunehmen.

Wenn der Gesamtbedarf mit einer Bestellung eingekauft wird, fallen Bestellkosten nur einmal an; der Lagerbestand ist aber sehr hoch und verursacht hohe Lagerhaltungskosten. Wenn der Gesamtbedarf aber in vielen Teilmengen, also sehr häufig, bestellt wird, fallen insgesamt hohe Bestell-, aber nur geringe Lagerhaltungskosten an. Es geht also darum, die optimale Bestellhäufigkeit zu ermitteln; die Bestellmenge, die bei der optimalen Bestellhäufigkeit anfällt, wird als optimale Bestellmenge bezeichnet.

02. Ermittlung der optimalen Bestellmenge.

Die optimale Bestellmenge ergibt sich durch das Minimum der Summe aus den Kosten der Bestellung und der Lagerhaltung. Optimale Bestellmenge = 400. Diese Menge müsste dreimal bestellt werden.

Bestell-häufig-keit	Bestell-menge	bewertete Bestell-menge	durch-schnittl. Lager-bestand	Kosten der Bestellung	Kosten der Lager-haltung	Gesamt-kosten
n	B	B · EPr	$\frac{(B \cdot EPr)}{2}$	K_{Best}	K_{Lh}	$K = K_{Best} + K_{Lh}$
1	1.200,00	300,00	150,00	2,00	15,00	17,00
2	600,00	150,00	75,00	4,00	7,50	11,50
3	400,00	100,00	50,00	6,00	5,00	**11,00**
4	300,00	75,00	37,50	8,00	3,75	11,75
5	240,00	60,00	30,00	10,00	3,00	13,00
6	200,00	50,00	25,00	12,00	2,50	14,50
7	171,43	42,86	21,43	14,00	2,14	16,14
8	150,00	37,50	18,75	16,00	1,88	17,88
9	133,33	33,33	16,67	18,00	1,67	19,67
10	120,00	30,00	15,00	20,00	1,50	21,50
11	109,09	27,27	13,64	22,00	1,36	23,36
12	100,00	25,00	12,50	24,00	1,25	25,25
13	92,31	23,08	11,54	26,00	1,15	27,15
14	85,71	21,43	10,71	28,00	1,07	29,07
15	80,00	20,00	10,00	30,00	1,00	31,00
16	75,00	18,75	9,38	32,00	0,94	32,94

Bestell-häufig-keit	Bestell-menge	bewertete Bestell-menge	durch-schnittl. Lager-bestand	Kosten der Bestellung	Kosten der Lager-haltung	Gesamt-kosten
17	70,59	17,65	8,82	34,00	0,88	34,88
18	66,67	16,67	8,33	36,00	0,83	36,83
19	63,16	15,79	7,89	38,00	0,79	38,79
20	60,00	15,00	7,50	40,00	0,75	40,75

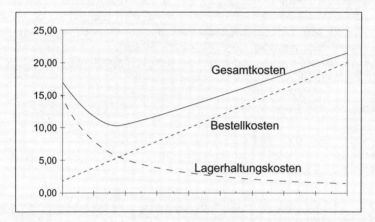

3.8 Analytische und synthetische Bedarfsauflösung

1. Verwendungsnachweis

		M 1	M 2	M 3	M 4	M 5	M 6	M 7
Erz. A	1.000	5	4	3	2	1		
Erz. B	2.000		3	2	1	4	5	
Erz. C	3.000			8	6	4	2	1
Erz. D	4.000	5	6			3	4	5

2. Bedarfsermittlung

		M 1	M 2	M 3	M 4	M 5	M 6	M 7
Erz. A	1.000	5.000	4.000	3.000	2.000	1.000	–	–
Erz. B	2.000	–	6.000	4.000	2.000	8.000	10.000	–
Erz. C	3.000	–	–	24.000	18.000	12.000	6.000	3.000
Erz. D	4.000	20.000	24.000	–	–	12.000	16.000	20.000
Sekundärbedarf		25.000	34.000	31.000	22.000	33.000	32.000	23.000
Zusatzbedarf - 5 %		250	200	150	100	50	–	–
Bruttobedarf		25.250	34.200	31.150	22.100	33.050	32.000	23.000
Lagerbestand			4.200					3.000
Nettobedarf		**25.250**	**30.000**	**31.150**	**22.100**	**33.050**	**32.000**	**20.000**

3.9 Prozesskosten

	Teilprozesse	Prozessmenge – Periode P	Gesamtkosten – Periode P (€)	Prozesskostensatz lmi (€)	Prozesskostenumlagesatz (€)	lmi + lmn Prozesskosten (€)
Einkauf	Anfragen	1.250	125.000	100,00	16,88	116,88
	Angebote bearbeiten	950	220.000	231,58	39,10	270,68
	Bestellen	900	100.000	111,11	18,76	129,87
	Eingangsrechnungen prüfen	1.150	125.000	108,70	18,35	127,05
	Eingang überwachen	900	130.000	144,44	24,39	168,83
	Reklamationen abwickeln	300	100.000	333,33	56,28	389,61
	sonst.	500	500.000	1.000,00	168,83	1.168,83
Lager	Materialannahme	2.000	115.000	57,50	9,71	67,21
	Eingangsprüfungen	1.850	115.000	62,16	10,49	72,66
	Einlagern (Transportvorgänge)	2.000	150.000	75,00	12,66	87,66
	Entnahmen	15.000	180.000	12,00	2,03	14,03
	sonst.	12.000	450.000	37,50	6,33	43,83
	Summe lmi Prozesskosten		2.310.000			
	Abteilungsleitung		310.000			
	Lehrgänge		80.000			
	Summe lmn Prozesskosten		390.000			
	Summe lmi + lmn		2.700.000			
	Umlagesatz (%)		16,88			

Optimale Bestellmenge (schwankender Bedarf)

3.10 Optimale Bestellmenge (schwankender Bedarf)

M.	Bedarf in ME	Bedarf kumul.	Lagerdauer	Lagerdauer kumul.	Kostensatz der Lagerhaltung	Kosten der Lagerhaltung	Kosten der Lagerhaltung kumul.	Kosten der Bestellung	optimale Bestellmenge
1	86	86	0,5	0,5	0,20	8,60	8,60	22,50	156
2	70	156	1,0	1,5	0,20	21,00	29,60	22,50	
3	58	58	0,5	0,5	0,20	5,80	5,80	22,50	122
4	64	122	1,0	1,5	0,20	19,20	25,00	22,50	
5	62	62	0,5	0,5	0,20	6,20	6,20	22,50	116
6	54	116	1,0	1,5	0,20	16,20	22,40	22,50	
7	40	40	0,5	0,5	0,20	4,00	4,00	22,50	90
8	30	70	1,0	1,5	0,20	9,00	13,00	22,50	
9	20	90	1,0	2,5	0,20	10,00	23,00	22,50	

Nach dem Kostenausgleichsverfahren ergeben sich folgende optimale Bestellmengen:

1. 156 ME, Zusammenfassung der Bedarfsmengen des 1. und 2. Monats
2. 122 ME, Zusammenfassung der Bedarfsmengen des 3. und 4. Monats
3. 116 ME, Zusammenfassung der Bedarfsmengen des 5. und 6. Monats
4. 90 ME, Zusammenfassung der Bedarfsmengen des 7., 8. und 9. Monats.

3.11 Auditierung

01. Cornelius besucht Lieferanten im Rahmen einer Auditierung. Für den Lieferanten handelt es sich also um ein sog. externes Audit. Cornelius muss für sein Unternehmen prüfen, ob der Lieferant die geforderten Qualitätsstandards einhalten kann.

    Es geht nicht darum, ob ein abgeliefertes Produkt den Qualitätsansprüchen genügt, sondern ob der Lieferant die Qualitätsanforderungen auf Dauer erfüllen kann. Deshalb gehört zu den Aufgaben von Cornelius die Prüfung der Prozesse; er prüft z. B. die Qualität des Produktionsprozesses, die Qualität des Produktionsergebnisses und die damit verbundenen Prozesse, also z. B. Materialeingang, Lagerungen usw. Der Prüfung liegen festgelegte Kriterien, die sog. Auditkriterien, zu Grunde. Wenn die Prüfergebnisse negativ von den Kriterien abweichen, schlägt Cornelius Verbesserungen vor. Die Ergebnisse der Prüfung muss Cornelius abschließend dokumentieren.

02. Das Lieferantenaudit trägt zu Qualitätssicherung bei. Beschaffte Produkte, Materialien und Teile müssen den Qualitätsansprüchen genügen, die die Medtec GmbH ihrer eigenen Produktion zu Grunde legt. Die Qualitätsstandards, die den Produkten der Medtec zu Grunde liegen, ergeben sich vor allem aus den Erwartungen der Kunden, das sind Kliniken, Krankenhäuser, große Arztpraxen, Laboratorien usw.

    Hohe Qualitätsziele sind ein wichtiger Wettbewerbsvorteil. Damit dieser erhalten bleibt, legt die Medtec GmbH Wert darauf, dass die Zulieferer diesen Qualitätsanforderungen genügen. Deshalb ist das Lieferantenaudit für die Medtec GmbH von erheblicher Bedeutung.

03. Aspekte des QM nach EN ISO 9000 : 2005:
    - Qualitätsplanung, dazu zählen z. B. Festlegung der Qualitätsziele, Festlegung des Ausführungsprozesses zur Realisierung von Qualitätszielen
    - Qualitätslenkung, dazu zählen u. a. Ermittlung der Anforderungen, und deren Dokumentation sowie die Festlegung von Forderungen an den Einkauf
    - Qualitätssicherung, dazu zählen z. B. Überwachung und ggfs. Korrektur der Prozesse
    - Qualitätsverbesserung, dazu zählen z. B. Nutzenverbesserung und Verringerung von Qualitätsfehlern mit dem Ziel wachsender Kundenzufriedenheit.

3.12 Qualitätsanforderungen

01. Die Backhaus AG garantiert ihren Kunden hohe Produktqualität und hohe Qualität ihres Kundendienstes. Ziel ihrer Qualitätspolitik ist die Kundenzufriedenheit. Kunden erwarten von der Backhaus AG qualitativ hoch stehende Leistungen, für die sie die relativ hohen Preise auch zu zahlen bereit sind. Das Qualitätsmanagement hat in diesem Zusammenhang folgende Aufgaben: Planung, Steuerung und Überwachung des Leistungsprozesses sowie des Prozessergebnisses. Das gilt sowohl für die Produkte als auch – entsprechend modifiziert – für die Kundendienstleistungen. Schwerpunkte des Qualitätsmanagements der Backhaus AG müssen deshalb Qualitätssicherung und ständige Verbesserung des Leistungsangebots sein.

Damit das Qualitätsniveau eingehalten werden kann, müssen die Leistungen der Zulieferer ähnlichen Qualitätsstandards unterliegen. Aufgabe des Qualitätsmanagements ist deshalb auch die Qualitätslenkung bei Zulieferern. Durch regelmäßige Auditierungen wird die Einhaltung der Standards überprüft.

02. Grundlage eines modernen Qualitätsmanagementsystems sind die Normen der Normenfamilie DIN EN 9000 ff. (DIN EN ISO 9000.2005). ISO 9000 nennt folgende Grundsätze des Qualitätsmanagements:

- Kundenorientierung
- Führung
- prozessorientierter Ansatz
- systemorientierter Managementansatz
- ständige Verbesserung
- sachbezogener Ansatz zur Entscheidungsfindung
- Lieferantenbeziehungen zum gegenseitigen Nutzen

03. Die Backhaus AG ist zertifiziert. Das bedeutet, sie hat ihrem Qualitätsmanagementsystem die Anforderungen von ISO 9000.2005 zu Grunde legt. Die Zertifizierung wurde von einer unabhängigen Stelle nach einer Auditierung vorgenommen. Mit dem Zertifikat kann die Die Backhaus AG nachweisen, dass ihre Produkte und die Produktionsprozesse mit den ISO-Normvorgaben übereinstimmen. Mit diesem Nachweis schafft sie Vertrauen zu Kunden und Lieferanten.

3.13 Verbrauchsprognose

01. Wahrscheinliche Werte für Januar des Folgejahres (3. Jahr)

- 3. Ordnung: 2.265 Stück

$$\frac{2.200 + 2.280 + 2.315}{3} = 2.265$$

- 5. Ordnung: 2.212 Stück.

$$\frac{2.140 + 2.125 + 2.200 + 2.280 + 2.315}{5} = 2.212$$

02. Bei der Methode gleitender Durchschnitte werden benachbarte Werte (z. B. drei oder fünf Werte) zusammengefasst und aus dem Ergebnis der Mittelwert errechnet. Das Verfahren eignet sich für die Prognose, wenn der Verbrauchsverlauf etwa gleiche zyklische Bewegungen aufweist.

Das Verfahren 5. Ordnung gibt im vorliegenden Fall den Prognosewert wahrscheinlich genauer an; das zeigt ein Vergleich der ermittelten Werte mit den beiden in der Statistik enthaltenen Januarwerten. Das Verfahren 3. Ordnung hätte wahrscheinlich einen zu hohen Wert ergeben.

3.14 Deckungsbeitragsrechnung – Kalkulation

01. Mit diesen Vorgaben werden Deckungsbeitrag und Gewinn sowohl für eine Einheit als auch für die Periode errechnet. Das Beispiel weist einen Gewinn auf, der über dem Mindestgewinn liegt. Das Produkt kann also zu dem vorgesehenen Preis verkauft werden. Der Gewinn ergibt sich aber nur, wenn die geplante Menge auch abgesetzt werden kann.

1	Verkaufspreis	10 €
2	variable Kosten	5 €
3	Deckungsbeitrag	5 €
4	fixe Kosten	3 €
5	Gewinn	2 €
6	Gewinn in % des Verkaufspreises	20 %

1	Umsatzerlöse	100.000 €
2	variable Kosten	50.000 €
3	Deckungsbeitrag	50.000 €
4	fixe Kosten	30.000 €
5	Gewinn	20.000 €
6	Gewinn in % der Umsatzerlöse	20 %

02. Mithilfe des erzielbaren Verkaufspreises werden die Umsatzerlöse errechnet. Von den (erzielbaren) Umsatzerlösen werden die variablen Kosten abgezogen und so der Deckungsbeitrag ermittelt. Der Deckungsbeitrag gibt den Beitrag der Umsatzerlöse zur Deckung der festen Kosten und zum Gewinn an. Im Allgemeinen wird bei der Berechnung ein Mindestgewinn angenommen. Wenn der Deckungsbeitrag nicht nur die festen Kosten, sondern auch den Mindestgewinn deckt, kann das Produkt zu dem vorgegeben Preis angeboten werden.

3.15 EZB-Politik

01. Vorrangige Aufgabe der EZB ist die Sicherung der Geldwertstabilität. Um sie zu erreichen kann die EZB Maßnahmen ergreifen; dazu zählt die Änderung der Leitzinsen. Bei Gefährdung der Geldwertstabilität, d. h. bei Inflationsgefahr, erhöht sie sie. Diese Maßnahme soll dazu führen, dass die Kreditzinsen steigen und die Nachfrage nachlässt. Das Nachlassen der Nachfrage bewirkt dann eine Senkung der Preissteigerungsrate, die mittelfristig unter aber nahe bei 2 % liegen soll. Wenn keine Inflationsgefahr besteht, können die Leitzinsen u. U. gesenkt werden; das kann eine Anregung der Nachfrage bewirken.

Wenn also die EZB die Leitzinsen nicht ändert, besteht keine Inflationsgefahr; aber die EZB sieht auch keine Veranlassung mit einer Senkung der Leitzinsen die Nachfrage anzuregen. Das könnte daran liegen, dass für das laufende Jahr eine – wenn auch nur geringe – Preissteigerungsrate prognostiziert wird. Ursachen für den Anstieg der Inflationsrate sind gestiegene Energiepreise und der Anstieg indirekter Steuern in einigen Euroländern. Eine Senkung der Leitzinsen könnte über die Nachfragesteigerung die Preissteigerungsrate weiter nach oben treiben. Für das Folgejahr sieht die EZB einen Rückgang der Preissteigerungsrate; das könnte ein weiterer Grund sein, die Leitzinsen (noch) nicht zu erhöhen.

02. Outright-Geschäfte der EZB sind der Handel der EZB mit Staatsanleihen. Die EZB kauft Staatsanleihen von Euroländern auf dem Sekundärmarkt. Die Staaten finanzieren ihre Haushalte u. a. mithilfe von Anleihen, die sie emittieren. Papiere hoch verschuldeter Länder sind sehr riskant, u. U. können die Emittenten sie bei Fälligkeit nicht zurücknehmen; deshalb müssen die Papiere mit sehr günstigen Bedingungen ausgestattet sein, damit Anleger sie kaufen. Das Risiko ist gering, wenn die EZB bereit ist, die Papiere zu kaufen. So will die EZB erreichen, dass Vertrauen aufgebaut wird. Mangelndes Vertrauen in den Euro bewirkt, dass die verschuldeten Staaten extrem hohe Zinsen zahlen müssen und sich damit noch weiter in Schwierigkeiten bringen. Von den Käufen wird eine Senkung der Risikoaufschläge für die Anleihen der betroffenen Staaten, z. B. Griechenland, Spanien und Irland, erwartet, die dadurch zu günstigeren Bedingungen Kredite aufnehmen konnten.

Der EZB-Rat hat folgende Modalitäten beschlossen:

- Die EZB kauft nur kurzfristige Papiere, das sind Anleihen mit einer Laufzeit von ein bis drei Jahren.
- Für die Ankäufe besteht keine Obergrenze.
- Die betroffenen Länder müssen sich den Konditionen des EFSF bzw. des EMS für ein ökonomisches Sanierungsprogramm unterwerfen.
- Die durch die OTMs geschaffene Liquidität soll vollständig neutralisiert werden. Dazu will die EZB bei den Banken in entsprechendem Umfang Geld leihen.

03. Auf dem Primärmarkt für Staatsanleihen sind die Regierungen, die die Anleihen emittieren, die Anbieter und Banken, Versicherungsgesellschaften und andere Anleger die Nachfrager. Auf dem Sekundärmarkt sind die Halter von Anleihen die Anbieter, nachgefragt werden die Anleihen i. d. R. von anderen Institutionen des privaten Sektors (Banken, Versicherungen u. dgl.).

Der EZB ist es grundsätzlich verboten, Haushaltsdefizite der Euro-Mitgliedstaaten zu finanzieren; sie darf also die Anleihen nicht direkt übernehmen und kauft sie deshalb mittelbar, d. h. auf dem Sekundärmarkt. Die direkte Übernahme der Papiere durch die EZB wäre eine direkte Finanzierung der Haushalte. Von der direkten Finanzierung der Haushalte geht eine erhebliche Inflationsgefahr aus. Diese Gefahr wird bei Käufen auf dem Sekundärmarkt nicht gesehen. Diese Ansicht wird kritisiert: Die Wirkung der Haushaltsfinanzierung durch die Käufe der EZB auf dem Sekundärmarkt birgt die gleichen Gefahren wie die direkte Finanzierung. Allerdings könnte die Inflationsgefahr dadurch gebannt werden, dass die EZB die durch die OTMs geschaffene Liquidität vollständig neutralisieren will.

4.1 Anfrage

Der Prüfling soll erkennen, dass kein Kaufvertrag zu Stande kommt, weil eine Anfrage vorliegt. Die gelieferte Ware muss also nicht angenommen werden. Die Anwort ist zu begründen. Dabei kann folgendermaßen über die Begründung des Kaufvertrages vorgegangen werden.

Ein Kaufvertrag ist ein zweiseitiges Rechtsgeschäft. Er kommt zustande durch zwei übereinstimmende Willenserklärung: Antrag und Annahme.

Wenn das Geschäft vom Verkäufer ausgeht, wenn er also einem potenziellen Kunden eine Ware oder eine andere Sache anbietet, ist sein Angebot der Antrag, die evtl. folgende Bestellung des Kunden die Annahme. Wenn das Geschäft jedoch vom Kunden ausgeht, wenn er also bestellt, ohne dass ein Angebot vorliegt, ist die Bestellung der Antrag und die Annahme der Bestellung (Bestätigung oder Lieferung) die Annahme.

Im vorliegenden Fall wird aufgrund einer Anfrage geliefert. Die Anfrage ist keine Willenserklärung im aufgezeigten Sinn, also kein Antrag. Die Lieferung durch V ist zwar eine Willenserklärung, nämlich ein Antrag; aber da keine zwei übereinstimmenden Willenserklärungen vorliegen, kommt kein Kaufvertrag zu Stande. K muss also die Rasenmäher nicht annehmen, auch nicht die 10 Mäher des Typs, auf den sich die Anfrage richtete.

Wenn K jedoch die gelieferten Rasenmäher annimmt und die Annahme durch Bezahlung zum Ausdruck bringt, kommt der Kaufvertrag doch zu Stande, weil jetzt zwei übereinstimmende Willenserklärungen vorliegen: die Lieferung ist der Antrag die Abnahme der Lieferung die Annahme.

4.2 Begründung von Kaufverträgen

01. V muss 200 Harken liefern. Er hat dem K ein Angebot vorgelegt, das keine Freizeichnungsklausel, z. B. freibleibend, Angebot freibleibend, solange Vorrat reicht, enthielt. Durch die Bestellung ist ein Kaufvertrag zu Stande gekommen, das bedeutet u. a., dass V die bestellte Menge liefern muss. Sollte sein Vorrat für die Bestellmenge nicht ausreichen, muss er sich angemessen versorgen, um 200 Stück liefern zu können. Falls V lediglich 100 Stück liefert, erhält K u. U. einen Schadenersatzanspruch.

02. Ein Kaufvertrag kommt zu Stande, wenn der Anbieter die Bestellung annimmt. Er könnte z. B. die Annahme der Bestellung schriftlich bestätigen oder gleich liefern.

03. Der Kaufvertrag ist zu Stande gekommen, obwohl aufgrund einer Anfrage geliefert wurde. Die Lieferung gilt als Antrag. X nimmt den gelieferten Rohstoff an und überweist den Rechnungsbetrag (Annahme). Durch Antrag und Annahme ist der Kaufvertrag zu Stande gekommen.

04. X muss die gelieferte Ware nicht annehmen, da kein Kaufvertrag vorliegt. Ein Kaufvertrag kommt nur durch zwei übereinstimmende Willenserklärungen zu Stande, durch Antrag und Annahme. Die Anfrage des X ist kein Antrag. Allerdings ist die Lieferung ein Antrag, Wenn X die gelieferte Ware annähme, würde der Kaufvertrag zu Stande kommen.

05. Wenn eine vertragsgemäß gelieferte Ware von dem Besteller nicht angenommen wird, liegt Annahmeverzug vor. A kann die Ware in einem öffentlichen Lagerhaus einlagern lassen und sie schließlich nach Androhung und nach Mitteilung von Ort und Termin in einem sog. Selbsthilfeverkauf versteigern lassen. Die Einlagerung erfolgt auf Kosten des Käufers. Die Versteigerung erfolgt auf Rechnung des Käufers.

06. Voraussetzungen für den Eintritt des Lieferungsverzuges:

    1. Fälligkeit
    2. Verschulden des Lieferers
    3. fruchtlose Mahnung.

4.3 Sachmängelhaftung – Verbrauchsgüterkauf

01. Es liegt ein Verbrauchsgüterkauf vor. Der Verkäufer ist Unternehmer; B, der Käufer, ist Verbraucher, der den Wagen zur privaten Nutzung kauft.

02. B muss nicht beweisen, dass er den Schaden nicht verursacht hat. Im Verbrauchsgüterkauf gilt in den ersten sechs Monaten nach Ablieferung der Sache die sog. Beweislastumkehr. Es wird angenommen, dass der Schaden bereits bei Ablieferung bestanden hat.

03. B hat zunächst einen Anspruch auf Nacherfüllung. Dabei hat er das Recht, die Art der Nacherfüllung zu bestimmen, nämlich Beseitigung des Mangels oder Lieferung einer mangelfreien Sache.

    Daneben hat B Ansprüche auf Ersatz der Aufwendungen, die ihm entstanden sind; z. B. Aufwendungen für Taxifahrten oder für die Inanspruchnahme öffentlicher Verkehrsmittel. Wenn er wegen des defekten Wagens einen dringenden Termin nicht wahrnehmen konnte und ihm dadurch Schaden entstanden ist, könnte evtl. auch ein Anspruch auf Schadenersatz begründet sein.

04. Da die Lieferung einer mangelfreien Sache im vorliegenden Fall wahrscheinlich nicht möglich bzw. dem Verkäufer nicht zumutbar ist, hat B lediglich einen Anspruch auf Reparatur des Schadens. Für die Dauer der Reparatur wird ihm ein Leihwagen zur Verfügung gestellt; die entsprechenden Aufwendungen trägt der Verkäufer. Weitere Aufwendungen sind nicht entstanden. B erhebt auch keinen Anspruch auf Schadenersatz.

05. Wenn Herrnthaler & Jensen die Reparatur unsachgemäß ausgeführt haben und auch beim zweiten Versuch die Beseitigung des Mangels nicht gelingt, kann B vom Vertrag zurücktreten. Den Wagen muss er zurückgeben. Für den ihm entstanden Schaden hat er Ersatzanspruch. Schaden könnte ihm z. B. dadurch entstehen, dass er für einen vergleichbaren Wagen einen höheren Preis bezahlen muss.

4.4 Verjährung von Forderungen

01. Die Verjährungsfrist beginnt am 01.01.2012. Sie dauert drei Jahre. Die Forderung ist also am 31.12.2014 verjährt. Vom 01.01.2015 an kann der Feinkosthändler den Anspruch an Frau Schmitz nicht mehr gerichtlich durchsetzen.

02. Die Abschlagszahlung unterbricht die Verjährung; sie gilt als Anerkennung des Anspruchs durch Schmitz. Am 14.10.2012 beginnt die Verjährungsfrist neu (Neubeginn). Die Frist dauert wieder drei Jahre. Die Forderung verjährt unter Berücksichtigung des Neubeginns am 14.10.2015.

03. Bei Geschäften zwischen Privaten gelten für die Verjährung von Forderungen die gleichen Fristen wie bei Geschäften zwischen Kaufleuten und bei Geschäften zwischen Kaufleuten und Privaten. Ferdinands Forderung ist also am 31.12.2014 verjährt.

04. Auch hier gilt die regelmäßige Verjährungsfrist. Die Forderung verjährt nach drei Jahren. Die Verjährungsfrist beginnt am 01.01.2011; sie endet am 31.12.2013. Vom 01.01.2014 an ist die Forderung der Mühle Viktoria verjährt.

05. Die Forderung verjährt nach drei Jahren. Die Verjährungsfrist beginnt am 01.01.2013; nach drei Jahren, also am 31.12.2015, ist die Forderung der Firma Jäger verjährt.

06. Eine Stundung hemmt den Ablauf der Verjährungsfrist, und zwar um die gestundete Zeit, das sind hier acht Wochen. Die gehemmte Zeit wird an die ursprüngliche Verjährungsfrist angehängt. Ursprünglich endete die Verjährung am 31.12.2015. Aufgrund der Stundung ist die Forderung jetzt am 23.02.2016 verjährt.

4.5	Gewährleistung

01. Der Gewährleistungsanspruch verjährt im Regelfall nach zwei Jahren; die Verjährungsfrist beginnt bei Ablieferung der Sache. Im Fall eines Verbrauchsgüterkaufs kann die Gewährleistungsfrist beim Kauf gebrauchter Sachen auf ein Jahr gekürzt werden. Das ist hier geschehen. Schuster übernimmt den Wagen am 29.08.2011; die Gewährleistungsfrist ist also am 29.08.2012 verjährt.

Die Verjährungsfrist für die Gewährleistung unterscheidet sich wesentlich von der Verjährungsfirst für Forderungen. Die Forderung des Verkäufers verjährt regelmäßig, d. h. nach drei Jahren; im vorliegenden Fall beginnt die Frist am 01.01.2012, sie endet am 31.12.2014.

02. Der Gewährleistungsanspruch von Hermann Schuster verjährt regelmäßig. Das Fahrrad war neu. Die Gewährleistungsfrist endet nach zwei Jahren ab Ablieferung des Rades. Schuster erhält das Rad am 30.06.2012. Sein Gewährleistungsanspruch an die Firma Zweirad-Meier endet demnach am 30.06.2014.

03. Am 29.06.2014 macht Schuster von seinem Gewährleistungsanspruch Gebrauch. Das Fahrrad weist einen Mangel auf, den der Verkäufer zu vertreten hat. Zweirad-Meier hat einen Anspruch auf Ersatz der bei Beseitigung des Mangels entstandenen Aufwendungen gegenüber seinem Lieferanten. Für die Verjährung dieses Rückgriffsanspruchs gilt eine besondere Ablaufhemmung von zwei Monaten, damit Zweirad-Meier seinen Lieferanten tatsächlich auch in Anspruch nehmen kann, was im vorliegenden Fall sonst nicht möglich wäre. Der Rückgriffsanspruch von Zweirad-Meier gegenüber seinem Lieferanten verjährt am 29.08.2014.

04. Der Gewährleitungsanspruch der Firma Schuster endet am 20.10.2013. Von diesem Zeitpunkt an hat Schuster keinen Anspruch mehr auf Schadenersatz oder auf Ersatz vergeblicher Aufwendungen.

4.6 GmbH – Kennzeichen

01. Typische Merkmale der GmbH:

- Die GmbH kann von einer Person oder mehreren Personen gegründet werden.
- Sie ist eine Kapitalgesellschaft und die Mindesthöhe des Kapitals und eines Gesellschafteranteils sind vorgeschrieben; das Stammkapital muss mindestens 25.000 €, eine Stammeinlage muss mindestens 100 € betragen.
- Die Haftung ist auf das Kapital beschränkt; allerdings können die Gesellschafter durch Vertrag verpflichtet werden, beschränkt oder unbeschränkt nachzuschießen.
- Die Firma ist meistens eine Sachbezeichnung mit dem Zusatz GmbH.
- Die Geschäfte werden von gewählten Geschäftsführern geführt.
- Die Gesellschafterversammlung hat Mitspracherechte (Kontrolle und Widerspruch), in größeren GmbH besteht ein Aufsichtsrat.
- Der Gewinn wird nach Kapitalanteil verteilt.

02. Gründe für die Wahl der GmbH:

- Die Haftung ist auf das Gesellschaftskapital beschränkt; das Stammkapital muss lediglich 25.000 € betragen. Daraus ergibt sich eine im Vergleich mit Personengesellschaften bzw. Einzelunternehmen erhebliche Haftungsbeschränkung.
- Für die Gründung ist relativ wenig Eigenkapital erforderlich (im Vergleich zu anderen Gesellschaften).
- Die Gesellschaft kann aus einer Person bestehen; auch dadurch wird die Gründung erleichtert.
- Der Gesellschafter kann Geschäftsführer sein; er muss keine Mitspracherechte weiterer Gesellschafter befürchten.
- Die Gründung ist – im Vergleich z. B. zur AG – relativ einfach.

03. Die GmbH hat für Gläubiger einen erheblichen Nachteil, sie bietet u. U. nur geringen Gläubigerschutz.

4.7 Verjährung von Ansprüchen

01. Die Forderung verjährt nach drei Jahren. Die Verjährungsfrist beginnt am 01.01.2010; nach drei Jahren, also am 31.12.2012, ist die Forderung der Firma Jäger verjährt. Danach kann Jäger seinen Anspruch gegenüber Schuster nicht mehr gerichtlich durchsetzen.

02. Eine Stundung hemmt den Ablauf der Verjährungsfrist, und zwar um die gestundete Zeit, das sind hier acht Wochen. Die gehemmte Zeit wird an die ursprüngliche Verjährungsfrist angehängt. Ursprünglich endet die Verjährung am 31.12.2012. Aufgrund der Stundung ist die Forderung jetzt am 26.02.2013 verjährt.

03. Schuster kann selbstverständlich einen Anspruch auf Nacherfüllung, auf Schadenersatz bzw. auf Ersatz vergeblicher Aufwendungen geltend machen, wenn er die Berechtigung seines Anspruchs nachweist. Er hat folgende Rechte:

    - Nacherfüllung: Schuster kann, wenn eine Beseitigung des Mangels nicht möglich ist, die Lieferung einer mangelfreien Sache verlangen. Wenn ihm in diesem Zusammenhang ein Schaden entsteht, z. B. durch verzögerten Produktionsbeginn, durch Mängel an den eigenen Produkten, durch Fehlmengen bei Lieferung usw., hat er zusätzlich einen Anspruch auf Schadenersatz (evtl. auch auf Ersatz vergeblicher Aufwendungen).

    - Rücktritt vom Vertrag: Der Rücktritt kommt in Betracht, wenn Jäger seiner Pflicht zur Nacherfüllung nicht nachkommt.

    - Minderung des Kaufpreises: Schuster könnte den Kaufpreis in Höhe der Wertminderung kürzen und – da die Rechnung wahrscheinlich bereits beglichen wurde – den Kürzungsbetrag dem Jäger in Rechnung stellen. Es ist jedoch davon auszugehen, dass für die Produktion mangelfreies Material erforderlich ist. Eine Kaufpreisminderung dürfte deshalb hier kaum in Betracht kommen.

    - Schadenersatz: Anspruch auf Schadenersatz hat Schuster, wenn ihm durch die mangelhafte Leistung ein Schaden entstanden ist; ein Schaden kann z. B. durch Produktionsstörungen entstehen.

    - Ersatz vergeblicher Aufwendungen: Der Anspruch entsteht, wenn Schuster im Vertrauen darauf, dass ihm eine mangelfreie Sache geliefert wird, Aufwendungen getätigt hat.

04. Der Gewährleistungsanspruch verjährt nach zwei Jahren; die Verjährungsfrist beginnt bei Ablieferung der Sache. Jäger hat dem Schuster den Rohstoff am 05.05.2009 geliefert. Der Gewährleitungsanspruch der Firma Schuster endet erst am 05.05.2011.

4.8 Arbeitsvertrag

01. Die Vorgespräche

Zu einem Vorstellungsgespräche werden die Bewerber eingeladen, die nach Auswertung der eingereichten Bewerbungsunterlagen ohne Einschränkungen für eine Anstellung in Betracht kommen.

Bei einem Vorstellungsgespräch will ein Unternehmen zusätzliche Informationen über den Bewerber gewinnen, den Bewerber persönlich kennen lernen, Angaben in den Bewerbungsunterlagen hinterfragen bzw. vertiefen usw. Offensichtlich hat das Unternehmen im Vorstellungsgespräch von Lühnemann einen guten Eindruck gewonnen; es ist anzunehmen, dass sie bei ihm die Potenziale festgestellt haben, die ihn für die Stelle besonders geeignet erscheinen lassen. Auch Lühnemann scheint von dem Unternehmen angetan zu sein, sonst könnte man sich kaum seine Bereitschaft zu einem weiteren Gespräch und zu Verhandlungen über seine Gehaltsvorstellungen erklären.

Bei dem Gespräch am 10.03. wird das Gehalt verhandelt. Außerdem werden bestimmte Vertragsbedingungen, z. B. Kündigungsfristen (drei Monate zum Quartalsende) oder Wettbewerbsverbote, besprochen. Am Ende ist Lühnemann bereit, zu dem ausgehandelten Gehalt zu arbeiten. Er sagt die Aufnahme der Arbeit zum 01.05. zu. Damit ist der Arbeitsvertrag abgeschlossen. Das Gesetz schreibt die Schriftform für Arbeitsverträge nicht vor, d. h. ein Arbeitsvertrag hat auch dann Gültigkeit, wenn er mündlich abgeschlossen wurde. Die Schriftform ist allerdings erforderlich bei der Vereinbarung eines Wettbewerbsverbots.

02. Kündigung

Im Vertragsverhältnis von Lühnemann zu seinem bisherigen Arbeitgeber bestehen keine Sondervereinbarungen zur Kündigung. Es gilt also die gesetzliche Kündigungsfrist, das bedeutet, Lühnemann kann das Arbeitsverhältnis mit einer Frist von vier Wochen zum Ende des Monats April beenden. Er kann die Stelle bei der OMW am 01.05. antreten.

Lühnemann kündigt das Vertragsverhältnis bevor ihm der Arbeitsvertrag mit der OMW in Schriftform vorliegt. Daraus können ihm keine Nachteile entstehen, da der Arbeitsvertrag am 15.03. mündlich abgeschlossen wurde. Lühnemann handelt also bei seiner Kündigung nicht voreilig.

03. Zwei Verträge

Wenn Lühnemann erst nach Eingang des schriftlichen Arbeitsvertrages mit der OMW das bisherige Arbeitsverhältnis kündigt, hält er die Vier-Wochen-Frist zum Ende des Monats April nicht ein, die Kündigung wird damit erst ab 15.05. wirksam. Am 01.05 bestehen deshalb zwei Arbeitsverträge. Lühnemann muss sich entscheiden, welchen Vertrag er erfüllen will. Wenn er die Stelle bei der OMW antritt, um den schlechten Eindruck zu vermeiden, den der verspätete Arbeitsbeginn machen würde, hat der bisherige Arbeitgeber einen Schadenersatzanspruch an ihn.

Andererseits hat die OMW Schadenersatzanspruch, wenn Lühnemann die Stelle nicht vertragsgemäß antritt.

04. Wettbewerbsverbot

Die Vereinbarung, die am 15.03. abgesprochen wurde, besagt, dass Lühnemann ohne Einwilligung seines Arbeitgebers weder ein Handelsgewerbe betreiben, noch im Handelszweig des Arbeitsgebers auf eigene Rechnung Geschäfte abschließen darf.

Das Wettbewerbsverbot soll auch für ein Jahr nach Beendigung des Arbeitsverhältnisses bei der OMW gelten. Die zeitliche Vereinbarung bleibt unter der gesetzlich vorgegebenen Höchstgrenze; insofern ist sie auch leichter von Lühnemann zu akzeptieren. Dieses Wettbewerbsverbot ist nur verbindlich, wenn im Vertrag auch eine Entschädigungszahlung vereinbart wird. Darüber hinaus gilt es nur, wenn es dem Schutz berechtigter Interessen des Arbeitgebers dient. Die Einhaltung des Wettbewerbsverbots darf allerdings das berufliche Fortkommen des Lühnemann nicht unbillig erschweren.

4.9 Kündigung des Arbeitsvertrages

01. Timms Kündigung ist berechtigt. Die Voraussetzungen für die Kündigungen sind erfüllt: Kündigungsgrund, Abmahnung, Beteiligung des Betriebsrates.

    Timm hat arbeitsvertragliche Pflichten verletzt; er ist häufig zu spät zur Arbeit erschienen und hat dadurch betriebliche Abläufe gestört. Die Ermahnungen des Vorgesetzten sind rechtlich unerheblich, das gilt aber nicht für die Abmahnung. Mit einer Abmahnung rügt ein Arbeitgeber eine Pflichtverletzung des Arbeitnehmers und droht ihm die Kündigung für den Wiederholungsfall an. Die Abmahnung ist im Allgemeinen eine Voraussetzung für eine verhaltensbedingte Kündigung, die hier vorliegt. Der Betriebsrat wurde informiert; bei einer fristgemäßen (ordentlichen) Kündigung könnte er der Kündigung widersprechen, wenn die Gründe dafür ausreichen, das bedeutet, die Unternehmensleitung hat keine berücksichtigungsfähigen sozialen Gründe gegen die Kündigung gesehen.

02. Da es sich nicht um eine fristlose Kündigung handelt, sind für die Kündigung bestimmte Fristen zu beachten. Die Fristen nach § 622 BGB berücksichtigen die Dauer der Betriebszugehörigkeit. Timm gehört dem Betrieb seit drei Jahren an; es besteht also eine Kündigungsfrist von einem Monat zum Monatsende. Die Kündigung wurde am 20.04. ausgesprochen; das Arbeitsverhältnis des Timm endet deshalb am 31.05.

03. Franz Klaubahn wird fristlos gekündigt. Eine Abmahnung ist nicht erforderlich. Der Betriebsrat ist zu beteiligen. Klaubahn hat eine strafbare Handlung im Betrieb begangen.

    Franz Klaubahn hat Material in größerem Umfang gestohlen. Dadurch ist einerseits das Vertrauensverhältnis gestört, andererseits sind die für die betrieblichen Abläufe erforderlichen Materialien nicht in entsprechendem Umfang am Lager. Dem Arbeitgeber kann die Fortsetzung des Arbeitsverhältnisses nicht zugemutet werden. Es gelten nicht die Fristen nach § 622 BGB; das Arbeitsverhältnis wird 14 Tage nach der Kündigung beendet.

04. Horst Siecher wird wegen nachlassender Leistungsfähigkeit gekündigt. Herr Siecher kann die vom ihm verlangte Leistung infolge einer Krankheit nicht mehr erbringen. Der Grund reicht für eine Kündigung aus. Aber mithilfe des Betriebsrates kann der Kündigung widersprochen werden. Das Ziel des Widerspruchs kann z. B. Siechers Weiterbeschäftigung an einem anderen Arbeitsplatz des Unternehmens sein, dessen Anforderungen der eingeschränkten Leistungsfähigkeit gerecht werden.

4.10 Rücklagen in einer AG

01. Eine AG muss 5 % des Gewinns der gesetzlichen Rücklage zuführen, bis 10 % des Grundkapitals erreicht sind. Der Gewinn beläuft sich auf 15 % von 10.000.000 € Grundkapital, das sind 1.500.000 €. Die gesetzlich vorgeschriebene Rücklage beträgt hier 1.000.000 €. Von dem Gewinn sind 5 % der gesetzlichen Rücklage zuzuführen, das sind 75.000 €. Es wurde aber bereits eine gesetzliche Rücklage von 975.000 € gebildet. Also sind von dem Gewinn lediglich 25.000 € der Rücklage zuzuführen.

02. Der Gewinn der AG beläuft sich auf 1.500.000 €, davon werden 25.000 € der gesetzlichen Rücklage und 475.000 € den freien Rücklagen zugeführt. Es verbleiben zur Verteilung an die Aktionäre 1.000.000 €. Das sind 10 % des Grundkapitals, also entfällt auf jede 50-€-Aktie eine Dividende von 5 €.

4.11 Haftung in der GmbH

01. Die GmbH haftet den Gläubigern gegenüber lediglich mit dem Gesellschaftskapital (Stammkapital); das Stammkapital muss 25.000 € betragen. Daraus ergibt sich eine im Vergleich mit Personengesellschaften bzw. Einzelunternehmen erhebliche Haftungsbeschränkung. Das bedeutet aber auch einen geringen Gläubigerschutz. Die GmbH-Gesellschafter können von den Gläubigern der GmbH nicht zur Haftung herangezogen werden. Allerdings haften die Gesellschafter u. U. gegenüber der GmbH.

Eine zusätzliche Haftung der Gesellschafter kann sich evtl. aus der Nachschusspflicht ergeben. Die Gesellschafter können, wenn der Gesellschaftsvertrag einen entsprechenden Passus enthält, beschließen, dass Nachschüsse zu leisten sind. Nachschüsse sind Zahlungen der Gesellschafter, die über die Nennbeträge ihrer Gesellschaftsanteile hinausgehen. Die Nachschusspflicht entsteht also durch Beschluss der Gesellschafter unter der Bedingung, dass der Gesellschaftsvertrag ihnen dieses Recht einräumt. Die Einzahlung der Nachschüsse erfolgt nach dem Verhältnis der Gesellschaftsanteile. Das gilt sowohl für die unbeschränkte als auch für die auf einen bestimmten Betrag festgesetzte beschränkte Nachschusspflicht.

02. Der Gesellschafter Walter Morengo kann sich von der Zahlung des Nachschusses befreien, indem er der Gesellschaft seinen Geschäftsanteil zur Verfügung stellt. Voraussetzung ist, dass er seinen Anteil vollständig eingezahlt hat. Er kann dazu der Gesellschaft gegenüber innerhalb eines Monats eine entsprechende Erklärung abgeben.

Die Gesellschaft muss den Anteil, den ihr Walter Morengo zur Verfügung gestellt hat, innerhalb eines Monats im Wege öffentlicher Versteigerung oder – mit Zustimmung des Gesellschafters – in einer anderen Weise verkaufen lassen. Der Mehrerlös über die Verkaufskosten und den Nachschuss steht dem Walter Morengo zu.

03. Die Unternehmergesellschaft (haftungsbeschränkt) nach § 5 a GmbHG (Mini-GmbH) ist eine Sonderform der GmbH. Ihre Haftung ist – wie bei der GmbH – auf das Gesellschaftsvermögen beschränkt. Sie kann mit einem Stammkapital gegründet werden, das unter dem für die Gründung einer GmbH vorgeschriebenen liegt; es muss mindestens 1 € betragen.

Zur Sicherung der Gläubiger schreibt das Gesetz vor, dass die Gesellschafter das Kapital nicht als Sachkapital einbringen dürfen und dass sie jährlich Rücklagen bilden müssen, und zwar in Höhe von 25 % des Gewinns (bis das Mindeststammkapital einer regulären GmbH erreicht ist).

5.1 Unternehmenskultur und Unternehmensleitbild

01. Die Unternehmenskultur gründet auf der Tradition der Drägerwerk AG als ein Familienunternehmen. Der Familiencharakter soll trotz der Ausweitung des Unternehmens zu einem verzweigten Konzern erhalten bleiben. Diese Kultur wird geprägt durch Verantwortung für die Mitarbeiter; daraus ergibt sich die Verpflichtung zur Fürsorge. Sie schlägt sich u. a. nieder in den umfangreichen Sozialleistungen. Aber auch das umfangreiche Förder- und Weiterbildungsprogramm des Unternehmens, das nicht nur auf die Qualifizierung des Produktionsfaktors Arbeit ausgerichtet ist, weist in diese Richtung.

Ein weiterer Aspekt der Unternehmenskultur, der eng mit dem ersten verknüpft ist, ergibt sich aus dem langjährigen Produktionsprogramm (Angebotsprogramm) der Drägerwerk AG. Das Unternehmen stellt Produkte der Medizin- und der Sicherheitstechnik her und bietet in diesem Rahmen auch entsprechende Dienstleistungen an; das Angebotsprogramm ist also auf die Gesundheit und die Sicherheit von Menschen ausgerichtet. Daraus lässt sich die Verantwortung für Menschen, für ihre Gesundheit und ihre Sicherheit ableiten.

Der dritte Aspekt der Unternehmenskultur zeigt sich in der Verantwortung für die Umwelt und die Gesellschaft.

Zusammenfassend lässt sich die Unternehmenskultur folgendermaßen umschreiben: Verantwortung für Menschen – für Mitarbeiter, für Patienten und andere Nutzer der Produkte, für Menschen in der Nachbarschaft usw.

02. Das Unternehmensleitbild wird zusammengefasst in dem Motto „Dräger – Technik fürs Leben". Dieses Leitbild korrespondiert mit der Unternehmenskultur; es liegt der langfristigen unternehmenspolitischen Planung zu Grunde.

Das Unternehmensleitbild hat folgende Aspekte:

- Funktionen der Produkte und Dienstleistungen (des Angebotsprogramms):
    - Medizintechnik: Unterstützung, Überwachung, Schutz lebenswichtiger Funktionen des Menschen
    - Sicherheitstechnik: sichere Bedingungen für Gesundheit und Umwelt
- Qualität der Produkte und Dienstleistungen: Verantwortungsbewusstsein für das Funktionieren der Produkte
- Produktionsprozesse: Umweltschutz als wesentlicher Bestandteil der Prozesse; das gilt für das Unternehmen (Arbeitsplätze) und für die Nachbarschaft usw., das bezieht aber auch den verantwortungsvollen Umgang mit den Produktionsfaktoren ein.

03. Die allgemeine Zielformulierung „Dräger will weltweit ein exzellentes Unternehmen sein, Nr. 1 bei seinen Kunden und attraktiv für seine Mitarbeiter" verknüpft das Leitbild mit den Zielen und Grundsätzen. Es dient mit dem Leitbild zur Orien-

tierung der Mitarbeiter und bildet die Klammer für die Bereiche des Unternehmens bzw. für die Gesellschaften des Konzerns.

Die allgemeine Zielformulierung stellt die Kundenorientierung aller Maßnahmen heraus und zeigt auch, dass die Arbeitsbedingungen und das Betriebsklima für die Mitarbeiter attraktiv sein müssen, damit qualifiziertes Personal an das Unternehmen gebunden wird.

Die obersten Ziele beziehen sich auf Marktführerschaft, Verbesserung des Unternehmenswerts, Unabhängigkeit, Sicherung des Familiencharakters und Erwirtschaftung einer Rendite. Auffallend ist die Zielformulierung: „Wir wollen ...". Sie weist auf die Bedeutung hin, die das Unternehmen qualifizierter und engagierter Zusammenarbeit beimisst; die Mitarbeiter werden motiviert, sich mit dem Unternehmen und seinem Leitbild zu identifizieren und sich engagiert für die Ziele einzusetzen.

Um dieses Ziel zu erreichen, fordert und fördert das Unternehmen Identifikation, Partnerschaft, Vertrauenskultur, Anerkennung usw.

04. Mit Corporate Identity umschreibt man ein einheitliches unverwechselbares Unternehmensbild, dass das Selbstverständnis des Unternehmens widerspiegelt. Es drückt sich bei Dräger u. a. aus in

- der hohen Qualität seines Leistungsangebotes
- den Bemühungen um den Umweltschutz
- der Vertrauenskultur, z. B. in den regelmäßigen Mitarbeitergesprächen
- den Weiterbildungsmaßnahmen
- den dezentralen Strukturen
- der Beteiligung der Mitarbeiter an Entscheidungen
- einem partnerschaftlichen Führungsstil.

5.2 Mitarbeiterführung

01. Die *Industrielle Steuerungstechnik AG* könnte für die Aufstellung von Verhaltensgrundsätzen folgende Gründe haben:

- Das Unternehmen sieht in einem „guten Ruf" in der Öffentlichkeit eine wichtige Grundlage für erfolgreiche Geschäftsbeziehungen. Der gute Ruf (das Image) eines Unternehmens ist nicht nur abhängig von der Produktqualität u. Ä., sondern auch vom Erscheinungsbild des Unternehmens in der Öffentlichkeit; dieses wird in hohem Maße auch bestimmt vom Auftreten und vom Verhalten der Mitarbeiter.

- Führungskräfte haben eine besondere Verantwortung: Sie sollen die Grundsätze den ihnen unterstellten Mitarbeitern vermitteln. Zur Vermittlung gehört die regelmäßige Erörterung der Grundsätze mit den Mitarbeitern, die Entscheidung in Zweifelsfällen und das vorbildliche Verhalten.

- Der Katalog von Verhaltensgrundsätzen dient der Orientierung. Die Mitarbeiter können ihr Verhalten nach diesen Regeln ausrichten, und zwar sowohl allgemein als auch in einzelnen Bereichen (Funktionen). Hierbei ist besonders der Grundsatz interessant, auf Gepflogenheiten der Geschäfts- oder Verhandlungspartner Rücksicht zu nehmen.

- Der Katalog von Verhaltensgrundsätzen ermöglicht dem Unternehmen, das Verhalten der Mitarbeiter zu lenken. Verstöße gegen bestimmte Vorschriften können geahndet werden.

- Der Katalog von Verhaltensgrundsätzen gilt für alle Bereiche und auch für die Gesellschaften der Gruppe. Er vereinheitlicht das Verhalten und damit das Erscheinungsbild in der Öffentlichkeit. Damit dient der Katalog auch als Klammer, die die Teile und Bereiche des Gesamtunternehmens zumindest in einem wichtigen Aspekt zusammenhält.

02. Das mit der Unternehmenskultur korrespondierende Unternehmensleitbild beruht im Allgemeinen auf Tradition und auf ethischen, übergeordneten Werten, z. B. Umweltschutz, Fürsorge für Mitarbeiter, soziale Verantwortung, Fairness u. Ä. Häufig ergibt sich dieser Wertebezug aus der Tradition eines Familienunternehmens.

Die Unternehmensziele stehen zwar nicht im Widerspruch zum Unternehmensleitbild, sind aber mehr als diese auf ökonomische Gesichtspunkte ausgerichtet. Man kann (vielleicht mit geringen Einschränkungen) sagen, dass die auf den Zielen beruhenden Maßnahmen letztlich der Realisierung des Unternehmensleitbildes dienen. („Ein Unternehmensleitbild muss man sich leisten können.")

Insofern verknüpfen die Unternehmensziele das Unternehmensleitbild mit den Verhaltensgrundsätzen. Die Grundsätze haben durchweg wirtschaftliche Bedeutung:

- Der gute Ruf, das Image des Unternehmens, erleichtert Geschäftsanbahnungen.
- Die Mitarbeiter haben das Unternehmensinteresse zu wahren.
- Bestechlichkeit ist nicht aus moralischen, sondern aus wirtschaftlichen Erwägungen abzulehnen. Bestechung verzerrt den Wettbewerb; Wettbewerbsverzerrung kostet. Kostensteigerungen sind mit dem Ziel, eine bestimmte Rendite zu erwirtschaften, nicht vereinbar.
- Lieferanten sind nach objektiven Kriterien zu bewerten und auszuwählen.

03. Die Verhaltensgrundsätze, die sich in erster Linie an die Mitarbeiter richten und deren Verhalten reglementieren, enthält auch den Hinweis, dass sich die *Industrielle Steuerungstechnik AG* an die Empfehlungen des Deutschen Corporate Governance Kodex hält. Dieser Hinweis lässt sich in zwei Aspekten interpretieren.

- Das Unternehmen folgt den Empfehlungen und macht damit die Unternehmensführung für die Bezugsgruppen, insbesondere für die Aktionäre, transparent. Diese Transparenz trägt zum positiven Erscheinungsbild des Unternehmens bei.
- Das Unternehmen fühlt sich den Prinzipien der Corporate Governance verpflichtet. Im Zusammenhang mit den Verhaltensgrundsätzen kann der Hinweis bedeuten, dass die Mitarbeiter in diese Verpflichtung einbezogen sind.

04. Die Verhaltensgrundsätze enthalten auch Angaben zum Lieferantenmanagement. Die Lieferanten sind nach objektiven Kriterien zu beurteilen und auszuwählen; die Kriterien werden vollständig aufgezählt. Diese Regel konkretisiert die übrigen Grundsätze für den Umgang mit Lieferanten, die besagen, dass bei der Auswahl der Lieferanten keine persönlichen Präferenzen des Mitarbeiters, keine Beeinflussung des Mitarbeiters durch Zuwendungen u. Ä. eine Rolle spielen dürfen. Zudem deuten sie den fairen Umgang mit Lieferanten an, die alle nach den gleichen Kriterien bewertet werden und damit alle die gleichen Chancen für Lieferverträge haben.

Für die Auswahl der Lieferanten werden die Kriterien mit Punkten bewertet, die ermittelten Punktwerte für die einzelnen Kriterien mit unterschiedlichen Faktoren gewichtet. So gelingt es, den günstigen Lieferanten für ein Teil, einen Rohstoff usw. zu ermitteln und auszuwählen. Alle Lieferanten werden regelmäßig nach diesem Schema überprüft.

Bei der *Industrielle Steuerungstechnik AG* gelten für die Angebotsabgabe bestimmte Regeln. Sie werden allen Lieferanten, bei denen Angebote eingeholt werden, mitgeteilt. Alle potenziellen Lieferanten haben dadurch gleiche Informationen, die sie für die Angebotserstellung benötigen. Das trägt zur fairen Gleichbehandlung der Lieferanten bei.

5.3 Teamorganisation und Teamarbeit

01. Der Vorgang hat zwei wesentliche Aspekte: einen rechtlichen und einen betriebswirtschaftlichen Aspekt.

    - Der rechtliche Aspekt. Es liegt ein Mangel in der Beschaffenheit vor. Der Kunde konnte erwarten, dass sich die Sache für die übliche Verwendung eignen würde. Übliche Verwendung bedeutet im vorliegenden Fall, dass die stapelbaren Glasplatten (wie bisher) bei bestimmten Versuchsanordnungen, die auch den Einsatz des Materials bei großer Kälte verlangen, genutzt werden können. Weil die Labortechnik GmbH bei Vertragsabschluss bzw. bei Lieferung keine ausreichenden Hinweise auf die Nutzungseinschränkung erhielt, hat sie Ansprüche. In diesem Fall ist der Anspruch auf Ersatz der im Zusammenhang mit den misslungenen Versuchen entstandenen Schäden wahrscheinlich berechtigt. Es ist zu prüfen, ob die Norddeutsche Industrie-Glas AG Ansprüche an den niederländischen Hersteller hat.

    - Der betriebswirtschaftliche Aspekt. Die Substitution des Materials (Metall durch Plastik) hat Kostenvorteile, die der Hersteller an die Norddeutsche Industrie-Glas AG (zum Teil) weitergegeben hat. Auch die Verarbeitung bzw. Bearbeitung des Materials ist kostengünstiger, sodass auch die Norddeutsche Industrie-Glas AG die Glasplatten billiger anbieten kann.

02. Ein Team ist eine sich selbst steuernde Arbeitsgruppe, die längere Zeit zusammenarbeitet. Typisch für ein Team ist, dass seine Mitglieder aus verschiedenen Fachbereichen des Unternehmens kommen und die deshalb unterschiedliche, aber für die Teamarbeit erforderlichen Kompetenzen mitbringen. Durch Teamarbeit können Entscheidungen schneller vorbereitet bzw. herbeigeführt werden als über die Zusammenarbeit der Abteilungen bzw. Abteilungsleitungen, insbesondere bei größeren Unternehmen. Besondere Bedeutung hat die Teamarbeit bei der Ausgestaltung der Wertschöpfungskette, die vom Kontakt mit den Lieferanten über die Beschaffung, die Lagerhaltung, die Produktion und den Absatz bis zum Kunden reicht.

    Das Kompetenzteam der Norddeutschen Industrie-Glas AG tritt zusammen, wenn ein Vorgang Qualitätsprobleme aufwirft, die u. U. die Wertschöpfungskette betreffen. Im vorliegenden Fall liegt ein erheblicher Produktfehler vor, der Folgen haben kann: Die Glasplatten sind ein wichtiger Umsatzträger, sie wurden an mehrere Kunden im gesamten Bundesgebiet verkauft; es muss mit weiteren Mängelrügen und Ersatzansprüchen gerechnet werden. Der Fehler wird durch das mangelhafte Material verursacht. Der Mangel wurde beim Einkauf trotz eines Hinweises des Herstellers nicht erfasst und bei der Qualitätsprüfung nicht ausreichend gewürdigt. Bei der Bearbeitung wurde der Fehler nicht erkannt.

    Die Aufgaben des Kompetenzteams lassen sich folgendermaßen umschreiben. Das Team soll gemeinsam das Problem diskutieren, seine Ursachen suchen und analysieren; es soll möglichst schnell eine angemessene Lösung des aktuellen

Teamorganisation und Teamarbeit 705

Problems finden, die sowohl die Interessen der Norddeutschen Industrie-Glas AG als auch die der Labortechnik GmbH berücksichtigt und zur Begrenzung weiteren Schadens beiträgt. Schließlich soll das Team das Problem grundsätzlich im Sinne einer Optimierung der Wertschöpfungskette lösen. Die Ergebnisse der Teamarbeit sind der Geschäftsführung vorzulegen.

03. Für die Leitung des Kompetenzteams hat die Geschäftsführung der Norddeutschen Industrie-Glas AG den Qualitätsmanager bestimmt. Das hängt mit seiner besonderen Funktion zusammen, die darin besteht, die Qualitätsziele des Unternehmens durchzusetzen, dazu zählt insbesondere die Erfüllung der Kundenerwartungen. Das Qualitätsmanagement bezieht sich sowohl auf das Produktionsergebnis als auch auf den Produktionsprozess. Nach dieser Sichtweise ist die Funktion des Qualitätsmanagers den anderen im Kompetenzteam vertretenen Funktionen übergeordnet.

Der Teamleiter wird von der Geschäftsführung bestimmt und nicht vom Team gewählt. Daraus folgt, dass er im Team gewisse Vorgesetztenfunktionen hat; er kann z. B. bestimmen, wer bestimmte Aufgaben übernimmt, kann tadeln, mahnen und zur Ordnung rufen, evtl. sogar mit Disziplinarmaßnahmen drohen.

Der Teamleiter bereitet die Sitzung(en) des Kompetenzteams vor. Dazu macht er sich mit den wesentlichen Aspekten der Thematik vertraut und bereitet sich für das Gespräch angemessen vor. Eventuell besorgt er sich zur Veranschaulichung ein beschädigtes Werkstück. Der Teamleiter informiert die übrigen Teammitglieder, bereitet die Rahmenbedingungen vor (Festlegung von Zeit und Raum) und beruft die Sitzung ein. Wegen der rechtlichen Problematik des Falls wird auch ein Vertreter der Rechtsabteilung (ein Rechtsanwalt) eingeladen.

In der Sitzung führt der Teamleiter das Gespräch. Die Gesprächsführung umfasst folgende Aspekte:

- Darstellung des Problems (rechtliche und betriebswirtschaftliche Aspekte)
- Aufforderung der Teammitglieder zu Stellungnahmen
- Zusammenfassung von Zwischenergebnissen
- Aktivierung zur Diskussion
- Aufforderung der Teammitglieder zur Abgabe von Lösungsvorschlägen
- Zusammenfassung der Gesprächsergebnisse
- Niederschrift bzw. Abzeichnung des Protokolls.

Der Teamleiter kann ein Teammitglied zur Protokollführung bestimmen. Das Protokoll mit den Vorschlägen wird der Geschäftsführung vorgelegt, die über Maßnahmen entscheidet.

04. Vorschläge:

- Qualitätsmanager: Es geht in erster Linie darum, die Kundenerwartungen zu erfüllen. Es muss deshalb ein Produkt angeboten werden, mit dem alle Laborarbeiten sachgerecht durchgeführt werden können.

- Konstrukteur: Es gibt zwei Möglichkeiten.

  1. Produktvariation: Herstellung von Glasplatten sowohl mit dem hergebrachten Metall, als auch mit den neuen Plastikrahmen, mit Hinweisen auf die unterschiedliche Belastbarkeit; dies scheint – zumindest auf kurze Sicht – eine praktikable Lösung zu sein.
  2. Entwicklung eines neuen Produkts: Verwendung eines kostengünstigen Kunststoffs, der sowohl hitze- als auch kältebeständig ist.

- Produktmanager: In Anlehnung an den zweiten Vorschlag des Konstrukteurs wäre der Beschaffungsmarkt für Kunststoff zu erforschen. Es ist jedoch auch zu erwägen, ein Produkt zu akquirieren; der Beschaffungsmarkt wäre entsprechend zu erforschen.

- Rechtsanwalt: Die Haftung gegenüber der Labortechnik GmbH kann nicht ausgeschlossen werden; die Labortechnik hat Ansprüche auf Ersatzlieferung der Produkte und Ersatz von Aufwendungen. Zur Schadensbegrenzung sollten die anderen Bezieher der Glasplatten über die Einsatzfähigkeit informiert werden. Kunden, die bei Beschaffung die übliche Einsatzfähigkeit der Glasplatten vorausgesetzt haben, werden wahrscheinlich Ersatzansprüche geltend machen. – Es ist zu prüfen, ob der niederländische Hersteller wegen der unzureichenden Produktbeschreibung nicht auch zum Ersatz von Aufwendungen verpflichtet ist.

- Kundendienst (Marketing): Die Mitteilungen an die Bezieher der Glasplatten sind zu verfassen. Kundendienstmitarbeiter können die Kunden besuchen und beraten. Außerdem ist der Bedarf an Glasplatten zu ermitteln, die bei Versuchen mit hohen Kälte- und Hitzeeinwirkungen benutzt werden.

- Einkäufer: Die partnerschaftliche Geschäftsbeziehung zu dem niederländischen Hersteller soll nicht gefährdet werden. Im Rahmen dieses Ziels sollen Verhandlungen über die Erstattung von Aufwendungen (evtl. auf Kulanzwege) geführt werden.

5.4 Projektauslösung und Projektplanung

- **Projektauslösung**

   Das Problem bzw. die Aufgabe

   Die Produktion chemischer Produkte ist häufig verbunden mit Belästigungen der Bevölkerung durch Geruch, Gas, Staub u. Ä. Wegen der Vergrößerung des Betriebes und der Ausweitung der Produktion wird auch eine Vermehrung der angedeuteten Belästigungen befürchtet. Die Kleinschnitt GmbH will durch die Darstellung von Betriebsabläufen diesen Bedenken entgegenwirken und Vertrauen gewinnen. Sie will sich der Öffentlichkeit als ein Unternehmen präsentieren, das sorgfältig mit Produktionsfaktoren umgeht und sowohl eine Gefährdung der Mitarbeiter als auch der Umgebung um jeden Preis zu vermeiden sucht.

   Die umfangreichen Bauarbeiten haben ein erhebliches Verkehrsaufkommen, viel Lärm und Staub verursacht. Dadurch haben in einem gewissen Umfang Belästigungen der Nachbarschaft stattgefunden. Die Kleinschnitt GmbH will um Verständnis für die Maßnahmen werben und sich als „freundlicher, sympathischer Nachbar" darstellen und „lädt deshalb die Nachbarn zu einem Tag der offenen Tür mit umfangreichem Rahmenprogramm ein" (Auszug aus einem Faltblatt der Kleinschnitt GmbH).

   Das Unternehmen sieht seinen guten Ruf in der Öffentlichkeit gefährdet durch die (möglicherweise auch tendenziöse) Berichterstattung und die öffentliche Diskussion. Imageschäden können sich bei einem Unternehmen, dessen Ziele Fairness im Umgang mit den Mitarbeitern und Geschäftspartnern, Qualitätssicherung und partnerschaftliche Information und Kommunikation sind, sowohl auf der Absatz- als auch auf der Beschaffungsseite nachteilig auswirken.

   Die Kleinschnitt GmbH will deshalb den Kontakt zur Öffentlichkeit suchen und sie angemessen informieren. Das soll durch einen „Tag der offenen Tür" geschehen.

   Bedeutung für das Unternehmen

   Mit einem Tag der offenen Tür hat die Kleinschnitt GmbH die Möglichkeit, sich seinen Zielen entsprechend zu präsentieren. Durch die Beteiligung von Mitarbeitern insbesondere aller Auszubildenden kann die Identifikation der Beschäftigten mit dem Unternehmen und seinen Zielen demonstriert werden.

   Das Unternehmen kann durch den Einblick in Betriebsabläufe und durch angemessene Information über Filter- und Schutzeinrichtungen zu einer Versachlichung der Diskussion beitragen. Es kann z. B. durch entsprechende Demonstrationen beweisen, dass die bei Produktion entweichenden Abgase für die Umwelt völlig ungefährlich sind. Es kann Vertrauen gewinnen und festigen, sein Image pflegen und verbessern und schließlich ein einheitliches, unverwechselbares, sympathisches Unternehmensbild in der Öffentlichkeit präsentieren.

Beteiligungen

Entsprechend der Aufgabenstellung werden u. a. die folgenden Funktionsträger an dem Projekt beteiligt:

- Geschäftsführer
- Marketingleiter
- Pressesprecher
- Produktionsleiter
- Ausbildungsleiter
- Leiter der Abteilung Logistik
- der Chefkoch, der die Kantine leitet.

- **Projektplanung**

Aufgabenplanung

In der *Aufgabenanalyse* werden für die Gesamtaufgabe die Hauptaufgaben, Teil- und Einzelaufgaben definiert.

Gesamtaufgabe ist die Organisation eines Tages der offenen Tür. Daraus ergeben sich u. a. die folgenden Hauptaufgaben (entsprechend der in der Projektauslösung vorgegebenen Ziele).

01. Geführte Rundgänge (Führungen durch die Auszubildenden), mit Vorführungen von Produktionsabläufen.

    Den Besuchern wird der Eindruck von modernen, sicheren Arbeitsplätzen in einer angenehmen Arbeitsatmosphäre vermittelt. Die Mitarbeiter, die die Besucher führen, weisen auf die durch die Betriebserweiterung neu geschaffenen Arbeitsplätze hin, die hauptsächlich mit Arbeitnehmern aus der Region besetzt werden.

02. Besichtigungen der sozialen Einrichtungen.

    Den Besuchern werden die Sozialeinrichtungen, wie z. B. Kantine, Gymnastikraum und Hallenbad, gezeigt. Sie sollen einen Eindruck davon erhalten, was die Kleinschnitt GmbH für die Mitarbeiter tut.

03. Ausstellung von Produkten.

04. Darstellung von sozialen und Umweltaktivitäten des Unternehmens.

    Auf Bildern in den Fluren, auf Plakatwänden und in einer Diashow im Vorführraum werden Umweltschutzmaßnahmen dargestellt, an denen die Kleinschnitt GmbH direkt oder indirekt beteiligt ist. Dies trägt zu dem positiven Unternehmensbild bei, das die Kleinschnitt GmbH gern von sich in der Öffentlichkeit verbreiten möchte.

05. Pressekonferenz.

Projektauslösung und Projektplanung 709

06. Bewirtung.

07. Belustigung (Rahmenprogramm, auch für Kinder)

Bock- und Bratwurststand sowie Getränkebude auf dem Gelände.

Für die Kinder bestehen Spielmöglichkeiten, sie können bei kleinen Wettkämpfen Preise gewinnen; eine Band sorgt für Unterhaltung usw.

Aus den Hauptaufgaben ergeben sich die Teilaufgaben (und schließlich die Einzelaufgaben). Die folgenden Beispiele sind lediglich Hinweise.

Zu 01. Vorbereitungen der Führungen, Führungen durch die einzelnen Abteilungen usw.

Zu 02. Festlegung der Besichtigungstermine für die einzelnen sozialen Einrichtungen usw.

Zu 03. Auswahl der Produkte, Auswahl der Präsentationsformen, Aufbau der Präsentation usw.

Zu 04. Auswahl von Bildern, Aufbereitung statistischen Materials in Diagrammen, Fertigung von Schautafeln, Aufstellung des Demonstrationsmaterials in den Fluren usw.

Zu 05. Einladung der Presse, Vorbereitung des Konferenzraums, Führung usw.

Zu 06. Vorbereitung der Kantine, der Küche; Festlegung der Gerichte, Kalkulation der Preise usw.

zu 07. Kontaktaufnahme zu Schaustellern, zu Bands, Vorbereitung des Geländes usw.

Danach wird der *Projektablaufplan* erstellt.

Weitere Planungen

Aus dem Projektablaufplan wird der Terminplan entwickelt. Grundlagen der *Terminplanung* sind die Einzelaufgaben mit den für ihre Erledigung erforderlichen oder festgelegten Zeiten, z. B. die erste Führung dauert mindestens 30 Minuten, sie beginnt um 10 Uhr, also kann die zweite Führung um elf Uhr beginnen. Die Führung der Presse beginnt um 11 Uhr, sie dauert etwa eine Stunde, sodass die Pressekonferenz zum festgesetzten Termin (12 Uhr) beginnen kann. Usw.

Die Personalplanung befasst sich mit der *Mitarbeiterplanung*. Geplant wird der Personalbedarf für das Projekt, so z. B. die Anzahl der Auszubildenden, die die Führungen übernehmen sollen.

In der *Projektmittelplanung* wird der Bedarf von Arbeitsmitteln, Räumen usw. geplant und festgelegt, wann die Projektmittel zur Verfügung stehen müssen. Es wird z. B. festgelegt, wie viel Stellwände für die Präsentation der Schaubilder u. Ä. erforderlich sind usw.

6.1 ABC-Analyse

01. Ermittlung des Umsatzes zur Festlegung des Rangplatzes

Artikel-Nr.	Absatz in Stück	Preis je ME	Umsatz	Rangplatz
1001	16	430	6.880	1
1002	950	4,4	4.180	2
1003	150	3	450	6
1004	490	1,4	686	3
1005	100	6	600	5
1006	85	8	680	4
1007	1.500	0,13	195	7
1008	1.800	0,1	180	8
1009	1.150	0,08	92	10
1010	4.000	0,03	120	9

Festlegung der Rangordnung, Ermittlung der Anteile von Absatz und Umsatz, Kumulation der Anteile, Ermittlung der Wertgruppen

Rang-platz	Artikel-Nr.	Absatz in %	Absatz in % kumuliert	Umsatz in %	Umsatz in % kumuliert	Wert-gruppen
1	1001	0,15	0,15	48,92	48,92	A
2	1002	9,28	9,43	29,72	78,64	A
3	1004	4,78	14,21	4,88	83,52	B
4	1006	0,83	15,04	4,84	88,36	B
5	1005	0,98	16,02	4,27	92,63	B
6	1003	1,46	17,48	3,20	95,83	C
7	1007	14,65	32,13	1,39	97,22	C
8	1008	17,58	49,71	1,28	98,50	C
9	1010	39,06	88,77	0,85	99,35	C
10	1009	11,23	100,00	0,65	100,00	C
		100,00		100,00		

Zusammenstellung der Wertgruppen, Zusammenfassung der Absatz- und Umsatzanteile

ABC-Analyse 711

	Artikel	Mengenanteile	Umsatzanteile
A	1001, 1002	9,43	78,64
B	1004, 1006, 1005	6,59	13,99
C	1003, 1007, 1008, 1010, 1009	83,98	7,37

02. Konzentrationskurve

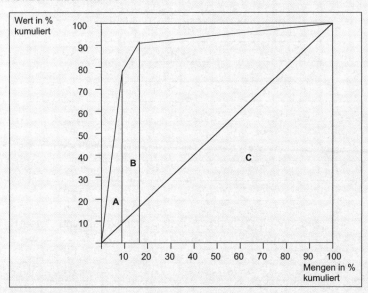

03. Beurteilung

Im vorstehenden Fall wird die ABC-Analyse zur Einteilung von Artikeln in Wertgruppen genutzt. Die Wertgruppen werden nach den folgenden Kriterien gebildet:

A: hoher Wertanteil bei geringem Mengenanteil
B: mittlerer Wertanteil bei mittlerem Mengenanteil
C: geringer Wertanteil bei hohem Mengenanteil.

Die Artikel werden entsprechend der Einteilung bei Beschaffung und Lagerhaltung unterschiedlich behandelt, z. B.

A-Artikel: Intensive Beschaffungsmarktforschung, umfangreiche Beschaffungsaktivitäten, genaue Festlegung von Mengen und Qualitäten, sorgfältige Prüfung von Preisen und Konditionen, bevorzugte Überwachung bei Eingang und Lagerung, sorgfältige Prüfung der Eingangsrechnungen (sachlich, rechnerisch und preislich), Beschaffung häufig und in kleinen Mengen, keine Delegation der Beschaffungszuständigkeiten ...

C-Artikel: Sammellagerung, telefonische Bestellung, Bestellung relativ selten und große Mengen, geringe Überwachung, Delegation der Beschaffung an untere Stellen ...

6.2 Erstellung einer Strukturstückliste und Bedarfsermittlung

01. Strukturstückliste

E 1				
Lfd. Nr.	Stufe	Bezeichnung	Mengen-angaben	Mengen T
1	1	G 1	2	---
2	- 2	T 1	5	10
3	- 2	T 2	3	6
4	- 2	G 3	1	---
5	- - 3	T 1	15	30
6	- - 3	G 7	3	---
7	- - - 4	T 1	8	48
8	- - - 4	T 2	9	54
9	- - - 4	T 3	6	36
10	- - - 4	T 6	7	42
11	- - - 4	T 8	5	30
12	- - - 4	T 9	10	60
13	- - 3	T 5	12	24
14	1	T 1	3	3
15	1	G 2	1	---
16	- 2	T 1	4	4
17	- 2	G 4	1	---
18	- - 3	T 2	5	5
19	- - 3	T 4	4	4
20	- 2	T 3	3	3
21	- 2	G 6	1	---
22	- - 3	G 8	2	---
23	- - - 4	T 7	8	16
24	- - - 4	T 4	6	12
25	- - 3	T 7	12	12

02. Ermittlung des Bedarfs

Teile	Menge	Primär-bedarf	Sekundär-bedarf
T 1	95	500	47.500
T 2	65	500	32.500
T 3	39	500	19.500
T 4	16	500	8.000
T 5	24	500	12.000
T 6	42	500	21.000
T 7	28	500	14.000
T 8	30	500	15.000
T 9	60	500	30.000

6.3 Angebotsvergleich

Der Schwerpunkt der Aufgabe liegt in dem Themenbereich Angebotsvergleich. Der Prüfling soll auf der Grundlage relativ einfacher Vorgaben einen Angebotsvergleich formal korrekt aufbereiten (Tabelle) und mit dem Ergebnis eine Entscheidung begründen. Dazu soll er den Begriffsapparat nutzen. Die weitergehenden Aufgaben beziehen sich im Wesentlichen auf die Folgerungen aus der Entscheidung.

01. Angebotsvergleich

	1	2	3
Angebotspreis	520,00 €	490,00 €	530,00 €
abzüglich Rabatt	52,00 €		79,50 €
Zieleinkaufspreis	468,00 €	490,00 €	450,50 €
abzüglich Skonto	9,36 €	9,80 €	9,01 €
Bareinkaufspreis	458,64 €	480,20 €	441,49 €
zuzüglich Bezugskosten		Transportkosten	Rollgeld
Einstandspreis	.....	.....	.....

Die Entscheidung für 1 ist zu begründen (z. B. Angebot 1: Lieferung frei Haus, es fallen keine Transportkosten an, sodass dieses Angebot gegenüber den anderen Angeboten günstiger erscheint, trotz des niedrigen Bareinkaufspreises bei Angebot 3).

02. Lieferungsbedingungen regulieren den Umfang und die Erfüllung der Verpflichtungen des Lieferers, z. B. Zeitpunkt und Ort der Warenübergabe, Berechnung der Lieferkosten (z. B. frei Haus, frei dort, ab Werk u. a.), Vertragsstrafen bei Nichterfüllung usw.

Zahlungsbedingungen regulieren die Zahlungsverpflichtungen des Kunden, z. B. Zahlungsfristen, Skontoziehung, Zahlungsarten (z. B. Vorauszahlung), Sicherheiten usw.

03. Skontoziehung lohnt sich. Begründung über ein frei gewähltes Zahlenbeispiel: z. B. bei 30-tägigem Zahlungsziel und 10-tägiger Skontofrist entspricht ein Skontosatz von 3 % einem Zinssatz von 54 %.

04. Rabatte sind Preisnachlässe, die der Lieferer dem Kunden für die Übernahme bestimmter Funktionen gewährt, z. B. für Lagerhaltung, Mengenrabatt u. dgl.

Rabatte sind bereits vom Listenpreis abgezogen, Skonto zieht der Kunde bei vorzeitiger Zahlung ab.

05. Freizeichnungsklauseln: Die sonst übliche Bindung des Anbieters an sein Angebot oder an Teile des Angebots, z. B. an den Angebotspreis, entfällt.

6.4 Skontoziehung

01. Ja, die Skontoziehung lohnt sich. Das lässt sich nachweisen bei folgenden Annahmen.

- A mindert den Rechnungsbetrag um den Skontobetrag.
- A überweist den geminderten Betrag am Ende der Skontofrist (also am 14. Tag).
- A muss für in Höhe des Überweisungsbetrages sein Konto überziehen.
- Die Überziehungszeit dauert 16 Tage, nämlich bis zum Ablauf des Zahlungsziels.

Skontobetrag (2 % von 4.556,00 €): 91,12 €
Überweisungsbetrag (4.556 - 91,12): 4.464,88 €

A überzieht sein Konto mit dem Betrag von 4.464,88 € für 16 Tage. Daraus ergeben sich Überziehungszinsen in folgender Höhe:

$$\text{Zinsen} = \frac{4.464{,}88 \cdot 12 \cdot 16}{100 \cdot 360} = 23{,}81$$

Zinszahlung bei Kontoüberziehung: 23,81 €; dem steht ein Skontobetrag von 91,12 € gegenüber. Daraus ergibt sich eine Ersparnis von 67,31 €. Die Skontoziehung lohnt sich also.

02. Bei Ermittlung des Zinssatzes ist die Zeit zu berücksichtigen. Für die Zahlung 16 Tage vor Ablauf des Zahlungsziels erhält A 2 %.

Für 16 Tage – 2 %, für 360 Tage – 45 %.

Einem Skontosatz von 2 % kann also ein erheblich höherer Zinssatz entsprechen.

6.5 Kostenvergleichsrechnung (Investitionsgüter)

01. Kostenvergleich

	Angebot A (€)	Angebot B (€)
Abschreibungen	250.000	200.000
Zinsen	37.500	30.000
Betriebskosten	400.000	450.000
Gesamtkosten	687.500	608.000

Der Vergleich zeigt, dass das Angebot B trotz der mit dieser Investition verbundenen höheren Betriebskosten günstiger ist als das Angebot A.

02. Im vorliegenden Fall wird davon ausgegangen, dass beide Investitionsobjekte Erträge in gleicher Höhe erwirtschaften. Die Kostenvergleichsrechnung berücksichtigt lediglich die Kosten eines Investitionsobjekts, nicht seine Erträge. Beim Vergleich mehrer Investitionsobjekte müssen deshalb gleiche Erträge vorausgesetzt werden, andernfalls ist der Kostenvergleich nicht sinnvoll.

6.6 Eigenproduktion – Fremdbezug

01. Ermittlung der kritischen Menge

Kosten bei Fremdbezug	Kosten bei Eigenproduktion
Bezugspreis je Stück: 2.000 €	Abschreibungen jährlich: 625.000 €
	Personalkosten jährlich: 35.000 €
	Produktionskosten je Stück: 800 €

Kritische Menge bei $vK_{Fb} = K_{Ep}$ (K = fK + vK)

$$vK_{Fb} = fK_{Ep} + vK_{Ep}$$

$X_{krit} \cdot 2.000 = 660.000 + X_{krit} \cdot 800$

$X_{krit} = \dfrac{660.000}{1.200} = 550$

Die kritische Menge liegt bei 550 Stück.

Die kritische Menge ist die Menge, bei der die Kosten für den Fremdbezug und für die Eigenproduktion gleich hoch sind.

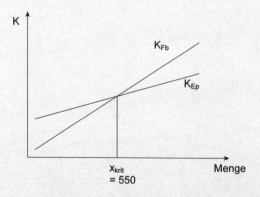

02. Bei der kritischen Menge von 550 Stück sind die Kosten für den Fremdbezug und die Eigenproduktion gleich hoch. Die Eigenproduktion könnte sich lohnen, wenn auf lange Sicht mit weiter steigenden Produktionsmengen bzw. Absatzmengen gerechnet werden kann. Die Entwicklung wird allerdings von der Landtransport GmbH kritisch gesehen, sodass auf die Eigenproduktion vorläufig verzichtet werden soll, zumal der Fremdbezug weitere Vorteile bietet.

Zu diesen Vorteilen zählen z. B.

- das Know-how eines spezialisierten und erfahrenen Herstellers
- die TÜV-Typenzulassung
- Zuverlässigkeit bei Lieferung und Qualität.

03. Problembereiche:

- Die Umstellung auf die Eigenproduktion würde eine Erweiterungsinvestition, evtl. auch die Umstellung des Fertigungsverfahrens erfordern; wegen des veränderten und umfangreicheren Bedarfs an Teilen und Materialien wäre auch zusätzlicher Lagerraum erforderlich.

- Die Erweiterung des Betriebs muss finanziert werden. Kredite sind aufzunehmen, der Kreditgeber verlangt Sicherheiten, die häufig nur schwer zu beschaffen sind. Die Liquidität wird beeinflusst.

- Die Kostenstruktur wird sich ändern. Bei Fremdbezug ist der Fixkostenanteil relativ gering, bei der Umstellung auf Eigenproduktion würde – vor allem wegen der erheblichen Abschreibung – der Fixkostenanteil steigen.

6.7 Produktakquisition

Für die Produktakquisition des Impfstoffes durch die MedVet GmbH können folgende Gründe bestehen.

- Die MedVet GmbH will ihr Sortiment kundengerecht erweitern. Das Produkt wird benötigt, es wird von den Tierärzten nachgefragt.

- Das Produkt wird akquiriert, weil es wegen des Absatzrisikos und wegen des Hohen Investitionsbedarfs bei Eigenproduktion nicht im Betrieb der Schweizer Muttergesellschaft hergestellt werden soll.

- Die eigene Produktion setzt tiermedizinische Forschung voraus, die langwierig und teuer ist. Bevor ein Impfstoff für Tiere auf den Markt kommen kann, muss das Paul-Ehrlich-Institut in Frankfurt die Zulassungsgenehmigung erteilten. Anträge auf Genehmigung und Bearbeitung der Anträge dauern lange; das Produkt würde relativ spät auf den Markt kommen. Bei Akquisition kann davon ausgegangen werden, dass die Genehmigung bereits vorliegt.

- Die meisten Mitbewerber haben den Impfstoff noch nicht im Angebot. Mit der Aufnahme des Impfstoffes in ihr Sortiment begründet die MedVet GmbH ihre Überlegenheit über die Konkurrenz. Mit dem neuen Impfstoff kann die MedVet GmbH über ihren Außendienst Zugang zu Tierarztpraxen erhalten, die bisher nicht zu ihrer Kundschaft gehörten.

- Die MedVet GmbH strebt ein Vollsortiment bei Arzneimitteln für Kleintiere an. Ein Vollsortiment bietet dem Tierarzt die Möglichkeit, alle Mittel, die er für die Kleintierpraxis benötigt von einem Lieferanten zu beziehen bzw. sie bei dem Besuch eines Außendienstmitarbeiters zu bestellen. Mit dem Vollsortiment kann die MedVet GmbH auf den differenzierten Bedarf der Tierärzte eingehen.

6.8 Investitionsrechnung

01. Ermittlung des Kapitalwerts.

Jahre	Netto-einnahmen	Abzinsungs-faktoren	Barwerte
1	400.000	0,9259	370.360
2	390.000	0,8573	334.347
3	380.000	0,7938	301.644
4	370.000	0,7350	271.950
5	320.000	0,6806	217.792
		Summe der Barwerte	1.496.093
		Anschaffungskosten	1.000.000
		Kapitalwert	**496.093**

Die Investition lohnt sich, da der Kapitalwert positiv ist.

02. Im vorliegenden Fall soll die Frage, ob sich eine Investition lohnt, mithilfe der Kapitalwertmethode ermittelt werden. Betrachtet wird die Investition einer Maschine, die während ihrer Nutzungsdauer jährlich (unterschiedlich hohe) Nettoeinnahmen abwirft. Die Nettoeinnahmen werden ermittelt als Differenz aus den Einnahmen, die mit der Maschine getätigt werden, und den Kosten, die dabei anfallen, das sind z. B. Abschreibungen, Lohn- und Materialkosten usw.

Die Frage ist, welchen Wert haben diese Nettoeinnahmen zum Zeitpunkt der Anschaffung. Die jährlichen Nettoeinnahmen haben den angegebenen Wert zum Zeitpunkt ihres Entstehens (Zeitwert); ihr Wert ist zum Zeitpunkt der Investition geringer: Die Zeitwerte sind deshalb auf den Zeitpunkt der Anschaffung zu beziehen; das geschieht mithilfe der Abzinsung. Die Zeitwerte werden jeweils mit einem Abzinsungsfaktor multipliziert, daraus ergibt sich der jeweilige Barwert. Die Abzinsungsfaktoren, die den Zinssatz und den Abzinsungszeitraum berücksichtigen, werden der Abzinsungstabelle entnommen. Die Barwerte werden addiert; von der Summe wird die Investitionsausgabe abgezogen. Daraus ergibt sich der Kapitalwert der Investition. Wenn er positiv ist, wird sich die Investition lohnen.

Im vorliegenden Fall lohnt sich die Investition, der Kapitalwert ist positiv.

6.9 Lieferantenauswahl und -förderung

01. Zur Beurteilung bisheriger Lieferanten eignen sich besonders Kriterien, die die Erfahrungen mit diesen Lieferanten widerspiegeln. Diese Kriterien betreffen vor allem die Zuverlässigkeit der Lieferanten. Die Zuverlässigkeit von Lieferanten kann beurteilt werden hinsichtlich der Einhaltung von Vereinbarungen. Vereinbarungen betreffen u. a. die Qualität, den Liefertermin und die Liefermenge.

Die Auswahl zuverlässiger Lieferanten soll dem Aufbau, dem Ausbau und der Pflege partnerschaftlicher Versorgungsketten dienen. Durch die Analyse werden die Lieferbeziehungen transparent; dadurch kann die ausschließliche Orientierung an Angebotspreisen vermieden werden. Wichtiges Ziel ist die Möglichkeit zur Bedarfsbündelung bei wenigen guten und zuverlässigen Lieferanten.

02. Im Allgemeinen sind die Merkmale, die für die Lieferantenbewertung herangezogen werden, qualitative Merkmale. Um sie messen zu können, verwendet man ordinale Skalierungen. Für jedes Merkmal wird eine Skala mit mehreren Stufen vorgegeben; die Stufen geben die Rangordnung der Bewertungen wieder. Eine Skala kann z. B. fünf Stufen enthalten mit den Bewertungen sehr gut (5 Punkte), gut (4), neutral (2) und schlecht (1 Punkt) und den entsprechenden Bewertungsmaßstäben.

Für die Bewertung der Lieferanten hinsichtlich Qualität, Termin und Menge könnte z. B. folgende Skalierung angewendet werden.

Bewertung	Punkte	Qualität der Lieferungen	Termin der Lieferungen	Menge
		Lieferungen ...	Lieferungen ...	Liefermengen ...
sehr gut	5	übertreffen Vertragsvereinbarungen	gemäß Vereinbarung	gemäß Vereinbarung
gut	4	übertreffen teilweise Vertragsvereinbarungen	treffen ca. eine Woche zu früh ein	liegt bis zu 5 % über Bestellmenge
neutral	3	entsprechen genau den Vertragsvereinbarungen	treffen ca. 2 Tage zu spät bzw. mehr als eine Woche zu früh ein	liegt bis zu 5 % unter bzw. mehr als 5 % über der Bestellmenge
mäßig	2	weisen kleinere Fehler auf	treffen ca. eine Woche zu spät ein	liegt bis zu 10 % unter der Bestellmenge
schlecht	1	müssen teilweise zurückgewiesen werden	treffen trotz Mahnung mehr als 2 Wochen zu spät ein	liegt mehr als 10 % unter der Bestellmenge

Ein Lieferant, dessen Lieferungen die Vertragsvereinbarungen übertreffen, der gemäß den Vereinbarungen liefert und dessen Liefermengen den Bestellmengen genau entsprechen, würde nach dieser Bewertungsskala 15 Punkte erhalten.

Die Bewertungskriterien können für ein Unternehmen unterschiedliche Bedeutung haben; deshalb werden sie gewichtet.

03. Mit der Förderung eines Lieferanten will der Abnehmer eine Verbesserung der Leistungen erreichen; die der Lieferant für ihn erstellen soll. Schwerpunkte der Lieferantenförderung sind Beratung und aktive Unterstützung bei Problemen, die der Lieferant ohne Hilfe durch den Kunden kaum bewältigen kann. Maßnahmen der Lieferantenförderung können u. a. die Produktion und die Beschaffung betreffen. Als Maßnahmen im Produktionsbereich kommen z. B. Vorschläge für die Qualitätsverbesserung, Vermittlung von Informationen über technologische Entwicklungen u. Ä. in Betracht.

Förderungsmaßnahmen bei Beschaffung können z. B.

- in der Förderung der Kooperation der ausgewählten Lieferanten bei Beschaffung,
- Beschaffung von erforderlichen Materialien durch den Kunden,
- in Finanzierungshilfen bei Einkäufen von Materialien

bestehen.

6.10 Eigentumsvorbehalt

01. Der Eigentumsvorbehalt ist eine Form der dinglichen Sicherung einer Forderung. Es wurde im vorliegenden Fall Eigentumsvorbehalt vereinbart; das bedeutet, der Lieferer bleibt Eigentümer der gelieferten Ware bis die Rechnung von der Getriebebau GmbH beglichen wird. Bis zum Ablauf des Zahlungsziels gewährt der Lieferer einen Kredit. Dieser Kredit wird durch den Eigentumsvorbehalt gesichert. Die Getriebebau GmbH wird zwar Besitzer der Ware, der Verkäufer bleibt aber vorläufig ihr Eigentümer. Wenn die Getriebebau GmbH die Ware nicht bezahlt, kann der Verkäufer vom Vertrag zurücktreten und die unter Eigentumsvorbehalt gelieferte Ware zurückverlangen.

02. Im vorliegenden Fall besteht ein einfacher Eigentumsvorbehalt. Dieser Eigentumsvorbehalt geht allerdings verloren, wenn die Getriebebau GmbH die Teile weiter verarbeitet oder mit anderen verbindet, wovon im vorliegenden Fall ausgegangen werden kann. Der einfache Eigentumsvorbehalt geht auch verloren, wenn ein Dritter die Sache in dem guten Glauben erwirbt, dass er durch den Erwerb Eigentümer wird.

Die Nachteile des einfachen Eigentumsvorbehalts können durch den verlängerten und durch den erweiterten Eigentumsvorbehalt beseitigt werden. Bei dem verlängerten Eigentumsvorbehalt tritt der Käufer im Voraus die Forderungen, die bei einem Weiterverkauf der Sache entstehen, an seinen Lieferanten ab. Bei dem erweiterten Eigentumsvorbehalt wird vereinbart, dass das Eigentum an einer gekauften Sache erst dann auf den Käufer übergeht, wenn dieser auch alle anderen Forderungen dieses Lieferanten beglichen hat.

6.11 Angebotsvergleich

01. Angebotsvergleich bei 5.000 Stück.

Angebote	1.	2.	3
Angebotspreis	1.750,00 €	2.250,00 €	2.150,00 €
- Rabatt		281,25 €	215,00 €
Zieleinkaufspreis	1.750,00 €	1.968,75 €	1.935,00 €
- Skonto	52,50 €	98,34 €	58,05 €
Bareinkaufspreis	1.697,50 €	1.870,41 €	1.876,95 €
+ Bezugskosten		50,00 €	60,00 €
Einstandspreis	1.697,50 €	1.920,41 €	1.936,95 €

02. Der Angebotsvergleich zeigt, dass die Angebotsbedingungen des bisherigen Lieferanten am günstigsten sind. Wenn also keine weiteren Kriterien herangezogen werden, müsste das erste Angebot angenommen werden. Kriterien, die den Angebotsvergleich beeinflussen könnten sind z. B. Lieferfrist, unterschiedliche Skontosätze und -fristen, Lieferantenbeurteilung u. Ä.

Die Lieferfristen sind in den Angeboten sehr unterschiedlich; die Kayner KG könnte sofort, die Holsteiner Metallwaren GmbH erst nach drei Wochen liefern. Die Lieferfrist bei der Eisen-Nord GmbH beträgt zehn Tage; es ist wahrscheinlich, dass die Lieferfrist des bisherigen Lieferers in die Berechnung des Meldebestands eingegangen ist, sodass auch unter Berücksichtigung der Lieferfrist das 1. Angebot akzeptabel erscheint.

Wenn davon ausgegangen wird, dass die Möglichkeiten zur Skontoziehung genutzt werden sollen, ist der Vergleich von Skontosätzen und -fristen sinnvoll. Nach Ablauf der Skontofrist muss der Überweisungsbetrag für den Rechnungsausgleich zur Verfügung stehen; unter Berücksichtigung der Skontoabzüge sind das die Bareinkaufspreise (einschl. Bezugskosten) in der Aufstellung.

Der bisherige Lieferer hat zwei Mal zugesagte Lieferfristen nicht einhalten können. Das ist ein schwerwiegender Mangel, der aber bei den sonst sehr guten Angebotsbedingungen in Kauf genommen werden kann. Es besteht die Möglichkeit, durch entsprechende Vertragsgestaltung den Lieferer zur Einhaltung von Lieferterminen zu zwingen (z. B. durch Vertragsstrafen); außerdem könnten durch eine Auditierung Schwachstellen im Unternehmen des Lieferers aufgedeckt und evtl. beseitigt werden.

7.1 Verfügbarer Bestand

	Monats-bestände	Bestell-bestände	reservierte Bestände	verfügbare Bestände
Dezember	350	0	30	320
Januar	720	0	30	690
Februar	270	40	60	250
März	265	55	45	275
April	400	56	63	393
Mai	385	30	40	375
Juni	490	69	55	504
Juli	615	75	88	602
August	631	86	100	617
September	578	75	112	541
Oktober	299	99	123	275
November	212	255	154	313
Dezember	283	41	80	244

01. Durchschnittlicher Jahresbestand: rd. 423 Stück – nach folgender Rechnung:

$$dJb = \frac{5.498}{13} = 422{,}9$$

02. Verfügbare Monatsbestände:

Dez	Jan	Feb	Mrz	Apr	Mai	Jun	Jul	Aug	Sep	Okt	Nov	Dez
320	690	250	275	393	375	504	602	617	541	275	313	244

03. Durchschnittlicher verfügbarer Bestand im Jahr: rd. 415 Stück – nach folgender Rechnung:

$$dJb_{verf} = \frac{5.399}{13} = 415{,}3$$

7.2 Lagerkennziffern

01. Zunächst sind die Monatsendbestände zu ermitteln; anschließend sind die Monatsendbestände zu addieren.

$$dLb = \frac{AB + 12\ MEB}{13}$$

$$= \frac{81.047{,}60}{13} = 6.234{,}43$$

Durchschnittlicher Lagerbestand: 6.234,43

02. Umschlagshäufigkeit

$$Uh = \frac{\text{Wareneinsatz zu Einstandspreisen}}{dLb}$$

$$= \frac{31.626{,}45}{6.234{,}43} = 5{,}07$$

Umschlagshäufigkeit: 12

03. Durchschnittliche Lagerdauer

$$dLd = \frac{360}{Uh}$$

$$= \frac{360}{5{,}07} = 71$$

Durchschnittliche Lagerdauer: 71 Tage

7.3 Lagerbestandsplanungen mit Lagerkennziffern

01. Umschlagshäufigkeit: 9

$$\frac{270.000}{30.000} = 9$$

Der Wert für die Umschlagshäufigkeit von 9 gibt an, dass der durchschnittliche Lagerbestand neunmal im Jahr umgeschlagen wurde.

02. Durchschnittliche Lagerdauer: 40

$$\frac{360}{9} = 40$$

Der ermittelte Wert gibt an, dass der durchschnittliche Lagerbestand rd. 40 Tage im Lager war.

03. Lagerhaltungskostensatz: 12 % (0,12)

$$\frac{32.400 \cdot 100}{270.000} = 12$$

Die Zahl gibt in einem Prozentsatz an, wie hoch der Anteil der Lagerhaltungskosten am Wareneinsatz war. Die Lagerhaltungskosten werden auf den Wert der verkauften bzw. entnommenen Waren bezogen.

04. Kostensätze bei Änderungen der Umschlagshäufigkeit.

Umschlags-häufigkeit	Wareneinsatz (€)	Kosten (€)	durchschnittl. Lagerdauer (Tage)	Kostensatz der Lagerhaltung (%)
9	270.000	32.400	40	12
6	180.000	32.400	60	18
12	360.000	32.400	30	9

05. Das Beispiel kann zeigen, dass bei relativ niedriger Umschlagshäufigkeit der Kostensatz der Lagerhaltung relativ hoch und bei relativ hoher Umschlagshäufigkeit relativ niedrig ist.

7.4 Bestandsbewertungen

01. Schlussbestand
   1. Buchbestandspreis

	Stück		Einzelpreis in €	Bewertung
	Einkäufe	Verkäufe		
Anfangsbestand	800		5	4.000,00
Einkauf	200		5,85	1.170,00
Verkauf		300		
Verkauf		400		
Einkauf	250		6,1	1.525,00
Verkauf		500		
Einkauf	100		6,25	625,00
Verkauf		30		
Einkauf	625		6,55	4.093,75
Verkauf		300		
Verkauf		320		
Einkauf	50		7,2	360,00
Schlussbestand		**175**		
Summe	2.025	2.025		11.773,75

Durchschnittspreis : $\dfrac{11.773,75}{2.025} = 5,81$

Bewertung des Schlussbestandes: 175 · 5,81 = 1.017,48 €

Bestandsbewertungen

2. gleitende Durchschnittspreise

	Menge in Stück	Preis je Stück in €	Wert in €
Anfangsbestand	800	5,00	4.000,00
Einkauf	200	5,85	1.170,00
Bestand	1.000	5,17	5.170,00
Verkauf	300	5,17	1.551,00
Bestand	700	5,17	3.619,00
Verkauf	400	5,17	2.068,00
Bestand	300	5,17	1.551,00
Einkauf	250	6,10	1.525,00
Bestand	550	5,59	3.076,00
Verkauf	500	5,59	2.795,00
Bestand	50	5,62	281,00
Einkauf	100	6,25	625,00
Bestand	150	6,04	906,00
Verkauf	30	6,04	181,20
Bestand	120	6,04	724,80
Einkauf	625	6,55	4.093,75
Bestand	745	6,47	4.818,55
Verkauf	300	6,47	1.941,00
Bestand	445	6,47	2.877,55
Verkauf	320	6,47	2.070,40
Bestand	125	6,46	807,15
Einkauf	50	7,20	360,00
Schlussbestand	**175**	**6,67**	**1.167,15**

3. Fifo

	Stück	Stück-preis in €	Wert in €
letzter Einkauf	50	7,20	360,00
vorletzter Einkauf	125	6,55	818,75
Schlussbestand	**175**		**1.178,75**

4. Lifo

	Stück	Stück-preis in €	Wert in €
Anfangsbestand	175	5,00	875,00
Schlussbestand	**175**		**875,00**

02. Verfahren und rechtliche Vorschriften

Bewertungsverfahren	Handelsrecht	Steuerrecht
Buchbestandspreise	zulässig	zulässig
gleitende Eingangs-durchschnittspreise	zulässig	zulässig
Fifo	zulässig bei sinkenden Preisen	nur zulässig bei Nachweis first in – first out
Lifo	zulässig bei steigenden Preisen	nur zulässig bei Nachweis last in – first out

7.5 Grad der Lieferbereitschaft

	Aufträge	ausgeführte Aufträge	Lieferbereitschaft
Januar	1.254	1.078	85,96
Februar	1.259	1.190	94,52
März	1.295	1.213	93,67
April	1.195	1.119	93,64
Mai	1.300	1.235	95,00
Juni	1.325	1.185	89,43
Juli	1.330	1.225	92,11
August	1.375	1.304	94,84
September	1.390	1.290	92,81
Oktober	1.250	1.123	89,84
November	1.100	950	86,36
Dezember	1.000	890	89,00
insgesamt	15.073	13.802	91,57

01. Grad der Lieferbereitschaft

$$L = \frac{13.802 \cdot 100}{15.073} = 91,57$$

Grad der Lieferbereitschaft im Berichtsjahr: rd. 91 (%).

02. Der ermittelte Lieferbereitschaftsgrad ist eine statistische Kennziffer. Angegeben wird, in welchem Umfang das Lager im Berichtsjahr die eingegangenen Aufträge ausführen konnte. Es ist deshalb fragwürdig, dem Plan für das Folgejahr diese Ziffer zu Grunde zu legen. Die Lieferbereitschaft könnte im nächsten Jahr, in Abhängigkeit von rückläufigen Aufträgen, ausreichend sein.

Ein Lieferbereitschaftsgrad von 91 ist außerdem im Allgemeinen zu niedrig. Die anfallenden Fehlmengenkosten können evtl. zu hoch sein.

03. Fehlmengenkosten, die hier entstehen könnten:
- Umsatzrückgang: Kunden sind unzufrieden, bestellen künftig bei den Mitbewerbern.
- Vertragsstrafen: Mit großen Abnehmern können evtl. Vertragsstrafen bei verspäteter Lieferung vereinbart sein.

- Zusätzliche Beschaffungskosten: Um den Bestellungen in angemessenem Umfang nachkommen zu können, könnten Nachlieferungen erforderlich sein; für die evtl. höhere Beschaffungskosten, Mindermengenzuschläge, Bestell- und Lieferkosten usw. anfallen.

04. Viele Unternehmen halten einen Lieferbereitschaftsgrad von 95 aus Erfahrung für ausreichend. Bei dieser Lieferbereitschaft fallen zwar Fehlmengenkosten an, sie werden erfahrungsgemäß aber durch geringere Lagerhaltungskosten ausgeglichen.

05. Bei einem Lieferbereitschaftsgrad von rd. 91 liegt der durchschnittliche Lagerbestand bei rd. 1.150 Mengeneinheiten (der dLb wird hier aus den 12 Monatsbeständen ermittelt).

    Einem Lieferbereitschaftsgrad von 95 würde ein dLb von rd. 1.200 ME entsprechen (1.150,17 : 91 · 95 = 1.200,73).

Meldebestand und Mindestbestand 733

7.6 Meldebestand und Mindestbestand

01. täglicher Bedarf · Lieferzeit in Tagen + Mindestbestand = Meldebestand

 10.000 · 21 + 20.000 = 230.000

 Meldebestand: 230.000 Stück

02. Bedeutung des Meldebestands:
 Wenn eine Bestandsmenge erreicht ist, die als Meldebestand angenommen wurde, geht eine entsprechende Meldung an den Einkauf. Die Meldung löst den Einkauf bzw. die Einkaufsvorbereitung aus, deshalb wird der Meldebestand auch als Bestellpunkt ausgewiesen. Der Meldebestand wird eingerichtet, damit Produktionseinschränkungen vermieden werden.

03. Bedeutung des Mindestbestands:
 Bei der Berechnung des Meldebestands wird vom Mindestbestand ausgegangen. Der Mindestbestand ist ein Buchbestand, der die Menge eines Materials angibt, die ständig am Lager sein sollte. Der Mindestbestand soll verhindern, dass die laufende Produktion wegen des Mangels an Material u. dgl. unterbrochen werden muss. Er wird deshalb auch als Sicherheitsbestand oder als Eiserner Bestand bezeichnet.

04. Der Meldebestand erhöht sich – bei Konstanz der Lieferzeit und des Mindestbestands – auf 335.000 Stück, d. h. bei Erhöhung des täglichen Bedarfs erhöht sich auch der Meldebestand.

7.7 Freiplatzsystem – Festplatzsystem

01. Beim Freiplatzsystem wird das Material auf derzeitig freien Lagerplätzen untergebracht. Diese Lagerung wird auch als chaotische Lagerhaltung bezeichnet. Damit das eingelagerte Material auffindbar ist, muss es bei Einlagerung eine Nummer erhalten, durch die der Lagerplatz kenntlich gemacht wird.

    Vorteile sind z. B. bessere Ausnutzung der Lagerkapazität, geringerer Platzbedarf, schnellere Einlagerung. Als nachteilig gilt z. B., dass Verzögerungen bei Entnahmen entstehen können, weil gleiche Materialien auf getrennten Lagerplätzen eingelagert wurden. Häufig erfordert das Freiplatzsystem, das typisch für Hochregallager ist, aufwändige Einrichtungen, z. B. Transportsysteme für Entnahmen, EDV-Einrichtungen oder besondere Lagerräume.

02. Beim Festplatzsystem hat jedes Material u. dgl. seinen festen Lagerplatz, der auch auf Dauer für dieses Material reserviert bleibt, auch wenn er zeitweilig nicht bzw. nicht vollständig ausgenutzt wird. Der besondere Vorteil dieser Lagerordnung liegt darin, dass sie Entnahmehäufigkeit und die Entnahmeart berücksichtigen kann und damit zur Optimierung der Transportwege und der Entnahme beiträgt. Allerdings hat das Festplatzsystem auch Nachteile. Sie liegen u. a. darin, dass Lagerraum evtl. frei bleiben kann, das bedeutet, dass bei geringem Lagerbedarf der reservierte Lagerplatz nicht optimal genutzt wird.

03. Der Lagerleiter hat für die Lagerung der Karren das Festplatzsystem vorgeschlagen, d. h. für die Karren soll ein fester Lagerplatz eingerichtet werden. Die Karren werden bei Lieferung bzw. bei Einlagerung immer auf dem gleichen Lagerplatz, im gleichen Lagerraum usw. untergebracht. Der Vorschlag ist akzeptabel, wenn wegen der steigenden Produktionsmengen diese Teile für die Montage häufiger entnommen werden. Die Transportwege werden evtl. verkürzt durch die Wahl eines entsprechend günstig gelegenen Lagerplatzes. Der feste Standort bietet auch Vorteile für die Entnahme, vor allem im Holsystem.

7.8 Eingangsprüfung – Stichproben

01. Der Rückschluss ist zumindest fragwürdig; die Aussage aus einer Stichprobe kann nur bedingt auf die Gesamtheit übertragen werden. Der Rückschluss von einer Stichprobe auf die Gesamtheit hat zwei Unsicherheitsfaktoren, die sich im Sicherheitsgrad und im Vertrauensbereiche niederschlagen.

- Die Aussage kann nicht mit 100-prozentiger Sicherheit übertragen werden, sondern nur mit einem geringeren Sicherheitsgrad. Wenn z. B. im vorliegenden Fall ein Sicherheitsgrad von 90 % angenommen wird, könnte das Stichprobenergebnis lediglich mit 90-prozentiger Sicherheit auf die Gesamtheit zutreffen. Von den insgesamt 2.500 Säcken Kaffee würden 2.250 dem Stichprobenergebnis entsprechen.

- Die Aussage kann nicht mit einer bestimmten Zahl, sondern nur mit einem Zahlenbereich, dem sog. Vertrauensbereich, angegeben werden. Eine Angabe von z. B. 30 % mit der zusätzlichen Angabe ± 2 % besagt, dass die Aussage aus der Teilgesamtheit nur mit einer Fehlertoleranz von 2 % für die Gesamtheit zutrifft, dass der entsprechende Wert in der Gesamtheit also zwischen 28 % und 32 % liegt.

02. Der Umfang einer Stichprobe hängt von folgenden Faktoren ab.

- Höhe des Sicherheitsgrades: Es wird also danach gefragt, mit welcher Wahrscheinlichkeit die Aussage aus der Stichprobe auf die Gesamtheit zutreffen soll.
- Umfang der Fehlertoleranz: Es wird also danach gefragt, wie hoch die Fehlertoleranz sein darf.
- Umfang der relativen Anteile der Merkmalsausprägungen, die in die Berechnung eingehen. Merkmalsausprägungen sind im vorliegenden Fall „gut" und „nicht gut". Die Kenntnis der Anteile ergibt sich aus Erfahrung oder aus früheren Berechnungen, aus Abschätzungen bisheriger Entwicklungen usw.

03. Die Formel für die Ermittlung des Stichprobenumfangs:

$$n = \frac{t^2 \cdot p \cdot q}{e^2}$$

Die verwendeten Zeichen bedeuten:

n = Stichprobenumfang
t = Faktor, der für den Grad der Sicherheit bzw. der Wahrscheinlichkeit steht, hier also 2
p = Anteil der Ausprägungen des 1. Merkmals, hier 50 %
q = Anteil der Ausprägungen des 2. Merkmals, hier 50 %
e = Fehlertoleranz, hier ± 2 %

$$n = \frac{4 \cdot 3 \cdot 97}{4} = 291$$

Stichprobenumfang: 291

04. Stichproben können mithilfe von zufallsgesteuerten oder mit bewussten Auswahlverfahren bestimmt werden. Bei der Zufallsauswahl haben alle Elemente der Grundgesamtheit die gleichen Chancen, für die Stichprobe ausgewählt zu werden. Es bleibt dem Zufall überlassen, welche Elemente tatsächlich in die Stichprobe gelangen. Zu den Zufallsverfahren zählen die einfache (uneingeschränkte) Zufallsauswahl und die höheren Verfahren wie z. B. das geschichtete und das Klumpenverfahren. Bei den bewussten Auswahlverfahren bleibt die Auswahl der Elemente aus der Grundgesamtheit für die Stichprobe nicht dem Zufall überlassen.

Im Allgemeinen werden die für die Qualitätsprüfung beim Wareneingang erforderlichen Stichproben nach dem einfachen (uneingeschränkten) Zufallsverfahren ausgewählt.

7.9 Lagerbedarf

01. Ein Produktionsunternehmen dieser Art benötigt ein Rohstofflager. Der Rohstoff wird importiert; es könnten Probleme bei der Einhaltung von Lieferterminen eintreten. Die Lagerhaltung dient also vorrangig der Bedarfssicherung, Lieferschwankungen sollen ausgeglichen werden können. Ausreichende Lagerhaltung fördert die Kontinuität der Produktion. Lieferengpässe, Fehlmengen in der Lieferung und damit Fehlmengenkosten werden vermieden.

02. Der Rohstoff Holz stellt an die Lagerung besondere Anforderungen. Für die Lagerung von Holz kommen halboffene oder geschlossene Lager in betracht. Halboffene Lager können den Trockenvorgang fördern und damit zu einer Verbesserung der Qualität beitragen. Im vorliegenden Fall kann davon ausgegangen werden, dass das Holz unmittelbar verbraucht werden kann und dass eine Qualitätsverbesserung durch längere Lagerung nicht erforderlich ist. Deshalb kommt ein geschlossenes Lager in Frage, allerdings muss trockene Lagerung garantiert sein.

03. Lagerhaltungskosten setzen sich aus den Lagerkosten und den Zinskosten zusammen. Lagerkosten können

    - Raumkosten, z. B. Miete, Energie, Reinigung, Heizung
    - Personalkosten, z. B. Löhne
    - Transportkosten, z. B. Kraftstoff oder Energie für den Betrieb von Transporteinrichtungen
    - Risikokosten, z. B. für Schwund, Verderb u. dgl.

    sein.

    Lagerhaltungskosten: Summe aus Lagerkosten und Zinskosten

    Zinskosten entstehen durch die Bindung von Kapital; Rohstoffe kosten Geld, so lange sie lagern, ist das in ihnen steckende Kapital gebunden.

    Möglichkeiten zur Minimierung der Lagerhaltungskosten, z. B.

    - Verringerung der Lagerdauer
    - Erhöhung der Umschlagshäufigkeit
    - Neuberechnung des wahrscheinlichen Bedarfs
    - Ermittlung neuer Lieferquellen
    - Veränderung der Lagerordnung
    - Lieferung „just in time".

04. Möglichkeiten zur Deckung des Lagerbedarfs:
    Der Lagerleiter wird zunächst den bestehenden Bedarf an Lagerraum überprüfen; evtl. lässt sich Lagerraum freimachen durch Steuerung von Materialeingängen (zeitlich und mengenmäßig) und durch eine Reorganisation der Entnahmen. Bei lediglich kurzfristigem Lagerbedarf bietet sich die Anmietung einer Lagerhalle an;

sie kann in eigener Regie und mit eigenem Personal verwaltet werden. Bei auf Dauer bestehendem Lagerbedarf kann der Bau einer Lagerhalle bzw. der Erweiterungsbau einer vorhandenen Halle in Erwägung gezogen werden.

Wenn diese Möglichkeiten nicht in Frage kommen, können schließlich die Dienste eines Lagerhalters in Anspruch genommen werden. Durch die Inanspruchnahme eines Fremdlagers können Kosten und Risiken vermindert werden.

Für die Planungen werden u. a. folgende Daten benötigt:

- Bedarf
- Dauer des Bedarfs
- Kosten der Lagerhaltung
- Kosten für Miete, Kosten der Investition
- Lieferzeiten.

7.10 Supply Chain

01. Die Supply Chain wird als Wertschöpfungskette bezeichnet; die Glieder dieser Kette sind im vorliegenden Fall die Konsumgüterhersteller und die von ihnen belieferten Handelsunternehmen. Im Allgemeinen sind in die Ketten auch Logistikdienstleister und Docking Centers einzubeziehen. Die beteiligten Unternehmen schaffen mithilfe des Kettenmanagements gemeinsam Werte, die sich in Vorteilen für alle niederschlagen. Die Supply Chain gewinnt dadurch an Bedeutung, dass Kundenwünsche und -erwartungen einbezogen werden (vgl. den Hinweis auf ECR).

02. Die Daten, die zwischen Herstellern und Handel ausgetauscht werden, beziehen sich i. d. R. auf Bestellung, Lieferavis und Eingangsbestätigung. Wenn die Lieferung an ein Cross Docking Center erfolgt, wird das Center in den Datenaustausch einbezogen. Der Text deutet die Verbesserungsbedürftigkeit des Datenaustauschsystems an. Mängel könnten in der unzureichenden Ausstattung mit der Technik und dem Know-how der Unternehmen liegen.

03. Mithilfe des RFID (Radio Frequency Identification) können Lagerbestände identifiziert werden. Einerseits können dadurch Bedarf und Bestandslücken aufgedeckt werden, andererseits kann das System auch Auslagerungen und Kommissionierungen unterstützen. Offensichtlich wird das RFID noch nicht optimal genutzt bzw. ausreichend wirtschaftlich eingesetzt. Deshalb soll bewiesen werden, dass das RFID zum Vorteil der Supply Chain genutzt werden kann.

7.11 Cross Docking

01. Waren- und Informationsflüsse

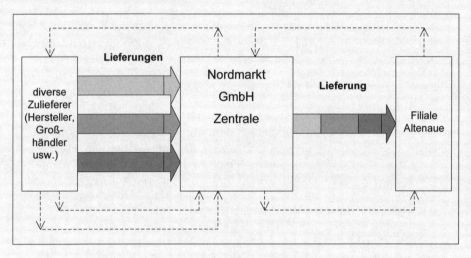

02. Begriff und Bedeutung von Cross Docking

Der Begriff Cross Docking leitet sich von dem Vorgang des Warenumschlags im Distributionslager ab: Die Lkw des Lieferers docken an der Empfangsrampe des Distributionslagers an, die Waren werden nach Empfängern zusammengefasst und auf der Ausgangsrampe für die Abholung bereit gestellt; die Ausgangsrampe liegt im Allgemeinen der Empfangsrampe gegenüber.

Bei einem *einstufigen* Cross Docking hat der Absender die Versandeinheiten, z. B. Paletten, mit Bezug auf den Endempfänger bereits kommissioniert. Im Cross Docking Center werden die Versandeinheiten lediglich weitergeleitet.

Bei einem *zweistufigen* Cross Docking hat der Absender die Versandeinheiten mit Bezug auf ein Cross Docking Center kommissioniert. Im Center werden die Versandeinheiten aufgelöst und zu neuen Einheiten zusammengestellt. Diese Versandeinheiten werden mit Bezug auf den Empfänger, das kann der Endempfänger oder ein weiteres Cross Docking Center sein, kommissioniert.

03. Kennzeichen des Cross-Docking-Prozesses

Der Cross-Docking-Prozess weist zwei wesentliche Kennzeichen auf.

- Der Warenumschlag soll in möglichst kurzer Zeit abgewickelt werden; angestrebt werden Umschlagzeiten von unter 24 Stunden. Das Ziel dabei ist die Vermeidung von Zwischenlagerungen und der damit verbundenen Lagerhaltungskosten.

- Die beteiligten Institutionen, also Absender, Empfänger, Cross Docking Center, sind durch ein Informationssystem miteinander verknüpft. Dadurch wird die gesamte Supply Chain geplant und gesteuert. Ein wichtiges Hilfsmittel dabei ist die Nummer der Versandeinheit (NVE) und das elektronische Lieferavis.

Literaturverzeichnis

Arnolds/Heege/Röh/Tussing, Materialwirtschaft und Einkauf, Wiesbaden 2010
Ax/Schneider/Siewert, Auftragsvergabe, Berlin, 2010
Bichler/Krohn/Riedel/Schöppach, Beschaffungs- und Lagerwirtschaft: Praxisorientierte Darstellung der Grundlagen, Technologien und Verfahren, Wiesbaden 2010
Däubler, W., BGB kompakt, München 2002
Dillerup/Stoi, Unternehmensführung, München 2008
Ebel, B., Produktionswirtschaft, Ludwigshafen 2009
Ehrmann, H., Logistik, Herne 2012
Ehrmann, H., Unternehmensführung, Ludwigshafen 2007
Gabler, Wirtschaftslexikon, Wiesbaden 2010
Gleißner/Femerling, Logistik - Grundlagen - Übungen - Fallbeispiele, Wiesbaden 2012
Härting, N., Internetrecht, Köln 2008
Haug, C., Erfolgreich im Team, München 2003
Heiserich/Helbig/Ullmann, Logistik, Wiesbaden 2011
Hirschsteiner, G., Einkaufsverhandlungen, Stuttgart 1999
Hirschsteiner, G., Einkaufs- und Beschaffungsmanagement (Strategien, Verfahren und moderne Konzepte), Ludwigshafen 2006
Hirschsteiner, G., Materialwirtschaft und Logistikmanagement, Ludwigshafen 2006
Jahrmann, F.-U., Außenhandel, Herne 2010
Jasper/Marx, Vergaberecht, München 2011
Jung, H., Personalwirtschaft, München 2005
Kämpf, R. u. a., Logistik-Controlling, EBZ-Beratungszentrum, o.O. 2000 (online)
Kluck, D., Materialwirtschaft und Logistik, Stuttgart 2008
Koether, R. (Hrsg.), Taschenbuch der Logistik, Leipzig 2004
Krampf, P., Beschaffungsmanagement, München 2012
Müller-Stewens/Lechner, Strategisches Management, Stuttgart 2011
Oeldort/Olfert, Materialwirtschaft, Ludwigshafen 2008
Olfert, K., Organisation, Herne 2009
Olfert, K., Personalwirtschaft, Herne 2010
Olfert/Rahn, Einführung in die Betriebswirtschaftslehre, Herne 2010
Olfert/Rahn, Lexikon der Betriebswirtschaftslehre, Herne 2011
Olfert/Reichel, Investition, Ludwigshafen 2009
Piontek, J., Beschaffungscontrolling, München 2012
Pfohl, H.-C., Logistiksysteme - Betriebswirtschaftliche Grundlagen, Berlin, Heidelberg 2010
Porter, M., Wettbewerbsvorteile, Frankfurt 2010
Rahn, H.-J., Unternehmensführung, Herne 2012
Seifert, J. W., Gruppenprozesse, Offenbach 1995
Seifert, J. W., Visualisieren - Präsentieren - Moderieren, Offenbach 2004
Schelle, H., Projekte zum Erfolg führen, München 2004
Schütte/Horstkötter/Schubert/Wiedemann, Vergabe öffentlicher Aufträge, Stuttgart 2011
Schulte, C. M., Logistik - Wege zur Optimierung der Supply Chain, München 2009
Vry, W., Beschaffung und Logistik im Handelsbetrieb, Ludwigshafen 2008
Vry, W., Die Prüfung der Betriebswirte IHK, Herne 2012
Vry, W., Materialwirtschaft im Industriebetrieb - Beschaffung/Lagerhaltung/Logistik, Ludwigshafen 2008
Vry, W., Volkswirtschaftslehre, Herne 2011
Ziegenbein, K., Controlling, Herne 2012

Stichwortverzeichnis

Stichwortverzeichnis

ABC-Analyse 344, 346
Abfallbeauftragte 494
Abfälle 491
Abfallhierarchie 492
Abfallmanagement 374
Abfallvermeidung 493
Abfertigungsverfahren 441
Ablaufbogen 53
Ablauforganisation 43, 53, 80
Abmahnung 216
Abrufvertrag 405
Absatzplanung 137
Abzinsungsfaktor 411
Acceptable Quality Level 472
Activity Based Costing 181
Administrative Rahmen-
    bedingungen 538
Affinitätsdiagramm 200
Aktiengesellschaft (AG) 230
-, Organe 232
-, Satzung 231
Agenten 424
Allgefahrendeckung 545
Allgemeine Geschäfts-
    bedingungen 278
Amtsgericht 204
Analyse 344
-, strategische 95
Anforderungen
-, materialspezifische 482
Anforderungs-
    management 324
Anfrage 361
-, allgemeine 361
-, Anforderung 362
-, bestimmte 361
Anfrageformular 363
Anfragetechniken 360
Angebot
-, Ausschreibung 364
Angebotsauswahl 366
Angebotsprüfung 365
-, formelle 365
-, materielle 365
Annahme 253
Annahmeverzug 268, 269
Anreizsystem 300
Antrag 253
Äquivalenzziffern 172
Arbeitgeber
-, Direktionsrecht 213
-, Vergütungspflicht 213

Arbeitnehmerüberlassung .. 416
-, echte 416
-, unechte 416
Arbeitnehmerüberlassungs-
    vertrag 416
Arbeitsablaufanalyse 53
Arbeitsabläufe 82
Arbeitsdirektor 232
Arbeitspaket 322
Arbeitsplatzgestaltung 59
Arbeitsrecht 212
-, individuelles 212
-, kollektives 212
Arbeitsverhältnis
-, befristetes 215
Arbeitsvertrag 213
-, Hauptpflichten 213
Attributenprüfung 468
Audit 190
Aufbauorganisation 42
-, Systeme 43
Aufgaben
-, staatliche 209
Aufgabenanalyse 42
-, Gesamtaufgaben 42
-, Hauptaufgaben 42
-, spezielle Aufgaben 43
-, Teil- und Einzelaufgaben ... 43
Aufrechnung 266
Aufsichtsrat 233
Aufsichtsräte 239
Aufträge 458
Auftragsabwicklung 458
Auftragsbestätigung ... 371,
    .... 372, 404
Auftragserfassung 459
Auftragsumwandlung 352
Aufwandsmanagement 328
Aufwendungen 158
Aufzüge 520
Ausländermarkt 28
Auslobungsverfahren 262
Außenhandel 111, 118
Außenwirtschaftsgesetz 206,
    428
Außenwirtschafts-
    recht 205, 428
Außenwirtschaftsverkehr .. 206
Auswahlverfahren 472

Bagatellschäden 545
Bail-out 129
Balanced Scorecard 101

Balkenpläne 323
Baukastenstücklisten 356
Baukastensystem 358
Baumdiagramm 201, 322
Beamer 312
Beanstandungsquote .. 451, 452
Bearbeitungszeit 460
Bedarfsanalyse 351
Bedarfsarten 140, 351
Bedarfsauflösung
-, analytische 143, 146
-, synthetische 143
Bedarfsermittlung 139, 453
-, programmorientierte 143
-, verbrauchsorientierte 143
Bedarfsplan 359
Bedarfsquelle 33
Bedarfsverlauf 140
Beförderungsgeschäft 539
Beglaubigung
-, öffentliche 259
Begleitpapiere 536
Begrenzung 545
Behälter 514
Beistellung 420
Benchmarking 35, 135
Bereitstellungsqualität 452
Bericht 309
Beschaffung 25
-, elektronische 31
Beschaffungslogistik 25
-, Aufgabe 70
-, Ziel 70
Beschaffungsmarketing 337
Beschaffungsmarkt 338
Beschaffungsmarkt-
    besetzung 450
Beschaffungsmarkt-
    durchdringung 450
Beschaffungsmarkt-
    forschung 338
-, Arten 341
-, Bereiche 340
-, Techniken 342
-, Ziele 339
Beschaffungsmarkt-
    segmentierung 448
Beschaffungsplanung 359
Beschaffungsrisiken
-, Analyse 349
Beschaffungswesen
-, elektronisches 282
Beschäftigung 117

Beseitigungsverfahren........493
Besetzungsgrad................450
Bestand
-, reservierter.....................500
-, verfügbarer....................500
Bestandsarten.....................87
Bestandsbewertung
-, Grundsätze.....................505
Bestandscontrolling...........509
Bestandsermittlung............504
Bestandsplanung.........86, 498
Bestandsrechnung..........86,
..............................497, 498
Bestellbestand...................500
Bestellhäufigkeit................151
Bestellkosten.....................148
Bestellmaske.............285, 407
Bestellmenge
-, optimale..................148, 150
Bestellpunkt...............359, 499
Bestellpunktverfahren........145
Bestellrhythmusverfahren...145
Bestellung.........................371
-, Angaben........................399
-, elektronische..................457
-, Form..............................399
Bestimmungskauf..............405
Best Practices............35, 135
Betreuer............................249
Betriebabrechnungs-
bogen.............................165
Betriebsergebnis................178
Beurkundung
-, notarielle........................259
Beweisfunktion...........438, 543
Beweislastumkehr.......272, 547
Bewertung
-, Verfahren.......................505
Bewirtschaftung von
Abfällen.........................493
Bewusstes Auswahl-
verfahren.......................472
Beziehungen
-, unternehmensexterne.......32
Bezug
-, fertigungssynchroner........31
Bezugsquellen..................360
Bezugsquelleninformation
-, externe..........................361
-, interne...........................360
Binnencontainer................514
Binnenschifffahrt...............524
Bordcomputer...................530
Brainstorming...................304
Brainwriting......................304
Bringschulden...................265
Bringsystem.......................86

Bruttobedarf......................352
Buchbestandspreis...........506
Budget..............................445
Budgetierung....................445
-, beschaffungsorientierte...447
Budgettierungstechniken....445
Bundesgerichtshof............205
Bürgerliches Gesetzbuch...211
Bürgerrechte....................209
Bürgschaft........................280
-, selbstschuldnerische......280
Business to Business
(„B2B")..........................282
Business-to-Business-
Geschäft („B2B")..........399
Business to Consumer
(„B2C")..........................282
Business-to-Consumer-
Geschäft („B2C")..........399
Buying-Center...................408
-, Funktion........................408

Case-Problem-Methode......62
Category Management........33
Coach...............................319
Compactregale...................81
Container.........................514
Containerverkehr
-, kombinierter..................526
Controller..........................185
Controlling..139, 157, 184, 497
-, Aspekte.........................184
-, koordinations-
orientiertes....................139
-, operatives..............175, 187
-, prozessorientiertes........447
-, strategisches.................186
-, taktisches......................186
Convenience......................28
Corporate Behavior...........289
Corporate Communication..289
Corporate Design.............289
Corporate Governance......242
Corporate Identity.............288
Cross Docking..................456
-, einstufiges....................456
-, zweistufiges..................456
Cross-Docking-Prozess......457
Culpa in Contrahendo.......252

Datenaustausch................457
Datenflüsse......................459
-, begleitende...................459
-, nachfolgende.................459
-, vorauslaufende..............459
Datenmaterial
-, internes.........................343

Datenquellen
-, externe..........................343
Datensicherung................155
Deckungsbeitrag..............178
Deckungsbeitrags-
rechnung...............177, 179
-, einstufige......................179
-, mehrstufige............179, 180
Defizit
-, übermäßiges.................128
Defizitverfahren................128
Delegation.......................299
Desk research..................342
Deutsche Corporate
Governance Kodex.......243
Dezentralisation.................52
Dialog
-, wettbewerblicher............263
Dienstleistungen
-, externe..........................415
-, interne...........................415
-, Merkmale......................414
-, unternehmensbezogene..414
Dienstleistungseinkauf......414
Dienstvertrag....................246
Differenzierungsstrategie......92
-, Mittel...............................92
Direct Costing...................179
Direktorium......................122
Disposition.................41, 139
-, deterministische......143, 146
-, stochastische.................144
Dispositionspapiere..........438
Dispositionsverfahren.......143
Distribution
-, physische......................454
Dividende.........................231
Divisionskalkulation..........172
Dokumentation.........196, 472
Dokumentations-
management.................329
Dokumente
-, Lenkung........................196
Doppelgesellschaft...........235
Drittbeteiligungsgesetzes
(DrittelbG)....................241
Drittlandsgut.....................430
Duales System Deutsch-
land GmbH...................485
Durchdringungsgrad.........450
Durchlaufregale..................81
Durchlaufterminierung......461
Durchlaufzeit....................460
Durchlaufzeiten-
Controlling....................461
Durchschnittspreis
-, gleitender......................506

Stichwortverzeichnis

Dynamik der Betriebs-
formen 28

EAN-8 487
EAN-13 487
EAN-128 516
EAN-Barcode 486
E-Commerce 157, 281, 282
Effektivität 51
Efficient Consumer
Response 33
Efficient Continuous
Replenishment 33
Efficient Store Assortment 33
Efficient Unit Loads (EUL) .. 515
Effizienz 51
Eigengeschäft 32
Eigenlager 480
Eigenproduktion 359
Eigentumsvorbehalt 386
-, einfacher 386
-, erweiterter 387
-, verlängerter 387
Einfuhrabfertigung
-, Antrag 439
Einfuhrkontrollmeldung 440
Einfuhrlizenz 440
Eingangsdurchschnitts-
preis 506
Eingangslager 481
Einigung 256
Einigungsmangel 256
-, offener 256
-, versteckter 256
Einkauf
-, Aufbauorganisation 43
-, Organisationsformen 43
-, zentraler 32
Einkaufsabwicklung 371
Einkaufscontrolling 442
-, Bereiche 443
-, operatives 443
-, strategisches 443
Einkaufshandbuch 59, 60
Einkaufskooperation 32, 339
Einkaufsmarketing 25, 38, 39
-, Bereiche 38
-, Grundlagen 38
-, Instrumente 39
Einkaufsmarkt
-, Controlling 444
Einkaufsniederlassung 424
Einkaufsorganisation 41
Einkaufsplan 360
Einkaufspolitik
-, Determinanten 26
-, Grundlagen 25

-, Trends 30
-, Ziele 26
Einkaufspotenziale
-, Controlling 445
Einkaufsstrategie 335
Einkaufsverhandlungen 394
-, Objekte 396
-, Vorbereitung 395
-, Ziele 396
Einkaufsvertrag 398
-, im Internet 407
-, spezieller 404
Einkaufsvorbereitung 360
Einliniensystem 44
Einwegtransport-
verpackung 515
Einzelbewertung 505
Einzelkosten 163
Einzelunternehmung 223
Einzelvertretungsbefugnis .. 225
Eisenbahnverkehr
-, internationaler 548
Electronic Data Inter-
change (EDI) 37, 156, 457
Electronic Payment 282
Electronic Procurement 282
Electronic Shopping 282
EMAS-VO 115
Endlager 481
Engpassteil 350
Entgeltfortzahlung 213
Entnahmemethode 85
Entsorgung ... 86, 115, 442, 490
-, Formen 491
-, Funktion 476
-, Logistik 495
-, Plan 360
-, Qualität 452
-, Vertrag 363
Entsprechenserklärung 244
Entwicklungsprojekt 34
Environment analysis 444
Ereignismethode 62
Erfolgsrechnung
-, kurzfristige 179
Erfüllungsort 265
Ermessensdisposition 145
Ersatzinvestitionen 408
Erweiterte Rat 122
Erweiterunginvestitionen ... 408
ESZB
-, Aufgaben 122
-, Organe 122
-, Ziele 122
EUL-System 515

Europäische Finanz-
stabilisierungsfazilität
(EFSF) 130
Europäischer Stabilisierungs-
mechanismus (EMS) 130
-, Ziele 131
Europäisches Sekundär-
recht
-, Rechtsakte 207
Europäisches System der
Zentralbanken (ESZB) 121
Europäische Wirtschafts-
und Währungs-
union 121, 125
Euro-Palette 512
Europarecht 206
Euro-Rettungsschirm 129
Eurosystem 121
Euro-Währungsgebiet 125
EU-Zollrecht 431
Exportschutzversicherung .. 546
EZB-Rat 122

Fabrikkalender 147
Fachregal 81
Facility-Management 420
Factoring 384
-, echtes 385
-, offenes 385
-, stilles 385
-, unechtes 385
Fahrzeugtypen 523
Fallstudie 62
Feed-Back-Technik 307
Fehlertoleranz 471
Fehlmengenkosten 107
Fernabsatzvertrag 285
Fertigungsstruktur 355
Festplatzsystem 478
Field research 342
Fifo-Verfahren 507
Finanzierungsleasing 247
Finanzperspektive 102
Finanzplanung 138
Finanzstabilisierung 129
Firma 221
Firmenarten 221
Firmenausschließlichkeit ... 222
Firmenbeständigkeit 222
Firmeneinheit 222
Firmengrundsätze 221
Firmenklarheit 222
Firmenunterscheidbarkeit ... 222
Firmenwahrheit 222
Firmenzusatz 223
Fiskalpakt 129
Fixkauf 406

Flats ... 513
Flip-Chart ... 312
Flottenmanagement ... 528
Fokussierungsstrategie ... 93
Fördergut ... 517
Förderhilfsmittel ... 81, 90, ... 484, 511, 512, 515
Förderintensität ... 518
Fördermittel ... 81, 519
Förderzeit ... 460
Formkaufmann ... 219
Formverstöße ... 259
Formvorschriften
-, Rechtsgeschäft ... 257
Forschungsprojekt ... 34
Frachtbrief ... 88, 540
Frachtführer ... 539, 547
Frachtvertrag ... 539, 543
Frageform ... 305
Fragetechnik ... 304
Franchisevertrag ... 248
Freihafen ... 430
Freihändige Vergabe ... 364
Freilager ... 430
Freiplatzsystem ... 478
Freizeichnungsklauseln ... 255, ... 371
Fremdbezug ... 359
Fremdgeschäft ... 32
Fremdlager ... 480
Frühindikator ... 103
Fuhrparkmanagement ... 528
Führungserfolg ... 296
Führungsmittel ... 297
Führungsspanne ... 52
Führungsstil ... 292
-, autoritärer ... 292
-, bürokratischer ... 293
-, kooperativer ... 293
-, patriarchalischer ... 292
Führungsverhalten ... 296
-, aufgabenorientiertes ... 296
-, mitarbeiterorientiertes ... 296
Funktionskostenanalyse ... 375
Fürsorgepflicht ... 214

Garantieerklärung ... 273
Gattungskauf ... 405
Gattungsschuld ... 281
Gebrauchsfunktionen ... 376
Gefährdungshaftung ... 418, 547
Gefahrenausschlüsse ... 545
Gefahrenklasse ... 533
Gefahrenzettel ... 534
Gefahrguttransport ... 532
Gefahrstoffverordnung ... 489

Geld
-, Erscheinungsform ... 119
-, Funktion ... 119
-, Geldwert ... 119
Geldmenge ... 123
Geldmengenpolitik ... 123
Geldpolitik ... 119, 121
Gemeinkosten ... 163, 165
Gemeinschaftsgut ... 430
Gemeinschaftslager ... 480
Gemeinschaftsware ... 430
Genossenschaft ... 235
-, Aufsichtsrat ... 238
-, eingetragene ... 235
-, Eintragung ... 237
-, Generalversammlung ... 238
-, Mindestkapital ... 236
-, Mitgliederzahl ... 236
-, Mitgliedschaft ... 237
-, Organe ... 237
-, Satzung ... 236
-, Vorstand ... 237
Genossenschaftsregister ... 237
Gerichtsbarkeit ... 203, 204
-, Zuständigkeiten ... 204
-, Zweige ... 204
Gesamtschuldner ... 226
Geschäftsanteile ... 228
Geschäftsbesorgungs-
vertrag ... 247
Geschäftsfähigkeit ... 249
-, beschränkte ... 249
-, unbeschränkte ... 249
Geschäftsfeld
-, strategisches ... 95
Geschäftsführer ... 229
Geschäftsgrundlage
-, Störung ... 278
-, Wegfall ... 278
Geschäftsunfähigkeit ... 249
Gesellschafter-
versammlung ... 229
Gesellschaft mit
beschränkter Haftung
(GmbH & Co. KG) ... 228, 234
Gesellschaftsvertrag ... 228
Gesetz ... 203
Gesetzgebung
-, ausschließliche ... 209
-, konkurrierende ... 209
Gestaltungselemente ... 312
Gewährleistung ... 269
Gewährleitungsfrist ... 269
Gewinnverteilung ... 225
Gewohnheitsrecht ... 203
Gläubigerverzug ... 268
Global sourcing ... 31

Grenzkosten ... 160
Größen
-, volkswirtschaftliche ... 108
-, Wechselwirkungen ... 108
Grundgesetz ... 204
Grundkapital ... 230
Grundrechte ... 208
Gruppenarbeit ... 306
-, Konflikte ... 306
Günstigkeitsprinzip ... 213
Güter
-, gefährliche ... 420, 532
Güteraustausch
-, internationaler ... 114
Güterverkehr
-, grenzüberschreitender ... 537
-, rechtliche Rahmen-
bedingungen ... 538
Gut-Schlecht-Prüfung ... 468

Haftpflichtgesetz ... 419
Haftung der Verkehrs-
träger ... 546
Haftungsanspruch ... 193
Haftungsausschluss ... 548
Haftungsbeschränkung ... 419
Handbuch ... 59
Handeln
-, konkludentes ... 257
Handelsbrauch ... 255
Handelsbräuche ... 279
Handelskauf ... 245, 270, ... 279, 399
Handelsklausel ... 280
Handelsrecht ... 211
Handelsregister ... 219
Handlung
-, unerlaubte ... 418
Harmonisierter Verbraucher-
preisindex (HVPI) ... 123
Hauptversammlung ... 233
Haushaltsdefizit ... 125
Haushaltsdisziplin ... 128
Hebelteile ... 350
Hifo-Verfahren ... 509
Hochregallager ... 482
Höchstbestand ... 498
Holschulden ... 265
Holsystem ... 86
Hub-and-Spoke-System ... 527

Identifikationsfunktion ... 485
Identitätsprüfung ... 466
Imagefunktionen ... 376
Import ... 111, 422
-, betriebswirtschaftliche
Bedeutung ... 423

Stichwortverzeichnis

-, direkter 424
-, indirekter 425
-, Lieferländer 423
-, sichtbarer....................... 425
-, unsichtbarer.................... 425
-, Warengruppen 423
Importabwicklung................ 437
-, Dokumente 437
Importgeschäft................... 422
-, Risiken............................ 425
Importschutzversicherung .. 546
Improvisation 41
In-Basket-Exercise-
  Methode 62
Incident-Methode................. 62
Incoterms............ 281, 433, 546
-, Kosten- und Gefahr-
  übergang 435
Indexklausel....................... 389
Industriepalette 512
Inflation 121
-, Ursachen 121
Inflationsrate 120
Information 154, 297
Informationsfluss 57, 453
Informationsflussgestaltung.. 56
Informationsfunktion 485
Informationsmanagement ... 329
Informationssystem
-, betriebliches 36, 155
Informationstechnik 155
Informations- und Kommu-
  nikationssystem (IuK)
-, betriebliches 156
-, Funktion 156
Innerbetriebliche Transport-
  systeme 517
Instrumente
-, geldpolitische................ 124
-, güterbezogene 40
-, kommunikations-
  bezogene......................... 40
-, marktbezogene................ 40
-, unternehmensbezogene.... 40
Intermodaler Verkehr.......... 511
Internetrecht 283
Inventur..................... 497, 504
-, Grundsätze 504
-, permanente 505
Inventurmethode......... 87, 503
Investition 407
Investitionsalternative 414
Investitionsgüter
-, Preispolitik 409
Investitionsgütereinkauf...... 408
Investitionsplanung 138
Investitionsrechnung... 409, 413

Invitatio ad offerendum 253
ISO-Container..................... 514
Iso-Mastermodul................. 516
Istkaufmann 218
Istkosten 163
Istkostenrechnung 173
Ist-Kosten-Zuschlag............ 166
Ist-Zuschlagsatz 167

Just-in-Sequence-
  Lieferung 58
Just-in-time-Beschaffung.... 474
Just-in-Time-Lieferung......... 31,
  .... 58, 67

Kabotage 538
Kabotagefreiheit 538
Kalkulation 169
-, retrograde 178
Kalkulationssatz................. 557
Kalkulationsschema........... 167
Kanban-Methode 475
Kannkaufmann 218
Kapitalbarwert.................... 411
Kapitalgesellschaft............. 224
Kapitalrendite..................... 134
Kapitalwertverfahren........... 411
Kargoversicherung 544
Kartenabfrage.................... 303
Kaskoversicherung 544
Kauf
-, auf Probe 406
-, in Bausch und Bogen 406
-, nach Besicht................. 406
-, nach Probe 406
-, zur Probe 406
Kaufaufforderung
-, allgemeine 253
Kaufmann
-, Bürgschaftserklärung 281
Kaufmann gemäß HGB 218
Kaufmännisches Bestäti-
  gungsschreiben .... 255, 403 f.
Kaufmannsrecht 211
Kaufpreis
-, Minderung 271
Kaufvertrag 244, 371, 398
-, Anfrage 244
-, E-Mail 284
Kemlernummer 535
Kennzahlanalyse 99
Kennzahl............ 100, 103, 449
Kennzahlensysteme 99
Kennziffer 133
KEP-Dienste 527
Key Account Management.... 33
Klauselverbot..................... 388

Kleinbestellung 403
Kollisionsrecht 283
Kombinationsverkehr.......... 525
-, intermodaler 532
Kommanditgesellschaft 226
Kommanditgesellschaft auf
  Aktien (KGaA) 234
Kommanditist..................... 226
Kommissionieren 85
Kommissionierung
-, einstufige 85
-, parallele 86
-, serielle 86
-, zweistufige 85
Kommunikation 154, 298
Kommunikationsformen 298
Kommunikations-
  management 329
Kommunikationsstrategie ... 289
Kommunikationssystem
-, betriebliches 37, 155
Kommunikationstechnik...... 155
Komplementär 226
Komponentenanbieter 67
Konjunktur 29
-, Konjunkturindikator.......... 111
-, Konjunkturverlauf 110
-, Konjunkturzyklus 110
Konkurrentenanalyse.......... 344
Konkurrenzforschung 341
Konnossement................... 438
Konsignationslager............. 480
Konsignationslagervertrag.. 405
Konstruktionsstückliste 352
Kontraktpolitik.................... 404
Kontrollzeit........................ 460
Konvergenzkriterien............ 125
Konzentration 28
Konzentrationskurve........... 346
Kooperation 299
Kosten 158
-, fixe................................ 159
-, Kostenverlauf 159
-, variable 159
Kostenarten 162
Kostenartenrechnung 164
Kostenelementeklausel 388
Kostenführerschaft............... 92
Kostenrechnung 157, 163
-, Ablauf 164
Kostenrechnungssystem 173
Kostenstandard.................. 447
Kostenstelle....................... 164
-, Aufgabe 165
Kostenstellenrechnung 164
Kostenträger...................... 169

Kostenträgerrechnung .... 169, ... 557
Kostenträgerstückrechnung 171
Kostenträgerzeitrechnung .. 169
Kosten- und Leistungsrechnung 158
Kostenvergleichsrechnung 409
Krane 520
Kreditpolitik 383
Kreditsicherungsmittel 439
Kreislaufwirtschaft .... 374, ... 442, 490
Kreislaufwirtschaftsgesetz .. 490
Kundenperspektive 102
Kündigung
-, außerordentliche 217
-, ordentliche 216
Kündigungsfristen 216
Kündigungsschutzgesetz 216
Kurierdienst
-, internationaler 527

Lager 71, 373
-, geschlossene 482
Lagerart 477
Lagerarten 80
Lagerbestand 500
-, durchschnittlicher 500
Lagerbestandsanteil 509
Lagerbestandsstruktur 510
Lagerdauer 501
Lagereinrichtungen 483
Lagerfunktion 474, 485
Lagergerät 81
Lagergestaltung 80
Lagergut
-, Manipulation 85
-, Pflege 84
Lagerhalter 480, 542
Lagerhaltungskosten .. 149, 474
Lagerhilfsgerät 81, 484
Lagerhilfsmittel 483
Lagerkennzahl 509
Lagerkostensatz 149
Lagerlogistik 71
-, Bereiche 72
Lagerordnung 478
Lagerplatznummern 478
Lagerplatznummernsystem .. 82
Lagerreichweite 509
Lagerschein 543
Lagersteuerung 374, 495
Lagerstrategien 72, 473
Lagerung
-, dezentrale 479

-, zentrale 479
Lagervertrag 544
Lagerverwaltung 374, 495
Lagerverwaltungsrechner ... 497
Lagerverwaltungssystem.... 496
Lagerwirtschaft 78, 473
-, Aufgabenbereich 79
Landgericht 204
Lash-Verkehr 527
Leasingvertrag 247
Legitimationsfunktion 543
Leiharbeitnehmer 417
Leistungen 158, 264
Leistungsanspruch
-, Verwirkung 277
Leistungspflicht
-, Einreden gegen 275
Leistungsstörung 266
Leistungsverbesserung 61
Leistungsverzug 267
Leistungsvorbehaltsklausel 388
Leistungsziele 553
Leitpreis .... 380 f.
Leitungsebene 45
Leitungsspanne 52
Lieferantenanalyse .... 344, ... 351, 369
Lieferantenbewertung 370
-, Bewertungskriterien 368
Lieferantenentwicklung 370
Lieferantenförderung .. 370, 371
Lieferantenforschung 340
Lieferantenkartei 360
Lieferantenkredit 384
Lieferantenmanagement 367
Lieferantensteuerung 451
Lieferavis
-, elektronische 457
Lieferbereitschaft 554
Lieferfähigkeit 554
Lieferkette 94, 454
Lieferkosten 401
Lieferqualität 555
Liefertermkontrolle 373
Liefertreue 554
Lieferung
-, bedarfsorientierte 58
Lieferungsbedingung 401
Lieferungsverzug 268
Lieferzeit 555
Liegezeit 460
Lifo-Verfahren 508
Liniencontrolling 185
Linienschifffahrt 524
Lkw-Ausstattungen 523

Logistik 65
-, Aufgaben 70
-, Bereiche 65
-, definitorische Merkmale .. 453
-, Einsatzgebiete 70
-, Grundlagen 65
-, Kosten- und Leistungsrechnung 75
-, Organisatorische Einordnung 76
-, Ziel 66
Logistikattraktivität 98
Logistikcontrolling 74, 549
-, operatives 75, 549
-, Phasen 549
-, strategisches 75, 549
Logistikcontrollinggrößen.... 550
Logistikdienstleister 66
Logistikgemeinkosten 556
Logistikkette 65, 72
Logistikkompetenz 98
Logistikkosten 75
Logistikkostenarten 556
Logistikkostenrechnung 555
Logistikkostenstellenrechnung 557
Logistikleistung 74, 550
Logistikleistungsarten 551
Logistikleistungsgrößen 551
Logistikplanbezugsgrößen .. 552
Logistikstrategien 90
Logistikverfahren 552
Logistikverträge 246
Logistische Planung und Steuerung 453
Luftfrachttransport 525
Luftfrachtverkehr 548

Magisches Viereck 117
Make-or-buy-Analyse 389
-, kurzfristige 390
-, langfristige 390
Management by Delegation 294
Management by Exception 295
Management by Objectives 61, 294
Management des Wandels ... 63
Managementprinzipien 294
Managementwerkzeug 200
Mangel 465
-, offener 270
-, versteckter 270
Mängelrüge 270, 465
Marketinglogistik 74

Stichwortverzeichnis

Markt
-, Marktformen 109
-, Marktverhaltensweisen.... 110
-, Preisbildung 109
Marktanalyse 341
Marktbeobachtung 342
Marktentwicklung 27
Marktordnungsware 440
Marktprognose 342
Marktwachstum-Marktanteil-
  Portfolio 95
Maßnahmenplan 304
Materialanalysen 344
Materialbedarfsplanung 137
Materialeingang
-, Prüfungen 82
Materialfluss 453
Materialflussgestaltung 56
Materialgruppen-
  management 33
Materialmanagement 454
Materialnummerung 83
Materialplanung 453
Materialportfolio 350
Materialpreisstandards 447
Materialpreisverände-
  rungsrechnung 449
Materialrationalisierung 357
Materialumschlag 510
Materialwirtschaft 105
-, Aufgabenbereich 106
-, integrierte 105
-, Objekte 106
Matrixorganisation 50
Mehr-Linien-System 50
Mehrwegtransportverpa-
  ckungen 516
Meilensteine 326
Meldebestand 359, 499
Mengenstandardisierung ... 358
Mengenstückliste 354
Menschenrechte 209
Messpunkte 553
Methode der exponen-
  tiellen Glättung 143, 144
Methode der gleitenden
  Durchschnitte 143, 144
-, ungerader Ordnung 141
Miete 246
Mietkauf 248
Mindestbestand 359, 498
Mindestreserve 124
Mind-Map 303
Mischkosten 162
Mitarbeitergespräch 61
Mitarbeiter
-, Beurteilung 299

Mitarbeiter-Performance-
  Improvement 61
Mitbestimmung
-, paritätische 240
Mitbestimmungsgesetz
  von 1976 240
Moderation 301
Moderationsplan 302
Moderationstechnik 302
Moderationsvorbereitung.... 301
Moderator 301
Modulanordnung 516
Modular sourcing 31
Montanmitbestimmungs-
  gesetz 241
Motivation
-, extrinsische 300
-, intrinsische 300
Nacherfüllung 271
Nachhaltigkeitsbericht 115
Nachschusspflicht 228
-, beschränkte 229
-, unbeschränkte 229
Nettobedarf 352
Netzplantechnik 323
Neuinvestitionen 408
Nichtgemeinschaftsware ... 430
Niederstwertprinzip 505
Nomogramm 471
Normalkosten 163, 174
Normen
-, internationale 357
-, nationale 357
-, Werksnormen 357
Normstrategien 349, 350
Normung 357, 358
Nummer der Versand-
  einheit (NVE) 487, 517
Oberlandesgericht 204
Offene Handelsgesellschaft
  (OHG) 224
Offene Verfahren 262
Offenmarktgeschäfte 124
Öffentliche Ausschrei-
  bung 264, 363
Öffentliches Recht 205
-, Bereiche 205
Off the job 62
Ökologie 115
Oligopole
-, bilaterale 339
On the job 62
Operate Leasing 247
Optimum
-, materialwirtschaftliches ... 107

Organisation 41, 79
-, Anforderungen 194
-, Arten 42
-, funktionsorientierte 76
-, Grundlagen 41
-, im Sinne von ISO 9001 ... 195
-, spartenorientierte 76, 80
Organisationsaufbau
-, funktionsorientierter .. 47, 77
-, produktorientierter 49
-, spartenorientierter 77
Organisationsmittel 59
Organisations-Performance-
  Improvement 63
Organisationsprinzipien 51
Organisationsstruktur 287
Outright-Geschäft 132
Outsourcing 421
-, Complete 422
-, Process 422
-, Selective 422
Overheadprojektor 312

Pacht 246
Packmittel 81, 484
Paletten 512
Palettenregale 81
Partizipation 299
Paternosterregale 81
Pauschalbewertung 505
Performance Measurement .. 61
Periodenkosten 162
Personalentwicklung 61
Personalplanung 138
Personengesellschaft 223
Pfand 386
Pflichten
-, vorvertragliche 251
Pflichtverletzungen 215
Phasenmodell 323
Pinnwand 312
Plankosten 174
Plankostenrechnung 174
-, flexible 175, 176
-, starre 175
Planspiel 62
Planung 26, 135
-, operative 136, 291
-, strategische 90, 136, 291
-, taktische 136, 138
Planungsprozess 135
Planungssystem
-, betriebliches 38, 136
Planung und Steuerung
-, logistische 458
Portfolio-Analyse 95
Portfolio-Matrix 95, 350

Postkorbmethode 62
Präferenzabkommen 431
Präferenzen
-, im zollrechtlichen Sinn..... 431
Präsentation 308, 309
Preisanalyse 379
Preisbeobachtung............... 380
Preisführerschaft 381
Preisgleitklausel................. 387
Preisindex
-, Lebenshaltung................ 120
Preisindizes 120
Preisklausel 387
Preisniveaustabilität........... 117
Preispolitik 380
-, aktive 381
-, passive 381
Preissetzung
-, konkurrenzorientierte....... 380
Preisstabilität 123
Preisstrukturanalyse 379
Preisvergleich 366, 379
Preisvorbehaltsklausel........ 388
Preisvorteil........................ 114
Primärbedarf..................... 352
Primärerhebungen.............. 343
Primärforschung 343
Primärmarkt...................... 132
Primärrecht
-, europäisches 206
Private Labels...................... 28
Privatrecht 205, 211
-, Bereiche 211
-, internationales 283, 431
Probezeit 214
Problem-Analyse-Schema.. 303
Problementscheidungs-
plan................................ 201
Produktakquisition 393
Produktanalysen................ 344
Produktentwicklung 198
Produkthaftung 274, 418
Produktionslogistik.............. 73
Produktionsplanung...... 39, 137
Produktionsprogramm 352
Produktionssteuerung.......... 39
Produktmanager.................. 49
Produktrealisierung............ 198
Produktstrategie 73
Produzentenhaftung ...274, 418
Projekt 319, 321
-, Abnahme....................... 331
-, Kennzeichen................... 320
-, Projektart 320
-, Projektdefinition 321
-, Projektziel 321
Projektabschlussbericht...... 331

Projektkontrolle.................. 333
Projektmanagement ... 319, 324
Projektmarketing................ 330
Projektphasen.................... 331
Projektplan........................ 326
Projektsteuerung 333
Projektstrukturierung 321
-, Strukturplan 322
Protokoll........................... 308
Prozesskostenrechnung.... 181,
.... 448
-, Hauptprozess 181
-, Prozesskostensatz 182
-, Teilprozess 181
Prozessorientierte
Disposition..................... 460
Prozessperspektive
-, interne 102
Prüfbericht........................ 473
Prüfung............................ 465
Prüfverfahren.................... 472
Prüfziffer............................ 83
Publizitätspflicht................ 242
Punktabfrage 303

Qualität 187
Qualitätsaudit.................... 190
Qualitätskontrolle............... 462
Qualitätskosten.................. 192
Qualitätskreis.................... 190
Qualitätslenkung................ 189
Qualitätsmanage-
ment 187, 324
-, Aufbau 197
-, Aufgaben 188
-, Gestaltung 197
-, Grundsätze 194
-, ISO 9000 194
-, Ziele.............................. 192
Qualitätsmanagement-
handbuch...................... 196
Qualitätsmanagement-
system 341
-, Grundlagen.................... 193
-, Messung 199
-, Qualitätsanforderungen ... 193
-, Überwachung 199
Qualitätsplanung................ 188
Qualitätspolitik 188
Qualitätsprüfung 465, 467
Qualitätssicherung............ 189,
.... 325, 467
Qualitätsverbesserung........ 190
Qualitätszirkel 192

Rabatt.............................. 381
Rabattarten....................... 382
-, Barzahlungsrabatt 382
-, Frühbezugsrabatt 382
-, Funktionsrabatt............... 382
-, Mengenrabatt 382
-, Treuerabatt 382
Rabattpolitik...................... 381
Rahmenbedingungen
-, rechtliche 30
Rahmenvertrag........... 404, 407
Rationalisierung
-, Maßnahmen 485
Rationalisierungs-
investitionen 408
Rechnungsprüfung 82, 467
Rechnungssysteme............ 497
Rechnungswesen............... 157
-, Bereiche 158
-, externen Aufgaben 157
-, internen Aufgaben 157
Rechte
-, vorvertragliche................ 251
Rechtsfähigkeit.................. 249
Rechtsformen.................... 223
-, gemischte 234
Rechtsgeschäft
-, zweiseitiges 250
Rechtsgeschäfte................ 248
-, einseitige 248
-, zweiseitige 249
Rechtsmängel.................... 270
Rechtsobjekte.................... 248
Rechtsquellen.................... 203
Rechtssubjekte.................. 248
Rechtssystem.................... 203
Rechtsverordnung 203
Referenzwert 125
Regalbediengeräte
-, schienengeführte............ 521
Regalsystem................ 81, 483
Reinvestition 408
Rentabilitätskenn-
ziffern...................... 102, 133
Repräsentativerhebung 469
Retrograde Methode..... 87, 502
Return on Investment 134
Return on Investment
(RoI) 192
Return on Quality............... 100
RFID (Radio Frequency
Identifikation) 486
Richtlinien 59, 208
Ringelmann-Effekt............. 319
Risikomanagement..... 327, 426
-, Kursrisiko....................... 427
-, Lieferungsrisiko 427

Stichwortverzeichnis

-, Marktrisiken 426
-, Preisrisiken 426
-, Transportrisiko 427
Risikosteuerung 328
Ro-Ro-Verkehr 526
Rückgriffsanspruch 273
Rüstzeit 460

Sachmängel 270
-, Rechte 271
Sammelbewertung 505
Sammelladung 541
Sammellagerung 542
Satzung 203
Schadensquote 452
Schiedsgerichtsklauseln 432
Schienengüterverkehr 523
Schiffstypen 524, 525
Schuldverhältnis 266
Schutzfunktion 484
Schwankungen
-, saisonale 142
Schwellenwert 262
Seegütertransport 524
Seeschifffahrt 548
Segmentierung 448
Segmentierungskriterien 449
Sekundärbedarf 352
Sekundärforschung 342
Sekundärmarkt 132
Selbsteintrittsrecht des
 Spediteurs 541
Selbsthilfeverkauf 269
Selbstkosten 171
Servicegrad 451, 554
Sicherheiten
-, dingliche 385
Sicherheitsbestand 474, 498
Sicherheitsgrad 470
Sicherheitskoeffizient 510
Sicherungsfunktion 474
Sicherungsübereignung 386
Signatur
-, elektronische 286
Silver Market 28
Single bzw. double
 sourcing 30
Skontoziehung 384
Skontrahierung 87
Skontrahierungsmethode 502
Soll-Zuschlagssätze 168
Sondereinzelkosten 163
Spannungsklausel 388
Spartenorganisation 46
Spätindikatoren 103
Spediteur 540, 547
Speditionslagermodell 481

Speditionsvertrag 541, 543
Spekulationsfunktion 476
Spezifikationskauf 405
Staatsrecht 208
Staatsverschuldung 125
Stab 45
-, persönlicher 45
-, spezieller 45
Stabilisierungsmecha-
 nismus 129
Stabilitätspakt
-, Ziele 127
Stab-Linien-System 45
Stabscontrolling 185
Stabsstelle 45, 76
Stammkapital 228
Standard-Projektstruktur-
 pläne 323
Ständige Fazilitäten 124
Standort 479
Stapler 520
Stellenbeschreibung 60
Stetigförderer 519
Steuerung 135
Steuerungsinformation 467
Steuerungsinstrument 139
Stichprobe 469
Stichprobenplan 472
Stichprobenprüfung 469
Stichprobenumfang 470
Stichtagsinventur 505
Stoffe
-, gefährliche 533
Stoffnummer 535
Straßengüterverkehr 522
Strategieentwicklung 94
Strategie 397
-, beschaffungslogistische 71
-, marketinglogistische 74
-, marktbezogene 337
-, preisbezogene 337
-, produktbezogene 336
Strategische Teile 350
Streckengeschäft 406
Strukturbaum 146, 355
Strukturkennzahl 510
Strukturstückliste 354
Stückkosten 160
Stückliste ..... 146, 353 f.
Stufenlager 481
Sukzessivlieferungs-
 vertrag 405
Supply Chain 57, 66, 94, 454
Supply-Chain-
 Management 455
Systemanbieter 67

System der Produktions-
 planung und -steuerung
 (PPS) 39
Taktik 397
Target Pricing 337
Team 314
-, Teamleiter 317
-, Teammitglieder 315, 377
-, Teamrollen 315, 316
-, Teamziele 314
Teamentwicklung 318
Teammanagement 313
Teilgesamtheit 469
Teilkostenrechnung 178
Teillosvergabe 263
Tendenzbetrieb 240
Terminkontrolle 373
Terminmanagement 326
Terminplan 326
Terminsicherung 372, 404
Termintreue 554
Termintreuegrad 451
Tertiärbedarf 352
Total Quality Management .. 191
-, Philosophie 191
Tourenplanung
-, computergestützte 530
Tourenplanungssysteme 529
Tracking and Tracing 517
Tracking-and-Tracing-
 System 529
Traditionsfunktion 543
Traditionspapiere 438
Trampschifffahrt 524
Transport
-, außerbetrieblicher 89
-, betrieblicher 72
-, innerbetrieblicher 89
-, kombinierter 532
-, Vorschriften 534
Transportart 522
Transportbedarf
-, spezieller 523
Transportdienstleistung 68
Transportdokument 537
Transportfunktion 485
Transportkette 511, 531
-, Kooperationspartner-
 schaft 532
Transportlogistik 71, 73, 510
Transportmanagement-
 system 529
Transportmittel 511
Transportphase 531
Transportplan 360
Transportsystem ... 88, 511, 517
-, außerbetriebliches 521

Stichwortverzeichnis

Transportversicherung 544
Transportvertrag 88, 539
Transportvorgang 511
Transportwirtschaft 87
Treuepflicht 214
Typung 358

Überbrückung
-, mengenmäßige 476
-, preisliche 476
-, zeitliche 475
Überbrückungsfunktion 475
Überseecontainer 514
Umfeldbedingungen 29
Umsatzrendite 134
Umschlagshäufigkeit 501
Umweltcontrolling 443
Umweltmanagement-
  system (UMS) 115
Umweltschutz 115
UN-Kaufrecht 431
Unkritische Teile 350
Unmöglichkeit
-, einer Leistung 266
-, faktische 267
UN-Nummer 535
Unstetigförderer 520
Unternehmensebene
-, Ziele 27
Unternehmenserfolg 133
Unternehmensergebnis 133
Unternehmensführung 290
Unternehmenskultur 287
Unternehmensleitbild 288
Unternehmenslogistik 65
Unternehmensmitbe-
  stimmung 239
Unternehmensorgani-
  sation 287
Unternehmensphilosophie .. 287
Unternehmenspolitik 26
Unternehmensregister 220
Unternehmensziele 287, 289
Unternehmergesellschaft
  (haftungsbeschränkt) 230
UN-Übereinkommen 432
Urlaubsentgelt 213
Ursprungszeugnis 440

Value Analysis 376
Value Engineering 377
Variablenprüfung 468
Verbrauchsgüterkauf 245,
  .... 268, 272, 399

Verbrauchsrechnung 87,
  .... 497, 502
Veredelung 476
Verfügungsgeschäft 251
Vergaberecht 260, 363
-, Auftraggeber 260
-, Auftragsart 261
-, Europäisches Recht 261
-, Grundsätze 260
-, Vorschriften 261
Vergabeunterlagen 364
Verhandlungsstrategie 397
Verjährung 272, 275
-, Hemmung 277
-, Neubeginn 277
Verjährungsfrist 275
Verkehrsmittel 522
Verkehrsträgerart 89, 522
Verordnung 208
Verpackung 401
-, Funktion 484
-, gefährlicher Stoffe 536
Verpackungsverordnung 485
Verpfändung 386
Verpflichtungsgeschäft 250
Verschuldenshaftung 547
Versendung 544
Versorgungsqualität 451
Versorgungsrisiko 450
Vertrag 250
-, Rücktritt 271
Vertragsart 244
Vertragsfreiheit 252
Vertragsgestaltung 415
Vertragshaftung 418
Vertragsrecht 244
Vertragsstrafe 280, 419
Vertragsverletzung
-, positive 273
Vertrauensbereich 470
Verwaltungsrecht 210
Verwendungsnachweis 147,
  356
Verwertungsverfahren 493
Verzug 267
Visualisierung 311
Visualisierungstechnik 309
Vollkostenrechnung 177
Vorratsplan 360
Vorstand 232

Wachstumspakt
-, Ziele 127
Wachstumsperspektive 102
Wagen 521
Wahrscheinlichkeit 470

Währung
-, Außenwert 112
-, Binnenwert 119
Wandlungsbedarf 63
Warenannahme 465
Wareneingang 462
-, dezentraler 464
-, Prüfung 82
-, zentraler 464
Wareneingangserfassung ... 467
Wareneingangsmeldung 467
Warenfluss 57
Warenflusssteuerung 456
Warengruppenmanage-
  ment 34
Warenkartei 361
Warntafel 535
Wechselkurs 112
-, fester 113
-, freier 112
Weisung 297
Weitergabevermerk 439
Weiterverwendung 492
Weiterverwertung 492
Werkstückträger 513
Werkvertrag 246, 415
Wertanalyse 375
-, Systemelemente 377
Wertanalyse-Arbeitsplan ... 378
Wertanalyse-Objekt 376
Wertanalyse-Team 378
Wertanalytisches Arbeiten .. 375
Wertgestaltung 377
Wertkette 90, 93
Wertkettenanalyse 94
Wertpapierfunktion 437
Wertschöpfungskette 57, 65,
  .... 93, 454
Wertschöpfungskreislauf ... 190
Wertungsmöglichkeiten
-, richterliche 279
Wertverbesserung 376
Wettbewerbsstrategie 91
-, Typenbildung 91
Wettbewerbsverbot 215
-, gesetzliches 215
-, vertragliches 215
Wettbewerbsvorteil 91
Widerruf 284
Widerrufsrecht 286
Wiederverwendung 492
Wiederverwertung 492
Willenserklärung 244, 249
Wirtschaftspolitik 30, 116
-, dirigistische 118
-, Träger 116
-, Ziele 116

Wirtschaftsprivatrecht 218
Wirtschaftsrecht 217
Wirtschaftsverwaltungs-
 recht 218

X-Y-Theorie 295
XYZ-Analyse 348
XYZ-Kriterien 348

Zahlungsbedin-
 gungen 402, 403
Zahlungsbilanz 111, 113
Zahlungspolitik 383
Zahlungsverzug 268
Zeitreihe 140

-, Trend 141
Zentralisation 52
Zero-Base-Budgeting 446
Zertifizierung 195
Zeugnis 217
Ziele
-, einkaufspolitische 335
-, operationale 27
-, strategische 26
-, Zielindifferenz 291
-, Zielkomplementarität 290
-, Zielkonflikt 290
-, Zielkonformität 290
Zielhierarchie 27, 291
Zielkostenrechnung 337

Zielsystem 291
Zinssatz
-, gesetzlicher 281
Zollabwicklung 439
Zollamt 441
-, Binnenzollamt 441
-, Grenzzollamt 441
Zollanmeldung 441
Zollbefund 442
Zollbeschau 442
Zollrecht 429
Zolltarif 430
Zufallsauswahl 472
Zwischenlager 481

So werden Sie fit für die Prüfung!

Lehrbücher für Fachwirte und Fachkaufleute

Kosten- und Leistungsrechnung | Schumacher
Betriebliche Personalwirtschaft | Albert
Material-, Produktions- und Absatzwirtschaft | Albert
Volkswirtschaftslehre | Vry
Materialwirtschaft im Industriebetrieb | Vry
Marketing und Vertrieb im Industriebetrieb | Vry
Beschaffung und Logistik im Handelsbetrieb | Vry
Marketing und Vertrieb im Handelsbetrieb | Vry

Einfach online bestellen: www.kiehl.de

Prüfungsbücher für Fachwirte und Fachkaufleute

Die Prüfung der Fachwirte - Wirtschaftsbezogene Qualifikationen | Krause | Krause
Die Prüfung der Bilanzbuchhalter | Krause | Stache
Die Prüfung der Industriefachwirte - Handlungsspezifische Qualifikationen | Krause | Krause
Die Prüfung der Handelsfachwirte | Krause | Krause
Die Prüfung der Handelsassistenten | Krause | Krause
Die Prüfung der Wirtschaftsfachwirte - Handlungsspezifische Qualifikationen | Krause | Krause
Die Prüfung der Technischen Fachwirte - Handlungsspezifische Qualifikationen | Krause | Krause
**Die Prüfung der Fachwirte im Sozial- und Gesundheitswesen –
Handlungsspezifische Qualifikation** | Höfs | Kretschmann | Schütz

Die Prüfung der Steuerfachwirte | Schweizer
Die Prüfung der Fachkaufleute für Einkauf und Logistik | Vry
Die Prüfung der Fachkaufleute für Marketing | Vry
Die Prüfung der Personalfachkaufleute | Krause | Krause
Die Prüfung der Fachberater für Finanzdienstleistungen | Nareuisch
Die Prüfung zum Versicherungsfachmann (IHK) | Nareuisch

Prüfungsbücher für Betriebswirte und Meister

Die Prüfung der Technischen Betriebswirte | Krause | Krause | Peters
Die Prüfung der Betriebswirte (IHK) | Vry
Die Prüfung der Industriemeister - Basisqualifikationen | Krause | Krause
Die Prüfung der Industriemeister Metall - Handlungsspezifische Qualifikationen | Krause | Krause
Die Prüfung der Industriemeister Elektrotechnik - Handlungsspezifische Qualifikationen | Krause | Krause

Kiehl ist eine Marke des NWB Verlags
Kiehl Kundenservice · 44621 Herne · www.kiehl.de

Bestellen Sie bitte per Telefon: 02323.141-700, per Fax: 02323.141-173, per E-Mail: bestellung@kiehl.de oder bei Ihrer Buchhandlung!
Preise inkl. MwSt. Buchbestellungen über den Verlag: bis zu einem Warenwert von € 30,- pauschal € 2,- Versandkosten, darüber hinaus € 4,50.
Bestellungen über Internet: alle Lieferungen ab einem Warenwert von € 20,- versandkostenfrei.